Martin Leubner und Anja Saupe

Erzählungen

in Literatur und Medien und ihre

Didaktik

Schneider Verlag Hohengehren GmbH

Umschlaggestaltung:
PE-mediendesign, Elke Pfiffner, 88524 Uttenweiler-Dieterskirch

Gedruckt auf umweltfreundlichem Papier (chlor- und säurefrei hergestellt).

Bibliografische Information der Deutschen Nationalbibliothek

Die Deutsche Nationalbibliothek verzeichnet diese Publikation in der Deutschen Nationalbibliografie; detaillierte bibliografische Daten sind im Internet über ›http://dnb.d-nb.de‹ abrufbar.

ISBN: 978-3-8340-0572-4
Schneider Verlag Hohengehren, 73666 Baltmannsweiler

Printed in Germany. Druck: Djurcic, Schorndorf

Einleitung

„Wenn man die Kinder dahin erziehen könnte, dass ihnen alles Undeutliche völlig unverständlich wäre" – diese Utopie des Aufklärers Lichtenberg verstehen wir als eine Herausforderung für die Didaktik: Kinder und Jugendliche sollen durch Unterricht dazu befähigt werden, intersubjektiv nachvollziehbare und systematisch zusammenhängende Erkenntnisse eines Gegenstandes zu entwickeln und von anderen einzufordern. Dieses Ziel gilt auch für den schulischen Umgang mit erzählenden Werken: Nur ‚deutliche' Erkenntnisse von den Eigenarten auch und gerade einer vieldeutigen Erzählung bieten die Gewähr, dass ein Rezipient ihre Angebote zur Weltdeutung erfassen und für sich nutzen kann. Unterricht, der Schülern eine solche Nutzung ermöglichen will, muss ihnen dementsprechend Kompetenzen zu einer systematischen Erschließung von erzählenden Werken vermitteln. Eine grundlegende Aufgabe kommt dabei nach unserer Überzeugung der Textanalyse zu.

Die systematische Erzähltextanalyse bietet die Voraussetzung für eine sowohl sachangemessene als auch persönlich bedeutsame Interpretation und damit für ein weitergehendes Textverstehen, das einen Bezug des Textes auf die Lebenswirklichkeit umfasst. Interpretation und Bezug auf die Lebenswirklichkeit erfolgen außer in der schulischen Beschäftigung mit Erzählungen auch bei ihrer außerschulischen Rezeption, die auf eine ‚schulmäßige' Textanalyse verzichtet. Gleichwohl ist auch diese Art der Rezeption nach unserer Überzeugung auf das erlernte ‚deutliche' Erkennen von Eigenarten einer Erzählung angewiesen, wenn sie so lohnend wie möglich ausfallen soll.

Unsere didaktische Konzeption für einen Unterricht, der Schülern eine selbstständige systematische Analyse von Erzählungen – als Grundlage eines weitergehenden Textverstehens – ermöglichen soll, haben wir im Kontext der Diskussion um Kompetenzmodelle für den Deutschunterricht entworfen. Wir stellen Grundlagen eines Kompetenzmodells für die Texterschließung bereit und möchten damit dazu beitragen, dass zentrale Aspekte dieser Diskussion geklärt werden können: Wir machen einen Vorschlag zur Frage der Kompetenzinhalte, indem wir einen Gegenstandsbereich für die schulische Textanalyse neu bestimmen; wir beschäftigen uns mit der Frage der Kompetenzdimensionen, indem wir zwischen unterschiedlichen Formen von Wissen für die Erzähltextanalyse unterscheiden; und wir berücksichtigen die Frage des Kompetenzerwerbs, indem wir unter anderem durch die Zusammenstellung von strategischem Wissen reflektieren, wie die angestrebte Kompetenz zur Erzähltextanalyse in systematischer Weise gefördert werden kann.

(1) Zu den Kompetenzinhalten: Unsere Eingrenzung des Gegenstandsbereiches für die Erzähltextanalyse folgt dem Prinzip der Medienintegration. Der schulische Umgang mit Erzählungen soll aus der ‚Erzähl-Wirklichkeit' unserer Zeit die Konsequenzen ziehen und systematisch Erzählungen unterschiedlicher Medien berücksichtigen. Dabei sollen die Erzählungen soweit möglich mit Hilfe von medienübergreifenden Analysemodellen betrachtet werden: Damit die Er-

zähltextanalyse für die Schüler übersichtlich bleibt und damit darüber hinaus sowohl Gemeinsamkeiten als auch Unterschiede von literarischen und medialen Erzählungen deutlich erkannt werden können und ein Transfer von Analysekompetenz gegenüber Erzählungen unterschiedlicher Medien möglich wird. Die Gemeinsamkeiten von literarischen und medialen Erzählungen, die sich außer auf der Handlungsebene teilweise auch auf der Ebene der Darstellung finden, rechtfertigen unsere medienintegrative Bestimmung des Gegenstandsbereichs ‚Erzählungen' fachwissenschaftlich.

Zugunsten des Prinzips der Medienintegration ist unsere Didaktik der Erzählung ‚modular' angelegt: Der Komplex ‚Erzählung' wird in einzelne Komponenten aufgeteilt, die miteinander interagieren: In die Basiskomponenten ‚Erzählen', ‚Handlung' und ‚Fiktion' und in die medienspezifischen Darstellungskomponenten. Auf dieser Grundlage ist es möglich, die Komponenten ‚Erzählen', ‚Handlung' und ‚Fiktion' medienübergreifend zu behandeln und in den – medienspezifischen – Ausführungen zur Darstellung jeweils Übereinstimmungen und Unterschiede von literarischen, filmischen und interaktiven Erzählungen darzulegen. Gemeinsam mit der Tatsache, dass eine Analyse von Handlung und Figuren für das Verstehen von Erzähltexten zumeist von besonderer Bedeutung ist und dem Interesse von Schülern an diesem Aspekt von Erzählungen entgegen kommt, bedingt die medienintegrative Anlage der Handlungsanalyse, dass unsere Konzeption dem Prinzip der Konzentration auf Handlung und Figuren folgt.

Eine solche ‚modulare' Konzeption ist als Basis für didaktische Reflexionen bislang höchstens in Ansätzen erprobt – und zwar nicht nur, weil die literarischen und medialen Darstellungsverfahren noch nicht miteinander ‚abgeglichen' worden sind, sondern auch, weil sich bis heute kein einheitliches, medien- und gattungsübergreifendes Analysemodell für die Komponente ‚Handlung' etabliert hat. Abweichend von der Tradition in Erzähltheorie und Fachdidaktik, nach der fast ausschließlich Handlungsmodelle für einzelne Gattungen berücksichtigt werden, nutzen wir ein einheitliches Analysemodell für die Handlung von Erzählungen aller Art. Dabei können wir auf fachwissenschaftliche und didaktische Pionierleistungen zurückgreifen, die bislang nicht hinreichend genutzt und gewürdigt worden sind.

(2) Zu den Kompetenzdimensionen: Mit unserer didaktischen Konzeption bestimmen wir die Kompetenzen näher, die Schüler für die Erzähltextanalyse im Rahmen einer umfassenden Narrationskompetenz erwerben sollen. Wir differenzieren dabei zwischen deklarativem Wissen (‚Sachwissen') und prozeduralem Wissen (‚Können') und folgen damit einer grundlegenden Unterscheidung der Lerntheorie. Das deklarative Wissen umfasst die Kenntnis von Kategorien der Erzähltextanalyse und darüber hinaus von metakognitivem Wissen, das eine reflektierte Anwendung dieser Kategorien ermöglicht. Das prozedurale Wissen, das in der Kompetenz zu eben dieser Anwendung besteht, kann durch bestimmte Unterrichtsmodelle und durch die Nutzung von Strategiewissen gefördert werden.

Der Schwerpunkt unserer didaktischen Konzeption liegt auf Überlegungen zur Auswahl der Kategorien, die Schüler im Rahmen des deklarativen Analysewissens erwerben sollen: Ein sinnvoll strukturiertes Wissen über Analysekategorien ist unabdingbare Grundlage für eine ergiebige Erzähltextanalyse. Zu den Prinzipien Medienintegration und Konzentration auf Handlung und Figuren tritt als Prinzip für diese Auswahl die Einfachheit: Im Unterricht soll eine begrenzte Zahl einfach zu erwerbender und anzuwendender Kategorien vermittelt werden, die ergiebige Erkenntnisse für eine möglichst große Zahl von Erzählungen ermöglichen. Nur auf diese Weise kann allen Schülern ein Verstehen von Erzählungen aller Gattungen ermöglicht werden.

Die Auswahl von einfachen Kategorien ist keine einfache Aufgabe. Sie erfordert eine kritische Sichtung von ‚klassischen' sowie von aktuellen erzähltheoretischen Modellen und teilweise auch ihre Modifikation beziehungsweise Entscheidungen für bislang in der Fachdidaktik kaum genutzte Begriffsbestimmungen. Unsere Entscheidungen werden in eigenen fachwissenschaftlichen Kapiteln in differenzierter Weise begründet.

(3) Zum Kompetenzerwerb: Wir berücksichtigen den Kompetenzerwerb vor allem dadurch, dass wir Vorschläge für die ‚Überführung' von deklarativem Wissen in prozedurales unterbreiten. Als Mittel zur Unterstützung dieses Prozesses schlagen wir in eigenen Teilkapiteln ‚Fragenkataloge' vor, die Schülern eine selbstständige systematische Analyse von literarischen, filmischen und Computererzählungen ermöglichen sollen. Diese ‚Fragenkataloge' sind dem Konzept des selbstregulierten Lernens verpflichtet. Mit ihnen sollen die Schüler strategisches Wissen zur Erzähltextanalyse erwerben, ergänzt um metastrategisches Wissen, das eine angemessene Nutzung des strategischen Wissens ermöglicht.

Unsere Konzeption entspricht dem Anliegen der Bildungsstandards, Schülern Kompetenzen für die systematische Erschließung von literarischen und medialen Produktionen zu vermitteln. Zugleich kann unser Modell zu einer notwendigen Präzisierung der Bildungsstandards beitragen, die teilweise unsystematisch sind sowie insgesamt sehr allgemein bleiben und damit weder für die Planung von Unterricht noch für die Leistungsüberprüfung hinreichende Vorgaben bieten.

Vor allem soll unsere Didaktik der Erzählung jedoch eine Hilfe für die Planung und Durchführung von Unterricht bieten, der dem ‚Prinzip der Deutlichkeit' verpflichtet ist. Dass ‚Deutlichkeit' der Erkenntnis nicht mit einer ‚schülerabgewandten Sachorientierung' und dem ‚Zerreden von Texten' gleichzusetzen ist, das hoffen wir zeigen zu können.

1. Das Erzählen

1.1 Fachwissenschaftliche Grundlagen

1.1.1 Hinführung

In den beiden folgenden, ganz unterschiedlichen Texten erfahren wir jeweils etwas über das Leben bestimmter Menschen:

Text 1: „Dein Abschied war ein harter Schlag für mich, ich hab' geglaubt ich wird' nicht leben können ohne dich. Doch mit der Zeit hab' ich gemerkt, dass auch der größte Schmerz vergeht; ich hab' gelernt, wie man auf eigenen Beinen steht. Du bist zurück, ich fass' es nicht, ich komm' hier rein und du sitzt da und machst ein trauriges Gesicht, ich hätt' das Türschloss ändern soll'n, doch wenn du mich ganz ehrlich fragst, ich hätte nie gedacht, dass du noch mal hier aufzutauchen wagst. Hau endlich ab, da ist die Tür, mach, dass du raus kommst, sag', was willst du denn noch hier? Hast du geglaubt, dein Lebewohl tut mir so weh, dass ich zerbrech' und ohne dich zu Grunde geh'? Oh nein, ich nicht, ich überleb's, so lang' ich meinem Leben einen Sinn durch meine Liebe geb'. Wenn hier wer gestorben ist, dann ist klar, dass du das bist! Ich überleb's, ich überleb's, hey, hey." (Gloria Gaynor/Dunja Reiter/Gustav-Peter Wöhler, I will survive/Ich überleb's)

Text 2: „Der Major und Mittler kamen heran; sie fanden Charlotten tätig in Gesellschaft des Arztes. Das bleiche himmlische Kind saß, sich selbst bewußt, wie es schien, in der Ecke des Sofas. Man bittet sie, sich niederzulegen; sie verweigerts, winkt aber, dass man das Köfferchen herbeibringe. Sie setzt ihre Füße darauf und findet sich in einer halb liegenden, bequemen Stellung. Sie scheint Abschied nehmen zu wollen, ihre Gebärden drücken den Umstehenden die zarteste Anhänglichkeit aus, Liebe, Dankbarkeit, Abbitte und das herzlichste Lebewohl.

Eduard, der vom Pferde steigt, vernimmt den Zustand, er stürzt in das Zimmer, er wirft sich an ihre Seite nieder, faßt ihre Hand und überschwemmt sie mit stummen Tränen. So bleibt er lange. Endlich ruft er aus: ‚Soll ich deine Stimme nicht wieder hören? Wirst du nicht mit einem Wort für mich ins Leben zurückkehren? Gut, gut! ich folge dir hinüber; da werden wir mit andern Sprachen reden!'" (Johann Wolfgang von Goethe: Die Wahlverwandtschaften. In: Ders.: Werke. Bd. 6. München: Beck 1981. S. 484.)

Beide Texte (genauer: Textauszüge) vermögen es offenbar, Menschen anzusprechen: Beide können – in je eigener Weise – als Klassiker gelten. Der zweite Textauszug ist Teil eines kanonischen Werkes der deutschen Literatur, der erste Textauszug gehört zu einem Popsong aus den siebziger Jahren, der bis heute im Original und in zahlreichen Coverversionen populär ist. Handelt es sich nun bei beiden Texten trotz aller Unterschiede um Erzählungen?

‚Erzählen', so wollen wir in einer ersten Annäherung festlegen, ist eine Mitteilung von Geschehnissen, unabhängig vom gewählten Medium. Auf den ersten

Beispieltext trifft diese Bestimmung höchstens in sehr eingeschränkter Weise zu, weil hier vor allem innere Zustände und Vorgänge – Gefühle und Reflexionen – dargestellt werden, während im zweiten Beispieltext tatsächlich neben Zuständen und Vorgängen ein zentrales Geschehnis wiedergeben wird. Dieser Text kann offenbar eindeutig zur Menge der erzählenden Texte/Narrationen gezählt werden, die, wie Roland Barthes anschaulich dargestellt hat, unüberschaubar ist:

> Da ist zunächst eine erstaunliche Vielfalt von Gattungen, die wieder auf verschiedene Substanzen verteilt ist, als ob dem Menschen jedes Material geeignet erschiene, ihm seine Erzählungen anzuvertrauen: Träger der Erzählung kann die gegliederte, mündliche oder geschriebene Sprache sein, das stehende oder bewegte Bild, die Geste oder das geordnete Zusammenspiel all dieser Substanzen; man findet sie im Mythos, in der Legende, der Fabel, dem Märchen, der Novelle, dem Epos, der Geschichte, der Tragödie, dem Drama, der Komödie, der Pantomime, dem gemalten Bild [...], der Glasmalerei, dem Film, den Comics, im Lokalteil der Zeitungen und im Gespräch.[1]

Aufgabe der Erzähltheorie ist es, diese unterschiedlichen Arten von Erzählungen zu systematisieren und zu klassifizieren; dazu erscheint es natürlich grundlegend notwendig, ‚Erzählung' zu definieren. Mit Hilfe einer entsprechenden Definition lässt sich dann auch die Frage präziser beantworten, ob die oben zitierten Texte zu den Erzählungen gehören.

1.1.2 Gattungen und Medien der Erzählung

Die vertrauteste Form des Erzählens ist sicherlich die mündliche Alltagserzählung: Wir tauschen täglich Erfahrungen und Wissen aus, indem wir in mehr oder weniger komplexer Form einander erzählen – ob im Gespräch unter Freunden, im Umgang mit Kindern oder in der Sprechstunde des Arztes. Erzählt wird aber auch in Ausnahmesituationen, etwa vor Gericht oder auf dem Sozialamt. Mündliche Kommunikation ohne Erzählen ist höchstens in wenigen spezialisierten Kontexten denkbar.[2] Außerdem sind Erzählungen in einem Teil der schriftlichen und medialen Gebrauchstexte gegenwärtig, zum Beispiel im Polizeibericht, in der Geschichtsschreibung oder in den Nachrichten.

Ein großer Teil der Alltagserzählungen und erzählenden Gebrauchstexte erfüllt bestimmte, zumeist an pragmatische Zwecke gebundene kommunikative Funktionen in festen, oft institutionell begründeten Handlungsschemata. Neben diese ‚funktionalisierten' Erzählungen treten jedoch die ‚nicht-funktionalisierten' Alltagserzählungen, die aus solchen schematischen Kontexten gelöst sind, häufig von poetischen Gestaltungsmitteln Gebrauch machen und – als Sonderfall der ‚Alltagsfiktionen' – sogar Merkmale fiktionaler Texte aufweisen können. Die ‚nicht-funktionalisierten' Alltagserzählungen, die sich „in Kneipen, bei Familien-

[1] Barthes (1988), S. 102.

[2] Vgl. z. B. Ehlich (1980).

feiern, im Warteraum, im Zug usw.“ ereignen,[3] gelten auch als die (Alltags-) Erzählungen im eigentlichen Sinne. Sie sind zumeist (auto)biographisch und in ihren Funktionen weniger eindeutig. Diskutiert werden kann, ob diese Erzählungen eher einer Selbstdarstellung des Erzählers dienen,[4] ihm die Verarbeitung und Befreiung von persönlichen Erfahrungen ermöglichen[5] oder aber soziale Funktionen erfüllen, vor allem, indem sie eine Anteilnahme des Zuhörers an Erlebnissen des Erzählers bewirken.[6]

Von den Alltagserzählungen und erzählenden Gebrauchstexten können die erzählenden Texte unterschieden werden, die sich durch Fiktionalität beziehungsweise durch Poetizität/künstlerische Gestaltung auszeichnen, wobei allerdings die genannten Überschneidungen mit den ‚nicht-funktionalisierten‘ Alltagserzählungen zu berücksichtigen sind. Diese Unterscheidung beruht auf einer Ausweitung der (nicht trennscharfen) Definition von Literatur, nach der literarische Texte fiktional und/oder poetisch sein müssen (vgl. Kap. 3.1), auf einen Teil der Erzählungen in allen Medien. Fiktionale/künstlerisch gestaltete erzählende Texte sind – auch wenn sie weder als kontext- noch als funktionslos gelten können – im Vergleich zu den meisten Alltagserzählungen in ihren Funktionen sehr viel komplexer und nicht auf pragmatische Zwecke zu reduzieren. Vor allem aufgrund unserer Schulerfahrung denken wir bei diesen Texten wohl zunächst an epische Texte: Die Werke, die den vielfältigen einfachen und Kunstformen der Epik angehören, sind nach ihrer Definition literarische Erzählungen. In diesen Erzählungen stellt ein fiktionaler Erzähler eine Handlung dar, zum Beispiel in Märchen, Fabeln, Parabeln, Novellen und Romanen. Doch auch Texte der anderen literarischen Gattungen, die keinen (fiktionalen) Erzähler wie die epischen Texte aufweisen, können – nach einer weiteren Definition des Erzählens, vgl. Kap. 1.1.3 – als erzählend gelten: So die Dramen sowie ein Teil der lyrischen Texte und der literarischen Gebrauchstexte. Darüber hinaus wird auch in manchen Werken der Musik, der Pantomime und des Balletts erzählt. Und vor allem nehmen fiktionale/künstlerisch gestaltete Erzählungen in den Medien ständig zu: Sie finden sich in (audio)visuellen und interaktiven Gattungen wie dem Spielfilm, dem Hörspiel, dem Bilderbuch, dem Comic, der Hyperfiction und dem Computerspiel. Die fiktionalen/künstlerisch gestalteten erzählenden Texte lassen sich nach ihrem medialen Träger wie folgt systematisieren:

[3] Ehlich (1983), S. 138f.
[4] Vgl. Gülich (1980) und Stempel (1980).
[5] Vgl. Frommer (1992), S. 22.
[6] Vgl. Ludwig (1981).

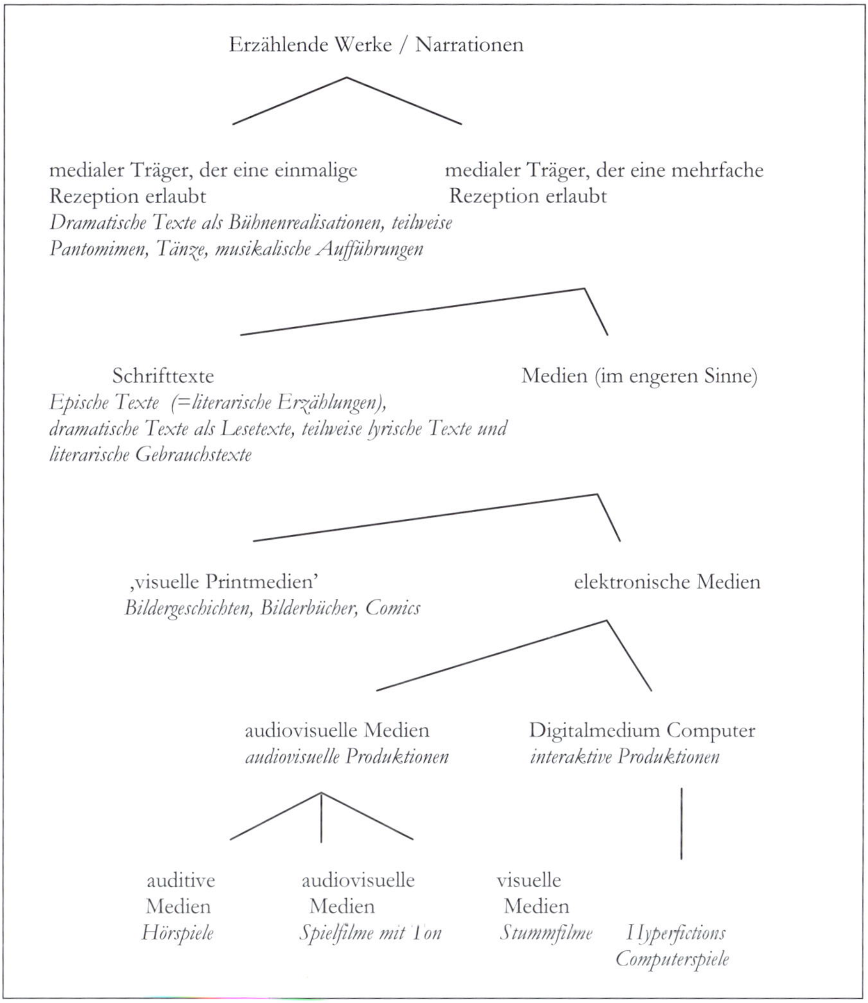

Diese Systematik folgt gängigen Unterscheidungen, indem fiktionale/künstlerisch gestaltete Erzählungen in Schrifttextform von Narrationen in anderen Medien abgegrenzt werden. Durch den Computer als Medium, das alle anderen Medien in sich vereinen kann, hat sich die Beziehung der Medien zueinander in letzter Zeit zwar verändert; die grundsätzliche Differenz zwischen Schrifttext-, audiovisuellen und interaktiven Produktionen bleibt allerdings trotz dieser Entwicklung gewahrt.

1.1.3 Begriffsbestimmung von ‚Erzählung'

Die vorläufige Bestimmung der Erzählung als Mitteilung von Geschehnissen wird in der Erzähltheorie/Narratologie vor allem durch zwei unterschiedliche Definitionsversuche präzisiert. Die erste – traditionelle – Auffassung findet sich im ‚Reallexikon der deutschen Literaturwissenschaft' wieder. Entsprechend der Vielfalt erzählender Texte wird ‚Erzählung' hier zunächst bestimmt als

> Oberbegriff für die Textsorten-Klasse ‚Darstellung von tatsächlichen und fiktiven Ereignissen bzw. Handlungen in mündlicher, schriftlicher oder visueller Form'.

Diese Definition wird wie folgt weiter ausgeführt:

> (1) Als allgemeiner Oberbegriff umfaßt ‚Erzählung' nicht nur literarische Prosagattungen [...], sondern auch nicht-literarische Darstellungen von Vorgängen und Handlungen in pragmatischen Kontexten, z.B. vor Gericht [...], in der Geschichtsschreibung [...], in Erzähltraditionen von ↗ *Oralität* ([...]↗*Alltagserzählung*) etc. Ausschlaggebend für die Zuordnung ist allein das Vorliegen der elementaren Struktur der ‚Narrativität' (des ‚Erzählerischen'); deren Grundkomponenten, ein Erzählsubjekt (↗*Erzähler*) und das von ihm Erzählte (Geschichte [...]), sind strukturell durch den Akt des Erzählens und seine formalen und stilistischen Konstituenten miteinander verbunden, wobei das Erzählte aufzufassen ist als eine zeitlich organisierte Handlungssequenz, in der mindestens eine ↗ *Figur* einen dynamischen Situationswechsel erlebt [...].[7]

In einer Skizze lässt sich die Erzählung nach dieser Auffassung also wie folgt darstellen:

Erzählsubjekt / Erzähler + *das Erzählte*
= zeitlich organisierte Handlungssequenz: mind. 1 Figur erlebt dynamischen Situationswechsel

verbunden durch den Akt des Erzählens
(mit formalen und stilistischen Elementen)

Diese traditionelle Definition ist jedoch mit Blick auf die epischen Texte entwickelt worden und trifft unbestritten auch nur auf diese Texte (wie zum Beispiel auf *Die Wahlverwandtschaften*) zu. Sie ist dementsprechend von neueren, vor allem im angelsächsischen Sprachraum verbreiteten Ansätzen der Erzähltheorie – so von denen Seymour Chatmans[8] und Edward Branigans[9] – angesichts des Erzählens in Gattungen wie der Lyrik, dem Drama und vor allem dem Film kritisiert und modifiziert worden: Ob es in diesen Gattungen (also zum Beispiel in einem Song beziehungsweise lyrischen Text wie *Ich überleb's*) einen Erzähler gibt, muss

---
[7] Schmeling/Walstra (1997), S. 517.
[8] Vgl. Chatman (1978), S. 26.
[9] Vgl. Branigan (1990).

zumindest als zweifelhaft, wenn nicht als widerlegt gelten. (Vgl. Kap. 5.1.3) In einer weniger engen Definition der Erzählung wird deshalb auf das Merkmal einer vermittelnden Instanz verzichtet. Die Erzählung gilt demnach als Mitteilung eines an eine menschliche oder menschenähnliche Figur geknüpften *Geschehens*. Nach beiden vorgestellten Definitionen ist also ein Geschehen/ein ‚dynamischer Situationswechsel' notwendige Bedingung für eine Erzählung.

In Anlehnung an Borstnar/Pabst/Wulff[10] wollen wir ein ‚Geschehen' durch die folgenden vier Elemente (die teilweise auch implizit dargestellt werden können) und eine zusätzliche Bedingung definieren. Mit Hilfe dieser Definition können Geschehnisse sinnvoll von Vorgängen abgegrenzt werden:

1. Ein Geschehen muss zwei Situationen einer Figur (im Sinne eines menschlichen oder menschenähnlichen Handlungsträgers) umfassen, die zeitlich aufeinander folgen. Nach dieser Bestimmung ist ein dynamischer Prozess kein Geschehen, sondern ein Vorgang, wenn er nicht an eine Figur geknüpft ist – wie zum Beispiel die Bewegung von Blättern an den Bäumen, ein Gewitter oder der Einsturz eines (leeren) Gebäudes.
2. Ein Geschehen muss eine semantische Gegensätzlichkeit der beiden Situationen in mindestens einem relevanten Merkmal umfassen. Nach dieser Bestimmung ist ein dynamischer Prozess kein Geschehen, sondern ein Vorgang, wenn er zwar an eine Figur gebunden ist, aber nicht zu einem Situationswechsel führt – wie zum Beispiel das ungerichtete Hin- und Hergehen einer Figur.
3. Ein Geschehen muss eine Transformationsoperation umfassen, die von der Figur ausgeführt oder erlebt wird. Nach dieser Bestimmung ist ein dynamischer Prozess kein Geschehen, sondern ein Vorgang, wenn eine Figur zwar einen Situationswechsel erfährt, dieser Wechsel aber nicht mit einer Transformationsoperation verbunden ist – wie zum Beispiel in der Folge a) „Charlotte war in den Major verliebt" und b) „ein paar Tage später war ihre Verliebtheit verflogen".
4. Ein Geschehen muss eine kausale Beziehung zwischen Transformationsoperation und finaler Situation umfassen. Nach dieser Bestimmung ist ein dynamischer Prozess kein Geschehen, sondern ein Vorgang, wenn eine Figur zwar eine Transformationsoperation ausführt oder erleidet, diese Operation aber nicht den Situationswechsel bewirkt – wie zum Beispiel in der Folge a) „Charlotte war in den Major verliebt", b) „Charlotte klärte die Frage, wer sich künftig um Ottilie kümmern sollte" und c) „Charlottes Verliebtheit war verflogen".
5. Außerdem dürfen die genannten Elemente eines Geschehens einander nicht notwendig bedingen. So ist zum Beispiel die Folge a) „Charlotte war verheiratet", b) „sie ließ sich scheiden" und c) „dann war sie geschieden" lediglich ein Vorgang, während die Folge a) „Charlotte war geschieden", b) „Charlotte traf ihren Jugendfreund Eduard wieder" und c) „daraufhin heiratete sie Eduard" ein Geschehen ergibt.

Ein Geschehen bildet die kleinste Einheit (‚Mikrostruktur') des Erzählens, Geschehnisse sind damit notwendige Elemente jeder Erzählung. Der oben wiedergegebene Ausschnitt aus Goethes *Die Wahlverwandtschaften* ist durch ein zentrales Geschehnis bestimmt: Ottilie, die längere Zeit die Nahrungsaufnahme vermieden hat, stirbt an Entkräftung. Darüber hinaus wird ein weiteres Geschehnis vorbereitet: Auch Eduard wird im weiteren Verlauf der Erzählung sterben, nachdem er den Wunsch gefasst hat, Ottilie nachzufolgen. Wenn die Wiedergabe eines Geschehens schon hinreichen würde, um einen Text als Erzählung aufzufassen, müsste allerdings auch *Ich überleb's* als erzählend gelten. In den ersten Zeilen wird

[10] Vgl. Borstnar u.a. (2002), S. 153f.

– teils implizit – ein Geschehen dargestellt: Ein Ich bringt in seiner Ansprache an ein Du zum Ausdruck, dass es sich nach dem Fortgang des Dus nicht mehr für lebensfähig hielt, dann jedoch lernte auf „eigenen Beinen" zu stehen; durch die Fortsetzung der Rede zeigt sich dann, dass das Ich nun tatsächlich vom Du unabhängig ist. Ob ein Text insgesamt als erzählender Text gelten kann, hängt aber noch von weiteren Bedingungen ab. So darf die Mitteilung von Geschehnissen gegenüber der Darstellung von Zuständen und Vorgängen in erzählenden Texten nicht vollständig zurücktreten (wie es in *Ich überleb's* tendenziell der Fall ist) – auch wenn insbesondere in modernen literarischen Erzählungen solche beschreibenden Elemente einen hohen Stellenwert einnehmen können. Darüber hinaus müssen die einzelnen Geschehnisse in erzählenden Texten komplexere Strukturen bilden, zum Beispiel indem sie zu einer kausal oder final geordneten Handlung – *Die Wahlverwandtschaften* ist beiden Handlungstypen verpflichtet – verbunden werden (vgl. Kap. 2.1.2).

In jüngster Zeit hat nun die Definition des ‚Erzählens' durch die Mitteilung von Geschehnissen noch eine Ausweitung erfahren. Angesichts der erzählenden Strukturen vieler interaktiver Produktionen schlägt Marie-Laure Ryan vor, auch solche Darstellungen von Geschehnissen, die durch den Rezipienten mittels Nutzung interaktiver Möglichkeiten ‚miterschaffen' werden, als Erzählungen zu verstehen.[11] Für uns soll im Folgenden diese weiteste Auffassung der Erzählung auf Grundlage eines erweiterten Textbegriffs maßgeblich sein:

Erzählung: Mitteilung von Geschehnissen (durch einen Erzähler oder durch mimetische/visuelle Präsentation), ggf. unter interaktiver Mitwirkung des Rezipienten.

‚Erzählung' wird dabei synonym mit Narration sowie mit erzählender Produktion, erzählendem Werk und erzählendem Text gebraucht.

Unter der Vielzahl von Gattungen, die nach dieser Definition als erzählend gelten können, haben wir allerdings eine Auswahl getroffen. Wir konzentrieren uns auf drei erzählende Gattungen: Die *literarische, die filmische und die interaktive.* Zum einen, weil die Medienumwelt von Menschen in der Gegenwart durch diese Erzählungen entscheidend geprägt wird. Und zum anderen, weil sie besonders eng zusammengehören: Literarische, filmische und interaktive Erzählungen sind zwar an unterschiedliche Medien gebunden, weisen aber dennoch – neben medienspezifischen Unterschieden – zentrale Gemeinsamkeiten in der Darstellung auf. Diese drei Gattungen des Erzählens sollen jedoch nicht gleichberechtigt behandelt werden. Der Schwerpunkt unserer Untersuchung liegt auf den literarischen und der filmischen Erzählungen, die, wie im Folgenden gezeigt werden soll, besondere Funktionen für ihre Rezipienten erfüllen können, während die interaktiven Erzählungen in ihrer großen Mehrzahl nicht an die Potenziale von Literatur und Film heranreichen.

---

[11] Vgl. Ryan (2005).

1.2 Didaktische Perspektiven

1.2.1 Hinführung: Funktionen von Erzählungen

Roland Barthes setzt seine oben zitierte Beschreibung der Vielfalt von Erzählungen mit Gedanken zu ihrer Allgegenwart fort:

> Außerdem findet man die Erzählung in diesen nahezu unendlichen Formen zu allen Zeiten, an allen Orten und in allen Gesellschaften; die Erzählung beginnt mit der Geschichte der Menschheit; nirgends gibt und gab es jemals ein Volk ohne Erzählung; alle Klassen, alle menschlichen Gruppen besitzen ihre Erzählungen [...].[1]

Erklärbar ist diese anthropologische Konstante damit, dass Erzählungen aller Art, so unterschiedlich ihre Zwecke sonst auch sein mögen, eine grundlegende Funktion miteinander teilen:

> Erzählend (und zuhörend oder lesend) fixieren, wiederholen, ordnen, überprüfen, deuten und verändern wir geschehene (faktische) oder erfundene (fiktive) Handlungen. Wir erkunden den Raum der wirklichen Welt und die Räume der Einbildungskraft – zu unserer Lust und/oder unserem Schrecken.[2]

Die innere und äußere Wirklichkeit erscheint uns nicht von vornherein als geordnet und damit als sinnvoll. Vielmehr wirkt sie zunächst aufgrund ihrer Komplexität chaotisch und verwirrend; damit wir uns erfolgreich in ihr bewegen können, ist eine Sinnbildung notwendig, sei es durch kulturelle Konventionen, individuelle Kategorien oder auch durch das Nachvollziehen naturgegebener Ordnungsmuster. Erzählungen leisten einen zentralen Beitrag zu dieser Sinnbildung, indem sie die Beziehung von Subjekt und Außenwelt ordnen und deuten: Anders als Texte, die vor allem Zustände oder Vorgänge wiedergeben, stellen Erzählungen mit ihren Geschehnissen zwar nicht ausschließlich, aber doch vor allem Interaktionen des handelnden oder leidenden Subjekts mit der äußeren Wirklichkeit dar (wobei die Interaktion – wie typischerweise im modernen Roman – auch schon in ihren Ansätzen scheitern kann). Besonders bedeutsam ist diese Darstellung, weil die Sinnbildung nicht auf das produzierende oder rezipierende Subjekt beschränkt bleibt, sondern durch die Erzählung „in den intersubjektiven Raum der Kommunikation" geholt wird[3] und eventuell sogar zum gesellschaftlichen Konsens werden kann.

Produktion und Rezeption der alltäglichen sowie der literarischen Erzählungen beruhen auf gemeinsamen grundlegenden Mustern, und dementsprechend erscheint eine Teilhabe an der Erzählfähigkeit im Alltag notwendig, „um auch die literarische Kommunikation gelingen zu lassen".[4] In den Funktionen von Alltagserzählungen/Erzählungen in nichtliterarischen Gebrauchstexten auf der einen

[1] Barthes (1988), S. 102.
[2] Vogt (1997), S. 288f.
[3] Gumbrecht (1980), S. 409.
[4] Ehlich (1980), S. 11-25.

und fiktionalen/künstlerisch gestalteten Erzählungen auf der anderen Seite zeigen sich allerdings auch Unterschiede, die über die oben erwähnte Differenz von engeren und komplexeren kommunikativen Zwecken noch hinausgehen: Erzählen in Alltagserzählungen und nichtliterarischen Gebrauchstexten entfaltet nur mitunter eine „seinen eigenen Alltag sprengende Kraft“;[5] es wiederholt und bestätigt oft bekannte, vereinfachende Muster der Beziehung von Subjekt und Außenwelt, um eine (an pragmatischen Zielen ausgerichtete) Orientierung in der bestehenden Wirklichkeit zu unterstützen. Auch fiktionale/künstlerisch gestaltete Erzählungen können diese Aufgabe (teilweise) erfüllen. Auf Grundlage einer besonderen Wirkung auf Gefühl und Vorstellung kommt zumindest einem wichtigen Teil dieser Erzählungen jedoch (auch) die gegenteilige Funktion zu: Sie fordern zu einer Überschreitung des Gewohnten heraus. Fiktionale/künstlerisch gestaltete Erzählungen können den Rezipienten mit bislang unbekannten ‚Räumen' innerer und äußerer Wirklichkeit vertraut machen. Und vor allem können sie ihm, wie die Literaturtheorie für literarische Texte ausführlich dargelegt hat, Sichtweisen nahe legen, in denen (scheinbar) Bekanntes der Innen- und Außenwelt neu oder jedenfalls differenzierter erscheint als zuvor – ohne dass dieser Sicht fest umrissene Begriffe zugrunde liegen würden (vgl. Kap. 4.2.1).

Diese besonderen Sichtweisen der Wirklichkeit oder genauer: der Beziehung von Subjekt und Außenwelt können als ‚neu‘ oder ‚differenzierter‘ im Vergleich zu kulturell konsensfähigen Schemata der Wahrnehmung bestimmt werden; allerdings bleibt bei dieser Bestimmung stets ein mehr oder weniger großer Spielraum offen, und für manche Rezipienten, insbesondere für Kinder und Jugendliche, müssen natürlich auch solche Sichtweisen als ‚neu‘ gelten, die bereits kulturell etabliert sind. Die von einer Erzählung in Abweichung von vorherrschenden Schemata entworfene Sicht der Beziehung von Subjekt und Außenwelt kann der Rezipient entfalten, sich aneignen – eventuell auch nur teilweise oder in modifizierter Form – und dann für eine veränderte Wahrnehmung der Lebenswirklichkeit nutzen, vielleicht sogar zur Grundlage seines Handelns in der Realität machen (vgl. Kap. 3.2).

Unter Bezug auf die Bestimmung des ‚Handlungsfeldes‘ Literatur durch Ulf Abraham und Matthis Kepser[6] möchten wir die ‚Gratifikationen‘, die fiktionale/künstlerisch gestaltete Erzählungen ihren Rezipienten bieten, den drei Bereichen Individuation, Sozialisation und Enkulturation zuordnen. In Abgrenzung von Abraham/Kepser beschränken wir uns dabei allerdings auf diejenigen ‚Gratifikationen‘, die auf dem Entwurf neuer Sichtweisen von Wirklichkeit und damit auf den besonderen Funktionen fiktionaler/künstlerisch gestalteter Erzählungen beruhen. Erzählungen können individuelle Bedeutsamkeit gewinnen, indem sie dem Rezipienten zum Beispiel Vorschläge zur Erkenntnis seiner eigenen Lebensgeschichte, zur Weiterentwicklung seiner Identität und zum Umgang mit anderen beziehungsweise der Gesellschaft machen. Soziale Bedeutsamkeit kann Erzählungen vor allem dadurch zukommen, dass sie zur Kommunikation über die von ihnen nahe gelegten Sichtweisen von Wirklichkeit und dabei eventuell auch zur

[5] Ebd., S. 20.
[6] Vgl. Abraham/Kepser (2005), S. 10-25.

Herausbildung von Gruppenidentität einladen. Und kulturelle Bedeutsamkeit von Erzählungen kann entstehen, indem sie dem Rezipienten eine Teilhabe am kulturellen Gedächtnis und am laufenden gesellschaftlichen Selbstverständigungsprozess ermöglichen. Kulturelles Gedächtnis und gesellschaftliche Selbstverständigung sind natürlich nicht auf das Medium der fiktionalen/künstlerisch gestalteten Erzählung beschränkt und beruhen sogar zu großen Teilen auf etablierten Sichtweisen von Wirklichkeit. Doch haben die besonders gestalteten Erzählungen unter anderem die Aufgabe, kollektiv Verdrängtes und Unterdrücktes zum Ausdruck zu bringen und damit die Selbstreflexion einer Kultur „anzuregen und wo nötig durch Tabubruch zu provozieren".[7]

Einschränkend muss angemerkt werden, dass wohl nur eine Minderheit der Rezipienten das Angebot fiktionaler/künstlerisch gestalteter Erzählungen zur Entwicklung neuer Sichtweisen von Wirklichkeit bewusst beziehungsweise in möglichst ausgeprägter Weise wahrnimmt. Vielmehr werden in den meisten Fällen triviale oder populäre Fiktionen rezipiert, und zwar zum Zweck der ‚Unterhaltung' oder ‚Entspannung'. In der Forschung wird die ‚unterhaltende' Funktion dieser Art von Erzählungen – ob nun in der Literatur oder in den Medien – damit erklärt, dass sie dem Rezipienten mittels konventionalisierter Darstellungsverfahren eine vereinfachende Sichtweise von Wirklichkeit anbieten und damit gerade keine Überschreitung, sondern eine (entlastende) Bestätigung des Gewohnten leisten.[8] Doch könnte diskutiert werden, ob nicht alle fiktionalen Werke, auch wenn sie dem Rezipienten lediglich eine klischeehafte Wunscherfüllung anbieten, mit dieser Wunscherfüllung dennoch in bestimmter Hinsicht die Alltagswirklichkeit überschreiten. Und zumindest gilt für eine Reihe neuerer Werke der Unterhaltungsliteratur und des populären Spielfilms, dass sie zwar die Komplexität von Wirklichkeit reduzieren, aber traditionelle Sichtweisen unterlaufen und dem Rezipienten jedenfalls teilweise originelle oder kritische Auffassungen der modernen Welt nahe legen. Damit können auch diese Erzählungen – jedenfalls in gewissem Maße – den begrenzten „Spielraum gesellschaftlichen Verhaltens" auf „neue Wünsche, Ansprüche und Ziele" hin durchsichtig machen, wie es Hans Robert Jauß in *Literaturgeschichte als Provokation* für die Hochliteratur in Anspruch nimmt.[9]

---

[7] Ebd., S. 23.
[8] Vgl. z. B. Nusser (1991).
[9] Jauß (1970), S. 202.

1.2.2 Erzählungen als Unterrichtsgegenstand

1.2.2.1 Der Stellenwert von Erzählungen im Unterricht

Erzählungen behaupten einen zentralen Stellenwert sowohl in der deutschdidaktischen Diskussion als auch in der Unterrichtspraxis; im Literaturunterricht sind sie die am häufigsten rezipierte und wohl auch die bedeutendste Textsorte. Angesichts der oben erläuterten grundlegenden Funktionen von Erzählungen erscheint dieser Stellenwert gerechtfertigt: Die Sinnbildung durch Erzählen ist für Kinder und Jugendliche von großer Wichtigkeit, sodass eine Entwicklung ihrer Fähigkeit zur Rezeption (und Produktion) von Erzählungen als zentrales Anliegen des Deutschunterrichts gelten muss. Darüber hinaus soll eine Überschreitung der gewohnten Sichtweisen von Subjekt und Außenwelt durch literarische /künstlerisch gestaltete Erzählungen im Deutschunterricht besonders gefördert werden. Obwohl es so scheinen mag, als wäre zumindest für leistungsschwächere Schüler heutzutage eine Aneignung von pragmatisch orientierten Routinen des Wahrnehmens und Handelns besonders dringlich, ist es nach unserer Auffassung notwendig, allen Schülern auch Möglichkeiten zu einer Überschreitung dieser Routinen in den oben erläuterten Bereichen der Individuation, Sozialisation und Enkulturation nahe zu legen. Dabei muss natürlich darauf geachtet werden, dass diese Angebote die Schüler relativ zu ihrem Alter beziehungsweise zu ihren kognitiven und emotionalen Fähigkeiten nicht überfordern.

Fraglich bleibt unter diesen Voraussetzungen allerdings, welcher Umfang und welcher Stellenwert welchen Gattungen des Erzählens im Unterricht zukommen soll: Ist den Alltagserzählungen, Erzählungen in Gebrauchstexten sowie den trivialen oder populären fiktionalen Erzählungen ein größeres Gewicht einzuräumen als bislang, und in welcher Beziehung sollen diese Produktionen zu den künstlerisch gestalteten Erzählungen stehen? Und vor allem: Sollen literarische Erzählungen – wie auch heute noch weitgehend üblich – den Unterricht fast ausschließlich prägen, oder sollen mediale Erzählungen – womöglich gleichberechtigt – neben die literarischen treten? Infolge der PISA-Studie hat sich diese Debatte in jüngster Zeit wieder verschärft: Gegen die Anliegen, Schülern Rezeptionskompetenz gegenüber den medialen Erzählungen zu vermitteln, die ihre Medienumwelt zunehmend beherrschen, sowie triviale und populäre Erzählungen einer kritischen Betrachtung zu unterziehen, steht das Argument, dass der Deutschunterricht für die Erschließung solcher (Schrift)texte genutzt werden soll, die Schüler spontan kaum angemessen verstehen können (vgl. Kap. 5.2.2).

Wir teilen die Auffassung, dass der Unterricht sich auf Erzählungen konzentrieren soll, die relativ zum Leistungsvermögen der Schüler einen hohen Grad an Komplexität aufweisen. Die literarischen Erzählungen sollen dabei weiterhin den Schwerpunkt bilden, aber neben den literarischen sollen auch filmische Erzählungen ihren festen Platz im Deutschunterricht aller Jahrgangsstufen einnehmen. Zudem scheint es uns an der Zeit, dass interaktive Erzählungen zwar keinesfalls gleichwertig neben Literatur und Film treten, aber doch in bestimmter Weise berücksichtigt werden: Schüler sollen sich bewusst machen, welche Sichtweisen von Wirklichkeit ihnen durch narrative Computerspiele vermittelt werden.

1.2.2.2 Die Ziele für den Umgang mit Erzählungen im Unterricht

Als zentrales Ziel für den Umgang mit fiktionalen/künstlerisch gestalteten Erzählungen aller Medien im Unterricht kann die Förderung von Narrationskompetenz (im Sinne einer Rezeptionskompetenz, zur Produktionskompetenz vgl. Kap 7.3) gelten. Eine angemessene Klärung dieses Begriffs steht jedoch noch aus. Für eine Bestimmung des Zieles Förderung von Narrationskompetenz einschließlich von Teilzielen sind ‚Bildungsziele' zu formulieren: Ziele im Sinne von „relativ allgemein gehaltenen Aussagen darüber, welche Wissensinhalte, Fähigkeiten und Fertigkeiten, aber auch Einstellungen, Werthaltungen, Interessen und Motive die Schule vermitteln soll", auf Grundlage einer Entscheidung darüber, „welche Chancen zur Entwicklung ihrer individuellen Persönlichkeit, zur Aneignung von kulturellen und wissenschaftlichen Traditionen, zur Bewältigung praktischer Lebensanforderungen und zur aktiven Teilnahme am gesellschaftlichen Leben wir Kindern und Jugendlichen geben wollen."[10] Entsprechende Bildungsziele lassen sich mit einem ‚weiten' Kompetenzbegriff vereinbaren, nach dem Kompetenzen nicht als bloße Leistungsdispositionen verstanden werden, sondern – so Franz Weinert – als „die bei Individuen verfügbaren oder durch sie erlernten Fähigkeiten und Fertigkeiten, um bestimmte Probleme zu lösen, sowie die damit verbundenen motivationalen, volitionalen und sozialen Bereitschaften und Fähigkeiten, um die Problemlösungen in variablen Situationen erfolgreich und verantwortungsvoll nutzen zu können."[11]

Wir schlagen vor, Narrationskompetenz als Teil einer umfassenden ästhetischen Kompetenz im Sinne von Joachim Fritzsche und damit als Fähigkeit zu einer besonderen Form der Erkenntnis aufzufassen.[12] Diese besondere Erkenntnis setzt eine emotionale Beteiligung voraus, ist nur in einem weiteren Sinne kognitiv, insofern sie nicht auf etablierten, fest umrissenen Begriffen beruht, und vermag beim Rezipienten ästhetischen Genuss auszulösen. Wir wollen diese Erkenntnis für den Bereich der fiktionalen/künstlerisch gestalteten Erzählungen in Übereinstimmung mit ihrer oben (in Kap. 1.2.1) dargelegten zentralen Funktion näher bestimmen: (Rezeptive) Narrationskompetenz soll als Kompetenz des Rezipienten gelten, sich die von einer Erzählung nahe gelegten neuen beziehungsweise differenzierteren Sichtweisen der Beziehung von Subjekt und Außenwelt anzueignen und für die eigene Lebenswirklichkeit zu nutzen. ‚Aneignung' meint dabei nicht eine distanzlose und vollständige Übernahme, sondern eine kritische Einschätzung und eventuell auch nur teilweise beziehungsweise modifizierte Integration in die eigenen Schemata der Wahrnehmung – im Extremfall kann die ‚Aneignung' auch in einer vollständigen Zurückweisung der angebotenen Sichtweisen bestehen. Für den Umgang mit fiktionalen Erzählungen kann diese Kompetenz als Realitäts-Fiktions-Bezugskompetenz bezeichnet werden (vgl. Kap. 3.2.4). Entsprechend den oben erläuterten drei Bereichen, für die die von einer Erzählung nahe gelegten Sichtweisen bedeutungsvoll werden können, soll das

[10] Expertise, S. 13f.

[11] Weinert (2001), S. 27f.

[12] Vgl. Fritzsche (1994), Bd. 1, S. 61-64.

umfassende Ziel der Förderung von Narrationskompetenz durch die drei Teilziele Förderung der Kompetenz zur (1) Aneignung und Nutzung neuer Sichtweisen von Wirklichkeit für den Bereich Individuation, (2) Aneignung und Nutzung neuer Sichtweisen von Wirklichkeit für den Bereich Sozialisation und (3) Aneignung und Nutzung neuer Sichtweisen von Wirklichkeit für den Bereich Enkulturation differenziert werden.[13] Die für den Literaturunterricht wohl allgemein anerkannten, von Kaspar H. Spinner formulierten Lernziele Förderung von Imagination und Kreativität, Identitätsfindung und Fremdverstehen sowie Auseinandersetzung mit anthropologischen Grundfragen wie Liebe und Tod[14] können wiederum vor allem als Teilziele des Zieles (1) Aneignung und Nutzung neuer Sichtweisen von Wirklichkeit für den Bereich Individuation gelten.

Zielangaben des Literatur- und Medienunterrichts dürfen sich allerdings nicht auf eine Reflexion der ‚Gratifikationen' beschränken, die literarische und mediale Texte für ihre Rezipienten bereit halten, sondern müssen auch berücksichtigen, welche Voraussetzungen es Schülern ermöglichen, diese Gratifikationen zu erhalten.[15] Nach unserer Auffassung ist die Förderung von Texterschließungskompetenz für einen ergiebigen Unterricht zu fiktionalen/künstlerisch gestalteten Erzählungen grundlegend. Wir verstehen Texterschließungskompetenz als Kompetenz zur Analyse und Interpretation nicht nur von Schrifttexten, sondern auch von audiovisuellen und interaktiven Texten; die Interpretation von Texten umfasst dabei ihre subjektive Ergänzung durch den Rezipienten (vgl. Kap. 7.2.) und die Kommunikation über unterschiedliche Deutungsmöglichkeiten (vgl. Kap. 1.2.5.2). Die Texterschließung ist eine unabdingbare Voraussetzung dafür, dass Schüler eine Erzählung in angemessener Weise verstehen und damit ihr Angebot zur Weltdeutung nutzen können. Textanalyse und -interpretation sollen im Unterricht zu Erzählungen entsprechend gewichtet werden – wie infolge der PISA-Diskussion auch Bildungspläne und Rahmenrichtlinien inzwischen einfordern. Dazu ist es allerdings notwendig, das Lernziel Förderung von Texterschließungskompetenz zu differenzieren: Es muss genauer bestimmt werden, welche Teilkompetenzen die Texterschließung und insbesondere die Textanalyse im Unterricht umfassen soll, und zwar so, dass diese Bestimmung den Anforderungen gerecht wird, die sich für eine Erschließung von Erzählungen unterschiedlicher Medien beziehungsweise der verschiedenen Ebenen von Erzählungen ergeben.

Darüber hinaus plädieren wir dafür, im Rahmen der Texterschließungskompetenz zum einen die Kompetenz zur Realitäts-Fiktions-Unterscheidung zu fördern, die Voraussetzung für den kritischen Bezug einer Fiktion auf die Lebenswirklichkeit ist (vgl. Kap. 3.2.3 und 3.2.4). Und zum zweiten die Kompetenz zum Medienvergleich zu vermitteln, die einen verstärkten gegenseitigen ‚Profit' von der Rezeption literarischer und medialer (auch interaktiver) Erzählungen ermöglicht. Die Schüler sollen gemeinsame Strukturen von Erzählungen unterschiedlicher Medien auf den Ebenen der Handlung und der narrationsspezifischen Darstellungsverfahren erkennen und das Bedeutungs- beziehungsweise Wirkungs-

[13] Vgl. Kreft (1977).
[14] Vgl. Spinner (2001), S. 168-173.
[15] Vgl. Abraham/Kepser (2005) S. 46.

potenzial dieser Strukturen reflektieren; zugleich sollen die Schüler sich durch eine Betrachtung medienspezifischer und -typischer Unterschiede von Erzählungen die besonderen Leistungen der unterschiedlichen erzählenden Gattungen deutlich machen. Diese Grundsätze entsprechen Volker Frederkings Konzept eines „symmedialen Deutschunterrichts", der im Sinne von Jutta Wermke durch das „sinnvolle, durch einen didaktischen Mehrwert spezifizierte Aufeinanderbezogensein ‚alter' wie ‚neuer' Medien" gekennzeichnet ist.[16]

Zwei weitere, eng miteinander verbundene Lernziele für den Umgang mit fiktionalen/künstlerisch gestalteten Erzählungen sollen zur Förderung von Texterschließungskompetenz treten, im Sinne des oben vorgestellten weiten Kompetenzbegriffs nicht als Widersprüche, sondern als Ergänzungen zu ihr: Die Förderung von Rezeptionsmotivation, die auf einer wiederholten Erfahrung von Gratifikationen der Rezeption beruht. Und die Förderung der Kompetenz, einen emotionalen Zugang zu erzählenden Texten zu gewinnen, vor allem durch die Entwicklung von Empathie für Figuren. Diese Kompetenzen sind in der Regel Voraussetzung für die ergiebige Erschließung eines Textes und seine Nutzung für die Lebenswirklichkeit und ihre Entwicklung steht in Wechselwirkung mit einer Entwicklung der Texterschließungs- beziehungsweise Narrationskompetenz (vgl. Kap. 1.2.3). Die genannten grundlegenden Lernziele sollen schließlich noch durch die – für Schüler unterschiedlichen Alters und unterschiedlicher Schulstufen verschieden zu gewichtende – ‚mediale Bildung' vervollständigt werden: Eine Kenntnis von zentralen Werken, Autoren/Regisseuren, Epochen und Gattungen literarischer und medialer Erzählungen, die in mehr oder weniger hohem Maße zur Interpretation einer Erzählung beitragen kann.

Narrationskompetenz – Ziele für den Unterricht zu Erzählungen

- Texterschließungskompetenz (Kompetenz zu Analyse und Interpretation einschließlich der Kompetenz zur Fiktions-Realitäts-Unterscheidung und zum Medienvergleich)
- Rezeptionsmotivation und Kompetenz zur emotionalen Beteiligung an einer Erzählung (v. a. zur Entwicklung von Empathie)
- Mediale Bildung

Auf dieser Grundlage:

- Aneignung und Nutzung eines neuen/differenzierten Blickes auf die Beziehung von Ich und Welt (für die Bereiche Individuation, Sozialisation, Enkulturation)
- Differenzierung dieser Kompetenz (vor allem für den Bereich Individuation): Imagination und Kreativität, Identitätsfindung und Fremdverstehen sowie Auseinandersetzung mit anthropologischen Grundfragen

[16] Frederking (2004), S. 38. – Vgl. Wermke (1997).

1.2.2.3 Vertiefung: Die Bedeutung der Erzähltextanalyse im Unterricht

Die Textanalyse hat ihre fachwissenschaftlichen Grundlagen vor allem im Strukturalismus: Sie beruht auf der Zerlegung eines Textes in seine Einzelelemente und auf einer Bestimmung von funktionalen Zusammenhängen zwischen diesen Elementen. Die Textanalyse als Unterrichtsmethode nimmt für sich in Anspruch, lernbare Verfahren anzuwenden und überprüfbare Lernerfolge zu ermöglichen und fand unter dieser Maßgabe in den sechziger/siebziger Jahren im Literaturunterricht Verbreitung. Von den achtziger Jahren bis zur PISA-Studie trat die Textanalyse dann auf Grundlage von Bedenken gegen ‚Lernzielformalismus' und einer zunehmenden Hochschätzung von handlungs- und produktionsorientierten Methoden des Literaturunterrichts zurück. Die Textanalyse blieb zwar in höheren Jahrgangs- und Schulstufen ein relativ häufiges Vorgehen der Arbeit mit literarischen Texten und insbesondere Element des nach wie vor verbreiteten Interpretationsaufsatzes, ohne jedoch zu einem systematischen Verfahren der Texterschließung im Unterricht weiterentwickelt zu werden.

Tatsächlich ist eine Erzähltextanalyse mit Hilfe von Analysemodellen, die systematisch aufeinander bezogene Kategorien bereitstellen, notwendige Grundlage für eine angemessene Nutzung von Erzählungen durch die Schüler. Wie Kaspar H. Spinner ausgeführt hat, soll Textanalyse sinnvoll und motivierend sein, indem sie Schülern einen ihnen einleuchtenden Erkenntnisgewinn ermöglicht; insbesondere soll sie zur Klärung von Verständnisschwierigkeiten und damit zu einer Vertiefung des Textverstehens beitragen.[17] Wir möchten ergänzen, dass eine lohnende Textanalyse ein vorläufiges – wenngleich unvollständiges oder subjektiv verzerrtes – Textverstehen voraussetzt und in jedem Fall zu einer Interpretation führen soll, die den Schülern ein zugleich persönlich bedeutsames und textangemessenes Verstehen sowie einen Bezug des Textes auf die eigene Lebenswirklichkeit ermöglicht (vgl. Kap. 7.2.). Eine Analyse von Erzähltexten erlaubt die deutliche Erkenntnis von Strukturen, die zum einen die (auch) subjektive Interpretation anregt und zum anderen ihre Spielräume begrenzt, sodass die Gefahr vermieden werden kann, eine Erzählung als bloßen Anknüpfungspunkt für subjektive Assoziationen oder konventionelle Deutungen von Wirklichkeit zu nutzen (vgl. Kap. 7.2.).

Zwar können Strukturen einer Erzählung auch intuitiv wahrgenommen und für eine Interpretation genutzt werden, insbesondere wenn der Rezipient Vorwissen über Analysekategorien besitzt, das er nicht im Unterricht erworben hat – etwa Wissen darüber, dass Menschen/Figuren über relativ stabile Eigenschaften verfügen – und das er in ‚vorbewusster' Weise auf einen Text anwendet. Darüber hinaus gilt für alle, selbst für komplexe fachwissenschaftliche Modelle der Erzähltextanalyse, dass die Kategorien dieser Modelle in manchen Fällen bedeutungsvolle Strukturen einer Erzählung nicht differenziert genug zu erfassen vermögen. Deshalb soll neben der Textanalyse mit Hilfe von systematisch aufeinander bezogenen Kategorien auch das ‚genaue Lesen', das auf Kategorien verzichtet und Schüler Beobachtungen unter einer Vielzahl spontan ausgewählter Aspekte

[17] Spinner (1989).

treffen lässt, im Unterricht seinen Platz haben und die systematische Textanalyse immer wieder herausfordern, ergänzen und in manchen Fällen auch ersetzen. Für die Erarbeitung von relativ zu Alter und Leistungsvermögen der Schüler komplexen Erzählungen im Unterricht gilt aber in der Regel, dass die Textanalyse auf Grundlage von Analysemodellen erfolgen muss. Ebenso ist die kritische Betrachtung von trivialen oder populären Erzählungen zumeist auf eine Erkenntnis von Strukturen mit Hilfe von systematisch aufeinander bezogenen Kategorien angewiesen. Bei Verzicht auf solche Kategorien entsteht die Gefahr, dass die Beobachtungen der Schüler sich entweder zu sehr im Detail verlieren oder aber vom Lehrer deutlich gelenkt werden müssen, damit zentrale Aspekte einer Erzählung in den Blick geraten.

Auf den ersten Blick mag es so scheinen, als könne die Förderung von Analysekompetenz kaum als Bildungsziel mit Bedeutung für die Lebenswelt außerhalb der Schule gelten: Natürlich kann und soll es nicht Ziel des Unterrichts sein, Schüler auch für ihre private Rezeption von Erzählungen auf den bewussten Gebrauch von Analysemodellen zu verpflichten. Dennoch ist der schulische Erwerb von Texterschließungskompetenz auf Grundlage der Textanalyse für die Lebenswelt bedeutsam: Wenn Schüler im Unterricht die Erfahrung gemacht haben, dass sie mit Hilfe von Textanalyse ein für sie lohnendes Textverstehen erreichen können, und wenn sie Routinen/Handlungswissen für die selbstständige Analyse erworben haben, werden sie motiviert und befähigt sein, im Unterricht erworbene zentrale Kategorien auf eine privat rezipierte Erzählung in ‚automatisierter' Weise anzuwenden (vgl. Kap. 1.2.3.1), um die Erzählung differenzierter wahrzunehmen und ihre Potenziale für die Entwicklung neuer Sichtweisen von Wirklichkeit besser nutzen zu können. Wie Thomas Zabka ausgeführt hat, sollen die Schüler darüber hinaus die Fähigkeit erwerben, „von der unreflektierten zur reflektierten Rezeption zu wechseln, wann immer es ihnen in einem sozialen Diskurs über Kunst- und Medienprodukte oder auch in einer einsamen Rezeptionssituation geboten scheint" und dabei ihre Rezeptionsautomatismen kritisch zu betrachten.[18]

Entgegen einer verbreiteten Auffassung bietet sich eine Erzähltextanalyse im oben erläuterten Sinne auch für jüngere und weniger leistungsfähige Schüler an. Sie ist für Grund- und Hauptschüler, die sicherlich noch weniger zu einem intuitiven Erkennen von Strukturen in der Lage sind als Schüler höherer Alters- und Schulstufen, sogar besonders notwendig. Und unter der Voraussetzung, dass einfache Kategorien zur Verfügung stehen, die auf einfache Texte – vor allem auf ihre Handlungsebene – angewandt werden können, ist es möglich, die Textanalyse dem Abstraktionsvermögen der Schüler je nach Notwendigkeit anzupassen. Die Textanalyse und eine auf dieser Analyse aufbauende Interpretation ist natürlich nicht die einzige Möglichkeit für den Unterricht zu literarischen und medialen Erzählungen: Vor allem in der Grund- und Hauptschule sollen sicherlich auch Unterrichtseinheiten ihren Platz finden, die in erster Linie der Leseförderung dienen; für alle Jahrgangsstufen kann der Schwerpunkt des Unterrichts mitunter auf dem Kontext von Erzählungen, zum Beispiel auf ihren Produkti-

[18] Vgl. Zabka (2004), S. 252.

ons- und Rezeptionsbedingungen oder ihrer Gattungszugehörigkeit liegen; und für ältere Schüler kann ab und zu der Erwerb von Wissen zum Beispiel zu Autoren/Regisseuren und literatur-/filmgeschichtlichen Epochen im Mittelpunkt stehen. Grundsätzlich soll jedoch im Unterricht die Chance genutzt werden, den Schülern auf Grundlage der Textanalyse ein ergiebiges Verstehen von Erzählungen zu ermöglichen.

1.2.2.3 Die Beziehung von Leseförderung und Textanalyse

In den achtziger Jahren gewann in der didaktischen Diskussion und dann zunehmend auch in der Unterrichtswirklichkeit die Auffassung immer mehr an Gewicht, dass Literaturunterricht vornehmlich das Ziel der Leseförderung anstreben solle – vor allem in der Grund- und Hauptschule, aber auch in der Sekundarstufe anderer Schulformen. Angesichts der Prägung von Kindern und Jugendlichen durch die Medien wurde es als dringend notwendig erachtet, den Schülern – durch verschiedene Maßnahmen wie die Einrichtung von Leseecken im Klassenzimmer, Buchvorstellungen, Bibliotheksbesuche und Lesenächte – Lesefreude und auf dieser Grundlage eine stabile Lesemotivation zu vermitteln. Begründet wurden diese Ziele von Bettina Hurrelmann damit, dass Lesen sprachliche, kognitive und emotionale Fähigkeiten fördere sowie die Ausbildung von Medienkompetenz unterstützen könne.[19] Die Qualität der gelesenen Werke galt in didaktischen Konzepten der Leseförderung als nebensächlich: Hauptsache, die Kinder lesen überhaupt, so lässt sich die Auffassung der Leseförderer vereinfachend auf den Punkt bringen. Zwar wurde nicht abgestritten, dass der Literaturunterricht noch weitere Aufgaben wie die Vermittlung von Texterschließungskompetenz – auch gegenüber komplexeren Werken – zu leisten habe. Doch wurden Lesefreude und Lesemotivation prinzipiell als unabhängig von der Förderung des Textverstehens gesehen. Selbst Autoren wie Hartmut Eggert, die sich für eine solche Förderung entschieden einsetzten, vertraten dementsprechend die Ansicht, dass die Entwicklung von literarischer Rezeptionskompetenz ihren Platz in höheren Alters- und Schulstufen habe.[20]

Infolge von PISA, aber auch auf Grundlage einer zunehmenden Einsicht in die komplexen Strukturen und die ästhetische Funktion zumindest eines Teils der Kinder- und Jugendliteratur hat sich diese Auffassung nun in letzter Zeit gewandelt. Zwar konnte sich die Forderung von Elisabeth Paefgen, dass Literaturunterricht ausschließlich kognitive Kompetenzen zur Erschließung formal komplexer literarischer Texte vermitteln solle, nicht durchsetzen.[21] Leseförderung gilt nach wie vor als Ziel des Literaturunterrichts. Doch wird mittlerweile weitgehend eingestanden, dass Lesefreude/Lesemotivation und Textverstehen nicht voneinander zu trennen sind, sondern in Wechselwirkung miteinander stehen. Nicht nur

---

[19] Vgl. Hurrelmann (1994).
[20] Vgl. Eggert (1998).
[21] Vgl. z. B. Paefgen (1999b).

sind Lesefreude beziehungsweise Lesemotivation Voraussetzungen für die Entwicklung von Textverstehen. Das Textverstehen ist auch Grundlage für Lesefreude und Lesemotivation: Zum ersten erfordert das Lesen von literarischen Texten, auch wenn sie hauptsächlich einer Bestätigung von Klischees oder einer imaginären Wunscherfüllung dienen mögen, stets ein gewisses Maß an Kompetenz zur Sinnbildung unter Berücksichtigung der literarischen Form. Und zum zweiten nehmen Lesefreude und Lesemotivation in dem Maße zu, in dem die Schüler ihre Fähigkeit entwickeln können, komplexere Texte zu verstehen und damit deren Angebote zur Deutung von Wirklichkeit zu nutzen – auch wenn sich diese Freude, dies ‚Vergnügen' vom ‚Spaß' an einfacher zu rezipierenden Texten unterscheiden mag.[22] In Abgrenzung zu Paefgen hat Valentin Merkelbach diese Auffassung besonders deutlich formuliert: Zur Nutzung von Literatur gehört „Lust auf Lesen ebenso wie textanalytische Kompetenz und die Erkenntnis, dass das eine nicht ohne das andere zu haben ist und beides in einem dialektischen Verhältnis zueinander existiert – auf dem niedrigsten wie auf dem höchsten Niveau von Lektürefähigkeit. Auch das Vergnügen einfacher, ja einfachster literarischer Texte setzt, wie vorbegrifflich auch immer, Einsicht in die Machart voraus und erweitert zugleich diese Einsicht, ohne die Vergnügen nicht zu haben ist. Diese literarische Grundkompetenz, die mit Kinderreimen, Kinderliedern, mit Gute-Nacht-Geschichten und Märchen ihren Anfang nimmt, gilt es mit der Auswahl immer komplexerer Texte zu stimulieren und dafür Formen des Umgangs zu finden, die Lust auf Lesen nicht in Gegensatz bringen zur Lust auf Lernen."[23]

Dementsprechend kann inzwischen wohl als didaktischer Konsens gelten, dass Leseförderung allein nicht ausreicht, sondern auch in der Grund- und Hauptschule mit einer Förderung des Textverstehens verbunden werden muss. Erstaunlich erscheint uns im Rahmen der entsprechenden Überlegungen jedoch, dass diese Förderung etwa als ‚literarisches Lernen', ‚Förderung von literarischer Rezeptionskompetenz', ‚literarisierender Unterricht',[24] ‚literarische Bildung' (im Sinne eines Kompetenzerwerbs)[25] oder gar als ‚Inszenierung ästhetischer Erfahrungen'[26] bezeichnet wird, wobei die Autoren mehr oder weniger deutlich werden lassen, dass sie diese Ziele vom Erwerb der Textanalyse beziehungsweise Texterschließungskompetenz abgrenzen. Grundlegend für diese Auffassung dürfte die von Ulf Abraham vertretene Annahme sein, dass sich die Teilfähigkeiten des kompetenten Umgangs mit Literatur in ‚subjekt-' und in ‚gegenstandsbezogene' aufteilen lassen: Zu den ‚subjektbezogenen' Kompetenzen zählen nach Abraham der (bessere) Umgang mit Literatur, Sprache, sich selbst und den anderen; erreicht werden sollen diese Kompetenzen vor allem durch die Bildung von Vorstellungen und die Kommunikation über diese Vorstellungen. Zu den ‚gegenstandsbezogenen' Kompetenzen gehören die literarische Bildung (auch im Sinne

22 Vgl. Rank (2004).
23 Merkelbach (2000), S. 92-94. Vgl. ähnlich auch Kämper-van den Boogart (2000) und Rosebrock (2003).
24 Maiwald (1999), bes. S. 103-108.
25 Vgl. Rank (2004).
26 Rosebrock (2003), S. 163.

des Erwerbs von Wissen) und die Fähigkeit zur Interpretation.[27] Zwar wird in den Konzepten des ‚literarischen Lernens' von Abraham und anderen eingeräumt, dass die ‚subjekt-' und ‚gegenstandsbezogenen' Fähigkeiten zum Umgang mit Literatur in Verbindung miteinander stehen, doch erscheinen die ‚subjektbezogenen' als Grundlage der ‚objektbezogenen', sodass sich aus dieser Auffassung die Konsequenz ergibt, Textanalyse beziehungsweise Texterschließung eher für höhere Alters- und Schulstufen anzustreben.

Diese Auffassung halten wir aber nur dann für einleuchtend, wenn Textanalyse und Interpretation in einem zu engen Sinn verstanden werden: Die Analyse als umfassende Untersuchung formaler und stilistischer Merkmale eines Textes und die Interpretation als Deutung unter Einbeziehung komplexen außertextlichen (literarischen) Wissens. Wenn die Interpretation (einschließlich der Bildung von Vorstellungen und der Anschlusskommunikation) dagegen in dem von uns vertretenen Sinn als Weg zu einem zugleich subjektiv bedeutsamen und gegenstandsangemessenen Textverstehen verstanden wird (das dann eine Nutzung des Textes für einen anderen Umgang „mit sich selbst und den anderen" einschließt) und die Textanalyse als (im Regelfall auf die Handlung konzentrierte) Grundlage für eine solche Interpretation gilt, ist eine Trennung von subjekt- und gegenstandsbezogenen Fähigkeiten des Umgangs mit Literatur beziehungsweise von literarischem Lernen und Förderung von Texterschließungskompetenz nicht aufrechtzuerhalten. Wir meinen dementsprechend, dass die Förderung von Lesefreude und Lesemotivation nur in Wechselwirkung mit einer Förderung der Kompetenzen zu Textanalyse und Interpretation möglich ist (und schlagen vor, die Förderung von Lesemotivation und der Kompetenz zur emotionalen Beteiligung an einem literarischen Text sowie der Texterschließungskompetenz, außerdem eine altersangemessene literarische Bildung unter dem Begriff des literarischen Lernens zusammenzufassen). Diese Annahme möchten wir auf die Beziehung von Rezeptionsmotivation und Texterschließungskompetenz gegenüber medialen Erzählungen ausdehnen. Textanalyse und Interpretation sind also gegenüber Erzählungen aller Medien in allen Alters- und Schulstufen, auch in der Grund- und Hauptschule, unabdingbar.

1.2.3 Grundlegendes zur Erzähltextanalyse

1.2.3.1 Erzähltextanalyse-Kompetenz: Typen von Wissen

Die Kompetenz zur Erzähltextanalyse bezeichnet die Kompetenz zum selbstständigen Erkennen von Strukturen erzählender Produktionen; das Erkennen erfolgt auf Grundlage von systematisch aufeinander bezogenen Analysekategorien, ist reflektiert und leitet zu einer Interpretation über. Weil diese Kompetenz

[27] Vgl. Abraham (1998), bes. S. 185-272.

auf dem Erwerb und der Anwendung von Analysekategorien beruht, nehmen wir an, dass die Erzähltextanalysekompetenz sowohl deklaratives Wissen (Faktenwissen, ‚knowing that') als auch prozedurales Wissen (Handlungswissen, ‚knowing how') im Sinne von John R. Anderson umfasst;[28] das deklarative Wissen kann dabei als explizit und das prozedurale Wissen zwar nicht – wie von Anderson angenommen – vollständig, aber zumindest in mehr oder weniger hohem Maße als implizit gelten.

Kompetenz zur Erzähltextanalyse

- bezeichnet die Kompetenz, Strukturen erzählender Produktionen selbstständig zu erkennen;
- erfolgt auf Grundlage von systematisch aufeinander bezogenen Analysekategorien, ist reflektiert und leitet zu einer Interpretation über;
- umfasst deklaratives und prozedurales Wissen.

Deklaratives Wissen ist für die Textanalyse vor allem insofern notwendig, als der Rezipient Kenntnisse über Analysekategorien zu erwerben hat. Dazu muss er die Analysekategorien zwar nicht in allen Fällen explizit definieren können, doch müssen ihm die Begriffe, die diesen Kategorien zugrunde liegen, zumindest prototypisch bekannt sein. So müssen Schüler, um zu entscheiden, ob eine Erzählung Erzählerkommentare enthält oder nicht, über das Wissen verfügen, dass solche Kommentare unter anderem in Form von Urteilen oder Meinungen auftreten können, und es müssen den Schülern Beispiele für solche Urteile und Meinungen bekannt sein. Auch die Textinterpretation erfordert deklaratives Wissen, ein mehr oder weniger hohes Maß an sprachlichem Wissen und Weltwissen beziehungsweise literatur- und medienwissenschaftlichem Wissen (vgl. Kap.7.2); dementsprechend muss die Vermittlung ‚medialer Bildung' (im Sinne einer Kenntnis von zentralen Werken, Autoren/Regisseuren, Epochen und Gattungen literarischer und medialer Erzählungen) als Ziel des Unterrichts im Rahmen einer Vermittlung von Narrationskompetenz gelten.

Zur selbstständigen Durchführung einer Textanalyse sind aber noch weitere Kenntnisse erforderlich: Die Schüler benötigen deklaratives Wissen, das eine reflektierte Anwendung der erworbenen Kategorien ermöglicht. Eine solche Art der Anwendung ist auch für jüngere Schüler zumindest in begrenztem Maße notwendig. Lediglich wenn der Lehrer den Schülern Analysekategorien unsystematisch in Form von konkret auf einen Text abgestimmten Fragen nahe legt, können Schüler diese Kategorien in ‚vorbewusster' Weise nutzen. Als Voraussetzung für den reflektierten Umgang mit Analysekategorien müssen sich Schüler vor allem die folgenden Grundsätze deutlich machen:

---

[28] Vgl. Anderson (1976), Anderson (1980) und Anderson (1983).

(1) Mit Hilfe der Analysekategorien können die zentralen Strukturen einer Erzählung in der Regel genauer bestimmt werden; in manchen Fällen erweisen sich die Kategorien aber auch als unzureichend zur Erfassung dieser Strukturen.

(2) Die Strukturen einer Erzählung auf Ebene der Handlung oder Darstellung, die durch die entsprechenden Kategorien genauer bestimmt werden, sind im Prinzip für alle Erzählungen grundlegend (insbesondere Komplikationshandlung, Figuren, Perspektivierung, ‚Sichtweise'). In manchen Fällen können diese Strukturen aber auch nur angedeutet werden oder in Form einer Leerstelle auftreten (wie zum Beispiel die Faktoren der Komplikation oder die Auflösung in vielen modernen Erzählungen).

(3) Einige dieser Strukturen lohnen in jedem Fall eine Untersuchung (wie Komplikationshandlung, Figuren, An- oder Abwesenheit von Erzählerkommentaren, Perspektivierung), einige von ihnen aber folgen auch häufig einem konventionalisierten Muster und haben dann keine besondere Bedeutung (wie zum Beispiel die Zeitgestaltung im Falle des chronologischen Erzählens oder bestimmter Erzählgeschwindigkeiten).

Darüber hinaus sollen die Schüler Wissen darüber erwerben, dass die Untersuchung von Strukturen erzählender Produktionen nicht automatisch zu einer oder gar der ‚richtigen' Interpretation führt, dass es sich aber anbietet, diese Untersuchung in eine Hypothesenbildung und -überprüfung einzubinden: Durch eine solche Ergänzung kann die selbstständige Textanalyse mit Interpretationsansätzen verbunden werden. In Abgrenzung zum deklarativen Wissen über Analysekategorien können die genannten Kenntnisse über die Textanalyse als ‚deklaratives metakognitives Wissen' gelten, dessen Anwendung eine Planung, Überwachung und Kontrolle mentaler Prozesse (in diesem Fall: der als Problemlösung verstandenen Textanalyse) ermöglicht.[29]

Auf Grundlage des oben erläuterten deklarativen Wissens sollen die Schüler möglichst frühzeitig Handlungswissen im Sinne der Kompetenz zu einer selbstständigen und reflektierten Anwendung von Analysekategorien auf Erzähltexte erwerben. Entsprechend der von Anderson dargestellten Beziehung von deklarativem Wissen und prozeduralem Wissen[30] nehmen wir an, dass ein solches Handlungswissen in mehreren Stufen aufgebaut wird: Zunächst werden allgemeine Problemlösungsstrategien genutzt, um die deklarativen Wissensbestände in langsamer, bewusster und oft fehlerhafter Weise anzuwenden. Dann wird der Vollzug der Handlung zunehmend automatisiert, wobei das deklarative Wissen immer stärker implizit werden kann. Im Unterricht ist eine solche Automatisierung unter Vernachlässigung von explizitem Wissen sicher nur in Maßen beziehungsweise in besonderen Kontexten möglich und wünschenswert, etwa wenn Schüler eine Erzählung ausschließlich im literarischen Unterrichtsgespräch erschließen sollen. Schüler sollen die Textanalyse in der Regel in reflektierter Weise durchführen, und darüber hinaus erfordern die im Unterricht bearbeiteten komplexen Erzählungen immer wieder Analyseprozesse, die von schon gewohnten Lösungswegen

[29] Vgl. Grotjahn (1997), S. 43f.

[30] Vgl. Anderson (1980), (1982), (1983) und die Zusammenfassung dieser Ausführungen durch Grotjahn (1997).

abweichen. Wir halten jedoch eine ‚automatisierte Textanalyse' für eine zu erstrebende Langzeitwirkung der schulischen Arbeit mit Erzählungen auf die private Rezeption der Schüler: Außerhalb der Schule sollen Strukturen erzählender Texte soweit möglich durch einen ‚geübten Blick' ohne explizite Nutzung von Kategorien erkannt und für das Textverstehen genutzt werden. Lediglich die von Anderson angenommene Stufe, auf der das prozedurale Wissen zu einer optimierten und vollständig automatisierten Fertigkeit wird, lässt sich beim Erwerb von Textanalysekompetenz nicht erreichen, weil das Erkennen von Textstrukturen niemals mit Hilfe von vollständig identischen Schemata erfolgen kann. Als geeignetes Mittel, um den Aufbau von Handlungswissen zu fördern, schlagen wir den Erwerb und die Anwendung von strategischem Wissen in Form von ‚Fragenkatalogen' zur selbstständigen Erzähltextanalyse vor (s.u.).

1.2.3.2 Aspekte des deklarativen Wissens: Auswahl, Art und Erwerb

Entsprechend der hohen Bedeutung, die dem deklarativen Wissen bei der Erzähltextanalyse zukommt, muss eine Didaktik der Erzähltextanalyse unterschiedliche Aspekte dieses Wissens reflektieren: Sie muss vor allem für die Auswahl, aber auch für die Art des zu vermittelnden Wissens und für seinen Erwerb Prinzipien formulieren.

(1) Die Auswahl von Kategorien

Eine zentrale didaktische Aufgabe besteht darin, Kategorien für die Erzähltextanalyse auszuwählen und zu gewichten. Nach unserer Auffassung sollen dabei die folgenden Prinzipien leitend sein:

(1) Medienintegration: Die Erzähltextanalyse soll soweit wie möglich auf gemeinsamen Kategorien für die Untersuchung von Erzählungen aller Medien beruhen und auf dieser Grundlage eine medienvergleichende Arbeit sowie den Transfer von Kompetenzen gegenüber unterschiedlichen Medien ermöglichen (vgl. Kap. 5.2.3).

(2) Konzentration auf Handlung und Figuren: Die Erzähltextanalyse soll sich in der Regel auf zentrale Elemente von Handlung und Figuren konzentrieren, die für das Verstehen einer Erzählung zumeist von herausragender Bedeutung sind und das besondere Interesse von Schülern zu wecken vermögen; allerdings soll die Konzentration auf die Handlung nicht dazu führen, dass Erzählungen als bloße Vermittler von Inhalten betrachtet werden (vgl. Kap. 2.2.2).

(3) Einfachheit: Die Erzähltextanalyse soll eine begrenzte Menge einfacher Kategorien nutzen. Die Zahl der Analysekategorien für den Unterricht soll so weit beschränkt werden, wie es nach Maßgabe der zu untersuchenden Gegenstände möglich ist. Für die Auswahl dieser Kategorien soll entscheidend sein, dass sie erstens für eine möglichst große Zahl von Erzählungen unterschiedlicher Gattungen ergiebig sind und zweitens relativ einfach erworben und angewandt

werden können. Nur mit Hilfe eines nach diesen Grundsätzen entworfenen Analysemodells können auch jüngere und weniger leistungsstarke Schüler deutliche Erkenntnisse von Erzählungen aller Gattungen gewinnen. Allerdings soll das Modell so angelegt sein, dass es für höhere Jahrgangsstufen und Schulformen (oder auch um in Ausnahmefällen den Anforderungen einer bestimmten Erzählung gerecht zu werden) erweitert und differenziert werden kann.

(2) Die Art des deklarativen Wissens über Kategorien

Über die Auswahl der Kategorien hinaus muss eine Didaktik der Erzähltextanalyse reflektieren, welche Art des Wissens von Kategorien den Schülern vermittelt werden soll. Die folgenden Teilaspekte sind dabei zu berücksichtigen:

– ‚Formen' des Wissens über Kategorien: Schüler können über die Kenntnis von explizit definierten Kategorien oder über eine ‚prototypische Kenntnis' von Kategorien verfügen. Eine prototypische Kenntnis ist nach unserer Überzeugung zumindest in einigen Fällen ausreichend, so zum Beispiel für das Wissen über die Kategorien Erzählerkommentar oder Innensicht.

– ‚Tiefe' des Wissens über Kategorien: Schüler müssen nicht nur Kategorien kennen, sie sollen auch Kenntnisse über mögliche Funktionen der durch eine Kategorie erfassten Textstrukturen sowie über ihre typischen Ausprägungen in bestimmten literaturgeschichtlichen Epochen und erzählenden Gattungen besitzen; außerdem sollen die Schüler sich Unterschiede und Gemeinsamkeiten bewusst machen, die der Gebrauch dieser Strukturen in Erzählungen unterschiedlicher Medien (mit den Varianten medienübergreifend, medientypisch oder medienspezifisch) aufweist.

– Kenntnis von Termini: Schüler können über die Kenntnis von Fachtermini für Kategorien verfügen; diese Kenntnis ist jedoch keine notwendige Voraussetzung für die Nutzung von Kategorien. Zu einem Vorschlag für die Reduktion von Fachtermini für die Sekundarstufe I vgl. Kap. 2.2.3, 4.2.3, 5.2.3, 6.2.3.

(3) Der Erwerb von deklarativem Kategorienwissen

Für den Erwerb von Kategorien der Erzähltextanalyse sind folgende Teilaspekte von grundlegender Bedeutung:

– Lernprogression: Schüler erwerben (Kategorien-) Wissen allmählich von der Primarstufe bis zum Ende der Sekundarstufen I und II; eine Didaktik der Erzähltextanalyse hat ‚Verlaufsmodelle' solcher Erwerbsprozesse zu entwickeln. Zu einem Vorschlag für ein solches Modell vgl. Kap. 2.2.3, 3.2.3, 4.2.3, 5.2.3, 6.2.3. Im Kontext der Lernprogression muss der Aspekt ‚Vorwissen' berücksichtigt werden: Schüler bringen aus ihrer Lebenswirklichkeit ein relevantes Vorwissen für die Analyse von Erzählungen mit, indem sie mit Kategorien der Erzähltextanalyse in ‚vorbewusster' Weise vertraut sind; beispielsweise wissen Schüler, dass Menschen/Figuren über relativ stabile Eigenschaften verfügen und dass für das Handeln von Menschen/Figuren im Umgang mit Komplikationen bestimmte

Faktoren verantwortlich sind. Dieses Wissen soll für den Erwerb von Kategorien im Unterricht genutzt werden.

– Differenzierung: Didaktische Konzeptionen des Erwerbs von Analysekategorien sollen die Spannweite zwischen leistungsstarken und leistungsschwachen Schülern berücksichtigen. Wir entwerfen deshalb ein Modell für die Erzähltextanalyse, das in seinen Grundzügen einheitlich ist und zugleich die erforderliche Differenzierung erlaubt. Zu Vorschlägen für eine solche Differenzierung vgl. Kap. 2.2.3, 3.2.3, 4.2.3, 5.2.3, 6.2.3.

– Formen des Erwerbs von Analysekategorien: Schüler sollen die für den Unterricht ausgewählten Kategorien der Erzähltextanalyse nach und nach induktiv erwerben und die Leistungsfähigkeit dieser Kategorien in ersten Anwendungen erproben. Prinzipiell sind dieser Erwerb und diese Anwendungen innerhalb der ‚normalen' Unterrichtsstunden und -einheiten zum Verstehen von Erzähltexten möglich. Allerdings besteht bei einer solchen Integration die Gefahr, dass die subjektiven Zugänge zum Text zugunsten der Förderung von Analysekompetenz zu stark zurücktreten und bei den Schülern doch wieder der Eindruck entsteht, dass Interpretation eine in hohem Maße lehrerzentrierte Angelegenheit sei. Deshalb soll überlegt werden, ob der Erwerb und die ersten Anwendungen von Kategorien nicht in besonderen ‚Lehrgängen' erfolgen können, die explizit auf die Förderung von Analysekompetenz ausgerichtet sind.

Aspekte des deklarativen Wissens im Überblick:

Die Auswahl von Kategorien – Leitende Prinzipien

1. Einfachheit
2. Medienintegration
3. Konzentration auf Handlung und Figuren

Die Art des deklarativen Wissens über Kategorien – Teilaspekte

1. ‚Formen' des Wissens (prototypische Kenntnis etc.)
2. ‚Tiefe' des Wissens (Funktionen von Kategorien etc.)
3. Kenntnis von Termini

Der Erwerb von deklarativem Kategorienwissen – Teilaspekte

1. Lernprogression
2. Differenzierung
3. Formen des Erwerbs von deklarativem Kategorienwissen

1.2.4 ‚Fragenkataloge' und die selbstständige Textanalyse

1.2.4.1 Strategiewissen in Form von ‚Fragenkatalogen'

Der möglichst frühzeitige Erwerb von prozeduralem Wissen im Sinne eine Kompetenz zur selbstständigen und reflektierten Anwendung von Kategorienwissen auf Erzähltexte soll gefördert werden, indem Schüler geeignete ‚Instrumente' kennen lernen und nutzen, die sie beim Erwerb dieser Kompetenz unterstützen. Dazu bieten sich nach unserer Ansicht ‚Fragenkataloge' an: Bei der selbstständigen Analyse von Erzählungen müssen Schüler Kategorien anwenden, mit deren Hilfe zentrale Strukturen eines Erzähltextes erkannt werden können, beziehungsweise Fragen an Texte stellen, die auf solchen Kategorien beruhen. Ergiebige Aufgaben/Fragen dieser Art sollen den Schülern als ‚Grundinventar' der Erzähltextanalyse – zusammengefasst als ‚Fragenkataloge' – zur Verfügung stehen. Diese ‚Fragenkataloge' können als ‚Strategiewissen' gelten, das die Grundlage von ‚Strategien' im Sinne von optionalen Prozessen zur Lösung von ‚Aufgabenstellungen' bildet[31] – in diesem Fall zur Lösung der ‚Aufgabenstellung Textanalyse'. Mit den von uns vorgeschlagenen ‚Fragenkatalogen' folgen wir dem Prinzip des strategieorientierten Lesens beziehungsweise Verstehens, das infolge von PISA eine zentrale Herausforderung für die Deutschdidaktik geworden ist.

Hilfen für das strategiegeleitete Lesen sind bislang in Form von Lesestrategien für den Umgang mit Texten insgesamt und vor allem mit Gebrauchstexten vorgelegt worden. Nach unserer Ansicht sind diese Strategien für die Erschließung erzählender Texte jedoch höchstens teilweise ergiebig. Dies gilt besondere für die gängigen reduktiv-organisierenden Strategien, mit deren Hilfe Informationen strukturiert und hierarchisiert werden. Exemplarisch für diese Strategien ist das Zusammenfassen von Textabschnitten. Diese Strategie eignet sich zur Erfassung von Themen und Unterthemen, die einen Gebrauchstext konstituieren. Für erzählende Texte sind diese und vergleichbare Strategien aber nicht ergiebig, weil sie schon die (zum Beispiel kausal organisierte) Abfolge von Geschehnissen, geschweige denn komplexere narrative Strukturen nicht angemessen rekonstruieren können. Wir plädieren deshalb für die Formulierung von erzählspezifischen Strategien und schließen uns damit Swantje Ehlers an, die bereits in den neunziger Jahren kategorisch formuliert hat: „Es gibt eigene auf Erzähltexte bezogene Lesestrategien […] Zwischen Textsorte und Lesestrategien besteht eine Affinität.[32] Aus dieser Position folgt jedoch nicht, dass die gängigen Strategien gänzlich ungeeignet für die Auseinandersetzung mit erzählenden Texten sind. Die Elaborationsstrategien, mit deren Hilfe Leser ihr eigenes Wissen mit Textinformationen verbinden, können beispielsweise genutzt werden, um Vorwissen aufzurufen und Vorerwartungen zu wecken, etwa indem Hypothesen zur Bedeutung eines Titels formuliert werden.[33]

---

[31] Vgl. Grotjahn (1997), S. 50-54.

[32] Ehlers (1998), S. 211.

[33] Zu den elaborativen Strategien vgl. Friedrich/Mandl (1993), S. 12.

Wie sind nun spezifische Strategien für erzählende Texte zu gestalten? Nach unserer Überzeugung müssen die Strategien so angelegt sein, dass sie Schülern eine Anwendung von grundlegenden Analysekategorien erleichtern und damit eine Erkenntnis der Textstruktur ermöglichen. Diese Überzeugung beruht auf den oben dargelegten Annahmen zum Textverstehen und zur Textanalyse. In einzelnen neueren Lehrwerken finden sich bereits ‚Fragenkataloge' für literarische/erzählende Texte, die kategorienorientiert sind. Die diesen ‚Fragenkatalogen' zugrunde gelegten Kategorien sind jedoch sehr allgemein und können den Schülern deshalb kaum Unterstützung bieten. Beispielhaft sind die Angaben zur Textanalyse in „Doppelklick 10“: Zwischen der Einleitung mit allgemeinen Informationen über den Text und dem Schluss mit einer Formulierung der Analyseergebnisse soll der ‚Hauptteil‘ der Analyse erfolgen; für diesen ‚Hauptteil‘ erhalten die Schüler folgende Vorgaben: „die Orte untersuchen / die Zeit untersuchen / die Personen untersuchen / die Besonderheiten untersuchen“. Diese Vorgaben sind weder sachgerecht – vor allem weil eine systematische Handlungsanalyse fehlt – noch hinreichend, um die Textuntersuchung zu ‚leiten'.

Nach unserer Ansicht müssen Fragen/Aufgaben, die den Schülern sinnvolle Hilfen bieten, auf differenzierteren Analysekategorien beruhen. Beispiele für diesen Typ von Hilfestellungen sind die folgenden Aufgaben zur Figurenanalyse:

- Überlege, welche Figur du als Hauptfigur der Geschichte betrachten möchtest. (Frage nach dem *Träger der Komplikation*)
- Überlege, ob die Hauptfigur einen Gegenspieler hat. Ein Gegenspieler ist eine Figur, die der Hauptfigur zum Beispiel schadet, sie bedroht oder mit ihr konkurriert. Wenn ja, wer ist es? (Frage nach der *Figurenkonstellation* / dem *Gegenspieler*)
- Überlege, welche Eigenschaften die Hauptfigur (und ihr Gegenspieler) haben. Berücksichtige dabei Eigenschaften, die sich nicht so schnell verändern können, zum Beispiel Alter, Geschlecht, Aussehen, Stand/Beruf, Charakter, Klugheit/Dummheit. (Frage nach den *relativ stabilen Figurenmerkmalen*)

Auch Fragen/Aufgaben dieser Art bilden allerdings keine Sets von Strategien, mit deren Hilfe Erzählungen aller Art von allen Schülern gleichermaßen erfolgreich erschlossen werden können. In gewissem Maße betrifft diese Schwierigkeit die Lesestrategien insgesamt: Für den Umgang mit Gebrauchstexten liegen bislang ebenfalls noch keine Strategien vor, die eine vollständige Erschließung aller Texte ermöglichen, und es ist grundsätzlich fraglich, ob sich diese ‚Lücke' schließen lässt. Für die Erschließung von Erzählungen ist ein strategieorientiertes Vorgehen jedoch aus zwei Gründen besonders problematisch: Zum ersten kann sich die Analyse der Handlung oft als schwierig erweisen, weil eine Erkenntnis ihrer Elemente eine mehr oder weniger ausgeprägte Abstraktion vom wörtlich Gesagten erfordert. Zu dieser Erkenntnis sind zumindest für jüngere Schüler in der Regel ‚Zwischenschritte‘ erforderlich, die – anders als ‚Zwischenschritte‘ in Form von Techniken (wie das Unterstreichen von Schlüsselwörtern) im Rahmen der strategiegeleiteten Bearbeitung von Gebrauchstexten – individuell auf den Text und die Lerngruppe abgestimmt werden müssen (vgl. Kap. 2.2.3). Und zum zweiten ist die Analyse der Darstellung deshalb häufig problematisch, weil aus einer relativ großen Menge von Darstellungsverfahren für jede Erzählung andere von besonderer Bedeutung sein können. Zumal die erstgenannte Schwierigkeit führt zu einer prinzipiellen Beschränkung der Möglichkeit, Erzählungen ausschließlich strategieorientiert zu erschließen. Gleichwohl soll die Chance genutzt werden, mittels Strategien das prozedurale Analysewissen der Schüler zu fördern.

Außer dem durch die ‚Fragenkataloge' bereitgestellten ‚Strategiewissen' über Fragen/Aufgaben, die auf zentralen Kategorien der Erzähltextanalyse beruhen, benötigen Schüler weitere Kenntnisse, die eine reflektierte Nutzung der Kataloge ermöglichen. Zum ersten Wissen über Chancen und Grenzen, die eine Nutzung dieser Fragen/Aufgaben für die Textanalyse bietet. Die Schüler müssen sich deutlich machen, dass ein ‚Fragenkatalog' nur als Vorschlag zu verstehen ist, der eine Auswahl von Untersuchungsaspekten bietet, in der Anwendung auf unterschiedliche Texte abgewandelt werden kann und mitunter vielleicht auch nur zu eingeschränkten Ergebnissen führt. Und zum zweiten Wissen über die Möglichkeit, die Nutzung von Fragen/Aufgaben aus den Katalogen durch eine einleitende Hypothesenbildung und eine abschließende Auswertung des Arbeitsprozesses mit Interpretationsansätzen zu verbinden. Diese Kenntnisse können als ‚metastrategisches Wissen' gelten, das der Überwachung (Steuerung und Kontrolle) eines kognitiven Prozesses dienen soll.[34]

Die Schüler sollen bei der Anwendung der ‚Fragenkataloge' unter Nutzung dieses metastrategischen Wissens nach Möglichkeit reflektieren, welche der Fragen/Aufgaben (beziehungsweise welche der erworbenen Kategorien) in welcher Reihenfolge auf einen Text sinnvoll angewandt werden können. Dabei sollen die Schüler eigenständig einzelne Fragen der Kataloge auswählen beziehungsweise besonders gewichten sowie im Idealfall zusätzlich in ihrer Leistungsfähigkeit bewerten. In jedem Fall sollen die Schüler die Textanalyse mit Hilfe eines ‚Fragenkataloges' für eine Interpretation nutzen. Nach Möglichkeit sollen sie durch eine Verbindung der selbstständigen Textanalyse mit einer Hypothesenbildung und -überprüfung Erzähltexte auch unabhängig von Lehrer und Lerngruppe erschließen. Allerdings ist zu bedenken, dass diese Interpretationsansätze eingeschränkt bleiben, weil sie nicht mit den Deutungen anderer Rezipienten abgeglichen werden, und dass deshalb die Fähigkeit zur Anschlusskommunikation zusätzlich gefördert werden soll. Die vorgeschlagene Einbindung der strategieorientierten Erzähltextanalyse kann folgendermaßen aussehen:

A. Formuliere zunächst deine ersten Eindrücke / Fragen zu dieser Erzählung.

B. Untersuche die Erzählung nun genauer. Dabei solltest du in jedem Fall folgende Fragen / einen Teil der folgenden Fragen berücksichtigen: …

C. Beziehe deine Untersuchungsergebnisse auf deine anfangs formulierten Aussagen zu der Erzählung. An welchen Punkten siehst du Ergänzungen, Veränderungen und Bestätigungen zu deinen spontanen Äußerungen? Mit welchen Untersuchungsschritten wurden diese erreicht?

[34] Vgl. ebd., S. 54.

Die Fragen/Aufgaben der ‚Fragenkataloge' sollen induktiv erarbeitet werden, womöglich in besonderen ‚Lehrgängen', die explizit dem Erwerb und der ersten Anwendung von Analysekategorien dienen. Zum Beispiel, indem die Schüler Gemeinsamkeiten einer Reihe von vorgegebenen oder selbstverfassten Erzählungen zusammenstellen. Oder indem die Kataloge nach und nach anhand der Arbeit mit (Kurz-) Textpaaren ergänzt werden, die jeweils in einem/einigen zentralen Merkmal(en) gegensätzlich sind. Für Schüler höherer Alters- und Schulstufen soll auf diese Erarbeitung eine Klärung der (in den von uns vorgeschlagenen ‚Fragenkatalogen' jeweils kursiv in Klammern aufgeführten) Fachtermini für die Erzähltextanalyse folgen, der schließlich erstellte Katalog von Fragen/Aufgaben soll dann diese Termini einschließen. Alternativ kann die Hilfestellung zur Erzähltextanalyse für ältere und leistungsfähigere Schüler auch in einer – ebenfalls induktiv erarbeiteten – Liste bestehen, in der die zentralen Analysekategorien zusammengefasst und knapp erläutert werden: Die Nutzung einer solchen Hilfestellung verlangt ein höheres Maß an Abstraktionsvermögen, ermöglicht aber zugleich eine klarere Übersicht über die zu untersuchenden Textstrukturen.

1.2.4.2 Analysewissen als Grundlage von Narrationskompetenz – Eine Übersicht

Unsere didaktische Konzeption, die eine Förderung von Narrationskompetenz im Unterricht anstrebt, schlägt dazu den Erwerb von Analysewissen unterschiedlichen Typs vor; in der Übersicht ergibt sich folgendes Bild:

Analysewissen als Grundlage von Narrationskompetenz

1. Deklaratives Wissen

a) *Deklaratives Wissen*
[= Kenntnis von Analysekategorien]

b) *Deklaratives metakognitives Wissen*
[= Wissen, das eine reflektierte Anwendung der erworbenen Kategorien ermöglicht (Planung, Überwachung, Kontrolle mentaler Prozesse)]

c) *Deklaratives Strategiewissen*
[= Kenntnis von Fragenkatalogen]

d) *Metastrategisches deklaratives Wissen*
[= Wissen, das die reflektierte Anwendung der Fragenkataloge ermöglicht]

2. Prozedurales Wissen / Handlungswissen
[= Fähigkeit zur selbstständigen und reflektierten Anwendung von Kategorienwissen auf Erzähltexte]

Der Erwerb von prozeduralem Wissen erfolgt über mehrere Stufen: (1) Zunächst werden allgemeine Problemlösestrategien genutzt, um die deklarativen Wissensbestände in langsamer, bewusster und oft fehlerhafter Weise anzuwenden; (2) dann wird die Anwendung zunehmend automatisiert, wobei das explizite Wissen immer stärker implizit werden kann.

1.2.5 Phasenmodelle für Textanalyse und Interpretation

Der schulische ,Normalfall' von Unterricht zu Erzähltexten – oder jedenfalls der ,Normalfall', den wir für erstrebenswert halten – zielt auf eine Erschließung von ausgewählten Werken und nutzt dabei Kategorien der Analyse, ermöglicht jedoch weder den Erwerb von Analysekategorien noch ihre vollständig selbstständige Anwendung durch die Schüler. Ein solcher Unterricht ist nach unserer Auffassung keinesfalls hinreichend für den Erwerb von Analysekompetenz, kann jedoch zu diesem Erwerb beitragen: Insbesondere dann, wenn der Unterricht ,im Großen' den Prozess durchläuft, den der einzelne Schüler ,im Kleinen' bei der selbstständigen, nicht vom Lehrer unterstützten Erschließung von Erzählungen plant und durchführt.

Einen entsprechenden Unterricht halten wir für erstrebenswert, und wir wollen im Folgenden Leitlinien für seine Gestaltung formulieren, indem wir ein Phasenmodell entwerfen. Wir schließen dabei an vorliegende Modelle an. Eine entdeckende, lernende Beschäftigung mit Phänomenen gleich welcher Art folgt ebenso wie die auf ein Verstehen ausgerichtete Arbeit mit Erzähltexten bestimmten Gesetzmäßigkeiten, auf die sich der Unterricht stützen kann und soll. Für den Literaturunterricht sind Phasenmodelle auf Grundlage solcher Gesetzmäßigkeiten entwickelt worden. Zwar wird immer wieder darauf hingewiesen, dass diese Modelle nicht schematisch anzuwenden seien. Dieser Hinweis ist zwar zum einen berechtigt, insofern wie oben ausgeführt nicht alle Unterrichtsstunden und -einheiten des Literatur- (und Medien-)Unterrichts das Textverstehen in den Mittelpunkt stellen müssen; und zum anderen, insofern unter bestimmten Bedingungen auch allein durch ein Unterrichtsgespräch, das auf unterschiedliche Phasen verzichtet, ein ergiebiges Textverstehen erreicht werden kann (vgl. Kap. 4.2.3.3). Abgesehen von diesen Einschränkungen sind gelungene Phasenmodelle jedoch äußerst flexibel und erlauben den Einsatz einer Vielzahl von Unterrichtsverfahren, die einen abwechslungsreichen und auf die Besonderheiten von Lerngruppe und Text zugeschnittenen Unterricht ermöglichen.

1.2.5.1 Vorliegende Phasenmodelle im Vergleich

Die Phasenmodelle für den Deutschunterricht und speziell für den Literaturunterricht beziehen sich mehr oder weniger eng auf Modelle der Allgemeinen Didaktik. Von herausragender Bedeutung ist dabei noch immer das Phasenmodell von Heinrich Roth aus dem Jahr 1957: „Stufe der Motivation – Stufe der Schwierigkeiten – Stufe der Lösung – Stufe des Tuns und Ausführens – Stufe des Behaltens und Einübens – Stufe des Bereitstellens, der Übertragung, der Integration".[35] Noch in der „Literaturdidaktik Deutsch" von Abraham/Kepser wird exemplarisch eine Unterrichtsstunde nach dem Modell von Roth konzipiert.[36]

In der literaturdidaktischen Diskussion hat sich vor allem das Phasenmodell von Jürgen Kreft aus seinem Standardwerk „Grundprobleme der Literaturdidaktik" zu einem ‚Klassiker' entwickelt. Kreft unterscheidet vier Hauptphasen des Literaturunterrichts, wobei das Merkmalspaar ‚Subjektivität – Objektivität' von zentraler Bedeutung ist: (1) „bornierte Subjektivität", (2) „Objektivierung", (3) „Aneignung und reflektierte Subjektivität" und (4) „Applikation".[37] Die vier Phasen im Einzelnen:

1. Phase der bornierten Subjektivität – ‚textimmanent'
Phase der Darbietung des Textes, der (ersten) Begegnung mit ihm, der Verstrickung in ihn;
Phase der Motivation, der Assoziation, der Inkubation;
Phase der Entwicklung eines (ersten) Interpretationsentwurfs;

2. Phase der ‚Objektivierung' – wahrheitsbezogen, textbezogen, texttranszendierend
Phase der korrigierenden Abarbeitung am Text;
Phase der gegenseitigen Korrektur durch andere Interpreten und Interpretationen;
Phase der Diskussion; – im Hinblick auf das vom Text intendierte Problem, die „Wahrheit";

3. Phase der Aneignung und der reflektierten Subjektivität
Phase der Rückwendung des Subjekts (des Rezipienten, Interpreten) auf sich selbst;
Phase der Selbstkorrektur und neuen Selbstinterpretation;
Phase der bewussten, aber „kontemplativen" Anwendung auf die eigene Situation und Existenz;

4. Phase der Applikation
Phase der allgemeintheoretischen Applikation (Gesellschaftsanalyse, Geschichtsverständnis, literaturwissenschaftliche Bedeutung);
Phase der praktischen Applikation (auf reale Interaktionskonflikte usw. [Rollenspiel]);
Phase der Ausarbeitung neuer Fragestellungen (für neue Sequenzen als Konsequenz).

---

[35] Roth (1983), Kap. 6.2.
[36] Abraham/Kepser (2005), S. 182f.
[37] Kreft (1977), S. 379.

Kreft betont, dass die genannten Tätigkeiten nicht schematisch aufeinander folgen: „In allen Phasen sind alle Momente enthalten: Interpretation und Applikation, Subjektivität und Kreativität usw., aber unterschiedlich akzentuiert.“[38]

Kreft begründet sein Modell mit Hilfe von bildungstheoretischen Annahmen. So führt er aus, dass „die Makro-Struktur von Bildungsprozessen“ seit Hegel in der Weise aufgefasst worden sei, „dass sich das Subjekt einem ‚Objektiven' zuwendet, sich ihm hingibt, seine bornierte Subjektivität an ihm abarbeitet und sich dabei das ‚Objekt' (seiner Struktur nach) ‚aneignet', es sich ‚anverwandelt' und als selbst verwandeltes zu sich zurückkehrt.“ Außerdem bezieht sich Kreft auf Jean Piagets Konzept des ‚genetischen' Strukturlernens: Nach Piaget assimilieren Lernende zunächst Lerngegenstände, indem sie sie ihrer bisherigen Art und Weise des Verstehens anpassen; um das Nicht-Assimilierbare aufzunehmen, müssen dann allerdings die bestehenden kognitiven Strukturen akkomodiert werden; und schließlich integrieren die Lernenden die neuen Strukturen in ihre geistige Gesamtstruktur.[39]

Joachim Fritzsche hat in seiner Didaktik aus den neunziger Jahren das Phasenmodell von Kreft übernommen, dabei die Terminologie von Kreft teilweise ‚modernisiert' und ‚griffige' Leitfragen zu den vier Phasen formuliert[40]:

1. Verhakung im Text	Was löst der Text in mir aus?
2. Rückfragen an den Text	Was steht da?
3. Aneignung	Was folgt aus dem verstandenen Text für mich?
4. Applikation	Was folgt aus dem verstandenen Text für uns?

Eine bedenkenswerte Alternative zu dem Modell von Kreft ist in den neunziger Jahren von Günther Waldmann vorgelegt worden; auch Waldmann unterscheidet vier Phasen des Literaturunterrichts, ergänzt jedoch um eine Vorphase[41]:

Vorphase: Spielhafte Einstimmung in literarische Texte
Ziel: Motivationssteigerung für die eigentliche Textbegegnung

1. Phase: Lesen und Aufnehmen literarischer Texte
Ziele: Wecken der Leselust, mit dem Text vertraut werden, das Sinnsystem des Schülers aktivieren, den Text „merkwürdig“ machen

2. Phase: Konkretisierende subjektive Aneignung literarischer Texte
Ziel: Förderung der imaginativen Aneignung des Textes

3. Phase: Textuelles Erarbeiten literarischer Texte
Ziele: Literarizität eines Textes verständlich machen, Aneignung literaturwissenschaftlicher Methoden und Begriffe; Aufbereitung eines Textes nach verschiedenen literarischen Merkmalen: Ort, Zeit, Figuren, Handlung, Konflikte, Sprache etc.

4. Phase: Textüberschreitende Auseinandersetzung mit literarischen Texten
Ziele: Verstehen von Texten in weiteren Kontexten; Erreichen eines Gesamtverständnisses, wobei dessen subjektive Bedeutsamkeit zu beachten ist

---

[38] Ebd., S. 379.
[39] Vgl. ebd., S. 379.
[40] Fritzsche (1994), Bd. 3, S. 213-222.
[41] Waldmann (1999), S. 26.

Ebenso wie Kreft unterscheidet Waldmann eine einleitende Phase und eine Phase der Texterarbeitung. Zwischen diese Phasen fügt er jedoch eine weitere Phase ein; das Ziel dieser Phase, die „Förderung der imaginativen Aneignung des Textes“, ist deutlich Waldmanns literaturdidaktischen Zielen verpflichtet. Die vierte Phase der textüberschreitenden Auseinandersetzung mit einem Text bei Waldmann fasst die Phasen drei und vier bei Kreft zusammen, der zwischen der ‚Aneignung‘ einer Textdeutung durch das Subjekt (und ihrer Anwendung auf das Selbstverständnis des Interpreten) sowie ihrer ‚Applikation‘ auf zwischenmenschliche Beziehungen/gesellschaftliche Strukturen (Geschichtsverständnis, das gegenwärtige lebensweltliche beziehungsweise schulische Umfeld der Schüler) unterscheidet. Außerdem verlegt Waldmann die weitergehende Deutung von Texten durch Kontexte, die bei Kreft in den Phasen zwei bis vier enthalten ist, in die vierte Phase.

1.2.5.2 Ein Dreiphasenmodell: Problemstellung – Analyse – Interpretation

Die Bedeutung, die wir der Textanalyse für das Textverstehen zumessen, begründet unseren Vorschlag für ein Phasenmodell:

1. Problemstellung/Hypothesenbildung
2. Textanalyse (ggf. mit Kontextualisierung)
3. Interpretation einschließlich Wirklichkeitsbezug (mit Kontextualisierung)
4. Evtl.: Vertiefung und Erweiterung (durch Kontextualisierung)

Wir schlagen also eine Gliederung in mindestens drei Phasen vor: in (1) eine einleitende Phase, (2) eine Phase der Textanalyse und (3) eine Phase, in der die Ergebnisse der Textanalyse für eine Interpretation und einen Bezug des Textes auf die Lebenswirklichkeit genutzt werden. Eine komplexere Kontextualisierung kann in einer vierten Phase geleistet werden, doch ist eine Einbeziehung von Kontexten teilweise auch schon in der zweiten und dritten Phase notwendig.

Wir ordnen in Abweichung von Kreft und Waldmann die Textanalyse und die Interpretation zwei getrennten Unterrichtsphasen zu. Zwar lassen sich Analyse und Interpretation nicht streng voneinander abgrenzen, doch erscheint es uns sinnvoll, die prinzipielle Unterscheidung von möglichst objektiver Texterkenntnis und subjektiv geprägter Textdeutung und Textnutzung deutlich zu machen. Eine Aneignung und Anwendung des interpretierten Textes auf die Lebenswirklichkeit soll in die Phase der Interpretation integriert werden. Dabei übernehmen wir die Zusammenfassung der dritten und vierten Phase Krefts durch Waldmann, weil sich die Anwendung eines interpretierten Textes auf das Selbstverständnis des Interpreten nicht leicht von einer ‚Applikation‘ auf seine Beziehung zu anderen trennen lässt (vgl. vor allem die ‚Anwendung auf die eigene Situation und Existenz' versus die ‚Applikation auf reale Interaktionskonflikte'). Außerdem halten wir es in Anlehnung an Waldmann für sinnvoll, die Kontextualisierung auf eine letzte Phase des Textverstehens zwar nicht zu beschränken, aber zu konzentrieren. Dagegen verzichten wir auf die von Waldmann vorgeschlagene zweite Phase als eigenständige Phase. Die ‚konkretisierende subjektive Aneignung literarischer Texte' (im Sinne einer emotionalen und imaginativen Beteiligung am Text) kann sowohl in der einleitenden Phase als auch in der Phase der Interpretation erfolgen.

Es ist zu beachten, dass den einzelnen Phasen unseres Modells ganz unterschiedliches Gewicht (und entsprechend ein unterschiedlicher Zeitaufwand) zukommen kann und dass sie durch unterschiedliche Methoden umgesetzt werden können. So kann die Problemstellung/Hypothesenbildung relativ rasch im Unterrichtsgespräch erfolgen, ein längeres Gespräch beanspruchen oder auch an die Bearbeitung und Auswertung einer produktionsorientierten Aufgabe anschließen. Die Textanalyse kann in einem Teil einer Einzelstunde erfolgen, indem die Schüler zum Beispiel in Einzelarbeit zentrale Textstellen markieren und reflektieren, oder auch mehrere Stunden beanspruchen, in denen die Schüler etwa arbeitsteilig längere Abschnitte einer Erzählung untersuchen und die Arbeitsergebnisse schriftlich zusammenfassen. Die Interpretation kann durch einen Aufsatz, ein kürzeres oder längeres Unterrichtsgespräch oder durch eine mehr oder weniger aufwendige produktionsorientierte Aufgabe erfolgen. Und wenngleich auf die Einbeziehung komplexerer Kontexte zum Beispiel durch die Lektüre weiterer Texte häufig verzichtet werden kann und soll, kann eine solche Kontextualisierung auch mitunter einen deutlichen Schwerpunkt des Unterrichts bilden. Im Einzelnen verhält es sich wie folgt:

1. Phase: Problemstellung/Hypothesenbildung

Damit die Auseinandersetzung mit erzählenden Werken – wie auch jeder andere Lernprozess – effektiv und motivierend gestaltet werden kann, muss ein lohnendes Ziel der Tätigkeit festgelegt werden. Im Idealfall sollen die Schüler selbstständig ‚problemhaltige' Aspekte von Erzähltexten entdecken, die eine nähere Beschäftigung lohnen. Die Schüler sollen dabei Fragen an den Text stellen (im Sinne einer Problemstellung) oder Hypothesen formulieren, die dann im Folgenden anhand konkreter Fragen oder Aufgaben beantwortet beziehungsweise überprüft werden. Die Entwicklung von Fragen an einen Text soll den Schülern auch die Möglichkeit geben, sich „zunächst aus ihrem ganz persönlichen Denk- und Erfahrungshorizont heraus mit einem Text zu beschäftigen."[42]

Die selbstständige Formulierung von Fragen oder Hypothesen durch die Schüler ist in der Praxis allerdings zumeist problematisch, vor allem, wenn eine Lerngruppe die selbstständige Arbeit mit fiktionalen/künstlerisch gestalteten Werken nicht gewohnt ist und noch kaum erfahren hat, dass eine solche Arbeit lohnend sein kann. Die Entwicklung von Fragen/Hypothesen erfordert ein ge-

[42] Frederking (2003), S. 265.

wisses – wenn auch unvollständiges oder teilweise subjektiv verzerrtes – Vorverständnis des Textes. Wie auch Kreft ausführt, empfinden Schüler den zu bearbeitenden Text aber mitunter als so fremd, dass sie sich zunächst überhaupt nicht auf ihn einlassen mögen und sich dementsprechend schweigsam verhalten. In der Regel reagieren Schüler zwar mit vielfältigen Äußerungen zu ganz unterschiedlichen Aspekten der dargebotenen Produktion. Doch können auch diese Äußerungen auf eine mangelnde Fähigkeit und Bereitschaft zurückgehen, sich in vertiefender Weise mit einem Werk zu beschäftigen. Schüler neigen in vielen Fällen spontan dazu, die Fremdheit der von einem Text nahe gelegten Sichtweisen zu leugnen, indem sie ihre gewohnten Deutungsmuster von Wirklichkeit auf ihn projizieren. Wie Fritzsche bemerkt, können Schüler aber auch durch Unterrichtserfahrungen an einer unvoreingenommenen Hypothesenbildung gehindert werden: Wenn sie sozusagen darauf dressiert worden sind, Texte unbesehen in bestimmte – stoffliche, gattungsmäßige, historische – Zusammenhänge einzuordnen oder an ein ‚schematisiertes Besprechungsverfahren' gewöhnt wurden, sodass das Unterrichtsgespräch „scheinbar ohne Lehrereingriffe ‚in geordneten Bahnen' verläuft".[43] Doch auch wenn die Schüler bereit und fähig dazu sind, sich auf Besonderheiten eines Werkes einzulassen, bleibt die erste Phase insofern schwierig, als es notwendig ist, eine Vielzahl von Äußerungen zu wenigen zentralen Fragen oder Hypothesen zusammenzuführen.

Zumeist müssen die Schüler aufgrund der genannten Schwierigkeiten vom Lehrer in der Hypothesenbildung unterstützt werden. Während mit diesem Ziel gestellte Fragen des Lehrers oft deutlich lenkend wirken, bieten sich widersprechende Äußerungen von Schülern die Möglichkeit zu einer freieren Entwicklung von Hypothesen oder Fragen; aus der Spannung zwischen den Aussagen kann die Notwendigkeit und Motivation für eine Klärung bestimmter Aspekte abgeleitet werden. Frommer schlägt vor, gegebenenfalls auch ‚fremde' Schüleräußerungen aus anderen Lerngruppen heranzuziehen, die in einem Kontrast zu den Äußerungen der Lerngruppe stehen,[44] und Fritzsche möchte darüber hinaus sogar fiktive Schüleräußerungen nutzen.[45] Und schließlich muss der Lehrer in vielen Fällen auch bei der Formulierung von konkreten Fragen und Aufgaben zur Textarbeit behilflich sein, die zwar oft mit der Problemstellung/Hypothesenbildung weitgehend übereinstimmen, aber mitunter auch – vor allem für ältere Schüler – genauer an fachwissenschaftlichen (eventuell auch mit Fachtermini benannten) Begriffen ausgerichtet sein müssen.

Vor der Problemstellung/Hypothesenbildung und der Entwicklung konkreter Fragen/Aufgaben muss den Schülern natürlich der Text (oder zumindest ein Teil davon) dargeboten werden. Im Fall kürzerer literarischer Erzählungen kann der Text von den Schülern im Unterricht still gelesen werden. In der Regel ist es aber motivierender, wenn er der Lerngruppe vorgetragen wird: Durch den Lehrer, mittels Tonträger durch einen professionellen Sprecher oder auch nach einer angemessenen Vorbereitungszeit durch einen oder mehrere Schüler, wobei zu

43 Vgl. Fritzsche (1996), S. 219.
44 Vgl. Frommer (1988), S. 67.
45 Vgl. Fritzsche (1996), S. 223

beachten ist, dass Vorlesen schon immer ein mehr oder weniger hohes Maß an Interpretation vermittelt. Unbedingt vermieden werden soll das unvorbereitete, womöglich reihum gehende laute Erlesen durch Schüler, das eine Sinnerfassung erheblich erschweren kann und in keinem Fall dem poetischen Charakter eines Werkes gerecht wird. Längere literarische Erzählungen müssen in der Regel in Hausarbeit gelesen werden; wenngleich in der neueren didaktischen Diskussion die Auffassung vorherrscht, dass eine Arbeit mit diesen Texten erst nach Abschluss der Lektüre erfolgen solle, kann aber eine abschnittweise Lektüre und Bearbeitung insbesondere für jüngere und weniger leistungsfähige Schüler von Vorteil sein. Die Darbietung von Filmen, die auch von der technischen Ausstattung einer Schule abhängt, soll zumindest auszugsweise im Klassenverband erfolgen (vgl. Kap. 5.2.3). Ob der Hypothesenbildung nach der Textdarbietung noch eine Inhaltssicherung mittels Inhaltswiedergabe vorausgehen soll, die teilweise große Bedeutung für die Unterrichtspraxis hat, ist in der didaktischen Diskussion umstritten: Eine Inhaltswiedergabe kann vom eigentlichen Ziel der Texterschließung und –nutzung ablenken und zudem die folgende Interpretation beeinflussen;[46] aber natürlich kann durch eine einfache Reproduktion zum Beispiel des Handlungsverlaufs Missverständnissen vorgebeugt werden, die das Textverstehen erheblich behindern würden.[47] Die Klärung von Verständnisfragen (Sachfragen, unverstandenen Wörtern) ist weniger umstritten, doch muss beachtet werden, dass ausführliche Erläuterungen zum Beispiel eher nebensächlicher veralteter Ausdrücke von einer Auseinandersetzung mit dem ganzen Text ablenken können.

Falls auf eine Inhaltswiedergabe verzichtet wird, soll auf die Textdarbietung zunächst eine (kurze) Phase der Sammlung beziehungsweise ‚Inkubation'[48] folgen. Die Schüleräußerungen zur Problemstellung/Hypothesenbildung erfolgen dann zumeist auf einen stummen Impuls oder eine ausdrückliche Aufforderung des Lehrers zur Stellungnahme. Kreft schlägt vor, dass alle Schüler schriftlich Äußerungen formulieren und auf diese Weise aktiviert werden sollen – im Folgenden können dann allerdings nicht alle Äußerungen/Hypothesen berücksichtigt werden. Zum gängigen Methodenrepertoire für Einstiege gehört auch die Antizipation: Der Text wird ‚verzögert' dargeboten, um die Hypothesenbildung anzuregen, zum Beispiel, indem zunächst nur sein Titel vorgestellt oder ein erster Abschnitt vorgelesen wird, zu dem die Schüler Vermutungen äußern, um diese Vermutungen dann anhand der weiteren Lektüre zu korrigieren oder zu bestätigen.[49] Gerhard Haas plädiert dagegen für eine Alternative zur ‚frühen' Hypothesenbildung: Die Schüler sollten zunächst handelnd mit Texten umgehen, bevor sie sich (normal)sprachlich zu ihnen äußern.

Die einleitende Phase soll außer der Problemstellung/Hypothesenbildung auch der Einstimmung und der Motivation – nach Fritzsche dem ‚Nahebringen' eines Textes – dienen. Die gewählte Form der Textdarbietung (optisch oder

[46] Vgl. Frommer (1988), 59f.
[47] Vgl. grundsätzlich zur Inhaltsangabe Zabka (2004).
[48] Kreft (1977), S. 382.
[49] Vgl. Frommer (1981) und Frommer (1988).

akustisch) und die Problemstellung/Hypothesenbildung können diese Funktionen in hinreichender Weise miterfüllen. Es können aber auch zusätzliche Aktivitäten ermöglicht werden. Traditionell erfolgt die Einstimmung etwa durch Nennung des Themas und einem ersten Gespräch oder durch das Assoziieren zu Bildern. Aber auch produktive Verfahren – vergleiche Waldmanns Vorschläge zum „aktiven Hören" und „aktiven Lesen"[50] – bieten sich für die Einstimmung an.

2. Textanalyse

Auf die Problemstellung/Hypothesenbildung folgt notwendig eine Phase der Texterschließung durch Textanalyse. Diese Phase muss mittels konkreter Aufgaben konsequent auf die formulierten Fragen oder Hypothesen ausgerichtet sein; ein Analyseritual mit schematischer Abarbeitung bestimmter Aspekte soll unbedingt vermieden werden. Dieser Grundsatz ist angesichts bestimmter Tendenzen nach PISA zu betonen, die auf eine ‚blinde' Einübung von Analyserastern abzielen. In dieser Phase mit einer „umfassenderen analytischen Durchdringung" sollen „die motivationalen ‚Früchte'" der ersten Phase „‚geerntet' werden."[51]

Diese zweite Phase ist mit ihrer vorangehenden und folgenden Phase eng verbunden, in manchen Fällen ist sogar eine ‚Durchmischung' der Phasen angebracht: Das Textverstehen kann gefördert werden, indem der ‚hermeneutische Zirkel' mehrfach durchlaufen wird: „Vorverständnis – Rückkehr zum Text, Erfahrung der Diskrepanz – Ausbildung eines (korrigierten) Textverständnisses – erneute Hinwendung zum Text".[52]

Wesentlicher Grundsatz einer Analyse der Handlungs- und Darstellungsebene von erzählenden Texten ist für uns die Anwendung von systematisch aufeinander bezogenen Analysekategorien – unabhängig davon, ob Fachtermini genutzt werden (vgl. Kap. 2.2, 3.2, 4.2., 5.2 und 6.2). Diese Anwendung soll dem Leistungsvermögen der Schüler entsprechend so selbstständig und so reflektiert wie möglich erfolgen: Schüler sollen im Idealfall nicht nur entscheiden, welche Analysekategorien sie für die Arbeit mit einem konkreten Text nutzen wollen, sondern auch die Ergiebigkeit der gewählten Kategorien für diese Arbeit reflektieren. Insgesamt soll die Textanalyse so objektiv wie möglich ausfallen. Dabei muss allerdings berücksichtigt werden, dass sich Analyse und Interpretation nicht streng voneinander trennen lassen. So setzt die Auswahl von Textelementen für die Analyse ein gewisses Vorverständnis des Textes voraus. Und auch schon in der Phase der Textanalyse ist es fast immer notwendig, über das explizit Dargestellte hinauszugehen und es in gewissem Maße durch die Einbeziehung von Kontextwissen zu interpretieren. Kreft weist darauf hin, dass in dieser Phase des Unterrichts eine Einbeziehung von Kontexten beziehungsweise von weiteren Texten erforderlich sein kann, zum Beispiel damit Schüler den ideologischen

[50] Vgl. Waldmann (1999), S. 68f.
[51] Frederking (2003), S. 266.
[52] Kreft (1977), S. 385.

Charakter eines Textes erkennen.[53] Die Ideologiekritik mittels Kontextualisierung stellt nun wohl nur einen Sonderfall der Textanalyse dar. Doch ist es fast immer notwendig, Sprachwissen auf die Texte anzuwenden, um ihre Strukturen in angemessener Weise erkennen zu können, in manchen Fällen darüber hinaus auch allgemein verfügbares Weltwissen oder sogar spezielleres Wissen wie zum Beispiel Wissen über Gattungen oder grundlegendes historisches Wissen (vgl. Kap. 7.2).

Die textanalytische Arbeit anhand von konkreten Aufgaben kann in Einzel-, Partner- oder Gruppenarbeit erfolgen, wobei sich Gruppenarbeit insbesondere dann anbietet, wenn von unterschiedlichen Schülern vertretene gegensätzliche Hypothesen überprüft werden sollen. Die Schüler sollen ihre Untersuchungsergebnisse zumindest durch Markierungen im Text oder die Formulierung von Stichpunkten schriftlich festhalten.

3. Interpretation (und Bezug auf die Lebenswirklichkeit)

Die Interpretation einer fiktionalen/künstlerisch gestalteten Erzählung im Unterricht soll nicht darauf gerichtet sein, Schüler die tatsächliche oder vermeintliche Intention des Autors reproduzieren zu lassen. Vielmehr sollen Schüler ein zugleich persönlich bedeutsames und textangemessenes Verstehen entwickeln, das auf ihre in der ersten Textbegegnung formulierte Problemstellung/ Hypothesenbildung bezogen ist. Dabei sollen sie eine vom Text nahe gelegte Sicht der Beziehung von Subjekt und Außenwelt entfalten.

Die Textanalyse ist dafür unabdingbare Voraussetzung, weil sie Anregungen für ein subjektives Verstehen bietet, aber auch die Grenzen der textangemessenen Deutungsmöglichkeiten aufzeigt (vgl. Kap.7.2). Sie schafft damit die Grundlage für eine intersubjektiv nachvollziehbare Interpretation. Auf Grundlage der Textanalyse sollen die erzählenden Werke in der dritten Phase unter Einbeziehung von Sprach- und Weltwissen zu einer Interpretation ergänzt werden. Dabei soll jedoch in der Regel nur Weltwissen herangezogen werden, über das die Schüler spontan verfügen, also gesellschaftlich konsensfähige Annahmen über die Gesetzmäßigkeiten von Wirklichkeit, aber auch persönliche Erfahrungen, Vorstellungen und Wünsche. Eventuell wird auch wie schon in der Phase der Textanalyse die Einbeziehung von Gattungswissen oder von grundlegendem historischen Wissen notwendig sein. Spezialwissen (wie zum Beispiel Biographien, psychoanalytische oder soziologische Theorien) soll aber in dieser Phase normalerweise noch nicht genutzt werden, um die Schüler nicht in die Richtung einer bestimmten Interpretation zu drängen und damit an der Entwicklung eines persönlich bedeutsamen Textverstehens zu hindern.

Wie eine solche Interpretation auf die Analyse aufbauen kann, ist prinzipiell bislang höchstens in Ansätzen geklärt (vgl. Kap. 7.2). Eine Verbindung von Analyse und Interpretation im Unterricht ergibt sich aber zumeist im Anschluss an eine Auswertung der textanalytischen Aufgaben: Die Schüler werden in der Regel versuchen, Fragen, die die Textanalyse nur teilweise oder nicht eindeutig klären

[53] Vgl. ebd., S. 385.

konnte, durch eine interpretierende Füllung von Leerstellen zu beantworten. Zum Beispiel kann die Textanalyse, die eine zwar relativ eindeutige, aber zu ‚oberflächlich' erscheinende Erkenntnis von Faktoren für eine Komplikation ermöglicht hat, durch Vermutungen über ‚verborgene' Motive zum Beispiel für das Handeln einer Figur ergänzt werden. Eine Interpretation der gesamten Erzählung kann dann durch die Fragen nach der vermuteten Intention des Textes (‚Was könnte uns die Erzählung sagen wollen?') oder nach dem durch die Erzählung nahe gelegtem Welt- und Menschenbild (‚Was könnte uns die Erzählung über die Welt und die Menschen sagen?') angeregt werden. Methodisch kann die Interpretation außer im Unterrichtsgespräch oder im Interpretationsaufsatz auch durch handlungs- und produktionsorientierte Verfahren erfolgen. Alle diese Methoden haben ihre Chancen und Gefahren (vgl. Kap. 4.2.3.3). Das Unterrichtsgespräch ist aber in jedem Fall unabdingbar, weil auch die Ergebnisse einer schriftlichen Interpretation oder einer Interpretation durch handlungs- und produktionsorientierte Arbeit der Auswertung im Gespräch bedürfen. Schüler werden im Unterrichtsgespräch durch einen Abgleich ihres Textverstehens mit dem ihrer Mitschüler dazu veranlasst, ihre eigene Interpretation zu reflektieren, entweder in Frage zu stellen, weiterzuentwickeln oder zu behaupten.

Die durch eine Interpretation entfaltete neue oder differenziertere Sicht der Beziehung von Subjekt und Außenwelt sollen die Schüler schließlich mit ihren bisherigen Schemata der Wahrnehmung abgleichen, eventuell – auch teilweise oder in modifizierter Form – in diese Schemata integrieren und zu einem veränderten Blick auf die Lebenswirklichkeit nutzen. Wie Kreft betont, kann das jedoch „der Unterricht nicht machen, es kann sich auch nur teilweise im Unterricht vollziehen, denn es reicht als ‚existenzielle' und ‚strukturelle' Wandlung prinzipiell über diesen hinaus."[54] (Zu einem methodischen Vorgehen, das diesen Prozess eventuell fördern kann, vgl. Kap. 3.2.4.)

4. Eventuell: Vertiefung und Erweiterung

In der zweiten und dritten Phase müssen schon in gewissem Maße Kontexte einbezogen werden, um die Textanalyse beziehungsweise eine sinnvolle Interpretation zu ermöglichen. Diese Kontextualisierung soll sich aber unserer Ansicht nach im Regelfall auf sprachliches Wissen, allgemein oder individuell verfügbares Weltwissen und ein eventuell notwendiges Minimum an speziellerem Wissen beschränken, damit sich die Schüler möglichst selbstständig mit einer Erzählung auseinandersetzen und ein persönlich bedeutsames Textverstehen entwickeln können. Insbesondere die auch heute noch anzutreffende Praxis, Schüler unmittelbar nach der Rezeption eines Textes mit der Biographie des Autors zu konfrontieren, verhindert häufig ein solches Verstehen, indem die Schüler zu einer speziellen (aber in vielen Fällen gar nicht sonderlich textangemessenen) Deutung gedrängt werden.

[54] Vgl. ebd., S. 385.

Wenn sie ein persönlich bedeutsames Textverstehen erreicht haben, sollen die Schüler dies Verstehen jedoch im Abgleich mit weiteren Interpretationsmöglichkeiten erproben. In jedem Fall soll dazu die Auseinandersetzung mit dem Textverstehen der Mitschüler dienen. Darüber hinaus können aber auch vor allem für Schüler höherer Alters- und Schulstufen mitunter speziellere und komplexere Kontexte hinzugezogen werden: So können den Schülern entweder professionelle Interpretationen (oder auch eine Interpretation durch den Autor) für einen Vergleich mit ihrer eigenen Deutung zur Verfügung gestellt werden. Oder die Schüler können anhand bestimmter Informationen dazu aufgefordert werden, diese Informationen auf die zu bearbeitende Erzählung zu beziehen, damit selbst eine enger geleitete Interpretation vorzunehmen und dann mit ihrer ursprünglichen zu vergleichen. Dazu kommen von Fall zu Fall Informationen unterschiedlicher Art in Frage. Zum ersten andere fiktionale/künstlerisch gestaltete Werke, auf die die zu bearbeitende Erzählung intertextuell Bezug nimmt; neben literarischen Texten und Filmen können das zum Beispiel auch Werke der bildenden Kunst sein. Zum zweiten Texte der Literaturtheorie und -geschichte, insbesondere zur Gattung sowie zur Entstehungs- und Rezeptionsgeschichte einer Erzählung. Und zum dritten wissenschaftliche und andere Gebrauchstexte (eventuell in Auszügen oder Zusammenfassungen), die ein spezielleres Kontextwissen vermitteln. Für Kreft besteht die Hauptaufgabe der Kontextualisierung in der Berücksichtigung „geschichtlich-gesellschaftlicher Zusammenhänge“,[55] und dementsprechend können soziologische oder historische Arbeiten in den Unterricht einbezogen werden. In manchen Fällen kann aber auch zum Beispiel die Nutzung von Biographien oder psychoanalytischen Theorien sinnvoll sein.

[55] Vgl. ebd., S. 386

2. Die Handlung

Erzählungen handeln von den Taten und Leiden ganz unterschiedlicher Figuren in verschiedenen räumlichen und zeitlichen Kontexten, von den Konflikten dieser Figuren, ihrer Bewährung oder ihrem Scheitern in der Liebe, im Kampf, auf der Suche nach ihrer Identität. Eine wesentliche Herausforderung für die Erzähltheorie besteht nun darin, für die unüberschaubare und potenziell unendliche Zahl von unterschiedlichen Handlungen grundlegende Typen oder zumindest übergreifende Kategorien zu bestimmen, mit denen sich Handlungen systematisch in ergiebiger Weise analysieren lassen. Dieser Aufgabe wurde allerdings bislang weniger Aufmerksamkeit gewidmet als der Bestimmung von Darstellungsverfahren wie etwa der Erzählperspektive – mit schwerwiegenden Folgen für die Fachdidaktik: Sie hat sich angesichts dieser Situation kaum um eine Klärung der Frage bemüht, welche Modelle für die schulische Handlungsanalyse geeignet sind; die schulische Praxis ist dementsprechend unübersichtlich und kaum für die Ausbildung einer Handlungsanalyse-Kompetenz geeignet.

2.1 Fachwissenschaftliche Grundlagen

Im Folgenden wird der Versuch unternommen, mittlerweile teils ‚klassische' Theorien zur Handlungs- und Figurenanalyse aus dem 20. Jahrhundert mit aktuellen Forschungsansätzen abzugleichen und zentrale Modelle so zu verbinden, dass eine ergiebige Grundlage für die Handlungsanalyse von Erzähltexten aller Medien geschaffen wird. Im Anschluss an eine Übersicht der nach unserer Ansicht grundlegenden Kategorien für die Handlungs- und Figurenanalyse wird mittels zweier exemplarischer Analysen unterschiedlicher Texte – *Dornröschen* von den Brüdern Grimm und *Damenherbst* von Helmut Heißenbüttel – die Leistungsfähigkeit der von uns vorgeschlagenen Kategorien demonstriert.

2.1.1 Hinführung: Handlung und Darstellung

Vorzeiten war ein König und eine Königin, die sprachen jeden Tag: „Ach, wenn wir doch ein Kind hätten!", und kriegten immer keins. Da trug sich zu, als die Königin einmal im Bade saß, daß ein Frosch aus dem Wasser ans Land kroch und zu ihr sprach: „Dein Wunsch wird erfüllt werden, ehe ein Jahr vergeht, wirst du eine Tochter zur Welt bringen." Was der Frosch gesagt hatte, das geschah, und die Königin gebar ein Mädchen, das war so schön, daß der König vor Freude sich nicht zu lassen wußte und ein großes Fest anstellte. Er ladete nicht bloß seine Verwandte, Freunde und Bekannte, sondern auch die weisen Frauen dazu ein, damit sie dem Kind hold und gewogen wären. […] (Brüder Grimm: Dornröschen)

Diese Geschichte ließe sich – zumindest in ihren grundlegenden Zügen – auf ganz unterschiedliche Weise erzählen: Zum Beispiel in einfachen oder komplexeren Sätzen, mit unterschiedlicher Perspektivierung oder auch in verschiedenen Medien. In der Erzähltheorie wird deshalb zumeist angenommen, dass erzählende Texte durch zwei Ebenen bestimmt sind: Die Ebene der Handlung und die Ebene der Darstellung, das heißt der Art und Weise, wie die Handlung in einem bestimmten Medium vermittelt wird. Diese beiden Ebenen sind von unterschiedlichen Ansätzen verschieden benannt worden; besonders verbreitet sind die Bezeichnungen ‚histoire' für die Ebene der Handlung und ‚discourse' für die Ebene der Darstellung (nach dem strukturalistischen Erzähltheoretiker Tzvetan Todorov), seit einiger Zeit wird zudem auch einfach vom ‚Was' und ‚Wie' einer Erzählung gesprochen (so bei Seymour Chatman und neuerdings dann etwa auch bei Matiaz Martinez und Michael Scheffel[1]).

Die Annahme, dass die Ebene der Handlung und die Ebene der Darstellung in erzählenden Texten (zunächst) getrennt betrachtet werden können, ist deshalb kritisiert worden, weil diese Annahme dazu verleiten kann, Handlung und Darstellung als voneinander unabhängig oder die Darstellung gegenüber der Handlung als nachgeordnet zu verstehen.[2] Eine solche Auffassung wäre selbstverständlich völlig irreführend: Das Bedeutungspotenzial insbesondere einer poetisch /künstlerisch gestalteten Erzählung lässt sich nur erfassen, wenn die Funktionen der Darstellung für eine Vermittlung der Handlung in angemessener Weise berücksichtigt werden, und eine sachgerechte Interpretation ist eben nur auf dieser Grundlage möglich. Darüber hinaus bringt die Verwendung von – medienspezifischen oder medienunabhängigen – Darstellungsverfahren inhaltliche Entscheidungen mit sich und sind insofern gar nicht streng von der Handlungsebene zu trennen: Einerseits wurden bestimmte Gestaltungsmittel entwickelt, um neue Sichtweisen von Wirklichkeit überhaupt erst darstellen zu können, und andererseits können manche Darstellungsverfahren kaum zum Ausdruck bestimmter inhaltlicher Aspekte genutzt werden. Zum Beispiel eignen sich ein auf die subjektive Sicht einer Figur beschränktes Erzählen und eine achronologische Zeitgestaltung für die Darstellung einer ungeordneten Wirklichkeit und können Darstellungen aus einer ‚objektiven' Außensicht, wie sie für Filme typisch sind, die Gedanken und Gefühle ihrer Figuren höchstens in indirekter Weise einbeziehen.

Eine – vorläufige – Unterscheidung der beiden Ebenen Handlung und Darstellung bietet aber für die Textanalyse entscheidende Vorteile: Die Trennung schärft den Blick für einzelne Elemente des Erzählens und sie schafft einen Ansatzpunkt für die medienübergreifende Betrachtung von Erzählungen: Zum Beispiel kann ein Roman mit einem Film oder einem Computerspiel in Beziehung gesetzt werden, indem zunächst (medienunabhängige) Elemente der Handlung miteinander verglichen werden, bevor dann medienspezifische und medientypische Aspekte der Darstellung einbezogen werden.

---

[1] Vgl. Chatman (1978), S. 19, und Martinez/Scheffel (1999), S. 8.

[2] Vgl. z. B. Andreotti (2000), S. 17-24.

2.1.2 Modelle für die Handlungsanalyse

2.1.2.1 Handlung als motivierte Abfolge von Geschehnissen

Die kleinste notwendige Einheit der *Handlung* in erzählenden Texten ist (wie in Kapitel 1.1.3 ausgeführt) das Geschehen oder der ‚dynamische Situationswechsel' – ein solcher Situationswechsel wird zum Beispiel in *Dornröschen* mit dem Satz „In dem Augenblick aber, wo sie den Stich empfand, fiel sie auf das Bett nieder, das da stand, und lag in einem tiefen Schlaf" dargestellt. Aber natürlich ist eine Handlung, die lediglich aus ‚dynamischen Situationswechseln' besteht, kaum vorstellbar. In allerdings sehr unterschiedlichem Maße treten zu den Geschehnissen eines erzählenden Textes Vorgänge sowie Beschreibungen von Räumen, einzelnen Objekten und Figuren mit ihren Zuständen und Eigenschaften – zum Beispiel in *Dornröschen* mit den Sätzen „Rings um das Schloß aber begann eine Dornenhecke zu wachsen", „und alles war so still, daß einer seinen Atem hören konnte" und „Da lag es und war so schön, daß er die Augen nicht abwenden konnte".

Damit ein Text als Erzählung gelten kann, müssen die von ihm dargestellten Geschehnisse, Vorgänge, Zustände und Eigenschaften zu einer Handlung geordnet sein. Wie diese Ordnung beschaffen sein soll, ist in der Erzähltheorie umstritten: Nach manchen Ansätzen lässt sich von einer Erzählung schon dann sprechen, wenn ihre Handlungselemente lediglich in einer chronologischen Verbindung stehen; oder sogar dann, wenn sie nicht einmal zeitlich, sondern nur dadurch aufeinander bezogen sind, dass sie sich ähneln oder aber im Gegensatz zueinander stehen. In einem engeren Sinne ergibt sich eine Handlung, eine ‚Geschichte', aber erst dann, wenn ihre Elemente nicht nur chronologisch aufeinander, sondern auch nach einer bestimmten Gesetzmäßigkeit auseinander folgen, wenn sie also motiviert sind. Falls – wie es insbesondere in modernen literarischen Texten und avantgardistischen Filmen häufiger der Fall ist – unmotivierte Beschreibungen einen hohen Stellenwert einnehmen, ist von Grenzfällen einer Handlung und damit von einer Erzählung im engeren Sinne zu sprechen. In Anlehnung an Matias Martinez und Michael Scheffel[3] können drei Arten der Motivierung unterschieden werden:

(1) Besonders verbreitet ist die *kausale Motivierung* einer Handlung: Ihre Elemente sind durch einen Zusammenhang von Ursache und Wirkung miteinander verbunden, der empirisch oder auch nach den Regeln der erzählten Welt als wahrscheinlich oder zumindest als möglich gilt. Ein oft zitiertes Beispiel für die kausale Motivation einer Handlung ist die Folge a) „The king died" und b) „And then the queen died of grief". Allerdings muss der kausale Zusammenhang der Handlungselemente anders als in diesem Beispiel nicht unbedingt explizit genannt werden. Die Folge a) „The king died" und b) „And then the queen died" ist entgegen einer verbreiteten Auffassung nicht eindeutig als rein chronologisch geordnete Handlung zu verstehen; die Begründung für den Tod der Königin könnte auch in Form einer Leerstelle Teil des Textes sein.

[3] Vgl. Martinez/Scheffel (1999), S. 108-119.

(2) Insbesondere in älteren erzählenden Texten, zumal in Legenden, kann die Handlung aber auch *final motiviert* sein: Die Abfolge ihrer Elemente ist durch eine höhere, göttliche oder auch dämonische, Macht vorherbestimmt. Dabei kann die finale Motivierung zu Beginn der Erzählung von einer kausalen überlagert werden. So lässt sich das Geschehen im Märchen *Dornröschen* zunächst auf eine Verkettung von Ursachen zurückführen. Eine Verwünschung Dornröschens ist nach den Gesetzmäßigkeiten des Märchens durchaus wahrscheinlich: Die auf einen materiellen Mangel in Verbindung mit einer gewissen Fahrlässigkeit zurückzuführende Missachtung einer mit übernatürlichen Kräften ausgestatteten Figur muss schlimme Folgen haben. Für die weitere Handlung ist dann aber eine Vorherbestimmung durch den abgemilderten Fluch maßgeblich: Alle Aktivitäten der Figuren dienen letztlich dazu, diese Bestimmung zu erfüllen (vgl. Kap. 2.1.5). Zumal schon die Geburt Dornröschens offenbar durch höhere Mächte bedingt ist, kann die finale Motivierung für diese Erzählung als zentrales Ordnungsprinzip gelten.

(3) Und schließlich können einzelne Elemente einer Geschichte *kompositorisch motiviert* sein, wenn sie zwar nicht zum Fortgang der Handlung beitragen, aber in einer „semantischen Relation"[4] zur Handlung stehen; dabei kann nach Martinez/Scheffel zwischen einer metaphorischer und metonymischen Verbindung mit der Handlung unterschieden werden. Als Beispiel für eine metaphorische Verbindung nennen Martínez/Scheffel Effis Schaukeln auf der heimischen Schaukel am Ende von „Effi Briest": Effis Lebensführung ist ebenso wie ihr Schaukeln risikoreich. Mit Anke-Marie Lohmeier möchten wir allerdings sowohl sprachlich als auch bildlich dargestellte Vorgänge oder Objekte mit uneigentlicher Bedeutung als Allegorien beziehungsweise Symbole auffassen und Effis Schaukeln dementsprechend als Allegorie bezeichnen (vgl. Kap. 5.1.2.2). Zu ergänzen wäre, dass beschreibende Elemente auch zur Gesamthandlung beitragen können, indem sie eine bestimmte Atmosphäre vermitteln.

2.1.2.2 Handlung als Überschreitung räumlicher Grenzen

Die strukturalistische Erzähltheorie nimmt an, dass die Handlung eines Erzähltextes nicht nur als motivierte Abfolge von Geschehnissen (und weiteren Elementen) gelten muss, sondern darüber hinaus in noch komplexerer Weise (durch ‚Makrostrukturen') geordnet ist. Dabei wird vorausgesetzt, dass sich die konkrete Abfolge der Handlung in einem erzählenden Textes auf Handlungsschemata zurückführen lässt, die zumindest für einzelne Untergattungen, wenn nicht für alle Erzähltexte grundlegend sind.

Eine Reihe von strukturalistischen Ansätzen fasst semantische Gegensätze und ihre Überschreitung als solche grundlegenden Strukturen erzählender Werke auf – was auf den ersten Blick vielleicht nicht sehr nahe liegend erscheint, tatsächlich aber in Übereinstimmung mit unserem intuitiven Wissen steht, dass in Erzählungen von etwas Ungewöhnlichem die Rede ist. Unter diesen Ansätzen

[4] Ebd., S. 115.

hat Jurij M. Lotmans vor allem in *Die Struktur des künstlerischen Textes* entworfene Theorie des ‚Sujets' einen gewissen Einfluss auch auf didaktische Überlegungen erlangt. Grundlage dieser Theorie ist die Beobachtung, dass abstrakte nichträumliche Sachverhalte auch in der Alltags- und Wissenschaftssprache häufig durch räumliche Metaphern dargestellt werden – wie zum Beispiel ‚wertvoll'/‚wertlos' durch ‚hoch'/‚niedrig' – und dass sich diese Metaphern zu räumlichen Wirklichkeitsmodellen verdichten können. An literarischen Texten (und, so wäre hinzuzufügen, auch an fiktionalen/künstlerisch gestalteten medialen Werken) lässt sich nun beobachten, dass den hier dargestellten Räumen oft nichträumliche Eigenschaften zugeschrieben werden (‚Semantisierung'). Dabei entsteht eine Teilung der erzählten Welt in zwei gegensätzliche Bereiche, indem semantische Gegensatzpaare – wie zum Beispiel ‚arm'/‚reich', ‚gut'/‚böse' und ‚natürlich'/‚künstlich' – an räumliche Gegensätze gebunden werden – wie zum Beispiel an ‚Schloss' /‚Hütte', ‚Himmel'/‚Erde' und ‚Land'/‚Stadt'. Die – zugleich räumlich und semantisch bestimmte – Grenze zwischen diesen Bereichen erscheint im Weltbild, das der Text entwirft, als eigentlich unüberwindlich. Die Handlung erzählender Texte kann nun als Folge von ‚Ereignissen' oder als ‚Sujet' bestimmt werden: Ein ‚Ereignis' kommt dann zustande, wenn diese Grenze von einer die Handlung tragenden Figur dennoch überschritten wird. Es umfasst die folgenden Elemente:

- Einen Helden als Handlungsträger.
- Ein bestimmtes semantisches Feld, das in zwei sich ergänzende Teilmengen gegliedert ist.
- Eine Grenze zwischen diesen Teilen, die unter normalen Umständen unüberschreitbar ist, sich für den Helden als Handlungsträger aber doch als überwindbar erweist.

Der grenzüberschreitende Held kann entweder Teil der anderen Welt werden oder in seinen angestammten Bereich zurückkehren – wie zum Beispiel ein Märchenheld, der sich in eine jenseitige Welt begibt, sich dort bewährt und zurückkehrt, um im Diesseits eine privilegierte Stellung einzunehmen.[5]

In *Dornröschen* können entsprechend der Theorie Lotmans zwei für das Sujet entscheidende Ereignisse festgestellt werden: Zum einen der Eintritt Dornröschens in das Turmzimmer der dreizehnten ‚weisen Frau' und zum anderen das Eindringen des Königssohnes in das schlafende Schloss. Zweifellos überschreiten die Figuren im Rahmen des Ereignisses jeweils eine räumliche Grenze, die zwei semantische Bereiche voneinander trennt: Den Bereich des offenbar fried- und freudevollen menschlichen Lebens und den Bereich der schwarzen Magie, die dieses Leben zum Stillstand bringt. Zugleich zeigt der Versuch, *Dornröschen* mit Hilfe der Theorie Lotmans zu beschreiben, jedoch die Beschränkungen dieses Modells: Zum ersten werden die Grenzen zwischen den genannten Bereichen kaum als prinzipiell unüberschreitbar dargestellt: Das Turmzimmer wird von Dornröschen erst entdeckt, unmittelbar bevor sie es betritt – zumindest als Bereich der schwarzen Magie dürfte es vorher überhaupt nicht bestanden haben; und die Dornenhecke war zwar hundert Jahre lang unüberwindlich, stellt aber

[5] Vgl. Lotman (1981), S. 300-357.

nach Ablauf dieser Zeit kein tatsächliches Hindernis mehr dar. Und zum zweiten verhält es sich durchaus nicht so, dass die Figuren nach ihrer Grenzüberschreitung entweder Teil der anderen Welt werden oder in ihren Ausgangsbereich zurückkehren. Vielmehr verschieben sich infolge ihres Übertritts jeweils die Grenzen zwischen den semantischen Bereichen: Das ganze Schloss steht unter dem Bann der Magie, nachdem Dornröschen im Turmzimmer in Schlaf gefallen ist, und nach ihrer Erweckung durch den Königssohn gehört das Schloss wieder dem Bereich des Lebens an.

Außer durch die an *Dornröschen* gezeigten Beschränkungen ist Lotmans Modell aber auch deshalb nur bedingt ergiebig, weil in vielen, insbesondere in modernen, erzählenden Texten der Raum und Bewegungen im Raum nicht unbedingt als handlungsbestimmend gelten können. Angesichts dieser Schwierigkeiten hat Karl Nikolaus Renner in Übereinstimmung mit einigen Andeutungen bei Lotman die Theorie des ‚Sujets' erweitert. Nach Renner liegen einer Handlung abstrakte ‚Räume' im Sinne semantischer Felder zugrunde, die durch gegensätzliche Merkmale bestimmt werden. Ein Ereignis entsteht nun, wenn Grenzen zwischen diesen Feldern durch mehr oder weniger fest an sie gebundene Figuren überschritten werden. Wenn also in einer Erzählung eine arme Figur reich wird oder eine gute Figur mit bösen Figuren in Beziehung tritt, soll diese Veränderung auch ohne Ortswechsel als Ereignis gelten. Als Ergebnis der Überschreitung ist neben der Versetzung einer Figur in ein anderes Feld die Verschiebung, Aufhebung oder Neuentstehung von Grenzen zwischen den Feldern möglich.[6] Auch unter Berücksichtigung dieser Erweiterungen ist aber fraglich, ob durch (raum)semantische Modelle die zentralen Aspekte einer Handlung in erzählenden Texten erfasst werden können: Unbeantwortet bleibt durch diese Modelle vor allem die Frage, welche Ursachen denn nun für einen Grenzübertritt der handlungstragenden Figuren maßgeblich sind, warum also zum Beispiel Dornröschen unter den Bann der übelwollenden Magierin gerät und warum sie von diesem Bann wieder erlöst wird. Lotmanns Modell und seine Ergänzung durch Renner sind dennoch beachtenswert, weil sie den Blick für semantische Gegensätze und ihre Überschreitung zu schärfen vermögen, die für viele Erzählungen tatsächlich eine große Bedeutung haben.

2.1.2.3 Handlung als Folge von Komplikation und Auflösung

Die Annahme, dass eine Überschreitung räumlicher beziehungsweise semantischer Grenzen die Struktur erzählender Werke grundlegend bestimmen soll, mag zunächst überraschen. In einem anderen bedeutenden und letztlich ‚leistungsstärkeren' Ansatz der strukturalistischen Erzähltheorie findet hingegen unser intuitives Wissen über erzählende Texte in relativ direkter Weise Berücksichtigung: In Übereinstimmung mit der Erfahrung, dass in Erzählungen eine konflikthafte Situation einer Figur entwickelt wird, nimmt dieser Ansatz eine Folge

[6] Renner (1983).

von Komplikation und Auflösung als grundlegende Struktur der Handlung in erzählenden Texten an.

Auf der Basis früherer soziolinguistischer Arbeiten vor allem von William Labov und Joshua Waletzky hat Teun A. van Dijk ausgeführt, dass die Handlungselemente einer konkreten Alltagserzählung (‚Mikrostrukturen') durch ‚Makrostrukturen' organisiert sind, die wiederum auf eine durch die kommunikative Funktion der Textsorte bestimmte Superstruktur zurückgehen. In einem Baumdiagramm stellt er diese ‚Makrostrukturen' wie folgt dar[7]:

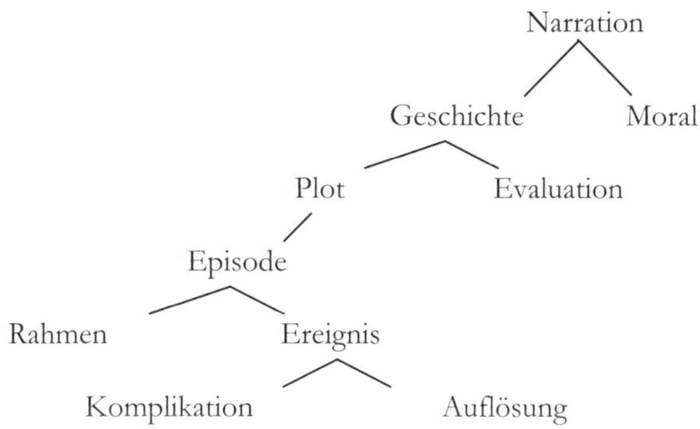

Komplikation und *Auflösung* ergeben gemeinsam das *Ereignis*, den Kern einer Erzählung. Zusammen mit dem *Rahmen*, der Ort, Zeit und Umstände des Ereignisses näher bestimmt, bildet das Ereignis eine *Episode*. Mehrere Episoden können sich zu einem *Plot* zusammenfinden. Der Plot wiederum wird mit der *Evaluation* – einer mentalen Reaktion des Erzählers auf den Plot – zur *Geschichte* ergänzt. Von weiterführenden Ansätzen ist die Evaluation – auch ‚Bewertung' genannt – näher bestimmt worden: Sie bringt oft eine emotionale Haltung zum Ausdruck[8] und dient sowohl einer Strukturierung der Erzählung als auch einer Kommunikation mit dem Hörer, vor allem dazu, ihm zu vermitteln, warum die Geschichte überhaupt erzählt wird. Die Geschichte wiederum bildet gemeinsam mit der Moral die Narration; die Moral ist nicht unbedingt ein moralischer Lehrsatz, sondern im weiteren Sinne eine auf die gegenwärtige Kommunikationssituation von Erzähler und Rezipient bezogene Schlussfolgerung, zum Beispiel eine Anweisung für künftiges Handeln oder ein Vorschlag für die Betrachtung von Wirklichkeit. Für die gesamte Struktur gilt, dass einige ihrer Elemente auch implizit bleiben können, etwa indem sich Evaluation und Moral zwar aus der Erzählung ergeben, aber vom Rezipienten ergänzt werden müssen.

Dietrich Boueke und Frieder Schülein schlagen eine sinnvolle Erweiterung dieses Modells vor, indem sie darauf hinweisen, dass die ‚Evaluation' nicht nur

---

[7] Van Dijk (1980), S. 142.

[8] Vgl. v.a. Boueke u.a. (1995) zur „Affektmarkierung" (S. 53).

implizit bleiben, sondern sich auch auf einzelne Elemente der Geschichte beziehen kann, also zum Beispiel auf Komplikation oder Auflösung.[9] Uta M. Quasthoff hat darüber hinaus beschrieben, durch welche kontextuell bedingten Planungsentscheidungen die ‚Makrostruktur' von Komplikation und Auflösung in eine tatsächliche Erzählung überführt wird und dabei eventuell auch Veränderungen unterliegt, wobei die Elemente Rahmen und Evaluation wegfallen können: Eine Erzählung benötigt so zum Beispiel keinen explizit dargestellten Rahmen, wenn Ort und Zeit der Geschichte von allen Zuhörern auf Grund ihres gemeinsamen Weltwissens eindeutig rekonstruiert werden können.[10]

Eine aus Sicht der Spracherwerbsforschung vorgenommene prinzipielle Kritik an Modellen, die eine Folge von Komplikation und Auflösung als Kern von Alltagserzählungen annehmen, ist dagegen diskussionswürdig. Klaus R. Wagner kann zwar zeigen, dass Kinder auf frühen Entwicklungsstufen statt monologisch erzählter ‚Höhepunkt-Geschichten' dialogisch realisierte ‚Geflecht-Erzählungen' produzieren und dass dieser Erzähltyp nicht nur als Vorstufe zum ‚Höhepunkt-Erzählen', sondern als eigenständige, auch von Erwachsenen genutzte Variante des Erzählens gelten muss. Im Gegensatz zur ‚Höhepunkt-Erzählung', die in geschlossener Form von zeitlich aufeinander folgenden, für den Zuhörer neuen Geschehnissen erzählt, gibt die Geflecht-Erzählung in offener Form Geschehnisse wieder, die nicht chronologisch aufeinander bezogen sein müssen und dem Hörer bekannt sind, in der Regel, weil er sie selbst miterlebt hat.[11] Doch muss der Erzähltyp der ‚Geflecht-Erzählung' nicht unbedingt als Widerspruch zu van Dijks Modell aufgefasst werden, das den Zusammenhang von Elementen einer Alltagserzählung auf der Ebene der ‚Makrostruktur', nicht aber deren konkret realisierte Abfolge darstellt: Die stringent auf eine Komplikation und deren Lösung ausgerichtete Erzählung ist nur eine mögliche Variante der aus diesem Modell abgeleiteten Erzähltypen, ebenso erlaubt es zum Beispiel die Produktion einer achronologisch aufgebauten Erzählung mit ineinander verflochtenen Episoden.

Ein gewichtigerer Einwand gegen das Modell van Dijks dürfte die schon von Otto Ludwig festgestellte Tatsache sein, dass in Alltagserzählungen häufig Formen des ‚berichtenden' und des ‚beschreibenden Erzählens' zu finden sind, in denen die Darstellung von Komplikation und Auflösung zugunsten einer Darstellung von Vorgängen beziehungsweise Zuständen oder Eigenschaften von Personen/Objekten deutlich zurücktritt.[12] Eine Verschmelzung von im engeren Sinne erzählenden mit berichtenden und beschreibenden Elementen, deren Umfang und Bedeutung über den Rahmen im Sinne van Dijks hinausgeht, ist jedoch auch in modernen literarischen Erzählungen häufig und widerspricht nicht der Annahme, dass eine Folge von Komplikation und Auflösung das Zentrum prototypischer Erzähltexte bildet.

---

[9] Vgl. Boueke/Schülein (1988).
[10] Vgl. Quasthoff (1980), bes. S. 40-44 und 88-130.
[11] Vgl. Wagner (1986).
[12] Vgl. Ludwig (1981) und Ludwig (1984).

Eine Herausforderung für die Erzähltheorie besteht nun darin, zu reflektieren, inwiefern van Dijks Modell auch zur Analyse fiktionaler/künstlerisch gestalteter Erzählungen herangezogen werden kann. Van Dijk selbst hält für die Ableitung von literarischen Erzählungen komplexe Differenzierungen seiner Strukturbeschreibung, insbesondere eine gattungsspezifische genauere Bestimmung der Komplikation, für notwendig: Er definiert die Komplikation lediglich durch ein ‚Interessantheitskriterium', das sich aus einer Abweichung von Erwartungen oder Gewohnheiten (des Rezipienten) ergibt.[13] (Zu einer genaueren Bestimmung der Komplikation vgl. unten.)

Zu ergänzen ist zum ersten, dass auch van Dijks Begriff der Auflösung – sie entsteht nach seinen Ausführungen durch eine Reaktion von Personen auf die Komplikation und ist entweder positiv oder negativ – für eine Untersuchung von literarischen und filmischen Erzählungen differenziert werden muss. So kann die Auflösung hier auch weder positiv noch negativ ausfallen: Wenn die Komplikation nur teilweise abgewehrt beziehungsweise aufgehoben wird oder wenn sie schließlich gar nicht mehr besteht, weil sich die zentralen Werte der betroffenen Figur verändert haben.

Zum zweiten muss auch der Rahmen literarischer und filmischer Erzählungen oft genauer betrachtet werde. Die Beschreibung/das Zeigen von Räumen oder von einzelnen Objekten (sowie von Figuren) kann mehr oder weniger differenziert ausfallen und damit gegenüber der Mitteilung von Geschehnissen einen sehr unterschiedlichen Stellenwert einnehmen. So kann die Beschreibung/das Zeigen von Räumen, Objekten und Figuren – vor allem in modernen literarischen Werken und avantgardistischen Filmen – einen hohen Eigenwert gewinnen und dabei kaum noch bestimmte Funktionen für die Handlung im engeren Sinne erfüllen. Außerdem dienen Räume und einzelne Objekte oder eine Zusammenstellung von Objekten nicht nur dazu, den Schauplatz von Geschehnissen mehr oder weniger deutlich werden zu lassen. Sie können auch eine bestimmte Atmosphäre vermitteln oder als Allegorien und Symbole eine uneigentliche Bedeutung aufweisen, das heißt auf andere, vor allem abstraktere, Sachverhalte verweisen (vgl. Kap. 5.1.2.2). In Ausnahmefällen kann ähnlich wie der Raum einer Erzählung auch die dargestellte Zeit besondere Qualitäten annehmen, zum Beispiel, indem sie nicht als linear, sondern als zyklisch oder nicht als objektives Phänomen, sondern als abhängig von der subjektiven Wahrnehmung erscheint.

Und schließlich muss beachtet werden, dass literarische und mediale Erzählungen komplexer ausfallen können als die von van Dijk beschriebenen Alltagserzählungen. Es können nicht nur mehrere Episoden (deren Komplikationen eng miteinander verbunden sind, indem sie zum Beispiel die Teilkomplikationen einer übergreifenden Komplikation bilden) zu einem Plot zusammengefügt, sondern auch unterschiedliche Geschichten miteinander verbunden werden (deren Komplikationen nur einen losen Zusammenhang aufweisen, etwa durch Ähnlichkeits- oder Kontrastbeziehungen). In vormodernen epischen Texten und konventionellen Filmen dient eine Zusammenstellung von unterschiedlichen Geschichten allerdings zumeist der Ergänzung einer Haupthandlung. Formale Möglichkeiten

[13] van Dijk (1980), S. 243.

einer Verbindung von Geschichten, die insbesondere von vormodernen literarischen Erzählungen recht häufig genutzt werden, ergeben sich zum Beispiel dadurch, dass im Rahmen einer fiktionalen Schreib- oder Sprechsituation mehrere Erzählungen produziert werden oder dass Figuren innerhalb einer Geschichte Geschichten erzählen (vgl. Kap. 4.1.3 zu meta- und extradiegetischen Erzählungen). Im Film und auch in modernen literarischen Erzählungen werden mehrere Episoden oder Geschichten dagegen zumeist durch das Verfahren der Montage ineinander verflochten. Dabei können unterschiedliche Geschichten einen hohen Grad an Selbstständigkeit aufweisen.

Eine wichtige Ergänzung zum Modell van Dijks ist Vladimir Propps strukturalistische Arbeit *Morphologie des Märchens*, weil hier die Komplikation für eine literarische Untergattung genauer bestimmt wird. Propp hat in einer Untersuchung russischer Zaubermärchen unveränderliche Elemente dieser Gattung beschrieben. Diese Elemente oder ‚Funktionen' sind für die Handlung bedeutungsvolle, nach Propp auch in einer festen Abfolge stehende Aktionen einer Figur. Als zentrale ‚Funktionen', die die Märchenhandlung in Gang bringen und damit als Komplikationen gelten können (auch wenn Propp sie nicht so bezeichnet), werden die *Schädigung* und die *Mangelsituation* genannt. Eine Schädigung entsteht dann, wenn ein böser Gegenspieler einem Familienmitglied einen Schaden zufügt oder zuzufügen droht – zum Beispiel durch Entführung, Verzauberung, Drohung mit gewaltsamer Heirat, Raub eines Zaubermittels oder eines sonstigen wertvollen Gegenstandes. Eine Mangelsituation ist dadurch gekennzeichnet, dass einem Familienmitglied irgendetwas fehlt, es irgendetwas haben möchte – zum Beispiel eine Braut, einen wunderbaren Gegenstand oder auch Mittel der materiellen Existenz. Eine weitere von Propp festgestellte ‚Funktion', die Aufhebung des anfänglichen Unglücks oder Mangels, lässt sich als genauere Bestimmung einer positiven Auflösung verstehen.[14]

Weitere strukturalistische Erzähltheoretiker haben sich in der Nachfolge Propps darum bemüht, sein Modell der Märchenanalyse für alle (literarischen) Erzähltexte anwendbar zu machen. So kann in Anlehnung an Claude Bremond und Tzvetan Todorov die Komplikation in Erzählungen aller Medien als eine auf eine Figur bezogene Schädigung oder Mangelsituation bestimmt werden.

Unter den Versuchen einer Ausweitung und Differenzierung von Propps Modell ist Jörn Stückraths Ansatz besonders ergiebig, weil er in einer sinnvollen Ergänzung älterer Modelle Schädigung und Mangel genauer bestimmt und vor allem nach den *Faktoren* fragt, die Komplikation und Auflösung – Stückrath fasst sie als ‚zentrale Erlebnisse' auf – explizit oder implizit motivieren.[15] Nach Stückrath richten sich Schädigung oder Mangel auf ein Gut, dessen Genuss für eine Figur wertvoll ist; dieses Gut kann sehr unterschiedlicher Art sein, materieller, personaler oder ideeller. Eine Schädigung entsteht dann, wenn die Figur dieses Gut verloren hat oder zu verlieren droht (beziehungsweise es ihr beschädigt wird oder beschädigt zu werden droht), ein Mangel, wenn sie es (noch) nicht besitzt, aber besitzen möchte. Auch wenn Mangel oder Schädigung oft Erwartun-

[14] Propp (1972).
[15] Stückrath o.J.

gen des Rezipienten widersprechen, ist eine solche Abweichung keine notwendige Bedingung für eine solche Komplikation. Eine Komplikation kann zum Beispiel materielle Werte betreffen, wenn eine Figur in Armut gerät (Schädigung) oder ein luxuriöses Leben erstrebt (Mangel); personale, wenn eine Figur von ihrem Lebensgefährten verlassen wird (Schädigung) oder sich eine Liebesbeziehung zu einer anderen Figur wünscht (Mangel); ideelle, wenn eine Figur in ihrer Ehre gekränkt wird (Schädigung) oder soziale Gerechtigkeit in ihrem Land herstellen möchte (Mangel); oder auch, wenn eine Figur in ihrem inneren Gleichgewicht gestört wird (Schädigung) oder auf der Suche nach ihrer Identität ist (Mangel). Es ist zumeist möglich, in einer Erzählung (beziehungsweise einer Episode/Geschichte) unterschiedliche Komplikationen vom Standpunkt verschiedener Figuren festzustellen. Allerdings wird – zumal in literarischen Erzählungen – in der Regel deutlich, welche dieser Komplikationen für die Erzählung als zentral gelten soll, vor allem, indem die von der Komplikation betroffene Figur zu erkennen gibt, dass sie über Schädigung oder Mangel unglücklich ist.

Die Faktoren, die Komplikation und Auflösung motivieren, können sehr unterschiedlicher Art sein, zum Beispiel gesellschaftlicher, natur- oder schicksalhafter – auch die Schädigung einer Figur muss nicht unbedingt von einem menschlichen oder menschenähnlichen Gegenspieler verursacht werden, wie es nach Propp im Zaubermärchen der Fall ist. Besonders häufig sind jedoch soziale, moralische oder geistige Figurenmerkmale für die Komplikationshandlung entscheidend: Eine Komplikation kann etwa durch die Dummheit, den Neid oder die Armut einer Figur ausgelöst werden, die Auflösung auf die Klugheit, den Mut oder den Reichtum einer anderen zurückgehen. Die Bestimmung der Faktoren bietet nach Stückrath auch einen Ansatzpunkt für die Verbindung von Textanalyse und -interpretation: Ein Abgleich der Faktoren mit einer Analyse der ‚wertenden Instanzen', zum Beispiel des fiktiven Erzählers, ermöglicht Aussagen darüber, welche Sicht von Wirklichkeit eine Erzählung ihren Rezipienten nahe legt. Unter Berücksichtigung der von Stückrath vorgeschlagenen Ergänzungen lässt sich ein ‚Komplikationsmodell' zur Handlungsanalyse fiktionaler/künstlerisch gestalteter Erzählungen wie folgt darstellen:

EPISODE: Rahmen: Raum und Zeit

Faktoren → KOMPLIKATION (Schädigung, Mangel) →→→→→ AUFLÖSUNG (pos./neg.) ← Faktoren

Faktoren ↓		Faktoren ↓
KOMPLIKATION (Schädigung, Mangel)	→→→→→	AUFLÖSUNG (pos./neg.)

Evaluation und Moral

2.1.2.4 Möglichkeiten und Grenzen der Handlungsanalyse

Während die raumsemantische Handlungsanalyse nach Lotman deutliche Beschränkungen aufweist, bietet das im Sinne Propps und Stückraths erweiterte sowie um eine Figurenanalyse ergänzte Modell van Dijks ergiebigere – und nach dem heutigen Forschungsstand konkurrenzlose – Möglichkeiten: Die Handlung von Erzählungen aller Medien lässt sich mit Hilfe eines solchen Modells zumeist so erfassen, dass ihre für ein Textverstehen bedeutsamen Strukturen erschlossen werden können.

Ein intuitiver Zugang zum Text wird dabei nicht ganz verzichtbar: Wie alle Ansätze der Handlungsanalyse bietet das Komplikations-Modell einerseits kaum Anhaltspunkte dafür, wie eine Analyse der Handlung – unter Einbeziehung von Aspekten der Darstellung – systematisch zu einer Interpretation des erzählenden Textes ergänzt werden kann (vgl. Kap. 7.2). Und andererseits bringt das Modell – da Komplikation, Auflösung und Faktoren für Komplikation und Auflösung in Erzählungen nur ausnahmsweise explizit genannt werden – insbesondere in der Anwendung auf komplexere Werke die Schwierigkeit mit sich, dass Handlungsanalyse und Interpretation zumeist nicht deutlich voneinander getrennt werden können (vgl. Kap. 7.2). Der Rezipient muss für eine Analyse der Handlung relevante Textinformationen erst einmal auffinden; dazu muss er unter anderem entscheiden, vom Standpunkt welcher Figur die Komplikation bestimmt werden soll und welche Geschehnisse für Komplikation und Auflösung von zentraler Bedeutung sind. Darüber hinaus muss der Rezipient sprachliches Wissen und zumindest in manchen Fällen auch Weltwissen heranziehen, um aus den relevanten Informationen auf Komplikation, Auflösung und Faktoren für Komplikation und Auflösung schließen zu können. So kann zum Beispiel historisches Wissen notwendig sein, wenn festgestellt werden soll, welches ideelle Gut für eine Figur besondere Bedeutung hat; inwiefern die politische Macht einer Figur für die Schädigung einer anderen maßgeblich werden kann; oder ob eine unwahrscheinliche positive Auflösung auf Zufall oder göttliche Fügung zurückzuführen ist. Und schließlich muss der Rezipient in vielen Fällen entscheiden, in welchem Maße er Sprach- oder Weltwissen nutzen möchte, um über eine relativ eindeutige und zumeist konkrete, aber ‚oberflächliche' Analyse von Elementen der Handlung hinaus eine ‚tiefergehende', zumeist abstraktere, aber stärker interpretierende Bestimmung zu leisten. So ist es in vielen Fällen möglich, ein relativ konkretes Gut einer Figur zu erkennen (zum Beispiel die Einladung zur Feier für die dreizehnte weise Frau in *Dornröschen*, vgl. unten), und ‚dahinter' ein abstrakteres Gut zu vermuten (wie im Fall der weisen Frau die Ehre); oder als Faktor für Komplikation oder Auflösung ein bestimmtes Verhalten einer Figur festzustellen und darüber hinaus dies Verhalten durch dauerhafte, im Text nicht direkt genannte Figureneigenschaften zu erklären. Weder für die Auswahl von Textinformationen noch für ihre Ergänzung durch Sprach- oder Weltwissen konnten aber bislang nachvollziehbare Regeln bereitgestellt werden, sodass angesichts der Vielfalt möglicher Komplikationshandlungen eine Handlungsanalyse immer schon ein gewisses Textverstehen voraussetzt.

Trotz dieser Einschränkungen bietet das Komplikations-Modell die Möglichkeit, eine Erzählung so zu betrachten, dass die zentralen Elemente ihrer Handlung und der Zusammenhang dieser Elemente in recht hohem Maße unabhängig von einem spontanen Verstehen (oder eben: Nichtverstehen) erkennbar werden. Anders als es vielleicht nahe liegend erscheint, kann damit nicht nur die Betrachtung der Darstellungs-, sondern auch die der Handlungsebene dazu dienen, das subjektive Textverstehen einerseits anzuregen und ihm andererseits Grenzen zu setzen. Das Komplikations-Modell ist dementsprechend nach unserer Auffassung unabdingbarer Teil einer Analyse und notwendige Grundlage einer Interpretation von Erzähltexten.

Insbesondere die Handlungen vormoderner epischer Texte sowie populärer Erzählungen in allen Medien lassen sich mit Hilfe des Komplikations-Modells zumeist in ergiebiger Weise untersuchen – auch wenn gattungsspezifische Modelle selbstverständlich in vielen Fällen durch genauere Vorgaben die Handlungsanalyse erleichtern können. Für eine Reihe von Erzählungen sind die Möglichkeiten einer solchen Untersuchung allerdings eingeschränkt: So bietet das Modell zum ersten kaum Ansatzpunkte für eine Untersuchung von komischen Handlungen. Zum zweiten können Erzählungen, in denen beschreibende Elemente größeren Umfang und größerer Bedeutung haben als ein Rahmen für Komplikation und Auflösung, in dieser Besonderheit durch das Komplikations-Modell nicht erfasst werden. Und schließlich zeigen sich nicht nur, aber vor allem in modernen literarischen und filmischen Erzählungen oft bedeutende Abweichungen von diesem Modell. Einige Werke weisen zwar eine auf den ersten Blick leicht fassbare Komplikation und Auflösung mitsamt ebenso eindeutigen Faktoren auf. Die Werke geben dabei jedoch in mehr oder weniger deutlicher Weise zu verstehen, dass diese Elemente nur vordergründig von Bedeutung sind (oder auch nur in der Einbildung einer Figur bestehen) und tatsächlich eine zentrale Komplikation beziehungsweise zentrale Faktoren verbergen, die lediglich angedeutet werden. In vielen Fällen sind die Abweichungen vom Komplikationsmodell sogar noch auffälliger: Elemente der Handlung können nur angedeutet oder auch ganz ausgespart werden, ohne dass sie – wie von van Dijk für den Fall einer impliziten Darstellung zum Beispiel von Rahmen, Evaluation und Moral angenommen – vom Rezipienten eindeutig zu rekonstruieren wären. Vor allem die Faktoren von Komplikation und Auflösung, aber auch die Art der Komplikation und die Auflösung selbst bleiben insbesondere in erzählenden Texten der Moderne oft uneindeutig – wie am Beispiel von Erzählungen Kafkas prototypisch zu zeigen wäre.

Das erweiterte Komplikations-Modell bietet in den genannten Fällen keine Möglichkeit, die für ein Textverstehen bedeutenden Strukturen der Handlung direkt zu erschließen. Gleichwohl kann das Modell aber auch für eine Analyse dieser Erzählungen ausgesprochen hilfreich sein, weil ein Abgleich des Modells mit einem mehrdeutigen oder in hohem Maße bedeutungsoffenen Text die Besonderheiten dieses Textes im Kontrast zu einer einfacher strukturierten Erzählung deutlich werden lässt.

2.1.3 Modelle für die Figurenanalyse

2.1.3.1 Begriffsbestimmung von ,Figur'

Erzählungen faszinieren uns häufig durch ihre Protagonisten: Der starke Held, der angepasste Mitläufer, der Verbrecher, der liebenswerte Außenseiter, der Mensch ohne feste Identität oder auch die Figur mit magischen Fähigkeiten erwecken Empathie, laden zu Identifikation und Abgrenzung ein. In der Erzähltheorie sind Figuren lange Zeit jedoch eher beiläufig als ,Komponenten' der Handlung aufgefasst worden. In der nüchternen Betrachtungsweise der strukturalistischen Erzähltheorie gilt: Menschliche oder menschenähnliche Figuren sind als Träger von Geschehnissen beziehungsweise von komplexer geordneten Handlungen ein notwendiges Element erzählender Texte. Wie bei Stückrath deutlich wird, lässt sich die Bedeutung der Figuren für die Handlung aber noch genauer fassen, insofern Figurenmerkmale häufig als entscheidende Faktoren für Komplikation und Auflösung gelten können. Darüber hinaus liegt der Schwerpunkt von Erzählungen in einem großen Teil der epischen Texte – zum Beispiel in Romanen des 18./19. Jahrhunderts oder auch in ,handlungsarmen' modernen Romanen – eher auf dem Innenleben der Figuren als auf dem Gang der (äußeren) Handlung. Auch vom erzähltheoretischen Standpunkt erscheint deshalb eine Figurenanalyse für die Untersuchung von Erzählungen als unabdingbar.

Relativ eindeutig lässt sich nach dem Ansatz von Fotis Jannidis bestimmen, was eine *Figur* in einem Erzähltext ist: Eine Figur ist weder ein Mensch der Lebenswirklichkeit noch ein bloßes Produkt der Darstellungsebene, sondern Teil der ,histoire'. Durch Benennen – zum Beispiel mit einem Eigennamen, der dann wiederholt und variiert wird – wird eine mit sich selbst identische und von anderen unterschiedene menschliche oder menschenähnliche Figur entworfen, die ein sinnlich wahrnehmbares Äußeres und ein der sinnlichen Wahrnehmung nicht direkt zugängliches Inneres aufweist, über die Fähigkeit zum intentionalen Handeln verfügt und sowohl vorübergehende Innenzustände und äußerliche Besonderheiten als auch relativ stabile innere und äußere Merkmale aufweist. Zwar können die genannten Kriterien für den Entwurf beziehungsweise das Erkennen einer Figur auch außer Kraft gesetzt werden, zum Beispiel wenn sich in epischen Texten der Moderne die Identität von Figuren auflöst. Doch müssen diese Abweichungen deutlich markiert werden.[16]

2.1.3.2 Die Bestimmung von Figurenmerkmalen

Während eine Definition von ,Figur' wie oben dargelegt ohne größere Schwierigkeiten möglich ist, hat die Erzähltheorie erst in Ansätzen Modelle entwickelt, die es erlauben, die Merkmale von Figuren zu bestimmen und in Bezug zur Handlung zu setzen. Als Grundlage einer Untersuchung von Figuren haben Ha-

[16] Vgl. Jannidis (2004), bes. S. 125-128.

rald Fricke und Rüdiger Zymner[17] vorgeschlagen, die von Manfred Pfister für das Drama entwickelten Kategorien der Figurenanalyse[18] auf erzählende Texte zu übertragen, und dieser Vorschlag ist von Fotis Jannidis in einleuchtender Weise weiterentwickelt worden.[19] In Anlehnung an sein Modell kann festgestellt werden, dass Textinformationen über Figuren drei Ebenen betreffen: (1) Die Charakterisierung im engeren Sinne, das heißt die Zuschreibung von relativ stabilen inneren und äußeren Merkmalen (in *Dornröschen* zum Beispiel von ‚schön, sittsam, freundlich und verständig'); (2) die Zuschreibung von vorübergehenden Innenzuständen, Handlungen und äußeren Besonderheiten (in *Dornröschen* zum Beispiel von ‚erschrocken' oder ‚wußte sich vor Freude nicht zu lassen'); und (3) Informationen, die eine Figur nicht direkt betreffen, aber Rückschlüsse auf sie zulassen, wie zum Beispiel eine Beschreibung der von ihr bewohnten Räume. Auf allen drei Ebenen können die Informationen vor allem in zwei Dimensionen voneinander unterschieden werden, der *Zuverlässigkeit* und der *Offensichtlichkeit*.

a) Zuverlässigkeit: In dieser Dimension lassen sich Informationen über Figuren danach unterscheiden, ob die Quelle der Informationen zuverlässig oder unzuverlässig ist.
b) Offensichtlichkeit: In dieser Dimension lassen sich Informationen über Figuren danach unterscheiden, ob sie direkt oder indirekt zugeschrieben werden.

Die genannten Kriterien ergeben keine trennscharfen Kategorien (Zuverlässigkeit vs. Unzuverlässigkeit und Offensichtlichkeit vs. Nicht-Offensichtlichkeit), sondern müssen als entgegengesetzte Pole auf einer Skala mit unterschiedlichen Variationsmöglichkeiten verstanden werden.

Zu a: Zuverlässige Informationen über Figuren – die in literarischen Erzählungen vor allem durch den Erzähler, in filmischen zumeist direkt durch Bild- und Tonelemente vermittelt werden – bilden den Normalfall, von dem in manchen Texten abgewichen wird. So kann ein unzuverlässiger Erzähler in Täuschungsabsicht oder aufgrund seiner Beschränktheit die rekonstruierbaren Tatsachen der erzählten Welt falsch oder unvollständig wiedergeben. Informationen von Figuren stehen eher unter dem Verdacht der Unzuverlässigkeit als die des Erzählers: Es kommt des öfteren vor, dass eine Figur – ebenfalls absichtlich oder aus einer subjektiv beschränkten Sicht heraus – sich selbst oder eine andere Figur irreführend oder zumindest unzureichend beschreibt; die unzuverlässigen Informationen legen dann allerdings Schlussfolgerungen auf den Sprecher nahe.

Zu b: Die Direktheit oder Indirektheit der Informationen über eine Figur bestimmt, inwieweit der Rezipient diese Informationen aus dem Text einfach entnehmen kann oder aber ergänzen muss – ob nun nur durch weitere Aussagen des Textes und durch sprachliches Wissen, indem etwa verschiedene Handlungen einer Figur unter abstrahierenden Adjektiven wie ‚rachgierig', ‚furchtlos' oder ‚neugierig' zusammengefasst werden, oder auch mit Hilfe von Weltwissen zum Beispiel über Personentypen, wie es nach Jannidis unabdingbar ist. Zu ergänzen

---

[17] Vgl. Fricke/Zymner (1991), S. 153-156.
[18] Vgl. Pfister (1977).
[19] Vgl. Jannidis (2004), bes. S.197-221.

wäre, dass die Zuschreibungen von vorübergehenden Innenzuständen, Handlungen und äußeren Besonderheiten sowie die Informationen, die eine Figur nicht direkt betreffen, aber Rückschlüsse auf sie zulassen, oft zu den indirekten Hinweisen auf ihre relativ stabilen Eigenschaften gehören.

Das vorgestellte Modell ist als Grundlage einer Figurenanalyse notwendig, lässt allerdings einige Fragen offen. Nur wenn Informationen über eine Figur als zuverlässig und direkt gelten können, sind sie ohne weiteres Teil der Figurenbestimmung. In allen anderen Fällen muss der Rezipient Veränderungen beziehungsweise Ergänzungen vornehmen, und ganz besonders häufig fordern Texte Ergänzungen dann, wenn es um die Bestimmung von relativ stabilen Figurenmerkmalen wie Charaktereigenschaften und von der Figur vertretene Werte und Normen geht. Die Berücksichtigung von indirekten Informationen über eine Figur erfordert außerdem, dass der Rezipient aus einer Fülle von Informationen diejenigen auswählt, die für die Untersuchung einer Figur von besonderer Bedeutung sind. Es ergeben sich also ähnliche Schwierigkeiten wie bei der Handlungsanalyse: Wie relevante Informationen über eine Figur aufgefunden und nach welchen Regeln welches Wissen auf diese Informationen angewandt werden soll, bleibt weitgehend unklar.

Eine gewisse, wenn auch nicht erschöpfende Hilfe angesichts dieser Schwierigkeiten bietet die vor allem von Jurij Lotman vertretene strukturalistische Annahme, dass die Besonderheit einer Figur sich aus Merkmalen ergibt, die in Opposition zu den Merkmalen anderer Figuren stehen.[20] Ausgehend von direkt genannten oder mit Hilfe des sprachlichen Wissens eindeutig rekonstruierbaren (relativ stabilen) Merkmalen von Figuren sind weitere Figuren in vielen Fällen zumindest bis zu einem gewissen Grad dadurch zu bestimmen, dass ihnen gegensätzliche oder übereinstimmende Merkmale zugewiesen werden. Diese Merkmale lassen sich nach bestimmten Klassen ordnen: Als Hauptkategorien können äußere, soziale und innere Merkmale gelten; als Unterklassen zum Beispiel Generationszugehörigkeit, Geschlecht, Aussehen, Stand/soziale Schicht, kognitive und andere Fähigkeiten, Besonderheiten des Charakters sowie von der Figur vertretene Werte und Normen.

2.1.3.3 Die Beziehung von Figur und Handlung

Nicht nur die Modelle für eine Figurenanalyse im engeren Sinne, sondern auch die Ansätze, die eine Bestimmung der Wechselwirkung von Figuren und Handlung ermöglichen sollen, sind teilweise ergänzungsbedürftig. So hat Algirdas Julien Greimas auf Grundlage von Propps Feststellung der ‚Funktionen' im Zaubermärchen ein Modell entworfen, nach dem die Figuren in allen literarischen Texten je nach ihrer Funktion für die Handlung als ‚Aktanten' klassifiziert und in einer ‚Figurenkonstellation' einander zugeordnet werden können: Die wichtigsten ‚Aktanten' dieses Modells sind *Held*, *Helfer* und *Gegenspieler*.[21] Für eine große Zahl

[20] Vgl. Lotman (1972).
[21] Vgl. vor allem Greimas (1972), S. 47-67.

von Erzählungen, insbesondere für solche der einfachen epischen Formen und des populären Spielfilms, sind diese Begriffe durchaus ergiebig, indem sie es erlauben, für die Handlung zentrale Figuren zu bestimmen: Die Figur, auf die die zentrale Komplikation einer Erzählung bezogen ist, kann als ‚Held' bezeichnet werden – ohne dass sie damit etwa als positiver Held gekennzeichnet würde; die Komplikation wird oft von einem Gegenspieler verursacht; und die Auflösung gelingt dem Helden häufig mittels Unterstützung durch einen Helfer. Allerdings finden sich in vielen, insbesondere in modernen, Erzählungen Abweichungen von diesem Muster – zum Beispiel indem es mehrere ‚Helden' gibt oder indem nicht menschliche, sondern gesellschaftliche Faktoren für Komplikation und Auflösung maßgeblich sind. Unklar bleibt darüber hinaus, wie ein Bezug von Figurenmerkmalen und Handlungsfunktion hergestellt werden kann. Stückraths Modell der Handlungsanalyse bietet sich wohl eher für eine Bestimmung der Beziehung von Handlung und Figuren an, indem es Figurenmerkmale als mögliche Faktoren für Komplikation und Auflösung auffasst.

Eine Reihe weiterer Modelle der Figurenanalyse berücksichtigen statt der Funktion von Figuren für die Handlung die Wirkung der Handlung auf die Figuren. In Anlehnung an Forsters frühe Unterscheidung von ‚flat' und ‚round characters',[22] Shlomith Rimmon-Kenans Figurentypologie[23] und Hans-Werner Ludwigs Zusammenfassung unterschiedlicher Modelle[24] können Figuren vor allem in der Dimension *Entwicklung* sowie in der Dimension *Komplexität* (die für die Bestimmung der Entwicklung notwendig ist) unterschieden werden:

a) Komplexität: In dieser Dimension lassen sich Figuren danach unterscheiden, ob sie *eindimensional* oder *mehrdimensional* angelegt sind.
b) Entwicklung: In dieser Dimension lassen sich Figuren danach unterscheiden, ob sie *statisch* oder *dynamisch* angelegt sind.

Auch diese Kategorien sind nicht als trennscharf zu verstehen.

Zu a: Eindimensionale Figuren sind (zum Beispiel als Personifikation eines abstrakten Begriffs oder als Typ, der bestimmte Verhaltensweisen oder soziale Gruppen repräsentiert) durch wenige widerspruchsfreie Merkmale bestimmt. Mehrdimensionale Figuren zeichnen sich (als Individuen, die realen Personen nahe kommen) durch viele, eventuell widersprüchliche Merkmale auf unterschiedlichen Ebenen aus.

Zu b: Während statische Figuren im Verlauf der Handlung in ihren relativ stabilen Merkmalen unverändert bleiben, zeigen dynamische eine Entwicklung in diesen Merkmalen. Für einfache epische Formen und populäre Erzählungen in allen Medien sind statische und (eher) eindimensionale Figuren typisch; dagegen stellen insbesondere literarische Erzählungen des 18./19. Jahrhunderts zumeist dynamische und mehrdimensionale Figuren dar. In modernen epischen Texten und Spielfilmen werden dann zunehmend auch wieder statische und eher eindimensionale Figuren entworfen, weil die Möglichkeiten der Persönlichkeitsbildung und -entwicklung hier als eingeschränkt erscheinen (vgl. Kap. 4.2.6) .

---

22 Vgl. Forster (1985).
23 Vgl. Rimmon-Kenan (1983).
24 Vgl. Ludwig (1982), S. 141-144.

2.1.4 Ein Grundmodell für die Handlungs- und Figurenanalyse

Für eine systematische Analyse der Handlungsebene von Erzählungen schlagen wir folgende Kategorien vor:

1. HANDLUNG

Eine Handlungsanalyse von Erzählungen aller Medien soll die Aspekte Komplikation, Auflösung, Faktoren für Komplikation und Auflösung, Rahmen und Verbindung unterschiedlicher Episoden/Geschichten berücksichtigen. Die Zusammenstellung dieser Aspekte und ihre nähere Bestimmung durch unterschiedliche Kategorien folgen einem durch die Vorschläge Propps und Stückraths erweiterten Modell van Dijks. Die von van Dijk benannten Aspekte Evaluation und Moral einer Erzählung werden allerdings nicht hier, sondern in der Analyse der Darstellungsebene berücksichtigt (vgl. Kap. 4.1.4).

1.1 Komplikation
Unter diesem Aspekt soll danach gefragt werden, ob die Handlung einer Erzählung durch eine Komplikation in Form
a) einer Schädigung
b) einer Mangelsituation grundlegend bestimmt wird.
Eine Komplikation bezieht sich auf ein Gut (materiell, personal, ideell), dessen Genuss für eine Figur wertvoll ist. Eine Schädigung ergibt sich dann, wenn die Figur dieses Gut verloren hat oder zu verlieren droht (bzw. es ihr beschädigt wird oder beschädigt zu werden droht); ein Mangel, wenn sie es nicht besitzt, aber besitzen möchte. Zumeist können in einer Erzählung verschiedene Komplikationen aus Sicht unterschiedlicher Figuren festgestellt werden; in der Regel lässt sich jedoch erkennen, welche dieser Komplikationen für die Handlung zentral ist, vor allem daran, dass eine Figur ihre Betroffenheit über die Komplikation zum Ausdruck bringt.

1.2 Auflösung
Unter diesem Aspekt soll danach gefragt werden, ob die zentrale Schädigung oder der zentrale Mangel, die /der die Handlung einer Erzählung grundlegend bestimmt, für die betroffene Figur schließlich
a) abgewehrt/rückgängig gemacht beziehungsweise aufgehoben werden kann (positive Auflösung)
b) nicht abgewehrt/nicht rückgängig gemacht beziehungsweise nicht aufgehoben werden kann (negative Auflösung)
c) weder eindeutig überwunden noch eindeutig nicht überwunden wird.
Eine weder positive noch negative Auflösung entsteht dann, wenn die Komplikation nur teilweise abgewehrt/rückgängig gemacht beziehungsweise aufgehoben werden kann oder wenn sie schließlich als solche nicht mehr besteht, weil sich die zentralen Güter der betroffenen Figur verändert haben.

1.3 Faktoren

Unter diesem Aspekt soll danach gefragt werden, welche explizit oder implizit dargestellten Motive

a) für die Komplikation
b) für die Auflösung maßgeblich sind, die die Handlung einer Erzählung grundlegend bestimmen

Die Motive können vielfältiger Art sein, zum Beispiel gesellschaftlicher, natur- oder schicksalhafter. Oft lassen sich Komplikation und Auflösung jedoch auf Besonderheiten der Figuren zurückführen, besonders häufig auf relativ stabile Figurenmerkmale, sodass die Handlungsanalyse an dieser Stelle mit einer Figurenanalyse verknüpft werden muss.

1.4 Rahmen

Unter diesem Aspekt soll danach gefragt werden,

a) in welchem Raum / in welchen Räumen die Handlung einer Erzählung stattfindet; ob die Räume beziehungsweise Objekte darin eine bestimmte Atmosphäre vermitteln oder eine uneigentliche Bedeutung aufweisen; welchen Stellenwert die Beschreibung/das Zeigen von Räumen und Objekten (sowie von Figuren) gegenüber der Mitteilung von Geschehnissen einnimmt; und inwiefern diese Beschreibung/ dies Zeigen für die Handlung im engeren Sinne funktional ist;
b) zu welcher Zeit die Handlung einer Erzählung stattfindet und ob diese Zeit eine besondere Qualität annimmt.

Räume können Naturräume oder gesellschaftlich gestaltete Räume sein und können – wie auch Objekte und Figuren – mehr oder weniger differenziert dargestellt werden. Räume und einzelne Objekte / die Zusammenstellung von Objekten bilden nicht nur den Schauplatz von Geschehnissen, sondern dienen auch oft dazu, eine bestimmte Atmosphäre zu vermitteln. Oder sie können als Elemente mit uneigentlicher Bedeutung auf andere, vor allem abstraktere, Sachverhalte verweisen; dabei kann zwischen Allegorien und Symbolen unterschieden werden. Darüber hinaus kommt der Beschreibung/dem Zeigen von Räumen und Objekten (sowie von Figuren) mitunter ein so hoher Eigenwert zu, dass sie kaum noch bestimmte Funktionen für eine Abfolge von Geschehnissen erfüllen. Ähnlich wie räumliche Elemente kann die dargestellte Zeit in Ausnahmefällen besondere Bedeutung für eine Handlung aufweisen, indem sie zum Beispiel als zyklisch erscheint oder subjektive Qualität annimmt.

1.5 Verbindung von unterschiedlichen Episoden/Geschichten

Unter diesem Aspekt soll danach gefragt werden, ob eine Erzählung

a) aus einer Episode besteht
b) mehrere Episoden umfasst
c) mehrere Geschichten umfasst; und inwiefern gegebenenfalls die unterschiedlichen Geschichten auf eine Haupthandlung bezogen sind.

Diese Frage lässt sich unter Berücksichtigung der Komplikationsanalyse beantworten. Eine Erzählung umfasst dann mehrere Episoden, wenn sich mehrere zentrale Komplikationen finden lassen, die in einem engeren Zusammenhang stehen, zum Beispiel, indem sie Teilkomplikationen einer übergeordneten Komplikation und damit an dieselbe Figur gebunden sind. Erzählungen, die unterschiedliche Geschichten umfassen, sind seltener. In diesen Fällen weist die Erzählung mehrere zentrale Komplikationen auf, die eher lose miteinander verbunden sind, zum Beispiel durch Ähnlichkeits- oder Kontrastbeziehungen; außerdem sind Figuren und Schauplätze unterschiedlicher Geschichten häufig vollständig verschieden. Die in einer Erzählung verbundenen Geschichten können mehr oder weniger selbstständig sein oder der Ergänzung einer Haupthandlung dienen.

2. FIGUREN

Die Handlungsanalyse soll ergänzend eine Figurenanalyse umfassen. Dabei soll zunächst in Anlehnung an Greimas entschieden werden, welche Figuren sich aufgrund ihrer Funktion für die Handlung besonders für eine Figurenanalyse anbieten. Unter Bezug auf verschiedene Modelle soll dann grundlegend geklärt werden, wie komplex die Figuren gestaltet sind. In Anlehnung an Lotmann sollen schließlich übereinstimmende und gegensätzliche relativ stabile Merkmale der Figuren in bestimmten Kategorien festgestellt werden. Dem Modell von Jannidis entsprechend soll dabei der Stellenwert der Informationen berücksichtigt werden, die eine Bestimmung dieser Merkmale nahe legen. Vorübergehende Innenzustände, Handlungen und äußere Besonderheiten sowie Informationen, die indirekte Rückschlüsse auf eine Figur zulassen, sollen zugunsten der Übersichtlichkeit anders als im Modell von Jannidis jedoch keinen eigenständigen Bereich der Figurenanalyse bilden. Die genannten Aspekte sollen stattdessen einerseits als mögliche indirekte Hinweise auf relativ stabile Figurenmerkmale und andererseits als mögliche Faktoren für Komplikation und Auflösung berücksichtigt werden. Eine Betrachtung der relativ stabilen Figurenmerkmale ist für eine Bestimmung der Faktoren von Komplikation und Auflösung jedoch zumeist noch ergiebiger. Die Beziehung von Handlung und Figuren soll außerdem dadurch geklärt werden, dass unter Bezug auf verschiedene Modelle untersucht wird, ob die Handlung eine Rückwirkung auf die Figureneigenschaften hat.

2.1 Bedeutung der Figuren für die Handlung

Unter diesem Aspekt soll festgestellt werden, welche Figuren für die Handlung einer Erzählung eine zentrale Funktion aufweisen. Es soll danach gefragt werden,

a) ob sich eine Figur erkennen lässt, deren Komplikation für die Handlung grundlegend ist (Held),
b) ob sich eine Figur erkennen lässt, die diese Komplikation (weitgehend) verursacht (Gegenspieler),
c) ob sich eine Figur erkennen lässt, die nicht mit dem Helden identisch ist, aber zu einer positiven Auflösung der Komplikation entscheidend beiträgt oder beizutragen versucht (Helfer).

Eine Erzählung weist mindestens eine Figur auf, deren Komplikation die Handlung grundlegend bestimmt; allerdings können sich für die Auswahl dieser Figur ausnahmsweise auch mehrere Möglichkeiten anbieten. Gegenspieler und Helfer im Sinne von menschlichen oder menschenähnlichen Figuren muss es in einer Erzählung dagegen nicht unbedingt geben. Wenn sie vorhanden sind, kann eine Analyse dieser Figuren, insbesondere ihrer relativ stabilen Figurenmerkmale, zumeist zu einer näheren Bestimmung der Faktoren für Komplikation und Auflösung beitragen.

2.2 Komplexität der Figuren
Unter diesem Aspekt soll festgestellt werden, ob eine Figur
a) viele, eventuell widersprüchliche Merkmale auf unterschiedlichen Ebenen aufweist (mehrdimensionale Figur)
b) durch relativ wenige, widerspruchsfreie Merkmale bestimmt ist (eindimensionale Figur)
Mehrdimensionale Figuren ähneln realen Personen, während eindimensionale Figuren zum Beispiel als Personifikation einen abstrakten Begriff verkörpern oder als Typ bestimmte Verhaltensweisen oder soziale Gruppen repräsentieren

2.3 Figurenmerkmale
Unter diesem Aspekt soll danach gefragt werden, welche relativ stabilen Eigenschaften eine Figur in den Kategorien
a) äußere Merkmale
b) soziale Merkmale
c) innere Merkmale aufweist
Zu den äußeren Merkmalen zählen zum Beispiel Generationszugehörigkeit, biologisches Geschlecht und Aussehen, zu den sozialen der Stand/die soziale Schicht, zu den inneren kognitive und andere Fähigkeiten, Besonderheiten des Charakters sowie von der Figur vertretene Werte und Normen. Diese Merkmale (insbesondere sofern sie Helden, Gegenspieler und Helfer betreffen) bilden oft die Faktoren für Komplikation oder Auflösung.

2.4 Stellenwert der Informationen über eine Figur
Unter diesem Aspekt soll danach gefragt werden, ob die Informationen, die eine Feststellung von (relativ stabilen) Figurenmerkmalen nahe legen,
a) (eher) zuverlässig oder (eher) unzuverlässig
b) (eher) direkt oder (eher) indirekt sind
Zuverlässige Informationen über eine Figur stammen – in literarischen Erzählungen – zumeist von einem zuverlässigen Erzähler oder werden – im Spielfilm – direkt durch Bild- und Tonelemente vermittelt. Insbesondere wenn ein unzuverlässiger Erzähler über eine Figur Auskunft gibt oder eine Figur sich selbst oder eine andere Figur beschreibt, können diese Informationen mehr oder weniger unzuverlässig sein. Direkte Informationen über eine Figur werden zum Beispiel durch die explizite Nennung ihrer Charaktereigenschaften mitgeteilt. Zumeist müssen die Figurenmerkmale jedoch mit Hilfe von sprachlichem Wissen oder auch von Weltwissen rekonstruiert werden; zum Beispiel, indem sie aus den vorübergehenden Innenzuständen, Handlungen und äußeren Besonderheiten einer Figur erschlossen werden. Falls Figurenmerkmale, die auf eher unzuverlässigen oder indirekten Informationen beruhen, als Faktoren für Komplikation oder Auflösung betrachtet werden sollen, muss die Handlungsanalyse mit entsprechendem Vorbehalt vorgenommen werden.

2.5 Veränderung/Nichtveränderung von Figuren
Es soll danach gefragt werden, ob eine Figur im Verlauf der Handlung
a) ihre relativ stabilen Merkmale (teilweise) verändert (dynamische Figur)
b) ihre relativ stabilen Merkmale nicht verändert (statische Figur)

2.1.5 Beispielanalysen

2.1.5.1 *Dornröschen* von den Brüdern Grimm

Vorzeiten war ein König und eine Königin, die sprachen jeden Tag: »Ach, wenn wir doch ein Kind hätten!«, und kriegten immer keins. Da trug sich zu, als die Königin einmal im Bade saß, daß ein Frosch aus dem Wasser ans Land kroch und zu ihr sprach: »Dein Wunsch wird erfüllt werden, ehe ein Jahr vergeht, wirst du eine Tochter zur Welt bringen.« Was der Frosch gesagt hatte, das geschah, und die Königin gebar ein Mädchen, das war so schön, daß der König vor Freude sich nicht zu lassen wußte und ein großes Fest anstellte. Er ladete nicht bloß seine Verwandte, Freunde und Bekannte, sondern auch die weisen Frauen dazu ein, damit sie dem Kind hold und gewogen wären. Es waren ihrer dreizehn in seinem Reiche, weil er aber nur zwölf goldene Teller hatte, von welchen sie essen sollten, so mußte eine von ihnen daheim bleiben. Das Fest ward mit aller Pracht gefeiert, und als es zu Ende war, beschenkten die weisen Frauen das Kind mit ihren Wundergaben: die eine mit Tugend, die andere mit Schönheit, die dritte mit Reichtum, und so mit allem, was auf der Welt zu wünschen ist. Als elfe ihre Sprüche eben getan hatten, trat plötzlich die dreizehnte herein. Sie wollte sich dafür rächen, daß sie nicht eingeladen war, und ohne jemand zu grüßen oder nur anzusehen, rief sie mit lauter Stimme: »Die Königstochter soll sich in ihrem fünfzehnten Jahr an einer Spindel stechen und tot hinfallen.« Und ohne ein Wort weiter zu sprechen, kehrte sie sich um und verließ den Saal. Alle waren erschrocken, da trat die zwölfte hervor, die ihren Wunsch noch übrig hatte, und weil sie den bösen Spruch nicht aufheben, sondern nur ihn mildern konnte, so sagte sie: »Es soll aber kein Tod sein, sondern ein hundertjähriger tiefer Schlaf, in welchen die Königstochter fällt.«

Der König, der sein liebes Kind vor dem Unglück gern bewahren wollte, ließ den Befehl ausgehen, daß alle Spindeln im ganzen Königreiche sollten verbrannt werden. An dem Mädchen aber wurden die Gaben der weisen Frauen sämtlich erfüllt, denn es war so schön, sittsam, freundlich und verständig, daß es jedermann, der es ansah, liebhaben mußte. Es geschah, daß an dem Tage, wo es gerade fünfzehn Jahr alt ward, der König und die Königin nicht zu Haus waren und das Mädchen ganz allein im Schloß zurückblieb. Da ging es allerorten herum, besah Stuben und Kammern, wie es Lust hatte, und kam endlich auch an einen alten Turm. Es stieg die enge Wendeltreppe hinauf und gelangte zu einer kleinen Türe. In dem Schloß steckte ein verrosteter Schlüssel, und als es umdrehte, sprang die Türe auf, und saß da in einem kleinen Stübchen eine alte Frau mit einer Spindel und spann emsig ihren Flachs. »Guten Tag, du altes Mütterchen«, sprach die Königstochter, »was machst du da?« »Ich spinne«, sagte die Alte und nickte mit dem Kopf. – »Was ist das für ein Ding, das so lustig herumspringt?« sprach das Mädchen, nahm die Spindel und wollte auch spinnen. Kaum hatte sie aber die Spindel angerührt, so ging der Zauberspruch in Erfüllung, und sie stach sich damit in den Finger.

In dem Augenblick aber, wo sie den Stich empfand, fiel sie auf das Bett nieder, das da stand, und lag in einem tiefen Schlaf. Und dieser Schlaf verbreitete sich über das ganze Schloß: der König und die Königin, die eben heimgekommen waren und in den Saal getreten waren, fingen an einzuschlafen, und der ganze Hofstaat mit ihnen. Da schliefen auch die Pferde im Stall, die Hunde im Hofe, die Tauben auf dem

Dache, die Fliegen an der Wand, ja, das Feuer, das auf dem Herd flackerte, ward still und schlief ein, und der Braten hörte auf zu brutzeln, und der Koch, der den Küchenjungen, weil er etwas versehen hatte, in den Haaren ziehen wollte, ließ ihn los und schlief. Und der Wind legte sich, und auf den Bäumen vor dem Schloß regte sich kein Blättchen mehr.

Rings um das Schloß aber begann eine Dornenhecke zu wachsen, die jedes Jahr höher ward und endlich das ganze Schloß umzog und darüber hinaus wuchs, daß gar nichts mehr davon zu sehen war, selbst nicht die Fahne auf dem Dach. Es ging aber die Sage in dem Land von dem schönen schlafenden Dornröschen, denn so ward die Königstochter genannt, also daß von Zeit zu Zeit Königssöhne kamen und durch die Hecke in das Schloß dringen wollten. Es war ihnen aber nicht möglich, denn die Dornen, als hätten sie Hände, hielten fest zusammen, und die Jünglinge blieben darin hängen, konnten sich nicht wieder losmachen und starben eines jämmerlichen Todes. Nach langen, langen Jahren kam wieder einmal ein Königssohn in das Land und hörte, wie ein alter Mann von der Dornenhecke erzählte, es sollte ein Schloß dahinter stehen, in welchem eine wunderschöne Königstochter, Dornröschen genannt, schon seit hundert Jahren schliefe, und mit ihr schliefen der König und die Königin und der ganze Hofstaat. Er wußte auch von seinem Großvater, daß schon viele Königssöhne gekommen wären und versucht hätten, durch die Dornenhecke zu dringen, aber sie wären darin hängengeblieben und eines traurigen Todes gestorben. Da sprach der Jüngling: »Ich fürchte mich nicht, ich will hinaus und das schöne Dornröschen sehen.« Der gute Alte mochte ihm abraten, wie er wollte, er hörte nicht auf seine Worte.

Nun waren aber gerade die hundert Jahre verflossen, und der Tag war gekommen, wo Dornröschen wieder erwachen sollte. Als der Königssohn sich der Dornenhecke näherte, waren es lauter große schöne Blumen, die taten sich von selbst auseinander und ließen ihn unbeschädigt hindurch, und hinter ihm taten sie sich wieder als eine Hecke zusammen. Im Schloßhof sah er die Pferde und scheckigen Jagdhunde liegen und schlafen, auf dem Dache saßen die Tauben und hatten das Köpfchen unter den Flügel gesteckt. Und als er ins Haus kam, schliefen die Fliegen an der Wand, der Koch in der Küche hielt noch die Hand, als wollte er den jungen anpacken, und die Magd saß vor dem schwarzen Huhn, das sollte gerupft werden. Da ging er weiter und sah im Saale den ganzen Hofstaat liegen und schlafen, und oben bei dem Throne lag der König und die Königin. Da ging er noch weiter, und alles war so still, daß einer seinen Atem hören konnte, und endlich kam er zu dem Turm und öffnete die Türe zu der kleinen Stube, in welcher Dornröschen schlief. Da lag es und war so schön, daß er die Augen nicht abwenden konnte, und er bückte sich und gab ihm einen Kuß. Wie er es mit dem Kuß berührt hatte, schlug Dornröschen die Augen auf, erwachte und blickte ihn ganz freundlich an. Da gingen sie zusammen herab, und der König erwachte und die Königin und der ganze Hofstaat und sahen einander mit großen Augen an. Und die Pferde im Hof standen auf und rüttelten sich; die Jagdhunde sprangen und wedelten; die Tauben auf dem Dache zogen das Köpfchen unterm Flügel hervor, sahen umher und flogen ins Feld; die Fliegen an den Wänden krochen weiter; das Feuer in der Küche erhob sich, flackerte und kochte das Essen; der Braten fing wieder an zu brutzeln; und der Koch gab dem Jungen eine Ohrfeige, daß er schrie; und die Magd rupfte das Huhn fertig. Und da wurde die Hochzeit des Königssohns mit dem Dornröschen in aller Pracht gefeiert, und sie lebten vergnügt bis an ihr Ende. (Jakob und Wilhelm Grimm: Dornröschen)

Wie oben dargelegt, lässt sich *Dornröschen* mit Hilfe des raumsemantischen Modells von Lotmann nur teilweise angemessen beschreiben (vgl. Kap. 2.1.2). Eine Untersuchung anhand des von uns vorgeschlagenen Modells zur Handlungsanalyse führt zu folgenden Ergebnissen: Das Märchen besteht aus zwei Episoden; die erste reicht vom Beginn der Erzählung bis zur Einschläferung des Schlosses und die zweite vom Wachsen der Dornenhecke bis zum Ende der Erzählung. Den Rahmen für die Ereignisse dieser beiden Episoden bildet räumlich fast durchgehend das Schloss mit Saal, Küche, Hof und Turm, das nur sehr knapp beschrieben wird, aber auf Macht und Wohlstand der Königsfamilie verweist. Zeitlich sind die Ereignisse in einer weit zurückliegenden, nicht näher bestimmten Vergangenheit angesiedelt.

Die beiden Episoden sind auf enge Weise miteinander verknüpft. In der ersten Episode erleiden Dornröschen und ihre Umgebung eine Schädigung, indem ihnen der Tod Dornröschens angedroht wird. Der König versucht, eine positive Auflösung dieser Komplikation zu erreichen, bleibt damit jedoch nicht nur erfolglos, sondern erwirkt sogar beinahe das Gegenteil – gerade weil Dornröschen noch nie eine Spindel gesehen hat, greift sie neugierig nach diesem Gegenstand, der sie in Schlaf versetzt. Am Ende der Episode steht eine – allerdings nur vorläufige – Auflösung, die weder eindeutig positiv noch eindeutig negativ ausfällt: Wie schon früh vorhergesagt, wird die Schädigung nicht gänzlich abgewehrt, jedoch in entscheidender Hinsicht abgemildert: Dornröschen und ihre Umgebung fallen in einen magisch verursachten Schlaf. Diese vorläufige Auflösung bildet zugleich die Komplikation der zweiten Episode: Dornröschen und ihre gesamte Umgebung erleiden eine Schädigung, indem ihnen die Lebendigkeit entzogen wird, allerdings in einer Form, die die Möglichkeit des Wiedererwachens offen lässt. Die Auflösung dieser zweiten Komplikation – zugleich die endgültige Auflösung der ersten – ist eindeutig positiv. Dornröschen und ihre Umgebung werden nach einem langen Zeitraum tatsächlich wieder erweckt, und zwar ohne dass sie gealtert wären oder sonst Schaden genommen hätten: Der magisch verursachte Schlaf erweist sich im Nachhinein als bloßer Zeitstillstand.

Es wäre auch möglich, in der ersten Episode eine Schädigung aus Sicht der dreizehnten ‚weisen Frau' festzustellen, die nicht eingeladen wurde und sich deshalb in ihrer Ehre verletzt fühlt. Und in der zweiten Episode könnte eine Mangelkomplikation aus Sicht des Königssohnes angenommen werden: Er möchte Dornröschen sehen und wohl auch heiraten. Da eine Darstellung von Dornröschen und den Bemühungen um die Auflösung ihrer Komplikation in der ersten Episode aber deutlich überwiegt und die erste mit der zweiten Episode sehr eng verbunden ist, können die Komplikationen aus Sicht von Dornröschen für die gesamte Erzählung als zentral gelten.

Faktoren für die Komplikation der ersten Episode sind eine ganze Reihe von kausal miteinander verknüpften Handlungselementen: Ein eigentlich nicht sehr erheblicher materieller Mangel – es fehlt ein goldener Teller – führt zusammen mit einer gewissen Ungeschicklichkeit des Königs dazu, dass die dreizehnte ‚weise Frau' nicht eingeladen wird; durch diese Nichtbeachtung werden bestimmte Eigenschaften der ‚weisen Frau' angesprochen, die sie dazu verleiten, Dornröschen mit dem Tod zu bedrohen. Der erfolglose Versuch zur positiven

Auflösung durch den König beruht auf einer rationalen, vorausschauenden Überlegung, die mit Hilfe von politischer Macht praktisch umgesetzt wird. Der zentrale Faktor für die vorläufige Auflösung der ersten Komplikation und zugleich für die Komplikation der zweiten Episode ist dann aber eine Vorherbestimmung der Zukunft durch Magie – genauer: durch einen magisch wirksamen Wunsch, der durch einen entgegengesetzten Wunsch abgemildert wurde. Die von bestimmten inneren Merkmalen getragenen Handlungen Dornröschens und wiederum eine Ungeschicklichkeit der Eltern – sie müssen ausgerechnet am entscheidenden Geburtstag ihrer Tochter das Schloss verlassen –, außerdem der gegenteilig wirkende Auflösungsversuch des Königs unterstützen lediglich die Wirksamkeit dieses Faktors. Die Vorherbestimmung der Zukunft durch den abgemilderten magischen Wunsch, der ja implizit eine Wiedererweckung Dornröschens umfasst, ist dann ebenfalls für die endgültige Auflösung beider Komplikationen entscheidend. Die auf besonderen Eigenschaften beruhenden Handlungen des Königssohnes tragen nur dazu bei, dass sich das schon Bestimmte erfüllen kann. Die an der Dornenhecke aufblühenden Blumen können als Objekte mit uneigentlicher Bedeutung aufgefasst werden, die nicht nur auf das wiedererwachende Leben, sondern darüber hinaus auf ein vorherbestimmtes glückliches Ende durch höhere Mächte verweisen.

Die Gewichtung der Faktoren für Komplikation und Auflösung lässt darauf schließen, dass *Dornröschen* menschliches Handeln zwar nicht als unerheblich darstellt, seine Wirkung aber als Funktion von Vorentscheidungen durch höhere Mächte auffasst – wie sich auch schon in der Ankündigung von Dornröschens Geburt zeigt. Diese Deutung bedarf jedoch noch der Überprüfung und Ergänzung durch eine Analyse der Figuren und zentraler Aspekte der Darstellung (vgl. Kap. 4.1.5).

Eine Figurenanalyse von *Dornröschen* erlaubt die folgende Ergänzung der Handlungsanalyse: Wenn die Komplikationen aus Sicht von Dornröschen als zentral für die beiden Episoden gelten sollen, ist Dornröschen die Heldin der Erzählung. Ihre Gegenspielerin, die die Schadenskomplikationen weitgehend verursacht, ist die dreizehnte ‚weise Frau'. Während der König ein vollkommen erfolgloser Helfer ist, kann der Königssohn als erfolgreicher Helfer gelten, mit der Einschränkung, dass er die ohnehin vorherbestimmte positive Auflösung lediglich unterstützt.

In märchentypischer Weise sind sämtliche Figuren nur durch wenige Merkmale bestimmt, die sich im Verlauf der Erzählung nicht ändern. Heldin, Gegenspielerin und Helfer lassen sich in ihren relativ stabilen Merkmalen – weitgehend auf Grundlage von Übereinstimmungen und Gegensätzen – wie folgt beschreiben:

König	13. weise Frau	Dornröschen	Königssohn
Alt	alt	jung	jung
Männlich	weiblich	weiblich	männlich
?	?	schön	?
hoher Stand	(relativ) niedriger Stand	hoher Stand	hoher Stand
-	magisch.Fähigkeiten	-	-
teilweise voraus-planend	empfindlich, rach-gierig vorausplanend	sittsam, freundlich, verständig neugierig, furchtlos, unbedacht	neugierig, furchtlos, unbedacht

Die Informationen, die dieser Bestimmung der Figuren zugrunde liegen, sind in märchentypischer Weise zuverlässig, auch in dem Fall, in dem sie ausnahmsweise nicht vom Erzähler, sondern von einer Figur stammen, die sich selbst beschreibt („Ich fürchte mich nicht [...].“). Zentrale Merkmale der Heldin werden sogar in direkter Weise genannt („es war so schön, sittsam, freundlich und verständig [...].“ Die Feststellung ihrer weiteren Merkmale sowie der Merkmale aller anderen Figuren beruht auf indirekten Informationen, insbesondere Mitteilungen über Handlungen und vorübergehende Innenzustände; diese Informationen müssen durch Sprachwissen und in einigen Fällen wohl auch durch Weltwissen ergänzt werden, doch hat der Leser dabei keinen allzu großen Spielraum.

Insgesamt spielen in *Dornröschen* Figurenmerkmale als Faktoren für Komplikation und Auflösung nur eine eingeschränkte Rolle, doch gerade dieser eher geringe Stellenwert der Figurenmerkmale ist für die Erzählung bedeutsam: Die Empfindlichkeit und Rachsucht der dreizehnten ‚weisen Frau‘ sowie ihre magischen Fähigkeiten, eventuell außerdem ihr relativ bescheidener sozialer Status gehören neben anderen Motiven zu den Faktoren für die Komplikation der ersten Episode. Für den zentralen Faktor, der die vorläufige Auflösung der ersten Episode und zugleich die Komplikation der zweiten Episode sowie die endgültige Auflösung beider Komplikationen bestimmt – die magisch vorherbestimmte Zukunft – sind aber lediglich die magischen Fähigkeiten der dreizehnten und einer weiteren ‚weisen Frau‘ von grundlegender Bedeutung. Weitere Figurenmerkmale dienen nur einer Unterstützung dieses Faktors. Dornröschen trägt durch ihre Neugier, ihre Furchtlosigkeit und Unbedachtheit, mit der sie auf die alte Frau im Turmzimmer zugeht, sowie durch ihre Schönheit lediglich dazu bei, dass das ohnehin Vorbestimmte geschehen kann. Ähnlich ist der ebenfalls neugierige, furchtlose und unbedachte Königssohn nur ein Erfüllungsgehilfe des Schicksals: Er muss seine Unerschrockenheit gar nicht mehr unter Beweis stellen, nach Ablauf der hundert Jahre weicht die Dornenhecke von selbst vor ihm zurück. Naivität und Spontaneität der beiden jungen Figuren haben aber immerhin eine größere Wirksamkeit als das vorausplanende Verhalten der beiden älteren: Der Versuch des Königs, den Zauberspruch abzuwehren, greift nicht nur zu kurz, sondern schlägt sogar ins Gegenteil um; und die geschickte Inszenierung der ‚weisen Frau‘ im Turmzimmer ist eben nur teilweise erfolgreich. Bestrebungen, die Wirklichkeit durch rational begründetes, vorausschauendes Handeln zu kontrollieren, werden in *Dornröschen* als letztlich sinnlos dargestellt. Diese Auffassung kann als Bestätigung der Deutungshypothese gelten, dass *Dornröschen* menschliches Handeln als abhängig von einer Vorherbestimmung des Schicksals erscheinen lässt.

2.1.5.2 *Damenherbst* von Helmut Heißenbüttel

Zwei junge Mädchen hielten sich, statt sich in Männer zu verlieben oder Familien zu gründen, aneinander, genügten einander und lebten miteinander. Und es bestünde die Versuchung, wie im Märchen zu sagen: wenn sie nicht gestorben sind, so leben sie heute noch. Aber eines Tages, als die nun nicht mehr jungen Mädchen bereits alte Damen waren, auf einem Urlaub, wie sie ihn jedes Jahr unternahmen, an einem Urlaubsort, den sie jedes Jahr aufsuchten, auf einem Spaziergang, den sie jeden Abend an diesem Urlaubsort machten, die Sonne war kurz vorm Untergehn, der Himmel verfärbte sich brandrot und die Häuserdächer mit den Fernsehantennen, die es auch hier gab, hoben sich schwarz davon ab, ist die eine der alten Damen mitten auf diesem Spaziergang plötzlich stehengeblieben und hat gesagt: Jetzt hab ich genug. – Sie hat sich umgedreht, ist weggegangen, abgefahren und nie wiedergekommen.
Mehr kann ich dazu eigentlich nicht sagen.

(Aus: Helmut Heißenbüttel: Eichendorffs Untergang und andere Märchen. Projekt 3/1)

Die überraschende und komische Wirkung, die *Damenherbst* auf den Leser haben dürfte, lässt sich in einer ersten Annäherung einleuchtend mit Hilfe des erweiterten (raum)semantischen Modells von Lotmann erklären. Der Erzählung liegt ein deutlich erkennbares Ereignis zugrunde; ein vorausgehendes kann zumindest vermutet werden: Wahrscheinlich haben die beiden jungen Mädchen mit dem Beginn ihrer Gemeinschaft einen Übertritt von einer konventionell geregelten zu einer unkonventionellen Lebensform vorgenommen; allerdings haben sich die Grenzen zwischen den beiden Bereichen im Folgenden offensichtlich verschoben, denn auch die alternative Existenz ist zumindest nach einiger Zeit von festen Gewohnheiten geprägt („[...] auf einem Urlaub, wie sie ihn jedes Jahr unternahmen, an einem Urlaubsort, den sie jedes Jahr aufsuchten, auf einem Spaziergang, den sie jeden Abend an diesem Urlaubsort machten [...]"). Dann tritt ein Ereignis ein, das gegen die Erwartungen des Lesers (und es liegt nahe anzunehmen: auch gegen die der fiktionalen Figuren) verstößt, indem die eine der beiden alten Damen den Bereich der konventionell geregelten Gemeinschaft, dem sie lange verhaftet war, plötzlich wieder verlässt (und dabei zugleich eine räumliche Grenze überschreitet).

Eine Handlungsanalyse mit Hilfe des von uns vorgeschlagenen Modells bringt dagegen zwar relativ uneindeutige Ergebnisse, doch werden diese Ergebnisse – anders als die einer raumsemantischen Untersuchung – einem zentralen Merkmal der Erzählung gerecht: *Damenherbst* weist in besonders hohem Maße Leerstellen auf (die durch eine Untersuchung von Erzähler und Perspektivierung näher bestimmt werden müssen, vgl. Kap. 4.1.5). Diese Leerstellen tragen nicht nur zur überraschenden und komischen Wirkung der Erzählung bei, sondern bewirken darüber hinaus den Entwurf einer äußerst vieldeutigen Wirklichkeit. So lässt die Erzählung zum einen offen, ob die Begründung einer Lebensgemeinschaft durch die beiden jungen Mädchen als Auflösung einer Komplikation betrachtet werden soll (und damit eine stark verknappte erste Episode bildet). Und zum zweiten bleibt unklar, ob der Verlust ihrer Lebensgemeinschaft für die verlassene alte Dame als Komplikation gelten kann. Nahe liegend ist es immerhin, die Abwendung der anderen alten Dame als einen Versuch zur Auflösung einer zentralen Komplikation zu verstehen. Diese Komplikation – auf ihre Existenz verweist die Äußerung „Jetzt hab ich genug" – besteht wohl darin, dass die Dame ihre Individualität nicht ausreichend entfalten kann; allerdings ist nicht erkennbar, ob es sich dabei um eine Schädigung oder einen Mangel handelt. Als Faktor für diese Komplikation kann die konventionell geregelte Lebensgemeinschaft gelten. ‚Tiefergehende' Faktoren werden aber lediglich angedeutet. Der räumliche und zeitliche Rahmen des Ereignisses – ein wohl kleinerer Ferienort in der Gegenwart, dessen Erscheinungsbild deutlich von Fernsehantennen geprägt ist – bietet lediglich einen sehr vagen Hinweis darauf, dass die allgegenwärtigen Medien für eine Beschränkung von Individualität in einer Gemeinschaft (mit)verantwortlich sein könnten. Und völlig offen bleibt schließlich, ob die Dame durch ihren plötzlichen Ausbruch tatsächlich eine positive Auflösung ihrer Komplikation erreichen kann (jedenfalls wenn eine Entfaltung von Individualität und nicht bloß die Freiheit von konventionellen Bindungen als ihr zentrales Gut gelten soll). Mit einigem Vorbehalt lässt sich immerhin feststellen, dass *Damenherbst* eine skeptische Haltung gegenüber Gemeinschaften zum Ausdruck bringt; auch alternative Formen des Zusammenlebens neigen offenbar dazu, den einzelnen zu sehr einzuschränken.

Eine Untersuchung der Figuren kann zu einer Beantwortung der offenen Fragen beziehungsweise zu einer Bestätigung der Deutungshypothese kaum beitragen. Immerhin bietet eine Ergänzung der Komplikationsanalyse durch eine Figurenanalyse aber die Möglichkeit, Faktoren für die (versuchte) Auflösung der zentralen Komplikation zu bestimmen. Die beiden Figuren stimmen in Merkmalen der Kategorien Alter und Geschlecht überein. Darüber hinaus liegt es nahe, ihnen im Bereich der von einer Figur vertretenen Werte die oppositionellen Merkmale ‚Schätzung von konventioneller Gemeinschaft' beziehungsweise ‚Ablehnung von konventioneller Gemeinschaft' zuzuschreiben; die sich abwendende Dame lässt darüber hinaus die Fähigkeit zu plötzlichen Entscheidungen und konsequentem Handeln erkennen. Dabei können die inneren Merkmale der sich abwendenden Dame als Faktoren für den Versuch gelten, ihre Komplikation positiv aufzulösen. Aufgrund der geringen Zahl von relativ stabilen Merkmalen könnten die beiden Figuren als eindimensional aufgefasst werden; allerdings legt der in hohem Maße durch Leerstellen bestimmte Text es nahe, den Damen weitere, allerdings noch nicht einmal angedeutete Eigenschaften zu unterstellen. Die erkennbaren inneren Figurenmerkmale können aus (zuverlässigen) Informationen über die Handlungen der Figuren indirekt erschlossen werden. Offen bleibt, ob die sich abwendende alte Dame ihre Eigenschaften erst im Laufe ihrer Beziehung entwickelte und damit als dynamische Figur gelten muss.

2.2 Didaktische Perspektiven

Die Faszination, die von erzählten Handlungen ausgeht, steht in einem merkwürdigen Missverhältnis zum Desinteresse, das Didaktiker Modellen für die Erschließung dieser Handlungen entgegen bringen. Ausnahmen wie die Ansätze Jörn Stückraths, der seine Variante des Komplikationsmodells vor allem für den schulischen Gebrauch entworfen hat, bestätigen lediglich die Regel, dass die didaktische Diskussion es bislang vernachlässigt hat, Modelle für eine Handlungsanalyse jenseits bestimmter Gattungen zu erörtern. Diese Vernachlässigung wird bisweilen auch noch als Schülerorientierung aufgefasst: Solche Modelle könnten, so die fragwürdige Argumentation, der Individualität von Handlungen nicht gerecht werden und würden deshalb den Schülern ein zu ‚grobmaschiges' Verfahren für die Analyse an die Hand geben. Von dieser Auffassung halten wir nichts, denn sie kann alternativ nur die Möglichkeit eines intuitiven (oder vom Lehrer gelenkten?) Zugangs zur Handlung anbieten.

2.2.1 Hinführung: Funktionen von Handlungen

Die spannende, lustige oder problembeladene Handlung, der zu Identifikation oder Abgrenzung einladende Protagonist, der exotische oder vertraute Schauplatz machen auf eine Erzählung aufmerksam, halten die Motivation zur Rezeption aufrecht und rufen das Bedürfnis nach Austausch mit anderen Rezipienten hervor. Handlung, Figuren und Raum sind zumeist diejenigen Elemente einer Erzählung, die das besondere Interesse des Rezipienten auf sich ziehen, während Verfahren der Darstellung im allgemeinen nur dann bewusst zur Kenntnis genommen werden, wenn sie deutlich von gewohnten Mustern abweichen.

Die Auswahl für die private Rezeption von Erzählungen richtet sich dementsprechend weitgehend nach Vorlieben für bestimmte Handlungen, wobei sich die Rezipienten häufig an medienübergreifenden oder auch medienspezifischen Untergattungen/Genres orientieren: Durch die Entscheidung zum Beispiel für einen Krimi oder Thriller, einen Western, ein Werk der Science-Fiction oder einen Liebesroman/-film wird eine Vorauswahl unter möglichen Handlungsverläufen, Figurenkonzeptionen und Schauplätzen getroffen; allerdings unterliegen die typischen Handlungsmuster der einzelnen Untergattungen historischen Wandlungen und werden von künstlerisch gestalteten Erzählungen oft unterlaufen.

Das Interesse an – gattungstypischen – Handlungsmustern ist nicht nur individuell bedingt, sondern auch abhängig von der Altersstufe der Rezipienten und von ihrem Geschlecht. So haben die Forschungen zur Lesesozialisation ergeben, dass Jugendliche „besonders in ihrer frühen Jugend die massenhafte Lektüre von Abenteuer- und Mädchenbüchern, von Sciencefiction und Fantasy sowie von Detektiv- und Horrorgeschichten" zum „wunscherfüllenden, intimen Lesen" nutzen.[1] Geschlechtsspezifisch ist die Hinwendung von männlichen Jugendlichen zu handlungsreichen Geschichten, während Mädchen häufig ein besonderes Interesse für Geschichten zeigen, in denen komplexe Beziehungen zwischen Figuren eine wichtige Rolle spielen.[2]

Die Handlung einschließlich Figuren und Raum ist aber nicht nur für die Auswahl von Narrationen von zentraler Bedeutung, sondern vor allem für das Verstehen von literarischen und medialen Erzählungen und damit für eine Aneignung und Nutzung der besonderen Sicht von Wirklichkeit, die fiktionale /künstlerisch gestaltete Erzählungen ihren Rezipienten nahe legen. Dabei vermitteln Handlungen häufig Ansichten von Individuum, zwischenmenschlichen Beziehungen und Gesellschaft in einer Weise, dass die Rezipienten nicht nur neue Interpretationen von Wirklichkeit, sondern auch „Weltwissen erlesen" können, wie Abraham und Launer in ihrem gleichnamigen Werk aus dem Jahr 2002 (für den Bereich der literarischen Texte) ausführen. Für Abraham/Launer ist Literatur „besonders gelungene Wissensvermittlung": Beim Lesen literarischer Texte wird vom Rezipienten eigenes Weltwissen abgerufen und zugleich ausgebaut. Diesen Prozess beschreiben Abraham/Launer als Auf- und Ausbau mentaler Modelle des Rezipienten durch die Verarbeitung des im literarischen Werk ‚enthaltenen' Weltwissens, das Sach- und Fachwissen, aber auch ethische Fragen umfasst. Natürlich besteht unter Literaturwissenschaftlern wie -didaktikern darüber Einigkeit, dass Erzählungen nicht wie Sachtexte rezipiert werden sollen, weil eine solche Rezeption der Fiktionalität beziehungsweise künstlerischen Gestaltung der Werke nicht gerecht würde. Den Beitrag der Literatur zum Erwerb von Weltwissen bezeichnen Abraham/Launer wegen des Unterschiedes zwischen pragmatischen und fiktionalen Texten denn auch als „indirekt"[3]. Wenngleich Literatur sich nicht für einen „direkten" Wissenserwerb eigne – und literarische Texte privat und in der Schule auch nicht zum Zwecke des „direkten" Wissenserwerbs gelesen werden sollten –, so biete sie doch besondere Möglichkeiten für die Aneignung von Wissen: Literatur verfüge durch die Komplexität des Dargestellten über „ein erhebliches Potenzial an Vorstellungsanregung"[4], rufe eine „produktive Irritation"[5] hervor und könne „die Funktion des Vernetzens von Wissensbeständen gut wahrnehmen"[6]. Besonders wichtig erscheinen dabei Prozesse, die zur Umstrukturierung mentaler Modelle führen, indem vorhandenes Wissen mit neuen Informationen vernetzt wird. „Lesen heißt [...] grundsätzlich auch immer Lernen", resümieren Abraham/Launer.[7] Wir möchten hinzufügen, dass nach unserem didaktischen Modell der ‚indirekte Wissenserwerb' mittels Fiktionen durch einen Zwischenschritt vom ‚direkten Wissenserwerb' durch Sachtexte genauer abgegrenzt werden kann: Die von einer fiktionalen Erzählung vermittelte Wirklichkeitssicht soll von einem kompetenten Rezipienten zunächst mit seiner

---

[1] Graf (2002), S. 57.
[2] Vgl. Eggert/Garbe (2003) und Garbe (2003).
[3] Abraham/Launer (2002), S. 13.
[4] Ebd., S. 19.
[5] Ebd., S. 18.
[6] Ebd.
[7] Ebd.

Lebenswirklichkeit (beziehungsweise den kulturell konsensfähigen Vorstellungen von ihr) verglichen und dann vollständig oder teilweise in seine kognitiven Strukturen integriert oder auch zurückgewiesen werden (vgl. Kap. 3.2).

2.2.2 Handlungen als Unterrichtsgegenstand

2.2.2.1 Der Stellenwert von Handlungen im Unterricht

Handlungen besitzen in unserer didaktischen Konzeption einen herausragenden Stellenwert: Entsprechend ihren oben dargelegten Funktionen, insbesondere aufgrund der entscheidenden Rolle, die Handlungen für eine Entfaltung, Aneignung und Nutzung der von Erzählungen angebotenen besonderen Sichtweisen von Wirklichkeit spielen, soll der Unterricht zu Erzählungen unserer Ansicht nach in erster Linie Unterricht zu Handlungen sein. Und: Handlungen sollen in der Regel das entscheidende Auswahlkriterium für Erzählungen bilden, die im Unterricht rezipiert werden. Mit diesen Grundsätzen grenzen wir uns von der verbreiteten Überzeugung ab, dass die systematische Beschäftigung mit erzählenden Werken im Unterricht in hohem Maße durch die Erarbeitung von Gattungsmerkmalen geprägt sein sollte. Entsprechende Konzeptionen dominieren eine Vielzahl von Lehrwerken für den Deutschunterricht: Hier werden zwar häufig Kapitel zu einzelnen erzählenden Gattungen durch thematische Kapitel mit erzählenden Werken ergänzt, aber in diesen Kapiteln werden keine Kompetenzen zu einer systematischen Texterschließung vermittelt, sodass ein systematischer Zugriff auf erzählende Werke nur in den Gattungskapiteln erfolgt. Unterstützt wird diese Geringschätzung der Handlungsebene zumeist durch Lehrpläne, in denen vornehmlich Darstellungsverfahren berücksichtigt werden. Eine Ausnahme bilden hier die neuen Bildungsstandards, die Perspektiven für eine Wende im schulischen Umgang mit Erzählungen aufzeigen (vgl. Kap. 7.5).

Eine Einschränkung ist bei dieser ‚Handlungs-Orientierung' freilich zu beachten: Fiktionale/künstlerisch gestaltete Erzählungen dürfen keinesfalls als Produktionen behandelt werden, denen ein bestimmter Inhalt ohne Berücksichtigung der Darstellungsebene einfach entnommen werden kann. Ein entsprechender Unterricht würde zu einem, so Dieter Burdorf, „Inhaltismus" führen, der weder einzelnen Werken gerecht wird noch den Zielen des Literaturunterrichts entspricht.[8]

[8] Vgl. Burdorf (2004).

2.2.2.2 Die Ziele für den Umgang mit Handlungen im Unterricht

Die Lernziele, die nach unserer Auffassung für den Unterricht zu Erzählungen Gültigkeit haben sollen, können insbesondere durch eine Beschäftigung mit der Handlungsebene erreicht werden: Das zentrale Ziel, die Aneignung und Nutzung neuer beziehungsweise differenzierterer Sichtweisen der Beziehung von Subjekt und Außenwelt zu fördern, einschließlich der Teilziele Aneignung und Nutzung neuer Sichtweisen für die Bereiche Individuation, Sozialisation und Enkulturation. Und das für eine Erreichung dieses Ziels grundlegende Ziel einer Förderung von Texterschließungskompetenz einschließlich der Reflexion zwar nicht von Unterschieden, aber von Gemeinsamkeiten des Erzählens in unterschiedlichen Medien (vgl. Kap. 1.2.2.2). Außerdem die dieses grundlegende Ziel ergänzenden Ziele der Förderung von Rezeptionsmotivation und der Kompetenz zur emotionalen Beteiligung an erzählenden Werken sowie der ‚medialen Bildung'.

Damit diese Lernziele erreicht werden können, ist eine gelungene Auswahl von Handlungen für den Unterricht notwendig. Für diese Auswahl sollen nach unserer Auffassung die folgenden Prinzipien leitend sein: (1) Als besonders wichtig können Handlungen gelten, die anthropologische Grundfragen – wie Liebe, Sexualität, Krankheit, Tod – thematisieren. (2) Unter historischem Aspekt sind solche Handlungen in besonderer Weise relevant, die für zentrale literaturhistorische Strömungen als typisch gelten können beziehungsweise kulturelle Strukturen bestimmter Epochen spiegeln. (3) Unter systematischem Aspekt werden in der didaktischen Diskussion zumeist gattungstypische Handlungsmuster als bedeutsam betrachtet; so gelten beispielsweise die Handlungsmuster des Märchens und der Fabel als lohnende Angebote für Schüler. Allerdings soll nach unserer Auffassung die Auseinandersetzung mit Erzählungen nicht in einer Weise auf die Erarbeitung von Gattungskonventionen konzentriert sein, dass die konkreten Handlungen einzelner Werke keine hinreichende Beachtung finden. (4) Von besonderem Interesse sind Handlungen, die die Überschreitung von gewohnten Sichtweisen der Wirklichkeit fördern, indem sie für die Schüler ‚fremde Wirklichkeiten' zum Gegenstand haben, beispielsweise ‚fremde' gesellschaftliche Verhältnisse in anderen Teilen der Welt, aber auch in unserer eigenen Gesellschaft. (5) Hervorragende Bedeutung hat schließlich das sich mit den bereits genannten Prinzipien überschneidende Prinzip ‚altersgerechte Handlungen', das auf Lektürebedürfnisse und -neigungen der Schüler abzielt.

In Zukunft sollen die Ergebnisse der Lesesozialisationsforschung verstärkt herangezogen werden, um die Vorlieben von Schülern bestimmter Altersstufen sowie die von Jungen und Mädchen für bestimmte Handlungsmuster stärker bei der Auswahl von Erzählungen für den Unterricht zu berücksichtigen.[9] Das heißt allerdings nicht, dass die schon vorhandenen Interessen von Schülern ausschließlich für diese Auswahl leitend sein sollen. Wie Bernhard Rank für den Unterricht zu literarischen Texte näher ausgeführt hat, müssen vielmehr zwei Aspekte beachtet werden: Zum einen, welche Erwartungen der Schüler ein Text durch seine Handlung (und durch seine formale und sprachliche Gestaltung) erfüllt, und zum

[9] Eggert/Garbe (2003).

zweiten, welche seiner Elemente für Schüler neu sind und deshalb ihre Rezeptionskompetenzen fördern können.[10] Auf dieser Grundlage kann mit Klaus Maiwald angenommen werden, dass sich solche Erzählungen besonders für den Unterricht anbieten, die die Angebote der Privatlektüre zu einer Entwicklung neuer Sichtweisen von Wirklichkeit (und die formale Komplexität dieser Lektüre) in dosiertem Maße überschreiten.[11]

2.2.3 Grundlegendes zur Handlungsanalyse

Die auch heute noch bestehenden Bedenken gegen Textanalyse im Unterricht – jedenfalls im Unterricht der Primarstufe und der Sekundarstufe I – dürften zumindest teilweise auf die Auffassung zurückgehen, dass Textanalyse vor allem eine Untersuchung von Form und Sprache eines Werkes sei. Nach dem für unser didaktisches Modell maßgeblichen Prinzip ‚Konzentration auf Handlung und Figuren' sollen bei der Erzähltextanalyse jedoch in der Regel zentrale Elemente der Handlungsebene und ihre Zusammenhänge im Mittelpunkt stehen. Weil das Angebot, das fiktionale/künstlerisch gestaltete Erzählungen ihren Rezipienten zur Weltdeutung unterbreiten, auf einem Zusammenwirken von Handlung und Darstellung beruht, soll die Handlungsanalyse nach Möglichkeit durch die Analyse von zentralen Aspekten der Darstellung ergänzt werden. Je nach den Ansprüchen des Textes und den Bedürfnissen der Lerngruppe kann die Darstellungsebene jedoch auch (ausnahmsweise) im Mittelpunkt stehen oder aber (des öfteren) in recht hohem Maße vernachlässigt werden. So neigen Schüler der unteren Jahrgänge (und Schüler der Hauptschule eher als die des Gymnasiums) zur Konzentration auf Handlungselemente, und als ‚Angebot' an diese Schüler kann sich die Darstellungsanalyse in vielen Fällen auf (sehr) wenige grundlegende Aspekte beschränken (vgl. Kap. 4.2.3). Eine entsprechende Ausrichtung des Unterrichts muss nicht mit dem Makel des Unzureichenden behaftet sein; vielmehr können die Chancen betont werden, Schülern über die Handlungsanalyse grundlegende Kompetenzen der Texterschließung zu vermitteln.

2.2.3.1 Das deklarative Wissen

Obgleich die Handlungsanalyse in der Fachdidaktik kaum diskutiert wird, zeigen sich zumal in einigen neueren Lehrwerken Ansätze, Schüler an eine systematische Untersuchung der Handlung von erzählenden Texten heranzuführen. Fast ohne fachdidaktische ‚Legitimation' existieren dabei drei verschiedene Modelle in ‚Wildwuchs-Manier' nebeneinander: das ‚Handlungsschritte-Modell', das ‚Genre-Modell' und das ‚Höhepunkt-Modell'. Nach unserer Ansicht weisen sie ohne

[10] Vgl. Rank (2004), S. 7.
[11] Vgl. Maiwald (1999), bes. S. 103-108.

Ausnahme grundsätzliche Mängel auf. (1) Durch das ‚Handlungsschritte-Modell' wird die Handlung einer Erzählung in Handlungsschritte unterteilt: „Nenne die Handlungsschritte der Erzählung", lauten entsprechende Aufgaben, gegebenenfalls noch ergänzt um die Aufforderung, den „wichtigsten" Handlungsschritt zu bestimmen. Diese Betrachtung bleibt oberflächlich und führt kaum zu einem Verstehen des Textes. (2) Durch das ‚Genre-Modell' werden genrespezifische Handlungsstrukturen untersucht, beispielsweise typische Handlungsmuster von Märchen und Sagen. Diese Betrachtung ist in vielen Fällen sicherlich ergiebig, führt jedoch nicht zu einer übergreifenden Kompetenz zur Erschließung von Erzähltexten. (3) Durch das ‚Höhepunkt-Modell' wird ein genreübergreifendes Handlungsmuster genutzt. Ein solcher Ansatz ist grundsätzlich sinnvoll, kann aber im vorliegenden Fall deshalb nicht zu zufrieden stellenden Ergebnissen führen, weil das Höhepunkt-Schema als unzureichend gelten muss. Nach diesem Schema sind Erzählungen in Einleitung, Hauptteil und Schluss gegliedert und laufen im Hauptteil auf einen Höhepunkt zu: Es eignet sich damit eher für die Beschreibung von ‚klassischen' Dramen als für die Analyse von literarischen und filmischen Erzählungen, die ganz unterschiedliche Möglichkeiten der Verbindung verschiedener Episoden nutzen können (vgl. Kap. 7.3).

Wir plädieren in dieser Situation nachdrücklich dafür, das oben vorgestellte um eine Figurenanalyse ergänzte Komplikationsmodell als grundlegendes Modell für die schulische Handlungsanalyse zu nutzen (vgl. Kap. 2.1.2).[12] Nur mit Hilfe von gattungsübergreifenden Kategorien kann eine Handlungsanalyse-Kompetenz aufgebaut werden, die es Schülern ermöglicht, selbstständig die Handlungen ganz unterschiedlicher Erzählungen zu erkennen und in angemessener Weise für ihr Textverstehen zu nutzen. Und nur das Komplikationsmodell ist nach unserer Überzeugung – trotz der oben erläuterten Einschränkungen – geeignet, zentrale Strukturen der Handlung sowohl von einfachen als auch von komplexeren Erzählungen deutlich werden zu lassen. Für das Komplikationsmodell spricht weiterhin, dass die Kategorien des Modells verhältnismäßig einfach und übersichtlich sind, sodass es in etwas reduzierter Form auch schon von Grundschülern genutzt werden kann und Schülern der Sekundarstufe I eine relativ leicht anwendbare Grundlage für die systematische Handlungsanalyse bietet.

Das deklarative Wissen über Kategorien der Handlungsanalyse, das in einer ‚schulischen Basisversion' des Komplikationsmodells vermittelt werden soll, umfasst die Kategorien Komplikation und Auflösung sowie Faktoren für Komplikation und Auflösung. Welche Störung in der Beziehung zu einem ihnen wichtigen Gut erleidet eine Figur, welche (positive oder negative) Auflösung wird erreicht und wie lassen sich Komplikation und Auflösung erklären? Diese Fragen können bereits Grundschüler gegenüber einfachen Texten beantworten. Zudem kann bereits in der Grundschule der Rahmen durch die Frage nach Ort und Zeit der Handlung einbezogen und es kann in grundlegender Weise nach relativ stabilen Figurenmerkmalen gefragt werden. Mit Beginn der Sekundarstufe I sollen die genannten Fragen an zunehmend komplexere Texte gestellt werden und die Ergebnisse sollen zumal für die Aspekte Faktoren für Komplikation und Auf-

[12] Vgl. Stückrath o.J.

lösung sowie Figurenmerkmale zunehmend differenzierter ausfallen. Darüber hinaus sollen die Art der Komplikation (einschließlich der Varianten der Schadenskomplikation) und die Figurenkonstellation berücksichtigt werden. Unter dem Aspekt ‚Tiefe' sollen die Schüler außerdem das Wissen erwerben, dass die Gestaltung von Handlung und Figuren in Erzählungen aller Medien grundsätzlich gleich ausfallen kann.

Dabei müssen die Schüler nicht unbedingt wissen, mit welchen Fachtermini die genutzten Begriffe bezeichnet werden. Stattdessen können Fragen nach den genannten Aspekten in umgangssprachlicher Weise formuliert werden (vgl. den von uns vorgeschlagenen ‚Fragenkatalog' in Kap. 2.2.5).

Unsere Vorschläge verstehen wir als eine sinnvolle Konkretisierung der Bildungsstandards, die Kompetenzen zu einer systematischen Handlungsanalyse einfordern (vgl. Kap. 7.5). – Die folgende Übersicht listet die von uns vorgeschlagenen Kategorien der Handlungsanalyse auf:

1. Handlungsanalyse
- Komplikation und Auflösung
- Faktoren für Komplikation und Auflösung
- Rahmen: Ort und Zeit der Handlung
- Art der Komplikation (Mangel/Schädigung [Verlust, drohender Verlust, Beschädigung, drohende Beschädigung])

2. Figurenanalyse
- relativ stabile Figurenmerkmale
- Figurenkonstellation

Für Schüler besonders leistungsfähiger Lerngruppen der Sekundarstufe I und für Schüler der Oberstufe sollen die Kategorien der Handlungsanalyse nach und nach ergänzt und außerdem mit ihren Fachtermini benannt werden. Insbesondere bietet es sich an, folgende Aspekte zu berücksichtigen: Uneigentliche Bedeutung/atmosphärische Besonderheiten von Raum beziehungsweise Gegenständen; Stellenwert der Beschreibung/des Zeigens von Räumen, Gegenständen und Figuren; Komplexität und Entwicklung der Figuren sowie Verbindung von mehreren Episoden/Geschichten. Evaluation und Moral einer Erzählung werden im Rahmen der Darstellungsanalyse einbezogen. Eine Differenzierung der Figurenanalyse nach den Dimensionen Zuverlässigkeit und Offensichtlichkeit kann im Unterricht in der Regel wohl nicht geleistet werden; jedoch sollen ältere und leistungsfähigere Schüler Wissen über grundlegende Varianten der Figurenkonzeption in unterschiedlichen Epochen und Gattungen (und damit Kategorienwissen unter dem Aspekt ‚Tiefe') erwerben.

Zusätzlich zum Kategorienwissen im engeren Sinne sollen Schüler der Sekundarstufe als Grundlage für eine reflektierte Anwendung der Kategorien deklaratives metakognitives Wissen erwerben: Sie sollen sich deutlich machen, dass das ‚Komplikationsmodell' nicht schematisch ‚abzuarbeiten' ist, sondern dass solche

Elemente besonders genau betrachtet werden sollen, die für die Handlung der zu untersuchenden Erzählung wesentliche Bedeutung haben, insbesondere, falls sie nicht ohne weiteres verständlich sind. Es handelt sich bei diesen Elementen zumeist um die Faktoren für die Komplikation und insbesondere für die Auflösung: Durch welche Umstände gerät eine Figur in eine Komplikation und, vor allem, wie gelingt eine Auflösung der Komplikation? Allerdings sind in vielen Fällen auch Komplikationen selbst und ihre Auflösungen klärungsbedürftig. Außerdem sollen die Schüler wissen, dass das ‚Komplikationsmodell' nicht automatisch zu einer oder gar der ‚richtigen' Interpretation einer Erzählung führt, sich gegenüber einigen Erzählungen sogar als unzureichend erweist, dass die (durch eine Analyse von zentralen Aspekten der Darstellung ergänzte) Handlungsanalyse aber als Grundlage einer Interpretation genutzt werden soll. Ältere und leistungsfähigere Schüler sollen sich darüber hinaus deutlich machen, dass mehr- und vieldeutige Erzählungen insbesondere aus der Moderne häufig einige Elemente der Handlungsstruktur nur andeuten oder auch als Leerstelle gestalten und dass das ‚Komplikationsmodell' in diesen Fällen vor allem als ‚Kontrastfolie' dienen kann, die die Besonderheiten solcher Erzählungen deutlich werden lässt (vgl. Kap. 2.1.2).

2.2.3.2 Der Erwerb von prozeduralem Wissen

Der Erwerb von prozeduralem Wissen der Handlungsanalyse erfolgt durch die ergiebige und motivierende Anwendung des oben erläuterten deklarativen Wissens auf Erzählungen. Eine solche Anwendung ist mit Hilfe des oben erläuterten Phasenmodells von Unterricht möglich (vgl. Kap. 1.2.4), weil das Komplikationsmodell mit dem ‚natürlichen' Umgang mit Erzählungen verträglich ist: Das Interesse von Schülern (und anderen Rezipienten) richtet sich gewöhnlich auf das, was die Figuren einer Erzählung ‚umtreibt' – auf ihre Ziele, Sorgen, Ängste etc., eben auf ihre – fachwissenschaftlich gesprochen – Komplikationen. Diejenigen Aspekte einer Komplikation, die einer näheren Klärung bedürfen, rufen eine Fragehaltung hervor. Dementsprechend können diese Aspekte in der Phase der Problemstellung einer Formulierung von Fragen/Hypothesen zugrunde gelegt werden, die dann im weiteren Verlauf des Unterrichts nach Möglichkeit eine Beantwortung/Überprüfung erfahren. Die Schüler sollen jedoch spätestens ab der Sekundarstufe auch einen strategieorientierten ‚Fragenkatalog' für die völlig selbstständige Handlungsanalyse nutzen, um prozedurales Analysewissen aufzubauen (vgl. unten Kap. 2.2.4).

Selbstverständlich ist das Komplikations-Modell kein ‚Zauberschlüssel', der allen Schülern ohne weiteres ein textangemessenes und persönlich bedeutsames Verstehen aller Erzählungen ermöglicht. Eine reflektierte Anwendung dieses Modells unter Nutzung des oben erläuterten metakognitiven Wissens – zentrale Elemente der Handlung sollen für die Analyse ausgewählt und ihre Untersuchung soll mit Interpretationsansätzen verbunden werden – setzt immer schon ein gewisses Vorverständnis des Textes voraus. Wie in Kap. 2.1.2.4 ausgeführt, kann auch in weiterer Hinsicht bei der Handlungsanalyse nicht auf ein gewisses Maß an Intuition verzichtet werden. Im Unterricht können bei der Anwendung des Modells dementsprechend – auch abgesehen von einer Verbindung der Handlungsanalyse mit Interpretation – verschiedene Schwierigkeiten auftreten: Es kann sich als problematisch erweisen, zu entscheiden, aus Sicht welcher Figur und unter Berücksichtigung welcher Handlungselemente sich eine Handlungsanalyse besonders anbietet. Welche Textstellen für diese Analyse relevant sind. Und vor allem, welche Bestände des Sprach- und Weltwissens auf diese Textstellen angewandt werden sollen, um über das wörtlich Gesagte (abstrahierend) hinauszugehen – einerseits ohne dem wörtlich/konkret Dargestellten zu sehr verhaftet zu bleiben, andererseits ohne den Text mit subjektiven oder klischeehaften Mustern von Wahrnehmung zu ‚überschreiben'; in der Regel erweist sich die Erkenntnis von abstrakten (und nicht direkt genannten) Gütern, die einer Komplikation zugrunde liegen, als besonders schwierig, insbesondere, wenn die betroffene Figur selbst ihre Komplikation nicht oder nicht in angemessener Weise einschätzen kann (etwa eine uneingestandene Kränkung). Die genannten Schwierigkeiten können sowohl den einzelnen Schüler irritieren als auch eine Verständigung über grundlegende Textstrukturen in der Lerngruppe (als gemeinsame Basis von weiterführenden, durchaus unterschiedlichen Interpretationen) erschweren. Im ‚normalen' Unterricht können diese Schwierigkeiten gemildert werden, indem der Lehrer den Schülern falls nötig individuell auf den Text und die Lerngruppe abgestimmte ‚Zwischenschritte' der Texterschließung nahe legt: So kann zum Beispiel die Erkenntnis eines ‚verborgenen' Gutes gefördert werden, indem zunächst nach ‚Indizien' dafür gesucht wird, dass eine Figur – eventuell entgegen ihren eigenen Aussagen – nicht an dem Verlust oder der Beschädigung eines materiellen, sondern eines ideellen Wertes leidet. In der vollkommen selbstständigen Arbeit mit Hilfe von Strategien entfällt aber diese Möglichkeit, sodass eine strategieorientierte Erschließung der Handlungsebene zumindest für jüngere Schüler gegenuber komplexer strukturierten Erzählungen nur schwer möglich ist.

Die genannten Schwierigkeiten treten grundsätzlich bei jeder (analytischen) Arbeit mit der Handlung fiktionaler/künstlerisch gestalteter Werke auf (vgl. Kap. 7.2). Anders als durch eine nicht systematisch geleitete Textbeschreibung und anders auch als durch eine Nutzung anderer Modelle können diese Schwierigkeiten durch eine Anwendung des Komplikations-Modells zumindest soweit möglich abgemildert werden. Einen speziellen ‚Stolperstein' hält das Modell allerdings bereit: Schüler können in Versuchung geraten, Komplikation und Auflösung mit den umgangssprachlich geläufigen, aber unscharfen Begriffen Problem und Problemlösung gleichzusetzen. Bei der Textanalyse gelangen sie dann oft zu wenig präzisen Ergebnissen, weil sie unter dem Begriff Komplikation eine Mischung aus der Komplikation, ihren Faktoren und eventuell Faktoren der (versuchten) Auflösung zusammenfassen und dem Begriff Auflösung Faktoren für die (versuchte) Auflösung zuordnen. Diese Gefahr ist jedoch deutlich geringer, wenn – wie es für jüngere Schüler sinnvoll ist – auf eine Nutzung der Fachtermini verzichtet und statt dessen in umgangssprachlicher Formulierung nach der gestörten Beziehung einer Figur zu ihrem Gut, einer etwaigen Veränderung dieser Beziehung und den Ursachen für die gestörte Beziehung und ihre Veränderung gefragt wird (vgl. den von uns vorgeschlagenen ‚Fragenkatalog'

Kap. 2.2.5). Falls die Schüler ausdrücklich mit den Begriffen Komplikation und Auflösung bekannt gemacht worden sind, kann es sich mitunter als notwendig erweisen, ihnen mit Hilfe der genannten Fragen einen präziseren Gebrauch dieser Begriffe nahe zu legen. Eventuell werden die Schüler für ihre private Rezeption von Erzählungen dennoch die Suche nach ‚Problemen' der Figuren in mehr oder weniger bewusster Weise übernehmen – doch würde eine solche Nutzung des Komplikationsmodells es ihnen immerhin ermöglichen, zentrale Strukturen erzählender Werke in wenngleich grober Weise zu erfassen. Der Aufbau von prozeduralem Analysewissen wäre nach unserer Ansicht auch in diesem Fall in zumindest hinreichender Weise gelungen.

2.2.4 Vorschlag für einen strategieorientierten ‚Fragenkatalog'

Der folgende erste ‚Baustein' zu einem ‚Fragenkatalog' für die strategieorientierte Erzähltextanalyse (vgl. Kap. 1.2.4) eignet sich zur Analyse der Handlung von literarischen, filmischen und interaktiven Erzählungen gleichermaßen. In den folgenden Kapiteln wird diese Grundlage durch weitere ‚Bausteine' zur Bestimmung von (medienspezifischen und narrationsspezifischen) Darstellungsverfahren ergänzt, sodass ein ‚Fragenkatalog' für die selbstständige systematische Analyse von Erzählungen aller Medien entsteht.

Die oben (in Kap. 1.2.4) ausgeführten Einschränkungen der Möglichkeit, eine Erzählung mit Hilfe von Strategien zu erschließen, betreffen die Handlungsebene in besonderem Maße: Wie oben (in Kap. 2.2.3) dargelegt, ist es für Schüler in der Regel schwierig zu entscheiden, inwieweit sie bei der Handlungsanalyse über das im Text wörtlich Gesagte (abstrahierend) hinausgehen und welche Bestände an Sprach- und Weltwissen sie dazu anwenden sollen; diese Schwierigkeiten sind normalerweise dann besonders groß, wenn schon das Gut, das einer Komplikation zugrunde liegt, ein abstraktes (und nicht direkt Benanntes, womöglich von der Hauptfigur selbst nicht erkanntes) ist. Während im ‚normalen' Unterricht diese Schwierigkeiten durch individuell auf den Text und die Lerngruppe abgestimmte Zwischenschritte gemildert werden können, entfällt in der selbstständigen Arbeit mit Hilfe von Strategien diese Möglichkeit. Und darüber hinaus besteht die Gefahr, dass sich die Schüler durch die Anwendung von Fragen, die so formuliert sind, dass sie auf die Erkenntnis aller möglichen Komplikationen zielen, eher auf eine Suche nach konkreten Gütern (verlorene Gegenstände etc.) konzentrieren. Wir schlagen angesichts dieser Einschränkungen vor, die selbstständige strategieorientierte Handlungsanalyse für jüngere Schüler auf Erzählungen zu beschränken, deren Komplikation ein leicht erkennbares Gut zugrunde liegt.

Wie oben (in Kap. 2.2.3) ausgeführt soll eine systematische Handlungsanalyse, die schon in der Grundschule möglich ist, die Kategorien Komplikation und Auflösung, Faktoren für Komplikation und Auflösung, relativ stabile Figureneigenschaften sowie Rahmen der Handlung (in vereinfachter Form) berücksichtigen. Für die Sekundarstufe I können dann die Kategorien Art der Komplikation, Varianten der Schadenskomplikation und Figurenkonstellation hinzutreten. Der ‚Fragenkatalog' zur Handlungsanalyse soll auf Grundlage dieser Kategorien gestaltet werden. Eine Benennung der Begriffe durch Fachtermini (die in unserem Vorschlag in Klammern erfolgt) kann für jüngere Schüler entfallen.

Zusätzlich zum strategischen Wissen des ‚Fragenkataloges' sollen die Schüler das folgende metastrategische Wissen erwerben: Sie sollen sich deutlich machen, dass ein ‚Fragenkatalog' zur Handlung nicht mechanisch ‚abgearbeitet' werden soll, sondern die Möglichkeit bietet, Aufgaben zu bestimmen, die für eine Erzählung besonders lohnend sind und die dementsprechend besonders gründlich bearbeitet werden sollen; dass eine Verwendung des ‚Fragenkataloges' nicht unbedingt zu einheitlichen, manchmal auch nicht zu zufrieden stellenden Untersuchungsergebnissen und niemals automatisch zu einer oder gar der ‚richtigen' Interpretation führt; dass die Arbeit mit dem ‚Fragenkatalog' aber in eine einleitende Hypothesenbildung und eine abschließende Auswertung des Arbeitsprozesses eingebettet und auf diese Weise mit Interpretationsansätzen verbunden werden kann. Auf Grundlage dieses Wissens sollen die Schüler bei der Anwendung des Kataloges nach Möglichkeit selbstständig Aufgaben bestimmen, die eine genauere Bearbeitung lohnen. In jedem Fall sollen die Schüler die Handlungsanalyse für eine Interpretation nutzen und nach Möglichkeit die Handlungsanalyse – eventuell unter Berücksichtigung von Ergebnissen der Darstellungsanalyse – auch selbstständig in eine Bildung und Überprüfung von Deutungshypothesen integrieren. Ein ‚Fragenkatalog' zur Handlungsanalyse für die Sekundarstufe I kann wie folgt aussehen:

Lies die Erzählung … genau / Sieh dir den Film … genau an. Überlege, welche der folgenden Aufgaben dir helfen können, das Werk besser zu verstehen und bearbeite diese Aufgaben anhand der Erzählung/des Films:

1.

a) Überlege, welche Figur du als Hauptfigur der Geschichte betrachten möchtest.

b) Überlege, ob die Hauptfigur einen Gegenspieler hat. Ein Gegenspieler ist eine Figur, die der Hauptfigur zum Beispiel schadet, sie bedroht oder mit ihr konkurriert. Wenn ja, wer ist es?

(Fragen nach der *Figurenkonstellation*, dem *Träger der Komplikation*/dem *Helden* und dem *Gegenspieler*)

2. Überlege, welche Eigenschaften die Hauptfigur (und ihr Gegenspieler) haben. Berücksichtige dabei Eigenschaften, die sich nicht so schnell verändern können, zum Beispiel Alter, Geschlecht, Aussehen, Stand/Beruf, Charakter, Klugheit/Dummheit. (Frage nach den *relativ stabilen Figurenmerkmalen*)

3.
a) Stelle fest, ob sich die Hauptfigur traurig, wütend, ängstlich, eingeschränkt … fühlt.

b) Überlege, warum sie sich so fühlt. Liegt es daran, dass es etwas für sie Wichtiges gibt,
– das sie noch nicht bekommen konnte?
– das ihr verloren geht oder verloren gehen könnte?
– das beschädigt wird oder beschädigt werden könnte?

Was ist dieses Wichtige?

Es könnte zum Beispiel ein Mensch, ein Tier, eine Sache oder ... sein; oder auch etwas, das man nicht ‚anfassen' kann wie das eigene Leben, Gesundheit, Freiheit, Reichtum, Macht, Anerkennung durch andere Menschen, Liebe, Freundschaft, Gerechtigkeit oder ...

(Fragen nach der *Komplikation* und der *Art der Komplikation – Mangel, eingetretene* oder *drohende Schädigung*)

4. Versuche zu erklären, warum die Hauptfigur das für sie Wichtige nicht so einfach bekommen / behalten kann. Überlege, ob die Eigenschaften der Hauptfigur und ihres Gegenspielers Gründe dafür sind. (Frage nach den *Faktoren der Komplikation*)

5. Überlege, ob die Hauptfigur das für sie Wichtige schließlich doch bekommen / behalten kann oder nicht. (Frage nach der positiven oder negativen *Auflösung*)

6. Versuche zu erklären, warum die Hauptfigur das für sie Wichtige schließlich doch bekommen / behalten kann oder nicht. Überlege, ob die Eigenschaften der Hauptfigur und ihres Gegenspielers Gründe dafür sind. (Frage nach den *Faktoren der Auflösung*)

7. Stelle fest, wo und wann die Geschichte stattfindet. (Frage nach dem *Rahmen*)

Für Schüler besonders leistungsfähiger Lerngruppen der Sekundarstufe I und für Schüler der Oberstufe kann der ‚Fragenkatalog' zur Handlungsanalyse nach und nach erweitert und durch Fachtermini ergänzt werden. Alternativ kann aber auch eine Liste mit knapp erläuterten Analysekategorien erarbeitet werden. Nach Möglichkeit sollen für die älteren und leistungsfähigeren Schüler zusätzlich die folgenden Kategorien berücksichtigt werden:

- uneigentliche und atmosphärische Bedeutung von Räumen und Objekten
- Stellenwert der Beschreibung/des Zeigens von Räumen, Gegenständen und Figuren
- Eindimensionalität/Mehrdimensionalität und Statik/Dynamik von Figuren
- Verbindung von mehreren Episoden/Geschichten.

2.2.5 Erörterung exemplarischer Aufgabenstellungen

Beispiel: „Die Kreidestadt" von Gina Ruck-Pauquèt als Unterrichtsgegenstand

Gina Ruck-Pauquèt ist mit ihren kurzen Erzählungen häufig in Schulbüchern der fünften bis achten Klasse vertreten. Ihre Erzählung *Die Kreidestadt* ist in zwei neue Lehrwerke für die sechste Klasse aufgenommen worden. – Die Erzählung:

Dass Benze rote Haare hatte, war kein Problem. Einmal hatte einer gewagt einen Witz zu machen, aber das war lange her.
„Holt die Feuerwehr!", hatte er geschrien. „Dem Benze brennt sein Hirn. Die Flammen schlagen schon raus!"
Dann hatte er Benzes rechten Haken zu spüren bekommen, und es war Ruhe gewesen. Alle respektierten Benze. Es war nicht so, dass er es nötig hatte, mit einem Mädchen zu spielen. Aber das, was er mit Mandi machte, war etwas Besonderes. Etwas Tolles war das. Mandi und Benze bauten eine Stadt. Genau genommen malten sie sie bloß. Mit Kreide. Ganz hinten, in der Ecke des großen Parkplatzes, da, wo früher die alten Karren von den Lagerhallen gestanden hatten.
Sie hatten sich da mal zufällig getroffen und rumgealbert. Und auf einmal hatte Mandi mit Kreide Striche um Benze rumgemalt.
„Jetzt bist du im Gefängnis", hatte sie gesagt. „Da kommst du nicht mehr raus!" Benze natürlich mit einem Satz weg. Als er hinter ihr her wollte, hatte sie „Halt" geschrien. Auf dem Ende einer Kreidelinie hatte sie gestanden. „Ich bin ganz oben auf einem Telefonmast! Da kannst du nicht ran!"
So hatte das angefangen. Benze hatte einen Sportplatz gemalt. Mandi Häuser mit Fenstern und Schornsteinen obendrauf.
Ein Park mit Bäumen war entstanden, eine Fabrik, in der Schokolade hergestellt wurde, ein Supermarkt, ein Schießstand, eine Kirche, ein Kino, zwei Hochhäuser, ein Krankenhaus und zwischen allem Straßen. An den Ecken standen Eisbuden. Ein kleiner Teich war da und dahinter ein Schloss.
[Mandi und Benze ‚bauen' weiter an ihrer Phantasiewelt und verabreden eine Fortsetzung des Spiels für den nächsten Tag. Benze muss dann jedoch auf Mandi warten; ein Junge auf einem Fahrrad kommt vorbei und sagt ihm, dass Mandi mit anderen Kindern spiele und er umsonst warte.]
„Ach Quatsch!", sagte Benze. „Ich warte überhaupt nicht."
„Na, denn", sagte der Junge, sprang wieder auf sein Fahrrad und sauste ab. Mandi spielte in der Steinstraße mit den anderen. Und er, der Trottel, stand hier und wartete!
Eine Hitze stieg Benze in den Kopf, eine rote, wolkige Hitze, die ihn wild machte und ganz besinnungslos.
Zuerst zerstörte er das Schloss, rieb es mit seinen Kreppsohlen weg. Spuckte hin und rieb. Die Sonnenblumen zertrampelte er, den Teich.
Er radierte die Schornsteinhäuschen aus, die Schokoladenfabrik, den Supermarkt, das Krankenhaus, die Hochhäuser, alles.
Spuckte hin, wischte und stampfte und spuckte und kreiselte mit seinen Sohlen Linien aus, machte weg, zerstörte und konnte schon gar nicht mehr spucken, weil sein Mund so trocken war.
Die ganze Stadt!, dachte er. Die ganze Stadt! Alles muss weg!
Als Mandi plötzlich neben ihm auftauchte, erstarrte er.
Was machst du da?
Wahrscheinlich fragte sie: „Was machst du da?"

Aber Benze hörte es nicht. In seinem Kopf rauschte es, und er sah eine Ecke vom Schießstand, die er nicht erwischt hatte.
Als Mandi zu weinen anfing, rannte er weg. Benze rannte, als ob sie hinter ihm her wären. Und er dachte die ganze Zeit an den Burschen mit dem Fahrrad, und wie es möglich ist, dass einer so lügt.

Handlungsstruktur der Erzählung und didaktische Reflexion

a) Handlungsstruktur der Erzählung im Überblick:
– Ausgangssituation: Das geschätzte Gut von Benze (und Mandi) ist die Kreidestadt, genauer: die gemeinsame, offenbar von Mandi entscheidend initiierte Arbeit an der Errichtung einer Phantasiewelt. Hinter diesem Gut steht das (‚tiefere') Gut der Freundschaft zwischen den Kindern.
– (Schein-) Komplikation 1: Das geschätzte Gut der gemeinsamen (Weiter-) Arbeit (und der Freundschaft) wird Benze in seiner Einbildung entzogen; der eingebildete Faktor: die Unzuverlässigkeit von Mandi (ihre Bevorzugung anderer Kinder, ‚dahinter' eine mangelnde Wertschätzung Benzes). Es gibt keinen Versuch einer positiven Auflösung durch Benze, sondern eine Leugnung der Komplikation, indem er absichtlich den noch greifbaren Teil des Gutes zerstört.
– Komplikation 2: Benze verliert das geschätzte Gut (die Phantasiewelt/die Freundschaft zu Mandi) tatsächlich; es gibt keinen Versuch einer positiven Auflösung, sondern wiederum eine Leugnung der Komplikation, diesmal durch eine Flucht; die Auflösung der Komplikation ist aufgrund dieses Faktors wohl negativ. Die Faktoren für die Komplikation sind die Scheinkomplikation und vor allem der Versuch ihrer Leugnung durch ein zerstörerisches Verhalten. In Benzes Sicht sind die Lügen des Jungen auf dem Fahrrad für die Komplikation verantwortlich; tatsächlich ist sie aber vor allem auf Benzes Umgang mit Komplikationen allgemein und insbesondere mit einer (tatsächlichen oder vermeintlichen) mangelnden Wertschätzung seiner Person zurückzuführen: Er reagiert aufbrausend, aggressiv und strebt keine konstruktiven Lösungsversuche an (diese Eigenschaften werden schon zu Beginn der Erzählung als stabile Figurenmerkmale eingeführt).

b) Didaktische Reflexion: Im Unterricht sollen die drei Elemente Ausgangssituation, (Schein-) Komplikation 1 und Komplikation 2 behandelt werden. Besondere Aufmerksamkeit soll dabei den Faktoren für die Komplikation 2 und für ihre vermutlich negative Auflösung – Benzes Strategien im Umgang mit Komplikationen – gewidmet werden: Benze hat offenbar die falschen, so können wir aus der Erzählung schließen.

(1) Aufgabenset 1 aus „deutsch.punkt 2" (Klett 2004)

In dem 2004 erschienenen integrativen (Gymnasial-) Lehrwerk „deutsch.punkt 2" findet sich die Erzählung *Die Kreidestadt* im Kapitel „Freundschaften – Geschichten zum Lesen und Vergleichen". Die Aufgaben zu *Die Kreidestadt* lauten:

1. Überlegt gemeinsam, warum Benze so enttäuscht reagiert, als Mandi nicht wie verabredet erscheint.
2. Die Freundschaft zwischen Benze und Mandi ist eine ganz besondere. Besprecht, ob ihr diese Einschätzung teilen könnt.
3. Schreibt einen Brief, in dem Benze die Freundschaft zu retten versucht.

– Zu Aufgabe 1: Die Aufgabe thematisiert indirekt die (Schein-) Komplikation 1 und das ihr zugrunde liegende Gut.
– Zu Aufgabe 2: Die Aufgabe thematisiert mit dem Aspekt „besondere Freundschaft" das zentrale Gut von Benze; auf diese Weise kommt es zu einer ‚Überlappung' mit Aufgabe 1: auch dort spielt dieses Gut eine zentrale Rolle. Zudem zielt die Aufgabe 2 auf die Ausgangssituation vor der (Schein-) Komplikation 1; in gewisser Weise fällt diese Aufgabe also hinter die erste zurück. Aufgabe 2 ist eine ‚konzeptgeleitete' Aufgabe: Die Schüler erhalten eine Hypothese („Einschätzung") zur Erörterung; problematisch ist dabei, dass den Schülern die Thesenbildung abgenommen wird.
– Zu Aufgabe 3: Es liegt eine (gängige) produktionsorientierte Aufgabenstellung vor (eine Handlung soll fortgesetzt werden; für diese Fortsetzung gibt es eine Vorgabe). Es handelt sich um eine eng gelenkte Aufgabe: Als alternativer Schluss wird der Versuch einer positiven Auflösung durch Benze einschließlich der Art seiner Ausführung vorgegeben. Noch problematischer als diese enge Lenkung ist, dass der Versuch einer positiven Auflösung dargestellt werden soll, ohne dass zuvor das im Original geschilderte Verhalten von Benze (und damit der zentrale Faktor für die Komplikation 2 sowie der Faktor für ihre vermutlich negative Auflösung) erörtert worden wäre. Es ist zwar möglich, dass die Schüler anhand der Aufgabe dies Verhalten kritisch reflektieren, doch bleibt fraglich, ob sie diesen ‚Umweg' tatsächlich nutzen können.

Auswertung des Aufgabensets: Die drei Aufgaben führen vor allem zu einer – nicht vollständig systematischen – Auseinandersetzung mit der Ausgangssituation und der (Schein-) Komplikation 1. Es fehlen jedoch Aufgaben zum weiteren Verlauf der Komplikationshandlung. Vor allem wird eine Auseinandersetzung mit den Faktoren für die zweite Komplikation und ihre negative Auflösung – den zentralen Aspekten der Handlung! – höchstens indirekt ermöglicht. Das Aufgabenset ist aus diesem Grunde nicht befriedigend.

(2) Aufgabenset 2 aus „deutsch.werk 2" (Klett 2004)

In dem 2004 erschienenen integrativen (Realschul-) Lehrwerk „deutsch.werk 2" vom Klett-Verlag bildet die Erzählung *Die Kreidestadt* den Einstieg in das (Teil-) Kapitel „Erzählungen untersuchen"; dieses (Teil-) Kapitel eröffnet das Kapitel „Erzählende Texte verstehen und gestalten / Wahre und falsche Freunde" (unter anderem mit weiteren Teilkapiteln zu Märchen und Fabeln). Die Erzählung *Die Kreidestadt* soll mit Hilfe von vier Aufgabenkomplexen systematisch erschlossen werden, wobei anhand dieser Aufgabenkomplexe zugleich Kategorien der Erzähltextanalyse eingeführt werden. Die Aufgabenkomplexe eins bis drei richten sich auf die Aspekte „Hypothesenbildung", „Figuren" und „Handlung". Der

vierte Aufgabenkomplex, der hier nicht berücksichtigt wird, betrifft „Erzählform und Erzählperspektive".
(a) Der erste Aufgabenkomplex steht unter der Überschrift „Fragen an den Text stellen":

> 1. Notiert in 3 bis 5 Sätzen euren ersten Eindruck von dieser Erzählung. Tauscht euch dann in Partnerarbeit aus.
> 2. Vergleicht eure Ansichten zu dem Geschehen. Formuliert in 1 bis 2 Sätzen auf Papierstreifen, um was es in der Geschichte geht. Sammelt eure Ergebnisse in der Klasse auf einem Lernplakat und vergleicht.
> 3. Überlegt, worin das Besondere von Benzes und Mandis Spiel besteht.
> 4. Bildet Gruppen und untersucht den Text genauer, indem ihr Textstellen markiert und euch Notizen macht. …
> 5. Sortiert eure Notizen für die Untersuchung des Texts nach Gesichtspunkten, z.B.
>   - Fragen zum Textverständnis
>   - Fragen zu den Personen
>   - Fragen zur Handlung
>
>   …

Mit diesem einleitenden Aufgabenkomplex sollen – im Sinne des oben skizzierten Phasenmodells – Fragen für die weitere Untersuchung des Textes entwickelt werden. Dazu werden die folgenden Schritte vorgeschlagen: Eindrücke, eventuell auch schon Deutungshypothesen formulieren und austauschen (Aufgabe 1 und Aufgabe 2), Thema der Erzählung bestimmen (Aufgabe 2), Grundlagen für das Textverständnis klären (Ausgangssituation vor den Komplikationen, eventuell auch schon das zentrale Gut der Kinder – Aufgabe 3), im Rahmen einer ‚Voruntersuchung' Notizen anfertigen (Aufgabe 4) und die Notizen nach Themenkomplexen sortieren (5).

Problematisch an diesem Aufgabenset ist vor allem, dass – entgegen der Überschrift „Fragen an den Text stellen" – nur ‚Notizen', aber eben keine Fragen an den Text erarbeitet werden. Zudem wird nicht deutlich, weshalb und zu welchen Aspekten Notizen gemacht werden sollen. (Der unterhalb der Aufgaben erneut abgedruckte Textbeginn mit ‚fingierten' handschriftlichen Notizen – „Seltsamer Anfang", „Warum macht Mandi das mit Benze?" – gibt dazu allerdings Hinweise.) Dass die Aufgabe 3 eventuell nicht genau zu den vorhergehenden Beiträgen der Schüler passt, lässt sich im Rahmen einer vorgegebenen Reihe von Aufgaben wohl nicht vermeiden.

(b) Der zweite Aufgabenkomplex steht unter der Überschrift „Die Personen":

> 1. Schreibt in Gruppen alle Informationen über Benzes aus dem Text heraus. Sortiert sie nach verschiedenen Gesichtspunkten und haltet sie fest. Das könnte z.B. so aussehen: [Kategorien „Aussehen" und „Beziehung zu anderen Kindern" werden vorgegeben]
> 2. Findet Gründe dafür, dass Benze gegenüber dem Jungen mit dem Fahrrad behauptet: „Ich warte überhaupt nicht." (Zeile …) und dass er am Ende wegläuft. Beurteilt sein Verhalten.
> 3. Diskutiert, warum der Junge mit dem Fahrrad Benze anlügt.
> 4. Erfindet eine Figur, die einen anderen Schluss der Geschichte ermöglicht. Überlegt:

> - Was soll durch diese Person deutlich werden?
> - Wie soll sie sich verhalten?
> - Wie müsst ihr euer Drehbuch ändern?

Die Aufgaben zeichnen sich durch eine Konzentration auf Benze (vor allem durch Aufgabe 1 und 2) aus; diese Konzentration wird der Handlungsstruktur der Erzählung gerecht. Dennoch ist der Aufgabenkomplex nicht durchgängig gelungen. Im Einzelnen verhält es sich wie folgt:

Zunächst erfolgt (durch die Aufgaben 1 und 2) eine umfassende Charakterisierung von Benze – orientiert an Kategorien, die teils vorgegeben werden, teils von den Schülern erarbeitet werden sollen –, dann eine Erklärung von Benzes Verhalten im Rahmen der beiden Komplikationen (wohl durch die zuvor erarbeiteten Eigenschaften). Diese Anlage der Aufgaben ist ‚eigentlich' gut, aber sie ist zugleich unvollständig. Wichtig für die Handlungsanalyse ist eine Bestimmung der Komplikation 2 und vor allem eine differenzierte Klärung ihrer Faktoren (also eine Erklärung dafür, dass Benze die Kreidestadt zerstört); diese Aspekte werden nicht berücksichtigt. Außerdem sind die Aufgaben insofern zu eng gestellt, als sie das seltsame Verhalten von Benze schon aus dem Text ‚herausgesucht' haben. Besser wäre es, wenn dies Verhalten im Rahmen einer Komplikationsanalyse durch die Schüler selbst entdeckt werden könnte.

Die Aufgabe 3 verlangt die Differenzierung eines Faktors, der zur (Schein-) Komplikation 1 führt; dieser Faktor – das Verhalten des fremden Jungen – ist für eine Auseinandersetzung mit Benze jedoch völlig unerheblich.

Die Aufgabe 4 ist produktionsorientiert. Die Absicht, die mit dieser Aufgabe verbunden ist, bleibt zum größten Teil unklar (Entwurf einer positiven Auflösung? Entwicklung von anderen Lösungsstrategien?). Hinzu kommt: Das ‚Drehbuch' wird erst im folgenden Aufgabenkomplex eingeführt.

(c) Der dritte Aufgabenkomplex steht unter der Überschrift „Die Handlung":

> 1. Stellt euch vor, ihr wollt die Geschichte verfilmen. Entwerft in Gruppen ein Drehbuch:
>   - Legt zunächst die Handlungsschritte als Szenen fest.
>   - Skizziert mit wenigen Worten, was in jeder Szene geschieht.
>   - Findet für jede Szene eine Überschrift.
>   - Ordnet die Personen der jeweiligen Szene zu. [Beispiel folgt]
> 2. Bestimmt den Höhepunkt der Handlung.
> 3. Überlegt, wie sich die Hintergrundmusik im Verlauf der Handlung ändern könnte.
> 4. Findet eine filmische Lösung für die folgende Textstelle: „Mandi spielte in der Steinstraße … ganz besinnungslos." (Zeile …)
>   Diskutiert die verschiedenen Ideen.

Die Handlungsanalyse nutzt das Handlungsschritte-Modell in Verbindung mit dem Höhepunkt-Modell: Die einzelnen Handlungsschritte sollen bestimmt, ihr Inhalt soll benannt und jeweils in einer Überschrift zusammengefasst werden (Aufgabe 1 a-d), bevor anschließend der Höhepunkt der Handlung (als – vermeintlich oder tatsächlich – wichtigster Handlungsschritt) bestimmt wird (Aufgabe 2). Das Entwerfen eines Drehbuchs dient dabei weniger der medienintegrativen Erzähltextanalyse als der Motivation. Mit Hilfe der vierten Aufgabe sollen die Schüler dann tatsächlich medienvergleichend arbeiten, doch richtet sich der Vergleich auf Darstellungsverfahren, deren Gebrauch für den literarischen Text zuvor noch gar nicht geklärt wurde. Die dritte Aufgabe dient der Beschäftigung mit Filmsprache und könnte tatsächlich dazu geeignet sein, eine Interpretation der Handlung zu vertiefen – wenn sie nur zuvor ausreichend durch Textanalyse vorbereitet worden wäre.

Die Problematik einer Handlungsanalyse mittels der Bestimmung von Handlungsschritten und Höhepunkt wird an diesen Aufgaben deutlich: Das Aufgabenset „Die Handlung" ist nicht sinnvoll mit den Aufgaben zu den Figuren verknüpft und leistet insgesamt keinen wesentlichen Beitrag zu einem Verstehen der Erzählung – diese Aufgabe wird eher von den Aufgaben zu den Figuren übernommen. Die Ansätze zu einer medienübergreifenden Betrachtung von Erzählungen sind auf dieser Grundlage kaum sinnvoll.

Insgesamt fällt das Ergebnis der Aufgabenanalyse also gemischt aus: Es finden sich gute Ansätze, die auf eine angemessene Analyse der Komplikationshandlung zielen, doch bleibt diese Analyse unvollständig, weil zentrale Aspekte der Handlung (die Komplikation 2 und ihre Faktoren) nicht berücksichtigt werden. Außerdem leistet ein erheblicher Teil der Aufgaben überhaupt keinen nennenswerten Beitrag für das Textverstehen.

3. Die Fiktion

Wieso können eigentlich erzählende Texte für uns und unsere Beziehung zur Welt bedeutungsvoll werden, wenn diese Texte als fiktionale Werke gar nicht darauf abzielen, wie ein Sachbuch Objekte oder Geschehnisse der Wirklichkeit verlässlich wiederzugeben? Weshalb, so ließe sich fragen, lesen wir die Geschichte von Eduard und Ottilie in Goethes *Die Wahlverwandtschaften*, wenn es Eduard und Ottilie überhaupt nicht gegeben hat? Noch nachdrücklicher drängen sich solche Fragen gegenüber phantastischen Erzählungen auf, deren Abweichungen von den Gesetzmäßigkeiten unserer Wirklichkeit gattungsbestimmend sind. Ohne befriedigende Antworten auf diese Fragen lässt sich ein Literaturunterricht mit fiktionalen Texten nicht rechtfertigen. Im Folgenden soll gezeigt werden, dass fiktionale Texte tatsächlich besonders geeignet sein können, dem Rezipienten neue Sichtweisen von Wirklichkeit zu vermitteln – freilich nur, wenn es gelingt, einen differenzierten Bezug von Fiktionen auf unsere Lebenswirklichkeit herzustellen, der eine unreflektierte Gleichsetzung von fiktionaler und realer Welt vermeidet.

3.1 Fachwissenschaftliche Grundlagen

3.1.1 Hinführung

Erzählende Werke, die nicht auf bestimmte – zum Beispiel lebenspraktische oder wissenschaftliche – Zwecke ausgerichtet sind, unterscheiden sich von im engeren Sinn funktionalen Erzählungen zwar nicht immer, aber doch zumeist dadurch, dass es sich um *Fiktionen* handelt. Fiktional sind neben Märchen, Fabeln, Parabeln, Novellen, Kurzgeschichten, Romanen und einer Vielzahl weiterer epischer Gattungen auch Comics, Hörspiele, Spielfilme, Hyperfictions und narrative Computerspiele. Eine ganz einfache Bestimmung von fiktionalen Erzählungen liegt nun sicherlich nahe: Entsprechend dem Verständnis von ‚Fiktion' in der Alltags- und Wissenschaftssprache als nur Vorgestelltes, Erfundenes, Nicht-Wirkliches könnten fiktionale Erzählungen als Darstellungen von nicht-wirklichen Geschehnissen (beziehungsweise nicht-wirklichen Figuren und Orten) aufgefasst werden.

Dieser Definitionsversuch erweist sich aber bei näherer Betrachtung als nicht ausreichend. Er ist einerseits zu eng: Abgesehen davon, dass die Unterscheidung von ‚Wirklichem' und ‚Nichtwirklichem' unter erkenntnistheoretischen Aspekten als zweifelhaft erscheinen mag, verzichten Fiktionen offenbar nicht auf die Darstellung von Wirklichkeitselementen: Reale Orte gehen häufig, reale/historische Personen und Geschehnisse mitunter in fiktionale Erzählungen ein. Wenn in einem Roman von ‚Moskau' oder von ‚Martin Luther King' die Rede ist, dann sollen diese realen Objekte in der Fiktion mit ihren Entsprechungen in der

Lebenswirklichkeit identifiziert werden.[1] Darüber hinaus bildet die Realität – beziehungsweise die Vorstellung, die ein Rezipient von ihr hat – sozusagen die Folie für jede fiktionale Erzählung, weil der Rezipient Leerstellen der Fiktion nach dem ‚reality principle' ausfüllt: Alles, was nicht ausdrücklich als abweichend von der Lebenswirklichkeit dargestellt wird, imaginiert er entsprechend seiner Kenntnis von eben dieser Wirklichkeit. So wird er – sofern er über das entsprechende historische Wissen verfügt – das in einem Roman des 19. Jahrhunderts erwähnte Moskau als Hauptstadt des Zarenreiches verstehen; und wenn in dem Roman von einem in dieser Stadt wohnenden Ehepaar die Rede ist, wird er davon ausgehen, dass ein Mann und eine Frau einen Teil ihrer Zeit gemeinsam in einem oder mehreren mit Möbeln und Fenstern ausgestatteten Räumen verbringen. Andererseits erweist sich der Versuch, Fiktionen als Darstellungen von Nicht-Wirklichem zu bestimmen, als zu weit: Ein wissenschaftlicher oder journalistischer Text, der Nicht-Wirkliches zum Ausdruck bringt, würde kaum als fiktional, sondern als falsch, wenn nicht sogar als Betrugsversuch gelten. Und von einer ‚Alltagsfiktion' im Gegensatz zu einer Lüge oder Flunkerei lässt sich nur dann sprechen, wenn der Gesprächskontext Abweichungen von der Darstellung tatsächlicher Geschehnisse zumindest als tolerierbar erscheinen lässt, etwa beim Erzählen biographisch fundierter Alltagsgeschichten in geselliger Runde.[2]

Angesichts der Unmöglichkeit, fiktionale literarische und mediale Werke entsprechend dem Alltagsverständnis von ‚fiktional' zu bestimmen, herrschen seit einiger Zeit in der Literatur- und Medienwissenschaft Versuche vor, Fiktionen auf kommunikationstheoretischer Grundlage zu definieren, also durch die Beziehung von Textproduzenten und –rezipienten beziehungsweise durch die Konventionen, die dieser Beziehung zugrunde liegen. Dabei bleibt dann allerdings die auch intuitiv nahe liegende Auffassung unberücksichtigt, dass Fiktionen auf die eine oder andere Weise von einer Darstellung der Lebenswirklichkeit abweichen. Frank Zipfel hat nun neuerdings einen Versuch unternommen, diese Auffassung mit zentralen kommunikationstheoretischen Definitionsversuchen von Fiktion zu vermitteln. Er beschreibt fiktionale Erzählungen als – vor allem aus Behauptungen zusammengesetzte – Sprachhandlungen, die sich von faktualen Erzählungen durch ein Zusammenwirken von Merkmalen der Textstruktur und des kommunikativen Kontextes (der Textproduktion und -rezeption im Rahmen einer durch Konventionen geregelten Praxis Fiktion) unterscheiden. Zipfel selbst beschränkt seinen komplexen Erklärungsversuch auf literarische Erzähltexte. Der Ansatz bietet aber auch wichtige Anhaltspunkte für eine Bestimmung von fiktionalen Gedichten und Dramen sowie von Spielfilmen und Computerspielen, sodass wir ihn als Grundlage einer medienübergreifenden Bestimmung von Fiktion nutzen können.

Die Fiktion auf Ebene der Textstruktur lässt sich nach Zipfels Modell noch einmal unterscheiden, und zwar nach den Begriffen *Fiktivität* und *Fiktionalität*. Während Fiktivität Merkmale der erzählten Geschichte bezeichnet und sich damit auf die Handlungsebene bezieht, meint Fiktionalität eine bestimmte Art des

[1] Vgl. Zipfel (2001), S. 92-97.
[2] Vgl. Wolf-Dieter Stempel (1980).

Erzählens, betrifft also die Ebene der Darstellung. Unter den übergreifenden Begriff ‚Fiktion' fallen diejenigen Werke, die sich durch Fiktivität und/oder Fiktionalität auszeichnen.

FIKTION
Fiktivität der erzählten Geschichte
Fiktionalität des Erzählens

3.1.2 Fiktion auf den Ebenen von Handlung und Darstellung

3.1.2.1 Fiktion auf der Ebene der Handlung (Fiktivität)

Die Fiktivität von Geschichten in allen Medien kann nach Zipfel tatsächlich als eine Präsentation von Nicht-Wirklichem gelten. Dabei nimmt er jedoch an, dass nur bestimmte Elemente der fiktiven Geschichte nicht-wirklich sind; außerdem wird eine unter erkenntnistheoretischen Aspekten problematische Annahme ‚der Wirklichkeit' umgangen, indem die Besonderheiten von literarischen und filmischen Fiktionen auf der Handlungsebene als Abweichungen von der ‚Alltagswirklichkeit' bestimmt werden. Im Sinne Nelson Goodmans ist die ‚Alltagswirklichkeit' ein aus Erfahrungs- und Expertenwissen zusammengesetztes Konstrukt, das den Mitgliedern einer Gesellschaft als wirklich gilt, unabhängig davon, ob es ‚der Wirklichkeit' entspricht.

Abweichungen einer Geschichte von der Alltagswirklichkeit können die Aspekte Figur (und, wie wir ergänzen wollen, ihre Handlungen), Ort und Zeit betreffen. Nach Art der Abweichung lassen sich fiktionale Erzählungen in *realistische* und *phantastische* einteilen: In der Realistik kommen nur solche Figuren/Handlungen, Orte und Zeitpunkte/Zeiträume/Zeitverhältnisse vor, die zwar teilweise nicht zur Alltagswirklichkeit gehören, jedoch zu ihr gehören könnten, weil sie sowohl nach den Regeln der Logik als auch nach denen der Wahrscheinlichkeit (im Sinne von allgemeingültigen Annahmen über Gesetzmäßigkeiten der Wirklichkeit) als möglich gelten müssen. Die Wahrscheinlichkeit bietet allerdings insofern kein trennscharfes Definitionskriterium für realistische Erzählungen, als nur die bekannten Naturgesetze in unserer Gesellschaft zumindest weitgehend konsensfähig sind, nicht aber Gesetzmäßigkeiten des menschlichen Verhaltens. Darüber hinaus ist die Gültigkeit der Naturgesetze nur eine relative: In vormodernen Kulturen, aber auch in Teilbereichen moderner Gesellschaften herrschten/herrschen teilweise andere Annahmen über die Wirklichkeit, sodass zum Beispiel Wundertaten nicht als unmöglich galten/gelten.

Im Gegensatz zu realistischen Fiktionen weisen Geschichten der Phantastik nach Zipfel auch Elemente auf, die mit den Regeln der Logik oder Wahrscheinlichkeit unvereinbar sind und dementsprechend als unmöglich gelten müssen – wie zum Beispiel Figuren mit magischen Fähigkeiten, Geister, sprechende Tiere und Außerirdische, Orte auf anderen Sternen oder im Erdinneren, zweidimensionale Räume, Zeitpunkte in der Zukunft oder nonlineare Zeitverläufe. Nach dieser einfachen Definition zählen auch Märchen sowie Erzählungen der Genres Fantasy und Science Fiction zur Phantastik. Speziellere Auffassungen bestimmen das Phantastische allerdings durch das Aufeinandertreffen zweier ‚Welten' oder ‚Realitätssysteme' (eines mit den Gesetzen der Logik und Wahrscheinlichkeit zu vereinbarenden und eines nicht mit ihnen zu vereinbarenden Systems) oder sogar im Sinne Tzvetan Todorovs durch die ‚Unschlüssigkeit' zwischen diesen Welten und grenzen die phantastischen Erzählungen damit mehr oder weniger entschieden ein.

3.1.2.2 Fiktion auf Ebene der Darstellung (Fiktionalität)

Anders als seine Auffassung von Fiktivität gilt Zipfels Bestimmung von Fiktionalität nur für Erzählungen im Medium der Schrift. Diese Bestimmung geht von einem scheinbaren Widerspruch aus: Wie kann durch (behauptende) Sprechakte überhaupt auf Nicht-Wirkliches referiert werden, oder einfacher gefragt: Wie können denn Behauptungen über Sachverhalte möglich sein, die gar nicht existieren? Dieser Widerspruch lässt sich jedoch auflösen, wenn ein entscheidender Unterschied in der Darstellung von faktualen und fiktionalen Erzählungen berücksichtigt wird.

Sowohl schriftliche faktuale als auch schriftliche fiktionale Erzählungen beruhen auf einer zerdehnten Sprachhandlungssituation. Im Falle eines faktualen Schrift-Erzähl-Textes lässt sich diese Situation wie folgt darstellen[3]:

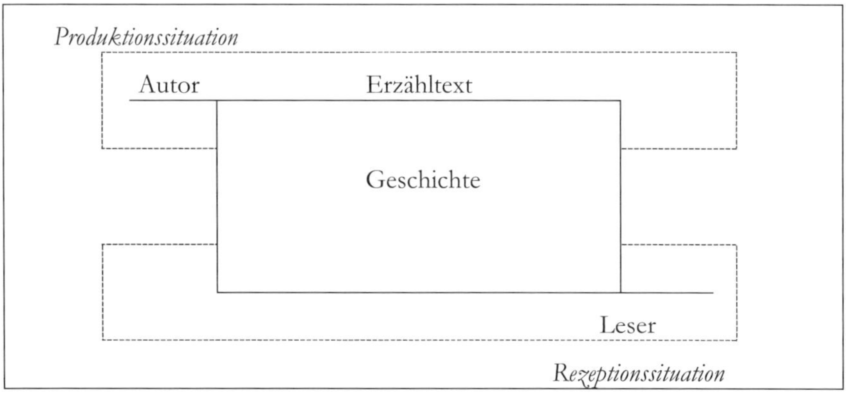

[3] Die folgenden Schaubilder nach Zipfel (2001), S. 119.

Der Autor produziert einen schriftlichen Erzähl-Text für potenzielle Leser und stellt mit diesem Text ein Geschehen dar, das sich tatsächlich in der Wirklichkeit ereignet hat oder doch ereignet haben soll.[4] Die Sprachhandlungssituation ist insofern zerdehnt, als Produktions- und Rezeptionssituation getrennt sind.

Im Falle eines fiktionalen Schrift-Erzähl-Textes sieht die Sprachhandlungssituation dagegen wie folgt aus:

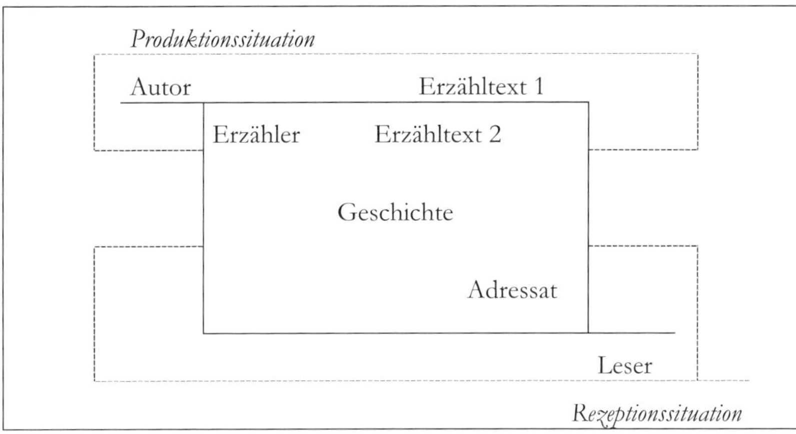

Der (empirische) Autor produziert einen Erzähl-Text für potenzielle (empirische) Leser. Der sprachhandlungslogische Produzent der Erzählung ist aber nicht der Autor, sondern der fiktive Erzähler. Und der sprachhandlungslogische Rezipient ist kein tatsächlicher Leser, sondern der vom Erzähler mehr oder weniger deutlich entworfene fiktive Adressat.[5] Die Sprachhandlungssituation ist hier verdoppelt. Und in dieser verdoppelte Situation können tatsächlich Behauptungen über Sachverhalte aufgestellt werden, die in der Wirklichkeit von Autor und empirischem Leser nicht existieren: Diese Behauptungen werden von einem Erzähler geäußert, der Teil einer fiktiven Welt ist. Er kann mehr oder weniger deutliche Züge einer fiktiven Figur annehmen oder eine abstrakte ‚Erzählfunktion' bleiben, erzählt aber jedenfalls Geschichten, die innerhalb dieser Welt tatsächlich wahr sind oder jedenfalls wahr sein sollen.

Diese verdoppelte Sprachhandlungssituation mit einem fiktiven Erzähler ist Grundlage von Besonderheiten des literarischen fiktionalen Erzählens. Ein fiktiver Erzähler erzählt mitunter in der gleichen Weise wie ein faktualer, verfügt aber über weitaus umfassendere Möglichkeiten der Darstellung, weil er sozusagen ‚übermenschliche' oder ‚phantastische' Fähigkeiten entwickeln kann: Der fiktive Erzähler in heterodiegetischen Erzählungen (also in Erzählungen, in denen der Erzähler nicht Teil der dargestellten Welt ist) kann die Innenwelt von Figuren, ihre Gedanken und Gefühle, direkt einsehen und dementsprechend in der 3. Person mehr oder weniger direkt (zum Beispiel durch erlebte Rede, vgl. Kap.

[4] Zipfel (2001), S. 118.
[5] Ebd., S. 120.

4.1.3) wiedergeben; ebenso kann er die subjektive Außensicht der Figuren uneingeschränkt teilen; und er kann äußere Beobachtungen ohne räumliche und zeitliche Beschränkungen vornehmen und damit zum Beispiel Geschehnisse, bei denen kein Zeuge zugegen war, in beliebiger Genauigkeit darstellen. Der fiktive Erzähler in homodiegetischen Erzählungen (also in Erzählungen, in denen der Erzähler Teil der dargestellten Welt ist) kann innere und äußere Geschehnisse, Vorgänge und Objekte in beliebiger Genauigkeit erinnern und damit extrem detailliert darstellen. In hetero- und homodiegetischen Erzählungen kann der fiktive Erzähler außerdem Überschneidungen von unterschiedlichen Ebenen der Handlung herstellen, indem er Erzähler und Figuren von einer Ebene in die andere versetzt, also zum Beispiel eine Figur aus einer Geschichte, die innerhalb der Haupthandlung erzählt wird, in dieser Haupthandlung auftreten lässt (vgl. Kap. 4.1.3). Ähnlich wie die Darstellung einer fiktiven Handlung auf die fiktionale Sprachhandlungssituation angewiesen ist, sind diese fiktionsspezifischen Verfahren der Darstellung nach Zipfel prinzipiell an fiktive Geschehnisse und Figuren gebunden: So können zum Beispiel nur die Gedanken nicht-wirklicher Personen von einem heterodiegetischen Erzähler zweifelsfrei gekannt werden.

Auch das Kriterium der ‚übermenschlichen' Fähigkeiten eines Erzählers ist allerdings kein trennscharfes Merkmal zur Definition von Fiktionen, weil zum Beispiel nicht klar festzulegen ist, welche Genauigkeit der Erinnerung in homodiegetischen Erzählungen noch als menschenmöglich gelten kann. So muss für manche Erzählungen offen bleiben, ob die Darstellungen von Jahrzehnte zurückliegenden Gedankengängen oder äußeren Beobachtungen autobiografisch oder fiktional sind. Nach Zipfel sollen außerdem eine Reihe von literarischen Erzählungen als Grenzfälle von Fiktionen gelten, obwohl sie eindeutig von den besonderen Möglichkeiten des fiktiven Erzählers Gebrauch machen: Wenn sie zwar auf der Ebene der Darstellung fiktional sind, aber auf Ebene der Handlung ‚Wirkliches' wiedergeben (also nicht fiktiv sind), wie zum Beispiel die ‚non-fiction novel'. Vor allem zugunsten einer einheitlichen Bestimmung von fiktionalen, aber nicht-fiktiven literarischen und filmischen Erzählungen (vgl. unten) wollen wir diese Texte jedoch als Fiktionen betrachten.

Eine Trennung von Autor und fiktivem Sprecher kann außer für epische Texte allenfalls noch für Gedichte und als Lesetexte rezipierte Dramen als grundlegendes Merkmal der Fiktionalität gelten. Für Dramen als Bühnenrealisierungen und für filmische Erzählungen, die zumeist keinen Erzähler aufweisen, (vgl. Kap. 5.1.3) muss die Fiktion auf Ebene der Darstellung aber auf jeden Fall anders definiert werden. Einen Konsens über eine solche Definition gibt es noch nicht. Wir möchten jedoch Harald Frickes Vorschlag zur Bestimmung von Dramen heranziehen, der auf Dramen als Schrifttexte bezogen zweifelhaft erscheint, die Fiktionalität in Dramenaufführungen und Filmen jedoch grundlegend angemessen beschreiben kann: Die Fiktionalität in den genannten Gattungen ergibt sich nach diesem Ansatz aus dem normabweichenden Gebrauch sprachlicher Indikatoren durch die darstellenden Figuren: Ein Schauspieler, der ‚ich', ‚du', ‚hier' oder ‚jetzt' sagt, meint nicht sich selbst oder seine tatsächliche Umgebung, sondern verweist auf andere Figuren, Orte und Zeiten.[6] Anders als in literarischen Erzählungen ist in Filmen eine Verbindung von Fiktion auf Ebene der Darstellung und einer faktualen Handlung häufig. Wir möchten solche Produktionen insgesamt als Fiktionen betrachten, schon deshalb, weil die Präsentation einer Geschichte durch Schauspieler mit ihrem konkreten Äußeren, ihrer Gestik und Mimik etc. notwendig nicht-wirkliche Details zur Handlung hinzufügt. Auch das Kriterium des normabweichenden Gebrauchs sprachlicher Indikatoren kann aber nicht in allen Fällen eine eindeutige Abgrenzung von fiktionalen und nichtfiktionalen Erzählungen leisten. In jüngster Zeit entstehen nicht nur verstärkt mediale Mischformen aus fiktionalen und nichtfiktionalen Elementen (‚Hybridproduktionen') wie das Doku-Drama. Darüber hinaus ist der fiktionale Charakter einer Reihe von Produktionen zum Beispiel des ‚Reality-TV' auch in Teilen überhaupt nicht mehr eindeutig festzustellen.

3.1.3 Fiktion auf der Ebene von Textproduktion und –rezeption (und der kulturellen Praxis Fiktion)

Die Besonderheiten der Rezeption (und Produktion) fiktionaler Erzähltexte werden in der Forschung häufig als ein Spiel beschrieben, das auf dem Konzept des ‚Make-believe' beruht. Das ‚Make-believe' bezeichnet eine (vom Produzenten intendierte) Rezeptionshaltung, bei der der Rezipient während der Rezeption für sich selbst so tut, als würde er die Erzählung für wahr halten, sich dabei aber selbst als einen Spieler wahrnehmen und in distanzierter Weise beobachten kann.

Das ‚Make-believe'-Spiel prägt grundsätzlich die Produktion und Rezeption von Fiktionen in allen Medien. Als kulturelle Praxis wird diese Produktion und Rezeption durch den folgenden ‚Fiktionsvertrag' bestimmt: Eine fiktionale Erzählung wird mit der Absicht produziert, dass diese Erzählung in der Haltung des ‚Make-believe' rezipiert werden möge. Der Rezipient erkennt diese Absicht an unterschiedlichen Fiktionssignalen, die sich teilweise aus den Besonderheiten des fiktionalen Erzählens ergeben und teilweise konventionalisiert sind (vgl. Kap. 3.1.4), und lässt sich deshalb darauf ein, das Werk nach den Regeln des ‚Make-Believe'-Spiels zu rezipieren. Es ist allerdings zu ergänzen, dass in manchen Fällen – zum Beispiel bei der Lektüre einer Heiligenlegende durch einen heutigen Leser – ein Text auch dann als Fiktion rezipiert werden kann, wenn diese Rezeptionshaltung nicht durch einen Produzenten beabsichtigt ist.

Die Rezeptionshaltung des ‚make-believe' kann für epische Fiktionen genauer bestimmt werden, wenn sie auf die oben beschriebene Sprachhandlungssituation mit ihrer Unterscheidung von realem Autor und Leser einerseits sowie von fiktivem Erzähler und Adressaten andererseits zurückgeführt wird: Der reale Leser hält die fiktionale Erzählung ebenso wenig für die Wiedergabe eines tatsächlichen Geschehens wie der reale Autor ihre Wahrheit behauptet. Für den fiktiven

[6] Vgl. Fricke (1981), S. 121.

Adressaten und den fiktiven Erzähler dagegen handelt es sich um eine wahre oder doch als wahr behauptete Geschichte. Die Haltung des ‚Make-believe' kann damit so aufgefasst werden, dass der reale Leser – jedenfalls zeit- und teilweise – die Rolle des fiktiven Adressaten übernimmt und sich in der internen Sprachhandlungssituation wie ein realer Rezipient gegenüber einem faktualen Text verhält. Dabei kann er – je nach den Besonderheiten von Handlung und Darstellung sowie der eigenen Disposition – eine intensive emotionale Teilnahme gegenüber der Erzählung entwickeln oder auch nicht.

3.1.4 Ein Grundmodell für die Fiktionsanalyse

Entsprechend ihren oben dargestellten Besonderheiten in den Bereichen von Handlung, Darstellung und der konventionell geregelten Beziehung von Produktion und Rezeption lassen sich fiktionale Erzählungen nach den folgenden Kategorien untersuchen:

1. FIKTIONALE / FAKTUALE ERZÄHLUNG
Die Frage, ob es sich bei einer Erzählung um eine Fiktion handelt oder nicht, lässt sich zumeist durch die Suche nach Fiktionssignalen beantworten.
a) *Signale im Paratext*: Informationen in Titel und Untertitel (für literarische Werke außerdem im Vor- und Nachwort sowie im Klappentext, für den Film in Intro und Abspann) kennzeichnen eine Erzählung häufig als Werk, das innerhalb der kulturellen Praxis Fiktion produziert wurde und dementsprechend rezipiert werden soll. Insbesondere Gattungsangaben wie Roman, Novelle, Märchen, Spielfilm oder Adventure sind zumeist als (konventionalisierte) Fiktionssignale zu verstehen. So werden sowohl *Dornröschen* als auch *Damenherbst* (zu einer Analyse dieser Erzählungen vgl. Kap. 2.1.5 und 4.1.5) im Titel des Sammelbandes, in dem sie veröffentlicht wurden, durch die Bezeichnung ‚Märchen' als Fiktionen gekennzeichnet. Für den Film ist die Zuordnung von fiktiven Figuren und den Namen realer Schauspieler ein weiteres Fiktionssignal. Unklarheiten können sich allerdings dadurch ergeben, dass ein Autor / Produzent in manchen Fällen durch ein Spiel mit widersprüchlichen Informationen die Identifikation einer Fiktion erschwert.
b) *Signale auf Ebene der Handlung*: In der Regel eindeutige Merkmale für fiktive Erzählungen in allen Medien sind phantastische Elemente der Handlung. So kann *Dornröschen* – jedenfalls von erwachsenen Lesern der Gegenwart – ohne Schwierigkeiten als Fiktion erkannt werden, weil es in dieser Erzählung mit einem sprechenden Frosch, Magierinnen und einem magisch verursachten Schlaf sowie einer sich selbst bewegenden Dornenhecke Handlungselemente gibt, die nach weitgehend konsensfähigen Annahmen über Naturgesetze unmöglich sind. Allerdings können Schwierigkeiten bei der Einschätzung einer Handlung als phantastisch dadurch entstehen, dass unklar bleibt, ob sie tatsächlich allgemein anerkannten Gesetzmäßigkeiten der Wirklichkeit widerspricht. So ist die plötzliche Abwendung der einen alten Dame in *Da-*

menherbst psychologisch äußerst unwahrscheinlich; die dieser Einschätzung zugrunde liegenden Erfahrungen im Bereich des menschlichen Verhaltens können aber wohl noch nicht als konsensfähige Gesetze der Wirklichkeit gelten.

c) *Signale auf Ebene der Darstellung*: Entsprechend den Besonderheiten eines fiktiven Erzählers kann ein literarischer Erzähltext auch durch Merkmale auf Ebene der Darstellung als fiktional identifiziert werden – dadurch, dass der Erzähler sozusagen ‚übermenschliche' Fähigkeiten zeigt: Heterodiegetische Erzählungen (also Erzählungen, in denen der Erzähler nicht Teil der dargestellten Welt ist) lassen ihren fiktionalen Charakter häufig erkennen, indem ein Erzähler Gedanken und Gefühle einer oder mehrerer Figuren beziehungsweise ihre subjektive Außensicht in der 3. Person (relativ) direkt und ausführlich wiedergibt oder indem er zum Beispiel ‚durch Wände sehen' oder zeitlich weit auseinander liegende Geschehnisse in gleicher Genauigkeit darstellen kann. In homodiegetischen Erzählungen (also Erzählungen, in denen der Erzähler Teil der dargestellten Welt ist) sind vor allem eine das menschliche Erinnerungsvermögen übersteigende Detailfülle und außerdem eine Nichtübereinstimmung von Namen des Autors und Namen des Erzählers Signale für eine fiktionale Erzählung. Ein weiteres Fiktionssignal kann in hetero- und homodiegetischen Erzählungen dadurch entstehen, dass der Erzähler Überschneidungen von unterschiedlichen Handlungsebenen erzeugt oder in Kommentaren (vgl. Kap. 4.1.3) mehr oder weniger direkt auf die Fiktivität der von ihm erzählten Handlung verweist – wobei dieser Verweis häufig in einen Widerspruch zu Faktizitätsbeteuerungen tritt, der den Rezipienten auf eine komplexe Beziehung der Fiktion zur Lebenswirklichkeit aufmerksam machen soll. Die Fiktionalität von filmischen Erzählungen lässt sich vor allem dann erkennen, wenn die Anwesenheit einer Kamera bei einem dargestellten Geschehnis als unwahrscheinlich gelten muss, außerdem dann, wenn historische Figuren durch heutige (eventuell bekannte) Schauspieler wiedergegeben werden oder wenn die gezeigten Räume Hinweise auf ihr künstliches Arrangement enthalten. Auch bei einer Bestimmung der Fiktionssignale auf Darstellungsebene können für literarische und filmische Erzählungen Zweifelsfälle auftreten. Zu bedenken ist außerdem, dass es zunehmend mediale ‚Hybridproduktionen' gibt, die fiktionale und nichtfiktionale Elemente miteinander verbinden.

2. Phantastische / realistische Fiktion

Fiktionale Erzählungen können durch die Frage unterschieden werden, ob sie auf der Ebene der Handlung phantastisch oder realistisch sind: Realistische Fiktionen bringen nur solche Figuren, Orte und Zeitverhältnisse zur Darstellung, die in der Alltagswirklichkeit möglich wären, phantastische Fiktionen nutzen auch Elemente, die nach den Regeln der Logik oder der Wahrscheinlichkeit unmöglich sind.

3. Realitätselemente in der Fiktion

Fiktionen stehen zumindest insofern in einer engen Beziehung zur Lebenswirklichkeit, als der Rezipient Leerstellen einer Fiktion entsprechend seiner Kenntnis von dieser Wirklichkeit ausfüllt. Darüber hinaus enthalten Fiktionen häufig reale Objekte, die mit ihren Entsprechungen in der Lebenswirklichkeit identifiziert werden sollen. Es kann danach gefragt werden, ob eine Fiktion (auch) reale Orte, reale/historische Personen oder Geschehnisse darstellt.

3.1.5 Beispielanalyse: Das Doku-Drama *Todesspiel* von Heinrich Breloer

1997 wurde im deutschen Fernsehen das Doku-Drama *Todesspiel* von Heinrich Breloer gesendet. Mit diesem Film werden die terroristischen Aktionen des so genannten ‚Deutschen Herbstes' von 1977 nach zwanzig Jahren einer breiten Öffentlichkeit vor Augen geführt: Die Entführung des Arbeitgeberpräsidenten Hans-Martin Schleyer durch die RAF und die Entführung der Lufthansa-Maschine ‚Landshut' durch palästinensische Terroristen, die die Forderungen ihrer deutschen Gesinnungsgenossen nach Freilassung der in Deutschland inhaftierten Gründer der RAF unterstützen wollten. Das Doku-Drama mit seinen beiden Teilen *Volksgefängnis* und *Entführt die Landshut* haben durchschnittlich sechs Millionen Zuschauer gesehen; mittlerweile wird die Produktion auf DVD vertrieben und ist zu einem Klassiker des Genres in Deutschland geworden. Vergleichbar populär unter den Doku-Dramen ist wohl nur *Die Manns*, ebenfalls von Heinrich Breloer.

Todesspiel gehört als Doku-Drama einem innovativen Medien-Genre an, in dem Dokumentation und Fiktion gemeinsam eine erzählende Produktion bilden. Breloer bietet eine Kombination von drei unterschiedlichen Elementen: (1) (Zeitzeugen-) Interviews, (2) dokumentarischen (Archiv-) Aufnahmen und (3) (fiktionalen) Nach-Inszenierungen, so genannten Re-Enactments, von historischen Ereignissen. Die Collage dieser teils fiktionalen, teils nichtfiktionalen Elemente führt zu einer – wie es treffend heißt – Hybrid-Produktion, denn die Zusammenstellung lässt sich zusammenfassend weder als Dokumentation noch als Fiktion bezeichnen. Verbindungen von Fiktion und Nichtfiktion im Medium Film liegen im Trend; seit Jahren steigt die Zahl von Produktionen, in denen dokumentarische Elemente durch fiktionale ergänzt werden – sodass bereits von einer Tendenz zur ‚Fiktionalisierung des Dokumentarischen' gesprochen wird. Das Doku-Drama repräsentiert nur eine Form dieser Verbindung von Dokumentation und Fiktion, verfügt jedoch über die größte Wertschätzung. Heinrich Breloer, der den wohl entscheidenden Beitrag zur Etablierung des Doku-Dramas in Deutschland geleistet hat, betrachtet seine eigenen Doku-Dramen als Erneuerung der Erzählformen im Fernsehen, und zwar als eine Erneuerung, die sich an literarische Formen anlehnt: „Wir haben die Erzählformen des Fernsehens, die geschlossene Form, die ja im Unterschied zur Literatur manchmal altbacken sind, versucht aufzubrechen mit dieser offenen Form des Erzählens, in die so viele Genres hineinpassen und den Zuschauer immer wieder überraschen können."[7]

Die Kombination von Fakt und Fiktion in „Todesspiel" im Überblick

Todesspiel verlangt vom Rezipienten, den Hybridcharakter der Produktion zu erkennen und zwischen fiktionalen und nicht-fiktionalen Szenen zu unterscheiden. Paratextuelle Hinweise auf die Mischung von Fiktion und Nicht-Fiktion könnten den Rezipienten auf diese Aufgabe vorbereiten. Der Film *Todesspiel* ent-

[7] Feil/Breloer (2003), S. 127.

hält allerdings keine derartigen Hilfen: Es erfolgt als Ergänzung zum Titel und dem jeweiligen Untertitel der beiden Teile des Films nur die Angabe „Ein Film von Heinrich Breloer". Die DVD wird allerdings mit einem deutlichen Hinweis auf das Genre vertrieben: Auf dem Cover folgt im Anschluss an den Titel die Angabe „Doku-Drama" – eine mittlerweile gängige Genrebezeichnung.

Innerhalb des Films folgen abwechselnd Interviews, Archivaufnahmen und Nach-Inszenierungen unmittelbar aufeinander, ohne dass Hinweise auf den Wechsel von Fiktion zu Nicht-Fiktion und umgekehrt geboten würden. Die folgenden Screenshots demonstrieren das Prinzip dieser Collage. Zur Handlung der ausgewählten Sequenz: Die „Landshut" landet nach einem Irrflug durch verschiedene arabische und afrikanische Länder in Mogadischu in Somalia und wird dort nach längeren Verhandlungen zwischen den Entführern und der deutschen Regierung von einer deutschen Sondereinsatzgruppe gestürmt, ohne dass es unter der Besatzung und den Passagieren zu Toten kommt.

Die „Landshut" in Mogadischu – vom Tower aus gefilmt

Der Anführer der Kidnapper bereitet in der Maschine unter den Augen der Passagiere die Sprengung des Flugzeugs vor

Im Tower

Staatsminister Wischnewski bei der Ankunft in Mogadischu

Die Stewardess Gaby Dillmann im Cockpit des Flugzeugs bei ihrem Appell an die deutsche Regierung

Interview mit Gaby Dillmann

Zur Unterscheidung von fiktionalen und nicht-fiktionalen Szenen in *Todesspiel* müssen vor allem Fiktionssignale auf Ebene der Darstellung erkannt werden. Diese Signale erlauben es, die Nach-Inszenierungen als solche zu identifizieren; zugleich können die nicht-fiktionalen Szenen durch das Fehlen von jeglichen Fiktionssignalen von den fiktionalen Teilen des Films abgegrenzt werden. Im Falle der Interviews ist diese Aufgabe einfach zu lösen, gegenüber den Archivaufnahmen nur in einigen Fällen deutlich schwieriger.

Die Nach-Inszenierungen sind zumeist leicht als fiktional zu erkennen. Zwar kein sicheres Signal, aber ein auffälliges Indiz für ihre Fiktionalität ist die mangelnde Plausibilität von Kameraaufnahmen an bestimmten Orten zu bestimmten Zeitpunkten: Wenn die Anwesenheit einer ‚unbemerkten' Kamera bei den abgebildeten Geschehnissen als unwahrscheinlich gelten muss, kann der Rezipient annehmen, dass diese Geschehnisse von Schauspielern dargestellt worden und damit fiktional sind. Bei den entsprechenden Orten handelt es sich um geschlossene und für Kameraleute nicht zugängliche Räume, zum Beispiel um das Flugzeug mit den Geiseln, das Zimmer, in dem Wischnewski mit dem somalischen Präsidenten vertraulich verhandelt hat, und das Bundeskanzleramt mit dem tagenden Krisenstab.

Weniger einfach ist die Unterscheidung von fiktionalen und nicht-fiktionalen Szenen aber in den Fällen, in denen die Handlung an öffentlichen oder halböffentlichen Orten stattfindet. So kann es sich bei Bildern, die auf dem Flughafen von Mogadischu aufgenommen worden sind, durchaus um dokumentarische (Archiv-) Aufnahmen handeln, wie zum Beispiel bei den Bildern von der Ankunft Wischnewskis. Noch schwieriger verhält es sich mit der Unterscheidung von fiktionalen und nichtfiktionalen Szenen im Tower des Flughafens von Aden; hier sind die Nach-Inszenierungen den dokumentarischen Aufnahmen sehr ähnlich und eine Unterscheidung von fiktionalen und nicht-fiktionalen Szenen ist teilweise nur bei genauem Hinsehen möglich. Die gezielte Angleichung von Nach-Inszenierungen an dokumentarische Aufnahmen gehört zu den Genre-

Möglichkeiten des Doku-Dramas. Dabei ist sogar eine ‚Überspielung' des Unterschieds von dokumentarischen und fiktionalen Szenen möglich, indem die Nachinszenierungen durch Kameraführung und technische Nachbearbeitung den ‚Anstrich' von Dokumentaraufnahmen erhalten. In *Todesspiel* wird von dieser Möglichkeit teilweise Gebrauch gemacht.

Ein eindeutiges Signal, das auch bei großer Ähnlichkeit von fiktionalen und nichtfiktionalen Szenen eine Identifikation der Nach-Inszenierungen erlaubt, ist die Übernahme von Rollen durch Schauspieler. Dies Signal ist aber nur für Rezipienten leicht erkennbar, die über ein entsprechendes zeitgeschichtliches Hintergrundwissen verfügen; vor allem für jüngere Rezipienten, die mit den durch Schauspieler verkörperten Personen nicht vertraut sind, kann die Identifizierung der Nach-Inszenierungen deutlich schwieriger sein.

Funktionen der Kombination von Fakt und Fiktion

Die Funktionen der Kombination von Fiktion und Nicht-Fiktion im Doku-Drama sind Vollständigkeit, Mittelbarkeit und Deutungsvielfalt; zu diesen Funktionen im Einzelnen:

(1) *Vollständigkeit*: Das ‚Bauprinzip' des Doku-Dramas zielt auf eine möglichst lückenlose Rekonstruktion von Geschichte – unter Einschluss der Geschehnisse, von denen keine (filmischen) Zeugnisse vorliegen: „Wenn man solche Geschichten erzählen wollte, bei denen die Kamera nicht dabei sein konnte, musste man sie recherchieren und dazu drehen – mit den inszenierten Bildern", so Breloer.[8] Indem sich Breloer nicht auf die vorliegenden Dokumente beschränkt, möchte er alle wichtigen Elemente einer Handlung – auch die, die sich in ‚Hinterzimmern' abspielten – sichtbar machen: „Wir haben uns gesagt, diese abgelagerten Stückchen in den Archiven, die suchen wir zusammen, stellen die Szenen nach, die nicht gezeigt wurden, weil sie in den Hinterzimmern der Macht stattfinden, machen für die Zuschauer ein Ganzes daraus und geben ihnen ein Stück aufgelöster Geschichte zurück."[9] Die möglichst lückenlose Rekonstruktion von Geschehnissen erlaubt es auch, nicht nur eine oder wenige, sondern alle der betroffenen Personen gebührend zu berücksichtigen. Zu den Möglichkeiten des Genres Doku-Drama gehört allerdings durchaus das Zurücktreten der umfassenden Darstellung zugunsten einer Konzentration auf einzelne Personen. So ist in *Die Nervenprobe* zur Kuba-Krise 1962 ein spannender Zweikampf zwischen Kennedy und Cruschtschow inszeniert worden.

(2) *Mittelbarkeit*: Breloer bietet eine Kombination von Handlung und (nachträglicher) Reflexion. Er nutzt die retrospektive Analyse durch die Betroffenen mittels Interview statt sich auf das unmittelbare Erleben der Protagonisten zu konzentrieren. Auf diese Weise tritt die Unmittelbarkeit des Erlebens hinter die Mittelbarkeit der Betrachtung zurück. Diese Mittelbarkeit ist aber nicht gleichbedeutend mit Objektivität; so kann in den Interviews auch das Innenleben der Perso-

[8] Ebd., S. 117.
[9] Ebd., S. 116.

nen während der dargestellten äußeren Handlung ‚nachgeliefert' werden. Personen erleben und reflektieren Zeitgeschichte, so lautet das entsprechende Konstruktionsprinzip des Doku-Dramas durch die Berücksichtigung der retrospektiven Analysen. Zu den Genre-Möglichkeiten gehört allerdings auch eine Konzentration auf die Darstellung privaten Lebens beziehungsweise Erlebens ohne nennenswerte nachträgliche Reflexion.

(3) *Deutungsvielfalt*: Das Doku-Drama von Breloer zeichnet sich durch eine Vielfalt von Sichtweisen auf ein historisches Geschehen aus: Breloer lässt dabei vor allem durch Interviews unterschiedliche, gegebenenfalls konkurrierende Deutungen durch verschiedene Personen zu – mit dem Ziel einer multiperspektivischen Geschichtsdarstellung und -deutung. Auf eine explizite Erläuterung des Geschehens durch einen Erzähler beziehungsweise durch einen Moderator zwischen den Filmsequenzen wird verzichtet; den Personen (beziehungsweise Figuren) wird auf diese Weise ein Vorrecht zur Deutung ihres Erlebens eingeräumt.

Der Verzicht auf eine übergeordnete Kommentierung bedeutet allerdings nicht, dass der Autor des Doku-Dramas keinen Einfluss auf die Deutung des Dargestellten hätte; die Werke enthalten natürlich implizite Deutungen durch ihre jeweilige Konzeption, die vor allem durch die Auswahl und Kombination von Szenen bestimmt ist. Zu den Möglichkeiten des Genres gehört aber auch eine Konzentration auf einzelne Sichtweisen anstelle von Multiperspektivität: Zumal mittels Unterstützung durch Spielszenen ist eine markante Perspektivierung der Darstellung möglich. So spielt in dem Doku-Drama *Deutschlandspiel* über die Zeit der Wende 1989 die Fernseh-Redaktion der Jugendsendung „Elf 99" eine wichtige Rolle; diese Konzentration lässt sich durch die Bedeutung auch des DDR-Fernsehens für diese Zeit rechtfertigen und führt zugleich zu einer Darstellung der Journalisten und einer Wiedergabe der Geschehnisse aus ihrer Perspektive.

Über die drei genannten Funktionen für die Geschichtsdarstellung hinaus hat das Doku-Drama auch das Potenzial für eine besondere emotionale Wirkung auf den Zuschauer: Das Genre bringt dem Rezipienten zum einen durch seine fiktionalen Szenen ähnlich wie ein Spielfilm Figuren und Handlung in detaillierter Weise nahe. Und es setzt zum anderen durch seine nicht-fiktionalen Elemente das gegenüber einer Fiktion geforderte ‚Make-believe-Spiel' mit seiner Verpflichtung zur Distanznahme außer Kraft.

3.2 Didaktische Perspektiven

3.2.1 Hinführung: Funktionen fiktionaler Erzählungen

Welche Funktionen eine fiktionale Erzählung hat, lässt sich allein aus ihrem fiktionalen Charakter nicht ableiten. Aus ihrer Struktur beziehungsweise der Sprachhandlungspraxis Fiktion ergibt sich wie oben dargestellt lediglich, dass ein kompetenter Rezipient fähig sein soll, seine Teilnahme am ‚Fiktionsspiel' und damit auch die Fiktion selbst – jedenfalls zeitweise – in distanzierter Weise zu betrachten. Weitere Funktionen sind durch die Fiktion an und für sich nicht festgelegt, sondern hängen von den Besonderheiten der jeweiligen Gattung und des Einzelwerkes in Verbindung mit den Einstellungen des Rezipienten ab – also zum Beispiel davon, ob er sich von einer Komplikation oder einer Figur angesprochen fühlt. Fiktionale Erzählungen haben gegenüber nichtfiktionalen aber doch besonders ausgeprägte Möglichkeiten, neue oder differenziertere Sichtweisen der Beziehung von Subjekt und Außenwelt zu entwerfen und ihren Rezipienten nahe zu bringen.

Zum ersten deshalb, weil Fiktionen auf Ebene der Handlung von der Alltagswirklichkeit oder sogar von dem nach Logik beziehungsweise Wahrscheinlichkeit Möglichen abweichen und deshalb – im Falle der realistischen Fiktionen – einen größeren oder – im Falle der phantastischen – einen sehr viel größeren Spielraum haben, Varianten dieser Beziehung darzustellen, als nichtfiktionale Erzählungen. Auf dieser Grundlage können Fiktionen schon bestehende Möglichkeiten nachbilden, wie Menschen in der Welt leben, wie sie von ihr beeinflusst werden und wiederum auf die Welt zurückwirken, diese Beziehungen aber radikaler gestalten und damit deutlicher werden lassen, als sie in der Alltagswirklichkeit erscheinen. Fiktionale Erzählungen können aber auch Möglichkeiten einer Beziehung von Subjekt und Außenwelt probeweise und sozusagen risikolos durchspielen, die so tatsächlich (noch) gar nicht existieren. Entsprechend der Funktionsbestimmung, die Theodor W. Adorno für die (moderne) Kunst vorgenommen hat, sind diese beiden Funktionen oft in ein und demselben Werk vereint, und zwar so, dass sowohl die Auswirkungen einer feindlichen, entfremdeten Wirklichkeit auf das Subjekt als auch utopische Wünsche nach einem besseren Leben erkennbar werden.[1]

Zum zweiten können fiktionale Erzählungen die von ihnen entworfene Beziehung von Subjekt und Außenwelt dem Rezipienten durch eine Nutzung fiktionsspezifischer Darstellungsverfahren emotional besonders nahe bringen: Die detaillierte Beschreibung von Figuren und Schauplätzen und vor allem die ausführliche Darstellung von Innen- beziehungsweise von subjektiver Sicht kann zwar auch die gegenteilige Wirkung erzielen; so sind offenbar vor allem Jungen in

[1] Adorno (1972).

der Pubertät ‚psychologisierenden' Erzählungen abgeneigt.[2] In vielen Fällen haben die genannten Verfahren aber doch die Funktion, ein hohes Maß an Empathie zu wecken und damit die dargestellte Sicht von Wirklichkeit für den Rezipienten bedeutsam werden zu lassen.

Und schließlich legen fiktionale Erzählungen häufig eine ‚exemplifizierende' Rezeption nahe: Eine Rezeption, die die Erzählung nicht als Wiedergabe konkreter Erfahrungen einzelner Figuren auffasst, sondern als Verweis auf etwas Allgemeines, auf eine bestimmte Deutung der Wirklichkeit. Zwar können prinzipiell auch faktuale Erzählungen exemplifizierend aufgefasst werden; doch stellen sich einer solchen Rezeption – zum Beispiel dem Versuch, in der Biografie eines politisch verfolgten Menschen Muster der Beziehung von Einzelnem und Gesellschaft zu erkennen – oft ethische Hindernisse in den Weg: „Bei exemplarischer Betrachtung des realen Einzelschicksals kann dieses als seiner existenziellen Bedeutung beraubt und somit in unstatthafter Weise instrumentalisiert und funktionalisiert empfunden werden."[3] Die Deutungen der Beziehung von Subjekt und Außenwelt, die von einer fiktionalen Erzählung vermittelt werden, sind nicht in allen Fällen, aber doch häufig zumindest in mehr oder weniger hohem Maße neu. Insbesondere wenn der Rezipient neben einer gewissen Distanz, die für eine exemplifizierende Rezeption notwendig ist, auch eine emotionale Anteilnahme an der Erzählung entwickelt hat, kann er sich diese Sichtweisen aneignen und für einen neuen Blick auf die Lebenswirklichkeit nutzen. Er kann also zum Beispiel ein differenzierteres Bild von seinem eigenen Verhalten, dem Verhalten anderer und den Funktionsweisen der Gesellschaft gewinnen oder Handlungsmöglichkeiten entdecken und vielleicht auch erproben, die ihm bislang unbekannt waren.

3.2.2 Fiktionale Erzählungen als Unterrichtsgegenstand

Fiktionale Erzählungen nehmen im Literatur- und Medienunterricht zurecht einen hohen Stellenwert ein – in Übereinstimmung mit ihren oben dargelegten besonders ausgeprägten Möglichkeiten, neue oder differenziertere Sichtweisen der Beziehung von Subjekt und Außenwelt zu entwerfen und dem Rezipienten nahe zu bringen. Die Besonderheiten von Fiktionen werden von der didaktischen Diskussion jedoch erst in jüngster Zeit intensiver berücksichtigt, sodass über die Ziele einer Arbeit mit fiktionalen Erzählungen im Unterricht noch kein Konsens besteht.

Häufig werden die Empathie gegenüber fiktionalen Figuren und ein durch diese Empathie ermöglichtes vertieftes Selbst- und Fremdverstehen als erstrebenswerte Ziele einer Auseinandersetzung mit fiktionalen Werken betrachtet. Nun ist es sicherlich zutreffend, dass die Lernziele des Selbst- und Fremdverstehens (wie auch die der Förderung von Imagination und Kreativität und der Aus-

[2] Vgl. Graf (2002) und Eggert/Garbe (2003).
[3] Zipfel (2001), S. 276.

einandersetzung mit anthropologischen Grundfragen) auch und insbesondere für die Arbeit mit fiktionalen Erzählungen gelten und dass diese Ziele kaum ohne eine emotionale Anteilnahme an Handlung und Figuren erreicht werden können.

Um die genannten Lernziele und darüber hinaus das umfassende Lernziel zu erreichen, Kompetenz zu einer Aneignung und Nutzung von neuen Sichtweisen der Beziehung von Subjekt und Außenwelt zu entwickeln, müssen Schüler im Umgang mit fiktionalen Erzählungen entsprechend den notwendigen und möglichen Funktionen dieser Werke jedoch über bestimmte Kompetenzen der Texterschließung verfügen. Die allgemeine Kompetenz zur Analyse und Interpretation erzählender Texte muss dazu um die folgenden beiden – aufeinander aufbauenden – Kompetenzen ergänzt werden:

- die Kompetenz zur Unterscheidung von Fiktion und Lebenswirklichkeit (Realitäts-Fiktions-Unterscheidungskompetenz) und
- die Kompetenz zum Bezug der beiden Bereiche aufeinander (Realitäts-Fiktions-Bezugskompetenz).[4]

Nur wenn der Rezipient über Realitäts-Fiktions-Unterscheidungskompetenz verfügt, kann er sich – zeitweise – von der Fiktion distanzieren. Und nur wenn er – auf Grundlage dieser deutlichen Unterscheidung – Realität und Fiktion aufeinander beziehen kann, kann der fiktionale Text für seine Lebenswirklichkeit bedeutsam werden: Der Rezipient soll dazu die Wirklichkeitssicht der fiktionalen Erzählung mit seinen Schemata der Wahrnehmung abgleichen und eventuell in sie integrieren; er muss dabei die fiktionale Wirklichkeitssicht durchaus nicht (vollständig) übernehmen, sondern kann sie auch verwerfen oder aber lediglich Teile von ihr nutzen, um seine Schemata zu erweitern oder zu differenzieren. Die eventuell veränderten Schemata sollen dann zu einem neuen oder differenzierteren Blick auf die Lebenswirklichkeit genutzt werden.

Diese Kompetenzen sind weder in allen Kulturen noch bei Menschen aller Altersstufen gleichermaßen ausgebildet; gemeinsamer Bezugspunkt der Forschungen zur Fiktionskompetenz ist die Annahme, dass Kinder und Jugendliche sich diese Fähigkeiten nur nach und nach aneignen können. So stellt Jean Piaget dar, dass die zweite Stufe der kognitiven Entwicklung (im Alter von 2/3 bis 7/8 Jahren) durch das gleichzeitige Erscheinen von zwei Welten bestimmt ist, der ‚Welt des Spiels' (für Piaget hier gleichbedeutend mit ‚Fiktion') und der ‚Welt der Beobachtungen'. Die beiden Welten werden in diesem Stadium nicht gegeneinander abgegrenzt, vermischen sich allerdings auch nicht. Vielmehr verhält es sich so, dass das Kind, wenn es sich in der einen Wirklichkeit befindet, die andere vergisst. Erst auf der dritten Stufe der kognitiven Entwicklung (im Alter von 7/8 bis 11/12 Jahren) werden die Realitätsebenen dann hierarchisiert.[5] Die entwicklungspsychologische Auffassung, dass sich die Fähigkeit zur Unterscheidung von Fiktion und Wirklichkeit im Alter zwischen sieben und zwölf Jahren ausbildet,

[4] Vgl. auch Appel/Schreier (2002).
[5] Piaget (1967).

wird von einer Reihe empirischer Arbeiten bestätigt, aber auch differenziert. So hat Helga Andresen ausgeführt, dass schon vierjährige Kinder in fiktionalen Rollenspielen den Wechsel von der Ebene der Realität zur Fiktion durch Metakommunikation kennzeichnen und auf diese Weise beide Bereiche deutlich voneinander abgrenzen.[6]

Insgesamt lässt die empirische Forschung zur Fiktionskompetenz noch deutliche Lücken offen. Zumindest die folgenden Annahmen können aber als wahrscheinlich gelten: Sowohl die Fähigkeit zur Unterscheidung von Fiktion und Lebenswirklichkeit als auch die zum Bezug der beiden Bereiche aufeinander werden in einem längeren Prozess erworben, der zumindest nicht ausschließlich von der kognitiven Entwicklung, sondern auch von erlernten Textdeutungsmustern abhängt und dementsprechend nicht von allen Individuen vollständig durchlaufen wird. Dabei wird die Kompetenz zur Unterscheidung von Realität und phantastischen fiktionalen Werken wohl im Laufe der Vor- und Grundschulzeit entwickelt, während die Kompetenz zur Bestimmung realistischer Fiktionen sowie die zum Bezug von Fiktionen auf die Lebenswirklichkeit erst später folgen; noch in der zehnten Klasse kann eine voll entwickelte Realitäts-Fiktions-Bezugskompetenz nicht unbedingt erwartet werden. Eine Förderung von Fiktionskompetenz im Deutschunterricht erscheint damit als notwendige und lohnende Aufgabe.

Auch die Frage, welche Texte sich für eine Förderung von Fiktionskompetenz besonders eignen, ist noch kaum reflektiert worden. Für eine Förderung der Realitäts-Fiktions-Unterscheidungskompetenz kommen für Schüler der Grundschule wohl zumeist nur phantastische Fiktionen in Frage, für Schüler zu Beginn der Sekundarstufe I dann realistische Fiktionen und für höhere Alters- und Schulstufen auch Grenzfälle von fiktionalen und faktualen Erzählungen sowie Hybridproduktionen, die fiktionale und nichtfiktionale Anteile aufweisen. Für eine Förderung der Realitäts-Fiktions-Bezugskompetenz ist zunächst eine Reflexion darüber notwendig, welche fiktionalen Werke beziehungsweise Gattungen für die Schüler entsprechend ihren Lebensfragen von besonderem Interesse sind und sich für einen Bezug auf die Lebenswirklichkeit im Unterricht besonders anbieten. Sicherlich sollen auch solche Fiktionen im Deutschunterricht ihren Platz haben, die eine einfache Übertragung bestimmter Lehren auf die Lebenswirklichkeit ermöglichen – wie zum Beispiel die Fabel – oder die sich im Gegenteil kaum zu einem Wirklichkeitsbezug im Medium der Sprache eignen, weil sie in hohem Maße auf das Unbewusste wirken – wie zum Beispiel das Märchen. Besonders lohnend für den Fiktions-Realitätsbezug im Deutschunterricht erscheinen jedoch solche Werke, die zu Bezugnahmen auf die Lebenswirklichkeit nicht auf den ersten Blick und nicht in eindeutiger Weise auffordern, aber den Schülern nahe legen, Möglichkeiten zu solchen Bezugnahmen zu entdecken, selbstständig zu erproben sowie zu modifizieren und damit ihre Wahrnehmungs- und Denkweisen zu differenzieren – wie zum Beispiel psychologische Kinder- und Jugendromane sowie Adoleszenzromane. Dabei bieten sich insbesondere solche Fiktio-

[6] Vgl. Andresen (2002).

nen an, die sowohl die subjektive Wahrnehmung einer für das Individuum problematischen Wirklichkeit als auch Ansätze zu ihrer ‚utopischen' Überschreitung darstellen – auch wenn die von Adorno beschriebene enge Verflechtung von Realität und Utopie in der gegenwärtigen Literatur Veränderungen unterliegt.

3.2.3 Grundlegendes zur Erzähltextanalyse: Die Fiktions-Realitäts-Unterscheidungskompetenz

Die Notwendigkeit einer Förderung von Fiktionskompetenz im Literatur- und Medienunterricht erfährt zurzeit zunehmende Beachtung. Die aktuellen didaktischen Überlegungen zur Fiktionskompetenz sind allerdings insofern einseitig, als sie vor allem die Fiktions-Realitäts-Unterscheidung in den Blick nehmen.[7] Auch die ‚Bildungsstandards' greifen diesen Schwerpunkt – allerdings nur auf Medienproduktionen bezogen sowie offenbar unter Verwechslung der Begriffe Fiktion und Virtualität – auf: Die Schüler sollen „zwischen eigentlicher Wirklichkeit und virtuellen Welten in Medien unterscheiden: z.B. Fernsehserien, Computerspiele".[8] Grundlage dieser einseitigen Ausrichtung ist die Annahme, dass vor allem Kinder und Jugendliche der Gefahr einer Vermischung von Realität und Fiktion und insbesondere einer unkritischen Übernahme von fiktionalen Wirklichkeitsentwürfen ausgesetzt seien, weil sie zunehmend fiktionale und virtuelle Welten sowie zwischen Fakt und Fiktion situierte mediale Hybridproduktionen rezipierten. Als Folge einer solchen Beeinflussung befürchten Pädagogen wohl vor allem eine Zunahme von Gewalttätigkeit. Während sich die Behauptung, mediale Fiktionen würden Aggressionen und Aggressivität fördern, mittlerweile nur in sehr eingeschränkter Weise bestätigen lässt, hat Markus Appel jüngst immerhin gezeigt, dass die Rezeption „realwelt-inkongruenter Informationen" in Fiktionen zu kurz- und mittelfristigen Überzeugungsänderungen führt und dass die Rezeption von Spielfilmen und Serien im Fernsehen die Überzeugung der Rezipienten fördert, in einer gerechten Welt zu leben.[9] Insbesondere weil Appel darüber hinaus auch die Annahme bestätigen konnte, dass die Kompetenz zur ‚situationsadäquaten Trennung von realer und medialer Welt' einer Übernahme von realwelt-inkongruenten Informationen in die Überzeugungen des Rezipienten entgegenwirkt,[10] erscheint es tatsächlich sinnvoll, Schüler in ihrer Fähigkeit zur Realitäts-Fiktions-Unterscheidung zu fördern, um einer möglicherweise nahe liegenden distanzlosen Übernahme fiktionaler Weltbilder entgegenzuwirken. Ein weiteres zentrales Argument für diese Förderung sollte jedoch nicht vergessen werden: Die Kompetenz zur Realitäts-Fiktions-Unterscheidung hat vor allem

[7] Vgl. z. B. Nickel-Bacon (2003).
[8] Vgl. Bildungsstandards im Fach Deutsch für den Mittleren Schulabschluss, S. 17.
[9] Vgl. Appel (2005).
[10] Vgl. ebd., S. 339.

deshalb hohe Bedeutung für die Schüler, weil diese Fähigkeit Grundlage der Kompetenz zum Bezug von Fiktionen auf die Lebenswirklichkeit ist.

Damit Schüler ihr prozedurales Wissen der Realitäts-Fiktions-Unterscheidung ausbauen können, müssen sie deklaratives Wissen über Strukturen von Fiktionen sowie über Konventionen, die der Produktion und Rezeption von Fiktionen zugrunde liegen (vgl. Kap. 3.1.4), erwerben; dabei sollen sie sich auch deutlich machen, dass die Fiktivität der Handlung für Erzählungen aller Medien prägend sein kann. Und die Schüler müssen dieses deklarative Wissen im Unterricht anwenden. Besonders wichtig ist dabei die Identifikation von Signalen, die eine Rezeption von fiktionalen Werken entsprechend der Produzentenintention ermöglichen – für Grundschüler kommen dabei vor allem phantastische Handlungselemente in Frage, für Schüler zu Anfang der Sekundarstufe (Gattungs)angaben im Paratext, die es erlauben, auch realistische Erzählungen als Fiktionen zu bestimmen. Mit zunehmendem Alter können den Schülern dann weitere Fiktionssignale – wie eine differenzierte Innensicht in literarischen Erzählungen der Er-Form, die Nicht-Identität von Namen des Autors und des Protagonisten und extrem ausführliche Beschreibungen in literarischen Erzählungen der Ich-Form oder die Unwahrscheinlichkeit einer bei den gezeigten Geschehnissen anwesenden Kamera im erzählenden Film – nahe gebracht werden; dazu könnte schließlich eine Analyse des Spiels mit Fiktions- und Realitätssignalen treten, das für einige literarische und filmische Erzählungen grundlegend ist. Die Frage, ob eine Erzählung fiktional oder nichtfiktional ist, kann durch die Fragen ergänzt werden, ob sie im Falle der Fiktion Realitätselemente enthält und eine phantastische oder realistische Fiktion ist (vgl. Kap. 3.1.4).

Die Realitäts-Fiktions-Unterscheidung lässt sich im Rahmen der ‚normalen' Arbeit mit Erzähltexten durchführen. Die für diese Unterscheidung maßgeblichen Fragen können aber auch in einen ‚Fragenkatalog' integriert werden, der Schülern eine selbsttätige, strategieorientierte Analyse von Erzählungen erlaubt (vgl. Kap. 4.2.5).

3.2.4 Grundlegendes zur Erzähltextanalyse: Die Realitäts-Fiktions-Bezugskompetenz

Die Realitäts-Fiktions-Unterscheidungskompetenz soll nicht Selbstzweck bleiben, sondern die Grundlage einer Förderung von Realitäts-Fiktions-Bezugskompetenz bilden. Während die Kompetenz zur Unterscheidung von Realität und Fiktion auch als Lernziel anderer Fächer gelten könnte, ist eine Förderung der Bezugskompetenz eindeutig vom Deutschunterricht zu leisten. Der Fiktions-Realitäts-Bezug entspricht zentralen Anliegen des Literaturunterrichts, weil dieser Bezug Schüler dazu auffordern kann, eine Veränderung ihrer Muster von Wahrnehmung und Denken vorzunehmen: Diese Auffassung stimmt mit vorliegenden, von der gegenwärtigen Diskussion um Fiktionskompetenz aber vernachlässigten didaktischen Phasenmodellen des literarischen Verstehens überein, wie sie schon von Jürgen Kreft entwickelt worden sind.[11] Nach diesen Modellen bestehen die letzten Phasen des Verstehens literarischer Texte in einer ‚Aneignung' beziehungsweise ‚Applikation': Auf Grundlage der Textarbeit neu ausgebildete Strukturen der Wahrnehmung sollen in die bisherigen integriert werden und so zu veränderten Sichtweisen der Lebenswirklichkeit einschließlich einer veränderten Selbstinterpretation und Auffassung der Gesellschaft führen (vgl. Kap. 1.2.4).

Sicherlich kann zu einem solchen Bezug im Anschluss an die Analyse und Interpretation einer Erzählung durch die Frage aufgefordert werden, ob und inwiefern die Schüler mit dem vom Text vermittelten Menschen- und Weltbild einverstanden sind. Sehr viel ergiebiger gerät der Bezug von Weltsicht des Textes und Weltsicht der Schüler aber sicherlich, wenn diesem Bezug ein differenzierterer Vergleich der fiktionalen Welt mit der Lebenswirklichkeit vorausgeht und die Aneignung und Anwendung neuer Sichtweisen der Lebenswirklichkeit selbst – wie auch Kreft vorschlägt – je nach den Bedürfnissen der Schüler im Unterrichtsgespräch oder aber in der eigenen Produktion von (fiktionalen) Texten gefördert wird. Der Bezug von Fiktion und Lebenswirklichkeit ist deshalb innerhalb einer selbstständigen strategieorientierten Textanalyse mit Hilfe eines ‚Fragenkataloges' kaum zu leisten.

Impulse, die auf einen Vergleich von fiktionaler und realer Welt abzielen und so die Grundlage für den Realitäts-Fiktions-Bezug bilden können, sind im Unterricht durchaus schon üblich. In Abgrenzung zu einem verbreiteten Verfahren soll jedoch zumindest im Umgang mit komplexeren Texten nicht explizit nach den Übereinstimmungen von Fiktion und Lebenswirklichkeit gefragt werden. Fragen dieser Art tendieren nicht nur zur Suggestivität, sie verleiten auch dazu, die durch ein fiktionales Werk zum Ausdruck gebrachte Wirklichkeitssicht diskursiv zu verflachen. Statt dessen soll den Schülern die Möglichkeit eröffnet werden, Unterschieden und Gemeinsamkeiten von fiktionaler und realer Welt selbstständig nachzuspüren, indem sie die fiktional dargestellte Wirklichkeitssicht probeweise auf ihre Lebenswirklichkeit übertragen und anschließend erwägen, inwiefern ihnen diese Übertragung angemessen erscheint. Möglich wird ein solcher Prozess durch produktionsorientierte Aufgaben, mit denen die Grenzen von Fiktion und Lebenswirklichkeit überschritten werden: Zum Beispiel indem die Schüler in einen Dialog mit den Protagonisten eines fiktionalen Werkes eintreten, die Protagonisten aus deren Sicht die Lebenswirklichkeit realer Jugendlicher darstellen lassen und ihnen auf diese Darstellung antworten.

[11] Vgl. schon Kreft (1977), Ingendahl (1991) und Waldmann (1999).

3.2.5 Erörterung exemplarischer Aufgabenstellungen

Aufgabensets zu fiktionalen Erzählungen zumal in neueren Lehrwerken enthalten häufig Aufgaben, die zu einem Bezug der Fiktion auf die Lebenswirklichkeit der Schüler auffordern – jedenfalls dann, wenn es sich um Erzählungen handelt, die nach Auffassung der Schulbuchautoren aktuelle Probleme von Kindern und Jugendlichen aufgreifen. Die folgenden Beispiele stammen sämtlich aus der zurzeit erfolgreichsten Lehrwerksreihe für den Deutschunterricht an Haupt- und Realschulen, aus „wortstark. Themen und Werkstätten für den Deutschunterricht", und decken die Lehrwerke von der 5. bis zur 10. Klasse ab. Die Aufgabensets finden sich jeweils in ‚identitätsorientierten' Themenkapiteln der Werke.

(a) „wortstark 5": So bin ich von Brigitte Schär (S. 30)

Erzählung mit vorwiegend beschreibenden und reflektierenden Handlungselementen, in der ein Mädchen in Ich-Form sein tägliches Leben darstellt. Das Besondere an dieser Erzählung ist, dass die Erzählerin sich als unzuverlässig erweist, indem sie nacheinander mehrere widersprüchliche Beschreibungen ihrer familiären Situation – mit einer je eigenen Komplikation – darbietet und dabei jeweils explizit einräumt oder zumindest indirekt zu verstehen gibt, die vorigen seien frei phantasierte oder doch stark übertriebene ‚Geschichten'. Insbesondere durch die Schlusssätze „Manchmal weiß ich selber nicht mehr, was wahr ist und was nicht. Ob ich nun glücklich oder unglücklich, beliebt oder sehr einsam bin" deutet sich an, dass die eigentliche Komplikation der Erzählerin in einem Mangel an Identität besteht, den sie durch unterschiedliche ‚Entwürfe' ihrer Beziehung zur Außenwelt zu beheben versucht. – Die Aufgabenreihe zu dieser Erzählung:

1. Was meinst du zu dem Text? Findest du ihn witzig, traurig, übertrieben, ehrlich …?
   Suche eine Stelle heraus, an der du das erkennen kannst.
2. In Zeile 15 erzählt das Mädchen: „Wenn ich meine Fantasie nicht hätte, wäre ich ganz schön arm dran."
   Findest du im Text heraus, was Fantasie und Wirklichkeit ist?
3. Warum mag das Mädchen so über sich reden?
4. Am Schluss steht: „Manchmal weiß ich selber nicht mehr, was wahr ist und was nicht."
   Fühlst du dich auch manchmal so? Erzähle davon.

Die Aufgaben 1 bis 3 erscheinen – mit einer Einschränkung – als recht geeignet, Schülern ein Verstehen der ungewöhnlichen Erzählung zu erleichtern: Aufgabe 1 regt zu Deutungshypothesen an; Aufgabe 2 leitet mittels Textanalyse zu der Erkenntnis, dass die Erzählerin (fiktionale) Wirklichkeit und Phantasie in unauflöslicher Weise miteinander vermischt; und Aufgabe 3 legt es nahe, diese Vermischung auf einen (inneren) Konflikt der Erzählerin zurückzuführen. Allerdings fehlen in dieser Reihe Aufgaben, die den Schülern die Feststellung der Komplikationen in den unterschiedlichen Lebens'geschichten' ermöglichen würden. Dass für fünfte Klassen darauf verzichtet wird, zu klären, dass die ‚Wirklichkeit' der

Erzählung eine fiktionale ist, erscheint dagegen nachvollziehbar. Aufgabe 4, mit der ein Bezug von Fiktion und Lebenswirklichkeit der Schüler gefördert werden soll, ist insofern sinnvoll, als die Aufgabe auf einen Vergleich von fiktionaler Wirklichkeitssicht und Wirklichkeitssicht der Schüler zielt. Dieser Vergleich ist aber in hohem Maße problematisch: Zum ersten wird durch die Formulierung „Fühlst du dich auch manchmal so" in suggestiver Weise nach einer direkten Entsprechung der fiktionalen Wirklichkeitssicht in der Lebenswirklichkeit der Schüler gefragt, ohne dass die Möglichkeit einer teilweisen oder abgemilderten Übereinstimmung berücksichtigt würde. Und zum zweiten verleitet die Aufgabe die Schüler dazu, die fiktionale Wirklichkeitssicht zu verflachen und damit hinter die eventuell schon geleistete Interpretation der Erzählung zurückzufallen: Indem die Frage lediglich auf den Satz „Manchmal weiß ich selber nicht mehr, was wahr ist und was nicht" bezogen wird, wird sie sehr umfassend und verfehlt die vom Text implizit dargestellte Identitätsproblematik.

(b) „wortstark 6": Ist ja auch nichts für ein Mädchen von Gina Ruck-Pauquèt (S. 43)

Erzählung über einen Konflikt zwischen den Kindern/Jugendlichen Jürgen und Anke: Anke besiegt Jürgen mehrmals im sportlichen Wettkampf (zum Schluss sogar beim Ringen); Jürgen wird darüber wütend – offenbar, weil er seine männliche Ehre in Frage gestellt sieht – und kränkt Anke, indem er ihre körperlichen Fähigkeiten als unvereinbar mit der Rolle einer für Männer attraktiven Frau darstellt. Mit dieser Anwendung eines Geschlechterstereotyps auf seine Freundin hat er sein eigenes Rollenbild wiederhergestellt, schafft aber eine neue Komplikation: Anke, nun ihrerseits traurig und wütend, läuft davon – obgleich Jürgen sie mag und lieber in ihrer Gesellschaft bleiben würde; sein Versuch, die neue Komplikation aufzulösen, indem er ihr seine Zuneigung mitteilt, scheitert daran, dass sie ihn nicht mehr hört.
Die Aufgabenreihe zu dieser Erzählung:

1. Anke schafft Dinge, die ihr Jürgen nicht zutraut. Findet sie heraus. Warum ärgert sich Jürgen über Anke?
2. Am Ende ist Anke wütend und geht weg. Kennt ihr auch solche Situationen? Erzählt davon.
3. Anke und Jürgen treffen sich am nächsten Tag. Was können sie einander sagen?
4. Wenn sich die beiden nicht treffen können, schreibt Jürgen einen Brief an Anke, um ihr sein Verhalten zu erklären, und Anke schreibt einen Brief an Jürgen, um ihm zu sagen, warum sie wütend weggegangen ist. Schreibt einen der beiden Briefe.

Aufgabe 1 dient einer – unvollständigen – Textanalyse: Mit Hilfe dieser Aufgabe können Jürgens erste Komplikation und die Faktoren für diese Komplikation geklärt werden. Allerdings fehlen Anregungen zum Erkennen ihrer Auflösung und der durch die Auflösung verursachten zweiten Komplikation. Falls durch die produktionsorientierten Aufgaben 3 und 4 Alternativen zur negativen Auflösung der zweiten Komplikation erwogen werden, wären diese Aufgaben prinzipiell sinnvoll; allerdings zielt insbesondere Aufgabe 4 durch ihre Formulierung eher auf eine Wiederholung der Ergebnisse von Aufgabe 1. Aufgabe 2, mit der die

Realitäts-Fiktions-Bezugskompetenz durch einen Vergleich gefördert werden soll, ist ähnlich wie Aufgabe 4 in der oben vorgestellten Aufgabenreihe problematisch. Es wird wiederum in suggestiver Weise nach einer direkten Entsprechung von Erfahrungen einer fiktionalen Figur mit Erfahrungen der Schüler in der Lebenswirklichkeit gefragt. Und vor allem geht auch diese Frage an der von der Erzählung nahe gelegten Wirklichkeitssicht vorbei, in diesem Fall, weil ein Nebenaspekt der Handlung aufgegriffen wird: Die Fiktion stellt nicht in erster Linie Wut und ihre Folgen dar, sondern vor allem die negativen Auswirkungen, die eine Anwendung von Rollenbildern auf die Beziehung zwischen den Geschlechtern hat. Anders als in der oben vorgestellten Aufgabenreihe ist die Wirklichkeitssicht der Erzählung durch die vorhergehenden Aufgaben auch noch gar nicht erschlossen worden. Eventuell soll Aufgabe 2 ein entsprechendes Textverstehen indirekt befördern, doch ist zweifelhaft, ob Schüler einen solchen Umweg tatsächlich nutzen können.

(c) „wortstark 7": „Ich sehe mich" von Karin Bolte (S. 26)

Weitgehend dialogische Erzählung, in der ein Gespräch zwischen einer Mutter und ihrer Tochter Monika dargestellt wird. Das Gespräch beruht auf einer Frage der Tochter, die wissen will, wer sie „nun eigentlich wirklich" sei. Die Mutter macht ihr deutlich, dass andere ganz unterschiedliche und höchstens teilweise zutreffende Ansichten über sie haben und dass auch das Selbstbild von Menschen fragwürdig ist, weil sie dazu neigen, ihre Schwächen zu verleugnen – was von der Tochter sogleich durch das ‚Beichten' eines aggressiven Wunsches bestätigt wird. Obwohl die Komplikation der Tochter keine positive Auflösung erfährt – ihr Wunsch nach einer eindeutigen Selbstdefinition wird nicht erfüllt – ist sie nicht enttäuscht, denn sie kann den Mangel an Eindeutigkeit schließlich als Vorteil verstehen, als ‚Vielseitigkeit' ihrer Person. – Das Aufgabenset:

1. Monika möchte wissen, wer sie eigentlich ist. Die Mutter gibt ihr eine Erklärung, die nicht so leicht zu verstehen ist. Sucht sie heraus.
2. Verschiedene Personen sagen unterschiedliche Dinge über Monika. Nennt diese Personen und schreibt auf, was sie über Monika sagen. Denkt auch darüber nach, warum sie das sagen.
3. Passt das Bild, das Monika von sich hat, zu dem, das die anderen von ihr haben? Sprecht auch über die Frage: Wie ist Monika denn nun wirklich?
4. Wie siehst du dich selbst? Und was glaubst du, wie andere dich sehen, zum Beispiel deine Freunde, deine Geschwistern oder deine Eltern?
   Versuche alles so aufzuschreiben, wie du es bei Monika gemacht hast.

Die Fragen 1 bis 3 dienen in größtenteils sinnvoller Weise der Textanalyse. Allerdings kann die Frage 3 deshalb kaum beantwortet werden, weil die Erzählung nicht das Selbstbild der Tochter, sondern nur seine Modifikation durch das Eingestehen eines aggressiven Wunsches zur Sprache bringt; und es fehlt an einer Aufforderung zur Betrachtung der weder positiven noch negativen Auflösung, die die dargestellte Komplikation schließlich erfährt. Aufgabe 4 zielt auf einen Realitäts-Fiktions-Bezug durch Nutzung des von der Erzählung vermittelten Menschenbildes für eine Selbstdefinition der Schüler. Dabei wird den Schülern genügend Freiraum geboten, und es kann angenommen werden, dass sie sich bei ihren Reflexionen über die eigene Person tatsächlich von der zuvor erarbeiteten differenzierten Auffassung von Identität anregen lassen, um ebenfalls zu differenzierten Einsichten zu gelangen. Allerdings würde ein solcher Bezug mit größerer Sicherheit gelingen, wenn ihm eine vergleichende Aufgabe vorangehen würde, mit deren Hilfe die Schüler entscheiden, inwiefern die zum Schluss der Geschichte positiv dargestellte ‚Vielseitigkeit' der Protagonistin auf sie selbst zutrifft.

(d) „wortstark 8": Müllkippenzimmer von Marianne Arlt (S. 41)

Erzählung mit vorwiegend beschreibenden und reflektierenden Handlungselementen, in der ein Vater oder eine Mutter in Ich-Form das ‚vermüllte' Zimmer seines/ihres Sohnes in negativ wertender Weise darstellt und vergebliche Versuche beschreibt, den Sohn zum Aufräumen zu bewegen. Dabei deutet sich in den Reflexionen an, dass die Komplikation für Vater/Mutter nicht nur in einer Störung des Ordnungssinnes und des Strebens nach Wohnlichkeit besteht, sondern dass er /sie sich darüber hinaus vom Sohn in der Elternrolle nicht genügend geachtet fühlt: „Ich sehe bei jedem Stück einzeln, das da so unachtsam hingeworfen wurde, was es gekostet hat! *Mein* Geld! Meine Arbeit – und die ist nicht weniger geworden in den letzten Jahren." – Das Aufgabenset:

1. Welche Vorstellungen hat wohl die Mutter von einem wohnlichen Zimmer?
2. Vielleicht hat der Junge andere Vorstellungen, vielleicht auch nicht. Kannst du dir vorstellen, dass er sich in seinem Zimmer wirklich wohl fühlt?
3. Wann fühlst du dich in deinem Zimmer wohl? Beschreibe ein Zimmer, das dir gefällt.
4. Sprecht darüber, warum Ordnung im Alltag ein so häufiger Streitpunkt ist.

Die Aufgaben 1 und 2 dienen einer grundlegenden Erschließung der ‚Positionen' von Elternteil (der allerdings ohne Berücksichtigung der Nichtidentität von Autorin und fiktionalem Erzähler vorschnell als Mutter vereindeutigt wird) und Sohn im Streit um die Ordnung. Indem durch Aufgabe 2 Vermutungen über die Haltung des Sohnes zu seinem unordentlichen Zimmer eingefordert werden, könnten die Schüler darüber hinaus zu einer tiefergehenden Betrachtung dieses Streites angeregt werden; deutlich vorgeschlagen wird eine solche Betrachtung aber nicht. Mit den Aufgaben 3 und 4 wird dann ein sehr oberflächlicher Bezug zwischen der Fiktion und der Lebenswirklichkeit der Schüler nahe gelegt: Die Schüler sollen das Thema der Erzählung – Unordnung in Zimmern von Jugendlichen – auf ihre eigene Lebenssituation ‚anwenden'; die Konkretisierung dieses Themas in der Erzählung und insbesondere die hier geleistete Andeutung einer tiefergehenden Komplikation spielen dabei keine Rolle.

(e) „wortstark 9": „Der Positiv-Dreh" von Nina Rauprich (S. 37)

Erzählung in Ich-Form mit vorwiegend beschreibenden und reflektierenden Handlungselementen, in der ein Mädchen seine Beziehung zur Mutter darstellt. Seitdem der Vater die Familie verlassen hat, negiert die Mutter ihre Verletzung durch diese Trennung und alle sonstigen Probleme, indem sie stets eine ‚positive Sichtweise' vertritt. Die Tochter erkennt, dass dieser Lösungsversuch für die Komplikation ihrer Mutter nur oberflächlich erfolgreich ist („Aber sie sah nicht gut dabei aus. Um den Mund bekam sie Falten.") und außerdem als Erziehungsinstrument eingesetzt wird, um in Auseinandersetzungen von Mutter und Tochter die Auffassung der Mutter durchzusetzen (so wenn die Tochter keine Lust zu ihrer Klavierstunde hat): „Wenn sie unbedingt siegen wollte, entschied sie: 'Es ist gut so, wie es ist.'" – Die Aufgabenreihe zu dieser Erzählung:

1. Wer ist die Erzählerin des Textes?
2. Wie denkt die Erzählerin über ihre Mutter? Wie steht sie zu der Klavierlehrerin? Finde Textstellen, an denen die Einstellung der Erzählerin deutlich wird.
3. Die Mutter versucht Probleme mittels des Positiv-Drehs zu meistern.
   - Beschreibe mit deinen eigenen Worten, was damit gemeint ist.
   - Vielleicht kennst du ähnliche Verhaltensweisen von dir oder von anderen.
4. Findet ihr es richtig, immer alles positiv zu sehen?

Während die Frage 1 insofern überflüssig ist, als die Feststellung der ‚Stimme' nicht für das Textverstehen genutzt wird, dienen jeweils die ersten Teile der Fragen 2 und 3a) einer grundlegenden Texterschließung: Erkannt werden sollen der Lösungsversuch der Mutter gegenüber ihrer Komplikation und die Wertung dieses Versuches durch die Tochter. Die Frage nach der Klavierlehrerin hat allerdings kaum Bedeutung für das Textverstehen, und es wäre sinnvoller, zuerst nach dem ‚Positiv-Dreh' und dann nach der Einstellung der Tochter zur Mutter zu fragen. Die Aufgaben 3b) und 4 sollen einen Fiktions-Realitäts-Bezug auf Grundlage eines Vergleiches fördern. Die (formal unvollständige) Aufforderung, dem ‚Positiv-Dreh' ähnliche Verhaltensweisen in der Lebenswirklichkeit zu beschreiben, ist zwar durchaus suggestiv, lässt den Schülern aber zumindest die Möglichkeit, die fiktional dargestellte Weltsicht der Mutter auch mit etwas abweichenden Varianten aus der Lebenswirklichkeit zu vergleichen. Die in Aufgabe 4 verlangte Wertung verleitet die Schüler dann aber wieder dazu, die von ihnen zuvor erarbeitete fiktionale Wirklichkeitssicht zu verflachen, indem nach der Beurteilung einer durchgängig positiven Weltsicht statt nach der einer offenbar gewaltsamen Verdrängung von problematischen Aspekten des Lebens gefragt wird.

(f) „wortstark 10": Tuchfühlung von Doris Meissner-Johannknecht (S. 23)

Ausschnitt aus einem Jugendroman, in dem von der Identitätsproblematik des Jugendlichen Zeno erzählt wird: Zeno ist eigentlich ein Homosexueller und Transvestit, kann diese Identität aber sich selbst und anderen gegenüber kaum eingestehen, offenbar, weil er von seiner Umwelt und insbesondere vom Vater den Entzug von Anerkennung befürchten muss. An seinem Geburtstag versucht er diese Komplikation aufzulösen, indem er sein wahres Ich besonders gut mit einer vom Vater geschenkten betont männlichen Aufmachung aus schwarzem Leder tarnt. Diese Auflösung gelingt vorläufig, allerdings durchschaut eine offenbar psychologisch geschulte Freundin die ‚Verkleidung'. – Das Aufgabenset:

1. Was meint ihr zu Zeno, zu seinem Verhalten und seinen Gefühlen?
2. Dieser Text ist ein Buchauszug und aus der Sicht Zenos geschrieben. Nennt Gründe, warum die Autorin wohl diese Erzählperspektive gewählt hat.
3. Am Schluss des Textes spricht Zeno von einem Pflaster über der Lindenblattstelle. Versucht zu beschreiben, was er damit meint.
4. Eva, eine gute Freundin Zenos, blickt ihn ernst an. Was steckt hinter diesem ernsten Blick? Versetzt euch einmal in Evas Situation und schreibt auf, was sie denken oder zu Zeno sagen könnte.
5. Kennst du das von dir selbst, dass du deiner Umwelt eine Außenseite zeigst, die eigentlich gar nicht zu deinem Innern passt?

Die Fragen 1 bis 3 dienen – in allerdings unvollständiger Weise – einer Texterschließung. Eingefordert wird (in unklarer Formulierung) eine Deutung beziehungsweise Wertung von Zenos Komplikation und seinem Lösungsversuch. Dazu treten eine Funktionsbestimmung der Perspektivierung und die Deutung einer besonders komplexen Textstelle. Als Grundlage der ersten Frage fehlt dabei eine Analyse von Komplikation und versuchter Auflösung. Die produktionsorientierte Aufgabe 4 soll das Textverstehen vertiefen, dürfte aber zu einer Wiederholung der Antworten auf Frage 1 führen. Frage 5 soll den Fiktions-Realitätsbezug durch einen Vergleich beider Bereiche fördern. Die Aufgabe ist wiederum suggestiv und zielt nur auf eine Entsprechung von Fiktion und Lebenswirklichkeit. Die Verallgemeinerung der fiktionalen Wirklichkeitssicht, die von der Aufgabe nahe gelegt wird – gefragt ist nicht nach der äußerlichen Tarnung von gesellschaftlich tabuisierten Bestrebungen, sondern nach einem Widerspruch von Innerem und Außendarstellung des Ichs – könnte in diesem Fall allerdings als eine sinnvolle Erweiterung der in der Erzählung dargestellten sehr speziellen Problematik für die Mehrzahl der Schüler gelten.

Insgesamt sind die untersuchten Beispiele insofern repräsentativ, als sinnvolle Aufgaben zur Förderung eines Fiktions-Realitäts-Bezuges bislang selten zu finden sind. Zwar ist angemessen, dass dieser Bezug fast immer durch einen Vergleich beider Bereiche angestrebt wird; doch bleiben die Vorgaben für einen solchen Vergleich zumeist problematisch: Durch Suggestivität sowie die einseitige Ausrichtung auf Entsprechungen von fiktionaler und realer Wirklichkeitssicht; und vor allem durch die Tendenz, die von der Fiktion entworfene Wirklichkeitssicht zu verflachen oder sogar weitgehend zu ignorieren. Teilweise, aber nicht durchgängig beruht diese Tendenz darauf, dass die jeweilige Aufgabenreihe keine ausreichende Erschließung der fiktionalen Erzählung auf Grundlage einer Handlungsanalyse ermöglicht.

4. Erzählspezifika I: Literarisches Erzählen

Eduard – so nennen wir einen reichen Baron im besten Mannesalter – Eduard hatte in seiner Baumschule die schönste Stunde eines Aprilnachmittags zugebracht, um frisch erhaltene Pfropfreiser auf junge Stämme zu bringen. (Goethe: Die Wahlverwandtschaften)

Jemand musste Josef K. verleumdet haben, denn ohne dass er etwas Böses getan hätte, wurde er eines Morgens verhaftet. (Kafka: Der Prozess)

Zwei ganz unterschiedliche Geschichten beginnen hier: In der einen wird von einem schönen Aprilnachmittag erzählt, an dem sich jemand einer Tätigkeit in seiner Baumschule widmet, in der anderen von einem merkwürdigen, unheimlichen Morgen mit einer unvermuteten und dem Betroffenen offenbar unverständlichen Festnahme. Die beiden Geschichten unterscheiden sich jedoch auch grundlegend in der Art, in der sie erzählt werden. In der ersten Erzählung werden wir als Leser von einem Erzähler sozusagen freundlich an die Hand genommen, während der Erzähler in der zweiten Erzählung uns so ratlos lässt, wie es der Festgenommene selbst ist. Wie in diesen Fällen so prägt auch sonst die Art und Weise, in der eine Geschichte erzählt wird, wesentlich die jeweilige Erzählung. Die Kunst des Erzählens, so ist hinzuzufügen, ist wesentlich eine Kunst der Darstellung.

Die folgende Abhandlung fasst die rege wissenschaftliche Diskussion über Darstellungsverfahren literarischer Erzählungen zusammen und unterbreitet einen Vorschlag für ein Modell, das eine Analyse dieser Darstellungsverfahren in ergiebiger Weise ermöglicht. Dieser Vorschlag soll Ansatzpunkte für eine medienübergreifende Untersuchung von erzählenden Werken bieten und zugleich die Grundlage für eine dringend notwendige didaktische Reflexion von Darstellungsverfahren literarischer Erzählungen bilden. Die schulische Arbeit mit literarischen Erzählungen wird seit längerer Zeit dadurch erschwert, dass kein Konsens mehr darüber besteht, welche Systematik von Darstellungsverfahren mit welchen Zielen in der Schule vermittelt werden soll.

4.1 Fachwissenschaftliche Grundlagen

4.1.1 Hinführung

Was ‚literarisch' eigentlich heißt, darüber herrscht in der Literaturwissenschaft bislang noch kein Konsens. Entsprechend der Auffassung Gérard Genettes wollen wir Literatur jedoch durch die Merkmale Fiktionalität und/oder Poetizität bestimmen – wodurch sowohl Texte der Trivialliteratur als auch Gebrauchstexte mit poetischen Qualitäten unter die Definition fallen[1] Das Merkmal Fiktionalität kann dabei relativ eindeutig bestimmt werden (vgl. Kap. 3.1.2), während der Begriff der Poetizität vage bleibt: Zwar kann Poetizität in Anlehnung an Roman Jakobson und Jan Mukarovský als Selbstbezüglichkeit der sprachlichen Zeichen gelten;[2] welche sprachlichen Strukturen diese Besonderheit der Sprache ausmachen, lässt sich jedoch nicht genau angeben. Die durch diese Auffassung von Literatur geleistete Eingrenzung von literarischen Erzählungen entspricht der Bestimmung von fiktionalen/künstlerisch gestalteten Erzählungen in Kap. 1.1.3. Darüber hinaus sollen aber sowohl Literatur als auch Erzählung hier in einem engeren Sinne verstanden werden: Literarische Erzählungen sollen als sprachliche Texte aufgefasst und damit zum Beispiel gegen künstlerisch gestaltete audiovisuelle Produktionen abgegrenzt werden. Und literarische Erzählungen sollen als Texte gelten, deren Handlung durch einen (fiktiven) Erzähler vermittelt wird (vgl. Kap. 3.1.2 zur Unterscheidung von Autor und fiktivem Erzähler) und die sich so zum Beispiel von dramatischen und lyrischen Texten unterscheiden. Korrekter als die allgemein übliche Bezeichnung ‚Erzähler' ist allerdings die der ‚narrativen Instanz', weil der ‚Erzähler' zwar insbesondere in vormodernen literarischen Erzählungen die Züge einer fiktiven Figur annehmen kann, häufig aber auch eine anonyme Instanz ohne persönliche Eigenschaften bleibt.

Die literarischen Erzählungen werden im deutschsprachigen Raum unter der Bezeichnung ‚epische Texte' als eine der Hauptgattungen der Literatur verstanden: Die Epik steht neben die Lyrik und Dramatik (dazu treten nach neuerer Auffassung noch die literarischen Gebrauchstexte). Epische Texte sind nach heutigem Verständnis typischerweise Prosatexte in schriftlicher Form, umfassen aber entsprechend ihrer Bestimmung als literarische Erzähltexte auch mündlich überlieferte Erzählungen und Erzählungen in Versen. Ebenso wie eine trennscharfe Abgrenzung der Epik gegenüber anderen Gattungen ist auch eine Bestimmung von Untergattungen der epischen Texte durch eine genau festgelegte Menge von Merkmalen kaum möglich. Dennoch hat sich eine Kategorisierung allgemein durchgesetzt: Die epischen Texte lassen sich danach unterteilen in ‚Einfache Formen' und in Kunstformen. Zu den ‚Einfachen Formen' zählen die von André Jolles untersuchten epischen Untergattungen Legende, Sage, Mythe, Rätsel, Spruch, Kasus, Memorabile, Märchen und Witz, außerdem Schwank und Anekdote (die auch als Kunstformen auftreten können). Die Kunstformen der Epik können in Lang/Großformen – Epos, Saga und Roman – sowie in Kurz/Kleinformen wie Fabel, Parabel, Kalendergeschichte, Novelle, Kunstmärchen, Verserzählung, Erzählung (im Sinne eines epischen Textes, der sich vom Roman durch Kürze und geringere Komplexität unterscheidet), Kurzgeschichte und Kürzestgeschichte unterteilt werden. Diese Unterscheidungen werden unter Rückgriff auf unterschiedliche Kriterien wie Figuren, Länge oder Funktionen der Erzählung vorgenommen; Aspekte der Darstellung spielen dabei zumeist nur

[1] Vgl. Genette (1992).

[2] Vgl. Jakobson (1967) und Mukarovský (1967).

eine untergeordnete Rolle. Die Darstellungsverfahren sind also im Wesentlichen von bestimmten epischen Untergattungen unabhängig.

Die Darstellungsebene epischer Texte umfasst neben der für alle literarischen Werke bedeutsamen – (weitgehend) medienspezifischen – sprachlichen Form die Präsentation der Handlung durch einen Erzähler (korrekter: die Erzählinstanz), ihre Perspektivierung (und den Grad ihrer Mittelbarkeit) sowie ihre zeitliche Gestaltung. Diese Elemente der *Darstellung* können als narrationsspezifische Darstellungsverfahren gelten (vgl. Kap. 5.1.3 zu einer ähnlichen Trennung von medien- und narrationsspezifischen Darstellungsverfahren des Films). Die getrennte Betrachtung von Erzähler, Perspektivierung und Zeitstruktur entspricht neueren erzähltheoretischen Modellen und bietet einen Ansatzpunkt für die medienübergreifende Erzähltextanalyse: Gemeinsamkeiten in der Perspektivierung sowie der zeitlichen Gestaltung literarischer und filmischer Erzählungen lassen sich auf Grundlage dieser Trennung deutlicher aufzeigen. Weil wir neuere mit älteren Modellen der Erzähltheorie abgleichen wollen, die Erzähler und Perspektivierung zusammen betrachten, werden wir diese beiden Aspekte dennoch in einem gemeinsamen Kapitel abhandeln.

4.1.2 Modelle für die Analyse der zeitlichen Gestaltung

Vorzeiten war ein König und eine Königin, die sprachen jeden Tag: »Ach, wenn wir doch ein Kind hätten!«, und kriegten immer keins. Da trug sich zu, als die Königin einmal im Bade saß, daß ein Frosch aus dem Wasser ans Land kroch und zu ihr sprach: »Dein Wunsch wird erfüllt werden, ehe ein Jahr vergeht, wirst du eine Tochter zur Welt bringen.« Was der Frosch gesagt hatte, das geschah, und die Königin gebar ein Mädchen …

Die zeitliche Gestaltung epischer Texte mag uns nur selten auffallen, dennoch haben wir bestimmte Erwartungen an sie, wie sich am Beispiel des Beginns von *Dornröschen* leicht zeigen lässt: Wir würden uns vermutlich schnell von der Erzählung abwenden, wenn der Erzähler jeden der Tage, an denen das Königspaar seine Kinderlosigkeit beklagt, einzeln schilderte statt zusammenfassend von ihnen zu erzählen. Andererseits setzen wir voraus, dass wichtige Geschehnisse normalerweise in einiger Ausführlichkeit dargestellt werden; längere Erzählungen sind so in gewisser Weise zu einem Rhythmuswechsel verpflichtet. Darüber hinaus erwarten wir, dass Geschehnisse weitgehend – wie im oben zitierten Beginn von *Dornröschen* – in der Reihenfolge erzählt werden, die der chronologischen Ordnung der dargestellten Handlung entspricht, vielleicht mit Ausnahme einiger Nachträge der Vorgeschichte. Falls eine literarische Erzählung diesen konventionalisierten Mustern folgt, ist eine Analyse ihrer Zeitgestaltung zumeist nicht sonderlich ergiebig. Die Zeitgestaltung kann jedoch auch besondere Funktionen erfüllen, indem sie Konventionen der Darstellung unterläuft: Etwa dann, wenn Geschehnisse, die zunächst als wichtig erscheinen, durch stark zusammenfassendes Erzählen gezielt ‚vernachlässigt' werden oder wenn scheinbar Unwichtiges in

aller Breite zur Darstellung kommt. Oder auch, wenn sich deutliche Abweichungen von einer ursprünglichen chronologischen Ordnung der Geschehnisse finden.
Die zeitliche Gestaltung epischer Texte ist systematisch erstmals von Günther Müller und dann vertiefend von Eberhard Lämmert untersucht worden. Dabei ist zum einen in den Blick geraten, dass die Abfolge der Geschehnisse in einer Erzählung – insbesondere in modernen epischen Texten – häufig von der chronologischen Ordnung der Handlung abweicht, die der Erzählung zugrunde liegt. Lämmert hat in *Bauformen des Erzählens* die *Rückwendung* und die *Vorausdeutung* als grundlegende Typen dieser Abweichungen bestimmt.

- In einer *Rückwendung* wird die – oft mitten im Geschehen einsetzende – Gegenwartshandlung verlassen, um einen Teil ihrer Vergangenheit in die Erzählung hineinzuholen. Ein solcher Nachtrag kann (a) kurz nach dem Einsetzen der Handlung stattfinden und dient dann dazu, Entwicklungen aufzuzeigen, die zur gegenwärtigen Situation hinführten (aufbauende Rückwendung). Er kann (b) in die Erzählung eingeschoben werden und hat dann zum Beispiel die Funktion, ähnlich wie die aufbauende Rückwendung Entwicklungen nachzutragen (Rückschritt) oder aber zentrale Entscheidungen einer Figur auszulösen oder zu bekräftigen (Rückblick). Und er kann (c) unmittelbar vor Schluss der Handlung stattfinden und bewirkt dann eine Lösung oder zumindest eine Erklärung eines konflikthaften Geschehens (auflösende Rückwendung).
- *Vorausdeutungen* dienen außer einer Verbindung von Elementen der Geschichte der Spannungslenkung: (a) Vorausdeutungen, die der Erzähler einer Handlung vorausschickt oder (b) in sie einschiebt, lenken die Spannung des Lesers vom Ausgang auf den Gang der Geschichte. (c) Vorausdeutungen des Erzählers zum Schluss einer Erzählung lösen dagegen die Spannung, indem sie auf die Lösung einer konflikthaften Handlung oder einen Endzustand nach Eintreten dieser Lösung verweisen. Neben die zukunftsgewissen Vorausdeutungen des (zuverlässigen) Erzählers können Vorausdeutungen von Figuren treten, die je nach dem Status dieser Figuren mehr oder weniger zukunftsungewiss sind und im Leser die Frage auslösen, ob sie sich wohl bewahrheiten werden.[3]

Zum anderen ist deutlich, dass die Zeit, die für das Erzählen einer Handlung in Anspruch genommen wird – Müller hat für sie den Begriff *Erzählzeit* geprägt –, fast ausnahmslos von der ursprünglichen Dauer der Handlung – der *erzählten Zeit* – abweicht[4]. Für die unterschiedlichen Beziehungen zwischen Erzählzeit und erzählter Zeit sind nach Müllers Modell, das im Literaturunterricht weite Verbreitung gefunden hat, drei Typen von *Erzählgeschwindigkeit* grundlegend:

[3] Lämmert (1993).
[4] Müller (1974).

- *zeitraffendes Erzählen*: die Erzählzeit ist kürzer als die erzählte Zeit
- *zeitdeckendes Erzählen*: die Erzählzeit ist ungefähr gleich lang wie die erzählte Zeit
- *zeitdehnendes Erzählen*: die Erzählzeit ist länger als die erzählte Zeit

Zwar hat Matthis Kepser[5] zurecht darauf hingewiesen, dass die Begriffe Erzählzeit und erzählte Zeit nur als eingeschränkt sachangemessen gelten können: Die Erzählzeit ist insofern eine fragwürdige Kategorie, als sie zumindest im Falle von schriftlichen Erzählungen nur räumlich – durch den Seitenumfang – bestimmt werden kann; und die erzählte Zeit (und damit auch die Beziehung von erzählter Zeit und Erzählzeit) ist nicht ausschließlich durch Textmerkmale feststellbar, sondern muss als Konstrukt gelten, das der Rezipient unter Einbeziehung seiner Zeitkonzepte entstehen lässt. Wir möchten dennoch an den Begriffen Müllers festhalten. Der Vorschlag Kepsers, die Zeitgestaltung in erzählenden Texten durch die Beziehung von ‚rezipierter Zeit' und Zeitkonzepten des Rezipienten zu bestimmen, erscheint zwar als durchaus sachgerecht, aber nicht leicht für die Textanalyse nutzbar (vgl. Kap. 7.2. zu den Schwierigkeiten, vom Rezipienten auf literarische Texte bezogene ‚frames' zu rekonstruieren).

Die Erzählgeschwindigkeit wechselt in der Regel innerhalb eines erzählenden Werkes. In vormodernen literarischen Erzählungen herrscht das zeitraffende Erzählen vor; so können in einem Roman Handlungen dargestellt werden, die sich nicht nur über Jahre, sondern im Extremfall sogar über Jahrhunderte hinziehen. Raffungen können Geschehnisse in chronologischer Reihenfolge wiedergeben und werden dann als sukzessive Raffungen bezeichnet; oder sie stellen als iterativ-durative Raffungen sich wiederholende Geschehnisse dar. Außer durch Raffungen im engeren Sinne kann das zeitraffende Erzählen auch durch *Aussparungen* zustande kommen. Zeitraffendes Erzählen gibt im Normalfall Geschehnisse wieder, die eher unwichtig sind – es kann aber auch dazu dienen, Teile der Handlung entgegen den Erwartungen des Lesers als unwichtig zu kennzeichnen. Darüber hinaus betreffen vor allem Aussparungen mitunter gerade Handlungselemente, die von zentraler Bedeutung sind – so wenn diese Elemente aus Gründen der Konvention nicht ausdrücklich dargestellt werden können oder wenn der Leser zur Ausfüllung einer Leerstelle aufgefordert werden soll. Ergänzt wird das zeitraffende Erzählen zumeist durch zeitdeckendes Erzählen, das in modernen epischen Texten häufig sogar vorherrscht. (Annähernd) zeitdeckendes Erzählen entsteht durch die ‚szenische' Darstellung direkter Rede oder durch die detaillierter Beschreibung innerer beziehungsweise äußerer Wahrnehmung. Zeitdeckendes Erzählen stellt im Normalfall besonders wichtige Teile der Handlung dar; es kann aber auch Elemente als bedeutsam erscheinen lassen, die der Leser eigentlich als unwichtig einschätzen würde – zum Beispiel in der ausführlichen Beschreibung von alltägliche Objekten oder Vorgängen im modernen Roman. Eher selten findet sich schließlich das zeitdehnende Erzählen. Dies Erzähltempo kann prinzipiell dann zustande kommen, wenn äußere oder innere Vorgänge oder auch Geschehnisse so ausführlich beschrieben werden, dass die Beschrei-

[5] Kepser o.J.

bung mehr Zeit in Anspruch nimmt als die Handlung beziehungsweise ihre Wahrnehmung durch eine Figur. Gérard Genette (vgl. unten) weist jedoch darauf hin, dass eine solche Zeitgestaltung in der Literatur nicht üblich ist und eine ‚Verlängerung' von Abschnitten einer literarischen Erzählung in der Regel dadurch entsteht, dass Wahrnehmungen einer Figur durch Erzählerkommentare oder Beschreibungen aus Sicht des Erzählers (‚Pausen') ergänzt werden.[6] Wir möchten hinzufügen, dass außerdem zwei Varianten der Zeitgestaltung oft als zeitdehnend gelten können, auch wenn Kepser sie als Phänomene der ‚Ordnung' betrachtet[7]: Die Darstellung von zeitgleichen Geschehnissen an unterschiedlichen Orten und die mehrmalige Darstellung eines einmaligen Geschehnisses (nach Genette das repetitive Erzählen, vgl. unten). Diese Varianten sind in literarischen Erzählungen eher selten, die Darstellung von zeitgleichen Geschehnissen an unterschiedlichen Orten wird aber vom Spielfilm häufig genutzt und ist deshalb für die medienübergreifende Erzähltextanalyse von Bedeutung. Das zeitdehnende Erzählen insgesamt vermittelt tendenziell den Eindruck einer besonderen Komplexität von Wirklichkeit.

Gérard Genette hat dann in *Die Erzählung* teils auf Grundlage früherer Ansätze ein Modell vorgelegt, mit dem sich die Zeitstruktur epischer Texte nach den Kategorien *Ordnung*, *Dauer* und *Frequenz* systematisieren lässt:

1. Unter der Kategorie *Ordnung* beschreibt Genette Abweichungen von der Chronologie der Handlung (*Anachronien*):
a) In der *Analepse* wird ein Element der Handlung dargestellt, das zeitlich vor dem in der Erzählung bereits erreichten Zeitpunkt liegt. Analepsen können nicht nur die Vorgeschichte einer Erzählung wiedergeben, sondern auch ausgesparte Teile der Handlung zu einem späteren Zeitpunkt nachtragen
b) Die *Prolepse* nimmt dagegen ein in der Zukunft liegendes Geschehen vorweg. Prolepsen können sich nicht nur auf den Ausgang, sondern auch auf frühere Teile einer Handlung richten.

2. Unter der Kategorie *Dauer* werden unterschiedliche Erzählgeschwindigkeiten zusammengefasst:
a) Beim *summarischen Erzählen* ist die Erzählzeit kürzer als die erzählte Zeit (diese Geschwindigkeit entspricht der Zeitraffung im engeren Sinn),
b) Die *Szene* bringt Erzählzeit und erzählte Zeit ungefähr zur Deckung (und entspricht damit der Zeitdeckung).
c) In der *Ellipse* wird ein Zeitraum der erzählten Zeit in der Erzählung ausgespart (diese Geschwindigkeit entspricht der Zeitraffung durch Aussparungen);
d) Das zeitdehnende Erzählen hat bei Genette keine Entsprechung. Er führt statt dessen den Begriff der *Pause* ein, in der die erzählte Zeit zugunsten von Erzählerkommentaren oder von Beschreibungen stillsteht, die nicht in der Sicht einer Figur liegen; nach Genette kommt eine Verlängerung der Lektü-

[6] Vgl. Genette (1998), S. 68.
[7] Vgl. Kepser (o.J.).

rezeit gegenüber der erzählten Zeit hauptsächlich durch solche Einmischungen des Erzählers zustande.

3. Über die chronologische/achronologische Ordnung und die unterschiedlichen Erzählgeschwindigkeiten hinaus berücksichtigt Genette auch die Frage nach der einmaligen oder wiederholten Darstellung von Geschehnissen. Unter der Kategorie *Frequenz* wird danach gefragt, ob in einer Erzählung ein einmaliges Geschehen

a) – so der Normalfall – einmal (*singulativ*) oder aber
b) mehrfach (*repetitiv*) dargestellt wird. Die repetitive Darstellung dient häufig dazu, ein Geschehen in unterschiedlicher Perspektivierung, also zum Beispiel aus der Sicht mehrerer Personen, darzustellen und dem Leser damit verschiedene Interpretationsmöglichkeiten des Geschehens nahe zu legen.

Außerdem wird festgestellt, ob wiederholte (genauer: einander ähnliche) Geschehnisse

a) mehrfach oder
b) nur einmal zusammenfassend (*iterativ*) zum Ausdruck kommen. Die iterative Erzählweise verwischt die Unterschiede zwischen zeitverschiedenen, aber ähnlichen Geschehnissen und kann damit zum Beispiel die dargestellte Welt als eintönig oder als zirkulär erscheinen lassen.

Trotz einer Vernachlässigung der – in der Literatur seltenen – Zeitdehnung im engeren Sinne bietet Genettes Modell sicherlich die besten Möglichkeiten für eine vollständige Beschreibung der Zeitgestaltung in literarischen Erzählungen. Allerdings fällt es in seiner Ausdifferenzierung der Kategorie Dauer gegenüber der Systematisierung Müllers relativ unübersichtlich aus und eignet sich wegen des Verzichtes auf die Kategorie der Zeitdehnung weniger für eine medienübergreifende Erzähltextanalyse.

4.1.3 Modelle für die Analyse von Erzähler und Perspektivierung

Jede literarische Erzählung wird durch einen *Erzähler*/eine *Erzählinstanz* vermittelt und *perspektiviert* ihre Handlung in bestimmter Weise. Weil die vermittelnde Instanz nicht unbedingt persönliche Züge tragen muss, wäre es korrekter, wenngleich weniger anschaulich, von der Erzählinstanz statt vom Erzähler zu sprechen. Der Erzähler kann aber durchaus auch als ‚Person' mit bestimmten Eigenschaften in Erscheinung treten, zudem kann er den Erzählakt thematisieren:

> Nun komme ich zu einem Erlebnis von Dornröschen, das mich beim Erzählen – und ich erzähle diese Geschichte als Märchenerzähler schon seit vielen Jahren – immer wieder selbst erschüttert. Weiter also in der Geschichte und zu Dornröschen: Es stieg die enge Wendeltreppe hinauf und gelangte zu einer kleinen Türe. ...

Der Erzähler hat außerdem die Möglichkeit, die Handlung zu kommentieren:

Es stieg die enge Wendeltreppe hinauf und gelangte zu einer kleinen Türe. In dem Schloß steckte ein verrosteter Schlüssel und Dornröschen öffnete ohne Zögern die Tür. Das war bezeichnend für seine Unbedachtheit. Dornröschen, was hast du nur wieder gemacht!

Die Geschichte von Dornröschen kann natürlich auch erzählt werden, ohne dass der Erzähler hervortritt, wie es im Original der Brüder Grimm weitgehend der Fall ist:

Es stieg die enge Wendeltreppe hinauf und gelangte zu einer kleinen Türe. In dem Schloß steckte ein verrosteter Schlüssel, und als es umdrehte, sprang die Türe auf, und saß da in einem kleinen Stübchen eine alte Frau und spann emsig ihren Flachs.

Die Handlung kann perspektivisch gestaltet werden, indem sich die Erzählung auf die Wahrnehmungen einer Figur (oder auch mehrerer Figuren) beschränkt; so kann die Erzählung darstellen, was Dornröschen auf seinem Weg zur alten Frau wahrnimmt, die Handlung aber auch aus der Perspektive der alten Frau wiedergeben:

Die alte Frau saß in einem Stübchen in dem Turm des Schlosses und spann emsig ihren Flachs. Da drehte jemand den Schlüssel im Türschloß, die Tür sprang auf und ein Mädchen blickte in das Stübchen.

Zudem kann zur Außensicht die Innensicht einer oder mehrerer Figuren hinzugefügt werden (oder die Erzählung kann sich auf die Innensicht beschränken):

... In dem Schloß steckte ein verrosteter Schlüssel, und als es umdrehte, sprang die Türe auf, und saß da in einem kleinen Stübchen eine alte Frau und spann emsig ihren Flachs. Wer mag das sein, dachte Dornröschen bei sich.

Eine weitere grundlegende Möglichkeit der Darstellung besteht darin, dass nicht durch eine außerhalb der Handlung stehende Instanz, sondern durch einen Erzähler erzählt wird, der zugleich als Figur an der Handlung beteiligt ist; so kann beispielsweise Dornröschen ihre eigene Geschichte mitteilen:

Ich stieg die enge Wendeltreppe hinauf und gelangte zu einer kleinen Türe. In dem Schloß steckte ein verrosteter Schlüssel, und als ich umdrehte, sprang die Türe auf, und saß da vor mir in einem kleinen Stübchen eine alte Frau und spann emsig ihren Flachs.

Anders als für die Zeitgestaltung epischer Texte kann für die Präsentation der Handlung durch einen Erzähler und ihre Perspektivierung kaum ein konventionalisierter ‚Normalfall' bestimmt werden. Allenfalls für einzelne Untergattungen lassen sich typische Ausprägungen beider Aspekte erkennen – die aber vor allem in modernen Erzählungen auch oft unterlaufen werden. Die Analyse der Erzählinstanz ist also in der Regel für das Verstehen einer literarischen Erzählung unabdingbar. Als grundlegend für die wissenschaftliche Diskussion des Erzählers und der Perspektivierung können folgende Merkmale gelten:

- ‚Erzählerpräsenz' / Erzählerkommentar
- Beteiligung vs. Nichtbeteiligung des Erzählers an der Handlung
- Perspektivierung (im Sinne einer Beschränkung oder Nichtbeschränkung auf die Wahrnehmung einer Figur)
- Außensicht vs. Innensicht

Die Debatte um diese Aspekte ist noch keineswegs abgeschlossen. Sie kreist vor allem um die Fragen, wie die zentralen Merkmale genau zu bestimmen sind – im Einzelfall können hier erhebliche Probleme auftauchen –, welche weiteren Kriterien gegebenenfalls beachtet werden müssen und wie die Merkmale systematisiert werden sollen. Im Folgenden werden drei Konzepte vorgestellt und vergleichend bewertet: das von Franz K. Stanzel, das von Jürgen Petersen und das von Gérard Genette. Ergänzend wird schließlich die Rede- und Gedankenwiedergabe in literarischen Erzählungen betrachtet. Diese Elemente sind für einen weiteren Aspekt der Darstellungsebene von besonderer Bedeutung, für die Mittelbarkeit/Unmittelbarkeit einer Erzählung.

4.1.3.1 Der Klassiker und eine Alternative: Modelle von Stanzel und Petersen

a) Das Modell von Stanzel

Unter den Versuchen, die Präsentation einer Handlung durch ihren Erzähler und ihre Perspektivierung näher zu bestimmen, hat im deutschen Sprachraum Franz K. Stanzels Typologie von ‚Erzählsituationen' in dessen Hauptwerk *Theorie des Erzählens* – bis in Lehrwerke für die Schule hinein – den größten Einfluss gewonnen. In einer Weiterentwicklung seiner früheren Ansätze nimmt Stanzel an, dass sich das literarische Erzählen durch Merkmalsoppositionen in drei unterschiedlichen Kategorien unterscheidet: Innen- vs. Außenperspektive, Identität vs. Nichtidentität der Seinsbereiche von Erzähler und Figuren (= An-/Abwesenheit des Erzählers in der von ihm erzählten Handlung) sowie Erzähler (= berichtender Erzähler) vs. Reflektorfigur (= Erzähler, in dessen Bewusstsein sich das Geschehen szenisch spiegelt). Stanzel fügt nun jeweils drei Merkmale – eines aus jeder Kategorie – zusammen, um drei ‚Erzählsituationen' zu bestimmen, die auktoriale Erzählsituation, die Ich-Erzählsituation und die personale Erzählsituation:

- Auktoriale Erzählsituation: Überwiegen von Außenperspektive, außerdem Anwesenheit einer Erzählerfigur sowie Nichtidentität der Seinsbereiche von Erzähler und Figuren;
- Ich-Erzählsituation: Identität der Seinsbereiche von Erzähler und Figuren, außerdem Anwesenheit einer Erzählerfigur sowie das Überwiegen von Innensicht;
- Personale Erzählsituation: Reflektorfigur, außerdem Überwiegen von Innenperspektive sowie Nicht-Identität der Seinsbereiche von Erzähler und Figuren.[8]

Diese Systematik ist insofern flexibel, als sie die Möglichkeiten des Wechsels und der Modifikation von Erzählsituationen in einem Werk einräumt und dabei – entgegen einer häufig in der Schule vermittelten Auffassung – für die auktoriale Erzählsituation keinen durchgängig allwissenden Erzähler annimmt. Dennoch

[8] Vgl. Stanzel (1989).

gilt Stanzels Ansatz – ebenso wie eine Reihe ähnlicher Modelle weiterer Autoren – seit einiger Zeit als überholt, weil er zur Bestimmung der ‚Erzählsituationen' Merkmale zu festen Einheiten zusammenfasst, die unterschiedlichen Ebenen der Darstellung angehören und in zahlreichen, vor allem modernen, epischen Texten tatsächlich nicht gemeinsam auftreten. So gibt es zum Beispiel eine Reihe von Romanen, deren Erzähler Teil der erzählten Welt ist und der gleichwohl nicht distanziert berichtet; oder solche, die eine ‚Reflektorfigur' aufweisen, aber dennoch vorwiegend Außensicht nutzen. Durch Stanzel selbst und seine Nachfolger sind mehrere Differenzierungen seiner Typologie vorgenommen worden, die allerdings ebenfalls die vielfältigen Varianten der Erzählinstanz und der Perspektivierung in epischen Texten nicht erfassen und zugleich die Übersichtlichkeit der ursprünglichen Systematik wesentlich beeinträchtigt haben. Die Erzähltheorie bemüht sich nun seit einiger Zeit darum, für die Analyse der ‚Erzählsituation' in einer literarischen Erzählung Kategorien zu bestimmen, deren Merkmale jeweils in unterschiedlicher Weise miteinander kombiniert werden können.

b) Das Modell von Petersen

Jürgen Petersen hat in *Erzählsysteme*[9] eine Systematik entwickelt, die eine solche variable Verbindung von Merkmalen erlaubt. Diese Systematik ist schon früh von Klaus Gerth[10] für ein Modell des Textverstehens im Deutschunterricht genutzt worden; Hans-Albrecht Koch hat sie dann in seiner Einführung in die *Neuere deutsche Literaturwissenschaft*[11] in einleuchtender Weise neu akzentuiert. Nach diesem Modell können vor allem ‚Erzählform' und ‚Erzählverhalten' als grundlegende Kategorien zur Bestimmung der Art und Weise gelten, in der eine Handlung vom Erzähler vermittelt wird.. Die Kategorie ‚Erzählform' umfasst die Erscheinungsformen des Erzählers, vor allem die Er-Form und die Ich-Form; nur sehr selten sind epische Texte in Du-Form verfasst. Das ‚Erzählverhalten' gibt an, ob und aus wessen Sicht Kommentare, also zum Beispiel Reflexionen, Meinungen oder Urteile, in die Erzählung eingemischt werden. Dabei wird zwischen drei Möglichkeiten unterschieden, dem auktorialen, personalen und neut ralen Erzählverhalten.

- Erzählform:
  - Ich-Erzählung
  - Er-Erzählung
- Erzählverhalten:
  - Auktoriales Erzählverhalten: Es liegen Kommentare aus Sicht des Erzählers vor.
  - Personales Erzählverhalten: Es liegen Kommentare aus Sicht einer (oder mehrerer) Figuren vor.
  - Neutrales Erzählverhalten: Es liegen keine Kommentare vor.

9 Vgl. Petersen (1993).
10 Vgl. Gerth (1995).
11 Vgl. Koch (1997).

Sowohl das ‚auktoriale' als auch das ‚personale' und das – seltenere – ‚neutrale Erzählverhalten' können in Ich- und in Er-Form auftreten. Die Kategorien ‚Erzählhaltung', ‚Erzählperspektive' und ‚Erzählerstandort' ergänzen die Beschreibung der narrativen Instanz:

- Erzählhaltung: Die ‚Erzählhaltung' fasst die Einstellungen zusammen, mit denen ein Erzähler der Handlung – jenseits expliziter Kommentare – zustimmend oder distanzierend gegenübertritt, also zum Beispiel Ironie oder Kritik.
- Erzählperspektive: Die ‚Erzählperspektive' bestimmt, ob Figuren aus der Außen- oder Innensicht beschrieben werden, ob also nur ihr Aussehen, ihre Rede und ihr Verhalten oder auch ihre Gedanken und Gefühle zur Darstellung kommen.
- Erzählerstandort: Der ‚Erzählerstandort' lässt erkennen, welchen Abstand der Erzähler zur dargestellten Handlung einnimmt, ob er sie aus großer räumlicher und zeitlicher Entfernung betrachtet oder sich nahe bei den erzählten Figuren und Geschehnissen befindet.

Die Kategorien zur Bestimmung der ‚Erzählsituation' von Petersen/Koch nutzen mit dem Kommentar und der Ich/Er-Form Merkmale auf einem niedrigen Abstraktionsniveau, die den großen Vorteil einer relativ einfachen Anwendung auf Texte bieten – auch wenn bei der Betrachtung einzelner Textabschnitte mitunter schwierig zu entscheiden ist, ob es sich um eine kommentierende oder bloß beschreibende Darstellung handelt. Das Merkmal ‚Erzählerkommentar' erlaubt dabei die Erfassung eines für zahlreiche epische Texte besonders bedeutsamen Aspektes der Darstellung, der bei van Dijk unter den Kategorien ‚Evaluation' und ‚Moral' teilweise berücksichtigt wird (vgl. Kap. 2.1.2). Die Kommentierung der Geschichte ist eine zentrale Funktion des Erzählers in vielen – vor allem vormodernen – epischen Texten, und dürfte in den meisten Fällen ein hinreichendes Kriterium zur Abgrenzung von ‚auktorialen' gegenüber ‚nichtauktorialen' Erzählungen bilden. Die enge Auffassung von ‚Kommentar' bei Petersen/ Koch wäre jedoch zu erweitern: Der Erzähler kann die Handlung nicht nur durch Reflexionen, Meinungen und Urteile kommentieren, sondern zum Beispiel auch durch Erläuterungen beziehungsweise durch Informationsvergabe, durch eine Mitteilung seiner affektiven Reaktion auf Geschehnisse (im Sinne einer ‚Evaluation' nach van Dijk), durch Schlussfolgerungen für das Verhalten oder die Weltsicht des (fiktiven) Lesers (die ‚Moral' nach van Dijk) oder durch Beglaubigungen der Geschichte beziehungsweise vor allem in modernen Erzählungen durch ein Spiel mit der Enthüllung ihrer Fiktivität. Außerdem sind ‚metanarrative' Kommentare möglich, die sich nicht direkt auf die Handlung, sondern auf die Darstellung oder auf die kommunikative Situation des Erzählens beziehen: Etwa Thematisierungen (in modernen Erzählungen oft: Problematisierungen) des Erzählaktes oder Ansprachen des (fiktiven) Lesers, die diesen Leser in bestimmter Weise charakterisieren können. Außerdem kann ein Erzähler statt durch Kommentare der Handlung auch durch Beschreibungen von Objekten, Vorgängen und Geschehnissen hervortreten, die nicht in der Sicht einer Figur liegen. Ein weiterer Vorteil des Modells von Petersen/Koch ist, dass die vorgeschlagene Addition von Merkmalen eine relativ umfassende Beschreibung des Erzählers und der Perspektivierung ermöglicht, ohne dass wie bei Stanzel unterschiedliche Ebenen der Darstellung vermengt oder aber wie bei Genette teilweise komplexe Kategorien im Rahmen eines äußerst komplexen Systems gebildet würden.

Allerdings weisen die einfach anwendbaren Kategorien Grenzen ihrer Leistungsfähigkeit auf. Zum ersten bleibt fraglich, ob eine Aussage über die grammatische Form einer Erzählung einen Beitrag zu ihrem Verstehen leisten kann – auch wenn diese Form auf die Beteiligung oder Nichtbeteiligung des Erzählers an der Handlung verweist. Zum zweiten eignet sich das Kriterium des Kommentars nicht gleichermaßen zur Analyse aller literarischen Erzählungen. Eine Klassifizierung von Texten mit personalem und neutralem Erzählverhalten ist anhand des Merkmals ‚Kommentar' schwierig: Einerseits stellen eine große Zahl von Erzählungen, die intuitiv wohl als ‚personal' aufzufassen sind, eher die relativ ungeordnete innere und äußere Wahrnehmung einer Figur als ihre Kommentare dar und würden dementsprechend nach Petersen/Koch nicht in diese Kategorie fallen; und andererseits wären Erzählungen, die vorwiegend Kommentare ihrer Figuren in wörtlicher Rede wiedergeben, nach Petersen/Koch als ‚personal' einzuordnen, müssten aber doch wohl eher als ‚neutral' bezeichnet werden. Einleuchtender könnte es sein, personale und neutrale Erzählungen durch die Abwesenheit von Erzählerkommentaren zu bestimmen und für personale eine Darstellung auch aus Innensicht, für neutrale eine Beschränkung auf die Außensicht anzunehmen.

Und zum dritten wird der Aspekt Beschränkung/Nichtbeschränkung auf die Perspektive einer Figur nicht berücksichtigt. Auch wenn dieser Aspekt für die Abgrenzung von ‚auktorialen' gegen ‚personale' und ‚neutrale' Erzählungen verzichtbar sein sollte, hat er für die Präsentation einer Handlung zentrale Bedeutung und ist darüber hinaus für eine medienübergreifende Betrachtung von Erzählungen ergiebig. Ein weiterer, allerdings leicht auszugleichender Mangel des Modells von Petersen/Koch liegt in einer Beschränkung auf die Frage, ob Figuren aus Innen- oder Außensicht dargestellt werden. Es fehlt die Kategorie der subjektiven – im Extremfall subjektiv verzerrten – Wahrnehmung äußerer Wirklichkeit, die in Analysemodellen der filmischen Perspektivierung Berücksichtigung findet (vgl. Kap. 5.1.3.).

4.1.3.2 Der neue Klassiker? – Das Modell von Genette

Die einfache Systematik Petersens steht in deutlichem Gegensatz zu dem umfassenden Modell, das Gérard Genette in *Die Erzählung* auf Grundlage älterer strukturalistischer Ansätze entworfen hat. Genette unterscheidet deutlich die beiden Ebenen der Perspektivierung/Mittelbarkeit (*Modus*) und des Erzählers (*Stimme*). Die Analyse des Modus antwortet auf die Frage: ‚Wer sieht?', die der Stimme auf die Frage: ‚Wer spricht?'. Zentrale Aspekte, die diese Ebenen näher bestimmen, sind die folgenden:

- Modus / ,Wer sieht':
  - Distanz
    - Wiedergabe von Ereignissen
    - Wiedergabe von Worten
  - Fokalisierung / Perspektivierung
    - Nullfokalisierung
    - Interne Fokalisierung
    - Externe Fokalisierung
- Stimme / ,Wer spricht?':
  - Zeit der Narration
  - Narrative Ebenen
  - Person
  - Funktionen des Erzählers
  - Narrativer Adressat

Auf der Ebene ,Modus' werden diejenigen Merkmale epischer Texte berücksichtigt, die die Vergabe der narrativen Informationen regeln: Die Erzählung kann zum ersten mehr oder weniger detailliert informieren und auf diese Weise den Anschein erwecken, eine mehr oder weniger große Distanz zum Dargestellten einzunehmen. Unter der Kategorie ,Distanz' wird dementsprechend die Mittelbarkeit oder Unmittelbarkeit der Darstellung erfasst. Die Kriterien Mittelbarkeit und Unmittelbarkeit bestimmen vor allem die gesprochene und ,innere' Figurenrede und leisten damit ähnliche Unterscheidungen wie das Modell von Dorritt Cohn (vgl. Kap. 4.1.3.7). Der Informationsfluss wird zum zweiten aber auch dadurch geregelt, dass eine bestimmte Beziehung von Menge des Figurenwissens und Menge des Wissens von Erzähler/Rezipienten entsteht beziehungsweise dass aus der Sicht einer Figur mit ihrem Erkenntnisvermögen erzählt oder von dieser Sicht abgewichen wird. Diese Merkmale werden unter der Kategorie ,Perspektivierung des Geschehens' (*Fokalisierung*) untersucht. Die Fokalisierung bezieht sich nicht nur auf die visuelle/äußere Wahrnehmung, sondern auch auf die Wahrnehmung von Gedanken und Gefühlen. Genette unterscheidet drei Typen der Fokalisierung:

a) Erzählungen mit *Nullfokalisierung*; hier sagt der Erzähler mehr, als irgendeine der Figuren weiß: Erzähler > Figur
b) Erzählungen mit *interner Fokalisierung*; hier sagt der Erzähler nicht mehr, als die Figur weiß: Erzähler = Figur
c) Erzählungen mit *externer Fokalisierung*; hier sagt der Erzähler weniger, als die Figur weiß: Erzähler < Figur

Von zentraler Bedeutung für diese Kategorisierung ist die Quantität der Informationsvergabe: Der Erzähler sagt mehr, nicht mehr als oder weniger als eine Figur weiß, das heißt, was sie (im weitesten Sinne) wahrnimmt. Das Kriterium ,Erzähler sagt mehr als irgendeine der Figuren weiß' ist dabei nicht identisch mit dem des Erzählerkommentars, auch wenn bei der Anwendung dieser beiden Kriterien eine von Genette nicht berücksichtigte Schnittmenge entsteht: Falls ein

Erzähler die Geschichte zum Beispiel durch Informationsvergabe kommentiert oder durch Beschreibungen ergänzt, können diese Informationen über das Wissen der Figuren hinausgehen. Zumeist sagt ein Erzähler jedoch mehr, als eine Figur weiß, vor allem, indem er die Handlungen und Wahrnehmungen unterschiedlicher Figuren darstellt (die sich eventuell zur gleichen Zeit an unterschiedlichen Orten befinden). Die Wahl der vorsichtigen Formulierung ‚Erzähler sagt nicht mehr als die Figur weiß' statt der Variante ‚Erzähler sagt, was die Figur weiß' dürfte auf eine Auffassung zurückzuführen sein, nach der die innere und äußere Wahrnehmung von fiktiven Figuren ähnlich komplex ist wie die realer Personen und dementsprechend von einem Erzähler niemals vollständig erfasst werden kann.

Die Quantität der Informationsvergabe bestimmt die Kategorien der Perspektivierung allerdings nicht allein. Genette setzt implizit voraus, dass diese Quantität stets mit einer bestimmten Qualität der Informationsvergabe verbunden ist: Mit der ‚objektiven' Außensicht; der subjektiven Außensicht, in der die Außenwelt mit den ‚Augen' einer Figur in eventuell auch deutlich verzerrter Weise wahrgenommen wird; oder der Innensicht, die Gedanken, Gefühle, Erinnerungen und Phantasien einer Figur darstellt. Wenn der Erzähler mehr sagt, als irgendeine der Figuren weiß, kann er nach Genette sowohl aus einer ‚objektiven' Außensicht erzählen als auch zeitweise die Innensicht einer Figur (oder abwechselnd mehrerer Figuren) beziehungsweise ihren subjektiven Blick auf die Außenwelt darstellen. Wenn er nicht mehr sagt als die Figur weiß, teilt er dagegen durchgängig die subjektive Außensicht und/oder die Innensicht einer Figur (ihre Gedanken, Gefühle, Phantasien) oder abwechselnd mehrerer Figuren. Und wenn er weniger sagt als die Figur weiß, ist er auf die Außensicht beschränkt.[12]

Auf Ebene der *Stimme* wird der Akt des Erzählens von Genette wie folgt differenziert:

a) Die Kategorie *Zeit* bestimmt den zeitlichen Abstand des Erzählaktes vom erzählten Geschehen (den Ort des Erzählaktes betrachtet Genette als unwichtig).
b) Mit der Kategorie *narrative Ebenen* werden Strukturen erfasst, die im Literaturunterricht oft unter dem Begriff der Rahmenhandlung teilweise Berücksichtigung finden: Die Frage nach den Ebenen einer Erzählung richtet sich zum einen darauf, ob eine Erzählung (die *intradiegetische* Erzählung) den (fiktiven) – mündlichen oder schriftlichen – narrativen Akt darstellt, der sie hervorbringt (durch eine *extradiegetische* Erzählung). Und zum anderen darauf, ob es innerhalb der intradiegetischen Erzählung eine – mündliche oder schriftliche – Erzählung zweiter Stufe (die *metadiegetische* Erzählung) gibt. Metadiegetische Erzählungen können zum Beispiel von einer Figur erzählt werden und die Funktion haben, die Vorgeschichte der intradiegetischen Erzählung zu klären, Entscheidungen innerhalb dieser Erzählung zu beeinflussen oder dem Leser Hilfen zu ihrer Interpretation zu bieten.

[12] Vgl. Genette (1994), S. 132-149.

c) Unter der Kategorie *Person* wird die Beteiligung oder Nichtbeteiligung des Erzählers am Geschehen beschrieben; Genette nimmt damit Kriterien auf, die Stanzel hauptsächlich zur Abgrenzung der Ich-Erzählsituation gegenüber den anderen Erzählsituationen dienen. Bei Genette bestimmen diese Kriterien zwei Typen von Erzählungen: Solche, in denen der Erzähler als Figur in der von ihm erzählten Geschichte anwesend ist (*homodiegetische* Erzählung) und solche, in denen der Erzähler als Figur in der von ihm erzählten Geschichte nicht vorkommt (*heterodiegetische* Erzählung).
d) Unter den *Funktionen des Erzählers* fasst Genette neben dem eigentlichen Erzählen unterschiedliche Formen von Erzählerkommentaren (im weiteren Sinn) zusammen: ‚Regiebemerkungen', Kontaktaufnahmen mit dem (fiktiven) Leser, Verifizierungen des Erzählten, affektiven Reaktionen auf Teile der Geschichte sowie – im modernen Roman oft die Handlung überwuchernde – ‚didaktische' Erläuterungen und Rechtfertigungen (für die Genette die Bezeichnung ‚Kommentar' ausschließlich verwendet).
e) Die Kategorie *narrativer Adressat* schließlich bestimmt, welche Eigenschaften beziehungsweise Funktionen dem (fiktiven) Leser vom (fiktiven) Erzähler zugewiesen werden – so zum Beispiel eine aktive Mitwirkung an der Bedeutungskonstitution der Erzählung.

Genettes Modell nimmt unter dem Aspekt der Fokalisierung eine Einteilung vor, die den Kategorien des auktorialen, personalen und neutralen Erzählverhaltens nach Petersen ähnelt. Die Kategorisierung Genettes ist aber insofern ergiebiger, als sie nicht nur die Kommentare, sondern das Wissen von Erzähler und Figuren in einem weiten Sinn und vor allem die Beschränkung/Nichtbeschränkung auf das Wissen einer Figur berücksichtigt. Außerdem sind die Kategorien zur Untersuchung der Stimme differenzierter als die von Petersen/Koch vorgeschlagenen Ergänzungen zur Analyse des Erzählverhaltens. Insbesondere wird die Unterscheidung eines homodiegetischen und heterodiegetischen Erzählers der Struktur literarischer Texte sicher eher gerecht als eine bloße Bestimmung der Ich/Er-Form. Darüber hinaus bietet das Modell mit seiner Trennung von Modus und Stimme einen Ansatz für die medienübergreifende Erzähltextanalyse von literarischen Erzählungen und von Filmen, die zumeist keinen Erzähler, wohl aber eine Perspektivierung aufweisen.

Die Vollständigkeit und Komplexität des Modells von Genette hat nun allerdings zur Folge, dass es von analytisch weniger geschulten Lesern nicht eben leicht auf Texte angewandt werden kann. Neben diesem pragmatischen Nachteil weist Genettes Modell aber auch systematische Probleme auf. Das Modell ist zum ersten für die Erfassung von bedeutsamen Merkmalen der Erzählinstanz ungünstig, vor allem weil der Erzählerkommentar nur als einer von vielen Aspekten der ‚Stimme' Berücksichtigung findet. Kommentierungen der Geschichte sind aber eine zentrale Funktion des Erzählers in vielen – vor allem vormodernen – literarischen Erzählungen, und die Nutzung solcher Kommentare/der Verzicht auf sie kann in Übereinstimmung mit Petersen als sinnvolles Kriterium zu einer grundlegenden Unterscheidung von epischen Texten (in ‚auktoriale' und ‚nichtauktoriale') herangezogen werden. Außerdem wird bei Genette die Variante des

Kommentars durch ‚undidaktische' Informationen, wie sie zum Beispiel in Romanen des 19. Jahrhunderts häufig zu finden sind, nicht deutlich. Ein weiterer problematischer Aspekt von Genettes Beschreibung der ‚Stimme' liegt darin, dass diese Beschreibung die Kategorie des zuverlässigen oder unzuverlässigen Erzählers nur am Rande berücksichtigt, obgleich sie – wie Martinez/Scheffel im Anschluss an Wayne C. Booth' *The Rhetoric of Fiction* ausgeführt haben – insbesondere für moderne Erzählungen mitunter von zentraler Bedeutung sein kann: Zumeist auf der Ebene der Erzählerkommentare, in Ausnahmefällen aber auch bei der Darstellung der Handlung kann sich ein Erzähler – sei es aufgrund einer beschränkten Wahrnehmung, sei es weil er absichtlich zu täuschen versucht – als unzuverlässig erweisen, indem seine Aussagen in Widerspruch zu den (rekonstruierbaren) Tatsachen der erzählten Welt geraten.[13]

Der zweite – und schwerwiegendste – Nachteil von Genettes Typologie liegt darin, dass sie zur Bestimmung von Fokalisierungstypen Merkmale zusammenfasst, die von der Filmwissenschaft unter den Kategorien quantitativer und qualitativer Point of View getrennt betrachtet werden (vgl. Kap. 5.1.3.): Zum einen die Verteilung von Informationen zwischen Erzähler beziehungsweise Rezipienten und Figuren (quantitativer Aspekt) und zum anderen die Art und Weise der Informationsvergabe, die bestimmt, ob eine Erzählung ‚objektive' Außenwahrnehmung oder eine subjektiv beeinflusste Sicht der Außenwelt beziehungsweise die Innensicht von Figuren darstellt (qualitativer Aspekt).

Die auf einer Verbindung unterschiedlicher Merkmale beruhenden Fokalisierungstypen erlauben zwar eine einleuchtende Bestimmung der Perspektivierung in den meisten literarischen Erzählungen und überdies eine rasche Erfassung von Merkmalskombinationen, die für die Perspektivierung in epischen Texten typisch sind; außerdem bieten die Kategorien der Nullfokalisierung und der internen Fokalisierung eine Hilfe bei der Abgrenzung von Erzählungen, deren Erzähler über das Wissen jeder einzelnen Figur hinausgeht (und dabei sowohl ‚objektive' Außensicht als auch Innensicht beziehungsweise subjektive Außensicht nutzt) und solchen, deren Erzähler sich abwechselnd auf die Sicht mehrerer Figuren beschränkt (und dabei lediglich ihre Innensicht beziehungsweise subjektive Außensicht wiedergibt). Genette selbst räumt aber ein, dass sich in manchen Erzähltexten Abweichungen von einem Fokalisierungstyp finden, etwa wenn von der Innensicht Gebrauch gemacht wird, dem Leser aber doch Informationen verschwiegen werden, die der dargestellten Figur bekannt sein müssen. Zu ergänzen wäre, dass Genettes für eine Bildung der Kategorie ‚externe Fokalisierung' maßgebliche Annahme, aus der Außensicht dargestellte fiktionale Figuren würden über nicht mitgeteilte Gedanken und Gefühle verfügen, prinzipiell diskussionswürdig und in manchen Fällen wenig einleuchtend ist. In eindeutiger Weise kann ein Defizit des Leserwissens gegenüber dem Wissen einer Figur nur dann festgestellt werden, wenn die dem Leser verborgenen Informationen schließlich doch zur Darstellung kommen (wie zum Beispiel Ermittlungsergebnisse des Detektivs im Kriminalroman) oder zumindest indirekt erschließbar werden beziehungsweise eine deutlich markierte Leerstelle im Text bilden.

[13] Vgl. Martinez/Scheffel (1999), S. 100-107.

Diese kleineren Unklarheiten bei der Bestimmung der Perspektivierung in literarischen Erzählungen wären wohl zugunsten eines differenzierten Modells in Kauf zu nehmen. Die Zusammenfassung von Merkmalen in den Kategorien Genettes ist jedoch aus zwei weiteren Gründen problematisch: Sie lenkt den Blick von Aspekten der Darstellung ab, die für epische Texte von zentraler Bedeutung sind. Die Frage, ob Erzähler (und Leser) eine ‚objektive' Außensicht oder die subjektive Außensicht beziehungsweise Innensicht einer Figur teilen, ist für das Verstehen einer literarischen Erzählung oft entscheidend, wird bei Genette aber nur implizit berücksichtigt. Und Genettes Typologie eignet sich nicht für eine medienübergreifende Analyse von Perspektivierung: Seine Kategorien lassen sich höchstens auf eine kleinere Zahl von Spielfilme gewinnbringend anwenden. Quantitativer und qualitativer Point of View müssen in der Filmanalyse getrennt betrachtet werden.

4.1.3.3 Eine Modifikation des Modells von Genette (Erzählinstanz, Perspektivierung)

Wir möchten aus den oben genannten Gründen für die Analyse der Erzählinstanz und der Perspektivierung in literarischen Erzählungen eine Modifikation von Genettes Modell vorschlagen. Genettes Trennung von Stimme und Modus soll beibehalten werden. Doch sollen Genettes komplexe Kategorien zur Bestimmung von Fokalisierungstypen ‚entzerrt' werden, indem die (quantitative) Informationsverteilung und die Art und Weise der Informationsvergabe jeweils eine eigenständige Betrachtung erfahren. Außerdem sollen die von Genette vorgeschlagenen Aspekte zur Analyse der Stimme nach ihrer Ergiebigkeit für die Mehrzahl epischer Texte unterschiedlich gewichtet und durch die Kategorie des *zuverlässigen/unzuverlässigen Erzählers* ergänzt werden. Auf diese Weise soll ein Modell entstehen, das einfach angewendet werden kann, besonders bedeutsame Aspekte der Erzählinstanz und der Perspektivierung in den Mittelpunkt rückt und darüber hinaus für die medienübergreifende Erzähltextanalyse nutzbar ist. Dabei wird in Kauf genommen, dass anders als durch das Modell Genettes prototypische Kombinationen von Merkmalen der Perspektivierung nicht auf den ersten Blick erfasst werden können. Ergänzt werden soll die Untersuchung des Modus ähnlich wie bei Genette durch eine Bestimmung von Formen der Rede- und Gedankenwiedergabe (vgl. unten Kap. 4.1.3.6).

Für eine Untersuchung der Perspektivierung schlagen wir eine (zunächst) getrennte Betrachtung der (quantitativen) Verteilung von Erzähler- und Figurenwissen sowie der Art und Weise, in der die Informationen vergeben werden, aus drei Gründen vor. Kategorien, die auf eine Verbindung von Merkmalen aus beiden Bereichen verzichten, halten wir erstens für einfach und systematisch unbedenklich; zweitens sind solche Kategorien für die medienübergreifende Erzähltextanalyse geeignet; und vor allem ermöglichen sie eine besondere Beachtung der Art und Weise, in der die Informationen einer Erzählung vergeben werden. Natürlich wird auch bei der Analyse der quantitativen Informationsverteilung in der Regel berücksichtigt, inwiefern die Informationen auf die besondere Sicht einer Figur zurückgehen: So kann ein ‚Mehr' des Erzählerwissens gegenüber dem Figurenwissen oft aufgrund der Beobachtung festgestellt werden, dass der Erzähler Einblick in die Innenwelt mehrerer Figuren hat und darüber hinaus ‚objektive' Außensicht wiedergibt; und eine Übereinstimmung von Erzähler- und Figurenwissen kann darauf zurückgeführt werden, dass der Erzähler auf die Innensicht und subjektive Außensicht einer Figur beschränkt ist. Dennoch halten wir Analysekategorien, die explizit dazu auffordern, die Art und Weise der Informationsvergabe in literarischen Erzählungen zu betrachten, für notwendig. Ob aus ‚objektiver' Außensicht, aus subjektiver Außensicht oder aus Innensicht erzählt wird, ist für das Bedeutungspotenzial einer literarischen Erzählung oft entscheidend. Mit einer expliziten, eigenständigen Berücksichtigung dieser Aspekte können wir uns auf Petersen beziehen, der die Kategorie Innen-/Außensicht als eine der Ergänzungen zur Feststellung des Erzählverhaltens vorsieht, außerdem auf Stanzel, der diese Kategorie explizit bei der Bestimmung von Erzählsituationen durch mehrere Merkmale nutzt. Als Alternativen zu den in der Filmwissenschaft etablierten Bezeichnungen *quantitativer* und *qualitativer Point of View* schlagen wir für eine Benennung der (quantitativen) Informationsverteilung und der Art und Weise der Informationsvergabe die in der Literaturwissenschaft eher anschlussfähigen Begriffe *(Erzähl-) Perspektive* und *Sichtweise* vor. (Erzähl-) Perspektive/quantitativer Point of View und Sichtweise/qualitativer Point of View werden dabei in Anlehnung an Systematiken der Filmwissenschaft (vgl. Kap. 5.1.3) genauer beschrieben.

Die Erzählperspektive / der quantitative Point of View

Die Erzählperspektive/der quantitative Point of View kann die folgenden Varianten aufweisen:

a) der Erzähler sagt mehr als die (Haupt-) Figur weiß b) der Erzähler sagt genauso viel wie die (Haupt-) Figur weiß c) der Erzähler sagt weniger als die (Haupt-) Figur weiß

Variante a) wird in literarischen Erzählungen häufig genutzt und entsteht oft – insbesondere im vormodernen Roman – dadurch, dass der Erzähler Einblick in die Innenwelt mehrerer Figuren hat. Diese Art der Perspektivierung kann mitunter nur schwer von einem besonderen Fall der Variante b) abgegrenzt werden, in dem der Erzähler abwechselnd genau das sagt, was unterschiedliche Figuren wahrnehmen. Das Erzählerwissen kann das Figurenwissen aber auch dadurch übersteigen, dass – wie es für filmische Erzählungen typisch ist – eventuell zeitgleiche Handlungen unterschiedlicher Figuren an unterschiedlichen Schauplätzen dargestellt werden. Auch die Übereinstimmung von Erzähler- und Figurenwissen ist in literarischen Erzählungen – insbesondere in Erzählungen der Moderne – häufig. Wir wählen für die Variante b) die Formulierung „Erzähler sagt genauso viel wie die (Haupt-) Figur weiß", weil wir eine fiktionale Figur nicht als Individuum auffassen, das über vom Erzähler nicht dargestellte oder zumindest angedeutete Erfahrungen verfügt. Eine Unterschreitung des Figurenwissens durch den Erzähler ist in literarischen Erzählungen eher selten. Entsprechend unserer Auffassung literarischer Figuren soll die Variante c) nur dann angenommen werden, wenn der Erzähler das Wissen der (Haupt-) Figur zunächst verschweigt, um es später darzustellen, oder wenn er dies Wissen zumindest andeutet beziehungsweise als Leerstelle markiert. Für die Gestaltung der Erzählperspektive/des quantitativen Point of View wird in literarischen Erzählungen zumeist durchgängig eine Variante herangezogen, doch sind auch Wechsel innerhalb einer Erzählung möglich. Zumeist ist es zur Bestimmung des quantitativen Point of View ausreichend, das Erzählerwissen mit dem Wissen der Hauptfigur abzugleichen; nur in einigen Fällen – so wenn der Erzähler abwechselnd auf die Wahrnehmung unterschiedlicher Figuren beschränkt ist – kann es notwendig sein, das Wissen mehrerer Figuren heranzuziehen.

Die Sichtweise / der qualitative Point of View

Die Sichtweise/der qualitative Point of View kann die folgenden Varianten aufweisen:

a) der Erzähler gibt in ‚objektiver' Weise Außensicht wieder
b) der Erzähler teilt die subjektive (auch: subjektiv verzerrte) Sicht der (Haupt-) Figur auf die Außenwelt
c) der Erzähler hat Einblick in die Innenwelt der (Haupt-) Figur bzw. anderer Figuren, ihre Gedanken, Gefühle etc.

Die *‚objektive' Darstellung von Außensicht* (Variante a), die für filmische Erzählungen typisch ist, findet sich auch häufig in (insbesondere vormodernen) epischen Texten. Die von Filmen oft genutzte *subjektive Außensicht* (Variante b) ist vorwiegend auf moderne literarische Erzählungen beschränkt, wobei anders als im Film die ‚objektive' Außensicht und die subjektive Sicht der Außenwelt oft nicht deutlich voneinander unterschieden werden können. Eindeutig lässt sich die subjektive Außensicht dann feststellen, wenn die Außenwelt in der Sicht einer Figur verzerrt erscheint oder wenn eine Wahrnehmung ausdrücklich auf den Blick einer Figur (zum Beispiel aus dem Fenster) zurückgeführt wird. Die *Innensicht* (Variante c) ist zumindest als Ergänzung der Außensicht für einen großen Teil der epischen Texte insbesondere in der Moderne, aber auch für den Roman des 18./19. Jahrhunderts – anders als für Spielfilme – typisch. Die Sichtweise/der qualitative Point of View kann sich in literarischen Erzählungen auf eine Variante beschränken, wechselt aber auch häufig innerhalb einer Erzählung.

Durch eine unterschiedliche Gewichtung der Aspekte, die einer Untersuchung der Stimme dienen, wollen wir die Darstellungsanalyse übersichtlich halten. So soll die An- oder Abwesenheit von Erzählerkommentaren unterschiedlicher Art, vor allem von Reflexionen, Meinungen und Urteilen des Erzählers, sowie von Beschreibungen aus seiner Sicht insofern als besonders bedeutsam gelten, als diese Merkmale bei der Untersuchung jeder literarischen Erzählung berücksichtigt werden müssen: Sie sind für die Präsentation einer Handlung in jedem Fall bedeutsam; ihre Feststellung erlaubt zumeist ähnlich wie von Petersen vorgesehen eine grundsätzliche Unterscheidung von epischen Texten (in

‚auktoriale' und ‚nichtauktoriale'). An zweiter Stelle soll die Kategorie Beteiligung/Nichtbeteiligung des Erzählers an der Handlung stehen, weil sich eine Anwendung dieser Kategorie in vielen Fällen als ergiebig erweist, insbesondere, wenn sich Differenzen zwischen der Sicht eines Erzählers und seines in der Geschichte handelnden Ichs feststellen lassen. Die Zeit der Narration, die narrativen Ebenen und der narrative Adressat sollen dagegen insofern als weniger bedeutsam betrachtet werden, als sie nur von Fall zu Fall zu berücksichtigten sind. Diese Aspekte der Darstellung folgen zumeist einem sozusagen unmarkierten Normalfall ohne besondere Funktion: Der Abstand des Erzählers zum Erzählten ist nicht genau feststellbar, es gibt nur eine Ebene des Erzählens und der narrative Adressat wird kaum deutlich. Ihre Untersuchung lohnt nur, wenn sich Abweichungen von diesem Normalfall finden. Ebenso ist die Kategorie Zuverlässigkeit/Unzuverlässigkeit des Erzählers, die in Anlehnung an Martinez/ Scheffel die von Genette vorgeschlagenen Kategorien zur Untersuchung der Stimme ergänzen soll, nur in Ausnahmefällen von Bedeutung: Der Erzähler epischer Texte ist in der Regel zuverlässig.

4.1.3.4 Die Wiedergabe von gesprochener Rede und Gedankenrede

Rede- und *Gedankenwiedergabe* bilden ein zentrales Element in erzählenden Werken. Einen ‚pantomimischen Roman' ohne Rede und Gedanken, so hat Harald Fricke zu Recht geäußert, würden Leser wohl ablehnen, offenbar weil nur der redende und denkende Mensch eine Betrachtung lohnt.[14] Die Darstellung von Rede und Gedanken ist dementsprechend neben der Perspektivierung und eventuell einer Kommentierung der Handlung eine Hauptaufgabe literarischer Erzählungen. Epische Texte verfügen anders als Dramen (und die Mehrzahl der Filme) über unterschiedliche Möglichkeiten, die „Erzählung von Ereignissen", so Genette, durch die „Erzählung von Worten" zu ergänzen. Der Erzähler kann – in ähnlicher Weise wie der Dramatiker – Rede und Gedanken sozusagen ‚ungefiltert' wiedergeben und damit den Eindruck erwecken, er habe unmittelbaren Zugang zu ihnen. Er kann sie aber auch ‚narrativisieren', das heißt auf ihre wörtliche Wiedergabe verzichten und von ihnen wie von einem anderen Element der Handlung in distanzierter Weise berichten, wie es insbesondere in vormodernen Erzählungen mit einem kommentierenden Erzähler häufig der Fall ist. Zwischen diesen beiden Varianten – der *unmittelbaren Redewiedergabe* im dramatischen Modus und der *mittelbaren Redewiedergabe* im narrativen Modus – gibt es eine dritte Möglichkeit, in der sich die Sicht des Erzählers und die einer Figur vermischen.

Die Erörterung von Redewiedergabe in erzählenden Texten geht bis auf die griechische Antike zurück. Die genannte Dreiteilung der Rede- und Gedankenwiedergabe prägt neuere Forschungen in der zweiten Hälfte des 20. Jahrhunderts. Sie findet sich beispielsweise bei Genette, der die Wiedergabe äußerer und innerer Rede unter dem Aspekt ‚Distanz' abhandelt; einflussreich ist neben dem Mo-

[14] Fricke (1981).

dell Genettes auch die von Dorrit Cohn in *Transparent Minds*[15] vorgelegte Systematisierung. Nach Cohn und Genette lassen sich die drei Haupttypen, mit denen gleichermaßen die Wiedergabe von gesprochener Rede und von Gedankenrede erfasst werden kann, wie folgt bestimmen:

(1) Erzählte Rede / narrativisierte Rede [= narrativer Modus]
Deutlich präsent ist der Erzähler im *Rede- oder Gedankenbericht*; die narrative Distanz zum Gesprochenen ist hier groß.

> Beispiele: Dornröschen erzählte dem Königssohn, wie sie sich an der Spindel gestochen hatte (Redebericht). Der Prinz dachte über die Dummheit von Dornröschen nach (Gedankenbericht).

Eine ‚Schwundform' der Redewiedergabe ist die bloße *Erwähnung eines sprachlichen Aktes*.

> Beispiel: Dornröschen sprach mit dem Königssohn.

(2) Transponierte Rede
Die Sicht des Erzählers und die Sicht der Figur überschneiden sich in der *indirekten Rede* und vor allem in der für moderne epische Texte bedeutenden *erlebten* Rede (in der 3. Person Präteritum, ohne Eingangsformel). Indirekte und erlebte Rede können sowohl gesprochene Rede als auch Gedankenrede wiedergeben.

> Beispiele: Er fragte Dornröschen trotzdem, ob sie ihn heiraten wolle (gesprochene Rede als indirekte Rede). Dornröschen dachte, dass das eine gute Idee sei (Gedankenrede als indirekte Rede). Schon immer hatte sie sich einen Königssohn als Ehemann gewünscht (Gedankenrede als erlebte Rede). Ja, sie wollte ihn heiraten und immer mit ihm glücklich sein (gesprochene Rede als erlebte Rede).

(3) Zitierte Rede [= dramatischer Modus]
Scheinbar unmittelbar äußert sich eine Figur dagegen in der *direkten Rede* (oder im Gedankenzitat im Falle von Gedankenrede) und verstärkt im *inneren Monolog* (in der 1. Person Präsens, ohne Eingangsformel). Der innere Monolog wird in modernen Erzählungen häufig genutzt, um Gedanken beziehungsweise Bewusstseinsabläufe einer Figur – zumeist für längere Passagen, mitunter sogar für die gesamte Erzählung – wiederzugeben und dabei den Erzähler vollständig zurücktreten zu lassen. Teilweise wird der innere Monolog in der Forschung vom *Bewusstseinsstrom/stream of consciousness* unterschieden, doch bleiben diese Unterscheidungsversuche widersprüchlich: Seymour Chatman fasst den Bewusstseinsstrom als radikalisierte Form des inneren Monologes auf, in dem Assoziationen oder Sinneseindrücke einer Figur unter weitgehendem Verzicht auf eine logische und syntaktische Ordnung wiedergegeben werden.[16] Im Gegensatz dazu definiert Vogt unter Bezug auf Dorrit Cohn die ‚psycho-narration' als Versuch einer

---

[15] Cohn (1978).
[16] Vgl. Chatman (1978) S. 181-194.

Nachbildung von Prozessen des Unbewussten; dagegen versteht er den Bewusstseinsstrom als Wiedergabe von sprachlich vorformulierten Bewusstseinszuständen und -vorgängen.[17] Wir halten die beschriebenen Differenzierungen nicht für notwendig und verstehen den inneren Monolog als unmittelbare Darstellung von Gedankenrede einer Figur, die mehr oder weniger assoziativ ausfallen kann.

> Beispiele: „Bist du sicher?", fragte der Königssohn (direkte Rede). Dornröschen dachte: „Aber ja" und nickte mit dem Kopf (Gedankenzitat). Der Königssohn wurde blass. Ach, schon immer war ich zu voreilig. Schon damals, als ich mich mit diesem braven Aschenputtel verlobt habe. Es war so anstrengend, sie wieder los zu werden. Auch die hier hat also ja gesagt. Natürlich. Was mach ich nun bloß? Heiraten ... muss sowieso irgendwann sein ... ich als Königssohn ... na ja ... also gut (innerer Monolog).

4.1.3.5 Funktionen von Erzähler und Perspektivierung – offene Fragen

Abgesehen davon, dass jedes Modell zur Bestimmung von Erzähler und Perspektivierung einer literarischen Erzählung Nachteile aufweist, wird eine solche Bestimmung – nach gleich welchem Modell – häufig durch zwei offene Fragen erschwert. Diese Fragen sind prinzipiell für alle Bereiche der Textanalyse ungeklärt, haben aber für eine Untersuchung von Erzähler und Perspektivierung besonderes Gewicht. Zum ersten bleibt oft unklar, wie detailliert diese Untersuchung ausfallen soll beziehungsweise wie die für eine Analyse relevanten Textstellen aufgefunden werden können. Regeln zur Entscheidung dieser Frage gibt es nicht. Für eine möglichst genaue Untersuchung spricht, dass sich zentrale Merkmale des Erzählers und der Perspektivierung im Verlauf einer Erzählung häufig verändern – zum Beispiel können zu Beginn ‚dichte' Erzählerkommentare später fast ganz zurück treten, oder Außensicht kann zunehmend von Innensicht abgelöst werden – und dass selbst Wechsel der Perspektivierung innerhalb einzelner Sätze oder kürzerer Abschnitte von Bedeutung sein können. Andererseits kann sich aber eine detaillierte Untersuchung auch als sinnlos erweisen, vor allem, weil die Perspektivierung einzelner Textabschnitte oft unerheblich ist und sich – anders als im Film – auch kaum genau bestimmen lässt.

Und zum zweiten fehlen Richtlinien für eine Bestimmung des Beitrages, den die jeweiligen Merkmale des Erzählers und der Perspektivierung für das Verstehen einer Erzählung leisten. Welche Funktionen diese Besonderheiten haben und wie sie demzufolge bei der Interpretation einer Erzählung berücksichtigt werden müssen, lässt sich jeweils nur für einen bestimmten Text feststellen, indem sie auf die Handlung und auf weitere Aspekte der Darstellung bezogen werden. Zwar lassen sich einige Tendenzen angeben: Insbesondere die – für vormoderne epische Texte typischen – Erzählerkommentare, außerdem ein das Figurenwissen übertreffende Erzählerwissen sowie ein von der Handlung entfernter Zeitpunkt des Erzählens dienen zumeist einer sachlichen oder auch moralischen Orientierung des Lesers und legen ihm (wie auch das heterodiegetische Erzählen und eine

[17] Vgl. Cohn (1978), S. 217-265, und Vogt (1996), S. 305.

vom Erzähler deutlich geprägte Rede- und Gedankenwiedergabe) eine in gewissem Maße distanzierte, mitunter auch eine überlegene Haltung gegenüber Handlung und Figuren nahe. Die subjektiv perspektivierte Sicht und insbesondere die Innensicht, eine relativ direkte Wiedergabe von Gedankenrede, eine Entsprechung von Figuren- und Leserwissen sowie das homodiegetische Erzählen, bei dem der Erzähler zugleich als Hauptfigur der Handlung auftritt, fordern den Leser häufig in hohem Maße zur Empathie mit der (Haupt-) Figur auf. Und die ‚objektive' Außensicht kann nicht nur eine eher distanzierte Haltung des Lesers zu Handlung und Figuren bewirken, sondern bietet in vielen Fällen auch einen besonders großen Interpretationsspielraum, indem diese Sicht eine Ergänzung von Gedanken und Gefühlen der Figuren nahe legt. Abweichungen von diesen (konventionalisierten) Funktionen sind jedoch ausgesprochen häufig. So können insbesondere moderne Texte mit Erzählerkommentaren einen unzuverlässigen Erzähler aufweisen, dessen Ergänzungen einer Geschichte offenbar unzutreffend oder zumindest unzulänglich sind und dem Leser die Entwicklung einer eigenständigen Sicht nahe legen. Die Entsprechung von Erzähler- und Figurenwissen kann den Eindruck einer unzugänglichen, fremden oder sogar feindlichen Welt erzeugen. Die Konzentration auf die subjektive Sicht einer beschränkten oder moralisch fragwürdigen Figur und das homodiegetische Erzählen, das den Erzähler zugleich als Hauptfigur auftreten lässt, können eine Distanzierung von der Perspektive der entsprechenden Figur provozieren. Und die Beschränkung einer Erzählung auf Außensicht kann den Eindruck einer auf ihre Oberfläche reduzierten Welt entstehen lassen.

4.1.4 Ein Grundmodell für die Darstellungsanalyse

1. Zeitliche Gestaltung

Die zeitliche Gestaltung literarischer Erzählungen lohnt im Allgemeinen nur dann eine genauere Untersuchung, falls sich Abweichungen vom konventionalisierten Darstellungsmuster (eher unwichtige Elemente der Handlung werden gerafft oder ausgespart, offensichtlich wichtige annähernd zeitdeckend dargestellt; die Chronologie der Handlung bleibt – eventuell mit Ausnahme von Nachträgen der Vorgeschichte – erhalten) feststellen lassen. Dann bietet es sich an, nach den Aspekten chronologische/achronologische Ordnung, Erzählgeschwindigkeit und einmalige/mehrfache Darstellung zu fragen. Diese Aspekte folgen ebenso wie die Mehrzahl der sie näher bestimmenden Kategorien dem Modell Genettes (wenngleich nicht seiner abstrakten Terminologie). Für eine Differenzierung des Aspektes Erzählgeschwindigkeit wird allerdings das Modell Müllers herangezogen, das übersichtlicher ist und sich für eine medienübergreifende Analyse besser eignet. Die Funktionen von besonderen Merkmalen der Zeitgestaltung lassen sich für literarische Erzählungen insgesamt nur mit deutlichen Einschränkungen bestimmen.

1.1 Chronologische / achronologische Ordnung
Unter diesem Aspekt wird danach gefragt, ob die Abfolge der Geschehnisse in einer literarischen Erzählung
a) einer ursprünglichen Reihenfolge der Handlung entspricht oder ob die Chronologie durch
b1) Rückwendungen oder b2) Vorausdeutungen aufgebrochen wird.
Rückwendungen haben oft die Funktion, den Leser über Teile der Geschichte (oder ihre Vorgeschichte) zu orientieren; sie können aber zum Beispiel auch die Entscheidungen einer Figur beeinflussen oder, sofern sie gegen Ende einer Erzählung zu finden sind, ein konflikthaftes Geschehen auflösen oder erklären.
Die Vorausdeutungen lassen sich danach unterscheiden, ob sie zukunftsgewiss sind (weil sie auf einen verlässlichen Erzähler zurückgeführt werden können) oder als ungewiss gelten müssen (weil sie von einer Figur oder einem unzuverlässigen Erzähler stammen). Zukunftsgewisse Vorausdeutungen dienen oft einer Spannungslenkung vom Ausgang auf den Gang der Handlung oder auch – sofern sie gegen Ende einer Erzählung zu finden sind – einer Spannungslösung. Zukunftsungewisse Vorausdeutungen erwecken im Leser zumeist die Frage, ob sie sich wohl bewahrheiten werden.

1.2 Erzählgeschwindigkeit
Unter diesem Aspekt wird danach gefragt, ob in einer literarischen Erzählung insgesamt oder teilweise
a) Die Erzählzeit kürzer ist als die erzählte Zeit (zeitraffendes Erzählen)
b) Die Erzählzeit ungefähr gleich lang ist wie die erzählte Zeit (zeitdeckendes Erzählen)
c) Die Erzählzeit länger ist als die erzählte Zeit (zeitdehnendes Erzählen)
Zumeist ist es sinnvoll, die Erzählgeschwindigkeit nicht nur für die Erzählung insgesamt, sondern auch für einzelne, mehr oder weniger umfangreiche Abschnitte zu bestimmen. Für eine nähere Untersuchung des zeitraffenden Erzählens kann festgestellt werden, ob diese Erzählgeschwindigkeit durch Raffung im engeren Sinn oder durch Aussparungen zustande kommt. Sofern das zeitraffende Erzählen nicht offensichtlich weniger wichtige Geschehnisse betrifft, kann es dazu dienen, Elemente der Handlung entgegen den Lesererwartungen als unwichtig zu kennzeichnen. Aussparungen können darüber hinaus zur Ergänzung von Leerstellen auffordern, zum Beispiel deshalb, weil sie konventionell nicht darstellbare Geschehnisse ersetzen. Zeitdeckendes Erzählen kann, sofern es nicht eindeutig wichtige Elemente der Handlung darstellt, auch den Lesererwartungen nach Nebensächliches als bedeutungsvoll erscheinen lassen. Zeitdehnendes Erzählen erweckt oft den Eindruck einer besonders komplexen Wirklichkeit.

1.3 Einmalige / mehrfache Darstellung
Unter diesem Aspekt wird danach gefragt, ob in einer literarischen Erzählung einmalige Geschehnisse a) einmal (singulativ) oder b) mehrfach (repetitiv) und ob wiederholte Geschehnisse a) mehrfach oder b) einmal zusammenfassend (iterativ) dargestellt werden.
Die einmalige Darstellung einmaliger Geschehnisse bildet den Normalfall des literarischen Erzählens. Wenn dagegen einmalige Geschehnisse mehrfach dargestellt wer-

den, dient diese Art der Zeitgestaltung oft dazu, die Geschehnisse in unterschiedlicher Perspektivierung wiederzugeben und dem Leser damit unterschiedliche Interpretationen nahe zu legen. Die zusammenfassende Wiedergabe von wiederholten (genauer: ähnlichen) Geschehnissen verwischt die Unterschiede zwischen ihnen und kann die dargestellte Wirklichkeit zum Beispiel als eintönig oder als zirkulär erscheinen lassen.

2. Präsentation der Handlung durch einen Erzähler und Perspektivierung

Der Erzähler und die Perspektivierung einer literarischen Erzählung legen im Regelfall eine genauere Untersuchung nahe. Es bietet sich an, zunächst nach dem Aspekt der Perspektivierung zu fragen, der Teil einer medienübergreifenden Erzähltextanalyse sein kann, und dann die literaturspezifischen Aspekte Wiedergabe von Rede und Gedanken sowie Eigenschaften des Erzählers (‚Stimme') zu berücksichtigen. Alle genannten Aspekte folgen dem Modell Genettes. Die Kategorien zur näheren Beschreibung der Perspektivierung werden jedoch abweichend von Genette jeweils nur durch ein Merkmal bestimmt. Zugunsten der Einfachheit, der Möglichkeit einer medienübergreifenden Erzähltextanalyse und einer deutlichen Gewichtung der Aspekte Außensicht/subjektive Außensicht/Innensicht sollen die quantitative Verteilung von Informationen zwischen Erzähler und Figuren sowie die Art der Informationsvergabe (quantitativer und qualitativer Point of View) in Anlehnung an Systematiken der Filmwissenschaft getrennt untersucht werden. Außerdem sollen die Kriterien zur Untersuchung des Erzählers anders als bei Genette unterschiedlich gewichtet werden. So soll der Erzählerkommentar als zentrale, auf alle literarischen Erzählungen anzuwendende Kategorie unter dem Aspekt ‚Stimme' gelten. Die Kategorie Beteiligung/Nichtbeteiligung des Erzählers an der Handlung muss herangezogen werden, falls sie für die Analyse einer Erzählung ergiebig erscheint. Die Kategorien Zeit der Narration, Ebenen des Erzählens (‚narrative Ebenen') und vom Erzähler entworfener Adressat (‚narrativer Adressat') sollen nur dann Berücksichtigung finden, wenn die Erzählung vom Normalfall eines nicht näher festgelegten Abstandes des Erzählers von der Geschichte, des Erzählens auf einer Ebene und eines nicht näher bestimmbaren narrativen Adressaten abweicht. In Anlehnung an Martinez/Scheffel soll darüber hinaus in besonderen Fällen die Kategorie des zuverlässigen/unzuverlässigen Erzählers genutzt werden. Die Funktionen von einzelnen Merkmalen des Erzählers und der Perspektivierung lassen sich für literarische Erzählungen insgesamt höchstens als Tendenz bestimmen, die von einzelnen Texten sehr häufig unterlaufen wird.

2.1 Perspektivierung

2.1.1 (Erzähl-) Perspektive/quantitativer Point of View

Unter diesem Aspekt wird danach gefragt, ob in einer literarischen Erzählung

a) der Erzähler mehr sagt als die (Haupt-) Figur weiß
b) der Erzähler genauso viel sagt wie die (Haupt-) Figur weiß
c) der Erzähler weniger sagt als die (Haupt-) Figur weiß

Die Erzählperspektive/der quantitative Point of View in epischen Texten weist oft durchgängig eine dieser Varianten auf, kann aber auch innerhalb einer Erzählung wechseln. Das ‚Wissen' von Erzähler beziehungsweise Leser ist im weitesten Sinne zu verstehen, umfasst also alle Formen der äußeren und inneren Wahrnehmung. In literarischen Erzählungen übersteigt das Erzählerwissen das Figurenwissen häufig, und zwar oft dadurch, dass der Erzähler Einblick in die Innenwelt mehrerer Figuren hat. Das Erzählerwissen kann aber zum Beispiel auch dadurch größer sein als das Figurenwissen, dass Handlungen unterschiedlicher Figuren an unterschiedlichen Schauplätzen dargestellt werden. Auch die Beschränkung des Erzählers auf das Wissen einer Figur (oder abwechselnd mehrerer Figuren) ist in literarischen Texten häufig. Allerdings kann die abwechselnde Beschränkung auf die Wahrnehmung mehrerer Figuren oft nur schwer von der Variante „Erzähler weiß mehr als die (Haupt-) Figur" abgegrenzt werden, falls diese Variante dem Erzähler Einblick in die Innenwelt mehrerer Figuren erlaubt. In literarischen Erzählungen unterschreitet das Erzählerwissen das Wissen einer Figur eher selten: So wenn der Erzähler dies Wissen zunächst verschweigt, um es später darzustellen, oder es zumindest andeutet beziehungsweise als Leerstelle markiert. Zumeist ist es ausreichend, das Erzählerwissen mit dem Wissen der Hauptfigur abzugleichen, nur in einigen Fällen – so wenn der Erzähler abwechselnd auf die Wahrnehmung unterschiedlicher Figuren beschränkt ist – kann es notwendig sein, das Wissen mehrerer Figuren heranzuziehen.

Falls der Erzähler mehr sagt, als die (Haupt-) Figur weiß, bietet er dem Leser damit oft eine besonders gute Orientierung in der erzählten Welt und kann ihm darüber hinaus eine überlegene Haltung gegenüber der Handlung und den Figuren nahe legen. Wenn der Erzähler genauso viel sagt wie die (Haupt-) Figur weiß, kann diese Art der Darstellung zur Empathie des Lesers gegenüber einer Figur beitragen, es kann aber auch der Eindruck einer unzugänglichen, fremden oder sogar bedrohlichen Wirklichkeit entstehen. Außerdem kann durch die Gestaltung des quantitativen Point of View in manchen epischen Gattungen ähnlich wie im Spielfilm auf bestimmte Weise Spannung erzeugt werden (vgl. Kap. 5.1.3.2).

2.1.2 Sichtweise / qualitativer Point of View

Unter diesem Aspekt wird danach gefragt, ob in einer literarischen Erzählung

a) der Erzähler in ‚objektiver' Weise Außensicht wiedergibt
b) der Erzähler die subjektive (auch: subjektiv verzerrte) Sicht der (Haupt-) Figur auf die Außenwelt teilt
c) der Erzähler Einblick in die Innenwelt der (Haupt-) Figur bzw. anderer Figuren, ihre Gedanken, Gefühle, Erinnerungen und Phantasien, hat.

Die Sichtweise/der qualitative Point of View in epischen Texten kann durchgängig eine dieser Varianten aufweisen, häufig wechselt die Sichtweise jedoch innerhalb einer Erzählung. Insbesondere die ‚objektive' Darstellung von Außensicht und die Innensicht sind in literarischen Erzählungen häufig zu finden. Die subjektive Sicht der Außenwelt lässt sich von der ‚objektiven' Außensicht oft schwer unterscheiden. Eindeutig kann die subjektive Außensicht dann festgestellt werden, wenn die Welt in der Sicht einer Figur verzerrt erscheint oder wenn eine Wahrnehmung ausdrücklich auf den Blick einer Figur zurückgeführt wird.

Die ‚objektive' Außensicht legt dem Leser häufig eine Interpretation der Erzählung im Sinne einer Ergänzung von Gedanken und Gefühlen der Figuren nahe. Erzählen aus der Außensicht kann die dargestellte Welt aber auch als eine auf ihre Oberfläche reduzierte Wirklichkeit erscheinen lassen. Die subjektive Außensicht beziehungsweise die Innensicht bewirken dagegen oft eine besondere Empathie des Lesers mit einer Figur, können aber auch zu einer Distanzierung von fragwürdigen Figuren führen.

2.2 Wiedergabe von Rede und Gedanken

Unter diesem Aspekt wird danach gefragt, wie der Erzähler eines epischen Textes gesprochene Rede und Gedankenrede seiner Figuren darstellt:

a) in unmittelbarer Weise (durch wörtliche Rede oder inneren Monolog)
b) in einer Weise, die Sicht des Erzählers und Sicht der Figur verbindet (durch indirekte Rede oder erlebte Rede)
c) in mittelbarer Weise (durch Rede-/Gedankenbericht)

Je nach der gewählten Variante erweckt der Erzähler den Eindruck, einen unmittelbaren Zugang zu Rede und Gedanken seiner Figuren zu haben oder Rede und Gedanken mehr oder weniger distanziert wiederzugeben. Der innere Monolog kann Bewusstseinsabläufe in mehr oder weniger assoziativer Weise nachbilden.

2.3 Eigenschaften des Erzählers („Stimme")

2.3.1 Erzählerkommentare

Unter diesem Aspekt wird danach gefragt, ob der Erzähler

a) die Handlung kommentiert (vor allem durch Reflexionen, Meinungen und Urteile, aber auch durch Informationsvergabe, Erläuterungen, Mitteilungen seiner affektiven Reaktion, Schlussfolgerungen für das Verhalten oder die Weltsicht des [fiktiven] Lesers, Beglaubigungen der Geschichte, Thematisierungen des Erzählens) oder durch Beschreibungen aus seiner Sicht ergänzt
b) auf solche Kommentare oder Beschreibungen verzichtet

Im Falle der Kommentierung bietet der Erzähler dem Leser oft Hilfen zur sachlichen, emotionalen oder moralischen Orientierung über die Handlung. Diese Funktion wird häufig dadurch verstärkt, dass das Erzählerwissen das Figurenwissen übersteigt. Allerdings können die Kommentare eines unzuverlässigen Erzählers den Leser auch zu einer eigenständigen Einschätzung der Handlung auffordern.

2.3.2 Beteiligung/Nichtbeteiligung des Erzählers an der Handlung

Unter diesem Aspekt wird danach gefragt, ob der Erzähler

a) als Figur an der Handlung beteiligt ist (homodiegetische Erzählung)
b) an der Handlung nicht beteiligt ist (heterodiegetische Erzählung)

Homo- und heterodiegetische Erzählungen lassen sich fast ausnahmslos an der Ich- beziehungsweise Er-Form erkennen. Während das heterodiegetische Erzählen tendenziell eine gewisse Distanzierung des Lesers von Handlung und Figuren bewirkt, kann das homodiegetische Erzählen, insbesondere wenn der Erzähler zugleich die Rolle der Hauptfigur einnimmt, die Empathie des Lesers gegenüber der (Haupt-) Figur befördern. Diese Funktion wird oft durch die Nutzung von subjektiver Außensicht beziehungsweise von Innensicht verstärkt. Homodiegetisches Erzählen kann aber auch die Sicht der (Haupt-) Figur relativieren, falls der Erzähler sein an der Geschichte beteiligtes Ich distanziert betrachtet.

2.3.3 Abstand des Erzählers zur Handlung

Unter diesem Aspekt wird danach gefragt, ob der Erzähler

a) einen größeren zeitlichen (und evtl. räumlichen) Abstand zur Handlung einnimmt

b) sein Abstand zur Handlung gering ist oder nicht näher bestimmt werden kann

Ein erheblicher zeitlicher/räumlicher Abstand des Erzählers von der Handlung kann, insbesondere in Verbindung mit Erzählerkommentaren und heterodiegetischem Erzählen, den Eindruck einer besonders ausgeprägten Objektivität des Erzählens erwecken.

2.3.4 Ebenen des Erzählens

Unter diesem Aspekt wird danach gefragt, ob

a) die Erzählung den (fiktiven) mündlichen oder schriftlichen Erzählakt darstellt, der sie hervorbringt (durch eine extradiegetische Erzählung)

b) innerhalb der Erzählung weitere – mündliche oder schriftliche – Erzählungen mitgeteilt werden (Erzählungen zweiter Ordnung, metadiegetische Erzählungen)

c) auf die Darstellung des Erzählaktes und von Erzählungen innerhalb der Erzählung verzichtet wird

Während die Darstellung des (fiktiven) Erzählaktes zum Beispiel Erzählerkommentare motivieren kann, dienen Erzählungen zweiter Ordnung oft dazu, die Vorgeschichte der Erzählung erster Ordnung zu klären, Entscheidungen innerhalb dieser Erzählung zu beeinflussen oder ihre Interpretation zu erleichtern.

2.3.5 Vom Erzähler entworfener Adressat

Unter diesem Aspekt wird danach gefragt, ob

a) der (fiktive) Erzähler Eigenschaften und Funktionen des (fiktiven) Lesers näher bestimmt

b) besondere Eigenschaften und Funktionen des (fiktiven) Lesers nicht deutlich werden

Eine Bestimmung von Eigenschaften und Funktionen des (fiktiven) Lesers kann direkt durch Erzählerkommentare, aber auch indirekt durch die gesamte Erzählung stattfinden. Zu den derart festgelegten Besonderheiten können zum Beispiel eine hochentwickelte Fähigkeit zur Empathie, Kritikfähigkeit oder die Bereitschaft zu einer besonders ausgeprägten Mitarbeit an der Bedeutungsbildung der Erzählung gehören.

2.3.6 Zuverlässigkeit / Unzuverlässigkeit des Erzählers

Unter diesem Aspekt wird danach gefragt, ob die Aussagen des Erzählers (seine Kommentare und seine Wiedergabe der Handlung)

a) zuverlässig sind

b) vom Leser auf Grundlage der gesamten Textinformationen als (teilweise) unzuverlässig eingeschätzt werden müssen

Zumeist verfügen Erzählungen über einen zuverlässigen Erzähler. Wenn sich der Erzähler als unzuverlässig erweist, kann er den Leser damit zum Beispiel zu dem Versuch veranlassen, die Handlung selbstständig zu rekonstruieren oder zu beurteilen.

4.1.5 Fortsetzung der Beispielanalysen – Ebene der Darstellung

4.1.5.1 *Dornröschen*

Die zeitliche Gestaltung des Märchens *Dornröschen* ist für ein Verstehen dieses Textes durchaus von Bedeutung. Die Erzählung ist zwar insofern chronologisch aufgebaut, als Rückwendungen fast vollständig fehlen. Lediglich an einer Stelle findet sich eine Darstellung von zeitlich zurückliegenden Geschehnissen, die aber nicht einer Information des Lesers dient, sondern für die Handlungen eine Figur leitend ist: Ein alter Mann erzählt dem Königssohn vom schlafenden Dornröschen hinter der Dornenhecke und den gescheiterten Befreiungsversuchen. Eine besondere Funktion für das Märchen haben aber die sich widersprechenden Vorausdeutungen der ‚weisen Frauen': In einem Märchen können die Flüche und Segnungen von Figuren mit magischen Fähigkeiten zwar als zukunftsgewisse Vorausdeutungen gelten, und darüber hinaus erscheint die letzte Prophezeiung gegenüber der ersten als die wirkungsmächtigere. Dennoch entsteht eine gewisse Spannung durch die Frage, ob sich die wohlmeinende Magierin tatsächlich durchsetzen wird, und vor allem, wie sich ihr Spruch denn bewahrheiten kann. In märchentypischer Weise wird im letzten Satz (der allerdings auch als extreme Zeitraffung verstanden werden könnte) schließlich die Spannung durch Vorausdeutung auf einen ereignislosen Endzustand aufgehoben.

Die Betrachtung der Erzählgeschwindigkeit und der einmaligen/mehrfachen Darstellung von Geschehnissen ist für *Dornröschen* weniger ergiebig als eine Analyse der zeitlichen Ordnung. Wie zumeist in vormodernen epischen Texten wird auch hier größtenteils mehr oder weniger stark zeitraffend erzählt, so zu Beginn mit der Darstellung der Vorgeschichte von Dornröschens Geburt. Die Zeitraffung weist allerdings in *Dornröschen* die Besonderheit auf, dass an einer Stelle wenige Zeilen für eine Zusammenfassung von hundert Jahren genügen, wobei zum Teil wiederholte Geschehnisse einmal zusammenfassend dargestellt werden – sie sind offenbar lediglich als Kontrast zu den folgenden Geschehnissen von Bedeutung. Von kurzen Einschüben direkter Rede abgesehen nähern sich Erzählzeit und erzählte Zeit nur an zwei Stellen aneinander an: Dornröschens Zusammentreffen mit der ihr übelwollenden Magierin und ihre Erweckung durch den Prinzen werden annähernd zeitdeckend erzählt, um die Bedeutung dieser zentralen, durch die Prophezeiungen angekündigten Geschehnisse hervorzuheben. Als zeitdehnend können dagegen die anschaulichen Schilderungen des parallel verlaufenden Einschlafens und dann des Erwachens von Lebewesen in unterschiedlichen Räumen gelten – sie verdeutlichen die Komplexität des bedrohten und dann wiederhergestellten Lebens.

Insgesamt bestätigt die Analyse der Zeitgestaltung von *Dornröschen* die Annahme, dass hier menschliches Handeln als Funktion höherer Gewalten erscheinen soll: Die Aufmerksamkeit des Lesers wird durch die Zeitgestaltung eindeutig auf die Erfüllung der magischen Wünsche gelenkt.

Eine Untersuchung des Erzählers und der Perspektivierung bietet die Möglichkeit, den genannten Deutungsansatz noch weiter zu vertiefen. *Dornröschen* kann – wie die meisten vormodernen Werke der Epik – als Erzählung mit einem kommentierenden (‚auktorialen') Erzähler gelten. Diese Feststellung verlangt jedoch einige Einschränkungen. *Dornröschen* weist zwar eine Reihe von Kommentaren auf: Neben einige Wertungen („[...] denn es war so schön, sittsam, freundlich und verständig, daß es jedermann, der es ansah, liebhaben musste", „Da lag es und war so schön, daß er die Augen nicht abwenden konnte, [...]", „Und da wurde die Hochzeit des Königssohns mit dem Dornröschen in aller Pracht gefeiert, [...].") treten wenige knappe Erläuterungen des Geschehens („[...] weil er aber nur zwölf goldene Teller hatte, von welchen sie essen sollten, so mußte eine von ihnen daheim bleiben.", „Sie wollte sich dafür rächen, daß sie nicht eingeladen war, [...]"). In den meisten Fällen bleibt aber unklar, ob diese Kommentare nicht auch auf die Sicht einer Figur zurückgehen könnten. Lediglich an zwei Stellen zeigen sich eindeutige Einmischungen des Erzählers: In der Erläuterung „Nun waren aber gerade die hundert Jahre verflossen [...]" und in der wertenden Vorausdeutung „[...] und sie lebten vergnügt bis an ihr Ende."

Zu dieser Zurückhaltung des Erzählers passt, dass die Figurenrede fast ausschließlich in direkter Rede wiedergegeben wird. Lediglich die intradiegetische Erzählung des alten Mannes hat die Form eines Redeberichtes, wohl deshalb, weil diese Erzählung lediglich die Funktion hat, den Königssohn über Dornröschens Existenz zu informieren, und dementsprechend so knapp wie möglich gehalten werden soll. Der Erzähler, der selbst nicht an der Handlung Teil hat und aus großer zeitlicher und räumlicher Distanz erzählt, („Vorzeiten war [...]", „Es ging aber die Sage in dem Land [...]") mischt sich nur in äußerst zurückhaltender Weise in seine Geschichte ein. Ebenso wird aber fast völlig darauf verzichtet, die subjektive Außensicht oder die Innensicht der Figuren darzustellen: Ihre Gedanken und Gefühle kommen nur zum Ausdruck, sofern sie sich in der gesprochenen Rede oder im äußeren Verhalten spiegeln. Offenbar neigt *Dornröschen* in märchentypischer Weise zu einem ‚filmähnlichen' Erzählen, das aber nicht als Erzählen mit ‚externer Fokalisierung' im Sinne Genettes gelten kann: Der Erzähler teilt dem Leser sehr viel mehr mit, als irgendeine der Figuren weiß. Er gibt die Handlungen unterschiedlicher Figuren wieder, die zum Teil in sehr großem zeitlichen Abstand voneinander und an verschiedenen Orten stattfinden. *Dornröschen* soll offenbar seine Auffassung vom Einfluss höherer Mächte auf das menschliche Schicksal durch eine Darstellung entfalten, die zugleich objektiv erscheint und einen umfassenden Überblick über die Geschehnisse gewährt.

4.1.5.2 *Damenherbst*

Für ein Verstehen von *Damenherbst* sind die Präsentation der Geschichte durch den Erzähler und ihre Perspektivierung von großer Bedeutung. Die Leerstellen des Textes können darauf zurückgeführt werden, dass *Damenherbst* ausschließlich aus einer ‚objektiven' Außensicht erzählt wird; die Uneindeutigkeit der Komplikation und ihrer Faktoren entsteht deshalb, weil sich die Figuren – von einem sehr knappen Einschub wörtlicher Rede abgesehen – nicht zu ihrer Situation äußern und weil darüber hinaus keinerlei Einblick in ihre Innenwelt gewährt wird. Dabei wird allerdings nicht der Eindruck einer prinzipiell unerklärlichen Wirklichkeit hervorgerufen; vielmehr scheint es tatsächlich so, als würde der Erzähler weniger mitteilen als die Figuren wissen, sodass der Leser ihre Gedanken und Gefühle ergänzen muss: Schon die Entscheidung der beiden Damen für ihre ungewöhnliche Lebensgemeinschaft und dann erst recht die unerwartete Abkehr der einen von ihnen beruht offenbar auf inneren Vorgängen, die von der Erzählung ausgespart werden. In einer ungewöhnlichen Beziehung zu dieser Perspektivierung stehen die Erzählerkommentare, die entgegen ihrer konventionellen Funktion nichts zu einer Orientierung des Lesers beitragen. Der erste Kommentar „Und es bestünde die Versuchung, wie im Märchen zu sagen: wenn sie nicht gestorben sind, so leben sie heute noch" thematisiert lediglich das Erzählen, indem es auf den Kontrast des modernen ‚Anti-Märchens', an dessen offenem Ende die Trennung eines Paares steht, zu einem traditionellen Märchen aufmerksam macht. Der Schlusssatz „Mehr kann ich dazu eigentlich nicht sagen" verweigert dann sogar explizit nicht nur eine Darstellung der endgültigen Auflösung, sondern auch eine abschließende Deutungshilfe etwa in Form einer Moral. Auf diese Weise wird deutlich darauf hingewiesen, dass der (fiktive) Leser selbstständig nach Erklärungen für die rätselhafte Geschichte suchen soll.

Die Zeitgestaltung von *Damenherbst* bestätigt diese Funktionsbestimmung der Perspektivierung und des Erzählers. Die Erzählung ist weitgehend chronologisch aufgebaut, weist aber einen auffälligen Wechsel im Erzähltempo auf. Während die ersten beiden Sätze mit der Darstellung einer Jahrzehnte dauernden Vorgeschichte eine radikale ‚Raffung' der erzählten Zeit vornehmen, kann der Satz „Aber eines Tages [...] Jetzt hab ich genug" insgesamt als zeitdehnend aufgefasst werden. Ein nur wenige Sekunden dauerndes Geschehen – die eine alte Dame bleibt stehen und sagt, sie habe jetzt genug – wird hier über mehrere Zeilen dargestellt, indem der Erzähler in einem umfassenden, allerdings syntaktisch weitgehend reihenden Einschub nicht nur Zeit und Ort des Geschehens genauer beschreibt, sondern auch durch teilweise iteratives Erzählen Rückwendungen zur Vorgeschichte vornimmt. Bei isolierter Betrachtung des Satzendes „[...] ist die eine der alten Damen mitten auf diesem Spaziergang plötzlich stehengeblieben und hat gesagt: Jetzt hab ich genug" lässt sich allerdings hier – ebenso wie zu Beginn des nächsten Satzes – eine annähernde Deckung von Erzählzeit und erzählter Zeit feststellen. Mit den folgenden Satzteilen beschleunigt sich das Erzähltempo dann wieder zunehmend. Während die Zeitdehnung zu einer Spannungssteigerung führt, wird die Aufmerksamkeit des Lesers schließlich auf die zeitdeckende Darstellung eines Geschehens gelenkt, das ebenso überraschend wie rätselhaft erscheint und zu Deutungsversuchen Anlass gibt. *Damenherbst* bringt seine skeptische Haltung gegenüber Gemeinschaften in einer Weise zum Ausdruck, die den (fiktiven) Leser in hohem Maße zu einer Mitwirkung an der Bedeutungsbildung auffordert.

4.2 Didaktische Perspektiven

4.2.1 Hinführung: Funktionen literarischer Erzählungen

Literarische Erzählungen können in besonders hohem Maße dazu beitragen, dass der Rezipient einen neuen Blick auf die Lebenswirklichkeit gewinnt. Durch ein Zusammenwirken der Handlung mit besonderen Verfahren der Darstellung entwerfen (hoch)literarische Texte ein Bild innerer beziehungsweise äußerer Wirklichkeit, das über bekannte Sichtweisen aus Alltagswahrnehmung und Wissenschaft hinausgeht. Zwar werden eine Reihe von (narrationsspezifischen) Darstellungsverfahren, die literarische Erzählungen prägen, ähnlich auch im Film eingesetzt. Anders als visuelle beruhen literarische Erzählungen aber auf sprachlichen Mitteilungen eines Erzählers und nutzen mit besonderen sprachlichen Strukturen Gestaltungsmittel, die in Filmen nur selten zum Einsatz kommen. Literarische Erzählungen stehen damit in einer Wechselwirkung mit dem sprachlichen System. Das bedeutet nicht etwa, dass Literatur eine bestimmte Auffassung von Wirklichkeit durch bestehende Begriffe übermitteln oder eine Neubildung genau umrissener Begriffe anstreben würde. Vielmehr bleibt (Hoch-) Literatur durch ihre besonderen sprachlichen Strukturen (‚poetische Überstrukturierung') vieldeutig: Sie stellt die etablierte Bedeutung sprachlicher Zeichen in Frage und legt dem Leser im Zusammenwirken mit dem Text die probeweise Entwicklung neuer Bedeutungen nahe.

Als kleinster gemeinsamer Nenner unterschiedlicher literaturtheoretischer Ansätze – hermeneutischer und poststrukturalistischer – kann dementsprechend die Auffassung gelten, dass literarische Texte (Werke der Trivial- und Unterhaltungsliteratur allerdings zumindest teilweise ausgenommen) in sehr viel höherem Maße als andere Schrifttextsorten eine produktive Ergänzung durch den Leser erfordern und wiederum eine Veränderung seiner kognitiven Strukturen herausfordern. Die ästhetische Funktion literarischer Texte kann darin gesehen werden, das sie dem Rezipienten eine „Umschichtung sedimentierter Erfahrung"[1], das heißt eine Veränderung, Erweiterung und Differenzierung von Schemata des Denkens und der Wahrnehmung, nahe legen.

Im Gegensatz zu der Mehrzahl der Alltagserzählungen und Erzählungen in nichtliterarischen Gebrauchstexten ermöglichen literarische Erzählungen also Sichtweisen der Beziehung von Subjekt und Außenwelt, die die gewohnte, pragmatisch orientierte Wahrnehmung mehr oder weniger radikal überschreiten. In gewissem Maße ist es möglich, diese Funktion für die einzelnen Untergattungen der Epik genauer zu bestimmen: So können nach Werner Ziesenis Fabeln und Parabeln als gleichnishafte Darstellungen menschlicher Problemlagen gelten, bieten Sagen Erklärungsmöglichkeiten für unerhörte Gegebenheiten und Ereignisse und stellen Märchen die Bewältigung einer Konfliktsituation durch den Helden

[1] Iser (1994), S. 216.

dar.[2] Epen und Romane sollen nach Hegel und Lukács sogar als Versuche gelten, das Verhältnis des Einzelnen zur Gesellschaft, in der er lebt, vollständig zu erfassen.[3] Insgesamt können von epischen Texten sowohl gesellschaftliche Strukturen als auch zwischenmenschliche Beziehungen in ihrer Wechselwirkung mit der Innenwelt beziehungsweise dem äußeren Handeln des Einzelnen dargestellt werden. Dabei lässt sich – wenngleich nur tendenziell – feststellen, dass die einfachen Formen der Epik beziehungsweise vormoderne epische Texte in ihrer Vieldeutigkeit und damit in ihrer Aufforderung an den Leser, die gewohnten Sichtweisen von Wirklichkeit zu überschreiten, weniger radikal sind als die epischen Kunstformen beziehungsweise moderne literarische Erzählungen (vgl. Kap. 4.2.6).

4.2.2 Literarische Erzählungen als Unterrichtsgegenstand

4.2.2.1 Der Stellenwert von literarischen Erzählungen im Unterricht

Die Arbeit mit literarischen Erzählungen gehört entsprechend ihren Funktionen unbestritten zu den wichtigsten Aufgaben des Deutschunterrichts. Um das Bedeutungspotenzial von Texten, die durch das Zusammenwirken von Handlung und Darstellung einen ungewohnten Blick auf die Beziehung von Subjekt und Außenwelt ermöglichen, in möglichst hohem Maße nutzen zu können, benötigen Schüler besondere, im Literaturunterricht zu fördernde Kompetenzen. Entsprechend dieser Notwendigkeit gewann die Lektüre hochliterarischer (muttersprachlicher) Erzählungen im Literaturunterricht schon im Laufe des 19. Jahrhunderts einen hohen Stellenwert und kann ihn bis heute weitgehend behaupten.

Nach unserer Ansicht sollen literarische Erzählungen im Mittelpunkt des Kompetenzbereichs „Lesen – Umgang mit Texten und Medien“ stehen. Diesen Stellenwert müssen die literarischen Erzählungen gegen drei ‚Konkurrenzen' behaupten: Die beiden anderen literarischen Gattungen Lyrik und Drama, die so genannte vierte Gattung der Gebrauchstexte und die Gattung der Medientexte mit Spielfilmen und narrativen interaktiven Produktionen. Für eine gleichgewichtige Berücksichtigung der literarischen Gattungen aus der Gattungstrias spräche, dass diese Gattungen verschiedene gleichwertige ‚Möglichkeiten' sprachlicher Kunstwerke vertreten. Zudem kann das Ziel einer Förderung ästhetischer Kompetenz im Literaturunterricht vor allem durch den Umgang mit Texten erreicht werden, die in besonders dichter Weise poetisch ‚überstrukturiert' sind, und entsprechende Texte prägen vor allem die Lyrik. Doch spielen lyrische und vor allem dramatische Texte im Leben von Schülern zumeist nur noch eine geringe Rolle; erzählende Texte erweisen sich dagegen vor allem wegen der Faszination, die ihre Handlungen ausüben, für Schüler als vergleichsweise attraktiv. Für die

[2] Vgl. Werner Ziesenis (1998a) und (1998b).

[3] Vgl. Hegel (1970) und Lukács (1988).

Gleichberechtigung von epischen Texten und Gebrauchstexten ließe sich anführen, dass im Rahmen der PISA-Debatte Einvernehmen über die Notwendigkeit herrscht, Gebrauchstexte umfassender als bisher im Deutschunterricht zu berücksichtigen. Doch kann der Deutschunterricht keine ebenso gut auf Gebrauchstexte wie auf literarische Texte anwendbare Lesekompetenz vermitteln, und es ist notwendig, die besonders komplexe Kompetenz zur Erschließung von literarischen Texten auch besonders intensiv zu fördern. Ein ähnliches Argument spricht gegen die Gleichberechtigung von literarischen und medialen Erzählungen: Die Erschließung von Werken in Schriftform fällt Schülern in der Regel schwerer als die von visuellen Produktionen. Trotz einer dringend erforderlichen Aufwertung des Films im Unterricht (vgl. Kap. 5.2.2) und einer wünschenswerten maßvollen Berücksichtigung von interaktiven Erzählungen sollen literarische Erzählungen deshalb auch künftig den Kern des Unterrichts zu Erzählungen bilden.

4.2.2.2 Die Ziele für den Umgang mit literarischen Erzählungen im Unterricht

Entsprechend unseren Zielangaben in Kap. 1.2.2 halten wir es für notwendig, die von Kaspar H. Spinner für den Literaturunterricht formulierten Lernziele – die Förderung von Lesefreude, die Förderung von Texterschließungskompetenz, die literarische Bildung, die Förderung von Imagination und Kreativität sowie von Identitätsfindung und Fremdverstehen und die Auseinandersetzung mit anthropologischen Grundfragen[4] – für den medienintegrativ ausgerichteten Unterricht zu literarischen Erzählungen zu ergänzen, zu differenzieren und neu zu gewichten. Zentrales Ziel der Arbeit mit literarischen Erzählungen soll eine Förderung der Kompetenz sein, sich die von einer Erzählung angebotenen neuen oder differenzierteren Sichtweisen der Beziehung von Ich und Außenwelt anzueignen und sie zu nutzen, und zwar für die Bereiche Individuation, Sozialisation und Enkulturation. Die Förderung von Identität und Fremdverstehen sowie von Imagination und Kreativität und die Beschäftigung mit anthropologischen Grundfragen sollen vor allem als Teilziele des Zieles Entwicklung neuer Sichtweisen für den Bereich der Individuation gelten. Voraussetzung dafür, dass das zentrale Ziel einer Aneignung und Nutzung neuer Sichtweisen von Wirklichkeit einschließlich seiner Teilziele erreicht werden kann, ist das Ziel der Förderung von Texterschließungskompetenz einschließlich der Kompetenz, literarische Erzählungen mit Erzählungen anderer Medien zu vergleichen. Ergänzt werden soll dies Ziel durch die weiteren grundlegenden Ziele der Förderung von Lese-/Rezeptionsmotivation, der Kompetenz zur emotionalen Beteiligung an einer Erzählung und der literarischen/medialen Bildung. Dabei muss die Lesemotivation für die Arbeit mit literarischen Erzählungen sicherlich einen höheren Stellenwert einnehmen als die Rezeptionsmotivation für den Umgang mit filmischen oder interaktiven Werken.

---

[4] Vgl. Spinner (2001), S. 168-173.

Die Auswahl der epischen Texte für den Unterricht wurde lange Zeit auf Grundlage zum einen von literarischen Kanones und zum anderen von Stufenmodellen der Entwicklung literarischer Kompetenz getroffen. In diesen Stufenmodellen galt unter anderem die Länge epischer Untergattungen als ein zentrales Kriterium ihrer Tauglichkeit für bestimmte Altersstufen, sodass für jüngere Schüler vor allem epische Kurzformen ausgewählt wurden. Dagegen schätzt die didaktische Diskussion heute die Nützlichkeit eines Kanons für den Literaturunterricht unterschiedlich ein und möchte für die Textauswahl, die eine Erreichung zentraler Lernziele ermöglicht, auch Überlegungen auf Grundlage empirischer Lesesozialisationsforschung heranziehen (vgl. Kap. 2.2.2). Auf Ebene der Darstellung gilt einhellig nicht mehr die Länge, sondern die Komplexität eines epischen Textes als maßgeblich, um seine Tauglichkeit für eine bestimmte Altersstufe zu bestimmen, sodass für jüngere Schüler auch zum Beispiel Kinder- und Jugendromane herangezogen werden.

Seit den siebziger Jahren wird außerdem verstärkt diskutiert, ob und in welchem Ausmaß Erzählungen der Welt-, Kinder-, Jugend-, Trivial- und Unterhaltungsliteratur neben die hochliterarischen muttersprachlichen Erzähltexte treten sollen. Während die Lektüre von übersetzter Weltliteratur sowie – für jüngere Schüler – von Kinder- und Jugendliteratur mittlerweile konsensfähig ist, bleibt bis heute umstritten, welches Gewicht der Arbeit mit Trivial- und Unterhaltungsliteratur im Deutschunterricht zukommen soll (vgl. Kap. 1.2.2).

4.2.3 Grundlegendes zur Darstellungsanalyse literarischer Erzählungen

Die Analyse von literarischen Erzählungen im Unterricht soll in der Regel die Darstellungsebene einbeziehen: Vor allem, weil epische Texte wie oben erläutert ihren Lesern neue Sichtweisen von Wirklichkeit durch eine Verbindung von Handlung und Darstellung nahe legen (vgl. Kap. 4.2.1) und Schüler die Darstellungsverfahren einer literarischen Erzählung zumeist nicht (und womöglich noch weniger als die Strukturen der Handlung) intuitiv erfassen können. Die Kompetenz zum Umgang mit Darstellungsverfahren umfasst dabei auch die Fähigkeit zur Einschätzung ihrer Funktionen beziehungsweise des Wirkungspotenzials, das ein Text aufgrund seiner Darstellungsverfahren aufweist, einschließlich einer Reflexion von gewöhnlich unreflektierten Rezeptionshaltungen – etwa der unbewussten Übernahme von Haltungen, die in einer Ich-Erzählung vom Erzähler zum Ausdruck gebracht werden.[5] Eine Untersuchung von Darstellungsverfahren soll natürlich sowohl den Anforderungen eines Textes als auch den Fähigkeiten und Interessen von Schülern bestimmter Alters- und Schulstufen entsprechen. Entgegen einer seit den achtziger Jahren verbreiteten Tendenz, die Analyse von Darstellungsverfahren weitgehend auf den Unterricht höherer Jahrgangsstufen zu

[5] Zabka (2004), S. 252.

beschränken, ist sie aber auch für jüngere Schüler möglich: Punktuell schon in der Grundschule – wenngleich eine systematische Analyse von narrationsspezifischen Aspekten der Darstellung hier das Abstraktionsvermögen der Schüler und ihre Fähigkeit zum Perspektivenwechsel überfordern würde – und in systematischer Weise dann ab Beginn der Sekundarstufe I.

Der Anspruch, die Darstellungsebene epischer Texte in den Unterricht einzubeziehen, bildet eine Voraussetzung für das unserem didaktischen Modell zugrunde gelegte Prinzip der Medienintegration. Für eine medienintegrative Erzähltextanalyse ist die Beschäftigung mit Darstellungsverfahren epischer Texte unerlässlich, weil außer den Strukturen der Handlung auch die narrationsspezifischen Darstellungsverfahren für Erzählungen aller Medien prägend sind. So werden eine medienvergleichende Arbeit mit Erzählungen und ein ergiebiger Transfer von Kompetenzen gegenüber unterschiedlichen Medien nur möglich, wenn Schüler zumindest mit zentralen Gemeinsamkeiten und Unterschieden der Darstellungsverfahren in unterschiedlichen Medien bekannt gemacht werden.

4.2.3.1 Deklaratives Wissen und der Erwerb von prozeduralem Wissen

Die didaktische Debatte bietet bei der Auswahl von Kategorien, die für eine Analyse der Darstellungsebene im oben genannten Sinn leitend sein sollen, bislang keine große Hilfe. Zurzeit werden Darstellungsverfahren epischer Texte als Gegenstand des Literaturunterrichts kaum diskutiert. Von einem etablierten Curriculum für Darstellungsverfahren lässt sich ebenfalls nicht sprechen; Lehrwerke für den Deutschunterricht behandeln das Thema uneinheitlich und im Einzelfall häufig ohne erkennbare Systematik. Für diesen Zustand ist eine mangelnde Verbindung von Fachwissenschaft und Fachdidaktik verantwortlich. Häufig erfolgt im Unterricht auch heute noch eine Bezugnahme auf Stanzels Erzählsituationen (unter besonderer Berücksichtigung eines ‚allwissenden Erzählers', der bei Stanzel gar nicht von zentraler Bedeutung ist), während dieses Modell in der fachwissenschaftlichen Diskussion fast keine Rolle mehr spielt. Die aktuellen – und teilweise untereinander konkurrierenden – Modelle der Erzählforschung sind dagegen noch kaum in der Schule angekommen; und angesichts der Komplexität, die das seit längerem vorherrschende Modell von Genette aufweist, wäre es unrealistisch, eine vollständige Übernahme dieses Modells in den Unterricht anzustreben. Indem eine Konzentration auf zentrale Aspekte des Modells erfolgt, kann es aber dennoch als Ausgangspunkt didaktischer Reflexionen dienen.

„Wer spricht?" und „Wer sieht?" – diese beiden Fragen sollen nach unserer Auffassung im Mittelpunkt einer schulischen Darstellungsanalyse von Erzählungen stehen. Schüler sollen also vor allem den kompetenten Umgang mit den Kategorien ‚Erzähler' und ‚Perspektivierung' lernen. Sie sollen sich demnach beispielsweise mit den Fragen beschäftigen, ob ein Erzähler kommentierend in die Darstellung eingreift und ob unsere Wahrnehmung der dargestellten Geschehnisse an den Wahrnehmungshorizont einer bestimmten Figur gebunden ist. Diese Schwerpunktsetzung entspricht den Bestimmungen der neuen „Bildungsstandards im Fach Deutsch für den Mittleren Abschluss". Darstellungsverfahren werden hier zwar nicht explizit berücksichtigt, wenn es um „wesentliche Elemente eines Textes“ geht; als Beispiele für diese Elemente werden nur „Figuren, Raum- und Zeitdarstellung, Konfliktverlauf“ genannt. Unter den „wesentlichen Fachbegriffen zur Erschließung von Literatur“ finden sich dann jedoch „Erzähler“ und „Erzählperspektive“ (neben „Monolog, Dialog, sprachliche Bilder, Metapher, Reim, lyrisches Ich“), allerdings ohne jede Differenzierung.[6] In den Bildungsstandards für den Hauptschulabschluss wird die Anzahl dieser Begriffe aus für uns unverständlichen Gründen reduziert: Es wird nur der „Erzähler“ genannt – neben „Autor, Monolog, Dialog, Reim“[7] (vgl. Kap. 7.5).

Die vorgeschlagene Konzentration auf die Kategorien ‚Erzähler' und ‚Perspektivierung' ist ebenso sachgerecht wie eingängig, bedarf jedoch der Präzisierung und in gewissem Maße der Erweiterung: Es muss festgelegt werden, unter Bezugnahme auf welches fachwissenschaftliche Modell die Beschäftigung mit den Kategorien ‚Erzähler' und ‚Perspektivierung' erfolgen soll, welche Aspekte dieser Kategorien zu behandeln und in welcher Weise (für leistungsstärkere Lerngruppen) weitere Kategorien zu berücksichtigen sind. Wir schlagen als fachwissenschaftliche Grundlage für die Darstellungsanalyse epischer Texte im Unterricht unser oben vorgestelltes – hauptsächlich an Genette orientiertes – Modell vor. Das Analysemodell mit seinen Kategorien im Überblick:

1. ZEITLICHE GESTALTUNG
1.1. Chronologische Ordnung/ achronologische Ordnung (Rückwendung, Vorausdeutung)
1.2. Erzählgeschwindigkeit (Zeitraffung / Aussparung, Zeitdeckung, Zeitdehnung)
1.3. Einmalige/ mehrfache Darstellung von Geschehnissen (singulatives, repetitives, iteratives Erzählen)

2. PRÄSENTATION DER HANDLUNG DURCH EINEN ERZÄHLER UND PERSPEKTIVIERUNG
2.1. Perspektivierung
  2.1.1 (Erzähl-) Perspektive (quantitativer Point of View)
    a) Der Erzähler sagt mehr als die (Haupt-) Figur weiß
    b) Der Erzähler sagt genauso viel wie die (Haupt-) Figur weiß
    c) Der Erzähler sagt weniger als die (Haupt-) Figur weiß
  2.1.2 ‚Sichtweise' (qualitativer Point of View)
    a) Der Erzähler gibt in ‚objektiver‘ Weise Außensicht wieder
    b) Der Erzähler teilt die subjektive Sicht der (Haupt-) Figur auf die Außenwelt
    c) Der Erzähler hat Einblick in die Innenwelt der Hauptfigur bzw. anderer Figuren
2.2. Wiedergabe von Rede und Gedanken (wörtliche Rede, innerer Monolog, indirekte Rede, erlebte Rede, Rede-/ Gedankenbericht)
2.3. Eigenschaften des Erzählers (‚Stimme‘)
  2.3.1 Erzählerkommentar
  2.3.2 Beteiligung Nichtbeteiligung des Erzählers an der Handlung (homo-/ heterodiegetisches Erzählen)
  2.3.3 Abstand des Erzählers zur Handlung
  2.3.4 Ebenen des Erzählens (intra-, extra- oder metadiegetisches Erzählen)
  2.3.5 Vom Erzähler entworfener Adressat
  2.3.6 Zuverlässigkeit/ Unzuverlässigkeit des Erzählers

---

[6] Bildungsstandards für den Mittleren Schulabschluss, S. 16f.
[7] Bildungsstandards für den Hauptschulabschluss, S. 18.

Die Kategorien dieses Modells sind so einfach wie möglich gehalten und zugleich differenziert genug, um auch komplexen Erzählungen gerecht zu werden. Darüber hinaus eignen sie sich soweit möglich für eine medienübergreifende Erzähltextanalyse. Allerdings kann nicht das gesamte Modell von Schülern aller Alters- und Schulstufen genutzt werden; für jüngere und weniger leistungsfähige Schüler ist – in höherem Maße als bei der Auswahl von Kategorien der Handlungsanalyse – eine deutliche Reduktion notwendig.

Um die Darstellungsebene literarischer Erzählungen sinnvoll analysieren zu können, müssen Schüler sich auf jeden Fall die Tatsache deutlich machen, dass die Handlung dieser Texte von einem Erzähler vermittelt wird. Für eine grundlegende Betrachtung der zentralen Aspekte ‚Erzähler' und ‚Perspektivierung' in der Sekundarstufe I sollen nach Möglichkeit die Kategorien (1) (Erzähl-) Perspektive (quantitativer Point of View) und (2) ‚Sichtweise' (qualitativer Point of View), (3) Kommentierung/Nichtkommentierung der Handlung durch den Erzähler und (4) Ich/Er-Erzählform genutzt werden. Über eine Beschränkung auf diese Kategorien hinaus können folgende Reduktionen vorgenommen werden: (1) Die Untersuchung der (Erzähl-) Perspektive kann sich auf die Beziehung von Erzählerwissen und Wissen der Hauptfigur beschränken, die für die meisten literarischen Erzählungen entscheidend ist, und die in der Literatur seltene Variante ‚Erzähler sagt weniger als die (Haupt-) Figur weiß' ist verzichtbar; (2) die Varianten der ‚Sichtweise' können auf Außen- und Innensicht reduziert werden, weil die subjektive Außensicht in epischen Texten oft nur schwer von der ‚objektiven' Außensicht abzugrenzen ist; (3) die Erzählerkommentare müssen nicht differenziert, und die Beschreibungen aus Sicht des Erzählers können vernachlässigt werden; (4) und schließlich muss die Unterscheidung von Ich- und Er-Form nicht zur Unterscheidung von Teilnahme oder Nichtteilnahme des Erzählers an der Handlung ausgeweitet werden.

Die genannten Kategorien können relativ leicht erworben und auf epische Texte angewandt werden und ermöglichen dabei eine Analyse von Aspekten der Darstellung, die für das Verstehen literarischer Erzählungen häufig einen entscheidenden Beitrag leisten; Perspektive und ‚Sichtweise' sind zugleich für die Filmanalyse – vergleiche die entsprechende Unterscheidung von quantitativem und qualitativem Point of View – und damit für die medienintegrative Erzähltextanalyse von hoher Bedeutung. Zu diesen Kategorien für die grundlegende Analyse von Erzähler und Perspektivierung sollen nach Möglichkeit solche für eine Untersuchung von zentralen Aspekten der zeitlichen Gestaltung treten. Dazu können die Kategorien der Rückwendung und Vorausdeutung – zugunsten der Übersichtlichkeit ohne weitere Differenzierungen –, eventuell darüber hinaus die der Zeitraffung/Aussparung und der Zeitdeckung ertragreich und für Schüler selbstständig anwendbar sein. Auch diese Kategorien können für eine Untersuchung von Erzählungen im Medium Film nützlich sein. Unter dem Aspekt ‚Tiefe' des Wissens sollen sich die Schüler deutlich machen, dass die mit Hilfe der Kategorien Perspektive, ‚Sichtweise' und Zeitgestaltung erkannten Darstellungsverfahren für literarische und filmische Erzählungen gleichermaßen bedeutsam sein können, dass aber der für literarische Erzählungen notwendige Erzähler in Filmen nur selten vorkommt und dass Innensicht und Vorausdeutungen vor allem in der Literatur genutzt werden. Auf Fachtermini für die verwendeten Begriffe kann in der Sekundarstufe I zum Teil verzichtet werden. Wir schlagen jedoch vor, für diese Altersstufe mindestens die Begriffe Erzähler, Erzählerkommentar, Ich/Er-Erzählform, (Erzähl-) Perspektive und Innen-/Außensicht explizit zu benennen. Die folgende Übersicht listet die von uns vorgeschlagenen Kategorien auf; die explizit einzuführenden Begriffe sind kursiviert:

1. Zeitliche Gestaltung
1.1. Chronologische Ordnung / achronologische Ordnung (Rückwendung, Vorausdeutung)
1.2. Erzählgeschwindigkeit: Zeitraffung / Aussparung, Zeitdeckung

2. Präsentation der Handlung durch einen Erzähler und Perspektivierung
2.1. Perspektivierung
a) *(Erzähl-) Perspektive* (quantitativer Point of View): Der Erzähler sagt mehr als / genauso viel wie die Hauptfigur weiß
b) ‚Sichtweise' (qualitativer Point of View): *Außensicht* / *Innensicht*

2.2. Eigenschaften des *Erzählers*
a) *Erzählerkommentar*: Erzähler kommentiert die Handlung / verzichtet auf Kommentare
b) *Ich-/ Er-Erzählform*

Für leistungsschwache Lerngruppen kann eine noch weitergehende Reduktion notwendig sein. Wir schlagen in diesem Fall eine Beschränkung auf die Kategorien (Erzähl-) Perspektive und ‚Sichtweise' (mit den oben genannten Reduktionen) sowie Erzählerkommentar und Ich/Er-Erzählform vor. Auf Kategorien für eine Analyse der Zeitgestaltung kann insofern verzichtet werden, als sie in literarischen Erzählungen häufig einem konventionalisierten Normalfall ohne besondere Funktionen folgt.

Für besonders leistungsfähige Lerngruppen gegen Ende der Sekundarstufe I und für die Oberstufe sollen die oben genannten Aspekte nach und nach eine Ergänzung erfahren, indem die noch fehlenden Kategorien des von uns vorgeschlagenen Modells zur Darstellungsanalyse literarischer Erzählungen – oder eine Auswahl davon – einbezogen werden. Zudem sollen die Kategorien mit Fachtermini benannt werden. Die Schüler sollen nun alle drei Varianten der (Erzähl-) Perspektive und der ‚Sichtweise' berücksichtigen, bei der Untersuchung der (Erzähl-) Perspektive das Wissen aller Figuren beachten und unter der Kategorie Erzählgeschwindigkeit nach Möglichkeit die Zeitdehnung einbeziehen; auch deshalb, weil diese Aspekte für die Filmanalyse und damit für die medienintegrative Erzähltextanalyse eine wichtige Rolle spielen. Besonders wünschenswert ist außerdem eine Berücksichtigung der Kategorie Beteiligung/Nichtbeteiligung des Erzählers an der Handlung sowie von Kategorien zur Analyse von Rede- und

Gedankenwiedergabe (insbesondere von direkter Rede, innerem Monolog, indirekter Rede und erlebter Rede), die für viele epische Texte von besonderer Bedeutung sind. Differenzierte Bestimmungsmöglichkeiten des Erzählerkommentars sowie die Kategorien einmalige/mehrfache Darstellung, Abstand des Erzählers zur Handlung, Ebenen des Erzählens, vom Erzähler entworfener Adressat und Zuverlässigkeit/Unzuverlässigkeit des Erzählers können dagegen je nach Bedarf eingeführt werden und müssen den Schülern nicht bei jeder Analyse literarischer Erzählungen gegenwärtig sein.

Die älteren und leistungsfähigeren Schüler sollen darüber hinaus (unter dem Aspekt ‚Tiefe' des Kategorienwissens) grundlegende Kenntnisse darüber erwerben, welche Varianten bestimmte Elemente der Darstellungsebene in unterschiedlichen literaturhistorischen Epochen und epischen Gattungen prototypisch aufweisen und welche Funktionen diesen Varianten typischerweise zukommen.

Die – induktive – systematische Erarbeitung der Kategorien, die für die Darstellungsanalyse literarischer Erzählungen maßgeblich sind, kann im Rahmen der Beschäftigung mit bestimmten Erzählungen erfolgen; doch dürfte es wie auch für den Erwerb von deklarativem Wissen zur Handlungsanalyse oft günstiger sein, zu einer solchen Erarbeitung besondere ‚Lehrgänge' zu nutzen. Beim Erwerb von Kategorien der Darstellungsanalyse sollen auf jeden Fall Textvergleiche eingesetzt werden, weil es darauf ankommt, Schülern die unterschiedlichen Funktionen von Darstellungsverfahren für eine Erzählung nahe zu bringen. Dabei ist es sinnvoll, produktionsorientierte Verfahren zu verwenden, damit diese Unterschiede aktiv erprobt werden können; Schüler können so zum Beispiel einen aus der Perspektive einer Figur erzählten Text durch Erzählerkommentare ergänzen oder Innensicht in ein aus der Außensicht geschildertes Geschehen einfügen. Günter Waldmann hat ausführlich – in Form eines umfassenden ‚Lehrgangs für die Oberstufe – dargestellt, wie Schüler durch das Schreiben beziehungsweise Umschreiben von literarischen Erzählungen zentrale Verfahren der Darstellung und ihre Funktionen in selbstständiger und anschaulicher Weise entdecken können.[8]

Über das Kategorienwissen im engeren Sinne hinaus sollen sich die Schüler deklaratives metakognitives Wissen aneignen, das ihnen eine reflektierte Anwendung der Kategorien zur Darstellungsanalyse erlaubt. Sie sollen sich deutlich machen, dass das erworbene Analysemodell nicht schematisch ‚abzuarbeiten' ist, sondern dass für die Analyse jeder Erzählung ergiebige Kategorien ausgewählt werden sollen: Weil zwar Perspektivierung, ‚Sichtweise' und die An- oder Abwesenheit von Erzählerkommentaren in jedem Fall und das Erzählen in Ich/Er-Form (die Beteiligung/Nichtbeteiligung des Erzählers an der Handlung) häufig für eine literarische Erzählung von Bedeutung sind, weitere Eigenschaften des Erzählers sowie die Zeitgestaltung aber oft einem konventionalisierten ‚Normalfall' ohne besondere Funktionen folgen und dann keiner genaueren Untersuchung bedürfen. Außerdem sollen die Schüler wissen, dass von ihnen erkannte Strukturen der Darstellungsebene stets auf ihre Funktion für eine Präsentation der Handlung beziehungsweise ihr Wirkungspotenzial hin befragt und mit der

[8] Vgl. Waldmann (1992).

Bildung und Überprüfung von Interpretationshypothesen verbunden werden sollen.

Eine ergiebige und motivierende Anwendung des oben erläuterten Wissens zur Darstellungsanalyse epischer Texte, die zum Aufbau von prozeduralem Wissen führt, kann nach dem in Kap. 1.2.5 vorgeschlagenen Phasenmodell erfolgen. Dabei sollen die Schüler die Aspekte zur Untersuchung einer Erzählung nach Möglichkeit selbstständig auswählen, mit den Ergebnissen der Handlungsanalyse verbinden und für eine Interpretation nutzen. So kann die Analyse von Darstellungsverfahren zum Beispiel den Deutungsspielraum gegenüber einer Erzählung eingrenzen, indem die Darstellungsanalyse Ergebnisse der Handlungsanalyse bestätigt; die Untersuchung der Darstellungsebene kann aber auch scheinbare Eindeutigkeiten aufheben, indem sie diese Ergebnisse in Frage stellt; oder sie kann – zum Beispiel in der Arbeit mit sehr alten oder mit modernen Texten, deren besondere Gestaltung auf den ersten Blick ungewöhnlich erscheint – eine erste Deutungshypothese ermöglichen, die dann durch eine Analyse der Handlung ergänzt wird. Darüber hinaus sollen die Schüler mitunter einen strategieorientierten ‚Fragenkatalog' zur völlig selbstständigen Analyse der Darstellungsebene nutzen.

Grundschüler sind mit dem systematischen Erwerb und der (weitgehend) selbstständigen Anwendung von Wissen über narrationsspezifische Darstellungsverfahren in der Regel überfordert. Doch ist in der Grundschule eine punktuelle Betrachtung der Darstellungsebene von literarischen Erzählungen möglich, wenn der Lehrer entsprechende Fragen oder Aufgaben vorgibt. So kann zum Beispiel danach gefragt werden, wie lange eine Geschichte, deren Vorlesen einige Minuten in Anspruch nahm, denn eigentlich dauert und was in dieser Zeit passiert. Die Erörterung weiterer Darstellungsverfahren kann sich angesichts bestimmter Textstellen anbieten: Etwa bei der Lektüre eines Erzählerkommentars die Frage, wer diese Sätze sagt und ob wir sie wohl glauben sollen; oder angesichts einer Rückwendung die Frage, wann die hier geschilderten Geschehnisse stattfanden und wieso wir über sie informiert werden. Mit Hilfe von vorgegebenen Fragen/Aufgaben können außerdem ältere Schüler Elemente der Darstellung erkennen und reflektieren, deren systematische Behandlung für ihre Schulform überhaupt nicht vorgesehen ist; so können Schüler zum Beispiel auf die Besonderheiten des inneren Monologes durch einen Vergleich mit ‚normaler' direkter oder indirekter Gedankenrede aufmerksam gemacht werden.

4.2.3.2 Zur didaktischen Relevanz von Darstellungsverfahren – Beispielanalysen

Im Folgenden soll exemplarisch gezeigt werden, inwiefern die Kategorien Erzählerkommentar sowie Perspektive und ‚Sichtweise' auch für solche literarischen Erzählungen eine zentrale Bedeutung haben, die sich für den Literaturunterricht in der Grundschule und zu Beginn der Sekundarstufe I eignen. Auf dieser Grundlage soll überlegt werden, welche Folgen sich für den Unterricht aus unterschiedlichen Gestaltungen dieser Aspekte der Darstellung ergeben. Wir haben dazu zwei Erzählungen unterschiedlicher ‚Epochen' der Kinderliteratur ausgewählt, die in der fünften oder sechsten Jahrgangsstufe gelesen werden können.

a) Erich Kästner: *Emil und die Detektive*[9]

Dieser Roman aus der Kinderliteratur der ‚Neuen Sachlichkeit' ist in seiner Gestaltung von Erzähler und Perspektivierung insofern besonders komplex, als diese Gestaltung in einem ersten und zweiten Teil der Erzählung (vom ersten bis zum siebten Kapitel / vom siebten bis zum achtzehnten Kapitel) und darüber hinaus in einem einleitenden Kapitel grundsätzlich verschieden ausfällt. Im einleitenden (nicht nummerierten) Kapitel ‚Die Geschichte fängt noch gar nicht an' wird von einem homodiegetischen Erzähler mit Namen Kästner eine extradiegetische Erzählung von der Entstehung der Erzählung *Emil und die Detektive* sowie eine Vorstellung von Hauptfiguren und Hauptschauplätzen der Geschichte geboten. Die extradiegetische Erzählung übernimmt dabei die Funktion eines Erzählerkommentars; das Erzählen wird thematisiert, indem der Erzähler unter Ansprache der kindlichen Leser erläutert, warum er sich für eine realistische statt für eine phantastische Fiktion entschieden hat (natürlich ohne die Fachbegriffe zu nennen), dabei aber deutlich werden lässt, dass auch einer realistischen Fiktion eine ausgedachte Geschichte zugrunde liegt. Gegen Ende der Erzählung wird diese ‚Fiktionsnennung' dann allerdings relativiert: Innerhalb der Fiktion tritt ein Journalist auf, der ebenfalls den Namen Kästner trägt und Emils Geschichte aufschreibt. Diese ‚Fiktionsironie' dürfte für Schüler zu Beginn der Sekundarstufe wohl kaum nachvollziehbar sein. Dagegen bietet es sich an, die zu Beginn anschaulich dargestellten Bestimmungen von realistischer und phantastischer Fiktion zu nutzen, um die Fiktions-Realitäts-Unterscheidungskompetenz der Schüler zu fördern und ihre Realitäts-Fiktions-Bezugskompetenz zumindest durch Überlegungen darüber zu unterstützen, welche Art von Fiktion sie aus welchen Gründen bevorzugen.

Auch in der mit Bildern versehenen Vorstellung der Figuren und Schauplätze werden die Leser direkt angeredet. Dabei werden ihnen Kommentare in Form von Informationen vor allem über die Vorgeschichte geboten (Emil Tischbeins Vater ist gestorben, seine Mutter muss schwer arbeiten, um für den Sohn gut sorgen zu können, Emil übernimmt ein hohes Maß an Verantwortung für die Restfamilie), außerdem Wertungen (Emils Kusine Pony Hütchen ist „ein reizendes Mädchen", Gustav mit der Hupe hat ein „verhältnismäßig gutes Herz") und Vorschläge für das Verhalten in der Lebenswirklichkeit (Die Leser sollen im Umgang mit unbekannten Menschen „etwas vorsichtig" sein).

Im ersten Teil der (intradiegetischen) Geschichte setzt sich diese Präsenz eines Erzählers fort: Er kommentiert die Geschichte unter Ansprache der Leser durch Erläuterungen und durch Wertungen (vor allem, aber nicht ausschließlich am Ende des ersten Kapitels). Diese Kommentare haben vor allem zwei Funktionen. Sie sollen zum ersten die Beziehung von Emil und seiner Mutter beziehungsweise die Besonderheiten der Figur Emil klären und positiv werten: Emil

[9] Erich Kästner: Emil und die Detektive. Ein Roman für Kinder. Hamburg 2005. [EA 1929]

ist aus Liebe, Dankbarkeit und Verantwortungsbewusstsein gegenüber seiner Mutter, nicht aus Charakterschwäche ein Musterknabe, kennt offenbar auch gegensätzliche Wünsche, unterdrückt sie aber freiwillig. Die positive Wertung dieser Beziehung kann nun einem realen Leser durchaus zweifelhaft erscheinen; es bietet sich an, mit den Schülern zu klären, dass sie die Meinung des Erzählers nicht unbedingt übernehmen müssen, und zu erörtern, ob ein Kind mit der Rolle, die Emil seiner Mutter gegenüber einnimmt, nicht grundsätzlich überfordert ist. Und zum zweiten soll durch die Erzählerkommentare die hohe Bedeutung der Summe Geldes, die Emil nach Berlin bringen will, für die unter materiellen Sorgen leidende Familie Tischbein deutlich werden. Auf diese Weise sollen der anschließend geschilderte Diebstahl des Geldes, Emils Verzweiflung über dies Geschehnis und seine schließlich erfolgreichen Bemühungen, mit Hilfe der Berliner Kinder den Dieb zu überführen, besondere Bedeutung gewinnen und dem Leser ein hohes Maß an Empathie gegenüber der Hauptfigur nahe legen.

Auch die Perspektivierung im ersten Teils der Erzählung trägt zu einer solchen Empathie entscheidend bei: Insbesondere die Kapitel drei bis sechs, die den Diebstahl und die erste Verfolgung des Diebes durch Emil darstellen, sind zwar nicht ausschließlich, aber über weite Strecken von einer Wiedergabe der Gedanken Emils – weitgehend in erlebter Rede – geprägt, Kapitel vier ist sogar ausschließlich einem Traum des Protagonisten gewidmet. Darüber hinaus finden sich einige Abschnitte, die Emils subjektive Wahrnehmungen der Außenwelt – aus einem Zug- oder Straßenbahnfenster heraus – beschreiben. Zu dieser Gestaltung der ‚Sichtweise' (qualitativer Point of View) passt die der (Erzähl-) Perspektive (quantitativer Point of View): Der Erzähler teilt bis zum siebten Kapitel fast ausschließlich nicht mehr mit, als Emil weiß.

Im zweiten Teil der Erzählung finden sich dagegen Erzählerkommentare, subjektive Außensicht und Innensicht nur noch ausnahmsweise und dann in sehr knapper Form. Stattdessen wird aus der ‚objektiven' Außensicht erzählt, Gedanken und Gefühle der Figuren lassen sich fast nur aus ihren – in wörtlicher Rede wiedergegebenen – Dialogen erschließen. Weil dabei unterschiedliche Schauplätze beschrieben werden, an denen der Protagonist nicht immer zugegen ist (zum Beispiel der Bahnhof, auf dem die Großmutter und Pony Hütchen vergeblich auf Emil warten oder die ‚Telefonzentrale' des kleinen Dienstag), teilt der Erzähler dabei mehr mit als irgendeine der Figuren weiß. „Also Emil, du Rabe", sagte sie, „kommt nach Berlin und dreht gleich 'nen Film!": Passend zu dieser Einschätzung der Geschichte durch Pony Hütchen wird von einer ‚filmähnlichen' Erzählweise Gebrauch gemacht. Nachdem die Empathie des Lesers für den Protagonisten im ersten Teil der Erzählung ‚gesichert' wurde, setzt der zweite Teil weitgehend auf eine spannende Darstellung von Aktionen. Es bietet sich an, mit den Schülern Unterschiede dieser beiden Erzählweisen in *Emil und die Detektive* herauszuarbeiten; dabei könnte der Schwerpunkt auf dem Gegensatz Innensicht – ‚objektive' Außensicht und den Funktionen liegen, die diese beiden Varianten der ‚Sichtweise'/des qualitativen Point of View aufweisen.

Kommentierungen der Geschichte finden sich im zweiten Teil fast ausschließlich in den Äußerungen von Figuren: So erläutert Emil seine Beziehung zu seiner Mutter im Gespräch mit dem Professor, und im abschließenden Gespräch der Familie werden aus den Geschehnissen unterschiedliche Lehren gezogen: Emil formuliert: „Man soll keinem Menschen trauen", seine Mutter. „[...] dass man Kinder niemals allein verreisen lassen soll", die Großmutter kichernd: „Geld soll man immer nur per Postanweisung schicken". Diese Schlussfolgerungen der Figuren sind der von der Erzählung nahe gelegten Auffassung von Wirklichkeit aber keineswegs angemessen und fordern den Leser zu komplexeren Schlussfolgerungen heraus: *Emil und die Detektive* stellt – so Emil – eine ‚feine Welt' dar, in der Verbrechen gegen sozial Schwache ohne weiteres möglich sind; und zeigt zugleich, dass die Kinder durch Freundschaft, Solidarität, Disziplin und eine rationale, zugleich hierarchisch und demokratisch bestimmte Selbstorganisation solche Schlechtigkeiten erfolgreich bekämpfen können. Mit den Schülern sollte geklärt werden, dass die Figuren ihre Geschichte in unzureichender Weise kommentieren, und die Schüler sollten nach angemesseneren Möglichkeiten suchen, die Erzählung zu interpretieren und auf die Lebenswirklichkeit zu beziehen.

b) Benno Pludra: *Jakob Heimatlos*

Die Gestaltung von Erzähler und Perspektivierung in diesem psychologischen Kinderroman ist deshalb besonders bemerkenswert, weil sie Tendenzen, die die Darstellungsebene von Kinderliteratur seit den achtziger Jahren bestimmen, in außergewöhnlich radikaler Weise aufnimmt. Auf Erzählerkommentare wird hier vollständig verzichtet, und anders als in manchen Werken der neueren Kinderliteratur werden diese Kommentare auch nicht auf erwachsene Figuren ‚verschoben'. Die ‚Sichtweise' der Erzählung ist über weite Strecken von der Wiedergabe der Gedanken (weitgehend in erlebter Rede) bestimmt, die sich der elfjährige Protagonist Jakob macht; seine subjektive Sicht der Außenwelt nimmt einen weiteren großen Teil der Erzählung ein, während ‚objektive' Außensicht in eindeutiger Weise kaum festgestellt werden kann. Die (Erzähl-) Perspektive ist fast durchgehend dadurch gekennzeichnet, dass der Erzähler teilweise weniger und zumeist nicht mehr mitteilt, als die Hauptfigur weiß. Nur ausnahmsweise und dann für wenige Zeilen gibt er wieder, was in anderen Figuren vorgeht, und überschreitet damit das Wissen des Protagonisten.

Diese Varianten von Erzähler und Perspektivierung bewirken, dass der (fiktive) Leser sozusagen in der Sicht eines Jungen gefangen ist, der von zu Hause fortlief, nun als Straßenkind in der Bahnhofsgegend erfolglos nach einer neuen Bezugsperson sucht und sich dabei die Motive für sein Handeln, die Gründe für sein Scheitern, die Gefahren, denen er sich aussetzt, und mögliche Handlungsalternativen höchstens unvollständig bewusst macht. Der Leser vollzieht dabei gewisse Erkenntnisschritte des Protagonisten mit: Während Jakob anfangs die Anzeichen einer Drogensucht oder die Absichten einer Stricherbande und eines Zuhälters, die ihn bedrohen, kaum richtig einschätzen kann, durchschaut er manche Verhaltensweisen der Menschen in seiner neuen Umgebung und damit auch die Gefahren, in denen er sich befindet, nach und nach besser. Völlig klar wird er sich über seine Situation aber nicht. Vor allem kann Jakob nicht erkennen, dass die Erwachsenen im Bahnhofsmilieu grundlegend ähnliche Schwächen aufweisen wie sein arbeitsloser Vater, der ihm gegenüber weder Verantwortung noch Verständnis zeigen konnte. Wie schon gegenüber dem Vater, den er mit dem Messer bedrohte, kann sich Jakob gegen diesen Mangel nur – in gewalttätiger Weise – wehren, wenn er die Form von Übergriffen annimmt. Mit den Schülern sollte erarbeitet werden, dass die Sicht des Protagonisten eine eingeschränkte ist; die konkreten Gefahren, die Jakob bedrohen, sollten geklärt werden, und die Schüler sollten die Beziehung Jakobs zu den Erwachsenen deuten und bewerten. Zum Schluss der Erzählung teilt der Leser die ausweglose Lage des Protagonisten, der zwar überleben, aber weder in sein altes Leben zurückkehren noch sein neues erträglich gestalten kann und dabei diese Ausweglosigkeit noch nicht einmal durchschaut. Die Schüler sollten Hilfestellungen erhalten, um diese Sicht zu überschreiten, allerdings ohne zu einem Entwurf bestimmter (positiver) Alternativen gedrängt zu werden.

4.2.3.3 Methoden des Literaturunterrichts: – Ergänzungen zur Textanalyse

Die Entscheidung über Methoden, mit denen literarische Erzählungen im Unterricht erarbeitet werden sollen, ist außer von den individuellen Anforderungen eines Textes und einer Lerngruppe von prinzipiellen didaktischen Überlegungen abhängig, weil drei – zum Teil noch heute kontrovers diskutierte – zentrale Methoden des Literaturunterrichts jeweils bestimmte Aspekte der Texterschließung in den Mittelpunkt stellen. Dem sich abzeichnenden Konsens entsprechend, dass die Textanalyse (vgl. Kap. 1.2.3) als Grundlage eines gegenstandsangemessenen und persönlich bedeutsamen Textverstehens dienen soll, gewinnt jedoch die Auffassung an Gewicht, dass analytische Verfahren mit produktionsorientierten beziehungsweise mit dem Unterrichtsgespräch verbunden werden sollen. Das von uns vorgestellte ‚Phasenmodell' des Unterrichts zu literarischen und medialen Erzählungen gibt genauere Auskunft darüber, wie eine solche Verbindung aussehen könnte (vgl. Kap. 1.2.5). Die vor allem mit Blick auf literarische Texte geführte Diskussion um Unterrichtsmethoden kann grundsätzlich auf den Unterricht zu Erzählungen in allen Medien übertragen werden.

a) Handlungs- und produktionsorientierte Verfahren

Handlungs- und produktionsorientierte Verfahren haben seit den achtziger Jahren den textanalytischen Literaturunterricht immer stärker zurückgedrängt. Als literaturtheoretische Grundlagen dieser Verfahren gelten sowohl die Rezeptionsästhetik als auch der Poststrukturalismus. Im handlungsorientierten Unterricht sollen sich die Schüler durch ein selbstständiges ganzheitliches Tun, im produktionsorientierten Unterricht ‚literarisch' schreibend mit literarischen Texten auf nicht-analytische Weise auseinander setzen. In allerdings sehr unterschiedlicher Gewichtung erheben die Vertreter des handlungs- und produktionsorientierten Unterrichts den Anspruch, damit sowohl schülerbezogene Lernziele wie eine emotionale Verbindung zum Text, Imagination, Fremderfahrung und Identitätsbildung zu fördern als auch Zugänge zu literarischen Werken zu eröffnen. Fraglich bleibt allerdings vor allem, ob durch handlungs- und produktionsorientierte Verfahren tatsächlich ein Verstehen literarischer Texte möglich wird.

Günter Waldmann gehört zu den Vertretern produktionsorientierten Unterrichts, die eine Erschließung literarischer Texte in den Mittelpunkt stellen. Für den Umgang mit erzählenden Werken im Unterricht hat er vorgeschlagen, die Darstellungsverfahren epischer Texte und ihre Funktionen durch das Umgestalten von literarischen Erzählungen und das Schreiben eigener Geschichten in Anlehnung an literarische für Schüler konkret erfahrbar werden zu lassen.[10] Im Unterschied zu Waldmann legen andere Ansätze des handlungs- und produktionsorientierten Unterrichts ihren Schwerpunkt deutlicher auf die interpretierende Beschäftigung mit Handlung und Figuren erzählender Texte, vor allem durch die Füllung von Leer- und Unbestimmtheitsstellen. So sollen Schüler etwa Briefe oder Tagebucheinträge in der Rolle eines Protagonisten verfassen, zusätzliche Dialoge oder Nebenhandlungen entwerfen oder eine Erzählung über ihr Ende hinaus fortsetzen. Es sind allerdings Zweifel daran angemeldet worden, ob durch ein solches Vorgehen das Verstehen der Texte ausreichend gefördert wird. So hat Karlheinz Fingerhut schon früh zu bedenken gegeben, dass Schüler in ihren eigenen Produktionen dazu neigen, die durch Literatur nahe gelegten neuen und fremden Sichtweisen von Wirklichkeit durch Muster der Alltagswahrnehmung zu überschreiben: „Selektive, auf Bestätigung angelegte Textwahrnehmung ist nur schwer zu durchbrechen".[11] Und nach der Auffassung Hans Küglers wird schon allein mit dem Ausfüllen von Leerstellen durch materielle Handlungen eine vorschnelle Vereindeutigung erzielt, die ein Verstehen des literarischen Textes gerade verhindert.[12]

Diese neuerdings verstärkt diskutierten Bedenken dürften wohl dazu führen, dass die seit längerem für die Arbeit mit literarischen Texten besonders empfohlenen produktionsorientierten Verfahren in Zukunft mit etwas größerer Zurückhaltung betrachtet werden. Handlungs- und produktionsorientierter Unterricht, der Schülern ein Verstehen erzählender Texte ermöglichen will, müsste sich zur Vermeidung der genannten Gefahren verstärkt um die Verbindung von produktiven Verfahren mit einer analytischen Betrachtung der Werke bemühen. Darüber hinaus wäre eine didaktische Reflexion von Texten und Gattungen unter der Fragestellung notwendig, welche Leerstellen in welcher Phase des Lernprozesses sinnvoll handelnd oder schreibend gefüllt werden können, ohne dass Schüler dabei in Versuchung geraten, den komplexen literarischen Text mit Hilfe von Schemata der Alltagswahrnehmung zu überschreiben.

---

[10] Vgl. Waldmann/Bothe (1992).
[11] Fingerhut (1985), S. 353.
[12] Kügler (1996).

b) Das Unterrichtsgespräch

In den letzten Jahren wird in der Fachdidaktik das – in der einen oder anderen Form schon lange praktizierte – Gespräch zu literarischen Texten im Unterricht zunehmend auf theoretischer Grundlage reflektiert, weiterentwickelt und als Alternative zu textanalytischen und produktionsorientierten Verfahren erörtert. Die Ansätze dieser Richtung haben ihre literaturtheoretische Grundlage vor allem in der Hermeneutik. Sie sind keineswegs als Befürworter des fragend-entwickelnden Unterrichtsgespräches zu verstehen, sondern zielen auf einen Abgleich verschiedener subjektiver Auffassungen von einem literarischen Text. Dabei nehmen die Konzepte in allerdings sehr unterschiedlicher Gewichtung in Anspruch, sowohl ein differenziertes Verstehen eines Werkes zu ermöglichen als auch die Verständigung zwischen den Gesprächsteilnehmern zu fördern. Ungelöst ist vor allem die Frage, wie das Macht- und Kompetenzgefälle zwischen Lehrer und Schülern mit den Grundsätzen eines freien Austausches im Gespräch vereinbart werden könnte.

Während andere Ansätze mit dem Gespräch über Literatur im Unterricht vor allem die Kommunikation zwischen den Schülern fördern wollen, vertritt unter anderen Hubert Ivo ein Konzept des literarischen Unterrichtsgespräches, das eine „zweifache Achtsamkeit“ verlangt, „diejenige, die den Text nicht aus dem Blick geraten läßt, und die andere, die den Personen gilt und der Weise, wie sie redend untereinander agieren.“[13] Das Reden über poetische Werke ist dabei die bevorzugte Form der „freien Geselligkeit“, auf die die literarische Interpretation angewiesen ist.

Wie zum Beispiel Gerhard Härle und Marcus Steinbrenner ausgeführt haben,[14] geraten jedoch die Voraussetzungen eines auf „freier Geselligkeit“ beruhenden Gespräches – das personale und authentische Zusammenwirken von Menschen in einem freien Austausch – in Widerspruch zu den institutionellen Bedingungen von Unterricht. Dieser Widerspruch wird dann besonders deutlich, wenn sich der Lehrer nicht auf die Rolle eines Moderators beschränkt, sondern sich mitsamt seinem Kompetenzvorsprung und seiner institutionellen Funktion in das Gespräch einbringt. Zur Milderung des nicht auflösbaren Widerspruchs könnte aber eine Ergänzung des literarischen Unterrichtsgesprächs durch Unterrichtseinheiten beitragen, die die textanalytischen Kompetenzen der Schüler fördern. Dabei sollen die Gespräche die Notwendigkeit solcher Kompetenzen bewusst machen, die dann wiederum das Gespräch bereichern. Eine solche Verbindung von Textanalyse und literarischem Unterrichtsgespräch könnte sich als geeignete Grundlage zur Bewältigung der Aufgaben erweisen, die in Zukunft für den Literaturunterricht anstehen: Im Umgang mit literarischen/erzählenden Werken nachprüfbare Kompetenzen der Texterschließung zu fördern, den Schülern zugleich aber Zugänge zu den Texten zu eröffnen, die über die Anwendung solcher Kompetenzen hinausgehen.

---

[13] Ivo (1994), S. 262.
[14] Vgl. Härle/Steinbrenner (2003).

4.2.4 Vorschlag für einen strategieorientierten ‚Fragenkatalog'

Ab der Sekundarstufe I sollen Schüler die Darstellungsebene literarischer Erzählungen – ergänzend zur Ebene der Handlung – zumindest ab und zu völlig selbstständig mit Hilfe eines ‚Fragenkataloges' erschließen. Eine solche Form der Arbeit ist gegenüber der Darstellungsebene insofern schwieriger als gegenüber der Handlungsebene, als den Schülern je nach Alters- und Schulstufe nur eine mehr oder weniger beschränkte Menge von Fragen angeboten werden kann, für jeden Text jedoch unterschiedliche Darstellungsverfahren von besonderer Bedeutung sein können, während andere keine genauere Betrachtung lohnen. Wir schlagen angesichts dieser Schwierigkeiten vor, den ‚Fragenkatalog' zur Darstellungsanalyse literarischer Erzählungen im Laufe der Sekundarstufe I nach und nach zusammen zu stellen und jeweils auf Texte anwenden zu lassen, die sich mit Hilfe der bislang erarbeiteten Fragen angemessen erschließen lassen. Außerdem muss besondere Sorgfalt auf eine Reduktion der fachwissenschaftlich verfügbaren Kategorien gelegt werden, die für den Katalog grundlegend sind.

Zudem muss den Schülern metastrategisches Wissen zu den ‚Fragenkatalogen' deutlich nahe gebracht werden. Sie sollen wissen, dass ihr ‚Fragenkatalog' nur eine Vorschlagsliste ist, die keinesfalls automatisch abgearbeitet werden soll. Außerdem sollen sie sich deutlich machen, dass die Nutzung dieser Vorschlagsliste – unter Berücksichtigung der Handlungsanalyse – in eine einleitende Deutungshypothese und eine abschließende Auswertung der Arbeitsergebnisse integriert und so mit Interpretationsansätzen verbunden werden kann. Auf Grundlage dieses Wissens sollen die Schüler in der Anwendung des ‚Fragenkataloges' nach Möglichkeit solche Fragen auswählen, von denen nach einer Erstbegegnung mit der Erzählung oder nach einer Analyse der Handlungsebene vermutet werden kann, dass sie sich für das Textverstehen als besonders ertragreich erweisen werden. In jedem Fall sollen die mit Hilfe der Fragen zur Darstellungsanalyse erzielten Ergebnisse mit einer Handlungs- und Fiktionsanalyse verbunden und für eine Interpretation genutzt werden; nach Möglichkeit sollen die Schüler die Nutzung des Fragenkataloges auch selbstständig in eine Bildung und Überprüfung von Deutungshypothesen integrieren.

Wie oben ausgeführt, streben wir für die Sekundarstufe I Erwerb und Anwendung der folgenden Kategorien zur Darstellungsanalyse an: (Erzähl-) Perspektive/quantitativer Point of View und ‚Sichtweise'/qualitativer Point of View (unter Beschränkung auf die Beziehung von Erzählerwissen und Wissen der Hauptfigur und ohne die Varianten ‚Erzähler sagt weniger als die (Haupt-) Figur weiß' und ‚subjektive Außensicht'), Kommentierung/Nichtkommentierung der Handlung, Ich/Er-Erzählform, Rückwendung und Vorausdeutung (ohne weitere Differenzierungen) sowie Zeitraffung/Aussparung und Zeitdeckung.

Die Fragen sollen die möglichen Funktionen von Darstellungsverfahren für eine Präsentation der Handlung beziehungsweise das Wirkungspotenzial dieser Verfahren einbeziehen. Auf Fachtermini für die verwendeten Begriffe kann zum Teil verzichtet werden. Doch sollen mindestens die Begriffe Erzähler, Erzählerkommentar, Ich/Er-Erzählform, (Erzähl-) Perspektive und Innen-/Außensicht explizit benannt werden. Ein ‚Fragenkatalog' zur Analyse der Darstellungsverfahren literarischer Erzählungen, der im Laufe der Sekundarstufe I auf Grundlage der oben genannten Analysekategorien entwickelt wird, kann wie folgt aussehen:

☝ Überlege, welche der folgenden Fragen dir helfen können, die Erzählung … besser zu verstehen. Versuche dann, diese Fragen zu beantworten:

1.
a) Teilt der Erzähler uns nur das mit, was die Hauptfigur erlebt?
b) Teilt der Erzähler uns auch etwas mit, was die Hauptfigur nicht erlebt (zum Beispiel indem wir abwechselnd mehrere Figuren ‚begleiten' oder indem wir unterschiedlichen Figuren ‚in die Köpfe sehen' können)?
Welche Wirkung könnte diese Art der Darstellung auf einen Leser haben?
(Fragen nach der *(Erzähl-) Perspektive* [*quantitativer Point of View*] und ihren *Funktionen*)

2.
a) Teilt der Erzähler uns nur ‚von außen' mit, was die Figuren tun und sagen (und wie Figuren und Räume aussehen)?
b) Teilt der Erzähler uns auch (häufiger) mit, wie es im Inneren der Hauptfigur oder anderer Figuren aussieht: welche Gedanken, Gefühle, Erinnerungen und Phantasien sie haben (ohne dass sie es selbst laut sagen)?
Welche Wirkung könnte diese Art der Darstellung auf einen Leser haben?
(Fragen nach der *‚Sichtweise'* [*qualitativer Point of View*]: *Außensicht* und *Innensicht* und ihren *Funktionen*)

3.
Gibt es in der Erzählung Erklärungen, Meinungen, Wertungen oder …, die nicht von einer Figur gesagt oder gedacht, sondern vom Erzähler in die Handlung eingefügt werden? Kann ein Leser durch diese Einfügungen die Handlung besser oder anders verstehen? (Frage nach den *Erzählerkommentaren* und ihrer *Funktion*)

4.
Wird in Ich- oder in Er-Form erzählt? Falls der Erzähler die Ich-Form nutzt, welche Wirkung könnte diese Art der Darstellung auf einen Leser haben?
(Frage nach der *grammatischen Form des Erzählens* und ihrer *Funktion* – Vorstufe zur Frage nach der Beteiligung/Nichtbeteiligung des Erzählers an der Handlung)

5.
a) Gibt es Abschnitte, die aus einer Zeit vor der eigentlichen Handlung erzählen? Kann ein Leser die Handlung durch diese Abschnitte anders/besser verstehen?
b) Gibt es Abschnitte, die in der Handlung noch gar nicht eingetroffene Geschehnisse voraussagen? Welche Wirkung könnten diese Abschnitte auf einen Leser haben? (Fragen nach den *Rückwendungen* und *Vorausdeutungen* und ihren *Funktionen*)

6.
Wie lange dauert die Zeit, in der sich die Handlung der Erzählung abspielt? Ist diese Zeit insgesamt
– länger oder
– ähnlich lang wie die Zeit, die wir brauchen, um die Erzählung zu lesen?
(Fragen nach der *Erzählgeschwindigkeit/Zeitraffung* und *Zeitdeckung* in der Erzählung insgesamt)

7.
Gibt es (häufiger) Abschnitte, in denen
– Teile der Handlung besonders kurz zusammengefasst oder sogar ausgelassen werden oder
– in denen die Handlung besonders ausführlich wiedergegeben wird?
Wie könnten diese Abschnitte auf einen Leser wirken?
(Fragen nach deutlich *zeitraffenden Erzählabschnitten/Aussparungen* und *zeitdeckenden Erzählabschnitten* sowie den *Funktionen* dieser Abschnitte mit besonderer Erzählgeschwindigkeit)

Für leistungsschwache Lerngruppen können die Punkte 5 bis 7 entfallen. Für Schüler besonders leistungsfähiger Lerngruppen der Sekundarstufe I und für Schüler der Oberstufe kann der ‚Fragenkatalog' zur Darstellungsanalyse literarischer Erzählungen nach und nach erweitert und durch Fachtermini ergänzt werden. Dazu können alle noch nicht berücksichtigten Kategorien unseres Analysemodells (oder eine Auswahl davon) herangezogen werden. Alternativ kann mit den Schülern auch eine Liste mit knapp erläuterten Analysekategorien erarbeitet werden. Für die älteren und leistungsfähigeren Schüler sollen alle drei Varianten von (Erzähl-) Perspektive und ‚Sichtweise' sowie (unter dem Aspekt Perspektive) die Verteilung des Wissens zwischen Erzähler und allen Figuren einbezogen werden. Zusätzlich sollen wenn möglich die Zeitdehnung sowie die folgenden Kategorien berücksichtigt werden:

- Beteiligung/Nichtbeteiligung des Erzählers an der Handlung (homo-/heterodiegetisches Erzählen)
- Rede- und Gedankenwiedergabe (bes. indirekte Rede, erlebte Rede, direkte Rede, innerer Monolog).

4.2.5 Erörterung exemplarischer Aufgabenstellungen

In den Aufgabensets zu erzählenden Texten, die Lehrwerke für den Deutschunterricht in der Sekundarstufe I zur Verfügung stellen, spielt die Darstellungsanalyse zumeist keine oder nur eine geringe Rolle. In zahlreichen Lehrwerken – zumal in den vor der PISA-Studie 2001 veröffentlichten oder konzipierten – werden Kategorien der Darstellungsanalyse nicht oder nicht systematisch eingeführt. In einigen Fällen werden allerdings wenige zentrale Begriffe berücksichtigt, und zwar zumeist die Begriffe ‚Erzähler' und ‚Perspektive'. Teilweise werden sie bereits in Lehrwerken für die fünfte Klasse eingeführt, wie das folgende Beispiel zeigt.

Beispiel 1: *Ein seltsamer Mann* von Karsten Stollwerk [Auszug]

Im integrativen „Deutschbuch 5" vom Cornelsen Verlag (Ausgabe 2004) werden Schülern die Kategorien ‚Erzähler' und ‚Perspektive' für die Analyse literarischer Erzählungen nahe gebracht. Diese Einführung befindet sich in der Einheit „Erlebnisse im Alltag – Spannend erzählen"; sie ist dem Lernbereich „Sprechen – Zuhören – Schreiben" zugeordnet ist und enthält ein Teilkapitel „Abenteuerliche Alltagsgeschichten".
Ein Auszug aus dem Jugendroman *Ein seltsamer Mann* von Karsten Stollwerk wird für eine Einführung der Kategorien ‚Erzähler' und ‚Perspektive' genutzt.

[...] Schon wieder der Mann mit dem grauen Wintermantel.
Felix bleibt am Schultor stehen und schaut hinüber. Dazu dieser endlos lange Schal, zweimal um den Hals geschlagen. Der halbe Kopf verschwindet darin. Für Frostwetter wäre das genau richtig. Aber wer zieht sich so was an einem sonnigen Septembertag an? [...]
„Knapp bei Kasse?", fragt Mehmet, der einer Frau gerade ein Stück Käse abwiegt.
Felix nickt, ohne den Blick vom Regal abzuwenden. Soll er sich doch eine Tafel Schokolade kaufen? Notfalls kann er noch immer anschreiben lassen. Dann zahlt er es vom nächsten Taschengeld. Aber einmal ist fürs Nachbezahlen sein neues Taschengeld ganz draufgegangen. Da hatte er einen Monat gar kein Geld. Das war ätzend.
„Ich lass es heute", sagt er, „tschüss."
Kurz hinter der nächsten Kreuzung kommt der Fluss in einem leichten Bogen bis zur Straße heran. Hier wohnt Felix in einem hellgrün gestrichenen Mietshaus. Gärten gibt es nicht, aber große Hinterhöfe, in denen man gut sein kann.
Mit der Schulter drückt Felix die Holztür in der Hauseinfahrt auf. Sein Blick geht die Straße herunter.
Keine zwanzig Schritte von Felix entfernt steht der Mann mit dem grauen Wintermantel und starrt ihn an.
Ich hab's ja nicht gewollt.
Ich hab mir das Leben anders vorgestellt. Früher. Aber das ist lange her, sehr lange her.
Mit zwölf wollte ich Bürgermeister werden, alles besser machen. Davon weißt du vielleicht gar nichts. Ich glaube, wir haben nie darüber gesprochen. Ich bin dann Tischler geworden. Das weißt du. Ich war ja auch zufrieden damit.
Aber dann ...
Jetzt lebe ich schon vier Jahre auf der Straße. Kannst du dir das vorstellen? [...]

Diese Erzählung stellt durch den Wechsel von Abschnitten mit einer deutlich verschiedenen Gestaltung nicht nur der Perspektivierung, sondern auch des Erzählers (heterodiegetisches Erzählen mit Beschränkung auf das Wissen einer Figur und Wechsel von Außen- und Innensicht vs. homodiegetisches Erzählen mit Beschränkung auf das Wissen einer anderen Figur und ausschließlichem Gebrauch von Innensicht) einen literarischen Sonderfall dar; gerade dieser Sonderfall lässt sich didaktisch für die Erarbeitung der Kategorien ‚Erzähler' und ‚Perspektive' gut nutzen. – Das Aufgabenset:

1) Stellt Vermutungen an, wer der seltsame Mann ist. Lest Sätze vor, mit denen sich eure Vermutungen stützen lassen.
2) Bei dieser Geschichte muss man gründlich darüber nachdenken, wer hier etwas erzählt.
   a) Begründet, warum Teile der Erzählung in Schrägschrift geschrieben worden sind. Wer erzählt hier?
   b) Es gibt in der Geschichte noch einen anderen Erzähler. Durch wessen Augen betrachtet dieser Erzähler die Ereignisse? Lest Sätze aus den gerade gedruckten Teilen der Geschichte vor, die eure Vermutung stützen.
   c) Erklärt, wieso ihr als Leserinnen und Leser am Ende des Textauszugs mehr wisst als Felix und Therese.
   d) Beschreibt die beiden Erzähler nun möglichst genau. Nutzt dabei die folgenden Informationen.

Erzählformen und Erzählperspektive

3) Der *Autor* einer Geschichte entscheidet sich für einen *Erzähler*. Dieser kann in der *Ich-Form* oder *Er-/Sie-Form* erzählen. In manchen Erzählungen kommen auch verschiedene Erzähler nebeneinander vor.
4) Der Erzähler nimmt eine bestimmte *Perspektive* ein. Er kann entweder *allwissend* sein, dann weiß er über alle Ereignisse Bescheid und kann sogar die Gedanken der Figuren lesen. Es kann aber auch *alles aus der Sicht nur einer Figur* erzählt werden.
5) Untersucht den Aufbau der Geschichte:
   a) Welche wichtigen Informationen erhaltet ihr in der Einleitung? Welche „Schlingen" werden hier gelegt, um den Leser zu fesseln?
   b) Nennt Erzählschritte, mit denen die Spannung weiter gesteigert wird. Wo ist die Spannung bis auf einen Höhepunkt gestiegen?
   c) Wiese löst sich die Spannung am Ende für den Leser auf?

Der Vergleich als didaktischer Königsweg – nach diesem Prinzip sind für diesen Text Aufgaben formuliert worden, nach denen Schüler zentrale Kategorien zur Analyse der Perspektivierung und des Erzählers vorwiegend induktiv erwerben und (zusammenfassend) anwenden sollen. Weil die ‚Stimme' in den ausgewählten Erzählabschnitten unterschiedlich gestaltet ist, lässt sich den Schülern zunächst das Phänomen, dass literarische Erzählungen überhaupt einen Erzähler haben, anschaulich nahe bringen. Darüber hinaus wird den Schülern die Erkenntnis ermöglicht, dass zwischen Erzählungen unterschieden werden kann, deren Erzähler zugleich als Figur an der Geschichte beteiligt ist und solchen, deren Erzähler nicht an der Geschichte teilnimmt (Aufgaben 2a und 2b). Zunächst wird der leichter ‚greifbare' homodiegetische Erzähler thematisiert (Aufgabe 2a), anschließend der heterodiegetische Erzähler (Aufgabe 2b). Dass den Schülern der Unterschied von homo- und heterodiegetischem Erzählen nur in reduzierter Form (als Unterschied zwischen Erzählen in Ich- und Er-Form sowie als Gleichsetzung von Figur und Erzähler in Erzählungen der Ich-Form) vermittelt und auf die nachdrückliche Unterscheidung von ‚Modus' und ‚Stimme' verzichtet wird, dürfte eine altersangemessene Reduktion darstellen.

Das Phänomen der Perspektivierung lässt sich durch eine Kontrastierung der unterschiedlichen Erzählabschnitte weniger deutlich erkennen, weil die Erzählung sowohl in den homo- als auch in den heterodiegetisch erzählten Abschnitten auf das Wissen einer Figur beschränkt ist. Doch legt die Aufgabe 2b) mit der Frage „Durch wessen Augen betrachtet dieser Erzähler die Ereignisse" – wenngleich in suggestiver Weise – zum einen nahe, die Beschränkung auf das Wissen des Jungen in den heterodiegetisch erzählten Abschnitten festzustellen, und zum anderen, für die homodiegetisch erzählten Abschnitte eine ähnliche Beschränkung auf die Sicht einer anderen Figur zu erkennen. Dass ein Erzähler auch über die Sicht einer Figur hinausgehen kann, wird den Schülern dann deduktiv im Abschnitt ‚Erzählformen und Erzählperspektiven' vermittelt. Damit sind ihnen zentrale Varianten der (Erzähl-) Perspektive nahe gebracht worden. Auf eine Unterscheidung von Innen- und Außensicht und damit auf eine Thematisierung der ‚Sichtweise' wird dagegen verzichtet – eine didaktisch sicherlich nachvollziehbare Entscheidung angesichts der von den Schülern bereits verlangten Abstraktionsleistungen. Fachwissenschaftlich problematisch ist allerdings, dass in den deduktiven Erläuterungen in unklarer Weise vom Begriff des ‚allwissenden' Erzählers Gebrauch gemacht wird.

Insgesamt sind Textauswahl und Aufgabenstellungen nur bedingt geeignet, um Schüler mit Grundbegriffen für die Darstellungsanalyse erzählender Texte vertraut zu machen. Abgesehen von der genannten fachwissenschaftlichen Unklarheit liegt ein entscheidender Schwachpunkt der Aufgabenreihe darin, dass die Analyse der Darstellungsebene nicht auf eine Handlungsanalyse bezogen und für eine Interpretation des Textes genutzt wird: Auf die genannten Aufgaben folgt eine Aufgabenreihe, mit der die Schüler den „Aufbau der Geschichte" nach dem ‚Handlungsschritte-Modell' in Verbindung mit dem ‚Höhepunkt-Modell' analysieren sollen, ohne dass dabei die Ergebnisse der Darstellungsanalyse aufgegriffen würden. Dementsprechend kann den Schülern wohl kaum deutlich werden, wozu denn die von ihnen erworbenen Kategorien gut sein sollen.

Beispiel 2: *Die Grille und die Ameise* von Jean de La Fontaine

In „wortstark 5" vom Schroedel Verlag (erweiterte Ausgabe; 2003), dem führenden (integrativen) Lehrwerk in Deutschland für Haupt- und Realschulen, werden in dem Kapitel „Werkstatt Lesen" Fabeln behandelt. Nur in der erweiterten Ausgabe für Realschulen findet sich die Fabel *Die Grille und die Ameise*. In den Aufgaben zu diesem Text spielt die Perspektivierung eine wichtige Rolle:

> Die Grille trällerte und sang
> Den ganzen lieben Sommer lang
> Und fand sich plötzlich sehr beklommen,
> als der Nordwind war gekommen: […]

1. Auf dem gelben Zettel findest du eine Auswahl von Adjektiven, die Grille und Ameise kennzeichnen. Überlege, welche von ihnen zur Grille und welche zur Ameise passen. [sorglos, fleißig, geizig, großzügig, faul, lustig, langweilig, hartherzig, schadenfroh, lebensfroh]
2. Die Fabel ist in Gedichtform geschrieben. Schreibe sie nun einmal neu als Geschichte auf. Dabei sollst du dich entweder in die Grille oder in die Ameise hineinversetzen und dann aus ihrer Sicht erzählen. [exemplarische Anfänge sind beigefügt]
3. Vergleicht anschließend eure Geschichten. Was hebt die Grille, was hebt die Ameise beim Erzählen hervor? Warum sind da Unterschiede?

Die erste Aufgabe dient der Handlungs- beziehungsweise Figurenanalyse, indem die Schüler – mit Hilfe von vorgegebenen Begriffen – die beiden Figuren charakterisieren sollen. Auf eine Analyse der Komplikationshandlung wird verzichtet. Die folgenden beiden Aufgaben berücksichtigen das Phänomen der Perspektivierung. Zunächst wird eine (gängige) produktionsorientierte Aufgabe gestellt (aus der Sicht einer Figur beziehungsweise verschiedener Figuren erzählen), anschließend werden die Schülerproduktionen mittels Vergleich ausgewertet. Diese Auswertung soll zu der Einsicht führen, dass beide Figuren die Handlung (genauer: die Komplikation, ihre Faktoren und die Möglichkeiten zu ihrer Auflösung) unterschiedlich bewerten. Die produktionsorientierte Aufgabe kann damit (falls es den Schülern auch ohne ausdrückliche Aufforderung gelungen ist, die Struktur der Handlung bei der Figurenanalyse mitzuklären) einen wichtigen Beitrag für das Verständnis der Erzählung leisten. Das Phänomen, dass Erzählungen grundsätzlich perspektiviert sind (und dass das Erzählen aus Sicht einer Figur dabei eine mögliche Variante ist), wird allerdings durch die produktionsorientierte Aufgabe nicht deutlich. Das Erzählen aus der Sicht einer Figur dient auf diese Weise der Handlungs- statt der Darstellungsanalyse.

4.2.6 Exkurs: Traditionelle und moderne literarische Erzählungen im Unterricht

Jeder epische Text ist einerseits einmalig und teilt andererseits auch bestimmte Merkmale mit anderen Texten, insbesondere mit solchen, die derselben epischen Untergattung beziehungsweise derselben Epoche angehören. Eine Bestimmung dieser Gemeinsamkeiten ist jedoch schwierig und – wie alle Versuche zu einer systematischen oder historischen Ordnung literarischer Texte – höchstens prototypisch möglich: Es können Merkmale benannt werden, die für einen Text der entsprechende Untergattung oder Epoche typisch sind, die konkreten Werke werden aber – oft in erheblicher Weise – von dieser Bestimmung abweichen.

Für eine grundlegende Unterscheidung zwischen epischen Texten lässt sich diese Schwierigkeit jedoch abmildern: Literarische Erzähltexte können nach einem einleuchtenden Vorschlag von Mario Andreotti[15] in traditionelle und moderne unterteilt werden, wobei diese Kategorisierung nicht streng mit der Grenze zwischen einer vormodernen und einer modernen Epoche der Literaturgeschichte zusammenfällt: Einerseits bringt die literarische Moderne (ihr Beginn wird zumeist mit dem Expressionismus um etwa 1900 oder auch mit dem Naturalismus wenige Jahrzehnte früher angesetzt; ob die Moderne fortdauert oder seit den achtziger Jahren von der ‚Postmoderne' abgelöst wird, kann als umstritten gelten) nicht ausschließlich moderne literarische Erzähltexte hervor, insbesondere Trivial- und Unterhaltungsliteratur bleiben weitgehend traditionell; andererseits finden sich auch schon in früheren Epochen Ansätze modernen Erzählens.

In Anlehnung an Andreotti kann der Unterschied zwischen traditioneller und moderner Literatur auf zwei grundsätzlich verschiedene Welt- und Menschenbilder zurückgeführt werden: Die traditionelle Literatur legt eine Auffassung von Wirklichkeit als eine vielleicht nicht auf den ersten Blick durchschaubare, aber letztlich sinnvolle komplexe Ordnung nahe. Der Mensch ist in dieser Sicht ein Wesen mit bestimmten Eigenschaften, das sich entwickeln mag, aber grundlegend mit sich selbst identisch bleibt; seit der Aufklärung darüber hinaus ein einmaliges, komplexes Individuum, das eine entscheidende Rolle für die Herausbildung einer sinnvollen Außenwelt spielt. Die Sprache wird dabei als ein Instrument zur Abbildung von Wirklichkeit aufgefasst. Die moderne Literatur lässt dagegen das Bild einer zerfallenden Wirklichkeit entstehen, in der die widersprüchlichen Einzelheiten nicht mehr in einer umfassenden Ordnung aufgehoben sind. Der Mensch erscheint hier als ein Wesen, das von kollektiven Grundkräften, insbesondere von seinen Trieben und von sozialen Einflüssen, bestimmt wird, ohne dass ein ‚Ich' diese Kräfte kontrollieren und vermitteln könnte. Eine konstruktive gegenseitige Beeinflussung von Subjekt und Außenwelt ist auf dieser Grundlage nicht mehr möglich. Die Sprache erscheint dabei als ein System, das Bedeutung nicht transportiert, sondern zerstört oder aber neu erschafft. [16]

Entsprechend diesen beiden Wirklichkeitsauffassungen lassen sich Merkmale traditioneller und moderner (hochliterarischer) epischer Texten bestimmen, die in Anlehnung an Andreotti (jedoch unter Nutzung der von uns vorgeschlagenen Begriffe) in der folgenden Tabelle zusammengestellt sind: Die unterschiedlichen Welt- und Menschenbilder sind Grundlage gegensätzlicher Entwürfe von Handlung und Figuren in traditionellen und modernen literarischen Erzählungen. In Wechselwirkung mit diesen Entwürfen steht eine Tendenz zur Verwendung bestimmter Erzählstrukturen, die (in Abweichung von Andreotti, der eine getrennte Betrachtung von Inhalt und Form literarischer Texte ablehnt) hier als Aspekte der Darstellung gelten sollen. Allerdings muss beachtet werden, dass beide Typen des Erzählens häufig nicht in ihrer Reinform auftreten; so finden sich – zum Beispiel mit der Sprachauffassung romantischer Literatur – in ‚traditionellen' Erzählungen mitunter für die moderne Epik typische Merkmale, und modernes Erzählen tritt häufig in abgeschwächten Varianten auf.

[15] Vgl. Andreotti (2000).
[16] Vgl. Schramke (1974).

	Traditionelle epische Texte	*Moderne epische Texte*
Handlung	Von eindeutigen Faktoren bestimmte (Komplikations)handlung; (Zumeist positive) Auflösung der Komplikation.	(Komplikations)handlung zumeist nicht von eindeutigen Faktoren bestimmt Keine Auflösung der Komplikation (offener Schluss)
Figuren	Feste, mit sich selbst identische Figuren; seit der Aufklärung darüber hinaus mehrdimensionale und potenziell dynamische Figuren (= entwicklungsfähige ‚Individuen' mit komplexen Merkmalen)	Figuren, die von wenigen, auch gegensätzlichen oder wechselnden kollektiven Grundkräften bestimmt sind
Erzähler und Perspektivierung	‚Auktoriales' Erzählen: Erzähler geht über die Perspektive jeder einzelnen Figur hinaus (=sagt mehr, als irgendeine Figur weiß) und kommentiert zumeist die Handlung	Erzähler beschränkt sich zumeist auf die Perspektive einer Figur (=sagt genauso viel wie oder auch weniger als eine Figur weiß), keine Erzählerkommentare (auch: ‚auktoriales' Erzählen mit unzuverlässigem Erzähler oder Mischung unterschiedlicher Perspektivierungen)
Darstellung von Rede und Gedanken	Vorwiegend vom Erzähler deutlich vermittelte Formen der Rede- und Gedankenwiedergabe (vor allem Rede- und Gedankenbericht); außerdem wörtliche Rede	Vorwiegend (relativ) unvermittelte Formen der Rede- und Gedankenwiedergabe (vor allem erlebte Rede und innerer Monolog)
Zeitliche Ordnung	Vorwiegend chronologische Darstellung der Handlung	Auflösung der Chronologie durch ein Neben- und Durcheinander von Teilen der Handlung (z.B. durch häufige Rückwendungen, repetitives Erzählen)
Erzählgeschwindigkeit	Vorwiegend zeitraffendes Erzählen, ergänzt durch zeitdeckendes	Vorwiegend zeitdeckendes oder auch zeitdehnendes Erzählen

Moderne (hoch-) literarische Erzählungen machen damit ein Angebot zu einer Sichtweise von Wirklichkeit, die nicht nur neu, sondern auch in hohem Maße irritierend ist. Sie bietet zumindest in oberflächlicher Betrachtung keine Perspektiven für eine positive Gestaltung der Lebenswirklichkeit. Unter Berufung auf Adorno[17] muss jedoch zum einen ergänzt werden, dass die moderne (Hoch-) Literatur mit ihrem Entwurf eines negativen Wirklichkeitsbildes Ursachen des Wirklichkeitszerfalls zumindest andeutet. Und zum anderen, dass sie die – deut-

[17] Adorno (1972).

lich relativierte – Utopie eines besseren Lebens einschließt: Oft durch Elemente der Handlung, zumindest aber durch die Darstellung, die in ihrer Gebrochenheit immer noch den Anspruch auf Schönheit erkennen lässt.

Während moderne (hoch)literarische Erzählungen aufgrund der genannten Strukturen und Funktionen, aber auch aufgrund ihres literaturgeschichtlichen Stellenwertes, für die Oberstufe wohl unabdingbar sind, muss die Frage gestellt werden, ob diese Erzählungen auch im Literaturunterricht der Sekundarstufe I – insbesondere nichtgymnasialer Schulformen – ihren Platz finden sollen. Wir halten eine solche Berücksichtigung für wünschenswert: Weil die Auseinandersetzung mit einer negativen Auffassung von Wirklichkeit – wohl gemerkt nicht ihre fraglose Übernahme – auch oder gerade für Haupt- und Realschüler angesichts der Herausforderungen und Schwierigkeiten des modernen Lebens als sinnvoll erscheint: Schüler sollen die Möglichkeit einer radikal negativen Sicht von Subjekt und Außenwelt nachvollziehen, überprüfen, inwiefern ihre eigene Lebenswirklichkeit durch eine solche Sicht angemessen erfasst werden kann und eventuell Alternativen zu ihr entwickeln. Die Verbindung von irritierenden Figurenentwürfen und Handlungsverläufen mit komplexen, von literarischen Traditionen abweichenden Darstellungsverfahren stellt aber natürlich insbesondere für jüngere Schüler ein gewichtiges Lektürehemmnis dar, das die Erarbeitung von (radikal) modernen hochliterarischen Romanen in der Sekundarstufe I zumeist unmöglich machen wird – auch wenn die Lektüre von moderner Unterhaltungs- oder Kinder- und Jugendliteratur als Vorbereitung auf komplexere Werke der Moderne dienen kann (vgl. Kap. 1.2.2). Zwei Auswege bieten sich an, um Schülern der Sekundarstufe I dennoch die in modernen Erzählungen entworfene Sicht von Wirklichkeit zugänglich zu machen. Zum ersten können statt Romanen der Hochliteratur populäre literarische oder mediale Erzählungen zum Beispiel der Genres Thriller oder Horror erarbeitet werden, die ebenfalls eine extrem negative Sicht von Wirklichkeit entwerfen. Dabei muss allerdings in Kauf genommen werden, dass dieser Entwurf sehr viel weniger differenziert ausfällt als in hochliterarischen Werken und in geringerem Maße zu einer Suche nach Ursachen für eine lebensfeindliche Wirklichkeit und nach Möglichkeiten zu ihrer Überwindung auffordert. Und zum zweiten kann eine Auseinandersetzung mit moderner Epik exemplarisch anhand von kurzen und kürzesten literarischen Erzählungen stattfinden, zum Beispiel von Parabeln Kafkas, die bei entsprechender methodischer Aufbereitung auch für Hauptschüler geeignet sein können.

4.2.7 Exkurs: Kinder- und jugendliterarische Erzählungen im Unterricht

Anfang der siebziger Jahre hat – so der Forschungskonsens – in der Kinder- und Jugendliteratur ein ‚Paradigmenwechsel' stattgefunden, der zumindest eine strenge Trennung von Kinder- und Erwachsenenliteratur hinfällig macht. Statt Eigenwelten für die kindlichen Leser zu entwerfen wie die ‚Literatur der Kindheitsautonomie' der fünfziger und sechziger Jahre erstrebt die ‚moderne' Kinderliteratur seit den siebziger Jahren auf Grundlage der Werte Aufklärung und Emanzipation weitgehend eine Teilhabe von Kindern an der – für das Individuum schwierigen – Welt der Erwachsenen. Kinderliterarische Erzählungen der letzten Jahrzehnte greifen problematische Aspekte der modernen Gesellschaft auf, aber auch ehemalige ‚Tabuthemen' wie Krankheit, Süchte, Tod und Trennung. Franz-Josef Payrhuber spricht sogar von einer mittlerweile vollzogenen „vollständigen thematischen Enttabuisierung".[18] Kaum untersucht wurde allerdings bislang die Frage, inwiefern eine Behandlung dieser Themen in der Kinderliteratur auch die für die moderne Erwachsenenliteratur typische Darstellung eines sich gegenseitig bedingenden Zerfalls von Ich und Außenwelt mit sich bringt.

Für die erzählende Kinder- und Jugendliteratur zwischen 1970 und 2000 sind Binnendifferenzierungen vorgeschlagen worden. Die realistischen Kinder- und Jugendromane dieser Zeit lassen sich zwei Haupttypen zuordnen: Sie richten als problemorientierte Romane, die vornehmlich in den siebziger Jahren entstanden, anhand exemplarischer Protagonisten den Blick auf bestimmte gesellschaftliche oder auch zwischenmenschliche Schwierigkeiten; seit den achtziger Jahren wird dann durch den zunehmend wichtigen psychologischen Kinderroman der kindlichen Psyche – in ihrer Auseinandersetzung mit der Außenwelt – besondere Aufmerksamkeit geschenkt; dabei zielen die entsprechenden Romane auf einen Einblick in die Gefühls-, Beobachtungs- und Bewusstseinslagen sowie auf die Motive des Handelns von Kindern.[19] Daneben treten Erzählungen der neueren phantastischen Kinder- und Jugendliteratur, die anders als die oft phantastischen Werke der ‚Kindheitsautonomie' ebenfalls problematische Aspekte der von Kindern und Erwachsenen geteilten (modernen) Lebenswirklichkeit gestalten.

In enger Verbindung mit der thematischen Enttabuisierung von Kinderliteratur und insbesondere mit ihrem Anspruch auf eine Darstellung kindlicher Innenwelten steht ihre Übernahme von Darstellungsverfahren der modernen Erwachsenenliteratur. Die Entwicklung der Kinderliteratur auf Ebene der Darstellung betrifft hauptsächlich Erzähler und Perspektivierung sowie die Rede- und Gedankenwiedergabe, teilweise auch die zeitliche Gestaltung. Wilhelm Steffens fasst die entsprechenden Veränderungen wie folgt zusammen: „Ausdifferenzierung der personalen und der Ich-Erzählsituation, die immer subtiler und detaillierter gehandhabten Ausformungen von Erlebter Rede und Innerem Monolog, die Annäherung an Darstellung von Bewusstseinsströmen, die Entfaltung des Geschehens über mehrere Erzählerstimmen, das Operieren auf mehreren Zeitebenen und die Brechung der chronologischen Linearität"[20]

Angesichts dieses Wandels ist in der Kinderliteraturforschung kontrovers diskutiert worden, welche Unterschiede denn überhaupt noch zwischen ‚moderner' Kinderliteratur und moderner (Hoch-) Literatur für Erwachsene in Struktur und

---

18 Payrhuber (2000), S. 45.

19 Steffens (1995), S. 211.

20 Ebd., S. 207.

Funktion bestehen. Einerseits wollten manche Autoren wie Hans-Heino Ewers[21] vom Alter der Protagonisten abgesehen kaum noch grundlegenden Unterschiede von moderner Kinder- und Erwachsenenliteratur mehr gelten lassen. Und andererseits haben zum Beispiel Bettina Hurrelmann und Malte Darendorf darauf verwiesen, dass Kinderliteratur, auch wenn sie keine pädagogische ‚Zeigefingerliteratur' mehr sein will, gleichwohl in einem Spannungsverhältnis zur Erwachsenenliteratur der Moderne stehe: Weil sie eine unterhaltende Funktion aufweisen beziehungsweise einen pädagogischen Anspruch erheben muss, indem sie Kindern bei ihrer Orientierung in der Gesellschaft hilft.[22]

Inzwischen ist diese Auseinandersetzung durch die zutreffende Auffassung hinfällig geworden, dass für die ‚moderne' Kinderliteratur ganz unterschiedliche Funktionen in den Vordergrund treten können – je nachdem, welcher Teil des literarischen Angebots betrachtet wird: So führt Ewers aus, dass es grundsätzlich drei Typen von Kinderliteratur gebe, die sich nicht durch ihre Qualität, sondern durch ihre Funktionen voneinander unterscheiden: die pädagogische (erzieherisch-belehrende), die unterhaltende (leserpsychologisch orientierte und deshalb lesefördernd wirkende) und die eng an der Hochliteratur für Erwachsenen orientierte Kinderliteratur mit ästhetischem Anspruch (der für Ewers offenbar in formalen und stilistischen Aspekten begründet ist). Unter den Werken der modernen Kinderliteratur habe die vornehmlich in den siebziger Jahren produzierte problemorientierte Kinderliteratur eine ‚pädagogische', die ‚populäre' Kinderliteratur, die sich seit den neunziger Jahren in Medienverbünden zunehmend verbreitet,[23] eine unterhaltende und zum Beispiel der seit den achtziger Jahren entstehende psychologische Kinderroman eine ästhetische Funktion.[24]

Diese Auffassung berücksichtigt allerdings nicht in ausreichender Weise, dass sich die genannten Funktionen kinderliterarischer Werke stets in mehr oder weniger hohem Maße überschneiden, wie Kaspar Spinner ausgeführt hat.[25] Für einen breiten Bereich von kinderliterarischen Texten, die deutlich mehrere Funktionen erfüllen, gilt zudem, dass ihre literarischen Strukturen und ihre ästhetische Wirkung genauer auf Gemeinsamkeiten und Unterschiede zur (modernen) Erwachsenenliteratur betrachtet werden müssen.

Maria Lypp, die annimmt, dass Elemente moderner Erwachsenenliteratur im Kontext von Kinderliteratur einem Wandel unterliegen und dass von einer ‚selektiven Modernität' der Kinderliteratur gesprochen werden muss,[26] leistet mir ihrer Theorie des *Einfachen* in der Kinderliteratur eine solche genauere Einschätzung.[27] Das Konzept der Einfachheit ist streng auf literarische Strukturen und nicht etwa auf kognitive oder emotionale Fähigkeiten von Rezipienten bezogen. Einfachheit bezeichnet den Komplexitätsgrad von kinderliterarischen Werken: Sie zeichnen sich durch eine gezielte Komplexitätsreduktion im Vergleich zur

---

21 Vgl. Ewers (1995).
22 Vgl. Dahrendorf (1997) und Hurrelmann (1998).
23 Vgl. Ewers (2000).
24 Vgl. Ewers (1999).
25 Vgl. Spinner (1994).
26 Lypp (1990), S. 12.
27 Vgl. Lypp (2000b).

komplexen Erwachsenenliteratur aus, und zwar durch eine Reduktion, die gleichermaßen die Handlung und die Verfahren der Darstellung betrifft. Die Reduktion ist aber nicht als Verleugnung von Komplexität, sondern als Hinführung zu ihr zu verstehen.

Zum ersten dient die Einfachheit der Kinderliteratur dazu, eine – nicht nur für Kinder – unüberschaubare Welt verständlicher zu machen. So wird die ‚Oberflächenkomplexität' von gesellschaftstheoretischen, tiefenpsychologischen und philosophischen ‚Diskursen' in kinderliterarischen Texten auf grundlegende Zusammenhänge hin durchschaubar gemacht. Märchen und andere phantastische Erzählungen sind zum Beispiel traditionell ein Zugang des Kindes zur Innenwelt: Sie lassen innere Kräfte nach außen treten und machen sie in konkreten Gestalten greifbar, wenn auch nicht rational begreifbar. Dabei werden „seelische Grundschemata von großer Allgemeinheit und Typik" vermittelt.[28] In der zeitgenössischen Kinderliteratur zielt die Reduktion innerer und äußerer Realität nach Lypp allerdings nicht mehr auf die primäre Vermittlung von Wissen und Erfahrung, sondern auf eine Verarbeitung der von den Medien verursachten Informationsflut.

Und zum zweiten soll das Einfache in der Kinderliteratur und insbesondere in Erzählungen für Kinder die jungen Rezipienten in das kulturell entwickelte System literarischer Formen ‚hineinwachsen' lassen. Dabei bietet die Anfangsliteratur mit einem Rückgriff auf feste Muster der traditionellen beziehungsweise oralen Literatur Kindern grundlegende Erfahrungen des literarischen Sprachgebrauchs: Die Formelhaftigkeit des Märchens, das Reihungsprinzip der Bilderbuchgeschichte, Parallelismen der Figurenkonstellation sowie Klang- und Wortspiele sind ästhetische Strukturen, die auffällig von der Alltagssprache abweichen und einen ‚Überschuss' von Bedeutung entstehen lassen.[29] In der Literatur für ältere Kinder mischen sich dann zunehmend Elemente traditioneller/oraler und moderner Literatur. Dabei erfahren die modernen Elemente eine Vereinfachung; auf diese Weise kann die Lektüre von Kinderliteratur auf die Rezeption moderner Literatur für Erwachsene vorbereiten.[30] So lassen kinderliterarische Texte zum Beispiel auf Grundlage einer regelhaften Struktur Brüche in der Sinnhaftigkeit entstehen und ermöglichen dem Leser damit, ein ihm individuell zuträgliches Maß an Vieldeutigkeit zu realisieren.[31]

Eine verstärkte Kenntnisnahme der (relativ) komplexen Strukturen und der (auch) ästhetischen Funktion von modernen kinderliterarischen Werken hat nun in Verbindung mir den Folgen von PISA in jüngster Zeit zu einem entscheidenden Wandel in den didaktischen Überlegungen zur Kinderliteratur beziehungsweise zum Literaturunterricht in der Grundschule geführt. In der Unterrichtspraxis der Grund- (und Haupt)schule herrscht zum Teil bis heute ein themenorientierter Umgang mit kinder- und jugendliterarischen Texten vor, der hauptsächlich auf problemorientierte Werke zurückgreift: Literatur wird als Anlass

[28] Lypp (2000), S. 79. [Der Blick ins Innere, 1989]
[29] Vgl. z. B. Lypp (2000a).
[30] Vgl. z. B. Lypp (2000c) und Lypp (2000d).
[31] Vgl. Lypp (2000e).

genutzt, um über Probleme und Problemlösungsstrategien in der Lebenswirklichkeit zu diskutieren, ohne dass zuvor das Angebot eines literarischen Textes zu einem neuen Blick auf die Lebenswirklichkeit ernsthaft erwogen worden wäre. Und in der didaktischen Diskussion wurde – inzwischen durchaus mit Wirkung auf die Praxis – lange Zeit vorwiegend die Auffassung vertreten, dass Kinder- und Jugendliteratur vor allem zur Leseförderung eingesetzt werden solle, wobei die Qualität der zu lesenden Werke als zweitrangig galt: Mit Hilfe unterschiedlicher methodischer Verfahren wurde angestrebt, die Lesefreude und Lesemotivation von Schülern der Grundstufe (und der Sekundarstufe I) zu erhöhen, die von sich aus auch oder vorwiegend Medienproduktionen rezipieren.

Auf Grundlage einer Neubestimmung, die für die Beziehung von Leseförderung und literarischem Lernen (im Sinne eines Kompetenzerwerbs) vorgenommen wurde (vgl. Kap. 1.2.3), kann inzwischen aber wohl als didaktischer Konsens gelten, dass nicht nur der themenorientierte, sondern auch der im engeren Sinne lesefördernde Umgang mit Kinder- und Jugendliteratur ungenügend ist. Vielmehr sollen Schüler durch die Arbeit mit Werken der Kinder- und Jugendliteratur auch ihre Fähigkeit zum Textverstehen ausbilden. Dazu sollen vor allem Werke mit (auch) ästhetischer Funktion eingesetzt werden, die Schüler in ihrer Kompetenz zur Rezeption komplexer Texte fordern, ohne sie zu überfordern.[32] Das Ziel des literarischen Lernens soll nicht in Widerspruch zur Leseförderung treten, sondern zugleich die Lesefreude und Lesemotivation erhöhen, die ohne Textverstehen nicht zu haben ist und sich steigert, wenn Schüler auch komplexere Angebote der literarischen Weltdeutung für sich nutzen können. Wir möchten hinzufügen, dass auch schon für Grundschüler die Textanalyse als Grundlage eines subjektiv bedeutsamen und textangemessenen Verstehens unabdingbar und literarisches Lernen nicht von der Entwicklung von Texterschließungskompetenz zu trennen ist (vgl. Kap. 1.2.3).

In einer Reihe von didaktischen Konzepten, so zum Beispiel von Klaus Maiwald und Hans-Heino Ewers, wird die Auffassung vertreten, dass die Förderung von Rezeptionskompetenz gegenüber ästhetisch (relativ) anspruchsvoller Kinder- und Jugendliteratur – sowie gegenüber Unterhaltungsliteratur für Erwachsene – auf die Rezeption von komplexen Werken der (modernen) Erwachsenenliteratur vorbereiten kann.[33] In allen Fällen wird ein solches Vorhaben wohl nicht gelingen, weil die Hochliteratur und insbesondere die moderne Literatur mit ihren Angeboten einer radikal irritierenden Wirklichkeitssicht viele Leser letztlich doch überfordern. Es wäre aber hinzuzufügen, dass eine Nutzung von Kinder- und Jugendliteratur mit (auch) ästhetischer Funktion Schülern immerhin bis zu einem gewissen Grad literarische Erfahrungen ermöglichen kann, die ihnen sonst womöglich ganz verschlossen blieben.

---

[32] Vgl. Waldt (2003), S. 108-114.
[33] Vgl. z. B. Maiwald (1999), und Ewers (1997).

5. Erzählspezifika II: Filmisches Erzählen

Ebenso wie epische Texte können Filme eine bestimmte Geschichte auf ganz unterschiedliche Weise erzählen: Um eine Handlung zu vermitteln, nutzen Filme sowohl medienspezifische als auch medienunabhängige Verfahren der Darstellung. Im Laufe des 20. Jahrhunderts ist von Regisseuren eine Vielfalt filmischer Darstellungsverfahren erprobt und etabliert worden und die Filmwissenschaft hat diese Verfahren zum Gegenstand ihrer Untersuchungen gemacht. Grundlegend notwendig für eine Filmanalyse, die wesentliche Aspekte der filmischen Gestaltung berücksichtigt, ist eine klare Systematisierung von filmischen Darstellungsverfahren; zumal in der im deutschen Sprachraum geführten Diskussion gibt es jedoch erheblichen Klärungsbedarf im Bereich dieser Voraussetzung, weil eine Vielzahl von konkurrierenden Systematisierungsversuchen nebeneinander existieren. Im Folgenden wird ein Modell zur Analyse filmischer Darstellungsverfahren vorgeschlagen, das gleichermaßen auf Plausibilität und Einfachheit ausgerichtet ist und auf diese Weise eine geeignete Grundlage für die didaktische Diskussion und damit für den ‚Kern' einer erst in der Entwicklung begriffenen Filmdidaktik bietet. Darüber hinaus sollen durch dieses Modell zugunsten medienübergreifender Untersuchungen Gemeinsamkeiten und Unterschiede von filmischem und literarischem Erzählen fassbar werden. Für eine exemplarische Analyse haben wir Ang Lees Film *Tiger & Dragon* aus dem Jahr 2001 ausgewählt: Dieser Film, der bereits wenige Jahre nach seinem Erscheinen ein ‚populärer Klassiker' ist, bietet eine komplexe Erzählung in beeindruckenden Bildern, die ein geeigneter ‚Prüfstein' für die Tauglichkeit der unserem Modell zugrunde liegenden Analysekategorien auf Handlungs- und Darstellungsebene ist.

5.1 Fachwissenschaftliche Grundlagen

Während Rezipienten filmischer Erzählungen in der Regel wohl höchstens Besonderheiten der filmsprachlichen Gestaltung zur Kenntnis nehmen, lässt sich die Art und Weise, in der filmische Erzählungen eine Handlung darstellen, tatsächlich auf unterschiedlichen Ebenen betrachten. In der Hauptsache können zwei Ebenen unterschieden werden: Neben der medienspezifischen Ebene des filmsprachlich geprägten Stils die narrationsspezifische Ebene der Darstellungsverfahren, die narrative Eigenarten einer Erzählung bestimmen. Die folgende Systematik von filmischen Darstellungsmitteln beruht auf dieser grundlegenden Zweiteilung: Es wird unterschieden zwischen *filmsprachlichen* und *narrativen Darstellungsverfahren*. Mit dieser Zweiteilung greifen wir neuere Entwicklungen in der angelsächsischen Filmtheorie auf, die geeignet sind, filmisches Erzählen ‚durchsichtig' zu machen. Die filmischen Darstellungsverfahren im Überblick:

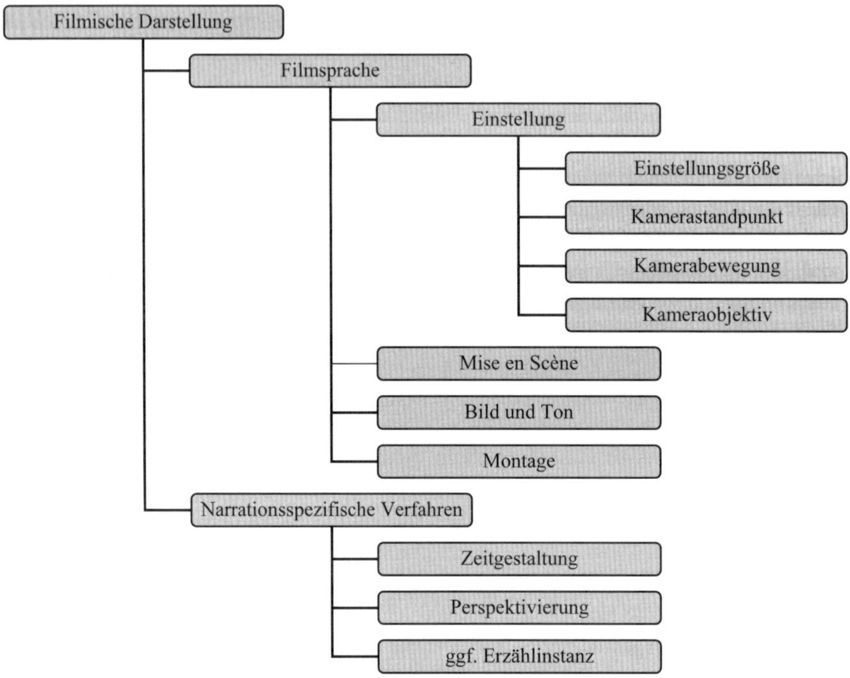

Die filmsprachlichen Darstellungsverfahren sollen nach vier Kategorien untersucht werden (die teilweise die Kategorien umfangreicherer Systematiken zusammenfassen). Die erste Kategorie umfasst im Wesentlichen relativ bekannte Darstellungsverfahren, die einzelne Einstellungen betreffen, die so genannten einstellungsinternen Kamerahandlungen: Einstellungsgröße, Kameraperspektive und Kamerabewegung sowie Kameraobjektiv. Diese Kategorie soll durch zwei Kategorien ergänzt werden, die für die Analyse einzelner Einstellungen bedeutend sind, allerdings nicht auf die einzelne Einstellung beschränkt sein müssen: Durch die Verbindung der Bilder mit Ton, die den Film zu einer audiovisuellen Produktion werden lässt. Und durch die Mise en Scène, die die in gewisser Weise ‚vorfilmischen' Verfahren der Inszenierung von Objekten und Personen vor der Kamera bestimmt. Die vierte Kategorie, die Montage, umfasst schließlich die nicht einstellungsinternen Verfahren, die einer Kombination von Einstellungen dienen.

Filmische Erzählungen nutzen nur manchmal einen Erzähler. Von zentraler Bedeutung für die narrationsspezifischen filmischen Verfahren ist dagegen neben der Zeitgestaltung die Perspektivierung des Erzählens. Zu unterscheiden ist die quantitative von der qualitativen Perspektivierung: Welche Informationen, so wird in der Bestimmung der Perspektivierung gefragt, erhält der Zuschauer im Vergleich zu einer oder mehreren Figuren im Film (quantitative Perspektivierung) und wie nimmt er diese Informationen wahr: Aus der Sicht einer Figur oder unabhängig von dieser Sicht (qualitative Perspektivierung)? Während die filmsprachlichen Darstellungsverfahren größtenteils höchstens vage Parallelen zu literarischen Gestaltungsmitteln aufweisen, zeigen sich in den narrationsspezifischen Darstellungsverfahren deutliche Gemeinsamkeiten zwischen filmischen und literarischen Erzählungen.

5.1.1 Hinführung: Zum Unterschied von visuellem und sprachlichem Erzählen

Filmisches Erzählen unterscheidet sich von literarischem Erzählen durch das erzählerische Medium: Der Film bietet eine visuelle Darstellung, gegebenenfalls ergänzt durch Ton/sprachliche Elemente, sein ‚Material' sind (bewegte) Bilder; die literarische Erzählung beruht auf einer (verbal-) sprachlichen Darstellung, ihr ‚Material' ist die Sprache.

Dass mit Bildern erzählt werden kann, wurde lange Zeit unter dem Einfluss von Gotthold Ephraim Lessing bestritten. In seiner Streitschrift „Laokoon oder über die Grenzen der Malerei und Poesie" von 1766 hat Lessing die aus der Antike stammende Auffassung angegriffen, dass Malerei und Poesie einander aufgrund ähnlicher Formen der Naturnachahmung prinzipiell glichen, und dabei zugleich eine grundlegende Bestimmung des Unterschieds zwischen erzählenden Texten und visuellen Darstellungen vorgenommen. Die eigentümliche Leistung der Poesie ist nach Lessing die Darstellung von Handlungen; detaillierte Beschreibungen seien dabei nicht sinnvoll. Der Malerei falle dagegen die Möglichkeit der präzisen Momentaufnahme zu; dabei könne nur ein einziger, der prägnanteste, Augenblick einer Handlung dargestellt werden.[1] Bündig formuliert Lessing als Regel: „Es bleibt dabei: die Zeitfolge ist das Gebiet des Dichters, so wie der Raum das Gebiete des Malers." [2]

Mittlerweile wird entgegen Lessing sogar bezweifelt, dass Einzelbilder nicht zur Darstellung einer Handlungsfolge geeignet seien, und zwar mit dem Argument, dass solche Bilder den Betrachter zur Imagination eines ‚Davor' und ‚Danach' anhalten könnten.[3] Und auf jeden Fall gilt als unbestritten, dass Bilder mit dem ‚Laufen' auch das Erzählen gelernt haben. Oder anders formuliert: Sie haben das Erzählen gelernt, indem sie ‚zum Laufen gebracht' und im Sinne von Lessing ‚sukzessiv' gemacht worden sind. Die Gestaltungsmittel des Films, der vor allem für diese Entwicklung steht, sind vornehmlich auf die Bewegung, auf die Aufeinanderfolge der Bilder gerichtet. Diese Funktion kommt natürlich an erster Stelle der Montage von Einstellungen zu; aber auch innerhalb der einzelnen Einstellungen kann etwa durch Zoom oder Schwenk eine Abfolge von visuellen Eindrücken erzeugt werden.

---

[1] Vgl. Lessing (1982), S. 90.
[2] Ebd., S. 102.
[3] Vgl. z. B. Pochat (1984).

Allerdings bleibt der grundsätzliche Unterschied zwischen den Medien Wort und Bild jenseits ihrer gemeinsamen Eignung zur Handlungsdarstellung von zentraler Bedeutung für das literarische beziehungsweise filmische Erzählen. Seit der Antike wird unterschieden zwischen Zeichen, die eine sinnlich wahrnehmbare Ähnlichkeit mit den von ihnen dargestellten Gegenständen aufweisen – den ‚natürlichen' Zeichen – und Zeichen, deren Zuordnung zu Objekten nur auf den Konventionen einer Sprachgemeinschaft beruht – den ‚willkürlichen' Zeichen.[4] Während die ‚natürlichen' (ikonischen) Zeichen fast ausnahmslos individuelle Sachverhalte (genauer: Wahrnehmungsbilder dieser Sachverhalte) repräsentieren, bezeichnen die ‚willkürlichen' sprachlichen Zeichen Klassen von Sachverhalten.[5] Entsprechend lässt sich der Unterschied zwischen visueller und sprachlicher Darstellung mit den in der Literaturtheorie etablierten Kategorien *Mimesis* (Nachahmung) und *Mittelbarkeit* beschreiben.

Bilder können aufgrund ihres ‚mimetischen' Charakters den Eindruck einer unmittelbaren Abbildung von Realität erzeugen.[6] Mehr noch als den malerischen, zeichnerischen oder plastischen Darstellungen kommt den seit dem 19. Jahrhundert verbreiteten fotografischen Bildern – die auch die Grundeinheit filmischer Bildfolgen ausmachen – diese Möglichkeit zu. Fotografische Bilder wirken authentischer als andere Formen der Abbildung, weil sie in technischer, automatisierter Weise Ausschnitte der Wirklichkeit detailliert wiedergeben.[7] Dabei ist der Eindruck vollkommener Wirklichkeitsentsprechung allerdings ein scheinbarer. Fotografische Bilder können nur die äußeren Merkmale von realen Objekten wiedergeben, und auch das nicht direkt, weil ja der Betrachter diese Merkmale aus der zweidimensionalen Darstellung des Bildes erst rekonstruieren muss. Darüber hinaus ist der Einfluss des Fotografen, der Bildausschnitt und Perspektive bestimmt und auf Kontraste und Helligkeit einwirkt, für die Sicht des Dargestellten entscheidend. Erst recht kann der Film mit seinen vielfältigen Gestaltungsmitteln in ‚fotorealistischer' Weise sehr subjektive Entwürfe von Zeit, Raum und Menschen vermitteln.[8]

Im Gegensatz zu Bildfolgen zeigt die sprachliche Beschreibung einer Handlung nicht die Handlung (beziehungsweise die für sie maßgeblichen Figuren und Objekte) selbst, sondern bezeichnet sie. Gérard Genette beschreibt diese Eigentümlichkeit von sprachlichen Erzählungen als Erzeugung einer ‚Mimesis-Illusion', die notwendig ist, weil die Sprache „bezeichnet ohne nachzuahmen."[9] Die sprachliche Darstellung hat also die Aufgabe, (fiktionales) Nichtsprachliches in Sprachliches umzusetzen; nur sprachliche Äußerungen innerhalb der dargestellten Geschehnisse können direkt ‚übernommen' werden.

Als ‚mimetisch' beziehungsweise ‚mittelbar' können filmische und literarische Erzählungen aber nicht nur aufgrund der von ihnen verwendetem Zeichen gelten. Die Nutzung unterschiedlicher Medien für das Erzählen führt auch dazu,

[4] Vgl. Platon: Kratylos, 383a-385b. In: Ders. 1993.
[5] Vgl. Lohmeier (1996), S. 1-23.
[6] Vgl. Hickethier (1996), S. 44.
[7] Vgl. Kempf (1980ff.).
[8] Vgl. Kern (2002), S. 220-223.
[9] Genette (1998), S. 117. Vgl. auch Lohmeier (1996).

dass im einen Fall – dem des sprachlichen Erzählens – die Handlung durch einen Erzähler vermittelt wird, während im anderen Fall – dem des visuellen Erzählens – die Handlung ohne vermittelnde Instanz auskommt (jedenfalls nach den filmwissenschaftlichen Ansätzen, denen wir folgen, vgl. Kap. 5.1.3). Knut Hickethier hat unter Berufung auf David Bordwell diesen Unterschied als Unterschied zwischen diegetischer (im engeren Sinne erzählender) und mimetischer (vorführender, zeigender) Darbietung bezeichnet und auf die aristotelische Unterscheidung zwischen a) dem Erzählen einer Handlung durch einen Erzähler und b) dem Zeigen eines Geschehens in einer dramatischen Handlung zurückgeführt.[10] Tatsächlich weist die filmische Erzählung durch ihre unvermittelte Darstellung Ähnlichkeiten mit dem Drama auf. Obgleich erzählende Filme vor allem mit der Perspektivierung und der Zeitgestaltung deutliche Parallelen zur Darstellung literarischer Erzählungen zeigen (vgl. Kap. 4.1.2 und 4.1.3), kann deshalb diskutiert werden, ob der Film vor allem in der Tradition der epischen oder doch eher in der Tradition der dramatischen Gattung steht.

5.1.2 Filmische Darstellung I: Die Filmsprache

Während die Medienwissenschaft in den sechziger Jahren Filme als Zusammenstellungen besonderer Zeichen verstand und dementsprechend versuchte, eine Theorie der Filmsprache zu entwickeln, ist heute von einer ‚Filmsprache' nur noch im übertragenen Sinn die Rede. Die ‚Sprache' des Films wird nunmehr mit Hilfe von Kategorien untersucht, die der Produktionstechnik entstammen. Diese Kategorien berücksichtigen aber nicht nur den ‚Blick' der Kamera, sondern auch die potenzielle Wahrnehmung des Rezipienten; sie sind deshalb auch auf den Trickfilm anwendbar, für den nicht die Kamera, sondern der Zeichner fast alle Gestaltungsmittel des Mediums handhabt.

5.1.2.1 Kamerahandlungen als einstellungsinterne Darstellungsverfahren

Die Bilder, die der Zuschauer eines Films sieht, unterscheiden sich sowohl von den Bildern, die in einer Theateraufführung dargeboten werden, als auch von Gemälden oder einzelnen Fotos: Der Film zeigt das Abgebildete immer nur in Ausschnitten, und zwar in Ausschnitten von wechselnder Größe und wechselnder Perspektive. Vier Darstellungsverfahren bestimmen die Bilder der einzelnen filmischen Einstellung: die *Einstellungsgröße*, der *Kamerastandpunkt*, die *Kamerabewegung* und das *Kameraobjektiv*.

[10] Hickethier (2003), S. 128.

a) Einstellungsgröße

Die Einstellungsgröße (das Größenverhältnis von abgebildeten Objekten zur Bildfläche) ist wenn nicht das wichtigste, so doch ein zentrales Mittel der Filmsprache: Der ‚Reiz der filmischen Realität' ergibt sich nach Knut Hickethier durch den „ständigen Wechsel von Annäherung und Entfernung, von dichtem Dabei sein und wieder Loslassen".[11]

Aus der potenziell unendlichen Zahl von Einstellungsgrößen haben sich acht konventionalisierte Einstellungsgrößen herausgebildet. Mit den einzelnen Einstellungsgrößen sind keine festen Funktionen verbunden. Doch haben die verschiedenen Größen je eigene Funktionspotenziale, deren Nutzung im ‚klassischen' Erzählkino zum Teil konventionalisiert worden ist. Diese Konventionen sind allerdings einem historischen Wandel unterworfen. So folgen die Videoclips unserer Zeit einer Ästhetik, die außer auf schnelle Schnitte auf ein hohes Maß an Groß- und Detailaufnahmen setzt und damit die bisherige Beschränkung dieser Einstellungsgrößen auf ausgewählte spannungsgeladene Partien eines Filmes überwindet.

Die Einstellungsgrößen im Überblick:

1. *Panoramaaufnahme / weit (Extreme long shot):* Es werden Landschaften (Wüsten, Berge, Ebenen, Städte, Dörfer etc.) im Überblick dargestellt, eventuell einschließlich größerer Figurengruppen (z.B. Demonstrationszügen) oder einzelner, aber nicht deutlich sichtbarer Figuren. – Panoramaaufnahmen werden beispielsweise als Establishing Shots zur Vorstellung einer Landschaft, in der die anschließend folgende Handlung spielt, oder zur Etablierung einer bestimmten Atmosphäre verwendet.

Panoramaaufnahme

Der Beginn von „Tiger & Dragon": (Dorf-) Landschaft (mit einem Damm, auf dem Mu Bai – wie in einer folgenden Einstellung zu sehen – in ein Dorf gelangt)

Dieses Bild und die folgenden Bilder mit den unterschiedlichen Einstellungsgrößen sind dem Beginn von Ang Lees „Tiger & Dragon" entnommen; die Abfolge der Bilder entspricht der im Film und lässt erkennen, dass sich der Film an einen der Protagonisten, Li Mu Bai, langsam ‚herantastet'.

2. *Totale / total (Long shot):* (Innen-/Außen-) Räume werden im Überblick dargestellt, dabei sind einzelne Figuren oder Objekte zu erkennen, aber dem Raum untergeordnet. – Die Totale präsentiert häufig zu Beginn eines Geschehens eine Szenerie als dessen Rahmen.

[11] Hickethier (1996), S. 60.

Totale

Die zweite Einstellung: geschäftiges Treiben vor dem Haus von Shu Lien, der Freundin und heimlichen Liebe von Mu Bai.

3. *Halbtotale / halbtotal (Medium Long Shot):* Einzelne Figuren oder Objekte füllen das Bild weit gehend aus; die Figuren sind von Kopf bis Fuß (mit ihrer Körpersprache) zu erkennen, außerdem wird ihre unmittelbare Umgebung gezeigt. – Die Halbtotale wird häufig für die Darstellung von kleineren Menschengruppen sowie von körperbetonten Aktionen eingesetzt.

Halbtotale

Mu Bai ist im Haus von Shu Lien eingetroffen und wird von einer Bediensteten versorgt; Shu Lien (nicht sichtbar) öffnet die Tür.

4. *Halbnahe / halbnah (Medium Shot):* Figuren werden etwa von den Knien an aufwärts gezeigt; die Figuren und ihr körpersprachlicher Ausdruck dominieren das Bild. – Die Halbnahe wird häufig genutzt, um Beziehungen zwischen (zumeist zwei oder drei) Figuren zu zeigen (z.B. Intimität, Zuneigung, Distanz).

Halbnahe

Shu Lien betritt den Raum, in dem Mu Bai sich aufhält.

5. *Amerikanische / amerikanisch (Medium Shot):* Figuren werden vom Oberschenkel ab aufwärts gezeigt. – Ursprung und häufige Nutzung dieser Einstellungsgröße: Im Western werden Figuren zum Beispiel in einem Show down vom Gesicht bis zum Revolverhalfter abgebildet.

Amerikanische /

auf der Grenze zur Halbnahen

Mu Bai begrüßt Shu Lien.

6. *Nahe / nah (Medium Close-up):* Figuren werden vom Oberkörper an aufwärts dargestellt; Mimik und Gestik der Figuren sind gut zu erkennen. – Die nahe Einstellung dient vor allem einer Wiedergabe von Gesprächen.

Nahe

Mu Bai im Gespräch im Shu Lien.

7. *Großaufnahme / groß (Close-up)*: Figuren werden vom Hals- oder Schulteransatz an aufwärts dargestellt, in ‚Portraitaufnahmen', die die Mimik einer Person deutlich zeigen; oder es werden einzelne Objekte abgebildet. – Die Großaufnahme wird häufig eingesetzt, um Höhepunkte der Handlung herauszustellen. Dabei kann die Aufmerksamkeit auf eine ausgewählte Figur oder ein Objekt gelenkt werden, eventuell auch auf ein handlungsrelevantes Element, das sich der Wahrnehmung der Figuren noch entzieht. Oft werden innere Vorgänge einer Figur durch ihre Mimik visualisiert, wobei Intimität nicht nur zwischen Figuren, sondern auch zwischen Figur und Rezipient entstehen kann. Zudem kann die Großaufnahme Objekte mit übertragener Bedeutung fokussieren (vgl. Kap. 5.1.2.2).

Großaufnahme

Mu Bai berichtet ergriffen von verstörenden Erfahrungen bei seiner Meditation in den Bergen.

8. *Detailaufnahme / detail (Extreme Close-up):* Es wird der Ausschnitt eines Gesichtes oder eines Gegenstandes dargestellt, oder auch ein sehr kleines Objekt beziehungsweise ein kleiner Körperteil, zum Beispiel ein Auge oder eine Hand. Die Detailaufnahme kann in ähnlicher Weise wie die Großaufnahme handlungsrelevante Elemente oder Objekte mit übertragener Bedeutung herausstellen. Die Wiedergabe von kleineren Teilen eines Gesichtes oder Körpers kann auch einer entpersönlichenden Darstellung von Figuren dienen.[12]

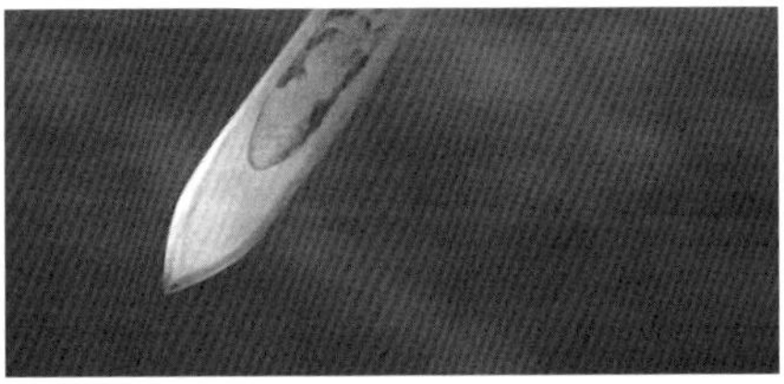

Detailaufnahme

Die Spitze des Grünen Schwertes, das Mu Bai dem Hohen Rat übergeben ließ (sie wird erst in einer späteren Sequenz gezeigt).

[12] In Anlehnung an Borstnar u.a. (2003) und Hickethier (2001).

Die unterschiedlichen Einstellungsgrößen des Films haben ähnlich wie auch die Kameraperspektiven in manchen literarischen Texten, zum Beispiel in realistischen Erzählungen des 19. Jahrhunderts oder in modernen Erzählungen wie dem ‚nouveau roman', eine ungefähre Entsprechung: Auch in epischen Texten können Räume beziehungsweise Figuren oder Objekte und deren Bewegungen im Überblick oder im Detail, mitunter auch aus ‚Auf-' oder ‚Untersicht', in differenzierter Weise beschrieben werden. Die Übereinstimmung hält sich aber in engen Grenzen, weil die literarischen Beschreibungen niemals in dem Maße konkret sein können wie ein filmisches Bild und darüber hinaus die ‚Einstellungen' im literarischen Text sehr viel langsamer wechseln.

b) Kamerastandpunkt / Kameraperspektive

Die Kameraperspektive ist von der Perspektivierung der Darstellung zu unterscheiden (vgl. Kap. 5.1.3). Die Kameraperspektive bestimmt die ‚Höhen-Relation' der Kamera zum dargestellten Motiv: Die Kamera kann Objekte und Geschehnisse sozusagen aus normaler Augenhöhe beobachten, sie kann aber auch von oben oder von unten auf ein Motiv blicken. Dabei kann der Kamerawinkel jeweils unterschiedlich sein: Wenn zum Beispiel die Kamera oberhalb der normalen Augenhöhe eines imaginären Betrachters positioniert ist, ist sie oft so geneigt, dass das Motiv im Zentrum des Bildes steht; sie kann jedoch bei dieser Höhenposition auch auf die Neigung verzichten, sodass das Motiv am unteren Rand des Bildes erscheint.

In der Filmwissenschaft gibt es für die Bestimmung der Kameraperspektive durchaus auch getrennte Kategorien für Höhenposition und Kamerawinkel; die gebräuchlichste (und zumal in der angelsächsischen Filmwissenschaft unbestritten führende) Typologie kombiniert jedoch beide Aspekte, indem sie bestimmte Höhenpositionen und Kamerawinkel einander zuordnet. Drei Grundformen werden dabei unterschieden: Normal-, Auf- und Untersicht.

(1) *Normalsicht*: Die Kamerahöhe, aus der das Geschehen aufgenommen wird, entspricht etwa der Augenhöhe eines erwachsenen Menschen; diese Perspektive kommt der Normalsicht der alltäglichen Wahrnehmung nahe. – Die Normalsicht kann als semantisch ‚neutrale' Perspektive gelten, hat aber häufig auch die Aufgabe, den Eindruck einer objektiven filmischen Darstellung auf filmsprachlicher Ebene zu unterstützen.

Normalsicht

Jen im Kampf mit Mu Bai

Zu den Abbildungen: Die Bilder zeigen die jugendliche Protagonistin Yu Jen, die die ‚gesetzesfreien' Kämpfer Li Mu Bai und Yu Shu Lien bewundert und zugleich gegen sie aufbegehrt.

(2) *Untersicht*: Die Kamera blickt aus einer Position von unten auf ein Motiv. Extreme Untersicht wird als Froschperspektive bezeichnet. Das Motiv kann in der Untersicht verzerrt dargestellt werden, weil sich die Proportionen verschieben; Realität kann auf diese Weise verfremdet werden – Die Untersicht kann durch die Handlung motiviert sein oder die Handlung in bestimmter Weise kommentieren. Die Untersicht kann ganz unterschiedliche Funktionen erfüllen; so kann sie Figuren oder Objekte als übermächtig, als bedrohlich und unheimlich oder auch als lächerlich erscheinen lassen.

Untersicht

Jen im Kampf mit Mu Bai – den Blick auf den sich unter ihr befindenden Mu Bai gerichtet.

Untersicht / Froschperspektive

Jen hat sich von einem Berg gestürzt und fliegt durch die Wolken nach unten – der Kamera entgegen.

(3) *Aufsicht*: Der Kamerablick ist aus einer erhöhten Position auf ein Motiv nach unten gerichtet; extreme Aufsicht (der Blick senkrecht von oben) wird als Vogelperspektive bezeichnet. – Wie auch die Untersicht kann die Aufsicht durch die Handlung motiviert sein oder als Mittel zu einer Kommentierung der Handlung verwendet werden. Eine mögliche Funktion der Aufsicht ist es, eine Figur als klein und ohnmächtig erscheinen zu lassen.

Aufsicht / Vogelperspektive

Jen im (Schwert-) Kampf mit Shu Lien.

Aufsicht

Jen mit Mu Bai, der das Grüne Schwert in den Fluss wirft.

Die Auf- und Untersicht kommen in reiner Form nur selten und bevorzugt in bestimmten Genres vor, zum Beispiel im Psychothriller oder in der Satire. In der Regel werden Mischformen von Kameraperspektiven eingesetzt.

c) Kamerabewegung

Eine Kamera muss nicht bewegt werden, damit eine Handlung filmisch erzählt werden kann. In der Regel werden die Möglichkeiten der Kamera zur Bewegung – entweder auf einem Stativ oder frei im Raum – aber doch genutzt; andernfalls nimmt die filmische Darstellung einen ‚statischen' Charakter an. Es kann also nach Borstnar u.a. für die einzelnen Einstellungen unterschieden werden zwischen dem Verzicht auf Kamerabewegung, Bewegung einer stationären Kamera (genauer: ihres Stativkopfes) und Bewegung der gesamten Kamera im Raum:

- Statische Kamera / Verzicht auf Kamerabewegung
- Kamerabewegung bei fixem Stativ / bei stationärer Kamera
    - Schwenk (Schwenkung der Kamera um ihre vertikale Achse)
    - Neigen (Neigung der Kamera um ihre horizontale Achse)
    - Rollen / Kippen
- Kamerabewegung im Raum
    - (Kamera-) Fahrt
    - (Kran-, Flugzeug oder Fahrzeug-) Installationen der Kamera
    - Steadycam
    - Handkamera

Unterschiedlichen Typen der Kamerabewegung können innerhalb einzelner Szenen miteinander kombiniert werden. Zu den einzelnen Typen:

(1) Die statische Kamera: Die statische Kamera zeigt Bewegung im Bild, Bewegung ins Bild hinein, Bewegung aus dem Bild heraus oder auch ein statisches Bild in der Art einer Fotografie. In der Frühzeit des Films erlaubte die technische Entwicklung nur Einstellungen mit statischer Kamera. Sie bieten einen Blick auf das Dargestellte, der dem eines Theaterzuschauers gleicht, und werden heute nur noch als Ergänzung zu Aufnahmen einer bewegten Kamera eingesetzt. Indem die Beschränkung auf die statische Kamera überwunden wurde, konnte eine genuin filmische Darstellungsweise geschaffen werden.

(2) Die Kamerabewegung bei fixem Stativ: Kamerabewegungen bei fixem Stativ erlauben den *Schwenk* der Kamera um ihre vertikale Achse, das *Neigen* der Kamera um ihre horizontale Achse und das Rollen der Kamera um ihre Blickachse. Das Rollen der Kamera wird nur selten eingesetzt, vermutlich weil es kaum einer ‚natürlichen' Art der Wahrnehmung entspricht; es kann jedoch beispielsweise genutzt werden, um den subjektiven Blick einer Figur nachzubilden, vor deren Augen sich alles ‚dreht'. Das Neigen der Kamera nach oben oder unten entspricht durchaus unserer physischen Raumwahrnehmung, beispielsweise wenn

wir eine Person von oben nach unten mustern (konventionalisiert im Westerngenre). Der (horizontale oder auch vertikale) Schwenk spielt unter den Kamerabewegungen bei fixem Stativ die größte Rolle und es haben sich verschiedene Typen etabliert: der schnelle Schwenk, der sehr schnelle Reißschwenk als Sonderfall des schnellen Schwenks (vor allem zur Imitation der natürlichen Augenreaktion), der (langsame) panoramierende Schwenk/Panoramaschwenk, der Figuren oder Objekte begleitende beziehungsweise verfolgende Schwenk und der (ab-) tastende Schwenk (zur Nachbildung des abtastenden, suchenden Blicks von Figuren).

Abbildungen / Kamerabewegung I: Kameraschwenk:

Kamerabewegung: Schwenk

Motivierte Kamerabewegung: Die Kamera folgt mit einem langsamen Schwenk Mu Bai beim Gang über den Damm.

Das würdevolle Schreiten Mu Bais wird durch den ruhigen Schwenk filmisch angemessen umgesetzt.

(3) Die Kamerabewegungen im Raum: In der zweiten Hälfte des 20. Jahrhunderts sind die Kameras immer beweglicher geworden und in erzählenden Filmen spielt diese Möglichkeit zur Gestaltung inzwischen eine zentrale Rolle; längere statische Einstellungen gibt es nur noch ausnahmsweise, vielmehr scheint sich die Kamera in vielen Filmen fast unaufhörlich zu bewegen, selbst bei der Darstellung von Gesprächen. Mit der Handkamera, die vom Kameramann frei im Raum geführt wird, steht seit der zweiten Hälfte des 20. Jahrhunderts ein Gestaltungsmittel zur Verfügung, das den Eindruck von dokumentarischer Nähe und Authentizität erzeugen kann. Die Steadycam, die vom Kameramann auf einem mit Ausgleichsgewichten und Stabilisatoren ausgerüsteten Körperstativ geführt wird, erlaubt ruhige Kamerabilder unter schnellen Bewegungs- und Richtungswechseln der Kamera vorzugsweise bei der ‚Verfolgung' von Figuren.

Abbildungen / Kamerabewegung II: Kamerafahrt mit Kran-Installation (und vertikaler Schwenk):

Kamerabewegung: Kamerafahrt

Die Kamera ist motivorientiert auf Shu Lien, die Jen verfolgt, und Jen gerichtet.

Jen und Shu Lien laufen senkrecht eine Mauer hinauf – die Kamera bleibt ihnen auf den Fersen.

Die Kamera folgt den Figuren, bis Shu Lien Jen erreicht. – Die wilde Verfolgung wird durch die Kamerabewegung angemessen umgesetzt.

Die beiden Kämpfenden fallen dem Boden entgegen – die Kamera folgt mit leichter Verzögerung (mit Schwenk nach unten).

Unter den Kamerabewegungen im Raum dominiert allerdings nach wie vor die *Kamerafahrt*, bei der die Kamera auf einem Kamerawagen fährt (frei oder schienengeführt). Folgende (Haupt-) Typen der Kamerafahrt werden unterschieden: Durch die Parallelfahrt kann die Kamera Figuren oder Objekte, die sich bewegen, begleiten oder eine Szenerie, zum Beispiel eine Landschaft, abfahren; die Kamera kann aber Motiven, die sich bewegen, auch durch eine Verfolgungsfahrt auf der Spur bleiben oder sie in der Vorausfahrt beobachten. Kamerabewegungen auf der Raumachse, mit denen der Abstand zu Objekten verringert oder vergrößert werden, sind die (langsame) Hin-/Ran-/Zufahrt auf eine Figur oder ein Objekt zu und die Rück-/Wegfahrt von einem Motiv weg. Einen Sonderfall stellt die Um-/Kreisfahrt dar, bei der sich die Kamera um ein bestimmtes Motiv herum bewegt. Mittels (Kran-, Flugzeug- und Fahrzeug-) Installationen können die verschiedenen Typen der Kamerafahrt in vielen Fällen technisch erst ermöglicht werden, weil ohne entsprechende Installation zu ‚unruhige' Bilder entstehen würden.

Abbildungen / Kamerabewegung III: Wegfahrt (und vertikaler Schwenk):

Die Sequenz beginnt mit einer Großaufnahme des Grünen Schwertes von Mu Bai, das Shu Lien dem Hohen Rat übergibt.

Die Kamera entfernt sich vom Schwert, zugleich führt sie einen langsamen vertikalen Schwenk nach oben aus.

Die Kamera ist so weit entfernt, dass beide Figuren im Bild sind.

Die Schlussstellung der Kamera in der Szene: Das Gespräch wird in der Halbtotalen gezeigt.

Zur Funktion von Kamerabewegungen

Kamerabewegungen haben vielfältige Aufgaben. Sie dienen teilweise ‚nur' dazu, die sich bewegenden Figuren – beispielsweise in der Parallelfahrt – im Blick zu behalten. Sie können im Einzelfall jedoch auch besondere Funktionen erfüllen, zum Beispiel die Aufmerksamkeit auf bislang unbeachtete, aber handlungsrelevante Details lenken, die subjektive Sicht einer Figur nachbilden (vgl. Kap. 5.1.3) oder eine bestimmte Atmosphäre entstehen lassen. Kamerabewegungen prägen Filme wesentlich, indem sie „entscheidend zur Rhythmisierung" eines Werkes beitragen.[13] Zur Bestimmung ihrer Funktionen können alle Kamerabewegungen grundlegend nach zwei Aspekten unterschieden werden, der motivierten oder autonomen Kamerabewegung und dem Tempo der Kamerabewegung.

[13] Borstnar u.a. (2002), S. 97.

Die motivierte Kamerabewegung ist (wie auch im Regelfall die statische Kamera) dem so genannten Prinzip der motivierten Kamera verpflichtet, nach dem die Kamera sich auf Motive konzentriert, die für den Fortgang der Handlung eine zentrale Bedeutung haben, und damit eine stringente, oft auf Spannung ausgerichtete Erzählung entstehen lässt. Besonders häufig findet sich die beobachtende Kamera als Sonderfall der motivierten Kamera: Für die Handlung entscheidende Motive, zumeist die handelnden Figuren, werden ‚beobachtet', indem beispielsweise sich bewegende Figuren durch motivorientierte Schwenks oder Parallelfahrten ‚begleitet' werden oder indem die Kamera zu den Figuren ‚hinfährt'. Zudem kann die motivierte Kamerabewegung den Blick einer Figur nachbilden. Die autonome Kamerabewegung folgt dagegen dem so genannten Prinzip der lebenden Kamera: Die Kamera bewegt sich nach diesem Prinzip scheinbar wie ein subjektiver Beobachter durch den Raum und ‚beschaut' sich auch unabhängig vom Verlauf der Handlung Szenerien und einzelne Objekte, die auf diese Weise einen (atmosphärischen) Eigenwert gewinnen können.

Die Bestimmung von Kamerabewegungen unter dem Aspekt ‚Tempo' richtet sich auf die unterschiedliche Schnelligkeit dieser Bewegungen: Langsame Schwenks, Neigungen und Fahrten sind von schnellen zu unterscheiden. Die schnellen Bewegungen können die filmische Erzählung dynamisieren, während langsame Bewegungen dazu geeignet sind, eine ruhige Atmosphäre zu schaffen.

Zu den Kamerabewegungen gibt es in literarischen Erzählungen höchstens sehr vage Parallelen, etwa wenn ausnahmsweise ein Objekt aus der Sicht einer sich ihm annähernden Figur beschrieben wird.

d) Kameraobjektiv

Die Erscheinungsweise von Figuren und Objekten im filmischen Bild hängt außer von der Einstellungsgröße und der Kameraperspektive vom verwendeten Kameraobjektiv ab, das den Umfang des Bildausschnitts und das Größenverhältnis von Vorder- und Hintergrund bestimmt. Das Normalobjektiv mit mittlerer Brennweite (‚Brennweite' bezeichnet den Abstand zwischen Linsenmittelpunkt und Brennpunkt, also dem Punkt, an dem die Lichtstrahlen fokussiert werden) bildet das Dargestellte so ab, wie es der alltäglichen Seherfahrung entspricht.[14]

Das Weitwinkelobjektiv mit kurzer Brennweite erweitert das Feld des Abgebildeten, wobei die Entfernungen zwischen hintereinander liegenden Objekten scheinbar größer werden: Der Hintergrund erscheint in weiter Ferne und klein, Objekte im Vordergrund treten groß hervor. Das Weitwinkelobjektiv wird häufig für Panoramaaufnahmen verwendet.

Das Teleobjektiv dagegen hat nur einen relativ geringen Blickwinkel und gibt nur einen vergleichsweise kleinen Ausschnitt wieder; es dient der Vergrößerung von entfernt liegenden Gegenständen. Der Abstand zwischen hintereinander liegender Objekte wird scheinbar verkürzt; das Bild wirkt ‚flach'. Das Teleobjektiv schafft Effekte, die vom Teleskop und Fernglas bekannt sind.

[14] Ausführungen nach Borstnar u.a. (2002), S. 94.

Das Zoomobjektiv ermöglicht eine stufenlose Veränderung der Brennweite und damit des Bildausschnitts und der Beziehung von Vorder- und Hintergrund; Durch Ran- und Rückzoom kann die Ran- beziehungsweise Wegfahrt einer bewegten Kamera imitiert werden. Kontinuierliche Übergänge, beispielsweise von Halbnah zu Groß, sind mit einem Zoom dabei ungleich einfacher zu realisieren als mit einer Kamerafahrt; allerdings erzeugt die Verwendung eines Zooms doch andere Bildeindrücke als eine ‚vergleichbare' Fahrt. – Der Zoom entspricht keiner natürlichen Art der Wahrnehmung und kann, zumal wenn er häufig genutzt wird, störend wirken. Er wird deshalb zumeist nur sparsam und mit deutlicher Funktion verwendet, indem beispielsweise ein schneller Ranzoom die Aufmerksamkeit auf ein bestimmtes Objekt lenkt. Zudem kann ein langsamer Ranzoom eingesetzt werden, um den mentalen Prozess nachzubilden, mit dem sich eine Figur auf ein von ihr erblicktes Objekt konzentriert. Ein berühmter Fall eines kunstvoll eingesetzten Zooms zur Wiedergabe subjektiver Wahrnehmung findet sich in Hitchcocks „Vertigo" von 1958: Um den Blick des Protagonisten Scotie in ein Treppenhaus darzustellen, kombiniert Hitchcock Hinfahrt und Rückzoom und bildet so den von Schwindel geprägten Wahrnehmungsprozess der Figur ab.

Außer durch die Veränderung der Brennweite können Objektive auch durch die „Kontrolle des einfallenden Lichts" verändert werden.[15] Zwei Möglichkeiten werden vor allem genutzt: das „Zwischenschalten von lichtabsorbierendem Material", in der Regel Filter, und die „Veränderung der Größe der Öffnung, durch die das Licht eindringt", also die Steuerung der Blende.[16] Filter können dazu dienen, bestimmte Farbtöne dominieren zu lassen; die Steuerung der Blende kann eine besondere Tiefenschärfe entstehen lassen (Vorder- oder Hintergrund des Bildes erscheinen scharf) oder den Effekt der flachen Schärfe erzeugen (mittels Blendenöffnung erscheinen Vorder- oder Hintergrund verschwommen).

Abbildungen / Objektiv:

Flache Schärfe

Die Einstellung zeigt Shu Lien, die Mu Bai bei Kampfübungen beobachtet – Mu Bai ist nur verschwommen zu erkennen.

Der Blick auf Shu Lien, die Mu Bai beobachtet.

[15] Monaco (2002), S. 79.
[16] Ebd.

e) Übersicht

Die einstellungsinternen Darstellungsverfahren im Überblick:

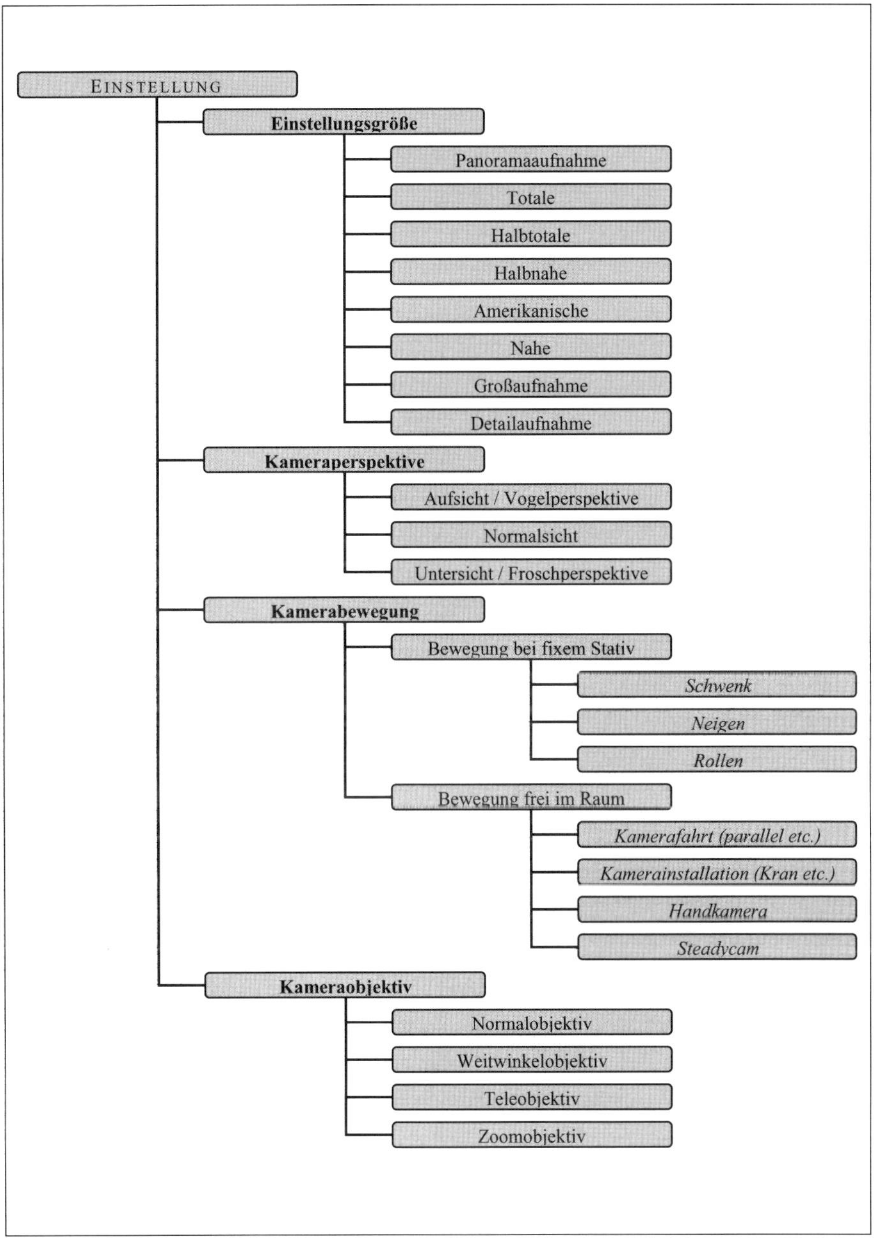

5.1.2.2 Mise en Scène: Bildaufbau und -gestaltung / Inszenierung

Durch die *Mise en Scène* entsteht der Raum vor der Kamera: Auf Grundlage einer Auswahl von Objekten und Figuren (mit ihren Kostümen), einer Positionierung dieser Objekte und Figuren sowie der Licht- und Beleuchtungsverhältnisse. Mise en Scène („das in Szene gesetzte") meint im Wortsinn das Arrangement der genannten Elemente und ist – wie die aus der Theaterarbeit entlehnte Bezeichnung andeutet – eine ‚vorfilmische' Kategorie. Allerdings wird dieses Arrangement für die unterschiedlichen Kamerahandlungen wie Kamerabewegung und Kameraperspektive getroffen und ist insofern abhängig von filmischen Darstellungsverfahren. Besonderheiten der Mise en Scène lassen häufig Bilder entstehen, die eine uneigentliche Bedeutung aufweisen, indem sie auf nicht direkt dargestellte Sachverhalte verweisen.

a) Grundlagen

Die Inszenierung des Raumes vor der Kamera muss für den Aufnahmeprozess zum ersten so getroffen werden, dass für den Rezipienten eine Raumillusion entsteht, die die Künstlichkeit des gezeigten (Studio-) Raums vergessen lässt. Zum zweiten müssen die Elemente des Raumes so arrangiert werden, dass in Zusammenwirkung mit bestimmten Kamerahandlungen Beziehungen zwischen Objekten und Figuren (etwa Dominanzbeziehungen) deutlich werden und Zentren der Darstellung entstehen, auf die die Aufmerksamkeit des Rezipienten gelenkt wird. Und schließlich muss durch das Raumarrangement eine bestimmte Atmosphäre geschaffen werden. Dabei kommt den Licht- und Beleuchtungsverhältnissen eine wesentliche Rolle zu. Unterschieden werden Licht und Beleuchtung vor allem nach Härte (diffuses Licht? konzentriertes Licht?), Richtung (frontales Licht oder Gegenlicht?), Lichtquelle (Scheinwerfer, Kerzen etc.?) und Farbe (z. B. Dominanz bestimmter Farben); zudem wird nach der Art des so genannten Führungslichts (Key-Light) gefragt: eine helle Ausleuchtung (High Key-Stil) wird von einer eher dunklen (Low Key-Stil) unterschieden.

Abbildungen / Mise en Scène:

Mu Bai und Shu Lien im Gespräch – vor ruhiger Kulisse, die Wand und Wald harmonisch miteinander verbindet und so symbolisch auf eine Synthese von Kultur und Natur verweist.

Die junge Jen mit triumphierender Geste vor den Trümmern eines von ihr ‚zerlegten' Gasthauses; Jen erscheint hier eindeutig als Herrscherin über ihre Umgebung

...was durch das Bild der Männer bestätigt wird, die sie zum Kampf herausgefordert hatten.

Jen im Gespräch mit Shu Lien – unmittelbar vor dem Moment, in dem Mu Bai in den Raum treten und Jen kennenlernen wird (die Schritte von Mu Bai sind schon zu hören): Die sich (ahnungsvoll?) umblickende Jen wird als Zentrum des Bildes arrangiert, während Shu Lien nur undeutlich im Hintergrund erscheint.

‚Schattenspiele': Im Low-Key-Stil werden Jen und ihre Meisterin Jadefuchs gezeigt, wobei Jen im Schatten von Jadefuchs steht.

b) Mise en Scène und filmische Bilder mit uneigentlicher Bedeutung

Die Mise en Scène ist häufig Grundlage von filmischen Bildern mit uneigentlicher Bedeutung. Ähnlich wie in literarischen Texten können im Film bestimmte – zumeist in besonderer Weise inszenierte – Objekte, Zusammenstellungen von Objekten oder auch Vorgänge nicht nur eine unmittelbare Funktion für die Handlung erfüllen, sondern darüber hinaus auf Sachverhalte verweisen, die nicht direkt dargestellt werden. Anke-Marie Lohmeier betont, dass sich bei der Produktion und Rezeption solcher Bilder anders als bei der Verwendung von sprachlichen Zeichen mit uneigentlicher Bedeutung – wie zum Beispiel Metaphern oder Metonymien – nicht etwa die konventionalisierte Bedeutung eines Zeichens verändert. Vielmehr wird der Bezug eines Bildes auf die Wirklichkeit komplexer: Es gewinnt zu seiner ‚eigentlichen' eine weitere Bedeutung hinzu.[17] Die Rezeption eines filmischen Bildes als Bild mit uneigentlicher Bedeutung wird durch Signale des Kontextes herausgefordert, zum Beispiel, indem die gleichen Objekte wiedergeholt gezeigt werden, ohne dass die Handlung dafür eine ausreichende Motivation böte, oder indem eine bestimmte Zusammenstellung von Objekten ‚eigentlich' sinnlos erscheint. Die zusätzliche Bedeutung filmischer Bilder kann sich einmalig ergeben oder aber – durch die vorfilmische und filmische Tradition bildlicher Darstellungen – konventionalisiert sein: Im Falle einer konventionalisierten uneigentlichen Bedeutung seiner Bilder macht der Film von einem ikonographischen Code Gebrauch – zum Beispiel wenn eine Figur mit waagerecht

[17] Vgl. Lohmeier (1996).

erhobenen Armen an einen Balken gefesselt erscheint und damit auf den gekreuzigten Jesus verweist oder wenn ein Auto im Roadmovie den Wunsch nach Freiheit zum Ausdruck bringt.

Nach Anke-Marie Lohmeier, die sich auf Begriffsbestimmungen von Gerhard Kurz bezieht, können filmische Bilder – ebenso wie sprachlich beschriebene Räume, Objekte oder Vorgänge – mit uneigentlicher Bedeutung in Allegorien und Symbole unterteilt werden.[18] Eine *Allegorie* entsteht dann, wenn ein direkt dargestellter Sachverhalt auf einen anderen verweist, von dem er sich durch eine zentrale Eigenschaft unterscheidet, sodass beide Sachverhalte konventionell nicht als zusammengehörig betrachtet werden, mit dem er aber auch mindestens eine weitere Eigenschaft gemeinsam hat. So können filmisch dargestellte dunkle Räume – schon konventionell – als Verweise auf gesellschaftlich nicht sanktionierte Bestrebungen von Menschen eingesetzt werden. Die beiden Sachverhalte unterscheiden sich durch die zentrale Eigenschaft ‚nichtmenschlich / menschlich', haben aber die Eigenschaft ‚schwer zu erkennen' gemeinsam. Mit Hilfe seines sprachlichen und Weltwissens soll der Rezipient die ‚eigentliche' Bedeutung des dargestellten Sachverhaltes finden. Dazu kann er zum Beispiel die Mehrdeutigkeit des sprachlichen Zeichens heranziehen, das dem dargestellten Sachverhalt zugeordnet ist, insbesondere, wenn es sich bei diesem Zeichen um eine verblasste Metapher handelt, wie im Falle der ‚Dunkelheit'. Bei seiner Identifikation des indirekt dargestellten Sachverhaltes soll der Rezipient nicht nur das Merkmal besonders beachten, das dieser Sachverhalt mit dem direkt dargestellten gemeinsam hat, sondern auch überprüfen, inwiefern weitere Eigenschaften des direkt dargestellten Sachverhaltes – auch konnotativ mit ihm verbundene – herangezogen werden können, um den indirekt dargestellten zu charakterisieren. So könnte zum Beispiel die Eigenschaft ‚bedrohlich', aber auch die Eigenschaft ‚geheimnisvoll' oder ‚interessant' nicht nur dunkle Gassen oder Hinterzimmer, sondern auch verborgene Wünsche von Menschen bestimmen.

Ein *Symbol* entsteht dagegen dann, wenn ein Sachverhalt auf einen anderen, abstrakteren verweist, als dessen Teil er konventionell betrachtet wird: Aufgrund einer bestimmten Eigenschaft gehört der direkt dargestellte Sachverhalt zu der Menge von Sachverhalten, die den abstrakteren ausmachen. So können Pflanzen, Tiere oder Landschaften symbolisch auf die Natur verweisen, deren Teil sie sind. Auch das Verstehen eines Symbols erfordert Kontextsignale, ist aber für den Rezipienten in der Regel leichter als das einer Allegorie, weil er sich bei der Identifikation des indirekt dargestellten Sachverhaltes auf konventionalisierte Zusammenhänge stützen kann.

5.1.2.3 Bild und Ton

Wenngleich Bilder für den Film als konstitutiv gelten können, sind Filme doch fast ausnahmslos audiovisuelle Produktionen, für deren Bedeutungspotenzial die

[18] Vgl. Lohmeier (1996), S. 299-363 und Kurz (1982).

Verbindung von Bild und Ton entscheidend ist.[19] Die Tonsorten des Films können in Sprache, Geräusche und Musik unterschieden werden:

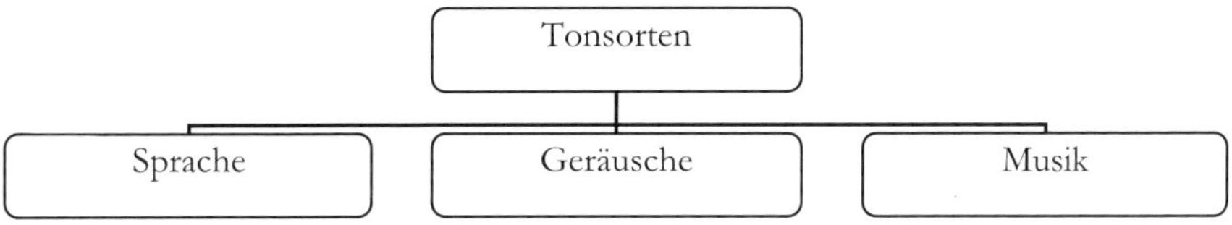

Die Tonsorten können formal auf zwei verschiedene Weisen auf die Bildebene bezogen sein: Zum einen kann der Ton der auch oder vor allem durch Bilder vermittelten Handlung (dem *diegetischen Raum)* angehören; zum anderen kann der Ton einem Bereich jenseits der Handlung (*dem nicht-diegetischen Raum*) entstammen. Diese Unterscheidung ist nicht zu verwechseln mit der zwischen *On* und *Off*: Ton aus dem On kommt von innerhalb des Bildes, Ton aus dem Off von außerhalb (gleichwohl nicht unbedingt von außerhalb des diegetischen Raums).

Die unterschiedlichen Elemente des Tons können in filmischen Erzählungen nach Borstnar u.a.[20] die folgenden Funktionen haben: (1) Erzählen (vor allem durch Dialoge), (2) Synthetisieren (durch das Zusammenspiel der Tonsorten mit den Bildern werden verschiedene Zeichensysteme zusammengefügt – im Einzelfall zu einem Gesamtkunstwerk; zumindest kann jedoch durch die Tonebene Kontinuität zwischen Szenen hergestellt werden), (3) Zeigen (über Toneffekte kann auf einzelne Objekte, Figuren oder Details hingewiesen werden) und (4) Interpretieren (im weitesten Sinne – indem beispielsweise die Musik zum Verständnis einer Handlung beiträgt). Für die inhaltliche Beziehung von Bild und Ton in allen diesen Funktionen bestehen grundsätzlich zwei Möglichkeiten: Bild und Ton stehen entweder in einer *komplementären Beziehung* zueinander, das heißt, sie können sich gegenseitig ergänzen, verstärken oder vereindeutigen. Oder sie stehen in einer *kontrastiven Beziehung*, das heißt, sie bilden einen scheinbaren Widerspruch und können erst auf einer höheren Bedeutungsebene zu einem – vielleicht neuen, überraschenden – Sinn zusammengefügt werden. Konventionell herrscht die komplementäre Beziehung vor; im durchschnittlichen Hollywoodfilm verstärken sich Bild und Ton gegenseitig und sind oft sogar redundant.

Erzählende Filme nutzen gewöhnlich alle drei Tonsorten, wobei die Sprache normalerweise im Mittelpunkt steht, weil sie in Form von Dialogen unabdingbarer Teil der Handlung ist. Die geringste Bedeutung kommt in der Regel den Geräuschen zu. Ihre Standardfunktion ist es, für eine dem Handlungsort angemessene Geräuschkulisse zu sorgen, für den so genannten atmosphärischen Ton (Atmoton, Atmo). Im Einzelfall können sie jedoch auch besondere Funktionen übernehmen; beispielsweise kann (Toten-) Stille Spannung erzeugen oder einzelne Geräusche können auf handlungsrelevante Objekte hinweisen. Musik im Film hat in stärkerem Maße als die ‚bloßen' Geräusche eine eigenständige und den Film gegebenenfalls auf eigenwillige Weise prägende Funktion. Ausdruck

[19] Borstnar u.a. (2002), S. 122-130.
[20] Ebd., S. 123f.

dieser Eigenständigkeit sind die separat vertriebenen Soundtracks von Filmen, die – wie beispielsweise im Falle von *Pulp Fiction* – vor allem die Filmmusik wiedergeben. Musik erscheint im Film nicht immer, aber doch vorwiegend als Tonelement, das nicht aus dem diegetischen Raum stammt. Musik kann Handlungen, Figuren oder Schauplätze kennzeichnen; diese Kennzeichnung ist in komplementärer und in kontrastiver Weise möglich (komplementär beispielsweise, wenn Kriegsbilder in *Apocalypse Now*" mit *This is the End* von den Doors unterlegt werden; kontrastiv, wenn in *Good Morning, Vietnam* Louis Armstrongs *Wonderful World* solche Bilder begleitet). Zudem kann die Musik eine affektive Wirkung auf den Rezipienten ausüben. Dabei werden häufig bestimmte musikalische Muster konventionell eingesetzt, um bestimmte Wirkungen zu erzielen: Zum Beispiel Spannung durch einen schnellen ‚Beat' und Rührung durch Streicherklänge.

Abbildungen / Bild und Ton: On-screen und Off-screen

Nachdem Mu Bai Shu Lien gesagt hat, dass er seinen Tod nahen fühlt, ermahnt Shu Lien ihn, seine verbleibende Zeit zur Meditation zu nutzen und nicht mit Gedanken an sie zu verschwenden. – Mu Bai:
„Ich habe bereits mein ganzes Leben verschwendet ..."

Weiter Mu Bai (aus dem Off):

„und ich sage dir mit meinem letzen Atemzug..."

Mu Bai:

„ich liebe dich seit jeher ... "

Mu Bai (aus dem Off):

„mit ganzem Herzen"

(anschließend Mu Bai im Bild, der sterbend nach hinten umsinkt)

Sprache im Film ist keineswegs nur gesprochene Sprache. Im diegetischen Raum spielen häufig Zeitungen und Beschriftungen aller Art eine Rolle; im nicht-diegetischen Raum wurden im Stummfilm häufig und werden heute im Tonfilm noch von Fall zu Fall Inserts verwendet, kurze Einblendungen mit Schrifttext, die beispielsweise Angaben zum Ort und zur Zeit des Geschehens machen. Entscheidend für das Bedeutungspotenzial eines Films ist aber zumeist die Nutzung von Sprache in akustischer Form. Gesprochene Sprache im Film kann in drei Typen unterschieden werden:

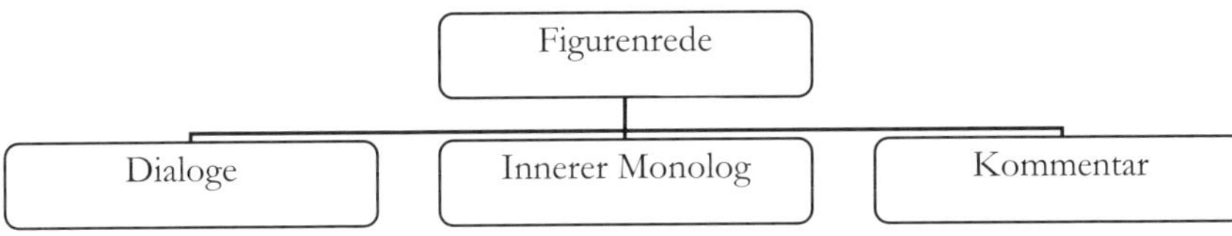

Besonders wichtig für erzählende Filme sind die bildbegleitenden *Dialoge* und mitunter auch Monologe im diegetischen Raum. Ausnahmsweise finden sich auch sprachliche Äußerungen in Form eines inneren Monologes, die einer Figur der Handlungsebene zugeordnet sind, doch ohne dass diese Figur die Lippen bewegen würde (*Voice-over*). Ebenfalls selten wird eine Stimme aus dem nicht-diegetischen Raum eingesetzt, die das Geschehen in einer bestimmten Weise kommentiert und als Stimme eines Erzählers gelten kann (vgl. Kap. 5.1.3).

In epischen Texten können Dialoge oder auch Monologe einen ähnlich entscheidenden Beitrag zum Erzählen einer Geschichte leisten wie in filmischen Werken. Darüber hinaus hat aber – ähnlich wie die Kamerabewegungen – auch der Ton des Films in literarischen Texten höchstens sehr begrenzte Entsprechungen. Eine vage Parallele von filmischem und literarischem Erzählen zeigt sich, wenn in einigen modernen epischen Texten Geräusche sprachlich nachgebildet werden. Außerdem werden im Film mit einer Stimme aus dem nicht-diegetischen Raum oder einem Voice-over nur selten Verfahren eingesetzt, die als Parallelen zu den literarischen Gestaltungsmitteln des Erzählerkommentars und des inneren Monologs gelten können. Alternativ nutzt der Film zur Kommentierung seiner Handlung beziehungsweise zum Verweis auf innere Vorgänge der Figuren häufig Bilder mit uneigentlicher Bedeutung, Musik oder Gestik und Mimik.

5.1.2.4 Die Montage von Einstellungen

Anders als Einzelbilder und anders auch als die Bilder in einer printmedialen Bildgeschichte werden Filmbilder (und Tonelemente) auf besondere Weise zu einer Bild-(Ton)folge verbunden: Durch *Montage* werden Einstellungen eines Filmes aneinander gereiht, zu Szenen oder Sequenzen, die durch die (relative) Einheit von Ort, Zeit und Handlung bestimmt sind, und darüber hinaus zu umfassenderen Einheiten, zu Episoden oder Geschichten. Diese Ordnung von Bild- (und Ton-) Elementen wird auch ‚Filmsyntax' genannt; ähnlich wie ‚Filmsprache' ist aber diese Bezeichnung nur im übertragenen Sinn zu verstehen, weil Filmbilder anders als sprachliche Zeichen nicht nach bestimmten Regeln aufeinander folgen. Die Verknüpfung der Einstellungen erfolgt zumeist durch *Schnitte*, seltener durch *Blenden*, zum Beispiel durch die Überblendung, bei der die von einer Einstellung gezeigten Figuren oder Gegenstände ausgeblendet werden, während gleichzeitig bereits ein neues Bild – das etwa zur Darstellung eines Traumes gehört – erscheint. Die Montage erlaubt die Kombination filmsprachlicher Mittel (etwa indem Einstellungen aneinander montiert werden, die unterschiedliche Einstellungsgrößen aufweisen), stellt aber vor allem selbst ein zentrales filmsprachliches Verfahren dar, durch das der Rhythmus eines Films bestimmt und sein Bedeutungspotenzial erheblich beeinflusst wird.

Ähnlich wie für die Verbindung von Bild und Ton gibt es auch für die Kombination von Bildern (und Tonelementen) durch die Montage zwei grundsätzliche Möglichkeiten: Die Montage kann homogene Einstellungen aneinander reihen und so nach und nach eine schon bekannte, erwartbare Bedeutung entstehen lassen. Oder sie kann heterogene Einstellungen miteinander verbinden und den Rezipienten damit veranlassen, diese Elemente auf einer übergeordneten Bedeutungsebene zu einem neuen, vielleicht überraschenden Sinn zusammenzufügen. Im ersten Fall können die Schnitte als ‚unsichtbar' oder – unter Bezug auf David Bordwell – als *weich* bezeichnet werden, im zweiten Fall als *hart*.[21] Außerdem können die Schnitte nach ihrer Häufigkeit in *schnelle* und *langsame* Schnitte unterschieden werden.

a) Kategorien zur Bestimmung von Einstellungsfolgen

Seit Ende der Zwanziger Jahre sind zahlreiche Systematiken vorgeschlagen worden, mit denen die unterschiedlichen Montageverfahren des Films nach Typen oder *Syntagmen* zusammengefasst werden. Alle diese Modelle haben ihre Stärken und Schwächen. Ähnlich wie für eine Betrachtung der ‚Erzählsituationen' von epischen Texten ist es jedoch für die Analyse der ‚Syntax' in einem konkreten Film sinnvoller, einen Katalog von Merkmalen zu nutzen, die sich frei untereinander kombinieren lassen: Die äußerst vielfältigen und in der Filmgeschichte immer wieder erweiterten Möglichkeiten von Montage lassen sich so differenzierter erfassen.

In Anlehnung an Borstnar u.a., die vor allem die von Christian Metz in *Semiologie des Films* und in *Sprache und Film* vorgeschlagenen Montagetypen genutzt haben, lassen sich zu diesem Zweck die durch Schnitte oder Blenden erzeugten Kombinationen einzelner Einstellungen zu einer Bildserie (zum Beispiel zu einer Szene oder Sequenz) vor allem durch die Aspekte Narrativität/Deskriptivität, Chronologie sowie (zeitliche und räumliche) Kontinuität unterscheiden. Zudem kann nach der Beschränkung auf eine Bildserie (Linearität) und gegebenenfalls nach dem Verhältnis unterschiedlicher Bildserien zueinander gefragt werden; von besonderer Bedeutung für dieses Verhältnis sind die Aspekte Alternation/Parallelität und Vergleich (Komparativität). Die durch die genannten As-

[21] Vgl. Bordwell/Thompson (1990), S. 218.

pekte bestimmten Montageverfahren sind eng mit den Ebenen der Handlung und der narrationsspezifischen Darstellungsmittel verbunden: Die Linearität und Narrativität/Deskriptivität der Montage erfüllen zentrale Funktionen für die Handlung, die Chronologie und Kontinuität der Montage liegen der Zeitgestaltung zugrunde, die zu den narrativen Darstellungsverfahren eines Filmes zählt.

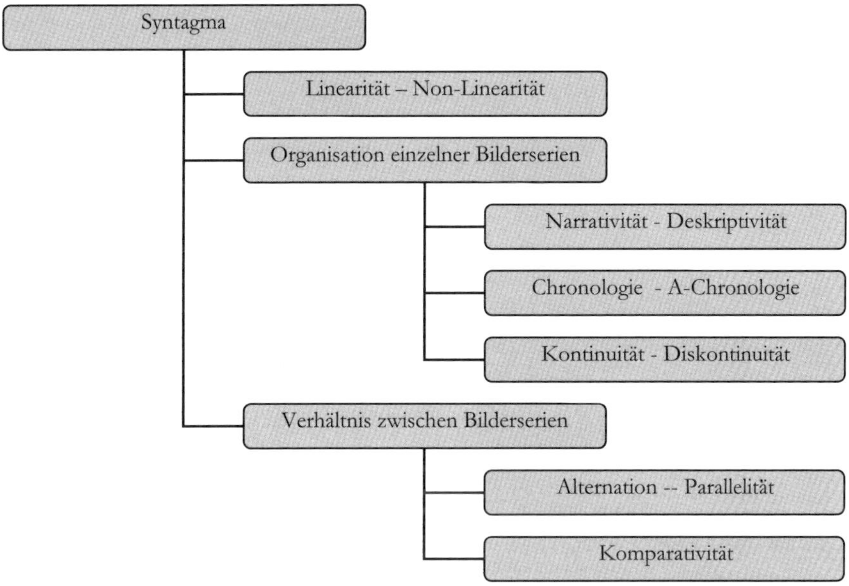

Folgende Fragen lassen sich nach den genannten Kriterien an die Montage von Filmeinstellungen richten:

1. *Linearität – Non-Linearität*: Gehören die Einstellungsfolgen einer oder mehreren Bilderserien (z. B. Szenen oder Sequenzen) an, die jeweils durch einen Handlungs- beziehungsweise Sinnzusammenhang gekennzeichnet sind? Mehrere Handlungszusammenhänge werden zum Beispiel verbunden, wenn bei einer Verfolgungsjagd abwechselnd die Aktivitäten von Verfolger und Verfolgtem dargestellt werden. Zu ergänzen wäre, dass die ineinander verflochtenen Bilderserien auch sehr viel umfangreicher und eigenständiger sein können als eine Szene oder Sequenz, indem sie zum Beispiel unterschiedliche Episoden oder Geschichten bilden.
2. *Narrativität – Deskriptivität* (und systematische Montage): Liegt der einzelnen Bilderserie eine chronologische Abfolge von Geschehnissen/eine Handlung zugrunde und entstehen so durch die Montage zeitliche Zusammenhänge oder werden Beschreibungen vorgenommen und damit räumliche Zusammenhänge hergestellt? Narrativität und Deskriptivität

können sich innerhalb einer Bilderserie auch abwechseln. Filme sind zum Beispiel beschreibend, wenn sie Natur- beziehungsweise Stadtlandschaften oder Innenräume abbilden oder auch, wenn sie Bild- und Tonelemente zur Erzeugung bestimmter Stimmungen zusammenstellen. Unter Berufung auf Anke-Marie Lohmeier wäre als dritte Möglichkeit zu ergänzen, dass nicht nur Bilderserien, sondern auch einzelne Einstellungen durch systematische Montage miteinander verbunden werden können; sie stehen dann weder in einem zeitlichen noch in einem räumlichen Zusammenhang, fordern aber zur Begriffsbildung durch Vergleich heraus (vgl. Punkt 6).

3. *Chronologie – Achronologie*: Wenn der Bilderserie eine chronologische Abfolge von Geschehnissen/eine Handlung zugrunde liegt, wird diese Ordnung chronologisch oder achronologisch wiedergegeben?
4. *Kontinuität – Diskontinuität*: Wenn der Szene/Sequenz eine chronologische Abfolge von Geschehnissen/eine Handlung zugrunde liegt, wird diese Abfolge vollständig wiedergegeben oder finden sich zeitliche (und räumliche) Aussparungen? (Diese Unterscheidung bietet eine Möglichkeit, Szene und Sequenz, die in der wissenschaftlichen Literatur zumeist nicht klar definiert werden, voneinander abzugrenzen. Nach Metz und Borstnar u.a. kann eine chronologisch sowie ohne Aussparungen dargestellte Abfolge von Geschehnissen als *Szene* bezeichnet werden, eine Wiedergabe von Geschehnissen, die Zeitsprünge einschließt, als *Sequenz*.[22])
5. *Alternation – Parallelität*: In Anlehnung an Metz lässt sich danach fragen, ob durch alternierende Montage Bilderserien miteinander kombiniert werden, die jeweils einen Handlungszusammenhang wiedergeben (wie im oben erwähnten Fall der Darstellung einer Verfolgungsjagd). Oder ob durch parallele Montage Bilderserien verknüpft werden, deren Einstellungen jeweils keinen klaren zeitlichen Zusammenhang aufweisen (wie im unten erwähnten Fall der Verbindung von Bildern einer Menschenmenge und einer Schafherde).[23]
6. *Komparativität*: Befördert die Kombination von zwei Bilderserien eine Begriffsbildung durch Vergleich oder lässt sie lediglich ein temporales beziehungsweise räumliches Nebeneinander entstehen? Im Fall der Komparativität/systematischen Montage fordern die Bilder aus unterschiedlichen Handlungs- oder Sinnzusammenhängen den Rezipienten über einen Vergleich zur Aktivierung oder Neubildung von Begriffen auf. Wie Anke-Marie Lohmeier ausführt, sollen dabei auf den ersten Blick unzusammenhängende Bilder dem gleichen Begriff oder zwei gegensätzlichen Begriffen zugeordnet werden (wie zum Beispiel Bilder von einer hastenden Menschenmenge und einer getriebenen Schafherde dem Begriff ‚Hetze' oder Bilder vom Leben in unterschiedlichen sozialen Schichten den Begriffen arm/reich). Darüber hinaus kann die Begriffs-

[22] Vgl. Borstnar u.a. (2002), S. 144, in Anlehnung an Metz.
[23] Vgl. Metz (1972), S. 165-182.

bildung dazu auffordern, Objekten des einen Bildes weitere Merkmale von Objekten des anderen Bildes zuzuordnen (zum Beispiel der Menschenmenge die Merkmale der Schafherde ‚Fremdbestimmtheit' und ‚fehlendes Reflexionsvermögen') und damit einen ‚allegorischen Vergleich' vorzunehmen.[24]

b) Schnitttypen

In der wissenschaftlichen Literatur finden sich unterschiedliche Versuche, jenseits von umfassenden Systematiken zur Beschreibung von Montageverfahren typische Formen des Schnittes festzustellen. In Anlehnung an eine Zusammenstellung von Borstnar u.a.[25] lassen sich die folgenden Schnittypen unterscheiden:

- Der Anschlussschnitt (Continuity Cut) dient der chronologischen und kontinuierlichen Verbindung von Einstellungen eines Handlungszusammenhangs. Nach Borstnar u.a. folgt der Anschlussschnitt „der Linie der Bewegung und der Handlung so, dass der Eindruck der Kontinuität zwischen beiden Bildern entsteht."[26] Ein Sonderfall des Anschlussschnitts ist der Blickachsenanschluss (Eyeline Match/Eyelinematching): Mit einer Einstellung wird eine Figur dargestellt, mit der nächsten der von dieser Figur erblickte Raum oder Gegenstand. Das Schuss-Gegenschuss-Verfahren (Reaction Shots) ist wiederum eine Sonderform des Blickachsenanschlusses; durch dieses Verfahren werden Gespräche in der Regel so wiedergegeben, dass die jeweils sprechende Figur im Bild erscheint.
- Der Cutaway verbindet Einstellungen miteinander, die demselben Handlungszusammenhang, aber nicht derselben Szene angehören und dient in der Regel dazu, Zeitsprünge zu vollziehen. Sonderfälle des Cutaways entstehen, wenn ‚Einstellungen anderer Art' in eine Szene eingefügt werden: Einzelbilder (‚Inserts') zum Beispiel einer Schlagzeile oder einer Uhr; oder ganze Szenen, die zum Beispiel einen Traum darstellen.
- Die Alternation oder Parallelmontage (Cross Cut, Parallel Cut) montiert Einstellungen aus zwei verschiedenen Handlungs- beziehungsweise Sinnzusammenhängen, zwischen denen oft in rascher Folge hin- und hergeschnitten wird. Zur Unterscheidung zwischen alternierender und Parallelmontage vgl. oben Punkt 5 zur Bestimmung von Einstellungsfolgen.
- Der thematische Schnitt (Thematic Cut, Montage Cut) verbindet Einstellungen miteinander, die keinem Handlungszusammenhang angehören, sondern Figuren oder Objekte beschreiben. Dieser Schnitt dient dazu, visuell eine Aussage zu treffen oder eine bestimmte Stimmung zu erzeugen. Ein Sonderfall des thematischen Schnitts ist der kompilative Schnitt (Compilation Cut), der eine Reihe von Ansichten des gleichen Objektes in oft schneller Folge miteinander verbindet. Der kompilative Schnitt dient

[24] Vgl. Lohmeier (1996), S. 179-187 und 359-363.
[25] Vgl. Borstnar u.a. 2002, S.140f.
[26] Borstnar u.a. (2002), S. 140.

häufig dazu, einen Ort, zum Beispiel ein Gebäude, vorzustellen, die Zeit anzuzeigen, in der eine Geschichte spielt, oder die Geschichte zu resümieren, die der Film erzählt.[27]

- Der Match Cut verbindet Einstellungen aus zwei Handlungs- oder Sinnzusammenhängen so, dass die beiden Einstellungen grafische Übereinstimmungen aufweisen, z.B. in der Darstellung bestimmter Farben, Lichtverhältnisse, Formen oder Bewegungen. Das bekannteste Beispiel: In „2001" montiert Stanley Kubrick das Bild eines fliegenden Raumschiffs an das eines fliegenden Knochens.
- Der Jump Cut verbindet Einstellungen, die auf gleicher Kameraachse und eventuell auch mit ähnlicher Einstellungsgröße das gleiche Objekt zeigen (das sich in der Zwischenzeit bewegt hat). Auf diese Weise entsteht der Eindruck eines Bildsprungs, der auf den Zuschauer irritierend wirkt.

c) Funktionen der Montage: Das Kontinuitätssystem und Abweichungen

Die Montage in der großen Mehrzahl aller Spielfilme ist – wie David Bordwell ausgeführt hat – zwar nicht unbedingt von bestimmten Typen des Syntagmas, aber doch von übergreifenden Gesetzmäßigkeiten geprägt, die sich als ‚Continuity System' bezeichnen lassen.[28] Dieses System war für den klassischen Hollywood-Spielfilm obligatorisch und wirkt noch heute als filmische Konvention fort. Filme, die dem Continuity System folgen, reihen homogene Einstellungen aneinander; dabei soll eine zusammenhängende (Haupt-) Handlung entstehen, die dem Rezipienten eine klare räumliche und zeitliche Orientierung bietet und die Rekonstruktion einer erwartbaren Bedeutung erlaubt. Das ‚Gemachtsein' des Films durch die Montage von Einstellungen soll dabei ‚verdeckt' werden.

In Anlehnung an Bordwell können im Einzelnen die folgenden Prinzipien der Montage als maßgeblich für das Continuity System gelten:

- In längere Szenen werden Master Shots (Einstellungen, die Räume in der Totalen oder Halbtotalen zeigen) und Aufnhamen in kleineren Einstellungsgrößen integriert. Im Anschluss an Master Shots erfolgt häufig eine Verkleinerung der Einstellungsgröße auf amerikanisch oder halbnah. Zu Beginn des Films und von einzelnen Sequenzen werden häufig Establishing Shots eingesetzt (z.B. eine Stadt in einer Panorama-Aufnahme oder ein Gebäude in der Totalen). Die Schnitte folgen zumeist nicht schnell aufeinander. Aufnahmen in größeren Einstellungsgrößen werden im Allgemeinen länger gezeigt als solche in kleineren.
- Einstellungswechsel sind handlungsmotiviert, vor allem indem die jeweils Handelnden (auch: die Sprechenden oder – von Fall zu Fall – die Angesprochenen) durch die motivierte Kamera gezeigt werden; auf eine ‚Eigenständigkeit' der Kamera wird verzichtet.
- Bei Einstellungswechsel erfolgt ein Wechsel der Kameraposition um

[27] Vgl. ebd., S. 141.
[28] Vgl. Bordwell/Thompson (1990), S. 218-230

mindestens 30° und möglichst auch ein Wechsel der Einstellungsgröße zur Vermeidung des Jump Cuts (s.o.).

- Der Achsensprung wird vermieden: Die Kamera beobachtet das Geschehen sozusagen von einer Seite, während die Akteure der Handlung auf der anderen stehen; die Aktionslinie, auf der die Figuren agieren, darf nicht überschritten werden, weil andernfalls eine Desorientierung der Zuschauer entstehen würde.

Die folgende Szene aus *Tiger and Dragon*, die Shu Lien und Mu Bai im Gespräch zeigt, zeichnet sich in hohem Maße durch eine prototypische Abfolge von Einstellungen aus:

0) Panoramaaufnahme: Rechts im Bild erscheinen die Reisenden Shu Lien, Mu Bai und Bo.

1) Totale: Ein Establishing Shot zeigt Gebäude, Pferde und Bo in einem Wald; eine Orientierung des Zuschauers für die folgenden Einstellungen wird geleistet: Mu Bai, Shu Lien und Bo machen Rast.

2) Umschnitt nach innen, Mu Bai in Naheinstellung; der Zuschauer erkennt, dass die nun folgende Handlung in dem zuvor gezeigten Gebäude stattfindet, – ‚klassisch' wäre ein Master Shot, der den Raum in der (Halb-) Totalen zeigt.

3) Halbnahe mit Mu Bai und Shu Lien in der Übersicht; in prototypischer Weise ist die Einstellung auf die Figuren fokussiert; – im Continuity System können (abweichend vom vorliegenden Fall) auch die Figuren begleitende Kameraschwenks oder –fahrten eingesetzt werden.

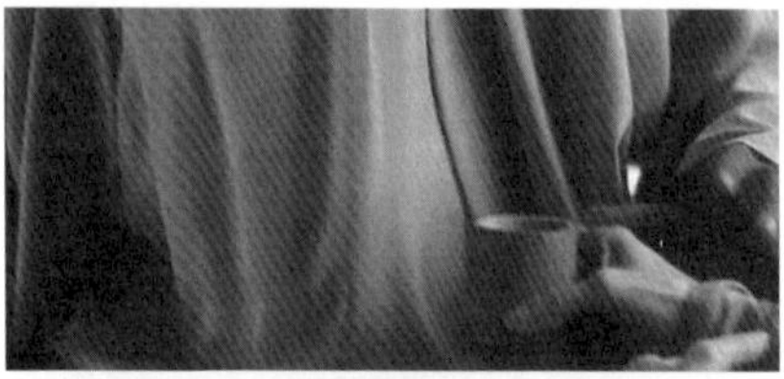

4) Großaufnahme/Detailaufnahme: eine zentrale Handlung wird im Detail gezeigt; Mu Bai berührt die Hand Shu Liens beim Reichen des Bechers.

5) Großaufnahme: Reaktion von Shu Lien.

6) Nahaufnahme: Weiterführung der Handlung durch Mu Bai; er lässt die Hand Shu Liens los.

7) Detailaufnahme: nochmals eine zentrale Handlung; Mu Bai ergreift die Hand Shu Liens – nun mit Absicht.

8) Großaufnahme: wiederum das Gesicht von Shu Lien.

9) Großaufnahme: Gesicht von Mu Bai, der die Hand von Shu Lien an seine Wange gezogen hat.

10) Großaufnahme (Over-Shoulder-Shot aus der Perspektive von Mu Bai): Einblendung des Gesichts von Shu Lien.

11) Großaufnahme (‚angedeuteter' Over-Shoulder-Shot aus der Perspektive von Shu Lien): Mu Bai beginnt zu Shu Lien zu sprechen.

12) Nahaufnahme: Shu Lien antwortet Mu Bai und es beginnt der Austausch von Argumenten.

13) [Schluss der Szene] Halbnahe: Mu Bai und Shu Lien nach Beendigung des Gesprächs.

Avantgardistische Filme unterlaufen häufig die Regeln des Kontinuitätssystems und montieren heterogene Einstellungen (durch systematische Montage) so, dass der Zuschauer zur Suche nach einem – eventuell neuen – Sinnzusammenhang angehalten wird. ‚Klassisch' für solche Abweichungen sind die Filme von Sergej Eisenstein mit ihrer ‚Kontrastmontage': Zwei aufeinander folgende Einstellungen haben auf den ersten Blick nichts miteinander zu tun; der Zuschauer ist aufgefordert, an der Bedeutungsbildung des Filmes in hohem Maße mitzuwirken.

Ähnlich wie die Bilder mit uneigentlicher Bedeutung zeigen auch die unterschiedlichen Formen der Montage zum Teil deutliche Parallelen zu Darstellungsverfahren literarischer Erzählungen. Die chronologische beziehungsweise achronologische Montage von Filmeinstellungen sowie die kontinuierliche Darstellung beziehungsweise die Zeit (und Raum-)sprünge im Film haben eine direkte Entsprechung in der zeitlichen Organisation epischer Texte (vgl. Kap. 4.1.2). Aber auch die Verbindung von unterschiedlichen Handlungssträngen sowie von beschreibenden und erzählenden Abschnitten ist in der Epik verbreitet, wenngleich hier zwischen vormodernen und modernen Erzählungen differenziert werden muss. In der vormodernen Epik sind solche Verbindungen in der Regel – ähnlich wie in konventionellen Spielfilmen – einer Darstellung der (Haupt-) Handlung im engeren Sinne untergeordnet; darüber hinaus wird die Verbindung unterschiedlicher Geschichten – sehr viel häufiger als in Filmen auch des Continuity Systems – zumeist durch verschiedene diegetische Ebenen motiviert (vgl. Kap. 4.1.3); und der Wechsel zwischen den Handlungssträngen erfolgt zumeist in sehr viel längeren Abständen als selbst in konventionellen filmischen Werken. In einer Reihe moderner literarischer Erzählungen findet sich dann aber ähnlich wie im Film die

– von der Literaturwissenschaft explizit so genannte – Montage von eventuell auch kürzeren Abschnitten, die auf derselben diegetischen Ebene unterschiedliche Handlungs- beziehungsweise Sinnzusammenhänge verbinden. Wie auch im avantgardistischen Film sind die unterschiedlichen Handlungsstränge dabei häufig in hohem Maße heterogen, und die Beschreibungen können oft nur noch in einem sehr weiten Sinn als funktional für die Handlung im engeren Sinne gelten.

5.1.3 Filmische Darstellung II: Erzählspezifische Verfahren

Die Art und Weise, in der filmische Erzählungen eine Handlung darstellen, lässt sich auf unterschiedlichen Ebenen betrachten. In der Hauptsache können wie oben dargelegt die beiden folgenden Ebenen unterschieden werden: Die medienspezifische Ebene der Formensprache/des filmsprachlich geprägten Stils und die narrationsspezifische Ebene der Darstellungsverfahren, die narrative Eigenarten einer Erzählung bestimmen. Die narrationsspezifische Ebene kann gegenüber der medienspezifischen als übergeordnet aufgefasst werden, insofern die narrationsspezifische Ebene weniger einzelne Einstellungen als übergreifende Organisationsprinzipien des filmischen Erzählens bestimmt. Dabei sind die beiden Ebenen dadurch miteinander verbunden, dass narrative Verfahren durch die Nutzung filmsprachlicher Verfahren ‚erzeugt' werden. Im Folgenden soll die Aufmerksamkeit den spezifisch narrativen Darstellungsverfahren gelten, der Zeitgestaltung, der Erzählinstanz und der perspektivierten Informationsvergabe.

5.1.3.1 Zeitgestaltung

Wie oben dargelegt (vgl. Kap. 5.1.2.4) wird das filmsprachliche Verfahren der Montage unter anderem für die Zeitgestaltung filmischer Erzählungen genutzt. Diese Zeitgestaltung weist, wie Matthis Kepser ausgeführt hat, deutliche Übereinstimmungen mit der epischer Texte auf.[29] Auch Filme können chronologisch oder achronologisch erzählen und damit – zugunsten der gleichen Funktionen wie literarische Werke – von Rückwendungen und Vorausdeutungen Gebrauch machen. Ähnlich wie in der Literatur werden diese Rückwendungen und Vorausdeutungen auch im Film häufig an die Innensicht einer Figur gebunden. Allerdings sind Vorausdeutungen in filmischen Erzählungen sehr viel seltener als in literarischen. Ebenso kann der Film nicht nur singulativ, sondern auch iterativ oder repetitiv erzählen, um zum Beispiel das Alltagsleben einer Figur deutlich werden zu lassen beziehungsweise ein Geschehen aus unterschiedlichen Perspektiven darzustellen.

---

[29] Vgl. Kepser o.J.

Die von der Literatur genutzten Möglichkeiten zur Gestaltung der Erzählgeschwindigkeit sind im Film dagegen in der Regel eingeschränkt. Filmisches Erzählen ist wie das dramatische durch eine Mischung von zeitdeckendem und elliptischem Erzählen/Aussparungen geprägt. Zeitraffung im engeren Sinn und Pause stellen im Film Ausnahmen dar. In einigen Fällen sind diese Ausnahmen auf Kommentare eines Erzählers zurückzuführen. Zeitraffung kann aber auch in filmspezifische Weise durch eine komisch wirkende Beschleunigung von Bildfolgen entstehen, eine Pause durch ein ‚eingefrorenes' Standbild oder auch durch Einstellungen, die nicht als ‚Rahmen' der Handlung funktionale Räume wiedergeben. Allerdings ist die Zeitdehnung im engeren Sinn im Film (anders als in der Literatur) relativ häufig. Ein filmspezifisches Verfahren zu Erzeugung von Zeitdehnung ist die Zeitlupe. Zumeist entsteht eine Zeitdehnung im Film jedoch durch die Darstellung von zeitgleichen – oder zeitlich leicht versetzten – Geschehnissen an verschiedenen Orten, mitunter auch durch repetitives Erzählen oder, wie Bordwell/Thompson ausführen, (sehr selten) durch ‚overlapping editing': Bei dieser Art der Montage wird eine am Ende einer Einstellung gezeigte Aktion zu Beginn der anschließenden Einstellung wiederholt.[30]

5.1.3.2 Erzählinstanz

In der Filmwissenschaft besteht noch kein Konsens darüber, ob filmische Erzählungen durch eine Erzählinstanz vermittelt werden. In der neueren Forschung ist Seymor Chatman ein namhafter Vertreter der Auffassung, dass die filmische Erzählung auf einen Erzähler zurückzuführen ist. Dieser Erzähler sei zwar keine Figur mit der Fähigkeit, im Erzählakt Texte zu produzieren, aber eine Instanz, die über den Einsatz sämtlicher filmsprachlicher Verfahren verfüge und diese Verfahren im filmischen Zeigeakt nutze.[31] Zusätzlich zum filmischen Erzähler nimmt Chatman einen ‚implied author' an, der bisweilen auch in literaturwissenschaftlichen Erzählmodellen berücksichtigt wird; das Konzept eines ‚impliziten Autors' ist allerdings in der Literatur- wie der Filmwissenschaft gleichermaßen umstritten, sodass es hier nicht weiter berücksichtigt werden soll. Ein international renommierter Vertreter der Ansicht, dass Filme keinen Erzähler besitzen, ist dagegen David Bordwell. Für Bordwell gibt es zwar einen Empfänger der filmischen Narration, aber keinen Sender, weil die komplexe Konstruktion einer filmischen Darstellung nicht auf eine menschenähnliche Erzählinstanz zurückgeführt werden kann: „[...] in watching films, we are seldom aware of being told something by an entitity resembling a human being [...]"; daraus folge, dass filmische „narration is better understood as the organisation of a set of cues for the construction of a story. This presupposes a perceiver, but not any sender, of a message".[32] Wir folgen Bordwells Annahme nicht zuletzt deshalb,

[30] Vgl. Bordwell/Thompson (1990), S. 217.
[31] Vgl. Chatman (1990), S. 134f.
[32] Bordwell (1985), S. 62.

weil die Annahme eines filmischen Erzählers ein intuitiv kaum einsichtiges Konstrukt ist, auf das die Filmanalyse ohne weiteres verzichten kann.

Einen Erzähler gibt es in Filmen danach nur in Sonderfällen: Wenn eine narrative Instanz hör- und gegebenenfalls auch sichtbar ist, die die Handlung von einem Standpunkt außerhalb des diegetischen Raumes kommentiert und demzufolge dem kommentierenden (‚auktorialen') Erzähler in literarischen Texten (vgl. Kap. 4.1.3) ähnelt. Ein filmspezifischer Aspekt dieser Instanz kann durch die Frage erschlossen werden, ob sie nur als Stimme oder auch visuell in Erscheinung tritt. Weitere Aspekte zur Bestimmung der filmischen Erzählinstanz entsprechen den Kategorien, die eine Beschreibung der ‚Stimme' in epischen Texten ermöglichen. So kann auch die narrative Instanz in Filmen die Handlung in unterschiedlicher Weise kommentieren, kann zuverlässig oder unzuverlässig sein, kann als Figur in der Geschichte auftreten oder nicht, kann eine mehr oder weniger große räumliche und zeitliche Distanz zum Geschehen einnehmen, kann auf unterschiedlichen diegetischen Ebenen erzählen und kann Eigenschaften und Funktionen des (fiktiven) Rezipienten festlegen (vgl. Kap. 4.1.3).

5.1.3.3 Perspektivierung / Point of View (POV)

Erzählen ist der Prozess einer Informationsvergabe, durch den der Rezipient über eine Handlung beziehungsweise einzelne an Figuren geknüpfte Geschehnisse informiert wird. Von zentraler Bedeutung ist dabei, dass die dargestellte Handlung durch die Informationsvergabe perspektiviert wird – die Filmhandlung in ähnlicher Weise wie die ‚fokalisierte' Handlung epischer Texte. Die Perspektivierung der Filmhandlung wird *Point of View* (POV) genannt und bezeichnet Umfang und Art der Informationsvergabe an den Rezipienten. Die verschiedenen filmsprachlichen Darstellungsverfahren, vor allem Kamerahandlungen und Montage, tragen zu dieser Perspektivierung bei. Als abstrakter Verursacher des Point of View kann statt eines Erzählers, so Borstnar u.a., ein ‚Fokussierungsprogramm' gedacht werden.[33]
Der Point of View im Film bestimmt zwei Aspekte der Informationsvergabe, ihre Quantität und ihre Qualität.[34] Dementsprechend müssen der quantitative und der qualitative Point of View voneinander unterschieden werden:

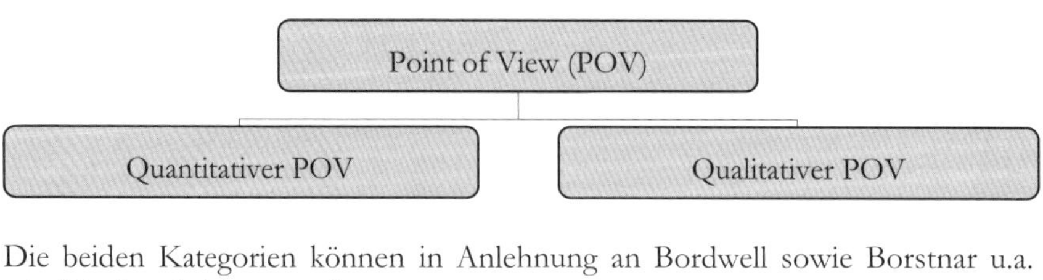

Die beiden Kategorien können in Anlehnung an Bordwell sowie Borstnar u.a. wie folgt beschrieben werden:

[33] Borstnar u.a. (2002), S. 176.
[34] Vgl. etwa Bordwell/Thompson (1990).

- Der *quantitative Point of View* bestimmt das (Umfangs-) Verhältnis von Figurenwissen und Rezipientenwissen („Wie viel wissen wir als Rezipienten relativ zu den Figuren?"). Dabei wird auch die Verteilung der Informationen auf eine oder mehrere Figuren organisiert.
- Der *qualitative Point of View* bestimmt, wie stark sich der Rezipient der Wahrnehmung einer Figur annähert („Wie ‚nah' ist unsere Wahrnehmung an der der Figuren?"). Dabei reichen die Varianten von einer objektiv wirkenden Außenperspektive über den Nachvollzug von Wahrnehmungsakten bis hin zu filmischen Möglichkeiten, das Innere einer Figur, ihre Gedanken, Gefühle, Erinnerungen und Phantasien, darzustellen.

Für die Analyse von Filmen sind also zwei Aspekte der Perspektivierung (zunächst) getrennt voneinander zu betrachten. Falls eine Erzählinstanz vorhanden ist, muss diese Instanz zusätzlich – unabhängig von der Perspektivierung – untersucht werden.

a) Der quantitative Point of View

Die Varianten der vom quantitativen POV organisierten Informationsvergabe können in verschiedener Weise kategorisiert werden. Angesichts der von Filmen gewöhnlich genutzten Möglichkeiten schlagen David Bordwell/Kristin Thompsonl[35] und ihnen folgend Borstnar u.a. folgende Einteilung vor:

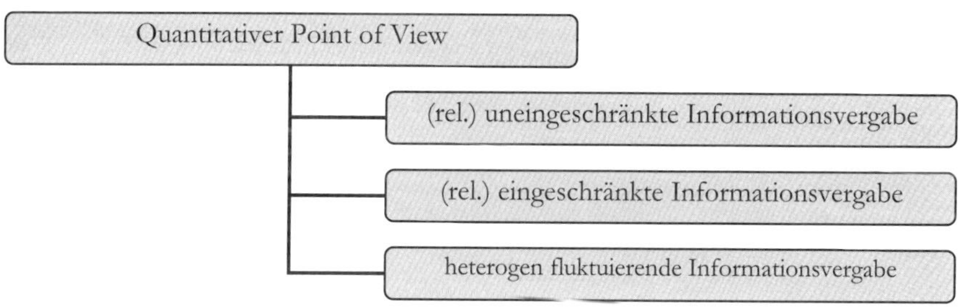

Im Fall der *relativ uneingeschränkten Informationsvergabe* weiß der Rezipient mehr als jede einzelne Figur. Die Informationen sind dabei auf mehrere Figuren verteilt, die der Rezipient (auch) getrennt voneinander in unterschiedlichen Szenen wahrnimmt. Diese Art der Informationsvergabe kann zum Beispiel im Dokumentarfilm die Funktion haben, dem Rezipienten das Gefühl von Allwissenheit zu vermitteln. Oder sie kann in einem Thriller zu einer besonderen Art von Spannung führen, indem der Rezipient für den Protagonisten Schwierigkeiten voraussieht, die die Hauptfigur selbst noch nicht ahnt.

Im Fall der *relativ eingeschränkten Informationsvergabe* weiß der Rezipient genauso viel oder wenig wie eine Figur. Die Informationen sind dabei an diese (Haupt-) Figur gebunden, die der Rezipient sozusagen ständig ‚begleitet'. Diese Art der Informationsvergabe erzeugt zum Beispiel im Detektivfilm, Horrorfilm oder im

35 Vgl. ebd.

Mystery-Genre Überraschungs- und Schockeffekte und kann darüber hinaus einen Eindruck von Fremdheit und Unzugänglichkeit der Handlung entstehen lassen. Eine extreme Form der eingeschränkten Informationsvergabe ist dann gegeben, wenn der Rezipient sogar noch weniger als die (Haupt-) Figur weiß – die zum Beispiel in ‚verdeckten Szenen' etwas sieht oder hört, das dem Rezipienten (zunächst) verborgen bleibt. In diesem Fall können die beiden genannten Funktionen der eingeschränkten Informationsvergabe in verstärktem Maße auftreten.

Sowohl die relativ uneingeschränkte als auch die relativ eingeschränkte Informationsvergabe sind aber – jedenfalls als szenenübergreifende Organisationsprinzipien – zumeist auf die genannten Genres beschränkt und finden sich in Spielfilmen insgesamt eher selten. Im Normalfall macht der Spielfilm von der *heterogen fluktuierenden Informationsvergabe* Gebrauch. Diese Variante des quantitativen Point of View führt dazu, dass der Rezipient mitunter mehr, mitunter auch weniger weiß als die (Haupt-) Figur. Die Informationen sind dabei auf mehrere Figuren verteilt. Die Funktion dieser Art von Informationsvergabe besteht darin, dass der Rezipient mit wechselnden Perspektiven konfrontiert wird, ohne die Haltung der Allwissenheit einzunehmen, und sich ergänzende Hypothesen bilden, die erst nach und nach zu einem Gesamtsinn zusammengefügt werden.

Die vorgestellte Kategorisierung weist mit ihrer direkten Berücksichtigung von zentralen Typen des quantitativen Point of View, die einen Film im Sinne eines szenenübergreifenden Organisationsprinzips bestimmen, deutliche Vorteile für die Filmanalyse auf. Einfacher und in systematischer Hinsicht einleuchtender sowie für eine medienübergreifende Erzähltextanalyse besser geeignet ist jedoch die folgende Dreiteilung:

Der Rezipient weiß
(1) mehr als die (Haupt-) Figur;
(2) gleich viel wie die (Haupt-) Figur;
(3) weniger als die (Haupt-) Figur.

Bei der Filmanalyse mit Hilfe dieser Kategorien muss berücksichtigt werden, dass der quantitative Point of View innerhalb eines Filmes (häufig sehr rasch) wechseln kann.

Anhand eines Beispiels hat Alfred Hitchcock diese drei Varianten durch mögliche Funktionen für die Erzeugung von Spannung wie folgt unterschieden: Wenn in einem Film dargestellt wird, dass in einem Raum, in dem sich Menschen befinden, eine Bombe in einer Aktentasche unter dem Tisch versteckt ist, dann kann (1) der Zuschauer von der Bombe wissen, während gleichzeitig die Figuren in dem Raum unwissend sind; in diesem Fall entsteht ‚suspense', der Zuschauer wartet darauf, dass die Bombe entdeckt wird oder explodiert. Falls (2) der Zuschauer und eine im Raum anwesende Figur wissen, dass mit der Tasche etwas nicht in Ordnung ist, dass sie in gewisser Weise rätselhaft ist, dann wird Neugierde geweckt (‚mystery'). Sofern (3) der Zuschauer, im Unterschied zu einer der Figuren, nichts von der Bombe weiß, dann ist die Entdeckung oder die Explosion der Bombe ein Schock für ihn, er wird überrascht („surprise").

Falls die zuletzt vorgeschlagenen Kategorien genutzt werden, um den quantitativen Point of View in Filmen zu bestimmen, ergibt sich eine Entsprechung zu der in Kap. 4.1.3.3 vorgestellten ‚entzerrten' Variante des Modells von Genette. Auf Grundlage dieser Entsprechung ist es möglich, literarische und filmische Erzählungen vergleichend auf ihre quantitative Informationsvergabe hin zu untersuchen. Die Ergiebigkeit eines solchen Vorgehens ist allerdings durch einige medientypische Besonderheiten des quantitativen Point of View in Film und Literatur eingeschränkt. Zum ersten ‚fluktuieren' die unterschiedlichen Varianten der quantitativen Informationsvergabe in Filmen zumeist, während literarische Erzählungen in der Regel entweder nur eine Variante nutzen oder den quantitativen Point of View zumindest sehr viel seltener wechseln. Zum zweiten ist ein Informationsdefizit des Rezipienten gegenüber einer Figur in epischen Texten weitgehend auf bestimmte Untergattungen wie Detektivroman und Horrorliteratur beschränkt – es sei denn, dass Erzählen aus der Außensicht prinzipiell als eine Art der Darstellung gelten soll, die dem Leser die Gedanken und Gefühle ihrer Figuren verbirgt (vgl. Kap. 4.1.3). Und schließlich lassen literarische Erzählungen – vor allem solche der vormodernen Literatur – zwar häufig einen Informationsvorsprung des Rezipienten vor den Figuren entstehen, doch ist dieser Vorsprung anders als normalerweise im Film oft nicht (nur) auf ‚Szenen' in Abwesenheit einer (Haupt-) Figur, sondern (auch) auf Erzählerkommentare zurückzuführen (vgl. Kap. 4.2.6).

b) Der qualitative Point of View

Die vom qualitativen POV organisierte Informationsvergabe kann nach Edward Branigan in drei Typen unterschieden werden[36]:

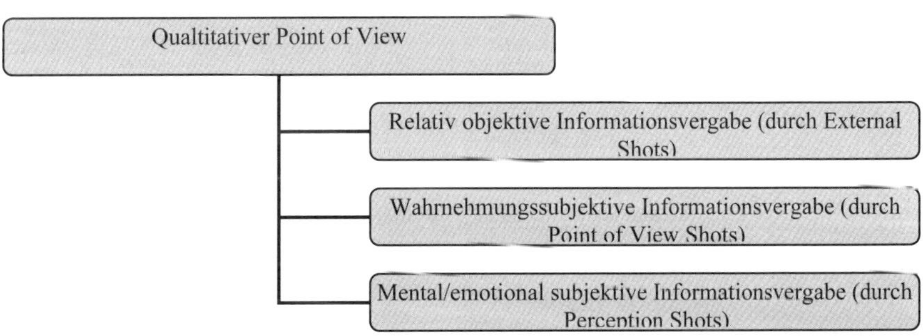

Eine *relativ objektive Informationsvergabe* entsteht, wenn die Kamera ein Geschehen ‚von außen' ohne Bindung an die Perspektive einer Figur aufnimmt. Diese Art der Perspektivierung wird zum Beispiel durch *Establishing Shots* (Master Shots) umgesetzt, die in Außenperspektive entweder den Schauplatz der Handlung aus der Totalen vorstellen oder aber einen Innenraumschauplatz im Überblick wiedergeben.

[36] Branigan (1984).

Für eine *wahrnehmungssubjektive Informationsvergabe* nähert sich die Kamera der räumlich-optischen Perspektive einer Figur so an, dass beim Rezipienten der Eindruck entsteht, er würde ‚mit den Augen der Figur' Raum, Objekte und Geschehnisse wahrnehmen; bestimmte Verfahren der Montage können diesen Eindruck verstärken. Die Nutzung von *Point of View Shots* führt dabei zu einer starken Einbeziehung des Rezipienten in das Geschehen und bewirkt eventuell eine Identifikation des Rezipienten mit der Wahrnehmung einer Figur.

Der ‚klassische' Point of View Shot besteht aus zwei aufeinander folgenden Einstellungen: Einstellung A zeigt den Blick einer Figur, Einstellung B das Objekt, das die Figur erblickt, und zwar aus der Perspektive der Figur in Einstellung A. Abweichungen entstehen, wenn das Objekt nicht genau aus dieser Blickrichtung aufgenommen wird, sondern die Kamera einen Standpunkt zum Beispiel hinter der Schulter oder seitlich vom wahrnehmenden Subjekt einnimmt.

Erläuterung der Abbildungen (Abfolge: von links nach rechts): Die Bilder auf der linken Seite zeigen Yu Jen, die während des Überfalls durch eine Räuberbande aus dem Fenster ihrer Kutsche das Geschehen betrachtet. Die Bilder auf der rechten Seite zeigen das jeweils von ihr Gesehene: Die Kampfhandlungen und vor allem den sich nähernden Anführer der Räuberbande, der ihr schließlich ihren Jadekamm aus der Hand reißt.

Auch das Schuss-Gegenschuss-Verfahren kann als eine Variante des Point of View Shot gelten: In der Abbildung eines Dialoges wird der jeweils Sprechende aus der Perspektive seines Gegenübers gezeigt. Im Einzelfall können auch Bilder des Angesprochenen zwischen Einstellungen, die den Redenden zeigen, in die Bilderfolge einmontiert werden.

Erläuterung der Abbildungen (Abfolge: von links nach rechts): Yu Jen und Lo im Gespräch; Lo erzählt Yu von der Legende, nach der Menschen, die sich von dem gegenüber liegenden Berg herabstürzen, Wünsche erfüllt werden. Die Darstellung tendiert zur Wiedergabe von Jens Perspektive.

Für eine *mental und emotional subjektive Informationsvergabe* bestehen zwei Möglichkeiten. (a) die Kamera gibt nicht nur wieder, was, sondern auch wie eine Figur sieht (zum Beispiel betrunken, getrübt, verzerrt); (b) die Kamera gibt nicht nur Äußeres, sondern auch das Innere einer Figur wieder (zum Beispiel Gedanken, Gefühle, Erinnerungen, Vorahnungen, Phantasien).

Während eine weitgehend ‚objektive' Informationsvergabe mit einigen Abweichungen zugunsten der wahrnehmungssubjektiven Informationsvergabe – insbesondere in der Wiedergabe von Gesprächen – den filmischen Normalfall bildet, werden die beiden Möglichkeiten der mental und emotional subjektiven Informationsvergabe eher selten genutzt. Filme setzen zumeist Mimik und Gestik oder zum Beispiel auch Musik oder Bilder mit uneigentlicher Bedeutung ein, um auf Innenzustände oder die besondere Außenwahrnehmung einer Figur zu verweisen. Wenn die mental und emotional subjektive Informationsvergabe genutzt wird, kann sie mimetisch oder zeichenhaft realisiert werden. In der mimetischen Wiedergabe subjektiver Wahrnehmung wird die entsprechende Alltagswahrnehmung filmisch imitiert. Dabei kann zum Beispiel die Kamera die gestörte Außensicht einer Figur durch Bewegungen wie unkoordinierte Schwenks nachbilden, von einer Figur imaginiertes Vergangenes, Zukünftiges oder Gleichzeitiges kann im oft durch Blenden gekennzeichneten Flashback, Flashforward oder Flashinward dargestellt oder die Figur kann im Reflection Shot an einen (von ihr imaginierten) anderen Standort innerhalb derselben Szenerie versetzt werden. Zu ergänzen ist, dass auch das Voice-over eine filmische Möglichkeit der Darstellung von Innensicht bietet. Für den zeichenhaften Verweis auf eine mental oder emotional subjektive Sicht werden zum Beispiel Wellen, Spiralen oder Farbfelder dargestellt.

Erläuterung der Abbildungen (Abfolge: von links nach rechts): Der Film zeigt die Wüstenlandschaft, an die sich Yu Jen erinnert. Das Ende dieser Innensicht wird durch eine Überblendung markiert, durch die Yu Jen langsam ein- und die Wüstenlandschaft allmählich ausgeblendet wird.

Auch die vorgestellte Kategorisierung des qualitativen Point of View eignet sich insofern besonders für die Analyse von Filmen, als diese Kategorisierung eine Bestimmung von Typen des qualitativen Point of View im Sinne szenenübergreifender Organisationsprinzipien erleichtert: Die mental und emotional subjektive Informationsvergabe wird als seltener Typ der filmischen Perspektivierung von den beiden häufiger (und zumeist gemeinsam) genutzten Varianten abgrenzt. Wie schon für den quantitativen bietet sich jedoch auch für den qualitativen Point of View eine Dreiteilung an, die einfacher und für die medienübergreifende Erzähltextanalyse tauglicher ist:

Der Rezipient (1) nimmt in ‚objektiver' Weise Außensicht wahr; (2) teilt die subjektive (auch: subjektiv verzerrte) Sicht der (Haupt-) Figur auf die Außenwelt; (3) hat Einblick in die Innenwelt der Hauptfigur bzw. anderer Figuren (ihre Gedanken, Gefühle, Erinnerungen, Phantasien).

Bei der Filmanalyse mit Hilfe dieser Kategorien muss berücksichtigt werden, dass der qualitative Point of View innerhalb eines Filmes zumeist (mitunter sehr rasch) wechselt.

Falls diese Kategorien genutzt werden, um den qualitativen Point of View in Filmen zu untersuchen, ergibt sich die zweite Entsprechung zur vereinfachten Variante des Modells von Genette. Auf dieser Grundlage kann die qualitative Informationsvergabe in literarischen und filmischen Erzählungen vergleichend untersucht werden. Die Ergiebigkeit eines solchen Vorgehens dürfte hoch sein, denn die Varianten des qualitativen Point of View im Film haben ebenso wie sein Wechsel eine häufige Entsprechung in epischen Texten. Zum ersten findet sich wie auch im Film in literarischen Erzählungen oft eine ‚objektive' Außensicht; es werden Objekte, Räume, das Äußere von Figuren, ihre Tätigkeiten und sprachliche Äußerungen unabhängig von der Sicht einer Figur dargestellt. Zum zweiten ist die Nachbildung der subjektiven oder sogar subjektiv verzerrten Außensicht einer Figur jedenfalls in modernen literarischen Erzählungen verbreitet; Außenwelt wird hier oft so dargestellt, wie eine Figur sie wahrnimmt – auch wenn anders als im Film die subjektive oft nur schwer von einer ‚objektiven' Außensicht abgegrenzt werden kann. Und zum dritten werden in traditionellen und modernen epischen Texten – allerdings sehr viel häufiger als im Film – Einsichten in die Gedanken, Gefühle, Erinnerungen und Phantasien von Figuren geboten.

5.1.4 Ein Grundmodell für die Darstellungsanalyse filmischer Erzählungen

Die zentralen Kategorien, mit deren Hilfe die Darstellungsebene filmischer Erzählungen untersucht werden kann, sind schwerer zu benennen als die Kategorien für eine Darstellungsanalyse epischer Texte: Filme folgen mehrheitlich umfassenderen Konventionen als literarische Werke; in welchen Aspekten der Darstellung sie von diesen Konventionen abweichen und mit diesen Abweichungen besondere Funktionen verbinden, ist sehr verschieden. Dementsprechend muss von Fall zu Fall entschieden werden, welche Kategorien der Analyse auf einen Film gewinnbringend angewandt werden können.

Im Folgenden werden zentrale Kategorien der Filmanalyse zusammengestellt, die sowohl eine relativ rasche Orientierung über die Darstellungsverfahren eines Filmes als auch die Auswahl von näher zu untersuchenden Aspekten erlauben. Dabei werden unter den narrationsspezifischen Verfahren soweit wie möglich solche Kategorien berücksichtigt, die eine medienübergreifende Betrachtung von filmischen und literarischen Erzählungen erlauben.

1. Narrationsspezifische Verfahren

1.1 Zeitgestaltung

Die zeitliche Gestaltung filmischer Erzählungen ist noch stärker als die epischer Texte von konventionalisierten Darstellungsmustern geprägt (es wird weitgehend chronologisch und zeitdeckend erzählt, Aussparungen betreffen eher unwichtige Elemente der Handlung). Eine genauere Untersuchung lohnt im Allgemeinen nur, falls sich Abweichungen von diesen Konventionen finden. Dann bietet es sich ähnlich wie auch für literarische Erzählungen an, entsprechend den Modellen Genettes und Müllers nach den Aspekten chronologische/achronologische Ordnung, Erzählgeschwindigkeit und einmalige/mehrfache Darstellung von Geschehnissen zu fragen. Dabei muss allerdings beachtet werden, dass Vorausdeutungen im Film sehr viel seltener sind als in der Epik und dass Zeitraffung im engeren Sinne und Pausen nur in Ausnahmefällen auftreten (sodass diese Kategorien hier vernachlässigt werden). Die Funktionen von besonderen Merkmalen der Zeitgestaltung lassen sich auch für filmische Erzählungen insgesamt nur mit deutlichen Vorbehalten bestimmen.

1.1.1 Chronologische / achronologische Ordnung

Unter diesem Aspekt wird danach gefragt, ob die Abfolge der Geschehnisse in einer filmischen Erzählung a) einer ursprünglichen Reihenfolge der Handlung entspricht oder ob die Chronologie durch b1) Rückwendungen oder b2) Vorausdeutungen aufgebrochen wird.

Auch die Vorausdeutungen im Film lassen sich danach differenzieren, ob sie zukunftsgewiss sind oder als ungewiss gelten müssen (zumeist weil sie auf die Innensicht einer Figur zurückgehen). Der achronologischen Zeitgestaltung im Film lassen sich Funktionen parallel zu denen in literarischen Erzählungen zuordnen: Zukunftsgewisse Vorausdeutungen können die Spannung vom Ausgang auf den Gang der Handlung lenken oder gegen Ende einer Erzählung die Spannung lösen. Zukunftsungewisse Vorausdeutungen provozieren die Frage, ob sie sich wohl bewahrheiten werden. Rückwendungen können den Rezipienten über Teile der Geschichte (oder ihre Vorgeschichte) informieren, Entscheidungen einer Figur beeinflussen oder gegen Ende einer Erzählung ein konflikthaftes Geschehen auflösen oder erklären.

1.1.2 Erzählgeschwindigkeit

Es wird danach gefragt, ob ein Film insgesamt oder in Teilen a) zeitdeckend erzählt, b) die Erzählzeit durch Aussparungen rafft oder c) zeitdehnend erzählt.

Sofern das aussparende Erzählen nicht offensichtlich weniger wichtige Geschehnisse betrifft, kann es wie in der Epik dazu dienen, Elemente der Handlung entgegen den Erwartungen des Rezipienten als unwichtig zu kennzeichnen oder aber zur Ergänzung von Leerstellen auffordern, die in manchen Fällen konventionell nicht darstellbare Geschehnisse ersetzen. Das zeitdehnende Erzählen entsteht zumeist dadurch, dass zeitgleiche Geschehnisse an unterschiedlichen Orten gezeigt werden.

1.1.3 Einmalige / mehrfache Darstellung

Unter diesem Aspekt wird danach gefragt, ob in einer filmischen Erzählung einzelne Geschehnisse a) einmal (singulativ) oder b) mehrfach (repetitiv) und ob wiederholte

Geschehnisse a) einmal zusammenfassend (iterativ) oder b) mehrfach dargestellt werden.

Während die einmalige Darstellung einzelner Geschehnisse den Normalfall bildet, kann die mehrfache Darstellung einzelner Geschehnisse wie auch in der Epik dazu dienen, diese Geschehnisse in unterschiedlicher Perspektivierung darzustellen und dem Rezipienten damit unterschiedliche Interpretationen nahe zu legen. Wenn wiederholte Geschehnisse einmal zusammenfassend wiedergegeben werden, kann die dargestellte Welt dadurch als eintönig oder zirkulär erscheinen.

1.2 Perspektivierung / Point of View

Auch die Perspektivierung filmischer Erzählungen folgt öfter als die epischer Texte Konventionen der Darstellung. Im Film weiß der Rezipient zumeist mal mehr, mal weniger als die (Haupt-) Figur, und es überwiegt eine Darstellung aus der ‚objektiven' Außensicht, die von wenigen Wechseln zur wahrnehmungssubjektiven Sicht insbesondere in der Darstellung von Gesprächen unterbrochen wird. Eine genauere Untersuchung der Perspektivierung im Film mit Hilfe der Kategorien quantitativer und qualitativer Point of View lohnt sich in der Regel dennoch, weil auch eine weitgehend dem oben beschriebenen Normalfall folgende Perspektivierung anders als die konventionelle Zeitgestaltung unterschiedliche Funktionen für eine Erzählung aufweisen kann und zumindest teilweise Abweichungen von den Konventionen der Perspektivierung recht häufig sind. Die Funktionen von unterschiedlichen Varianten der Perspektivierung können für den Film ähnlich wie für die Literatur nur tendenziell festgelegt werden. Für die Bestimmung des quantitativen und qualitativen Point of View in filmischen Erzählungen sollen ebenso wie für die Analyse epischer Texte die Kategorien des modifizierten Modells von Genette genutzt werden.

1.2.1 Quantitativer Point of View

Es wird danach gefragt, ob der Rezipient einer filmischen Erzählung

a) mehr weiß als die (Haupt-) Figur;
b) genauso viel weiß wie die (Haupt-) Figur;
c) weniger weiß als die (Haupt-) Figur.

Der quantitative Point of View kann in Filmen rasch wechseln. Zumeist ist aber eine Konzentration auf die Frage sinnvoll, welche dieser Varianten des quantitativen Point of View in einer filmischen Erzählung vorherrschen. Das ‚Wissen' von Rezipienten und Figuren umfasst auch in filmischen Erzählungen alle Formen der äußeren und inneren Wahrnehmung. Die Funktionen der drei Varianten, die die Gestaltung des quantitativen Point of View aufweisen kann, sind in filmischen und literarischen Erzählungen ähnlich. Falls der Rezipient mehr erfährt als die (Haupt-) Figur, wird ihm damit oft eine überlegene Haltung gegenüber der Handlung und den Figuren nahe gelegt. Wenn er genauso viel erfährt wie die (Haupt-) Figur, kann ihm damit ein besonders hohes Maß an Empathie nahe gelegt werden, er kann aber auch den Eindruck einer undurchsichtigen oder sogar bedrohlichen Wirklichkeit gewinnen. Und wenn der Rezipient (zunächst) weniger erfährt als die (Haupt-) Figur weiß, können diese beiden Funktionen in verstärktem Maße auftreten. Außerdem können die drei Varianten des qualitativen Point of View zu unterschiedlichen Arten der Spannung führen.

1.2.2 Qualitativer Point of View
Es wird danach gefragt, ob der Rezipient einer filmischen Erzählung
a) in ‚objektiver' Weise Außenwelt wahrnimmt;
b) die subjektive (auch: subjektiv verzerrte) Sicht der (Haupt-) Figur auf die Außenwelt teilt;
c) Einblick in die Innenwelt der Hauptfigur bzw. anderer Figuren, ihre Gedanken, Gefühle, Erinnerungen und Phantasien, hat.

Auch die Funktionen, die einer unterschiedlichen Gestaltung des qualitativen Point of View zukommen, ähneln sich in filmischen und literarischen Erzählungen. Durch die ‚objektive' Außensicht wird dem Rezipienten häufig eine Interpretation der Erzählung durch die Ergänzung von Gedanken und Gefühlen der Figuren nahe gelegt. Die subjektive Außensicht beziehungsweise die Innensicht bewirken dagegen oft eine besondere Empathie oder sogar Identifikation des Rezipienten mit der Wahrnehmung einer Figur, können allerdings auch eine Distanzierung von fragwürdigen Figuren provozieren.

1.3 Eigenschaften des Erzählers (‚Stimme')
Diese Kategorie kann – unter der Annahme, dass filmische Handlungen nicht auf einen Erzähler zurückzuführen sind – nur auf solche Filme angewandt werden, in denen ein Erzähler die Handlung kommentiert.

Ein filmspezifischer Aspekt dieses Erzählers wird durch die Frage geklärt, ob der Erzähler nur als Stimme (eventuell auch nur in Form eines Schrifttextes) oder auch visuell in Erscheinung tritt. Alle anderen Analysekategorien entsprechen einer Untersuchung der Stimme in literarischen Erzählungen. Von besonderer Bedeutung ist die Bestimmung der Art und Weise, in der der Erzähler kommentiert: ob durch Reflexionen, Meinungen und Urteile, Erläuterungen, Mitteilung seiner affektiven Reaktionen, Schlussfolgerungen für das Verhalten oder die Weltsicht des (fiktiven) Lesers, Beglaubigungen der Geschichte oder durch Thematisierungen des Erzählens.

Für manche filmischen Erzählungen kann es außerdem lohnend sein, die Zuverlässigkeit/Unzuverlässigkeit des Erzählers, seine Beteiligung/Nichtbeteiligung an der Handlung, seinen zeitlichen (und eventuell räumlichen) Abstand zu ihr, unterschiedliche Ebenen des Erzählens sowie nähere Bestimmungen des narrativen Adressaten durch den Erzähler zu untersuchen (vgl. die Kategorien zur Analyse der Stimme in literarischen Erzählungen in Kap. 4.1.3.)

2. Filmsprachliche Verfahren

Auch die filmsprachlichen Verfahren folgen oft Konventionen der Darstellung und legen eine nähere Betrachtung vor allem nahe, wenn sich Abweichungen von diesen Konventionen finden. Zu einer Untersuchung können sich dann die Einstellungsgröße, die Kameraperspektive, die Kamerabewegung, das Kameraobjektiv, die Mise en Scène, die Beziehung von Bild und Ton sowie die Montage anbieten. Bei der Untersuchung der Mise en Scène und der Montage können Überschneidungen zur Betrachtung der Handlung beziehungsweise der narrationsspezifischen Darstellungsverfahren auftreten, insofern die Mise en Scène häufig Bilder mit uneigentlicher Bedeutung entstehen lässt und die Montage oft erzählende und beschreibende Elemente oder verschiedene Handlungsstränge miteinander verbindet oder unterschiedliche Varianten der Zeitgestaltung erzeugt.

2.1 *Einstellungsgrößen*

Unter diesem Aspekt wird danach gefragt, ob eine filmische Erzählung für ihre Bilder die folgenden Größen nutzt:

a) Panoramaaufnahme (Darstellung von Landschaften im Überblick)
b) Totale (Darstellung einer Szenerie im Überblick)
c) Halbtotale (Darstellung ganzer Figuren oder Objekte einschließlich ihrer unmittelbaren Umgebung)
d) Halbnahe (Darstellung von Figuren von den Knien ab aufwärts)
e) Amerikanische (Darstellung von Figuren von der Hüfte an aufwärts)
f) Nahe (Darstellung von Figuren vom Oberkörper an aufwärts)
g) Großaufnahme (Darstellung von Figuren vom Hals- oder Schulteransatz an aufwärts oder von einzelnen Objekten)
h) Detail (Darstellung eines Gesichtes oder Objektes im Ausschnitt oder einen sehr kleinen Objektes)

Die Panoramaaufnahme wird oft zur Vorstellung einer für die Handlung bedeutungsvollen Landschaft oder zur Erzeugung einer bestimmten Atmosphäre eingesetzt; die Totale dient häufig einer Einführung des Rahmens für ein Geschehen; die Halbtotale der Wiedergabe von kleineren Menschengruppen und körperbetonten Aktionen; die Halbnahe der Darstellung von Beziehungen zwischen wenigen Figuren; die Amerikanische dem gleichzeitigen Blick auf Gesicht und Revolverhalfter; die Nahe der Wiedergabe von Gesprächen; die Groß- und Detailaufnahme der Herausstellung von Höhepunkten der Handlung oder von Objekten mit uneigentlicher Bedeutung. Konventionell ist in filmischen Erzählungen die Vorherrschaft der Totalen und Halbtotalen in Verbindung mit der Halbnahen und Nahen.

2.2 *Kameraperspektive*

Unter diesem Aspekt wird danach gefragt, ob die Bilder einer filmischen Erzählung

a) aus Normalsicht
b) aus Untersicht
c) aus Aufsicht aufgenommen worden sind

Wenn die Kamerahöhe, aus der ein Bild aufgenommen wird, der Augenhöhe eines erwachsenen Menschen entspricht, erscheinen die Motive in Normalsicht; Untersicht entsteht, wenn die Kamera von unten auf ein Motiv blickt, Aufsicht, wenn sie von einer erhöhten Position auf ein Motiv gerichtet ist. Auf- und Untersicht können eher gemäßigt oder eher extrem (Vogel-/Froschperspektive) ausfallen. Die Normalsicht hat zumeist keine besonderen Funktionen, kann aber auch den Eindruck einer objektiven filmischen Darstellung unterstützen. In der Untersicht können Figuren und Objekte zum Beispiel als übermächtig, als bedrohlich und unheimlich oder auch als lächerlich erscheinen. Eine mögliche Funktion der Aufsicht ist es, eine Figur als klein und ohnmächtig darzustellen. Konventionell herrscht in Filmen die Normalsicht vor und wechselt mit einigen Einstellungen aus gemäßigter Unter- oder Aufsicht ab.

2.3 Kamerabewegung

Unter diesem Aspekt wird danach gefragt, ob die Bilder einer filmischen Erzählung

a) auf eine statische Kamera
b) auf eine bei fixem Stativ bewegte Kamera
c) auf eine im Raum bewegte Kamera zurückgehen.

Wenn die Kamera bei fixem Stativ bewegt wird, kann sie Schwenks oder Neigungen ausführen oder gerollt werden. Kamerabewegungen im Raum können durch eine Kamerafahrt, Installationen einer Kamera auf beweglichen Objekten, Bewegungen einer Steadycam oder einer Handkamera entstehen. Varianten der Kamerafahrt sind Parallelfahrt, Verfolgungsfahrt, Vorausfahrt, Hinfahrt, Wegfahrt und Kreisfahrt. Die Kamerabewegungen können eher schnell oder eher langsam ausgeführt werden und durch eine Orientierung an der Handlung motiviert oder autonom sein. Die motivierten Kamerabewegungen dienen zumeist dazu, sich bewegende Figuren im Blick zu behalten, können aber zum Beispiel auch die Aufmerksamkeit auf bislang unbeachtete, aber handlungsrelevante Details lenken oder die subjektive Sicht einer Figur nachbilden. Konventionell sind in filmischen Erzählungen motivierte Schwenks, Neigungen und Kamerafahrten.

2.4 Kameraobjektiv

Unter diesem Aspekt wird danach gefragt, ob die Bilder einer filmischen Erzählung

a) das Normalobjektiv
b) das Weitwinkelobjektiv
c) das Teleobjektiv
d) das Zoomobjektiv nutzen.

Das Normalobjektiv bildet das Dargestellte so ab, wie es der alltäglichen Seherfahrung entspricht. Das Weitwinkelobjektiv erweitert das Feld des Abgebildeten und lässt zugleich die Entfernungen zwischen hintereinander liegenden Objekten größer erscheinen. Das Teleobjektiv gibt einen kleinen Ausschnitt wieder und verkürzt scheinbar den Abstand zwischen hintereinander liegenden Objekten. Das Zoomobjektiv ermöglicht eine stufenlose Veränderung des Bildausschnitts und der Beziehung von Vorder- und Hintergrund. Es kann durch Ran- und Rückzoom die Ranbeziehungsweise Wegfahrt einer bewegten Kamera imitieren. Konventionell werden das Weitwinkel- und Teleobjektiv selten und das Zoomobjektiv eher sparsam eingesetzt.

2.5 Mise en Scène

Unter diesem Aspekt wird danach gefragt, inwiefern die Inszenierung des Raumes vor der Kamera

a) durch die Auswahl von Objekten oder Figuren
b) ihre räumliche Positionierung
c) die Licht- und Beleuchtungsverhältnisse bestimmt ist.

Zentrale Funktionen der Mise en Scène können die Erzeugung einer bestimmten Atmosphäre, die Lenkung von Aufmerksamkeit des Zuschauers oder die Produktion von Bildern mit uneigentlicher Bedeutung sein.

2.6 Beziehung von Bild und Ton

Unter diesem Aspekt wird danach gefragt, ob die Bilder einer filmischen Erzählung

a) durch Sprache
b) durch Geräusche
c) durch Musik ergänzt werden

Sprache kann in Form von Schrifttext und in akustischer Form auftreten und weist in akustischer Form die Varianten Dialog/Monolog, innerer Monolog (durch voice-over) und Erzählerkommentar auf; Geräusche können Einzelgeräusche sein oder eine Geräuschkulisse bilden (atmosphärischer Ton). Alle Tonsorten können von innerhalb oder außerhalb des diegetischen Raumes und von innerhalb oder außerhalb des Bildes (On/Off) stammen. Der Ton kann dem Erzählen der Handlung, dem Synthetisieren von Szenen, dem Zeigen auf Figuren und Objekte und dem Interpretieren der Handlung dienen. Dabei können Bild und Ton in einer komplementären oder kontrastiven Beziehung zueinander stehen. Konventionell ist die Begleitung von Bildern durch Dialoge aus dem On, atmosphärischen Ton und Musik von außerhalb des diegetischen Raumes, wobei sich Bild und Ton ergänzen oder verstärken.

2.7 Montage

Unter diesem Aspekt wird danach gefragt, ob die Einstellungen einer filmischen Erzählung a) durch weiche oder harte sowie b) durch langsame oder schnelle Schnitte aneinandergefügt werden. Weiche Schnitte (seltener: Blenden) verbinden Bilder miteinander, die sich inhaltlich und durch die ihnen zugrunde liegenden Kamerahandlungen nur wenig voneinander unterscheiden, harte Schnitte kombinieren deutlich unterschiedliche Bilder. Das Kriterium langsam/schnell bestimmt das Tempo, in dem die Schnitte aufeinander folgen.

Mit Hilfe der verschiedenen Schnitte (und Blenden) lässt die Montage in filmischen Erzählungen Bilderserien entstehen, die sich nach folgenden Aspekten unterscheiden lassen: Narrativität/Deskriptivität, Chronologie sowie (zeitliche und räumliche) Kontinuität. Zudem kann nach der Beschränkung auf eine Bilderserie (Linearität) und gegebenenfalls nach dem Verhältnis unterschiedlicher Bildserien zueinander gefragt werden; für dieses Verhältnis sind die Aspekte Alternation/Parallelität und Vergleich (Komparativität) bestimmend.

Diesen Varianten entsprechend kann die Montage der chronologischen, kontinuierlichen Darstellung einer Handlung dienen. Die Montage kann aber auch genutzt werden, um eine Handlung achronologisch oder mit Zeitsprüngen wiederzugeben oder um zu beschreiben statt zu erzählen. Darüber hinaus kann die Montage unterschiedliche Handlungs- beziehungsweise Sinnzusammenhänge (Szenen, Sequenzen, Episoden, Geschichten) miteinander verbinden (Verbindung von erzählenden Bilderserien: Alternation; Verbindung von beschreibenden Bilderserien: Parallelität). Diese Verbindung kann so gestaltet sein, dass sie den Rezipienten zu einer Aktivierung oder Neubildung von Begriffen mittels Vergleich auffordert.

Grundsätzlich kann die Montage zwei Funktionen aufweisen: Sie kann durch die Zusammenstellung von homogenen Bildern einen erwartbaren Sinn entstehen lassen oder den Zuschauer durch die Kombination von heterogenen Einstellungen zur Sinnbildung auf einer höheren Bedeutungsebene auffordern. Konventionell ist die Verbindung homogener Elemente durch die Montage (Kontinuitätssystem).

5.1.5 Beispielanalyse: *Tiger & Dragon* von Ang Lee (2001)

Ang Lees Film *Tiger & Dragon* (engl. Original *Crouching Tiger, hidden Dragon*) spielt in einem Land, das Züge des realen alten China mit denen eines mythischen Schauplatzes verbindet: ‚Gesetzesfreie' Meister der Kampfkunst bewegen sich hier auf Grundlage ihrer besonderen Fähigkeiten in einem Raum jenseits der kollektiven Ordnung, müssen jedoch selbst entscheiden, inwieweit sie moralische Normen akzeptieren und zu Maßstäben ihres Handelns machen wollen. In diesem Rahmen treffen fünf ‚Gesetzesfreie' aufeinander, die ihre Konflikte durch äußere und innere Kämpfe austragen: Li Mu Bai, ein berühmter Meister der im Kloster Wudan gelehrten ethisch-religiös fundierten Kampfkunst; seine alte Freundin und heimliche Liebe Yu Shu Lien, Leiterin eines Begleitschutzunternehmens; Yu Jen, junge Tochter eines kaiserlichen Gouverneurs, die eine zweite Existenz als Kämpferin und Geliebte des Räuberhauptmannes Lo führt; der Räuber Lo; und Jadefuchs, eine polizeilich gesuchte Diebin und Giftmörderin an Li Mu Bais Lehrmeister, die sich im Haus des Gouverneurs Yu als Gouvernante getarnt verbirgt und Yu Jen heimlich in der Kampfkunst unterrichtet hat.

Diese Figuren begegnen sich im Haus des Hohen Rates und Beschützers der ‚gesetzesfreien Kämpfer' Tie Beile, nachdem Mu Bai seine Absicht kundgetan hat, mit seinem bisherigen Leben abzuschließen, und dem Rat durch Shu Lien sein kostbares Schwert übergeben ließ. Zu einer ersten Auseinandersetzung kommt es, als die maskierte Jen dies Schwert entwendet und ihren Diebstahl gegen Shu Lien verteidigt. Zwar kann Shu Lien, die Jens Doppelleben auf die Spur gekommen ist, Jen zur Rückgabe des Schwertes bewegen. Doch bricht durch den Diebstahl ein schwerwiegenderer Konflikt auf: Shu Lien und Mu Bai wissen nun um die wahre Identität von Jen und Jadefuchs. Mu Bai, der sich eigentlich von dem Kämpfen zurückziehen wollte, fühlt sich verpflichtet, den Tod seines Meisters an Jadefuchs zu rächen, und überdies möchte er Jen dem Einfluss von Jadefuchs entziehen und zu seiner Schülerin machen – auch, so deutet sich an, weil er Nähe zu der ihn faszinierenden jungen Frau erstrebt. Shu Lien unterstützt ihren Freund im Kampf gegen Jadefuchs und wünscht sich ihrerseits eine beschützend-schwesterliche Beziehung zu Jen. Obwohl Mu Bai Jen mehrmals im Kampf besiegen kann und Jen ihn in gewisser Weise bewundert, lehnt sie sein Angebot, ihr Lehrmeister zu werden, in aggressiver Weise ab. Um den Preis des eigenen Lebens kann Mu Bai seine beiden anderen Ziele jedoch erreichen: In einem letzten Kampf tötet er Jadefuchs, die Jen in ihre Gewalt gebracht hatte und entweder töten oder zu einer unauflösbaren Gemeinschaft mit sich verpflichten will. Mu Bai stirbt allerdings an einem vergifteten Pfeil seiner Feindin; Jens Versuch, eilig ein Gegenmittel zu verschaffen, scheitert.

In den Fortgang dieses Konfliktes sind zwei Liebesgeschichten verwoben: Zum einen die Geschichte von Shu Lien und Mu Bai, die es jahrelang nicht wagten, ihre Liebe zu verwirklichen, weil Shu Liens Verlobter einst Mu Bai das Leben rettete und dabei getötet wurde. Erst mit seinem buchstäblich letzten Atemzug gesteht Mu Bai Shu Lien nicht nur seine Liebe, sondern bewertet sie auch höher als das für ihn zuvor absolut gesetzte Ziel der Erleuchtung. Und zum anderen die Geschichte von Jen und Lo, die eine Zeit lang in der Wüste zusammenlebten, nachdem Jen und ihre Eltern von Los Bande überfallen worden waren. Das Paar trennte sich wieder, damit Jen zu ihren Eltern zurückkehren konnte; Lo versuchte im Anschluss jahrelang vergeblich, ein ehrbares Leben zu führen, um Jen heiraten zu können, und möchte nun verhindern, dass Jen eine von ihren Eltern arrangierte Ehe mit einem hohen Beamten eingeht. Tatsächlich flüchtet Jen kurz vor dem Vollzug der Ehe, gerät zwar nach einigen Abenteuern als fahrender Kämpfer in die Gewalt von Jadefuchs, kann aber nach ihrer Befreiung durch Mu Bai mit Lo in Wudan zusammentreffen. Auch jetzt fühlt sich das junge Paar aber zu einem Zusammenleben außerhalb der gesellschaftlichen Ordnung nicht in der Lage; einer Legende folgend, nach der ein Sprung vom Berg Herzenswünsche wahr werden lässt, springt Jen in die Tiefe und wird offenbar von Wolken davongetragen.

Tiger & Dragon beruht auf einem zwischen den Weltkriegen entstandenen Roman von Wang Du Lu und schließt damit an die lange Tradition der populären Wuxia-Erzählungen von fahrenden Meistern der Kriegskunst an, die seit den dreißiger Jahren im Genre des Wuxia-Filmes (und des Kung-Fu-Filmes) fortgesetzt wird. Auf den ersten Blick mag es auch so scheinen, als könnten die in *Tiger & Dragon* dargestellten Kämpfe auf das typische Handlungsmuster des Wuxia-Genres zurückgeführt werden: Die Durchsetzung von Gerechtigkeit, insbesondere der gerechten Rache, durch den starken, geschickten und moralisch überlegenen Helden gegen seine moralisch verwerflichen Feinde. Eine Analyse der Handlung nach dem Modell von Komplikation und Auflösung zeigt jedoch, dass Ang Lees Werk sehr viel differenzierter aufgebaut ist und den Figuren das gleiche zentrale Gut zuordnet, ihre Mangelkomplikation jedoch auf unterschiedliche Faktoren zurückführt.

Als Li Mu Bais und Yu Shu Liens zentrales Gut erscheint auf den ersten Blick tatsächlich die Verwirklichung des moralisch Guten im Sinne konfuzianistischer Normen, vor allem für Mu Bai eng verbunden mit der Erlösung von irdischen Bestrebungen; dies von Jadefuchs bedrohte Gut können die beiden durch den Sieg über die Diebin und Mörderin verteidigen. Der Wunsch nach Nähe zu Jen und die Liebeserklärung des Sterbenden zeigen jedoch, dass darüber hinaus für Mu Bai und Shu Lien weitgehend verdrängte Wünsche von hoher Bedeutung sind, das Ausleben von Affekten, von Liebe und wohl auch von Aggressionen. Mu Bai deutet im Dialog mit Shu Lien auf diese Bestrebungen hin, wenn er von „gewissen Dingen" spricht, die ihn in der Meditation Trauer statt Erleuchtung erfahren ließen, oder von den bedrohlichen „Tigern und Drachen" im Herzen der Kämpfer. Als höchstes – wenngleich kaum bewusst angestrebtes – Gut Li Mu Bais und Yu Shu Liens kann eine Verbindung von moralischer Ordnung und emotionaler Selbstverwirklichung gelten, eine niemals vollständig zu erreichende Synthese von Gegensätzen, die nach Auffassung Ang Lees dem von der chinesischen Kriegskunst gelehrten Tao entspricht.[37] Äußere Hindernisse stehen einer solchen Verbindung nicht im Wege – sogar die Vaterfigur Tie Beile möchte eine Liebesbeziehung der beiden Helden fördern –, wohl aber die Übermacht der

[37] Vgl. Ang Lee (2001), S. 7.

verinnerlichten moralischen Normen. Durch eine Beziehung zu Jen versuchen Mu Bai und Shu Lien vergeblich, ihre Mangelkomplikation positiv aufzulösen und können erst zum Schluss ihr eigentliches Ziel erreichen, weil Mu Bai in seiner Sterbeminute den Mut zur Wahrhaftigkeit aufbringt – eine Auflösung, die nur für extrem kurze Zeit wirksam bleibt, allerdings eine gewisse Aussicht auf Fortdauer erhält, weil Mu Bai sich wünscht, als Geist weiterhin um Shu Lien zu sein.

Yu Jens und Los Gut ist scheinbar den Zielen von Mu Bai und Shu Lien entgegengesetzt: Beide erstreben ausdrücklich ein Leben ohne innere und äußere Beschränkungen: „Glück heißt für mich, dass man frei leben kann und dass man sich aussuchen kann, wen man liebt und mit wem man zusammen lebt." Außer der körperlichen Verwirklichung von Liebe – und eng mit ihr verbunden – ist für die beiden auch das Ausleben von Aggressionen wichtig. Doch geht es dabei ebenso wenig wie in der Sexualität um eine bloße Befriedigung von Trieben, sondern vielmehr um die emotionale Selbstverwirklichung: Persönliche Kränkungen und Einschränkungen werden mit Gewalt aufgehoben; so kommt Jen Lo nur deshalb nahe, weil sie sich bedenkenlos in den Kampf mit einer ganzen Räuberhorde und schließlich mit Lo stürzt, nachdem ihr ein Jadekamm entwendet wurde. Diese Freiheit können Jen und Lo auch zeitweise verwirklichen, indem sie das Leben von Räubern in der Wüste führen. Offenbar erstreben jedoch auch sie – unausgesprochen – ein weiteres Ziel, denn Lo überredet Jen, zu Vater und Mutter zurückzukehren, bis er sich eine ehrenhafte Existenz erarbeitet hat und sie mit Einwilligung ihrer Eltern heiraten kann. Auch für die beiden jungen Figuren kann eine Verbindung von Moral und Selbstverwirklichung als höchstes Gut gelten, nur dass ihre Mangelkomplikation auf andere Faktoren zurückzuführen ist als die von Mu Bai und Shu Lien. Nicht die Übermacht verinnerlichter Normen, sondern die Unvollkommenheit der äußeren gesellschaftlichen Ordnung steht hier einer Synthese im Wege. Zwar erscheint diese Ordnung durch die positive Figur des Hohen Rates nicht als vollkommen menschenfeindlich, weist aber deutliche Schwachpunkte auf: Zum einen durch bedrückende Konventionen, denen Jen als Tochter einer vornehmen Familie in besonderem Maße unterliegt, und zum anderen durch einen Mangel an wirklichen Vorbildern. Jen, die ihre törichte Mutter offenbar in keiner Weise ernst nehmen kann, musste sich seit ihrem zehnten Lebensjahr an Jadefuchs orientieren, die nicht nur unmoralisch ist, sondern auch lediglich über eingeschränkte Fähigkeiten verfügt: „Aber als ich spürte, dass ich dich besiegen könnte, da bekam ich furchtbare Angst, weil ich nicht mehr wusste, wem ich folgen sollte. Ich hatte niemanden mehr, der mich führte und von dem ich lernen konnte." Als Mu Bai Jen nahe legt, seine Schülerin zu werden, ist ihr Misstrauen gegen die eigentlich dringend ersehnten Autoritäten dann offenbar schon zu groß geworden, als dass sie einen wahren Meister akzeptieren könnte. Und Los Versuch einer Versöhnung mit der Gesellschaft durch ehrliche Arbeit muss scheitern, weil ein ehemaliger Räuber überall erkannt und verfolgt wird. Ähnlich wie für Mu Bai und Shu Lien gelingt eine – eingeschränkt – positive Auflösung der Mangelkomplikation schließlich nur durch Aufgabe des irdischen Lebens: Yu Jen lässt sich von Wolken in eine andere Existenzform tragen. Die filmische Erzählung legt dem Rezipienten ein Menschen- und Weltbild nahe, nach dem eine Versöhnung von moralischer Ordnung und Selbstverwirklichung in der Realität kaum möglich ist, aber in einer transzendenten Wirklichkeit gesucht werden kann.

Das zentrale Gut der filmischen Erzählung hat schließlich selbst für Jadefuchs eine gewisse Gültigkeit. Zwar steht für sie die aggressive Wahrung ihrer eigenen Interessen, für die sie verzweifelt Jen als Gefährtin zu gewinnen versucht, deutlich an erster Stelle: „Wir können tun, was wir wollen. Wer sich uns in den Weg stellt, wird vernichtet. Und wenn es dein Vater ist.“ Doch leidet auch Jadefuchs offenbar daran, dass sie in ihrer Jugend keinen angemessenen Lehrer gefunden hat und rechtfertigt ihren Mord an Mu Bais Meister damit, dass er zwar mit ihr schlafen, ihr aber nicht die Wudan-Kampfkunst beibringen wollte; offen bleibt, was aus ihr geworden wäre, wenn sie die richtige Anleitung erfahren hätte. Jadefuchs kann jedoch aufgrund ihrer weniger ausgeprägten Fähigkeiten im Kampf ihr Gut der Selbstbewahrung nicht verteidigen und sich anders als die anderen Hauptfiguren auch nicht einer Synthese von Moral und Selbstverwirklichung annähern; sie stirbt ohne Aussicht darauf, eine positive Auflösung ihrer Komplikationen in einer höhere Existenzform zu erfahren.

Eine Analyse der Figuren bestätigt die Ergebnisse der Handlungsanalyse. Die fast ausnahmslos zuverlässigen Informationen über die Figuren werden zwar nur zu einem kleineren Teil in Gesprächen direkt mitgeteilt, können sonst in relativ eindeutiger Weise aus Handlungen und vorübergehenden äußeren Merkmalen erschlossen werden. Grundlegend gemeinsam sind allen Hauptfiguren besondere Fähigkeiten, die sie von anderen Menschen abheben: Sie verfügen über ein extrem hohes Maß an Körperbeherrschung, das auf seelischer Energie beruht und durch Willensstärke, Konzentrationsfähigkeit, Klugheit und Mut zur Entfaltung kommt. Aufgrund des Merkmals ‚Haltung zur moralischen Ordnung’ lassen sich die Figuren aber in drei Gruppen einteilen: Mu Bais und Shu Liens besondere Kräfte werden in hohem Maße von einer verinnerlichter Moral gelenkt, was auch an ihrer beherrschten Mimik und Gestik zu erkennen ist. Yu Jen und Lo, deren Namen in der Chinesischen Schrift die Zeichen für ‚Drache‘ beziehungsweise ‚Tiger‘ enthalten, verfügen über weitgehend uneingeschränkte libidinöse und aggressive Energien, die sich auch in teilweise wilden Bewegungen von Gesicht und Körper äußern. Die beiden halten sich oft nicht an moralische Normen – so ist Lo lange Zeit ein Räuber, und Jen erweist sich Mu Bai und Shu Lien gegenüber als undankbar und wortbrüchig. Doch bleiben die beiden jungen Figuren gewissen Werten verpflichtet, insbesondere einer Achtung gegenüber den Eltern. Jadefuchs dagegen, die häufig ein von Hass verzerrtes Gesicht zeigt, steht der moralischen Ordnung entgegen. Sie kann aber deshalb kaum als eindimensionale Figur gelten, weil ihr nicht nur das Merkmal der Unmoral zugeschrieben wird, sondern ihre – allerdings möglicherweise unzuverlässigen – Aussagen über sich selbst die Vermutung nahe legen, dass sie auch über unterdrückte Bestrebungen der Gegenrichtung verfügt. Ebenso wie Jen und Lo sind Mu Bai und Shu Lien eindeutig mehrdimensionale Figuren, weil das ältere Paar nicht nur von der Moral, sondern auch von dem Wunsch nach einem Entkommen aus der moralischen Ordnung bestimmt wird. Die Figureneigenschaften bedingen eine Figurenkonstellation, nach der Mu Bai und Shu Lien als Helden erscheinen, Jadefuchs ihre Gegenspielerin darstellt und Jen als allerdings erfolglose Helferin zwischen den Fronten wechselt. Und vor allem wirken die Figureneigenschaften dadurch auf die Handlung, dass sie für Mu Bai und Shu Lien die Faktoren ihrer Komplikation bestimmen. Die Handlung wiederum wirkt auf die Figuren ein, insofern zumindest Mu Bai und Jen einer Veränderung unterliegen: Der zuvor in seinen Affekten sehr gehemmte Mu Bai findet in letzter Minute den Mut, zu seiner Liebe zu stehen. Die zuvor egozentrische und aggressive Jen bietet Shu Lien auf Knien ihr Leben an, nachdem sie indirekt den Tod von Mu Bai verschuldet hat; und schließlich trennt sie sich durch den Sprung vom Berg von ihrer irdischen Existenz.

Die Darstellungsverfahren des Films sind vor allem auf Ebene der Filmsprache zu großen Teilen konventionell: Es überwiegt die ‚klassische' Abfolge von ‚Master shots' aus der Totalen sowie Einstellungen aus der Halbtotalen und von Nahe, die miteinander agierende Figuren zeigen. Die Kamera stellt Figuren und Objekte aus wechselnder Perspektive dar, wobei Unter- und Aufsicht jedoch – von den Kampfszenen abgesehen – weitgehend gemäßigt bleiben, und folgt insbesondere sich bewegenden Figuren in Fahrten und Schwenks oft für längere Zeit. Durch Einstellungsgrößen sowie Kameraperspektive und -bewegung entsteht weitgehend eine ‚objektive' Außensicht. Eine subjektive Sicht wird in traditioneller Weise vor allem durch Schuss-Gegenschuss-Verfahren in Kampf- und Gesprächsszenen eingesetzt; außerhalb dieser Szenen bleibt sie selten und fehlt für den Helden Mu Bai gänzlich. In der Montage werden Szenen zusammengefügt, die zeitlich fast ausnahmslos und räumlich sehr häufig nicht weit auseinander liegen, sodass sich eine relativ regelmäßige und nicht allzu radikale Zeitraffung ergibt. Der so entstehende Eindruck eines ruhigen Erzähltempos wird durch die Schnitte zwischen den Einstellungen verstärkt, die weitgehend Anschlussschnitte sind und lediglich in den Kampfszenen außergewöhnlich ‚schnell' aufeinander folgen. Die Dialoge der Figuren ergänzen und bestätigen die Aussagen der Bilder, ähnlich wie die Filmmusik, die Elemente traditioneller chinesischer Musik mit westlicher klassischer und Pop-Musik verbindet. Insgesamt haben die konventionellen Darstellungsverfahren die Funktion, die Geschichte der fünf ‚Gesetzesfreien' so zu erzählen, dass der Zuschauer zwar eine Teilnahme an der Geschichte entwickeln, die Figuren – und insbesondere den Helden Li Mu Bai – aber auch mit einer gewissen Distanz betrachten kann, weil sie nicht nur als Individuen, sondern auch als überindividuelle Vertreter bestimmter Lebensprinzipien erscheinen.

In den Aspekten der Größeneinstellung, der Mise en Scène beziehungsweise der Bildelemente mit übertragener Bedeutung und insbesondere auf Ebene der Perspektivierung zeigen sich allerdings auch einige Abweichungen von konventionellen filmischen Darstellungsverfahren. Während die Abweichungen auf Ebene der Filmsprache lediglich das Bedeutungspotenzial der Handlung verstärken, setzen die Abweichungen auf Ebene der Perspektivierung entscheidende eigene Akzente.

Neben den konventionellen Einstellungen nutzt der Film eine Reihe von Großaufnahmen und wenige Detailaufnahmen. Die Großaufnahmen geben zumeist die Gesichter der unterschiedlichen Figuren wieder und lenken dabei die Aufmerksamkeit auf ihre unterschiedliche Mimik: Auf die kontrollierten, nur mitunter von Affekten ansatzweise bewegten und dann sofort wieder in die Gewalt gebrachten Gesichter Mu Bais und Shu Liens und auf die des öfteren verzerrten Züge von Jen, Lo und Jadefuchs. Die unterschiedliche Verinnerlichung moralischer Ordnung durch die Figuren wird auf diese Weise besonders hervorgehoben. Die Detailaufnahmen richten sich außer auf Teile von Gesichtern auch auf kunstvolle Objekte wie das Schwert Mu Bais und kalligraphische Werke Jens und verweisen damit auf Leistungen, die Menschen auch jenseits der Kampfkunst durch eine besondere Körperbeherrschung vollbringen können.

Zum Teil auf Grundlage der Mise en Scène entstehen durch Bewegungen der Figuren, durch die Lichtführung sowie durch die Verbindung von bestimmten Objekten Bilder mit übertragener Bedeutung. Zum ersten in den Kampfszenen, die nicht nur durch eine kunstvolle Choreographie den Eindruck der Schwerelosigkeit erwecken, sondern über eine realistische Darstellung hinaus gehen, indem die Figuren mit ihren Sprüngen tatsächlich die Schwerkraft überwinden und über kürzere Strecken fliegen. Ein Kampf kann so zum Beispiel in den Wipfeln eines Bambushaines stattfinden. Diese Art der Darstellung, die sowohl an die Tradition phantastischer Wuxia-Filme als auch an die Kampfszenen in den Filmen King Hus anschließt,[38] verweist in allegorischer Weise auf die besonderen, über das Menschliche hinausragenden Fähigkeiten der ‚gesetzesfreien' Kämpfer und damit auf ihre Möglichkeit, sich der normalen Ordnung der Menschen zu entziehen. In der Schlussszene, in der sich Jen auf Wolken davontragen lässt, wird diese Bedeutung des Fliegens noch auf die Überwindung der irdischen Existenz hin erweitert. Zum zweiten in der Mischung von Tag- mit Nachtszenen beziehungsweise Innenaufnahmen mit Low Key-Lichtführung. Der Wechsel von hellen und dunklen Schauplätzen kann als allegorische Darstellung des Widerspruchs von Moral beziehungsweise gesellschaftlicher Ordnung und – dem eigenen Bewusstsein, zumindest aber den anderen verborgenen – Bestrebungen der Figuren gelten. Und zum dritten in der Darstellung von Räumen, die Elemente der unbelebten und belebten Natur mit Gegenständen der Zivilisation verbinden. So von Jens sowie Tie Beilis blumengeschmückten und nach draußen offenen Zimmern und vor allem der Hütte, in der Mu Bai zum ersten Mal Shu Liens Hand ergreift, um dann allerdings wieder die Nichtigkeit alles Irdischen zu betonen. Die rahmenlosen Fenster der nackten Mauern eröffnen hier den Blick auf einen Laubwald. Die Verbindung der Natur- und Zivilisationselemente an diesen Orten verweist symbolisch auf eine Synthese von Natur und Kultur, die auch die von den Figuren angestrebte Versöhnung von – teilweise natürlich begründeten – Affekten und moralischer Ordnung umfasst.

Die Perspektivierung ist für die Geschichte deshalb von besonderer Bedeutung, weil sie den ‚Drachen' Jen in den Mittelpunkt der Darstellung rückt und den Rezipienten auf diese Weise dazu nötigt, sich mit der Komplikation einer egozentrischen, aggressiven jungen Frau intensiv auseinander zu setzen, statt vorwiegend Empathie mit dem moralisch gefestigten, reifen Helden zu entwickeln, wie es das Wuxia-Genre – und wohl auch die Rezeptionsgewohnheiten des westlichen Zuschauers – nahe legen. Wie auch schon durch den Titel des

[38] Vgl. Bordwell (2001b), S. 19.

Films erscheint Jen (beziehungsweise das junge Paar) statt Mu Bai (beziehungsweise das ältere Paar) durch die Perspektivierung als die eigentliche Heldin der Erzählung. Als Gegenspieler dieser Heldin erhält keine menschliche Figur Gewicht, sondern die gesellschaftliche Ordnung, die einer Synthese von Moral und Selbstverwirklichung äußere Hindernisse entgegen stellt. Zu dieser Schwerpunktbildung tragen sowohl der quantitative als auch der qualitative Point of View entscheidend bei.

Zum ersten ergibt sich die Ausrichtung der Erzählung auf Yu Jen durch die quantitative Verteilung der Informationen. Im ersten Teil der Darstellung wechselt der quantitative Point of View zwar insofern rasch, als der Rezipient bald mehr und bald weniger weiß als die meisten Figuren. Insgesamt ist dieser Teil des Films aber von einer Aufdeckung des Doppellebens geprägt, das die äußerlich zarte, schöne junge Tochter einer vornehmen Familie führt, wobei der Zuschauer den älteren Figuren zumeist voraus ist, aber lange Zeit weniger weiß als Jen selbst. Über ihre Identität als Kämpferin, Schülerin von Jadefuchs und Diebin des Schwertes von Mu Bai ist sich der Rezipient zu Anfang ebenso im Unklaren wie Mu Bai und Shu Lien, und erst nach und nach wird dies Informationsdefizit für beide Seiten gefüllt. Für den Zuschauer baut sich dabei auch deshalb eine detektivische Spannung auf, weil er teilweise mehr Informationen als Shu Lien erhält, die sich bei der Entdeckung des Diebes vor allem auf ihre Intuition verlässt. Endgültig bestätigt sich der Verdacht des Zuschauers in einer Szene, in der sich Jen bei der Rückkehr von einer ihrer nächtlichen Aktionen die Maske vom Gesicht nimmt und zugleich eine Auseinandersetzung mit Jadefuchs beginnt, die sie erwartet hat; erst in einer anschließenden Szene verständigen sich dann Mu Bai und Shu Lien über Jens Doppelleben. Bei der Aufdeckung von Jens Liebesgeschichte mit Lo ist der Zuschauer den älteren Hauptfiguren dann eindeutig voraus, denn ihm wird diese Geschichte in einer Rückwendung präsentiert, während Mu Bai und Shu Lien erst später durch Lo von seiner Beziehung zu Jen erfahren. Auch im zweiten Teil des Filmes konzentriert sich der Rezipient durch die Gestaltung des quantitativen Point of View auf Jen, denn nun teilt er ihre Erfahrungen auf der Flucht weitgehend direkt und weiß damit genauso viel wie sie, während die anderen Figuren zeitweise im Unklaren über Jens Verbleib sind.

Und zum zweiten rückt Yu Jen durch den qualitativen Point of View in den Mittelpunkt der Erzählung: Die – seltenen – Aufnahmen aus subjektiver Außensicht oder Innensicht geben zwar nicht ausschließlich, aber doch überwiegend ihre Perspektive wieder. So erscheint eine ausführliche Rückwendung zu Jens Liebesgeschichte mit Lo, die als das Zentrum des Filmes gelten kann, durch eine Überblendung von Jens Gesicht und der ersten Einstellung der Rückwendung eindeutig als subjektive Erinnerung der Figur. Darüber hinaus wird innerhalb der Rückwendung ein zentrales Element der Handlung, der Überfall der Räuberbande, aus der Sicht von Jen erzählt. Zwar ist zweifelhaft, ob der Rezipient durch die subjektive Sicht tatsächlich eine besondere Einfühlung für die wilde junge Frau entwickeln kann, doch wird ihm ihre Weltsicht zumindest deutlich nahe gelegt.

5.2 Didaktische Perspektiven

Zu den erstaunlichsten Phänomenen der Deutschdidaktik gehört, dass in dieser Disziplin seit den siebziger und dann im Rahmen einer verstärkten mediendidaktischen Debatte vor allem in den neunziger Jahren viel über den Film im Unterricht nachgedacht wurde, ohne dass jedoch überzeugende Gesamtkonzeptionen entstanden wären – „mit beträchtlichem Schaden für unsere gesellschaftliche Selbstverständigung und Vergewisserung", wie Abraham/Kepser feststellen; ihr konsequentes Fazit lautet: „Hier von einem kulturellen Skandal zu sprechen, ist nicht zu hoch gegriffen."[1] Nach unserer Ansicht lässt sich dieser Zustand nur dann grundlegend ändern, wenn Filmdidaktik im unten ausgeführten Sinne als Teil einer umfassenden Narrationsdidaktik verstanden wird.

5.2.1 Hinführung: Funktionen filmischer Darstellungen

Welche Folgen der Unterschied von (mimetischen) visuellen und (diegetischen) sprachlichen Darstellungen (vgl. Kap. 5.1.1) für den Rezipienten hat, wird noch kontrovers diskutiert. Verbreitet dürfte noch immer die Auffassung sein, die Wolfgang Iser im Rahmen seiner – für die Begründung des handlungs- und produktionsorientierten Literaturunterrichts zentralen – rezeptionsästhetischen Literaturtheorie vertreten hat. So unterscheidet Iser in *Der Akt des Lesens* zwischen ‚Wahrnehmen' und ‚Vorstellen' als zwei verschiedenen Weltzugängen.[2] Die Lektüre von sprachlichen Texten verlangt nach dieser Auffassung die Vergegenwärtigung eines Abwesenden oder Nicht-Gegebenen durch die Einbildungskraft. Diese Vergegenwärtigung im Bild bezeichnet Iser mit dem Ausdruck ‚Vorstellungsbild', der in der Physiologie und Wahrnehmungspsychologie synonym mit ‚mentales Bild' verwendet wird. Der Bildcharakter der Vorstellung kommt unter Nutzung eines im Leser aufgerufenen Wissens zustande. Dabei werden die ‚Unbestimmtheitsstellen' des Textes – die nicht festgelegten Eigenschaften der erzählten Welt – durch den Leser ‚konkretisiert': „Der Leser", so heißt es treffend bei Ingarden, auf den der Begriff der Unbestimmtheitsstelle zurückgeht, „liest dann gewissermaßen ‚zwischen den Zeilen' und ergänzt unwillkürlich [...] manche von den Seiten der dargestellten Gegenständlichkeiten, die durch den Text selbst nicht bestimmt sind. Dieses ergänzende Bestimmen nenne ich das ‚Konkretisieren' der dargestellten Gegenstände."[3] Dieses Konkretisieren führt beim Lesen eines erzählenden Textes dazu, dass die erzählte Welt in ihrer Gesamtheit – mit ihren Räumen und Figuren – konstruiert wird.

Vom Vorstellungsbild unterscheidet Iser das ‚Wahrnehmungsbild', das auf einem vorgegebenen, optisch wahrnehmbaren Objekt beruht. Das Wahrnehmungsbild

[1] Vgl. Abraham/Kepser (2005), S. 145.
[2] Vgl. Iser (1994), S. 222.
[3] Ingarden (1968), S. 47.

zeichnet sich durch seine Präzision aus, denn optisch wahrgenommene Objekte haben einen im Vergleich zu Vorstellungen ‚höheren Bestimmtheitsgrad'.[4] Der von Iser festgestellte ‚höhere Bestimmtheitsgrad' der optischen Wahrnehmungen ist in filmischen Erzählungen für die gesamte Handlung von Bedeutung. Besonders wichtige Funktionen erfüllt die Visualisierung der Figuren, also ihre Konkretion durch Schauspieler. Deren Stimme, ihre körperliche Erscheinung, ihr vor allem in Gestik und Mimik sich äußernder ‚Habitus' sind ein zentraler Teil der Figurendarstellung;[5] diese Konkretion leistet zugleich auch eine historische ‚Verortung', denn Kleidung, Frisur und auch ‚Habitus' einer Figur sind in erheblichem Maße zeitgebunden. Die Konkretion der die Figuren umgebenden Örtlichkeiten – der Innenräume, Städte und Landschaften – kann ebenfalls eine zentrale Funktion für die Handlung übernehmen, insbesondere, wenn die Wirkung einer (durch eine bestimmte Atmosphäre gekennzeichneten) Umwelt auf eine Figur dargestellt werden soll.

Iser verbindet seine Beschreibung des Unterschiedes zwischen Vorstellungs- und Wahrnehmungsbild mit einer Wertung: Vorstellungsbilder seien Wahrnehmungsbildern prinzipiell überlegen: Indem wir uns etwas vorstellen, seien wir zugleich in der ‚Gegenwart' des Vorgestellten.[6] Die Bilder einer Romanverfilmung müssen nach dieser Auffassung zwangsläufig enttäuschen, weil sie mit einer Empfindung des ‚Ausgeschlossenseins' verbunden sind, sodass die optische Genauigkeit des Wahrnehmungsbildes im Gegensatz zur Undeutlichkeit des Vorstellungsbildes nicht als Zuwachs, sondern als Verarmung erscheint.[7] Diese Abwertung filmischer Bilder ist in der öffentlichen Diskussion weit verbreitet und mündet in die gängige Forderung, Schüler sollten lieber Bücher lesen statt sich Filme anzusehen.

Neuere Forschungsansätze verweisen allerdings darauf, dass eine solche Wertung höchst problematisch ist. So zeigen Arbeiten der Wahrnehmungspsychologie, dass Wahrnehmung immer auch sinnbildende Aktivitäten erfordert, indem zum Beispiel visuelle Reize in vorhandene kognitive Schemata eingeordnet werden oder zu einer Veränderung dieser Schemata führen.[8] Eine solche Veränderung kann darauf beruhen, dass Bilder und Bildfolgen wie die des (künstlerisch gestalteten) Films unter gezielter Nutzung bestimmter Darstellungsverfahren komplexe Bedeutungspotenziale schaffen, die vom Betrachter erschlossen und zu einer Interpretation genutzt werden.[9] Dabei muss der Rezipient auch die ‚Leerstellen' zwischen den Einzelbildern füllen, sodass sich ein (zum Beispiel kausaler) Zusammenhang zwischen ihnen ergibt.[10] Seymour Chatman weist Isers Abwertung filmischer Bilder dementsprechend mit dem Hinweis darauf zurück, dass diese Bilder ähnlich wie sprachliche Darstellungen eine eigentümliche ‚Lückenhaftigkeit' aufweisen, die entgegen Isers Auffassung zur

[4] Iser (1994), S. 223.
[5] Vgl. Hickethier (1996), S. 156-175.
[6] Vgl. ebd., S. 225.
[7] Vgl. ebd.
[8] Vgl. etwa Branigan (1992) und Schachtschabel (1984), S. 58.
[9] Vgl. ebd., S. 67.
[10] Vgl. Grünewald (2000), S. 37-45.

kreativen ‚Mitarbeit' des Rezipienten auffordere.[11] In der neueren kognitionspsychologisch fundierten Erzählforschung wird in Übereinstimmung mit Chatman die Ansicht vertreten, dass das Verstehen filmischer Erzählungen ebenso wie das von literarischen auf einer Kombination von Bottom-up- und Top-down-Verstehensprozessen beruht: Wie Edward Branigan ausführt, muss der Zuschauer zum einen die in den Bildern gezeigten ‚Daten' erkennen: Welche Figuren unternehmen was in welcher Umgebung etc. Zum anderen muss er aber sein (Welt-) Wissen auf diese Daten anwenden: „Because top-down processes are active in watching a film, a spectator's cognitive activity is not restricted to the particular moment viewed in the film."[12]

Der Zuschauer filmischer Werke bleibt demnach also nicht passiv einer Bilderflut ausgeliefert, sondern erschafft ähnlich wie der Leser schriftlicher (literarischer) Texte Bedeutung und kann zugleich seine Schemata der Wahrnehmung verändern. Im Unterschied zu Schrifttexten geben Filme ihrem Rezipienten lediglich ein bestimmtes Tempo vor und erlauben damit normalerweise keine dem individuellen Prozess der Bedeutungsbildung entsprechende verzögerte Rezeption. Ein weiterer Unterschied der Rezeption von filmischen und literarischen Erzählungen könnte darin gesehen werden, dass Filme aufgrund ihrer Bild,sprache' kaum zur Begriffsbildung des Rezpienten beitragen können, wie Anke-Marie Lohmeier ausgeführt hat[13] (vgl. Kap. 5.1.1). Auch literarische Texte haben jedoch eher die Funktion, festgelegte Begriffe in Frage zu stellen, als bestehende oder genau umrissene neue an den Leser zu vermitteln. Fiktionale/künstlerisch gestaltete filmische Erzählungen können dem Rezpienten also ebenso wie literarische eine neue oder differenziertere Sicht der Beziehung von Subjekt und Außenwelt nahe legen. Dabei muss natürlich berücksichtigt werden, dass populäre filmische Produktionen ähnlich wie Trivial- und Unterhaltungsliteratur zumindest zum Teil bestehende Klischees der Wahrnehmung festigen statt sie zu erweitern; die Tendenz neuerer filmischer Produktionen zu einem erhöhten ‚Tempo' der Darstellung durch rasch aufeinander folgende Schnitte könnte darüber hinaus als Anreiz zu einer oberflächlichen Wahrnehmung aufgefasst werden.

Trotz der Gemeinsamkeiten in der Rezeption von literarischen und filmischen Produktionen dürften aber mimetische und diegetische Erzählungen auch ein zumindest tendenziell unterschiedliches Wirkungspotenzial aufweisen. Eher als im Gegensatz von Unbeteiligtsein/Beteiligtsein ist dieser Unterschied aber wohl in verschiedenen Arten einer Teilnahme des Rezipienten begründet. Eine vergleichende Rezeptionsforschung mit zuverlässigen Aussagen über diesen Unterschied steht noch aus. Er könnte aber in einer ersten Annäherung wie folgt beschrieben werden: Filmische Erzählungen bieten konkretisierte Bilder, zwar nicht ausschließlich, aber vor allem solche der Außenwelt. Gemeinsam mit einer zumeist ununterbrochenen und zumindest äußerlich kollektiven Rezeption von

[11] Chatman (1990), S. 162.
[12] Branigan (1992), S. 37.
[13] Vgl. Lohmeier (1996).

Filmen[14] dürfte diese Konkretion tendenziell zu einem besonders ausgeprägten Präsenzerleben des Rezipienten führen, einem Eindruck der unmittelbaren Teilnahme am Geschehen. Insbesondere filmische Darstellungen von Tabuisiertem, zum Beispiel von nackten oder verletzten Körpern, rufen so in der Regel viel ausgeprägtere emotionale Reaktionen hervor als sprachliche Beschreibungen derselben Objekte. Hinzu kommt: Falls der Film seine Sicht von (Außen-) Welt an die Perspektive einer Figur bindet, liegt es für den Rezipienten nahe, sich in seinem Filmerleben wenn nicht mit dieser Figur in allen ihren Aspekten, so doch zumindest mit ihrer Wahrnehmung zu identifizieren. Literarische Erzählungen erfordern dagegen zumindest teilweise eine ‚verzögerte' Rezeption und stellen zwar nicht ausschließlich, aber doch sehr viel häufiger als der Film die Innenwelt von Figuren, ihre Gedanken, Phantasien und Gefühle, in differenzierter und zugleich mehr oder weniger distanzierter Weise dar. Dazu kommt in vielen epischen Texten – und sehr viel häufiger als im Film – eine Reflexion des inneren und äußeren Geschehens durch den Erzähler. Für den Rezipienten liegt so die Empathie mit literarischen Figuren nahe, eine einfühlende Teilnahme, die zugleich die Möglichkeit der Distanznahme umfasst.

5.2.2 Filme als Unterrichtsgegenstand

5.2.2.1 Der Stellenwert von filmischen Erzählungen im Unterricht

Filmische Erzählungen sind, wie die Erörterung der film- und narrationsspezifischen Darstellungsverfahren sowie der Funktionen filmischen Erzählens gezeigt hat, komplexe Narrationen und sie ermöglichen und erfordern anspruchsvolle Rezeptionsprozesse, die den Rezipienten eine Differenzierung ihrer Wirklichkeitssicht ermöglichen. Aus diesem Grunde müssen filmische Erzählungen aus didaktischer Perspektive als vollgültige Erzählungen betrachtet werden. Hinzu kommt der Stellenwert von Filmen in der Lebenswelt der Schüler: Zwar treffen die verbreiteten und auf den ersten Blick vielleicht nahe liegenden kulturpessimistischen Behauptungen, Kinder und Jugendliche würden durch Fernsehen, Video und Computer vom Lesen abgebracht, so pauschal nicht zu: Für einen großen Teil der Kinder steht neben der Rezeption von Filmen und Computerspielen nach wie vor die von literarischen Texten, auch wenn es im Leseverhalten markante geschlechts- und schichtenspezifische Unterschiede gibt.[15] Allerdings ist unbestritten, dass audiovisuelle (und digitale) Medien die Erfahrungswelt von Kindern – schon bevor sie lesen können – und von Jugendlichen entscheidend prägen und für einen Teil von ihnen – der vornehmlich aus bildungsfernen Elternhäusern stammt[16] – sowie für eine große Gruppe von Erwachsenen

[14] Vgl. Kern (2002), S. 224.
[15] Vgl. z.B. Josting (2004).
[16] Vgl. Rosebrock (2003).

tatsächlich von sehr viel größerer Bedeutung sind als Schrifttexte. Damit haben filmische Erzählungen auch eine Rückwirkung auf die Rezeption literarischer Texte. Und vor allem weist die Filmrezeption einen hohen ‚Eigenwert' auf: Der Film hat aufgrund seiner Popularität längst für den Einzelnen wie für die Gesellschaft in erheblichem Maße wichtige Funktionen übernommen, die früher der Literatur zukamen. Wie oben ausgeführt, legt der Film dem Einzelnen bestimmte Sichtweisen der Beziehung von Subjekt und Außenwelt nahe und spielt dabei in unserer Gesellschaft eine bedeutende Rolle als, so die treffende Formulierung von Abraham/Kepser, „öffentliches Selbstverständigungsmedium"[17]. Diesen Funktionen entsprechend sollen filmische Erzählungen nach unserer Auffassung im Unterricht entgegen der auch heute noch verbreiteten Praxis einen festen Platz einnehmen, zwar nicht ausschließlich, aber vor allem im Literaturunterricht, um eine integrative Betrachtung von Erzählungen in allen Medien zu ermöglichen.

Wir richten uns damit gegen die Auffassung, dass der Literaturunterricht sich fast ausschließlich auf das Lesen von Schrifttexten konzentrieren und/oder Filme vor allem zur Unterstützung des literarischen Lernens einsetzen solle. Diese Auffassung wird von Elisabeth Paefgen zur Diskussion gestellt; in ihren „Perspektiven für eine Literatur-Film-Didaktik" betont sie den „literarischen Lernprozess" durch den Vergleich zwischen Literatur und Film: „Eine Filmschule kann der Deutschunterricht nicht werden, aber er kann das ‚Literarische' und das ‚Nichtliterarische' am Film nutzen, um das ‚Literarische' an der Literatur zu verdeutlichen."[18] Andere Autoren haben vorgeschlagen, Filme im Kunstunterricht oder aber in Arbeitsgemeinschaften zu behandeln, und auch die Lehrpläne weisen dem Kunstunterricht teilweise eine wesentliche Aufgabe für die Arbeit mit Filmen zu. Auch wenn in der Fachdidaktik und in Lehrplänen mehrheitlich eine Aufnahme von Filmen in den Deutschunterricht befürwortet wird, haben die Vorschläge zu einer Ausgliederung filmischer Erzählungen aus dem Literaturunterricht beziehungsweise zu ihrer Marginalisierung neuerdings infolge der PISA-Studie wieder an Bedeutung gewonnen: Lesekompetenz wird im Kontext dieser Studie lediglich auf Schrifttexte bezogen; dass auch das ‚Lesen' von Medienproduktionen gelernt werden muss, gerät dabei leicht aus dem Blick. Eine Folge dieser Neuorientierung ist, dass die neuen „Bildungsstandards" für das Fach Deutsch Filmen keine besondere Beachtung schenken (vgl. Kap. 7.3) und dass bereits die ersten neuen Lehrwerke für den Deutschunterricht ohne die zuvor fast selbstverständlichen Medienkapitel erschienen sind.[19]

Entsprechend unserem didaktischen Modell, das auf die Vermittlung einer medienübergreifenden Narrationskompetenz gerichtet ist, würden wir gern den von Jutta Wermke zur Diskussion gestellten Grundsatz vertreten, literarische und filmische Werke in einem ‚medienintegrativen' Unterricht gleichrangig zu behandeln.[20] Gegen diesen Grundsatz sprechen allerdings drei Argumente: Zum

[17] Vgl. Abraham/Kepser (2005), S. 145.
[18] Vgl. Paefgen (2006), S. 175 und S. 176.
[19] Vgl. „deutsch.kombi" (2004ff.; Klett Verlag) für die Hauptschule (vgl. Bde. 1-3).
[20] Vgl. z. B. Wermke (1997).

ersten hat die Literatur – schon aufgrund ihrer längeren Tradition – eine sehr viel größere Zahl an bedeutenden, sowohl unter dem Aspekt der medialen Bildung als auch unter dem des persönlich bedeutsamen Textverstehens für die Schüler interessanten Werken aufzuweisen als der Film. Zum zweiten scheinen Schüler beim Erwerb von Lesekompetenz im engeren Sinne sowie insbesondere von Erschließungskompetenz gegenüber literarischen Texten in der Regel größere Schwierigkeiten zu haben als beim Erwerb einer ‚visuellen Kompetenz'. Und auch wenn diese Annahme einer näheren Überprüfung nicht standhalten sollte: Angesichts der hohen Bedeutung von Schriftsprache in Schule und Arbeitswelt muss sich wohl auch der Literaturunterricht vordringlich um eine Förderung schriftsprachlicher Kompetenzen bemühen. Und schließlich bleiben die literarischen Werke den filmischen für die Arbeit im Unterricht aufgrund ihrer leichteren Verfügbarkeit überlegen: Selbst wenn in der Schule DVDs und Notebooks genutzt werden können (vgl. Kap. 5.2.3.3), ist sowohl die Erstrezeption als auch die Bearbeitung von Schrifttexten nach wie vor sehr viel leichter zu organisieren als die von Filmen. Schrifttexte sollen aus den genannten Gründen tatsächlich das ‚Leitmedium' des Literaturunterrichts bleiben und auch weiterhin den größten Teil seiner Zeit beanspruchen – den Filmen dabei aber einen Stellenwert einräumen, der ihrem narrativen Potenzial und ihrer Bedeutung für die Lebenswelt der Schüler angemessen ist. Zumindest eine Filmeinheit je Schuljahr soll zur Selbstverständlichkeit werden.[21]

5.2.2.2 Die Ziele für den Umgang mit filmischen Erzählungen im Unterricht

Die Frage, mit welchen Zielen Filme im Unterricht behandelt werden sollen, lässt sich grundsätzlich wie folgt beantworten: Es dürfte mittlerweile konsensfähig sein, dass die von Peter Christoph Kern geforderte ‚Sehschule'[22] im Unterricht unabdingbar ist. Entgegen einer nahe liegenden Auffassung von Filmen als Wirklichkeitsabbild sollen Schüler lernen, (Spiel)filme als konstruierte Bild-(Ton-)folgen wahrzunehmen, und auf dieser Grundlage ihre Fähigkeit zur Bedeutungsbildung angesichts eines filmischen Werkes bewusst vertiefen.

Im Sinne unseres Anliegens der ‚deutlichen Erkenntnisse' soll eine ‚Schule des deutlichen Sehens' den Unterricht bestimmen: Im Mittelpunkt des Unterrichts sollen die Förderung der Texterschließungskompetenz im Sinne einer Analyse und Interpretation und das auf dieser Kompetenz aufbauende Ziel stehen, Schülern – für die Bereiche der Individuation, der Sozialisation und der Enkulturation – die Aneignung und Nutzung eines von einer Erzählung nahe gelegten neuen oder differenzierteren Blickes auf die Beziehung von Subjekt und Außenwelt zu ermöglichen. Ergänzt wird das grundlegende Lernziel der Förderung von Texterschließungskompetenz (einschließlich der Kompetenz zu einer vergleichenden Betrachtung von Erzählungen unterschiedlicher Medien) durch die Ziele der Förderung von Rezeptionsmotivation, der Förderung von Kompetenz zur emo-

[21] Vgl. Abraham/Kepser (2005).
[22] Vgl. Kern (1996).

tionalen Beteiligung an einer Erzählung und der ‚medialen Bildung'. Eine Beschäftigung mit der Produktion und Rezeption von Filmen ist unter dem Lernziel ‚mediale Bildung' eingeschlossen und kann soweit sinnvoll und möglich die zentralen Lernziele ergänzen.

Mit dieser deutlichen Rangfolge unter den Zielen grenzen wir uns gegen umfassende und fast ebenso am Kontext der Werke wie an den Werken selbst orientierte Zielangaben ab. Dabei bestreiten wir nicht, dass die Fähigkeit zur Erschließung von Filmen im Idealfall ‚nur' das Zentrum einer umfassenden Filmkompetenz bilden sollte. Die nähere Bestimmung dieser Kompetenz kann beispielsweise durch eine Konkretisierung des in der Deutschdidaktik intensiv rezipierten ‚Aufgabenkatalogs' von Gerhard Tulodziecki erfolgen: 1. Erkennen und Aufarbeiten von Medieneinflüssen; 2. Verstehen und Bewerten von Mediengestaltungen; 3. Auswählen und Nutzen von Medienangeboten; 4. Gestalten und Verbreiten eigener Medienprodukte; 5. Analyse von Medien im gesellschaftlichen Zusammenhang und Einflussnahme.[23] Abraham/Kepser nehmen auf Basis der bisherigen didaktischen Diskussion eine solche Konkretisierung vor. Danach ist „oberstes Ziel […] eine Einführung in das Handlungsfeld ‚Spielfilm' in seiner individuellen, sozialen und kulturellen Bedeutsamkeit. Genussfähigkeit und Kritik sollen dabei keine sich ausschließenden Perspektiven sein." Im Einzelnen fordern Abraham/Kepser, dass Schüler den Inhalt von Filmen und seine Wirkung auf den Rezipienten unter Einschluss von „wesentlichen formalen Analysekategorien" des Films und deren Funktionen beziehungsweise Wirkungen betrachten sollen. Darüber hinaus sollen sich die Schüler mit dem „Handlungssystem Film" auseinandersetzen; zum „Handlungssystem Film" gehören dabei die Bedingungen von Produktion (einschließlich technischer und wirtschaftlicher Entwicklungen), Distribution und Rezeption sowie die „damit zusammenhängenden kulturellen Diskurse".[24] In der Oberstufe soll in diesem Rahmen auch die Auseinandersetzung mit verschiedenen Interpretationsmethoden (biographisch, intertextuell, soziologisch, psychoanalytisch, historisch) und wichtigen Filmtheorien stattfinden; zudem sollen sich die Schüler hier systematisch mit bedeutenden Genres des erzählenden Films und seinen wichtigen internationalen Strömungen in historischer Perspektive beschäftigen.

Angesichts dieser – und ähnlicher – umfassenden Zielangaben ist jedoch zu bedenken, dass eine Berücksichtigung aller wünschenswerten Ziele im Umgang mit Filmen zwar ansprechend erscheinen mag, aber wohl kaum eine ausreichende Orientierung für die Unterrichtspraxis bietet. Hilfreicher wäre es, ausgewählte Schwerpunkte für die Arbeit in der Schule vorzuschlagen, und zwar solche, die nicht nur für die Oberstufe realistisch sind – für ältere Schüler und höhere Schulformen können diese Schwerpunkte dann natürlich ergänzt werden. Wir möchten aus diesem Grunde die oben (in Kap. 1.2.2) näher erläuterte Narrationskompetenz auf Grundlage von Texterschließungskompetenz in das Zentrum einer Beschäftigung mit filmischen Erzählungen im Unterricht stellen.

---

[23] Vgl. Tulodziecki (1997), S. 43f.

[24] Abraham/Kepser (2005), S. 150f.

Für die Auswahl von Filmen für den Unterricht gilt unbestritten, dass in der ‚Sehschule' filmische Erzählungen betrachtet werden sollen, die relativ zum Alter und zur Schulstufe der Schüler als komplex beziehungsweise künstlerisch anspruchsvoll gelten können. Nur indem Schüler solche Werke aktiv rezipieren und dabei ähnlich wie im Umgang mit (hoch)literarischen Texten neue Sichtweisen der Beziehung von Subjekt und Außenwelt entfalten, sich aneignen und auf ihre Lebenswirklichkeit anwenden, können sie das entsprechende Medienangebot angemessen nutzen. Nicht ganz so klar ist dagegen, ob und in welchem Umfang populäre filmische Produktionen wie zum Beispiel die beliebten ‚Seifenopern' und andere Serien Gegenstand des Unterrichts sein sollen. Auch wenn die populären medialen Erzählungen in gewissem Maße utopische oder mythische Qualitäten aufweisen können, ist ein kritischer Blick auf die klischeehafte Weltsicht dieser Werke und die Bedingungen ihrer Produktion und Rezeption wünschenswert – und wegen der nahe liegenden Versuchung, Filme als Abbild von Wirklichkeit wahrzunehmen, vielleicht sogar dringender als die kritische Betrachtung von Trivialliteratur. Doch besteht kein Konsens darüber, ob ein nennenswerter Teil des Unterrichts für eine solche Arbeit aufgewendet werden soll. Abgesehen davon gerät der Unterricht zu populären filmischen Erzählungen in ein ähnliches Dilemma wie die Lektüre von Trivialliteratur im Deutschunterricht: Es kann und soll wohl kaum ein Ziel von Unterricht sein, Schülern die Freude an den von ihnen in der Freizeit rezipierten Produktionen zu verderben (vgl. Kap. 1.2.2).

Weitere Kriterien für die Auswahl von Filmen richten sich vor allem auf die Aspekte ‚Genre' und ‚Filmgeschichte': Es sollen – analog zur Beschäftigung mit literarischen Gattungen und literaturgeschichtlichen Epochen – herausragende und repräsentative ‚Vertreter' bedeutender Genres und wichtiger (internationaler) filmgeschichtlicher Strömungen berücksichtigt werden. Allerdings sind die entsprechenden ‚Wunschlisten' bislang noch so umfangreich, dass sie wohl noch nicht einmal in der Oberstufe vollständig verwirklicht werden können. So sollen nach Abraham/Kepser als filmische ‚Großformen', deren didaktischer Stellenwert mit dem der Ganzlektüre vergleichbar ist, die Spielfilmgattungen Melodrama, Komödie, Western, Sciencefiction, fantastischer Film einschließlich Horror, Literaturverfilmung, Musikfilm und Musical, Animationsfilm, Kriegsfilm, Abenteuerfilm, Kriminalfilm und Thriller im Unterricht behandelt werden. Außerdem sollen auch ‚Kleinformen' wie Videoclip[25], Werbefilm[26], Kurzfilm, Serienfolge und Filmausschnitt einbezogen werden, weil sie leichter in den Unterricht zu integrieren sind. Zu den filmgeschichtlichen Strömungen, die der Unterricht berücksichtigen soll, gehören nach Abraham/Kepser vor allem russischer Formalismus, deutscher Expressionismus, klassisches Hollywoodkino, italienischer Neorealismus, Novelle Vague und Neuer deutscher Film.[27]

[25] Zum Videoclip vgl. Zabka (2001).
[26] Zum Werbefilm vgl. Leubner/Saupe (2008b).
[27] Vgl. Abraham/Kepser, S. 151.

Eine Sonderstellung im Unterricht nehmen filmische Adaptionen literarischer Werke ein. Außer zu einem Vergleich der Erzählweisen unterschiedlicher Medien (vgl. unten) kann die gemeinsame Betrachtung von literarischen Werken und ihren filmischen Adaptionen (oder von filmischen Werken und ihren literarischen Adaptionen) zu einer Motivierung der Schüler genutzt werden: In der didaktischen Diskussion wird seit einiger Zeit die Auffassung vertreten, dass nicht nur die Lektüre von literarischen Texten Interesse an einer Verfilmung dieser Texte wecken, sondern auch die Rezeption von Filmen zum Lesen literarischer Werke motivieren könne.[28] Tatsächlich dürften aktuelle Spielfilme mitunter durchaus auf die – zumindest auszugsweise – Lektüre eines literarischen Originals oder eines ‚Buches zum Film' neugierig machen. Hinzuzufügen wäre, dass zum Beispiel Lerngruppen der Hauptschule durch Filme (oder Comics) mit Figuren und Handlungen des literarischen ‚kulturellen Erbes' – von ‚Faust' bis ‚Robinson Crusoe' – vertraut gemacht werden können, die den Schülern auf andere Weise unzugänglich blieben. Im Einzelfall kann dabei auch gänzlich auf die Berücksichtigung des literarischen Originals im Unterricht verzichtet werden.

Exkurs zur Werkauswahl: Ein Filmkanon für die Schule?

Ob die Werkauswahl für den Unterricht überhaupt einem Kanon folgen, nach welchen Kriterien ein solcher Kanon gegebenenfalls zusammengestellt und wie flexibel er gestaltet und gehandhabt werden soll, ist für filmische Erzählungen ebenso ungeklärt wie für literarische Texte. Unter der Voraussetzung, dass ein Kanon keine festen Vorgaben macht, sondern eine Orientierungshilfe darstellt, könnte er jedoch gerade für den Unterricht zu Filmen hilfreich sein. Im Auftrag der Bundeszentrale für politische Bildung hat nun 2003 eine 19-köpfige Expertengruppe – Filmschaffende, Filmwissenschaftler etc., jedoch keine Didaktiker! – einen Filmkanon für die Schule erstellt.[29] Folgende 35 Filme wurden für den Filmkanon vorgeschlagen:

Nosferatu (R: Friedrich Wilhelm. Murnau); 1922; Deutschland; *Goldrausch* (R: Charles Chaplin) 1925; USA; – *Panzerkreuzer Potemkin* (R: Sergej M. Eisenstein) 1925; UdSSR; – *Emil und die Detektive* (R: Gerhard Lamprecht) 1930; Deutschland; – *M – eine Stadt sucht einen Mörder* (R: Fritz Lang) 1931; Deutschland; – *Laurel & Hardy – Der beleidigte Bläser* (R.: E. Livingston Kennedy) 1928; USA; – *Der Zauberer von Oz* (R: Victor Fleming) 1939; USA; – *Stagecoach* (R: John Ford) 1939; USA; – *Citizen Kane* (R: Orson Welles) 1941; USA; – *Sein oder Nichtsein* (R: Ernst Lubitsch) 1942; USA; – *Deutschland im Jahre Null* (R: R. Rossellini) 1948; Italien/D; – *Rashomon – Das Lustwäldchen* (R: Akira Kurosawa) 1950; Japan; – *La Strada* (R: Federico Fellini) 1954; Italien; – *Nacht und Nebel* - (R: Alain Resnais) 1955; Frankreich; – *Vertigo* - (R: Alfred Hitchcock) 1958; USA; – *Die Brücke* (R: Bernhard Wicki) 1959; Deutschland; – *Außer Atem* (R: Jean-Luc Godard) 1960; Frankreich; – *Das Apartment* (R: Billy Wilder) 1960; USA; – *Dr. Seltsam oder Wie ich lernte, die Bombe zu lieben* (R: Stanley Kub-

[28] Vgl. Lange (1997), S. 106.
[29] Der Filmkanon (vgl. http://www.bpb.de). – Das Buch zum Kanon: Holighaus (2005).

rick) 1964; USA; – *Blow up* (R: Michelangelo Antonioni) 1966; Großbritannien; – *Das Dschungelbuch* (R: Wolfgang Reitherman) 1967; USA; – *Ich war neunzehn* (R: Konrad Wolf) 1969; DDR; – *Der Wolfsjunge* (R: Francois Truffaut) 1969; Frankreich; – *Alice in den Städten* (R: Wim Wenders) 1973; Deutschland; – *Taxi Driver* (R: Martin Scorcese) 1975; USA; – *Die Ehe der Maria Braun* (R: R.W. Fassbinder) 1978; Deutschland; – *Stalker* (R: Andrej Tarkowski) 1979; UdSSR; – *Blade Runner* (R: Ridley Scott) 1981; USA; – *Sans Soleil* (R: Chris Marker) 1982; Frankreich; – *Shoah* - (R: Claude Lanzman) 1985; Frankreich; – *Ein kurzer Film über das Töten* (R: K. Kieslowski) 1987; Polen; – *Wo ist das Haus meines Freundes* (R: A. Kiarostami) 1988; Iran; – *Der Eissturm* (R: Ang Lee) 1997; USA; – *Süßes Jenseits* (R: Atom Egoyan) 1997; Kanada; – *Alles über meine Mutter* - (R: Pedro Almodovar) 1999; Spanien.

Dieser Kanonvorschlag berücksichtigt zentrale Auswahlkriterien: Er umfasst deutsche und internationale Filme, zieht wichtige filmhistorische Strömungen sowie bedeutende Regisseure heran und bietet ein Spektrum von relevanten Genres. Abgesehen davon, dass die Ergänzung durch einige weitere Genres und Strömungen zu diskutieren wäre, halten wir jedoch die Anlage des Kanons als materiellen Kanon für grundsätzlich problematisch; angemessener erscheint uns ein offener Kanon, der jeweils eine Auswahl von Filmen der berücksichtigen Kategorien anbietet oder auch auf die bloße Zusammenstellung von Auswahlkriterien beschränkt bleibt. Die von der Kommission vorgeschlagenen Filme der unterschiedlichen Genres und filmhistorischen Strömungen dürften nach unserer Ansicht zumindest teilweise eher für Erwachsene als für (jüngere) Schüler ansprechend und anregend sein.

5.2.3 Grundlegendes zur Darstellungsanalyse filmischer Erzählungen

Für die Analyse von filmischen Erzählungen im Unterricht gilt ebenso wie für die von epischen Texten, dass eine Untersuchung von Handlung und Figuren in der Regel im Mittelpunkt stehen soll. Im Einzelfall können allerdings die Darstellungsverfahren stärker als die dargestellte Handlung „Wirklichkeitskonzepte, Lebensgefühle und Haltungen ausdrücken“[30] und sind entsprechend im Unterricht zu berücksichtigen. Ein besonderes Gewicht erhält die filmische Darstellungsanalyse deshalb, weil – so unsere grundlegende Annahme – sowohl die Filmsprache als auch die narrationsspezifischen Verfahren des filmischen Erzählens von wesentlicher Bedeutung sind und Schülern dementsprechend der kompetente Umgang mit beiden Ebenen der Darstellung vermittelt werden soll.

Für den medienintegrativen Unterricht bietet die Berücksichtigung von zwei Darstellungsebenen Möglichkeiten, die bislang noch kaum systematisch genutzt

[30] Zabka (2004), S. 257. Vgl. auch Wermke (1999b), S. 199.

wurden: Die Ebene der narrationsspezifischen Verfahren, die für Erzählungen aller Medien mit Hilfe gemeinsamer Kategorien bestimmt werden können, hat im Unterricht noch keine angemessene Beachtung gefunden. Indem wir diese Ebene in unserem didaktischen Konzept zusätzlich zur Ebene der Handlung systematisch berücksichtigen, schaffen wir die Voraussetzungen dafür, dass der Unterricht zu Filmen keine Ergänzung des Unterrichts zu literarischen Erzählungen, sondern vollgültiger Teil eines Narrationsunterrichts ist. Nur eine solche Integration kann den Film aus seiner ‚Außenseiterposition' im Unterricht, die er bislang noch hat, befreien. Wegen der hohen Bedeutung des Aspektes ‚Medienintegration' wird dieser Aspekt unten in einem eigenen Teilkapitel behandelt.

5.2.3.1 Das deklarative Wissen und der Erwerb von prozeduralem Wissen

Durch die grundlegende Entscheidung, für die schulische Analyse der Darstellung von erzählenden Filmen sowohl filmsprachliche/medienspezifische als auch narrationsspezifische Verfahren zu berücksichtigen, ergibt sich die Aufgabe, für beide Ebenen der filmischen Darstellung eine Auswahl von Kategorien zu treffen. Dabei ist jeweils eine – alters- und schulstufengemäße – didaktische Reduktion erforderlich. Natürlich wäre angesichts der vielfältigen Varianten der Filmgestaltung die Forderung beeindruckender, alle fachwissenschaftlich bedeutsamen Analysekategorien in den Unterricht einzubeziehen; doch wäre eine solche Forderung wohl kaum realistisch und würde lediglich eine Beliebigkeit des Unterrichts fördern.

a) Zur Ebene der narrationsspezifischen filmischen Darstellungsverfahren:

Mit einer systematischen Untersuchung von narrationsspezifischen filmischen Darstellungsverfahren soll in der Sekundarstufe I begonnen werden. Allerdings kann es schon in der Grundschule lohnend sein, punktuell einige dieser Darstellungsverfahren zu berücksichtigen, zum Beispiel Zeitsprünge und den Wechsel von Außen- zu Innensicht.

In der Sekundarstufe I sollen für die Analyse dieser Ebene die Kategorien quantitativer und qualitativer Point of View genutzt werden; die durch diese Kategorien näher bestimmten Strukturen der Darstellung sind für die Art und Weise, in der eine Handlung im Film präsentiert wird, zumeist von zentraler Bedeutung. Zusätzlich sollen die Kategorien Rückwendung (ohne weitere Differenzierungen), Zeitraffung/Aussparung und Zeitdeckung herangezogen werden. Diese Zusammenstellung weist deutliche Parallelen zur Auswahl von Kategorien auf, die wir für die Arbeit mit epischen Texten in der Sekundarstufe I für sinnvoll halten (vgl. Kap. 4.2.3); die Kategorien für die Analyse narrationsspezifischer filmischer Darstellungsverfahren eignen sich damit zugleich für die medienintegrative Erzähltextanalyse. Allerdings werden der Erzählerkommentar und die Vorausdeutungen für die Filmanalyse der Sekundarstufe I nicht eingeführt; die entsprechenden Darstellungsverfahren sind in Filmen eher selten zu finden und können bei Bedarf unter Nutzung der Kategorien untersucht werden, die für die Analyse epischer Texte zur Verfügung stehen. Dagegen sollen für die Untersuchung von filmischen Erzählungen jeweils alle drei Varianten des quantitativen und qualitativen Point of View genutzt werden, weil ein Informationsdefizit des Rezipienten gegenüber den Figuren und eine subjektive Außensicht in Filmen häufig sind. Für leistungsschwache Lerngruppen kann wie auch in der Arbeit mit literarischen Erzählungen auf die Kategorien zur Untersuchung der – in Spielfilmen zumeist konventionalisierten – Zeitgestaltung verzichtet werden. Auch für die Filmanalyse müssen Schüler nicht alle Fachtermini kennen, sollen aber die Begriffe der (Erzähl-) Perspektive und der Innen/Außensicht explizit benennen, wobei ‚Perspektive' verwendet werden kann, um die Varianten des quantitativen Point of View zu bezeichnen.

b) Zur Ebene der filmsprachlichen Darstellungsverfahren:

Mit einer systematischen Analyse filmsprachlicher Darstellungsverfahren kann schon in der Grundschule begonnen werden, zum Beispiel durch die Betrachtung von extremen Einstellungsgrößen und Kameraperspektiven oder der Beziehung von Bild und Ton.

Für eine Untersuchung der Filmsprache in der Sekundarstufe I soll in jedem Fall die für filmische Erzählungen fast ausnahmslos bedeutungsvolle und relativ leicht anwendbare Kategorie der Einstellungsgröße herangezogen werden; dabei dürfte allerdings eine Zusammenfassung der differenzierten fachwissenschaftlichen Teilkategorien und ein Verzicht auf ihre Benennung mit Fachtermini sinnvoll sein – zum Beispiel, indem nach drei Teilkategorien der Einstellungsgröße gefragt wird: Der Überblicksaufnahme von Landschaften und von (Innen-/Außen-) Räumen, der ‚mittleren' Aufnahme von Figuren und der ‚großen' Aufnahme von Gesichtern oder (Teil-) Objekten. Je nach Leistungsvermögen und Interesse der Lerngruppe, aber auch nach den zu bearbeitenden Filmen sollen weitere Kategorien des Aspektes ‚einstellungsinterne Darstellungsverfahren' und weitere Kategorien der filmsprachlichen Darstellungsverfahren ausgewählt werden: Zum Beispiel Kameraperspektive, Kamerabewegung (mit den Varianten statische Kamera, Schwenk und Kamerafahrt, wohl unter Verzicht auf eine nähere Differenzierung der Kamerafahrten und der Kamerabewegungen bei fixem Stativ), Beziehung von Bild und Ton, Mise en Scène und Montage (unter Reduktion auf die Kategorien schnelle/langsame und harte/weiche Schnitte). Verzichtet werden kann dagegen wohl auf die Kategorie des Kameraobjektivs; der Zoom, der im Gegensatz zu ihren sonstigen Varianten häufiger genutzt wird, kann unter dem Aspekt Kamerabewegung mit berücksichtigt werden.

Unter dem Aspekt ‚Tiefe' des Wissens sollen sich die Schüler deutlich machen, dass die durch die genannten Kategorien erfassten narrationsspezifischen Darstellungsverfahren für filmische und literarische Erzählungen gleichermaßen von Bedeutung sein können (wenngleich für Spielfilme eine Konzentration auf das zeitdeckende Erzählen und eine weitgehende Beschränkung auf Außensicht typisch sind), dass dagegen die filmsprachlichen Darstellungsverfahren in literarischen Erzählungen höchstens vage Entsprechungen haben.

> 1. Narrationsspezifische filmische Gestaltungsmittel / Sek. I
>
> - Quantitativer Point of View/Perspektivierung (Rezipient weiß mehr/gleich viel / weniger als (wie) die (Haupt-) Figur)
> - Qualitativer Point of View/Sichtweise (objektive Außensicht, subjektive Außensicht, Innensicht)
> - Zeit: Rückwendung, Zeitraffung/Aussparung und Zeitdeckung
>
> 2. Filmspezifische Darstellungsverfahren / Sek. I
>
> - Einstellungsgröße (ggf. Reduktion auf drei Teilkategorien: Überblicksaufnahme von Landschaften und Gebäuden, ‚mittlere' Aufnahme von Figuren und ‚große' Aufnahme von Gesichtern oder (Teil-) Objekten)
> - ggf. weitere Kategorien der ‚einstellungsinternen Darstellungsverfahren' (Kameraperspektive, Kamerabewegung – mit den Varianten statische Kamera, Schwenk und Kamerafahrt)
> - ggf. weitere Kategorien der filmsprachlichen Darstellungsverfahren (Beziehung von Bild und Ton, Mise en Scène und Montage)

Ein Curriculum für den Erwerb von Kompetenzen zur filmischen Darstellungsanalyse kann für die Sekundarstufe I zum Beispiel wie folgt aussehen:

Kl. 5/6	- Filmsprache: Schwerpunkt einstellungsinterne Verfahren (v.a. Einstellungsgrößen; Kameraperspektive, Kamerabewegung) - Narrationsspezifische Verfahren 1: quantitativer POV/Perspektive
Kl. 7/8	- Filmsprache: Schwerpunkt einstellungsinterne Verfahren (Bild und Ton, Mise en Scène) - Narrationsspezifische Verfahren 2: qualitativer POV/Sichtweise
Kl. 9/10	- Filmsprache: Schwerpunkt Montage, zudem Schwerpunkte aus Kl. 7/8 - Narrationsspezifische Verfahren 3: Zeitgestaltung (Rückwendung, Zeitdeckung, Zeitraffung/Aussparung)

Für besonders leistungsstarke Lerngruppen gegen Ende der Sekundarstufe I und für die Oberstufe sollen die oben genannten Kategorien zur Untersuchung der narrationsspezifischen und filmsprachlichen filmischen Darstellungsverfahren durch die noch fehlenden Kategorien des von uns vorgeschlagenen Modells zur filmischen Darstellungsanalyse – oder eine Auswahl davon – ergänzt beziehungsweise differenziert werden. Im Bereich der narrationsspezifischen Darstellungsverfahren sollen nach Möglichkeit vor allem der Erzählerkommentar (sowie die filmspezifischen Varianten des nur akustisch oder auch visuell wahrnehmbaren Erzählers), die Vorausdeutungen und die Zeitdehnung zusätzlich einbezogen werden. Weitere Differenzierungen der ‚Stimme' sind wohl verzichtbar, weil sie für Filme nur in Ausnahmefällen von Bedeutung sind; die einmalige

/mehrfache Darstellung kann nach Bedarf berücksichtigt werden. Ältere und leistungsfähigere Schüler sollen außerdem – unter dem Aspekt ‚Tiefe' des Wissens – grundlegende Kenntnisse darüber erwerben, welche prototypischen Varianten und Funktionen bestimmte Strukturen der Darstellung in unterschiedlichen filmhistorischen Epochen und filmischen Gattungen aufweisen.

Das deklarative metakognitive Wissen, das Schüler sich aneignen sollen, um die erworbenen Kategorien der filmischen Darstellungsanalyse reflektiert anwenden zu können, ähnelt dem metakognitiven Wissen zur Darstellungsanalyse literarischer Erzählungen: Die Schüler sollen sich deutlich machen, dass ihr Modell der Filmanalyse als Auswahlmodell zu verstehen ist: Einerseits gibt es eine Vielzahl von filmischen Darstellungsverfahren; andererseits folgen sowohl die medien- als auch die narrationsspezifischen Gestaltungsmittel in Spielfilmen sehr viel häufiger als in literarischen Erzählungen durchgehend oder über weite Strecken einem ‚unmarkierten' Normalfall ohne besondere Funktionen. Dementsprechend müssen Analysekategorien für eine lohnende Untersuchung von Fall zu Fall entsprechend den Besonderheiten des zu untersuchenden Werkes bestimmt und auf ausgewählte Szenen/Sequenzen angewandt werden. Unabdingbar ist für alle Schüler das Wissen, dass Elemente der filmischen Darstellungsebene stets auf ihre Funktion für eine Präsentation der Handlung beziehungsweise ihr Wirkungspotenzial hin untersucht und dass die Analyse auf dieser Grundlage mit einer Interpretation verbunden werden soll.

Auch für die Anwendung des deklarativen Wissens zur filmischen Darstellungsanalyse gelten ähnliche Grundsätze wie für die Darstellungsanalyse literarischer Erzählungen (vgl. Kap. 4.2.3.1): Eine Anwendung, die zum Aufbau von prozeduralem Wissen führt, kann in ergiebiger und motivierender Weise im Rahmen des oben dargestellten ‚Phasenmodells' erfolgen. Mitunter sollen die Schüler aber auch einen strategieorientierten ‚Fragenkatalog' zur völlig selbstständigen Analyse nutzen. Und für Schüler, die mit dem systematischen Erwerb und der selbstständigen Anwendung von Wissen über die narrationsspezifische Ebene der Darstellung überfordert wären, kann diese Ebene punktuell durch vom Lehrer formulierte Fragen/Aufgaben in den Unterricht einbezogen werden. Für die medienintegrative Arbeit mit Erzählungen muss aber der Erwerb vor allem von deklarativem, aber auch von prozeduralem Analysewissen darüber hinaus auf weiteren Prinzipien beruhen: Dem Transfer und dem Vergleich zwischen Erzählungen unterschiedlicher Medien.

5.2.3.2 Film und Literatur: Vergleichs- und Transferkonzepte

Literarische und filmische (sowie interaktive) Erzählungen sollen nach unserer Konzeption eines medienintegrativen Unterrichts eng aufeinander bezogen werden. Zum ersten unterstützt eine solche Bezugnahme einen effizienten Erwerb von Analysewissen. Durch ein gezieltes ‚Nacheinander' unterschiedlicher Medien kann ein Transfer von Analysekompetenzen ermöglicht werden: Kompetenzen, die im Umgang mit literarischen oder filmischen (beziehungsweise interaktiven) Erzählungen erworben worden sind, können auf Werke des jeweils anderen Mediums übertragen werden. Zum zweiten ist eine solche Bezugnahme unerlässlich, damit Gemeinsamkeiten und Unterschiede im literarischen und filmischen (sowie interaktiven) Erzählen erkannt und reflektiert werden können. Unterricht dieses Typs beruht auf einem ‚Nebeneinander' der Medien und zielt auf einen Vergleich von Strukturen literarischer und filmischer Erzählungen, etwa durch die Analyse von literarischem Original und filmischer Adaption. Entsprechend den beiden zentralen Möglichkeiten, die sich durch eine enge Verbindung von Werken unterschiedlicher Medien im Unterricht ergeben, unterscheiden wir zwischen dem Transfer- und dem Vergleichskonzept.

Konzepte der Medienintegration

1. Transferkonzept: ‚Nacheinander' von literarischen und medialen Erzählungen – Transfer von Analysekompetenzen gegenüber Erzählungen unterschiedlicher Medien

2. Vergleichskonzept: ‚Nebeneinander' von literarischen und medialen Erzählungen – Vergleich von Erzählungen unterschiedlicher Medien

Für beide Konzepte bietet unsere didaktische Konzeption eine angemessene Grundlage: Wir betonen die medienübergreifende Handlungs- und Fiktivitätsanalyse sowie die Analyse narrationsspezifischer Darstellungsverfahren, die für Erzählungen in unterschiedlichen Medien weitgehend durch gemeinsame Kategorien erfolgen kann. Die entsprechenden Parallelen von literarischen und filmischen (sowie interaktiven) Erzählungen erlauben einen Transfer von Analysekompetenzen und ermöglichen einen ergiebigen Vergleich.

a) Das Transfer-Konzept

Nach dem in der Didaktik bislang noch kaum reflektierten Transfer-Konzept sollen Kompetenzen der Analyse von medienübergreifenden Erzählstrukturen – auf den Ebenen der Handlung, der Fiktivität und der narrationsspezifischen Darstellungsverfahren – am Beispiel von literarischen oder medialen Erzählungen erworben und anschließend anhand einer Betrachtung weiterer Werke in anderen Medien vertieft werden. Der Unterricht kann sich damit verstärkt dem Erwerb von prozeduralem Wissen zuwenden statt deklaratives Wissen im Rahmen unterschiedlicher Analysemodelle mehrfach zu vermitteln. Darüber hinaus wird den Schülern der Wissenserwerb dadurch erleichtert, dass sie Analysekategorien zunächst anhand von Medien kennenlernen und anwenden, die ihnen vertrauter und leichter zugänglich sind. Dieser Ansatz ist nach unserer Ansicht trotz der zum Teil erheblichen Unterschiede zwischen literarischen und medialen Erzählungen auf der Darstellungsebene sachgerecht und effizient, setzt jedoch ein hohes Maß an Systematik bei der Vermittlung von Narrationskompetenz voraus.

In welcher Abfolge sollen Schüler nun mit medienübergreifenden Strukturen von Erzählungen unterschiedlicher Medien vertraut gemacht werden? Weil im herkömmlichen Unterricht der Umgang mit literarischen Erzählungen im Mittelpunkt steht, könnte es sinnvoll erscheinen, das am Beispiel von literarischen Erzählungen gewonnene Analysewissen auf Filme zu übertragen. Dieses Vorgehen ist jedoch diskussionswürdig. So soll sich ein Zusammenhang von filmischer und literarischer Rezeption nach Auffassung eines ‚radikalen' didaktischen Ansatzes daraus ergeben, dass Filme (und andere Medienproduktionen) den mediengewohnten Schülern schon früh eine Erschließung von medienübergreifenden Darstellungsverfahren sowie von Handlungsmustern und Figurenkonzeptionen ermöglichen, die ihnen durch den langsamen und mühevollen Prozess des Lesens literarischer Texte erst später zugänglich werden. Im Unterricht sollen Schüler „die nicht an das geschriebene Wort gebundenen literarischen Qualitäten zu dem Zeitpunkt, zu dem sie dem Verständnis der SchülerInnen zugänglich sind," anhand von Filmen und anderen medialen Werken behandeln, bevor sie später einen ‚Quereinstieg' zu ähnlich aufgebauten literarischen Werken finden können.[31]

Diesen Ansatz halten wir für plausibel. Thomas Zabka hat für ihn eine einleuchtende nähere Begründung zur Diskussion gestellt: Nach Zabka lassen sich zwei grundlegende Ziele im Umgang mit erzählenden Werken durch Unterricht zu Bildmedien möglicherweise früher als durch Unterricht zu literarischen Texten erreichen. Erstens die Unterscheidung zwischen den Ebenen der Handlung und der Darstellung. Schüler könnten eine Inhaltsangabe, mit der das ‚Was' einer Erzählung vom ‚Wie' geschieden wird, leichter von filmischen als von literarischen Erzählungen verfassen, weil die Schwierigkeit wegfalle, innerhalb desselben Mediums zu schreiben, dem die narrativen Produktion angehört.[32] Und zweitens die Identifizierung und Funktionsbestimmung von Darstellungsverfahren. Im Unterschied zu anderen Autoren ist Zabka der Auffassung, dass im Umgang mit Bildern weitaus früher als im Umgang mit Schrifttexten ein „Bewusstsein der Gemachtheit" entstehe. Dieses Bewusstsein könne für die Untersuchung von Darstellungsverfahren genutzt werden: „Fragen wie ‚Welche Farben hat die Malerin gewählt und wie wirkt das Bild dadurch?' oder ‚Wo steht der Fotograf und was kann man deshalb nicht sehen?' seien wegen des immer schon vorhandenen Wissens um die technische Gemachtheit weitaus leichter beantwortbar als die Fragen: ‚Welche Wörter hat die Autorin gewählt und wie wirkt die Geschichte dadurch?' oder ‚Von welchem Punkt aus wird erzählt und was erfahren wir deshalb nicht?'" Zabka folgert aus diesem Befund, dass es sinnvoll erscheine, „zunächst durch die Analyse von Bildern und Filmen das Bewusstsein für das Verhältnis von Gemachtheit und Wirkung zu verschärfen. In einem ästhetischen Curriculum, das verschiedene Künste und Medien übergreift, kann der Literaturunterricht dann auf ein bereits vorhandenes Wissen über besagtes Verhältnis aufbauen."[33]

---

[31] Wermke (1997), S. 112.
[32] Zabka (2004), S. 260.
[33] Ebd., S. 256.

Dieses Konzept bedarf, wie Zabka fordert, einer empirischen Prüfung. Zugleich, so möchten wir ergänzen, ist eine Differenzierung erforderlich: Welche narrationsspezifischen Darstellungsverfahren sind Kindern und Jugendlichen tatsächlich in filmischen Erzählungen früher zugänglich als in der Literatur? Angesichts der zentralen Bedeutung, die nach unserer Ansicht der Aspekt ‚Perspektivierung'/‚Point of View' für die medienintegrative Erzähltextanalyse hat, ist dieser Aspekt auch für das Transfer-Konzept von besonderem Interesse: Können sich Schüler, so ist deshalb vor allem zu fragen, früher mit der filmischen oder mit der literarischen Perspektivierung auseinandersetzen? Schüler haben nach der treffenden Beobachtung von Kaspar Spinner in der Sekundarstufe I zumeist tatsächlich erhebliche Schwierigkeiten, Formen der Perspektivierung in literarischen Erzählungen zu bestimmen, während entsprechende Phänomene in Filmen leichter von ihnen erkannt werden können – offenbar, „weil sie an der Kamera konkret festzumachen sind".[34] Aus diesem Grunde vertreten wir mit Spinner die Auffassung, dass es sich als günstig erweisen kann, unterschiedliche Möglichkeiten der Perspektivierung zunächst anhand von Filmen zu erarbeiten und „dann die Brücke zur Literatur zu schlagen."[35]

Auch für weitere Aspekte der Darstellung ist ein Transfer von Kompetenzen möglich. So ist, auch darauf verweist Spinner, ein Erzähler in Filmen – sofern der Film überhaupt einen Erzähler (in Form eines Sprechers aus dem nichtdiegetischen Raum) aufweist – leicht als solcher zu identifizieren. Auch jüngeren Schülern ist nach Spinner sowie Ute Frey/Karin Richter bewusst, dass dieser Erzähler nicht mit dem Regisseur oder Drehbuchautor identisch ist und dass seine Rede nicht auf eine Figur zurückgeführt werden kann. Auf Grundlage dieser Erkenntnisse könnten dann auch die Unterscheidungen zwischen Autor und Erzähler und zwischen Erzähler- und Figurenrede in literarischen Erzählungen leichter nachvollzogen werden.[36] Darüber hinaus könnten Schüler mit der Überlegung, ob der Sprecher aus dem nicht-diegetischen Raum als Figur an der Handlung teilnimmt, an die Unterscheidung von Er-Erzähler und Ich-Erzähler herangeführt werden. Die Annahme, dass sich auch die zeitliche Gestaltung von Erzählungen am Film leichter erarbeiten lasse als an der Literatur, begründet Spinner damit, dass Zeitlupe und „Zeitraffer" sowie „Rückblende, Vorgriff, Parallelmontage" im Film augenfälliger seien als in literarischen Texten und aus diesem Grunde das gewöhnliche zeitdeckende beziehungsweise kontinuierliche Erzählen ebenso wie Abweichungen davon im Film leichter als in literarischen Texten erkannt werden könnten.[37]

Trotz der Chancen, die das Transfer-Konzept bietet, ist die didaktische Diskussion um dieses Konzept noch in ihren Anfängen. Neue Impulse könnte sie durch die zunehmende Beliebtheit von narrativen Computerspielen erhalten, die sich in auffälliger Weise bestimmter Darstellungsverfahren bedienen (vgl. Kap. 6.2.2).

---

[34] Spinner (2004), S. 202.
[35] Ebd., S. 202.
[36] Vgl. Spinner (2004), S. 202. – Vgl. Frey/Richter (2000), S. 127.
[37] Vgl. Spinner (2004), S. 203.

b) Das Vergleichs-Konzept

Der Vergleich von literarischen und filmischen (sowie interaktiven) Erzählungen ist von überragender Bedeutung für medienintegrative didaktische Konzeptionen: Er ist Grundlage dafür, dass Schüler Wissen über Gemeinsamkeiten und Unterschiede zwischen literarischem und medialem Erzählen erwerben und dies Wissen im Rahmen der Texterschließung anwenden und für ihr Textverstehen nutzen können. So sollen die Schüler wissen, dass Erzählungen unterschiedlicher Medien Handlung und Figuren grundsätzlich gleich gestalten können und dass die Fiktivität in allen Medien dieselben Strukturen aufweist. In unserer didaktischen Konzeption legen wir darüber hinaus besonderen Wert darauf, dass die Schüler sich mit medienübergreifenden Darstellungsverfahren auseinander setzen. Mittels Vergleich können sie diese Darstellungsverfahren erkennen und ihre Funktionen für die Präsentation der Handlung beziehungsweise ihr Wirkungspotenzial reflektieren. Vor allem die Gemeinsamkeiten, die die Gestaltung des quantitativen und des qualitativen Point of View im Film mit der von (Erzähl-) Perspektive und Sichtweise in literarischen Erzählungen aufweist, halten wir dabei für bedeutend. Darüber hinaus sollen sich die Schüler Unterschiede zwischen den (medienspezifischen und medientypischen) Darstellungsverfahren in literarischen und filmischen (sowie interaktiven) Erzählungen deutlich machen und dabei die Eigentümlichkeiten und Leistungen unterschiedlicher Medien reflektieren; zudem sollen die Schüler der Frage nachgehen, ob es auf der Ebene der medienspezifischen Darstellungsverfahren auch ungefähre Entsprechungen zwischen literarischen und filmischen Gestaltungsmitteln gibt.

Um diese Ziele zu erreichen, müssen entsprechende Schwerpunkte im Unterricht gesetzt werden. Von den siebziger Jahren bis heute ist in der Unterrichtspraxis eine für die genannten Zwecke untaugliche Variante des Vergleichs von literarischen und filmischen Erzählungen verbreitet: Im Anschluss an die Lektüre eines literarischen Textes wird eine filmische Adaption dieses Werkes gezeigt; dabei sollen sich die Schüler mit der filmischen Interpretation der Handlung auseinander setzen, ohne dass die besonderen Gestaltungsmittel des audiovisuellen Mediums näher in den Blick genommen würden. Entgegen dieser Praxis ist es aber weitgehend didaktischer Konsens, dass – wie Jutta Wermke besonders engagiert ausgeführt hat[38] – in einem medienintegrativen Deutschunterricht Schrifttexte und mediale Produktionen jeweils unter Berücksichtigung ihrer spezifischen Ästhetik betrachtet und so eingesetzt werden sollen, dass sich ein wechselseitiger Erkenntnisgewinn ergibt; ein größerer zeitlicher Rahmen für die Arbeit mit medialen Produktionen wird dabei vorausgesetzt.[39]

Wenn unter dieser Zielsetzung filmische Literaturadaptionen im Zusammenhang mit der Lektüre literarischer Texte bearbeitet werden, dann unter Berücksichtigung der Frage, welche Auswirkungen die filmischen Darstellungsverfahren auf die mediale Umsetzung der Erzählungen haben. Insbesondere solche Adaptionen, die das ‚Was' und ‚Wie' des Originals entsprechend den filmischen Aus-

[38] Vgl. Wermke (1997).

[39] Vgl. ebd., S. 45-65.

drucksmöglichkeiten transformieren, auf weitergehende Interpretationen aber größtenteils verzichten, können im Vergleich mit dem literarischen Original im Unterricht eingesetzt werden, um Schülern medienspezifische und medientypische Erzählweisen zu verdeutlichen.

So können die Schüler dazu aufgefordert werden, über die Möglichkeiten zur filmischen Umsetzung eines literarischen Textabschnitts nachzudenken und vielleicht ein Drehbuch zu schreiben, das einer solchen Umsetzung zugrunde liegen könnte. Dabei werden sie eventuell versuchen, literaturtypische narrationsspezifische Gestaltungsmittel wie zum Beispiel Erzählerkommentar oder Innensicht von Figuren durch filmsprachliche Gestaltungsmittel möglichst direkt umzusetzen – also etwa durch eine Stimme aus dem nichtdiegetischen Raum, Voice-over oder Perception Shots, die Phantasien einer Figur zeigen. Vielleicht werden die Schüler sich aber auch schon darum bemühen, die literaturtypischen durch filmtypische Darstellungsweisen zu ersetzen, also zum Beispiel Erzählerkommentar oder Innensicht durch Musik, Einstellungen aus unterschiedlichen Kameraperspektiven, Mimik und Gestik/Körperhaltung der Figuren oder durch Bilder mit uneigentlicher Bedeutung. Spätestens in einem Vergleich der Schülervorschläge mit der vorliegenden Adaption können dann neben den Gemeinsamkeiten auf Handlungsebene sowohl gemeinsame (narrationsspezifische) Ausdrucksmöglichkeiten beider Medien als auch filmtypische narrationsspezifische Darstellungsverfahren (vor allem ‚objektive' Außensicht, aber auch Außensicht aus einer subjektiven Wahrnehmung) und filmsprachliche Gestaltungsmittel (vor allem Einstellungsgrößen, Kameraperspektiven, Kamerabewegungen, auffällige Montageverfahren und ‚klassische' Point of View Shots) erkannt, mit den literarischen Verfahren verglichen und auf ihre Wirkung hin befragt werden.

Alternativ oder ergänzend ist auch ein umgekehrtes Vorgehen möglich: Im Anschluss an die Erarbeitung einer filmischen Adaption gestalten die Schüler eine Filmsequenz in einen literarischen Text um. Dabei werden sie eventuell versuchen, filmsprachliche Gestaltungsmittel wie etwa Groß- oder Detailaufnahmen, Aufnahmen aus der Untersicht, Kamerafahrten, ‚harte Schnitte' oder die ‚klassischen' Point of View Shots literarisch nachzubilden, spätestens aber im Bezug ihrer Vorschläge auf das literarische Original literaturtypische Darstellungsverfahren erkennen und ihre Wirkung mit der filmischer Gestaltungsmittel vergleichen.

Ein Vergleich von Merkmalen literarischer und filmischer Erzählungen, der Schülern das Gemeinsame, aber auch die Besonderheiten des Erzählens in den unterschiedlichen Medien bewusst macht, ist allerdings nicht nur durch Nutzung von filmischen Adaptionen literarischer Werke oder von literarischen Adaptionen filmischer Werke möglich. Auch eine gemeinsame Betrachtung von handlungsähnlichen Erzählungen in Literatur und Film kann einen solchen Vergleich nahe legen. Sofern für bestimmte Erzählungen keine Adaptionen vorliegen, können Schüler außerdem selbst ‚Vergleichsproduktionen' für die betreffenden Erzählungen erstellen, indem sie – wie oben dargelegt – Vorschläge für die filmische Umsetzung literarischer Erzählungen oder für die literarische Umsetzung filmischer Erzählungen entwickeln. Dabei kann es auch aufschlussreich sein, die Grenzen solcher Adaptionen zu erkunden und zu erörtern – etwa indem eine Klärung der Frage versucht wird, warum sich bestimmte Filmsequenzen nur schlecht in literarische Texte transformieren lassen, beispielsweise die berühmte Szene in *Der große Diktator*, in der Chaplin in der Rolle von Hitler ein pas de deux mit einer Erdkugel tanzt, bis die Kugel schließlich in seinen Armen zerplatzt.

5.2.3.3 Methoden für die Arbeit mit filmischen Erzählungen im Unterricht

„Die DVD als Erfüllung des alten Traums, die Flüchtigkeit des Kinoglücks einzufangen" – diese euphorische Formel des Filmjournalisten Tobias Kniebe ist natürlich insofern kritisch zu betrachten, als das „Kinoglück", wie auch Kniebe weiß, eben nur im Kino zu finden ist.[40] Dennoch vermag die prägnante Formel die Bedeutung der DVD insgesamt treffend zu erfassen. Durch die DVD als Nachfolgerin des Filmspeichermediums Video ist es in gewisser Weise tatsächlich möglich geworden, (Kino-) Filme in neuartiger Form ‚einzufangen'. Abgesehen von der Tatsache, dass Filme durch Notebooks und tragbare DVD-Player nun ‚mobil' geworden sind und an fast jedem beliebigen Ort zur Verfügung stehen, bieten DVDs gegenüber Videos zwei neue Möglichkeiten: Erstens das problemlose Aufsuchen von bestimmten Szenen sowie das Springen von einer Szene zur anderen und zweitens das Betrachten, Speichern und Weiterbearbeiten von gestochen scharfen Standbildern.

Diese Möglichkeiten der DVD haben für den Unterricht zu Filmen wesentliche Konsequenzen: Filme sind nun auch im Unterricht leichter ‚einzufangen'; Schüler können – sofern zumindest für Kleingruppen je ein Abspielgerät zur Verfügung steht – Filme individuell untersuchen. Die Sequenzprotokoll-Methode – Schüler fertigen beim Betrachten eines Films ein Sequenzprotokoll an, um eine Grundlage für den umständlichen Zugriff auf einzelne Szenen eines Videofilms zu haben – wird als Vorbereitung der Analyse zumeist überflüssig.

Diese neuen Möglichkeiten bieten beste Voraussetzungen für die Gestaltung eines Unterrichts, der unseren Prinzipien einer medienübergreifenden Narrationsdidaktik entspricht: Schüler sollen nach Möglichkeit selbstständig Aspekte einer Erzählung bestimmen, die eine nähere Betrachtung verdienen, und sie sollen diese Aspekte präzise untersuchen. Zudem sollen sie ab der Sekundarstufe I mit Hilfe eines ‚Fragenkataloges' (zur Handlungs- und Darstellungsanalyse) strategieorientierte Filmanalysen vornehmen. Sofern genügend Computer/Notebooks zur Verfügung stehen, können die Schüler ihre textanalytische Arbeit individuell gestalten: Sie können einzeln oder in Kleingruppen einen Film auf DVD abspielen und haben die Möglichkeit, ähnlich wie in der Arbeit mit einem Schrifttext beliebig vor und zurück zu ‚blättern', bestimmte Passagen wiederholt und genau zu betrachten sowie sich (durch Screenshots) ‚Notizen' zu machen. Vor der textanalytischen Arbeit soll den Schülern allerdings, so ist zu ergänzen, in der Regel ein ‚kinofilmgemäßes' kollektives Rezeptionserlebnis ermöglicht werden, selbst wenn die Erstrezeption individuell oder in Kleingruppen, eventuell auch zuhause, erfolgen muss.

---

[40] Kniebe (2006).

Das Kategorienwissen für die Untersuchung der filmischen Darstellungsverfahren kann im Rahmen der ‚normalen' Beschäftigung mit Filmen erworben werden, doch dürften besondere ‚Lehrgänge' auch für die filmische Darstellungsanalyse vorteilhaft sein. Für den induktiven Erwerb von Kategorien zur filmischen Darstellungsanalyse bieten sich produktionsorientierte Verfahren in besonderem Maße an. Wie auch für die Arbeit mit literarischen Erzählungen ist ein solches Vorgehen sinnvoll (vgl. Kap. 4.2.3), und es kann für den Umgang mit Filmen ganz besonders motivierend sein, etwa wenn Schüler mit Hilfe von digitalen Kameras die Verwendung unterschiedlicher Einstellungsgrößen und Perspektiven erproben. Eine Voraussetzung für das produktionsorientierte Arbeiten zum Erwerb filmanalytischer Kategorien ist allerdings, dass neue Techniken der Filmproduktion an Schulen verstärkt verfügbar werden: Digitale Kameras und leicht zu bedienenden Filmbearbeitungsprogramme am Multimedia-PC verringern den technischen Aufwand der eigenen Filmproduktion und erhöhen ihre Qualität. Falls ein produktionsorientiertes Vorgehen aus technischen Gründen nicht möglich ist, können jüngeren Schülern Kategorien zur Untersuchung von filmsprachlichen Gestaltungsmitteln nahe gebracht werden, indem die Schüler zum Beispiel Einzelbilder untersuchen, die mit unterschiedlicher Größeneinstellung oder aus unterschiedlicher Perspektive aufgenommen worden sind. Für ältere Schüler kann Kategorienwissen zur filmischen Darstellungsanalyse eingeführt werden, indem Filmausschnitte oder Kurzfilme, zum Beispiel Werbefilme,[41] mit auffälligen beziehungsweise markant unterschiedlichen Darstellungsverfahren ausgewertet werden.

Als methodisches Vorgehen für die Interpretation filmischer Erzählungen bietet sich in der Regel das Unterrichtsgespräch an. Handlungs- und produktionsorientierte Verfahren können für die Arbeit mit Filmen zwar ausgesprochen lohnend sein; in Abgrenzung zu Abraham/Kepser vertreten wir jedoch die Auffassung, dass diese Verfahren auch unter Nutzung technischer Neuerungen außerhalb von Projekten normalerweise zu aufwendig sind, sofern die Schülerproduktionen nicht auf den Erwerb von Kategorien der filmischen Darstellung, sondern auf die Auseinandersetzung mit einem filmischen Gesamtwerk gerichtet sind.[42] Dazu kommt, dass der Qualitätsunterschied von Schülerproduktionen und Original bei der Herstellung von Filmen oft noch auffälliger ist als beim Schreiben von Texten. Das mitunter zur Diskussion gestellte Weiterschreiben oder szenische Weiterspielen von Filmszenen ist wohl keine sinnvolle Alternative, weil es die Darstellungsebene des Mediums Film vernachlässigt. Allerdings kann es in manchen Fällen ergiebig sein, die Schüler zur Weiterführung der Handlung in Form eines Drehbuches aufzufordern.

[41] Vgl. Leubner/Saupe (2006).
[42] Vgl. Abraham/Kepser (2005), S. 151.

5.2.4 Vorschlag für einen strategieorientierten ‚Fragenkatalog'

Für die Arbeit mit filmischen Erzählungen im Unterricht soll ab der Sekundarstufe I ein ‚Fragenkatalog' entwickelt werden, mit dessen Hilfe Schüler die Darstellungsebene dieser erzählenden Gattung – in Ergänzung zur Handlungsebene – zumindest ab und zu völlig selbstständig erschließen und auf diese Weise prozedurales Analysewissen aufbauen können. Die Schwierigkeiten für eine Zusammenstellung und Nutzung dieses ‚Fragenkataloges' vergrößern sich allerdings noch gegenüber denen, die ein ‚Fragenkatalog' zur Analyse literarischer Darstellungsverfahren mit sich bringt: In filmischen Erzählungen werden einerseits äußerst vielfältige Gestaltungsmittel verwendet, und für jedes Werk können andere von besonderer Bedeutung sein; andererseits wird aber häufig ein Großteil der Darstellungsverfahren in konventioneller Weise eingesetzt, sodass ihre genauere Betrachtung wenig lohnend erscheint.

Wir schlagen deshalb auch für die strategieorientierte Untersuchung der filmischen Darstellung vor, die Schüler im Verlauf der Sekundarstufe I einen ‚Fragenkatalog' nach und nach zusammenstellen und jeweils auf solche Werke anwenden zu lassen, die mit Hilfe der bislang erarbeiteten Fragen angemessen erschlossen werden können. Außerdem ist es zum einen in besonderem Maße notwendig, bei der Zusammenstellung von Fragen auf Grundlage zentraler Kategorien eine alters- und schulstufengemäße Reduktion vorzunehmen. Und zum anderen muss besonderes Gewicht auf die Vermittlung des metastrategischen Wissen gelegt werden, dass der Katalog eine Menge von Fragen bereit stellt, aus denen je nach den Besonderheiten des zu bearbeitenden Werkes eine Auswahl getroffen und auf ausgesuchte Szenen/Sequenzen angewandt werden soll. Darüber hinaus soll mit den Schülern im Idealfall geklärt werden, welche Konventionen der Darstellung in erzählenden Filmen (mit welchen Funktionen) vorherrschend sind. Außerdem soll den Schülern das metastrategische Wissen nahe gebracht werden, dass die Nutzung des ‚Fragenkataloges' – unter Berücksichtigung der Handlungsanalyse – in eine einleitende Bildung von Deutungshypothesen und eine abschließende Auswertung des Arbeitsprozesses eingebettet und auf diese Weise mit Interpretationsansätzen verbunden werden kann.

Auf dieser Grundlage sollen die Schüler bei der Anwendung des ‚Fragenkataloges' nach Möglichkeit solche Fragen auswählen, die für die Analyse eines Spielfilms besonders lohnend erscheinen, und entscheiden, welche Teile des Films mit Hilfe dieser Fragen genauer untersucht werden sollen. In jedem Fall sollen die Schüler die Darstellungsanalyse mit einer Handlungs- und Fiktionsanalyse verbinden und für eine Interpretation nutzen; nach Möglichkeit sollen sie die filmische Darstellungsanalyse auch selbstständig in eine Bildung und Überprüfung von Deutungshypothesen integrieren.

Wie oben (in Kap. 5.2.3.1) ausgeführt, streben wir für die Sekundarstufe I Erwerb und Anwendung der folgenden Kategorien zur Analyse narrationsspezifischer filmischer Darstellungsverfahren an: quantitativer und qualitativer Point of View (jeweils mit allen drei Varianten) sowie Rückwendung (ohne weitere

Differenzierungen), Zeitraffung/Aussparung und Zeitdeckung. Dagegen werden die in Filmen seltenen Erzählerkommentare und Vorausdeutungen nicht eigens berücksichtigt.

Für eine Untersuchung der filmsprachlichen Darstellungsverfahren in der Sekundarstufe I soll wie oben ausgeführt in jedem Fall die Kategorie der Einstellungsgröße herangezogen werden, eventuell unter Reduktion ihrer Teilkategorien. Die Nutzung weiterer Kategorien des Aspektes ‚einstellungsinterne Darstellungsverfahren' und weiterer Kategorien der filmsprachlichen Darstellungsverfahren soll angestrebt werden, doch kann die Auswahl je nach Lerngruppe und zu bearbeitenden Werken individuell erfolgen. Wir schlagen zur Auswahl die Kategorien Kameraperspektive, Kamerabewegung (unter Verzicht auf eine nähere Differenzierung der Kamerafahrten und der Kamerabewegungen bei fixem Stativ), Beziehung von Bild und Ton, Mise en Scène und Montage vor. Für eine Untersuchung der Montage können wohl lediglich die Kategorien schnelle /langsame und harte/weiche Schnitte herangezogen werden; allerdings werden die Aspekte Narrativität/Deskriptivität, Chronologie, Kontinuität, Linearität und Komparativität implizit zur Bestimmung der harten/weichen Schnitte genutzt. Die Fragen auf Grundlage der genannten Kategorien sollen jeweils die Frage nach möglichen Funktionen der untersuchten Darstellungsverfahren für eine Präsentation der Handlung beziehungsweise nach dem Wirkungspotenzial dieser Verfahren einschließen. Auf eine Benennung der verwendeten Begriffe durch Fachtermini kann zum Teil verzichtet werden. Die Schüler sollen jedoch mindestens die Begriffe Einstellungsgröße, Perspektive und Innen-/Außensicht explizit nutzen.

Ein auf den genannten Kategorien beruhender ‚Fragenkatalog' zur Analyse filmischer Darstellungsverfahren, der im Laufe der Sekundarstufe I entwickelt wird, kann folgendermaßen aussehen:

☝ Überlege, welche der folgenden Fragen dir helfen können, den Spielfilm … besser zu verstehen. Versuche dann, diese Fragen für den gesamten Film oder für ausgewählte Teile zu beantworten:

1.
a) Zeigt der Film uns nur das, was eine bestimmte Figur erlebt?
b) Zeigt der Film uns auch Erlebnisse, die verschiedene Figuren unabhängig voneinander haben (zum Beispiel indem wir verschiedene Figuren an unterschiedlichen Orten sehen)?
c) Erfahren wir (zunächst) einiges nicht, was eine bestimmte Figur weiß (zum Beispiel über eine von ihr begangene Tat)?
Beachte, dass sich die Möglichkeiten a, b und c auch abwechseln können.
Welche Wirkung könnte diese Art der Darstellung auf einen Zuschauer haben?
(Fragen nach den Varianten des *quantitativen Point of View* und ihren *Funktionen*)

2.
a) Zeigt der Film nur Objekte und Figuren (mit ihren Handlungen und Gesprächen) in ‚objektiver' Weise von außen? Welche Wirkung könnte diese Art der Darstellung auf einen Zuschauer haben?
b) Zeigt der Film auch (häufiger), wie es im Inneren von Figuren aussieht, welche Gedanken, Gefühle, Erinnerungen und Phantasien sie haben (in hinzugefügten Szenen oder durch eine ‚hinzugefügte' Stimme)? Welche Wirkung könnte diese Art der Darstellung auf einen Zuschauer haben?
c) Erfahren wir (häufiger), wie eine Figur die Außenwelt aus ihrer Sicht wahrnimmt (indem wir ‚mit den Augen' einer Figur sehen)? Welche Wirkung könnte diese Art der Darstellung auf einen Zuschauer haben?
(Fragen nach dem *qualitativen Point of View:* der *‚objektiven' Außensicht*, der *Innensicht* und der *subjektiven Außensicht* und ihren *Funktionen*)

3.
Gibt es im Film Szenen, die aus einer Zeit vor der eigentlichen Handlung erzählen? Kann ein Zuschauer die Handlung durch diese Szenen anders/besser verstehen?
(Frage nach den *Rückwendungen* und ihrer *Funktion*)

4.
a) Wie lange dauert die Zeit, in der sich die Handlung des Films abspielt? Ist diese Zeit insgesamt
– länger oder
– ähnlich lang wie die Zeit, die wir brauchen, um den Film zu sehen?
(Fragen nach der *Beziehung von erzählter Zeit und Erzählzeit/Zeitraffung* und *Zeitdeckung* in der Erzählung insgesamt)
b) Wenn die Zeit, in der sich die Handlung des Films abspielt, länger ist als die Zeit, in der wir den Film sehen: Welche Teile der Handlung werden im Film ausgelassen? Handelt es sich um wichtige oder eher unwichtige Teile? Soll sich ein Zuschauer diese Teile genauer vorstellen?
(Frage nach den *Aussparungen* und ihrer *Funktion*)

5.
Gibt es im Film außer den Bildern, die Figuren von Kopf bis Fuß, von den Knien / der Hüfte bis zum Kopf oder nur mit Kopf und Oberkörper zeigen, auch (häufig) solche Bilder, die
a) eine Landschaft, ganze Gebäude oder Räume im Überblick darstellen
b) ein Gesicht oder Objekt oder auch nur Teile davon zeigen?
Welche Wirkung könnten diese Bilder mit besonderen Größen auf einen Zuschauer haben?
(Fragen nach den *Einstellungsgrößen* und ihren Funktionen: Nach *Halbtotale, Halbnahe/Amerikanische, Nahe, Panoramaaufnahme, Totale, Großaufnahme, Detailaufnahme*)

6.
Gibt es im Film außer den Bildern, die aus ‚Augenhöhe' aufgenommen sind, auch (häufig) solche Bilder, die Figuren oder Objekte
a) aus einer Sicht von oben (oder extrem von oben)
b) aus einer Sicht von unten (oder extrem von unten) zeigen?
Wenn ja, welche Wirkung könnten diese Bilder auf einen Zuschauer haben?
(Fragen nach der Kameraperspektive: *Normalsicht, Aufsicht/Vogelperspektive* sowie *Untersicht/Froschperspektive* und ihren *Funktionen*)

7.
Gehen die Bilder des Films außer auf eine statische Kamera häufig
a) auf eine statische Kamera mit Zoomobjektiv
b) auf eine bei fixem Stativ (zum Beispiel durch Schwenks) bewegte Kamera
c) auf eine im Raum (durch Kamerafahrten) bewegte Kamera zurück?
Welche Wirkung könnten die unterschiedlichen Arten der Kamerabewegung auf einen Zuschauer haben?
(Fragen nach den *Kamerabewegungen* und ihren *Funktionen*)

8.
Wird der Raum vor der Kamera so inszeniert, dass
a) durch die Auswahl von Objekten oder Figuren
b) ihre räumlichen Beziehungen
c) die Licht- und Beleuchtungsverhältnisse
eine besondere Atmosphäre entsteht; die Aufmerksamkeit des Zuschauers auf bestimmte Objekte oder Figuren gelenkt wird; oder Objekte/Zusammenstellungen von Objekten eine besondere Bedeutung annehmen, indem sie zum Beispiel auf einen abstrakten Sachverhalt verweisen?
(Fragen nach der *Mise en Scène* und ihren *Funktionen*)

9.
Werden die Bilder im Film
a) nur durch Sprache (zum Beispiel durch Dialoge der Figuren, Monologe oder innere Monologe) oder auch (häufig)
b) durch Geräusche (Einzelgeräusche oder Geräuschkulisse)
c) durch Musik ergänzt?
Stammt der Ton von innerhalb oder außerhalb des Handlungsraumes und von innerhalb oder außerhalb des Bildes? In welche Beziehung tritt der Ton zu den Bildern? Verstärkt/ergänzt er die Bilder oder widerspricht er ihnen?
(Fragen nach der *Beziehung von Bild und Ton*: den *Tonsorten;* der *Herkunft des Tones* aus dem *diegetischen* oder *nichtdiegetischen* Raum sowie dem *On* oder *Off;* der *komplementären* sowie *kontrastiven* Beziehung von Bild und Ton)

10.
Werden Einzelbilder im Film so zu Bilderfolgen zusammengefügt, dass die Bilder (zumeist)
a) sehr schnell
b) eher langsam aufeinander folgen?
Welche Wirkung könnte die schnelle oder langsamere Abfolge von Bildern auf einen Zuschauer haben?
(Fragen nach der *Montage*: den *schnellen* und *langsamen Schnitten* und ihren *Funktionen*)

11.
Werden Einzelbilder im Film so zu Bilderfolgen zusammengefügt, dass die aufeinander folgenden Bilder (zumeist)
a) auf den ersten Blick in einer engen Beziehung zueinander stehen (zum Beispiel weil sie eine Handlung chronologisch oder sogar ununterbrochen wiedergeben, derselben Szene/Episode/Geschichte angehören und vom Zuschauer leicht in einen Sinnzusammenhang gebracht werden können)
b) auf den ersten Blick nicht gut zueinander passen (zum Beispiel weil sie keine Handlung darstellen oder eine Handlung achronologisch/mit Unterbrechungen wie-

dergeben bzw. verschiedenen Szenen/Episoden/Geschichten angehören und vom Zuschauer nicht leicht in einen Sinnzusammenhang gebracht werden können)? Welche Wirkung könnte die Zusammenstellung der auf den ersten Blick zueinander passenden/nicht zueinander passenden Bilder auf einen Zuschauer haben? Falls die Bilder auf den ersten Blick nicht zueinander passen: kann sie der Zuschauer letztlich doch in einen Zusammenhang bringen?
(Fragen nach der *Montage*: den *weichen/harten Schnitten* und ihren *Funktionen)*

Für weniger leistungsfähige Lerngruppen können der Punkte 3 und 4 entfallen. Die Punkte 6 bis 11 bieten Möglichkeiten für eine Auswahl, die individuell auf die Lerngruppe und die zu bearbeitenden Werke abgestimmt werden soll. Für besonders leistungsstarke Lerngruppen gegen Ende der Sekundarstufe I und für Schüler der Oberstufe kann der ‚Fragenkatalog' durch Fragen auf Grundlage aller in unserem Modell der Filmanalyse vorgeschlagenen Kategorien (oder eines Teils davon) erweitert und durch Fachtermini ergänzt werden. Alternativ kann aber auch eine Liste mit knapp erläuterten Analysekategorien erarbeitet werden.

Im Bereich der narrationsspezifischen Darstellungsverfahren sollen für die älteren und leistungsfähigeren Schüler wenn möglich vor allem der Erzählerkommentar (sowie die filmspezifischen Varianten des nur akustisch oder auch visuell wahrnehmbaren Erzählers), die Vorausdeutungen und die Zeitdehnung zusätzlich einbezogen werden. Im Bereich der filmsprachlichen Darstellungsverfahren sollen nach Möglichkeit alle für die Sekundarstufe I zur Auswahl vorgeschlagenen Kategorien Berücksichtigung finden. Außerdem soll die Kategorie Einstellungsgröße stärker differenziert werden.

5.2.5 Erörterung exemplarischer Aufgabenstellungen

Beispiel: „Filmszenen und Kameraeinstellungen" / „deutsch.werk 2" (Klett Verlag 2004)[43]

In dem Realschul-Lehrwerk „deutsch.werk" für 6. Klassen werden in dem Teilkapitel „Rund ums Fernsehen" des Kapitels „Medien/Fremde Welten – eigene Welten" die Themen: „Programme – Sendungen – Verhaltensweisen" und „Fernsehserien untersuchen" behandelt. Die Untersuchung von Fernsehserien erfolgt am Beispiel von Daily Soaps und berücksichtigt – unter dem Titel „Filmszenen und Kameraeinstellungen" – filmsprachliche Darstellungsverfahren:

[43] deutsch.werk 2 (Stuttgart: Klett 2004), S. 141f.

Filmszenen und Kameraeinstellungen

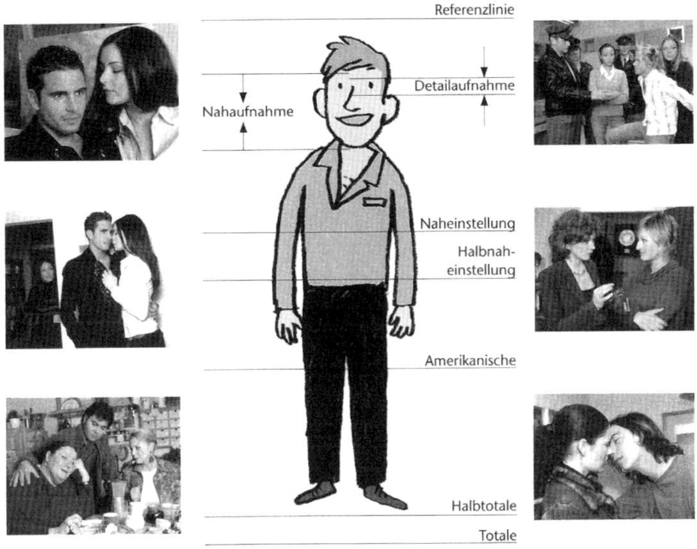

1. Tauscht euch darüber aus, was ich euch bei den einzelnen Situationen vorstellt:
a) Wie seht ihr die Beziehung zwischen den Personen?
b) Formuliert Bildunterschriften, die eure Sicht der Situation zum Ausdruck bringen.
2. Erläutert mit Hilfe der Grafik, welche Kameraeinstellung für das jeweilige Bild gewählt wurde. Überlegt, ob ein Zusammenhang zwischen Kameraeinstellung und eurem Eindruck von der Situation besteht.
3. Beachtet das Alter der Schauspieler. Diskutiert, welche Altersgruppen sich für diese Filme interessieren könnten.
4. Nehmt eine „Daily Soap" auf Videokassette oder DVD auf. Schaut sie im Unterricht an und sprecht über eure Eindrücke.
5. Untersucht die „Daily Soap" genauer:
a) Um welche Themen und Probleme geht es?
b) Welchen Zeitraum umfasst das dargestellte Geschehen?
c) Welche Figuren gibt es und wie ist deren Beziehung zueinander?
d) Wie verhalten sich die Personen in bestimmten Situationen? Welche Kameraeinstellungen werden dabei verwendet?
e) Welche Situationen der Handlung werden ausführlicher gezeigt, welche weniger?
f) Auf welche Weise werden die Ereignisse erzählt? Achtet besonders auf den Wechsel zwischen verschiedenen Teilen der Handlung.

Im Anschluss an die erste Aufgabe, die einer Hinführung zum Thema dient, folgt mit der zweiten Aufgabe die Erarbeitung von Einstellungsgrößen. Die Beschäftigung mit diesem Aspekt der Filmsprache ist in Filmeinheiten für fünfte Klassen gängig. Die vorliegende Aufgabe kann als gut gelungen gelten, weil sie eine induktive Erarbeitung von Funktionen der Einstellungsgrößen ermöglicht.

Mit der dritten Aufgabe erfolgt der Übergang zu den Daily Soaps als Genre. Den wesentlichen Beitrag zur Beschäftigung mit den Daily Soaps leistet die fünfte Frage. Sie stellt die Handlungsanalyse in den Mittelpunkt; dieser Schwerpunkt entspricht dem von uns vorgeschlagenen Konzept der Analyse, doch wird den Schülern eine Komplikationsanalyse höchstens in Andeutungen nahe gelegt: Die erste (Teil-) Frage (5a) könnte als Frage nach den Komplikationen unterschiedlicher Figuren verstanden werden (vgl. „welche Probleme"), und die vierte (Teil-) Frage (5d) könnte auf eine Analyse von Faktoren zielen, mit deren Hilfe die Figuren ihre Komplikation aufzulösen versuchen. Die vierte (Teil-) Frage fordert wie schon die zweite Aufgabe in gelungener Weise die Verbindung einer Analyse von Einstellungsgrößen mit einer Feststellung ihrer Funktionen. Die fünfte (Teil-) Frage (5e) nach den ‚ausführlich' gezeigten Handlungen ist wörtlich genommen unsinnig: Filme können Handlungen nur ‚ausführlich' zeigen oder auslassen. Die Frage dürfte jedoch auf das Phänomen zielen, dass bestimmte Teile einer filmischen Handlung wie beispielsweise Gespräche in unterschiedlicher Vollständigkeit gezeigt werden; in diesem Fall würde die filmische Zeitgestaltung thematisiert. Die sechste (Teil-) Frage (5f) in diesem insgesamt gelungenen Aufgabenset bleibt unklar: Was sollen Schüler hier antworten?

6. Medienspezifika III: Interaktives Erzählen

„Façade" (2005) / Screenshot

Mitte 2005 wurde die interaktive Erzählung *Façade* als Freeware Download im Internet veröffentlicht. Die Geschichte, um die es in *Façade* geht, ist recht belanglos: Ein Ehepaar, Anfang dreißig und beruflich erfolgreich, gerät eines Abends während eines Gesprächs in eine heftige Auseinandersetzung; im Verlauf dieser Auseinandersetzung wird schließlich fraglich, ob das Paar seine Beziehung fortführen soll. Das Gespräch findet in der Wohnung des Paares statt, aber die beiden sind nicht allein, denn eine befreundete Person ist zu Gast und nimmt am Gespräch teil. Die medienspezifische Besonderheit der Erzählung: Bei diesem Gast handelt es sich – um den Rezipienten der Geschichte am heimischen Computer. Der Unterschied zu herkömmlichen literarischen und filmischen Erzählungen ist offensichtlich: ‚Mitwirken statt nur zu beobachten' – auf diesen Nenner lassen sich die Besonderheiten der interaktiven Produktion bringen. Dieses Prinzip gewinnt für die Produktion und Rezeption von erzählenden Werken, wie vor allem der Blick auf die Verkaufszahlen von narrativen Computerspielen zeigt, stetig an Bedeutung. In diesen Spielen verfügt der Spieler über offenbar attraktive Möglichkeiten: So kann er etwa eine Figur aus der fiktiven Welt des Spiels selbst ‚steuern' (beispielsweise in Adventures) oder sogar die Entwicklung ganzer Gesellschaften ‚lenken' (in den Gesellschafts-Simulationen).

Interaktive Erzählungen verändern unsere Erfahrungen mit Erzählungen grundlegend. Wir werden zurzeit Zeugen eines epochalen Wandels in der Geschichte des Erzählens, und mit den heutigen Kindern und Jugendlichen wächst die erste Generation heran, für die interaktive Erzählungen – häufig als Medienverbundproduktionen – einen selbstverständlichen Platz neben literarischen und filmischen behaupten. Diese Veränderung verdient deshalb unser Interesse, weil die interaktiven Erzählungen zwar zumeist nur eine beschränkte narrative Qualität aufweisen, jedoch mit ihren teilweise mehr als fragwürdigen Weltbildern im Alltag der Schüler präsent sind.

6.1 Fachwissenschaftliche Grundlagen

6.1.1 Hinführung

Zwar wird das interaktive Erzählen von der Erzähltheorie erst langsam entdeckt, aber dennoch gibt es bereits – vor allem im angloamerikanischen Raum – eine wissenschaftliche Diskussion zu grundlegenden Aspekten dieses Erzähltyps. Sie kreist um die folgenden miteinander verbundenen Aspekte: (1) In grundsätzlicher Weise wird erörtert, ob interaktive narrative Produktionen als (vollgültige) Erzählungen oder als nur teilweise narrativ betrachtet werden sollen; für diese Diskussion spielt die Frage nach dem Verhältnis von Narration und Interaktivität die zentrale Rolle. (2) Für die Analyse von interaktiven Erzählungen werden Analysekategorien vorgeschlagen und erörtert. (3) Es werden Typologien für die interaktiven Erzählungen entwickelt und diskutiert; mit diesen Typologien werden sowohl unterschiedliche Genres als auch Untergattungen dieser Genres unterschieden.

(1) Zum Aspekt ‚Verbindung von Narration und Interaktivität': Die Frage, ob sich Narrativität und Interaktivität überhaupt in einem Werk so verbinden lassen, dass insgesamt von einer Erzählung gesprochen werden kann, muss gegenüber Computerspielen in zugespitzter Weise gestellt werden; denn hier wird Interaktivität im Rahmen von Spielkomponenten geboten und auf diese Weise eine Kombination von Erzählung und Spiel hergestellt. Die Attraktivität dieser Kombination zeigt sich schon daran, dass die meisten Computerspiele zumindest einen lockeren narrativen Rahmen aufweisen und die Mehrzahl der heute erfolgreichen Computerspiele eindeutig narrativ orientiert ist. Eine prinzipielle Kritik an der Verbindung von Narrativität und Interaktivität geht von der Annahme aus, dass interaktive narrative Produktionen grundsätzlich durch eine Abfolge von erzählenden Phasen ohne Interaktivität und Phasen mit Interaktivität gekennzeichnet seien. Diese Abfolge, so die Behauptung, schade der Erzählung: Weil die interaktiven Phasen den Zusammenhang der Erzählung stören und sie im Extremfall sogar zu ihrem Beiwerk machen würden, sodass die Narration zerstört würde.[1] Dieser Argumentation kann jedoch entgegnet werden, dass auch die interaktiven Phasen narrativen Charakter haben können und eine Entgegensetzung von nicht-interaktiven und interaktiven Phasen aus diesem Grunde problematisch ist. So wird vor allem in neueren Spielen nach Möglichkeit der Eindruck einer durchgängigen Narrativität erzeugt, und zwar bei weitgehend fortlaufender, nicht auf einzelne Segmente einer Produktion beschränkter Interaktivität. Diese enge Verbindung von Narration und Interaktion ist für uns ein weiterer Grund dafür, Produktionen mit einer Kombination von Narration und Interaktivität als Erzählungen zu betrachten. (Zum weiten Narrationsbegriff unter Einschluss interaktiver Produktionen vgl. Kap. 1.1.)

(2) Zum Aspekt ‚Analysekategorien': Für die Analyse von interaktiven Erzählungen ist die Frage von zentraler Bedeutung, wie die interaktiven Elemente

[1] Vgl. z.B. Lange (2001).

dieser Produktionen die narrativen Strukturen prägen. Interaktives Erzählen zeichnet sich durch eine Partizipation des Rezipienten aus: Während herkömmliche Erzählungen ihre Informationen linear (und vollständig) darbieten, hat der Rezipient interaktiver Erzählungen Möglichkeiten, zwischen unterschiedlichen Varianten – vor allem Handlungsvarianten – zu wählen. Die Grundstruktur von herkömmlichen literarischen und filmischen sowie interaktiven Erzählungen lässt sich wie folgt darstellen:

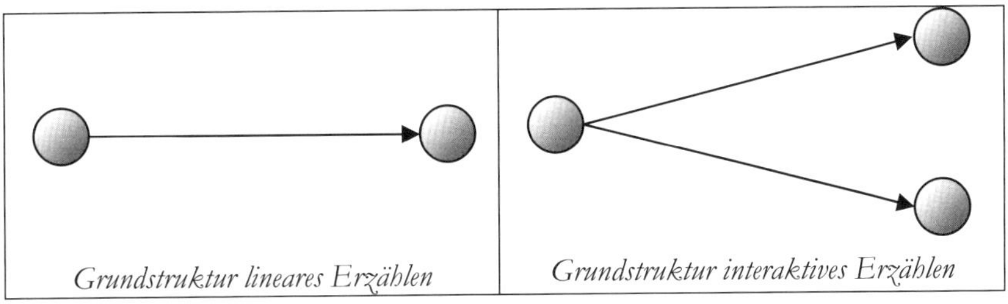

Die Grundstruktur interaktiver Erzählungen verdient vor allem unter den Aspekten ‚Strukturmuster' und ‚Partizipationsmöglichkeiten' eine nähere Betrachtung. Dabei stehen die folgenden beiden Fragen im Zentrum:

(a) Welche Varianten ihrer Grundstruktur weisen interaktive Erzählungen auf? – Die Grundstruktur interaktiven Erzählens ermöglicht vielfältige Ausformungen; zum Beispiel können die einzelnen ‚Verzweigungs-'/‚Knotenpunkte' einer Erzählung zu jeweils genau zwei oder aber zu einer beliebigen anderen Zahl von Handlungsvarianten führen. Die verschiedenen Varianten lassen unterschiedliche Typen interaktiver Erzählungen zu, die einen je eigenen narrativen Charakter haben. (Vgl. Kap. 6.1.2)

(b) Wie lassen sich die Partizipationsangebote interaktiver Produktionen systematisieren? – Interaktive Erzählungen machen ihren Rezipienten ganz unterschiedliche Angebote der Partizipation; so ist beispielsweise das Maß an Handlungsbeteiligung für den Rezipienten von Produktion zu Produktion verschieden. Die Analyse von Strukturmustern erlaubt nur unzureichende Rückschlüsse auf die Partizipationsangebote und muss deshalb durch eine Bestimmung dieser Angebote ergänzt werden (vgl. Kap. 6.1.3).

(3) Zum Aspekt ‚Typologien': Die Fragen nach Strukturmustern und Partizipationsangeboten betreffen interaktive Erzählungen insgesamt einschließlich narrativer Produktionen mit Spielkomponente, der Computerspiele. Mittels der Kategorien, die für die Analyse von Strukturmustern und Partizipationsangeboten genutzt werden, können deshalb Typologien entworfen werden, die sich auf alle interaktiven Produktionen beziehen. Dennoch ist die Unterscheidung zwischen Produktionen mit und ohne Spielkomponente für eine Systematisierung von interaktiven Erzählungen grundlegend. Dieser Sachverhalt spiegelt sich darin, dass Genres der interaktiven Erzählung jeweils nur Produktionen mit oder ohne Spielkomponente umfassen.

Die folgende Übersicht stellt die wichtigsten Genres zusammen:

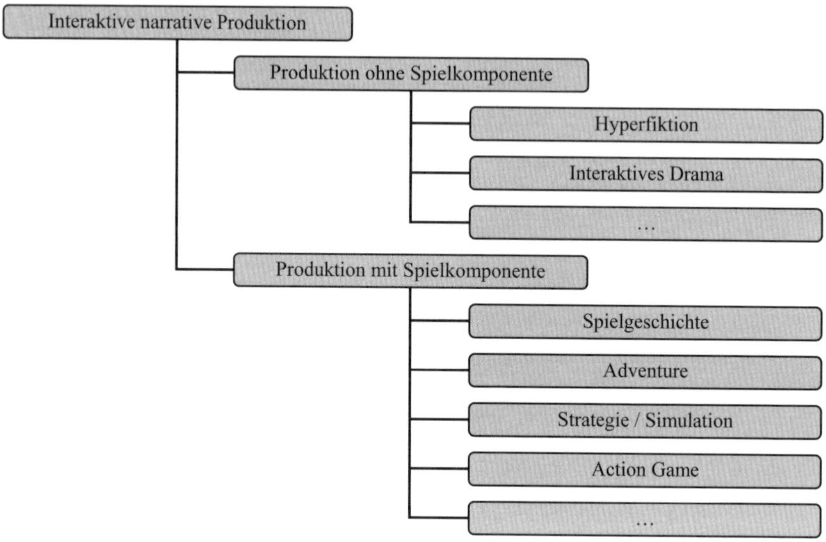

Interaktive narrative Produktionen ohne Spielkomponente werden vor allem durch Hyperfiktionen (Hyperfictions) repräsentiert. Hyperfiktionen sind erzählende Produktionen, die den Computer als Produktions-/Rezeptionsmedium nutzen und hypertextuelle Strukturen durch in den Text integrierte Links aufweisen; mittels dieser Links können Textpartien/-blöcke aufgerufen werden. Die Hyperfiktionen werden gemeinhin dem Bereich der (Computer-) Literatur zugeordnet, weil sie (Schrift-) Sprache als Erzählmedium nutzen; die Integration von (bewegten) Bildern und Ton ist aber möglich und seit Ende der neunziger Jahre gängig, sodass Hyperfiktionen mittlerweile im Regelfall Multimediaproduktionen sind. Eine Spielkomponente hingegen ist per definitionem in Hyperfiktionen ausgeschlossen. Sofern interaktive Produktionen ohne Spielkomponente die Möglichkeiten der Computergrafik nutzen und handelnde, miteinander kommunizierende Figuren zeigen, ist die Nähe zum Drama (und Film) deutlich; entsprechende Produktionen werden als ‚interaktive Dramen' bezeichnet.

Unter den Genres des narrativen Computerspiels gilt das Adventure zumeist als am deutlichsten narrativ. In letzter Zeit werden aber auch einzelne Spiele der Computerspielgenres ‚Simulation' und ‚Strategie' als narrative Produktionen betrachtet: Wohl auch deshalb, weil die Bedeutung von Adventures unter den Computerspielen offenbar abnimmt, während Simulationen und Strategiespiele zunehmend produziert und rezipiert werden – zu erwähnen ist hier vor allem *Die Sims* – und sich entsprechende Produktionen als neue ‚Hoffnungsträger' für eine geglückte Verbindung von Narrativität und Interaktion anzubieten scheinen. Im Bereich der Kinder- und Jugendproduktionen sind das interaktive Bilderbuch und die interaktive Spielgeschichte deutlich narrativ geprägt; zudem gibt es eigene Adventureproduktionen für Kinder und Jugendliche, beispielsweise Medienverbundproduktionen, die an die „TKKG"-Serie oder an *Die wilden Fußballkerle* anschließen.

6.1.2 Strukturmodelle interaktiver Erzählungen

Seit Beginn der neunziger Jahre gibt es Vorschläge für eine Systematisierung von Strukturen interaktiver Produktionen. Einflussreich ist vor allem ein Modell von Jay David Bolter geworden, der drei Grundformen unterscheidet: Achse, Baum und Netzwerk. In der Folgezeit hat Marie-Laure Ryan dann eine grundlegende und im Vergleich zu Bolter differenziertere Typologie entwickelt. Im deutschsprachigen Raum sind auf Basis dieser Modelle vereinzelt weitere Vorschläge für Typologien vorgelegt worden; so von Beat Suter, der eine Typologie für Hyperfiktionen als Sonderfall interaktiver Erzählungen konzipiert hat.[2]

Die im Folgenden vorgeschlagene Typologie ist vor allem der differenzierten, fast ein Dutzend Typen umfassenden Kategorisierung von Ryan verpflichtet, beschränkt sich jedoch aus Gründen der Übersichtlichkeit auf fünf Haupttypen interaktiver Erzählungen. Wenngleich sich nicht alle interaktiven Produktionen eindeutig einem dieser fünf Typen zuordnen lassen, ist doch zumindest eine Beschreibung ihrer Strukturen durch die Feststellung ihrer Nähe oder Entfernung zu einzelnen dieser fünf Typen möglich und ergiebig. Die fünf Haupttypen unterscheiden sich vor allem durch das Ausmaß, in dem sie eine Abweichung von der Linearität herkömmlicher Erzählungen erlauben. Die Spannweite an Möglichkeiten reicht dabei von einer weitgehenden Wahrung der Linearität bis zu ihrer völligen Auflösung zugunsten von kaum überschaubaren Strukturen, die dem Rezipienten eine Vielzahl an Wahlmöglichkeiten einräumen und ihm die Illusion vermitteln oder zumindest vermitteln sollen, seine ‚eigene' Erzählung frei zu konstruieren.

(1) Achse mit Seitenzweigen

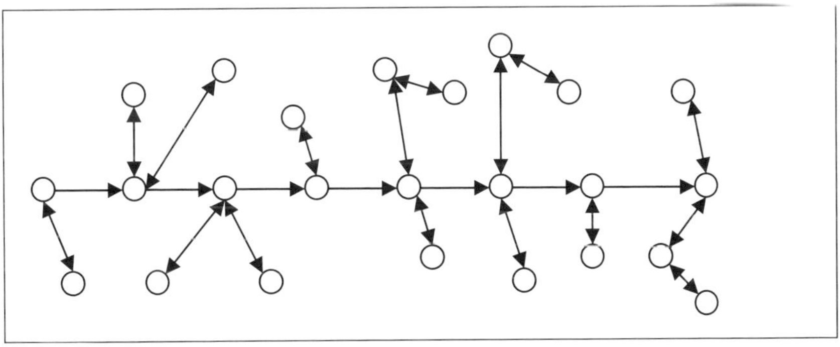

Der Typ *Achse mit Seitenzweigen* bietet eine weitgehend lineare Erzählung mit einzelnen ‚Seitenpfaden', die jedoch als ‚Sackgassen' angelegt sind, denn sie erfordern stets eine Rückkehr zum entsprechenden Verzweigungspunkt der Achse. Die Nähe zur konventionellen Erzählung ist groß; die Möglichkeiten des Rezipienten, eigene ‚Wege' der Handlung zu wählen, sind dementsprechend gering.

[2] Vgl. Bolter (1991), Ryan (2001b) und Suter (2000).

Ein Konflikt zwischen Narrativität und Interaktivität kann insofern kaum entstehen, als die Interaktivität keine Rolle für das Voranschreiten der Handlung spielt.

Produktionen dieses Typs finden sich vor allem im Bereich interaktiver Erzählungen für Kinder. Seit Anfang der neunziger Jahre gibt es die so genannten interaktiven Bilderbücher: Auf dem Computerbildschirm wird eine Folge von Illustrationen, häufig ergänzt durch kürzere Texte, in der Art von Bilderbuchillustrationen geboten. Auf den Illustrationen lassen sich einzelne Objekte – menschliche Figuren, Tiere und Gegenstände – anklicken; diese Objekte werden durch das Anklicken ‚zum Leben erweckt' und führen kurze Bewegungen beziehungsweise Handlungen aus. Diese Aktivitäten haben jedoch keinen Einfluss auf die weitere Abfolge von Geschehnissen, sondern sind nur fakultative Ergänzungen.

Produktionen des Achsen-Typs sind aber nicht grundsätzlich auf das illustrierte Bilderbuch beschränkt. Hyperfiktionen beispielsweise können diesem Muster folgen, indem etwa Reflexionen einer Figur in Form eines Inneren Monologs als ‚Seitenpfade' der ‚Haupthandlung' hinzugefügt werden. Zudem weisen auch solche interaktiven (Spiel-) Produktionen eine Achsen-Struktur auf, die dem Rezipienten durch unterschiedliche Pfade verschiedene Möglichkeiten zur Fortsetzung der Handlung suggerieren, tatsächlich aber nur jeweils eine Fortsetzung erlauben, weil sich die übrigen Varianten als ‚Sackgassen' erweisen. Diesem Muster folgen beispielsweise viele zahlreiche narrativ orientierte Action-Spiele.

(2) Baum

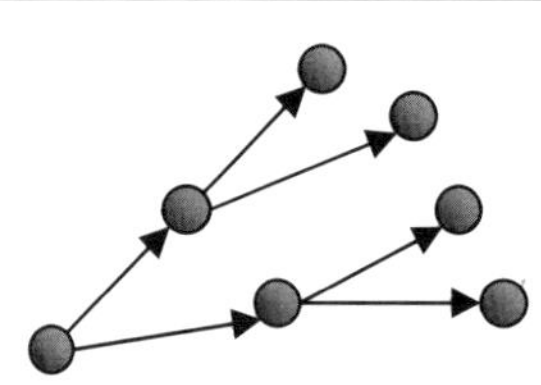
Binäre Baumstruktur

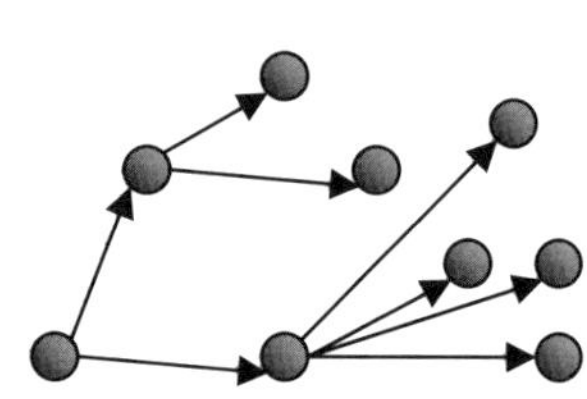
Multiple Baumstruktur

Die *Baumstruktur* kann in zwei grundlegende Varianten unterschieden werden: a) Die binäre Baumstruktur. Sie zeichnet sich dadurch aus, dass von jedem Knotenpunkt aus genau zwei Zweige ausgehen, die zu neuen, von keinem anderen Zweig ‚angesteuerten' Knoten führen. b) Die multiple, unregelmäßigen Baum-Struktur. Hier gibt es keine Beschränkung auf jeweils genau zwei weiterführende Zweige.

Die Baumstruktur ist durch eine durchgängige Hierarchie zwischen den Entscheidungspunkten geprägt und ähnelt insofern der Achsenstruktur, als deren Entscheidungspunkte zumindest auf der zentralen Achse nicht in beliebiger Abfolge durchlaufen werden können. Zugleich bildet die Baumstruktur in gewisser Weise einen Gegensatz zur Achsenstruktur interaktiver Erzählungen: Eine Rückkehr zu bestimmten Verzweigungspunkten ist nicht möglich. Zudem ist auch eine ‚Begegnung' zwischen verschiedenen Handlungssträngen ausgeschlossen: Ein bestimmter Endpunkt kann nur auf einem einzigen Pfad erreicht werden; jeder Pfad führt, so ließe sich dieser Sachverhalt auch beschreiben, zu einem ‚eigenen' Ende. Mit dieser Eigenart geht ein immenses Anwachsen des Bauplans entsprechender Produktionen schon nach wenigen Verzweigungen einher. So gibt es nach der zehnten Verzweigung bei binärer Pfadwahl bereits 1028 Knoten. Diese Vielfalt an unterschiedlichen Pfaden bedeutet für den Rezipienten ein hohes Maß an Entscheidungsfreiheit; die nicht gewählten Pfade allerdings sind für ihn ‚verloren' – indem ein bestimmter Weg gewählt wird, wird auf alle anderen verzichtet.

Produktionen mit Baumstruktur wenden sich in radikaler Weise von herkömmlichen Erzählungen ab, weil sie eine Vielzahl von unterschiedlichen Erzählsträngen zur Auswahl stellen. Die Baumstruktur wird von manchen Erzähltheoretikern insofern als narrativ besonders ‚ergiebige' Struktur betrachtet, als sie damit ein bestimmtes Ideal erfüllt: Der Rezipient kann unter einer Vielzahl möglicher Handlungsverläufe mit je eigenen Schlüssen seine ‚eigene' Handlung auswählen beziehungsweise ‚erschaffen'.

Interaktive Produktionen mit Baumstruktur werden vor allem durch einen bestimmten Typ von Hyperfiktionen repräsentiert: In kollaborativen Projekten, in denen unterschiedliche Teilnehmer Fortsetzungen zu bereits vorhandenen Knotenpunkten hinzufügen können, entstehen Produktionen mit Baumstruktur. Als Sonderfall findet sich die Baumstruktur auch im Bereich der (print-) literarischen Erzählung für Kinder- und Jugendliche: Die „Choose Your Own Adventures"-Werke folgen dieser Struktur, indem an bestimmten Stellen eines Werkes verschiedene Fortsetzungen auf verschiedenen Seiten angeboten werden.

(3) Netzwerk 1: Das gelenkte Netzwerk/Labyrinth-Tour

In *Netzwerkstrukturen* sind die unterschiedlichen ‚anwählbaren' Pfade weder ‚nur' Seitenpfade eines Hauptpfades/einer Achse (wie in der Achsenstruktur), noch sind sie von anderen Pfaden getrennt, indem ein Knotenpunkt jeweils nur durch einen Pfad ‚angesteuert' werden kann (wie in der Baumstruktur). Die entsprechenden Strukturen sind so weniger – und weniger rigiden – Beschränkungen unterworfen als Achsen- und Baumstrukturen. Der Netzwerk-Bauplan bietet auch in einer weiteren Hinsicht andere Wahlmöglichkeiten als Achsen- und Baumstruktur: Es lassen sich Kreisläufe und Wiederholungen erzeugen. Zugleich besteht jedoch die Gefahr, dass Netzwerkstrukturen gänzlich unübersichtlich ausfallen und den Rezipienten eher verwirren als zur Entdeckung einladen. – Drei Haupttypen mit Netzwerkstrukturen werden unterschieden: Das gelenkte Netzwerk, das Labyrinth und das Rhizom.

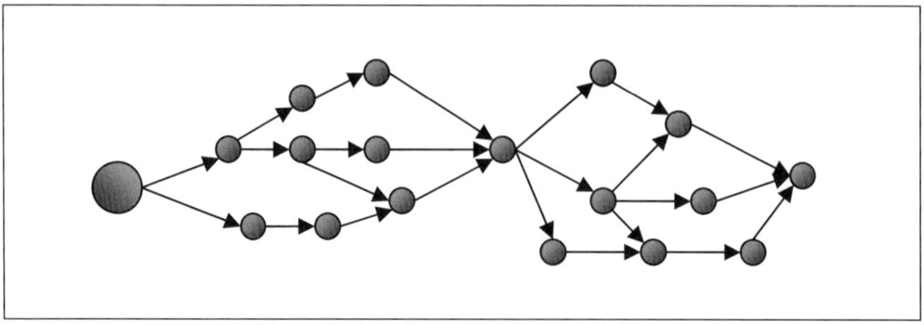

Das gelenkte Netzwerk/ Labyrinth-Tour

Das *gelenkte Netzwerk* (die Labyrinth-Tour) stellt einen Sonderfall der Netzwerkstruktur dar, der sich durch den ‚maßvollen' Einsatz von alternativen Möglichkeiten auszeichnet und damit die Gefahr einer Verwirrung des Rezipienten einschränkt: Die verschiedenen Handlungspfade werden an bestimmten Stationen zusammengeführt, außerdem sind Start und Ziel klar definiert. Die Entscheidungen des Rezipienten verlieren durch diese Merkmale an Bedeutung: Viele Knoten führen linear weiter, die Wege sind vorgezeichnet, eine Abweichung ist lediglich an bestimmten Knotenpunkten möglich. Insgesamt werden zentrale ‚Stationen' einer Handlung vorgegeben; die Abweichungen stellen nur unterschiedliche Wege zu gleichen ‚Zielen' dar. Damit unterschiedet sich die Struktur ‚gelenktes Netzwerk' wesentlich von der Baum-Struktur.
Dieser Strukturplan bietet sich für interaktive Erzählungen an, die vergleichsweise eng an herkömmliche Erzählungen angelehnt sein und zugleich eine (maßvolle) Wahlfreiheit beim Voranschreiten innerhalb der Handlung aufweisen sollen. Durch das gelenkte Netzwerk ergibt sich eine Art Mittelweg zwischen der strikten Linearität herkömmlicher Erzählungen und der durch Interaktivität ermöglichten Nichtlinearität. Entsprechende Strukturen können beispielsweise für Hyperfiktionen genutzt werden, in denen bestimmte Teile der Handlung aus unterschiedlicher Perspektive dargestellt werden sollen. Auch Adventures können dieser Struktur folgen, indem zum Beispiel Rezipienten jeweils unterschiedliche Wege zum Erreichen von bestimmten Räumen angeboten werden, deren Durchquerung für das Vorankommen in der Spielhandlung obligatorisch ist.

(4) Netzwerk 2: Labyrinth

Im *Labyrinth* sind Anfangs- und Endpunkt beziehungsweise Start und Ziel vorgegeben; der Weg vom Start zum Ziel erlaubt jedoch Freiheiten bei der Wahl zwischen alternativen Pfaden. Im Vergleich zur Labyrinth-Tour ist dabei die Freiheit für den Rezipienten durch das Fehlen von regelmäßigen ‚Sammelpunkten' für die unterschiedlichen Pfade größer – allerdings auch die Unübersichtlichkeit der (Handlungs-) Struktur. Bestimmte Punkte können zugleich auch Endpunkte sein, von denen aus es kein Zurück- oder Voranschreiten mehr gibt. Entsprechende Punkte werden häufig in Adventures genutzt: Werden sie erreicht, ist die Spielfigur und damit zugleich das Spiel verloren.

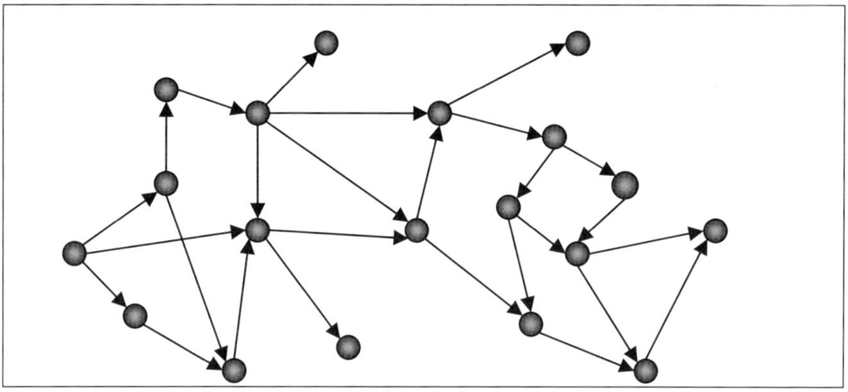

Labyrinth

Die Labyrinth-Struktur ist typisch für gute Adventures, die im Gegensatz zu solchen minderer Qualität unterschiedliche Wege zum abschließenden Ziel erlauben. Allerdings gibt es nur wenige Adventures dieser Art und insgesamt nur vergleichsweise wenige Produktionen mit Labyrinth-Bauplan. Eine Erklärung für diesen Sachverhalt könnte sein, dass die Konzeption entsprechender Produktionen besonders kompliziert ist: Es müssen narrative ‚Stimmigkeit' und Wahlmöglichkeiten für den Rezipienten, die zu ‚verschachtelten' Strukturen führen, zur Deckung gebracht werden.

(5) Netzwerk 3: Das Rhizom

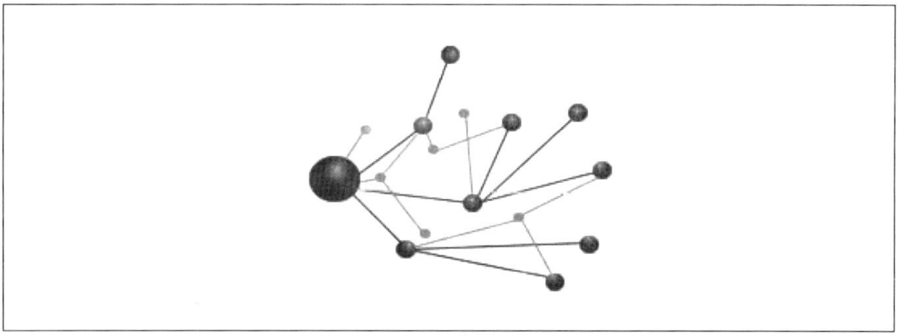

Netzwerk/Rhizom

Netzwerke mit *Rhizom-Struktur* weisen nicht die Beschränkungen der anderen Netzwerktypen auf, die eine regellose Ausweitung von Netzwerken verhindern. Die Rhizom-Struktur umfasst alternative Pfade, die jedoch – anders als in der Labyrinth-Struktur – nicht zu einem gemeinsamen Ziel führen. So kann ein regelloses ‚Wuchern' der Pfade erfolgen, wobei die Pfade beidseitig begehbar sein können. Diese Struktur bietet maximale Freiheit auf Produktions- wie auf Rezeptionsseite. Die narrative Kohärenz kann dabei jedoch in besonderem Maße gefährdet sein. Die Rhizom-Struktur bietet sich für Produktionen an, die interaktive

Möglichkeiten intensiv zur Abweichung von der Linearität herkömmlicher Erzählungen nutzen wollen und als radikale Alternative zu herkömmlichen Erzählungen konzipiert sind. An einer solchen Abwendung von herkömmlichen narrativen Strukturen sind jedoch Rezipienten, dies sei bereits hier angemerkt, offensichtlich kaum interessiert – jedenfalls sofern diese Abwendung zu einer übermäßigen Unübersichtlichkeit der Handlung führt. Die nähere Diskussion des narrativen Potentials, das die verschiedenen Strukturtypen interaktiver Erzählungen aufweisen, soll unten gemeinsam mit einer Erörterung der Funktionen von Interaktivität erfolgen.

6.1.3 Typen interaktiver Partizipation

Typen interaktiver Partizipation werden seit der zweiten Hälfte der neunziger Jahre systematisch unterschieden. Ein frühes Modell hat 1997 Espen J. Aarseth vorgelegt; seine Typologie ist für ‚Cybertexte', literarische Hypertexte ohne Spielkomponente, konzipiert. Marie-Laure Ryan hat dann die Vorschläge von Aarseth für eine Kategorisierung der interaktiven Produktionen insgesamt nutzbar gemacht.

6.1.3.1 Die Typologisierung nach Ryan

Ryan unterscheidet in Anlehnung an Aarseth zwischen vier ‚strategischen Formen' von Interaktivität beziehungsweise von durch Interaktivität ermöglichter Partizipation. Diese Formen gewinnt sie auf der Basis von zwei ‚binären Merkmalspaaren': intern – extern und explorativ – ontologisch.[3]

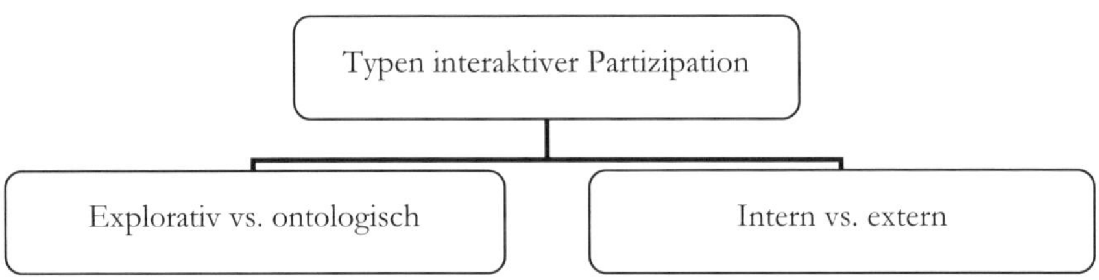

Das Gegensatzpaar ‚explorativ/erkundend vs. ontologisch/handlungssteuernd' (‚exploratory vs. ontological') bestimmt die Möglichkeiten des Rezipienten, in die Handlung einzugreifen: „In the exploratory mode, the user is free to move around the database, but this activity does not make history nor does it alter the plot; the user has no impact on the destiny of the virtual world. In the ontological mode, by contrast, the decisions of the user send the history of the virtual world

[3] Vgl. Ryan (2001) und Aarseth (1997), S. 62-65.

on different forking paths."[4] Das Gegensatzpaar ‚intern vs. extern' (‚internal/external') entspricht der Unterscheidung von ‚persönlicher' Teilnahme /Nicht-Teilnahme des Rezipienten am dargestellten Geschehen: Im externen Modus situiert sich der Spieler außerhalb der fiktionalen Welt; bei der Rezeption eines Computerspiels nimmt er die dargestellte Welt in diesem Modus im Regelfall aus einer „Vogel- oder einer isometrischen Perspektive" wahr, die ihm einen Überblick über das jeweilige Geschehen erlaubt.[5] Im internen Modus versteht sich der Rezipient als ein Teil der fiktionalen Welt, entweder durch die Identifizierung mit einem Avatar (einer von ihm gelenkten Spielfigur) oder durch die Wahrnehmung der virtuellen Welt aus einer Erste-Person-Perspektive, mittels derer der Rezipient über die Wahrnehmung einer am Geschehen beteiligten Figur verfügt (*First-person-point-of-view-Wahrnehmung/Ego-Perspektive*. In aktuellen Computerspielen werden dem Spieler teilweise unterschiedliche Verfahren der Perspektivierung und damit verschiedene Varianten der Informationsgewinnung angeboten. In *Fahrenheit* aus dem Jahr 2005 kann – und muss – der Spieler (unterschiedliche) Figuren ‚lenken'; dabei sieht er die von ihm gelenkten Figuren in ihren jeweiligen Umgebungen, wobei konventionelle motivorientierte Kameraeinstellungen genutzt werden. Der Spieler kann aber auch die ‚Ego-Perspektive' wählen oder die Kamera sozusagen selbst in die Hand nehmen und die Umgebung, in der sich die von ihm gelenkte Figur befindet, erkunden beziehungsweise die Figur betrachten.

Aus einer Überkreuzklassifikation der beiden Gegensatzpaare ergeben sich vier Klassen von interaktiven Produktionen:

	extern	intern
explorativ	*extern-explorativ (1)*	*intern-explorativ (3)*
ontologisch	*extern-ontologisch (2)*	*intern-ontologisch (4)*

(1) Der Typ *extern-explorative Interaktivität* umfasst Produktionen mit ‚maßvollem' Einsatz interaktiver Möglichkeiten: Weder kann der Rezipient sich unter die Figuren der fiktionalen Welt einreihen, noch kann er die Handlung mitbestimmen. Entsprechende Werke finden sich vor allem im Bereich interaktiver Produktionen für Kinder. An erster Stelle sind die interaktiven Bilderbücher zu nennen, in denen per Mausklick kurze Animationen ausgelöst und damit Figuren und Gegenstände ‚in Bewegung' versetzt werden können. Zudem ist die extern-explorative Interaktivität für zahlreiche Hyperfiktionen prägend. Nach Ryan gehören die meisten der ‚classical hypertexts', zum Beispiel die ‚Romane' von Michael Joyce, Stuart Moulthrop und Mark Amerika, zu diesem Interaktivitätstyp: Die Interaktivität dieser Werke bestehe in der Freiheit, einen ‚Textraum' („textual space") beziehungsweise ‚Textbausteine' durch die Wahl eigener Routen zu erkunden, aber dieser Raum habe nichts mit dem physischen Raum innerhalb einer

[4] Ryan (2001).
[5] Kocher (2004).

fiktionalen Erzählung zu tun; der Rezipient kann also nur vorgegebene Textpassagen in mehr oder weniger beliebiger Reihenfolge aufrufen, aber er kann keine Figuren durch die Räume/Örtlichkeiten einer fiktiven Welt lenken oder sich selbst in diesen Räumen bewegen. Beispielhaft für die extern-explorative Interaktivität ist auch die – selbst für damalige Maßstäbe schlichte – deutsche Produktion *Mal was tun* aus den neunziger Jahren: Erzählt wird die Geschichte eines Banküberfalls; der Rezipient kann die Handlung aus verschiedenen Perspektiven verfolgen, wobei er für jede Phase erneut eine Perspektive wählen kann.[6]

(2) Der Typ *intern-explorative Interaktivität* umfasst Produktionen, in denen der Rezipient zwar als Figur der dargestellten Welt agiert, aber gleichwohl keinen Einfluss auf die Handlung gewinnt, weil er nur ‚erkundend' tätig werden kann. Auch dieser Typ findet sich in zahlreichen (Spiel-) Produktionen für Kinder und Jugendliche, und zwar vielfach in solchen, in denen der Spieler scheinbar frei handelt, tatsächlich aber genau vorgegebenen ‚Pfaden' folgen muss. Auch zahlreiche Computerspiele sind nach diesem Muster konzipiert. Nach Ryan eignet sich der Typ ‚intern-explorativ' besonders für die ‚mystery story', in der zwei Handlungsebenen kombiniert werden, die Aktivitäten des Detektivs und die von ihm zu rekonstruierende Geschichte. Der Spieler entdeckt hier in gewisser Weise nur eine Handlung statt an einer Handlung teilzunehmen. Als Beispiel nennt Ryan das Computerspiel *Myst*, in dem der Spieler eine Insel entdeckt und unterschiedliche Rätsel löst, um ein in der Vergangenheit liegendes Geheimnis zu lüften.

(3) Produktionen mit *extern-ontologischer Interaktivität* bieten dem Rezipienten Einfluss auf die Handlung, ohne dass er als Figur an der fiktionalen Welt beteiligt wäre. Er nimmt damit eine ‚gottähnliche' Stellung gegenüber der Handlung ein. So heißt es bei Ryan: „Here the user is like the omnipotent god of the system. Holding the strings of the characters, from a position external to both the time and space of the fictional world, he specifies their properties, makes decisions for them, throws obstacles in their way, and sends them toward different destinies lines by altering their environment." Ryan nennt als Beispiel aus dem Print-/Buchbereich die „Choose Your Own Adventure"-Geschichten für Kinder. Als Beispiel aus dem Bereich der Computerspiele führt Ryan Simulationen wie *Simcity*, *Simlife* oder *Caesar* an, in denen der Spieler über ein komplexes System verfügt, zum Beispiel eine Stadt, eine antike Kolonie oder ein Reich, und die Entwicklung dieses Systems durch seine Entscheidungen beeinflusst. An diesen Spielen könne der Rezipient aus ‚spieltechnischen' Gründen kaum als Figur beteiligt sein, weil die einzige ‚Figur' der Erzählung eben das dargestellte System sei. Die Tatsache, dass in diesen Produktionen die Entwicklung eines Systems vorgeführt wird, ist ein wesentlicher Unterschied zu herkömmlichen Geschichten und siedelt die entsprechenden interaktiven Produktionen unserer Ansicht nach im Grenzbereich der Erzählungen an. Einen weiteren wichtigen Unterschied der Simulationen zu herkömmlichen Erzählungen sieht Ryan darin, dass der Fortgang der Handlung in Simulationen an jedem Punkt nur vom erreichten Entwicklungsstand, nicht jedoch von der gesamten orhergehenden Geschichte

[6] Vgl. Leubner (2001).

abhängig ist. Die beiden genannten Besonderheiten beeinträchtigen das narrative Potenzial der Simulationen, weil in ihnen die Darstellung von mehr oder weniger komplexen Individuen unterbleibt, deren Handlungen wesentlich das Ergebnis von Erfahrungen mit der Außenwelt sind.

Die extern-ontologische Interaktivität hat in den letzten Jahren durch den großen Erfolg von Simulationen erheblich an Bedeutung gewonnen. Die 2004 veröffentlichte Produktion *Sims 2* ist das zurzeit erfolgreichste Computerspiel und ist im Unterschied zu den meisten anderen Spielen auch bei Mädchen äußerst beliebt. Es stellt allerdings insofern einen Sonderfall dar, als der Spieler sich durchaus auch auf das ‚Steuern' einer einzelnen Figur konzentrieren kann und das Spiel auf diese Weise nicht konsequent einer externen Interaktivität verpflichtet ist. Diese Produktion tritt mit dem Anspruch auf, soziale Beziehungen, persönliche Ambitionen sowie psychische Befindlichkeiten von Figuren darzustellen und damit ‚wirkliches' Leben in – familiärer und nachbarschaftlicher – Gemeinschaft zu simulieren. Tatsächlich wird dieser Anspruch in *Sims 2* unserer Ansicht nach jedoch nur in Ansätzen eingelöst, weil der Spieler letztlich nur in mechanischer Weise Einfluss auf das Leben von Figuren nimmt, das wiederum die Komplexität von Lebenswirklichkeit lediglich holzschnittartig nachzubilden vermag.

(4) Die *intern-ontologische Interaktivität* stellt sozusagen das Optimum an Interaktivität dar: Der Rezipient kann als Figur innerhalb der fiktiven Welt unmittelbar am Geschehen teilnehmen und er kann zudem die Handlung durch seine eigenen Handlungen beeinflussen. Diese Möglichkeiten gelten allgemein als attraktiv und für Computerspiele wird mit ihnen häufig geworben. Die intern-ontologische Interaktivität findet sich nach Ryan unter den Computerspielen häufig in Adventures und auch in Action Games: „Here the user is cast as a character who determines his own fate by acting within the time and space of a fictional world. In this type of system interactivity must be intense, since we live our lives by constantly engaging with the world that surrounds us."[7] Diese Auffassung von der Freiheit des Rezipienten in Adventures und Action Games wird mittlerweile in der Forschung jedoch kritisch betrachtet, weil die Spieler in den genannten Genres häufig auf einen genau vorgegeben Weg ‚gezwungen' werden, der Handlungsfreiheiten nicht ermöglicht. Die großen Spielehersteller haben dieses Problem längst erkannt und bieten mit ihren neuesten Produktionen zumindest teilweise graduelle Verbesserungen in Form erweiterter Handlungsmöglichkeiten für den Rezipienten an. Intern-ontologische Interaktivität spielt auch jenseits der Computerspiele eine wichtige Rolle: Sie prägt vor allem das – bislang nicht erreichte – Ideal eines interaktiven Dramas (s.u. die Analyse von *Façade*).

[7] Ryan (2001).

6.1.3.2 Ergänzungen zur Typologie von Ryan

Im Rahmen von Ryans Bestimmungsversuchen der Interaktivität ist die Unterscheidung zwischen ‚explorativ' und ‚ontologisch' insofern von besonderer Bedeutung, als sie auf dem nach unserer Ansicht zentralen Merkmal interaktiver Produktionen beruht, der Möglichkeit zur Handlungsbeteiligung. ‚Explorative' und ‚ontologische' Interaktivität bezeichnen dabei zwei Pole, die als Endpunkte auf eine stufenlosen Skala verstanden werden können. Problematisch bleibt diese Unterscheidung jedoch insofern, als sie in vielen Fällen nicht hinreichend differenziert ist. Eine Alternative zu Ryans Unterscheidung von ‚explorativ vs. ontologisch' bietet das Modell von Brenda Laurel. Laurel nimmt eine differenziertere Kategorisierung von Handlungsmöglichkeiten des Rezipienten vor als Ryan, indem sie in *Interface as Mimesis*[8] folgende Kategorien unterscheidet:

(1) *Frequency*/Frequenz: Mit ‚interactive frequency' wird die Klickfrequenz bezeichnet („a measure of how often user input is enabled"[9]). Die beiden Pole auf einer Klickfrequenz-Skala werden durch die kontinuierliche Nutzung von Interaktivität in ‚real time' und durch die seltene Möglichkeit der Nutzung von Interaktivität markiert. Die kontinuierliche Nutzung von Interaktivität kann in Action-Spielen vorherrschend sein, in denen durchgängig eine Spielfigur geführt wird; die seltene Nutzung beispielsweise in interaktiven Spielgeschichten, in denen längere erzählende Passagen nur hin und wieder durch kurze interaktive Passagen ergänzt werden.

(2) *Range*/Bereich: Die Kategorie ‚range' bestimmt die Quantität von Wahlmöglichkeiten: „Interactive range", so Laurel, „describes the range of choices available to users at a given moment in the interaction". Der eine Pol auf der Bereichs-Skala wird durch ein Minimum an Wahlmöglichkeiten, das heißt durch binäre Wahlmöglichkeiten (z.B. ‚Norden'/‚Süden' in Textadventures), markiert; der andere Pol durch (scheinbar) unbeschränkte Eingabe- und Handlungsmöglichkeiten. Dieser Fall liegt beispielsweise vor, wenn ein Spieler seine Figur völlig frei in Räumlichkeiten bewegen kann.

(3) *Significance*/Bedeutung: Als ‚interactive significance' bezeichnet Laurel „a measure of the impact of the users' choices and actions upon the whole". Der Grad an Bedeutung, der den interaktiven Tätigkeiten des Rezipienten zukommt, wird also durch die Konsequenzen bestimmt, die diese Tätigkeiten für die Handlung und gegebenenfalls auch für die Programmstruktur haben. Die beiden Pole auf der Bedeutungs-Skala werden durch geringe versus hohe Einflussnahme markiert. Die höchste Bedeutung haben dabei nicht interaktive Tätigkeiten, die die Handlung einer Produktion betreffen, sondern solche, die in die Programmstruktur eingreifen, sodass der Rezipient das Programm selbst verändern kann. Hohe Bedeutung von Interaktivität bezeichnet Laurel (in Anlehnung an die in Website-Programmen gängige Begrifflichkeit) als dynamisch, niedrige als statisch. Beispiele für Produktionen mit einer geringen Bedeutung von Interaktivität sind interaktive Spielgeschichten; in diesen Produktionen ist die Handlung fest vor-

[8] Laurel (1986).
[9] Vgl. ebd.

gegeben und der Rezipient ist an die engen Vorgaben der Produktion gebunden. Die ‚volle' dynamische Interaktivität ist zurzeit nur eine Zukunftsvision; als bedingt dynamisch lassen sich beispielsweise Simulationen bezeichnen.

Laurels Kategorisierung führt vor allem dann zu präziseren Ergebnissen als die Systematisierung Ryans, wenn eine Produktion einen weiten Bereich an Interaktivität ermöglicht, etwa indem der Rezipient eine Figur frei in fiktionalen Räumen bewegen kann, und zugleich nur eine geringe Bedeutung der Interaktivität, indem die vom Spieler geführte Figur weitgehend einem vorgegebenen Ablauf der Handlung zu folgen hat. Diese Anlage einer Produktion, die beispielsweise die *Tomb Raider*-Serie wesentlich kennzeichnet, kann durch Ryans Kategorisierung nicht angemessen erfasst werden.

Eine ähnliche Unterscheidung wie die zwischen hoher und niedriger Bedeutung von Interaktivität ist jüngst von Michael Mateas und Andrew Stern vorgeschlagen worden; sie bestimmen interaktive Möglichkeiten der Handlungsbeeinflussung mit Hilfe der Kategorien ‚local agency' und ‚global agency'. Mit ‚agency' wird die Beeinflussung der Handlung bezeichnet; die Unterscheidung zwischen ‚local' und ‚global' bestimmt die Reichweite von ‚agency'.

(1) *Local agency*: Die interaktive Tätigkeit bringt sichtbare ‚Reaktionen', das heißt unmittelbare Auswirkungen auf die Handlung, hervor: „Local agency means that the player is able to see immediate, clear reactions". Solche ‚Reaktionen' ergeben sich beispielsweise, indem der Rezipient die Spielfigur in eine bestimmte Richtung bewegt.

(2) *Global agency*: Statt unmittelbarer Reaktionen zeigen sich längerfristige Konsequenzen von interaktiver Tätigkeit auf die Handlung: „global agency means that the long-term sequence of events experienced by the player is strongly determined by player interaction"[10]

Auch mit dieser Unterscheidung lässt sich die Eigenart vieler interaktiver Produktionen und vor allem vieler Computerspiele treffend beschreiben, in denen der Rezipient innerhalb einer Szene vielfältige Möglichkeiten hat, eine von ihm gesteuerte Figur zu bewegen, und zugleich an einen vorgegeben Handlungsweg gebunden ist, zu dem es keine Alternativen gibt. Die Handlungsfreiheit ist in diesen Fällen stets lokal begrenzt und der globale Ablauf der Handlung ist fest vorgegeben. Die von Mateas/Stern vorgeschlagene Unterscheidung zwischen ‚local agency' und ‚global agency' greift den von Laurel genannten Aspekt ‚significance' auf und ist insofern nützlich, als zwischen zwei grundlegenden Typen von ‚significance' unterschieden wird.

6.1.3.3 Interaktive Erzählungen und medienübergreifende Darstellungsverfahren

Die Unterscheidung ‚intern vs. extern' schließt nach Ryan an Kategorien zur Analyse von Darstellungsverfahren herkömmlicher literarischer Texte an, während die Unterscheidung ‚explorativ vs. ontologisch' nur auf Produktionen im

[10] Mateas/Stern (2005), S. 10.

neuen Medium Computer angewendet werden könne: „Whereas the distinction internal-external is analogue, the dichotomy exploratory-ontological is strictly digital.“[11] Diese Aussage ist für die Unterscheidung ‚explorativ vs. ontologisch‘ zweifellos richtig. Für den Gegensatz ‚intern vs. extern‘ trifft sie jedoch nur bedingt zu. Diese Unterscheidung beruht auf dem Kriterium An-/Abwesenheit des Rezipienten in der dargestellten fiktionalen Welt. Dieses Kriterium ist auf literarische Erzählungen tatsächlich nicht anwendbar, weil der Rezipient nicht Teil der dargestellten Welt oder jedenfalls nicht zum selben Zeitpunkt Teil der dargestellten Welt und Rezipient der Darstellung sein kann. Dennoch lässt sich unter dem Aspekt ‚Beteiligung‘ eine gewisse Parallele zwischen literarischen und interaktiven Erzählungen feststellen: Ähnlich wie der Erzähler in (homodiegetischen) literarischen Erzählungen auch Figur der dargestellten Welt sein kann, kann der Rezipient interaktiver Erzählungen zugleich als ‚(Mit-) Gestalter’ der Erzählung wirken und in die dargestellte Welt eingehen. In beiden Gattungen des Erzählens ist es also möglich, dass die ‚Produzenten’ einer Erzählung Teil der dargestellten Welt sind, wobei allerdings der ‚(Erzähler)-Produzent’ einer literarischen Erzählung keineswegs genau dem ‚(Rezipienten-) Produzenten’ einer interaktiven Erzählung entspricht – vor allem deshalb, weil der Rezipient einer interaktiven Erzählung ‚nur’ innerhalb eines vorgegebenen Programms agiert und auf diese Weise nur in deutlich eingeschränkter Weise als Verursacher der Erzählung gelten kann.

Wenn der Gegensatz ‚intern vs. extern‘ nicht nur durch das Kriterium ‚An-/Abwesenheit des Rezipienten in der dargestellten Welt‘, sondern auch durch den Aspekt ‚Perspektivierung‘ bestimmt wird, lassen sich noch weitere Parallelen zu Darstellungsverfahren literarischer Texte finden. Das Merkmal ‚interne Interaktivität‘ ist bei Ryan an eine bestimmte Variante der figurenbezogenen Wahrnehmung gebunden: Im Falle interner Interaktivität steuert der Rezipient eine Figur oder nimmt die dargestellte Welt aus einer Erste-Person-Perspektive wahr (First-person-point-of-view-Wahrnehmung, Ego-Perspektive) und verfügt dabei nur über den Kenntnisstand der entsprechenden Figur. Ähnlich kann bei der Bestimmung der Erzählperspektive für einen großen Teil (moderner) literarischer Erzähltexte festgestellt werden, dass der Rezipient genauso viel weiß wie eine Figur. Im Falle der First-person-point-of-view-Wahrnehmung liegt darüber hinaus eine Bindung des Rezipienten an die subjektive Wahrnehmung einer Figur vor, sodass sich hier eine Parallele zur Gestaltung der ‚Sichtweise’ in literarischen Erzählungen ergibt, die den Rezipienten die fiktionale Welt mit den Augen einer Figur wahrnehmen lassen. Zugang zur Innenwelt der Figuren hat der Rezipient von Computerspielen allerdings nicht – es sei denn in rudimentärer Form, indem beispielsweise Gemütszustände aus einer ‚Befindlichkeitsskala’ ablesbar sind (vgl. *Die Sims 2* und *Fahrenheit*). – Die externe Interaktivität‘ in der der Rezipient das Geschehen aus einer Vogel- oder einer isometrischen Perspektive verfolgt, hat dagegen eine Entsprechung in denjenigen literarischen Erzählungen, die den Rezipienten mehr wissen lassen als einzelne Figuren und die ihre Handlung aus einer ‚objektiven‘ Außensicht darstellen.

[11] Vgl. Ryan (2001); die folgenden Zitate ebd.

6.1.4 Ein Grundmodell für die Analyse interaktiver Werke

Wie für die Erzählungen aller anderen Medien gilt auch für interaktive Erzählungen, dass ihre Analyse auf einer Untersuchung von Handlung und Figuren nach dem in Kapitel 2.1 vorgestellten Modell beruhen soll. Außerdem können – je nachdem, ob und in welchem Ausmaß eine Produktion Schrifttext oder audiovisuelle Elemente nutzt – Darstellungsverfahren von literarischen und filmischen Erzählungen einbezogen werden (vgl. Kap. 4.1. und 5.1). Die Analyse muss allerdings darüber hinaus die folgenden interaktivitätsspezifischen Aspekte berücksichtigen. Die Kombination von Interaktivitäts-, Darstellungs- und Handlungsanalyse leitet zur Interpretation über und erlaubt damit auch ein Urteil über die, so Mark Wolf, ‚worldview', die eine bestimmte Produktion vermittelt (Kampf jeder gegen jeden etc.).[12]

(1) Die Beziehung von Narrativität, Interaktivität und Spiel

Von grundlegender Bedeutung für die Analyse ist die Art der Kombination von Narrativität und Interaktivität sowie gegebenenfalls von Spielelementen:

- Kombination von Narrativität und Interaktivität im Überblick: Sind rein erzählende und interaktive beziehungsweise interaktiv-erzählende Passagen deutlich zu unterscheiden oder liegt eine (fast) durchgehende ‚Interaktivierung' vor? Wie sind gegebenenfalls die rein erzählenden und interaktiven/interaktiv-erzählenden Passagen gewichtet?
- Spielproduktion: Ist eine Spielkomponente vorhanden? Ist die Spielkomponente deutlich von rein narrativen Passagen abgegrenzt oder integraler Bestandteil der Handlung?
- Verhältnis von Interaktivität/Spielkomponente und Narrativität: Welche Bedeutung haben diese Elemente und ihr Zusammenspiel für den narrativen Charakter einer Produktion? Die Spannweite der Möglichkeiten: Dominanz der nicht-interaktiven erzählenden Passagen, ergänzt durch interaktive ‚Einsprengsel' vs. bloße ‚Umrahmung' interaktiver Passagen durch erzählende Passagen ohne prägende Bedeutung für den narrativen Charakter der Produktion; zwischen diesen Möglichkeiten steht die Integration interaktiver Elemente in eine Erzählung, bei der die interaktiven Elemente einen wesentlichen Beitrag zur Gestaltung der Erzählung leisten. Zu Untersuchung von Spielen: Ist die Spielkomponente eine ‚aufgesetzte' Ergänzung zur Darbietung einer Handlung oder ihr integraler Bestandteil? Ist die Handlung bloßes ‚Beiwerk' zum Spielangebot?

(2) Strukturmodelle von interaktiven Produktionen

Strukturbeschreibungen interaktiver Erzählungen sollen in Anlehnung an die folgenden grundlegenden Typen (nach Ryan) vorgenommen werden:

[12] Wolf (2001), S. 109.

- Achsen-Struktur (mit einer vorgegebenen Abfolge von Handlungsschritten und Seitenpfaden, von denen eine Rückkehr zum Ausgangspunkt des Seitenpfades erforderlich ist);
- (binäre oder multiple) Baum-Struktur (Verzweigungen ohne ‚Berührungen' unterschiedlicher Pfade);
- Netzwerk-Struktur 1: gelenktes Netzwerk/Labyrinth-Tour (mit eindeutigem Start- und Zielpunkt sowie weiteren obligatorisch zu durchlaufenden Handlungspunkten, zudem Variationsmöglichkeiten beim ‚Ansteuern' der obligatorischen ‚Stationen');
- Netzwerk-Struktur 2: Labyrinth (mit eindeutigem Start- und Zielpunkt und Variationsmöglichkeiten zum Erreichen des Zielpunktes);
- Netzwerk-Struktur 3: Rhizom (mit Verzweigungen, die nicht den Einschränkungen der anderen Typen unterworfen sind; im Extremfall scheinbar regelloses ‚Wuchern' von Pfaden/Erzählsträngen).

(3) TYPEN INTERAKTIVER PARTIZIPATION

Typen der Partizipation mittels Interaktivität sollen nach Ryan grundlegend wie folgt unterschieden werden:

- extern vs. intern (Rezipient situiert sich außerhalb/innerhalb der dargestellten Welt)
- ontologisch vs. explorativ (Rezipient hat Einfluss/keinen Einfluss auf die Handlung)

Die Produktionen können zudem einer der vier Klassen zugeordnet werden, die durch die Überkreuzklassifikation dieser Merkmale gewonnen werden: (1) extern-explorativ, (2) intern-explorativ, (3) extern-ontologisch und (4) intern-ontologisch.
In Ergänzung zu dieser Unterscheidung können in Anlehnung an Laurel Brenda folgende Aspekte berücksichtigt werden:

- frequence/Frequenz: Intensität der ‚Klick-Aktivitäten'
- range/Bereich: Quantität der Wahlmöglichkeiten (zu einem bestimmten Zeitpunkt)
- significance/Bedeutung: (kurz- und langfristige) Konsequenzen der interaktiven Möglichkeiten für die ‚Konstruktion' der Handlung

(4) ZUORDNUNG ZU GENRES

Die durch die oben genannten Aspekte geleitete Analyse einer interaktiven Erzählung soll ergänzt werden, indem das Genre der Erzählung und damit ihre Zugehörigkeit zu einem der Haupttypen interaktiver Produktionen bestimmt wird. Folgende grundlegende Unterscheidung bietet sich an:

- Hyperfiction und interaktives Drama als Genres interaktiver Literatur
- Interaktives Bilderbuch und interaktive Spielgeschichte als Genres speziell für Kinder (und teilweise auch für Jugendliche)
- Computerspielgenres (vor allem: Action Game, Adventure, Rollenspiel, Simulation)

6.1.5 Beispielanalyse: *Façade* von M. Mateas und A. Stern

Das interaktive Drama *Façade* soll für interaktive Erzählungen, so die Absicht seiner Autoren, neue Perspektiven eröffnen.[13] Ein Konflikt zwischen Narrativität und Interaktivität soll in dieser Produktion vermieden werden, indem die interaktiven Möglichkeiten eine ‚vollgültige' Teilhabe an einer ‚vollgültigen' Narration erlauben. Der Spieler soll mittels intern-ontologischer Interaktivität nicht nur durch die ‚Führung' einer Figur in eine fiktionale Welt ‚eintauchen', er soll auch an den Geschehnissen teilhaben und den Gang der Ereignisse beeinflussen können. Dabei soll der Spieler an einer fiktionalen Welt mit psychologisch komplexen Charakteren teilnehmen können und sein Agieren soll wesentlich auf die ‚Beziehungsebene' zwischen den fiktionalen Figuren ausgerichtet sein – und zwar durch eine Teilnahme am Gespräch der Figuren in der fiktionalen Welt: Der Spieler ‚besucht' das Ehepaar Grace und Trip in deren Wohnung und beteiligt sich am Gespräch, das schließlich in einer krisenhaften Situation endet: Grace und Trip stellen ihre Ehe zur Disposition.

Der Spieler kann mit seinen Gesprächsbeiträgen wesentlichen Einfluss auf die Handlung nehmen und dabei auch den Schluss des Abends mitbestimmen. Die Autoren bezeichnen den Gast/Spieler sogar als „catalyst" für die Handlung: „without you, nothing will change".[14] Am Ende des Abends kommt es zu einer Entscheidung, wobei unterschiedliche Lösungen des Konflikts möglich sind; die Wahl einer bestimmten Entscheidung hängt vom Gesprächsverlauf – und also auch vom ‚Gast' und seinen Gesprächsbeiträgen – ab. Die ‚Rolle' des Gastes beschreiben die Autoren wie folgt: „Besides being told you are a friend (which you can ignore if you wish), you are given no role to play. You are free to simply be yourself – or act like anyone you want." Als Aufgabe des Spielers wird ein Handeln in Anlehnung an theatralische Improvisationen bezeichnet: der Rezipient solle sich als „fellow performer with Grace and Trip" verstehen: „everyone is trying to work together to create an interesting dramatic performance". Dieses Zusammenspiel bedeute jedoch keinesfalls, dass der Rezipient mit Grace und Trip übereinstimmen und Konflikten aus dem Weg gehen solle.

a) Die einzelnen Komponenten der Produktion

Façade ist modular organisiert und durch das Zusammenspiel von drei Komponenten geprägt: Erzählbausteine bilden das ‚Gerüst' der Erzählung; sie werden ergänzt sowie in ihrer Abfolge und konkreten ‚Ausformung' beeinflusst durch die Sprachhandlungen des Rezipienten und die so genannten ‚story values', bei denen es sich um ‚bausteinübergreifende' handlungsbestimmende Prinzipien handelt, beispielsweise ‚story tension' zur ‚Regulierung' der Handlungsspannung (s.u.).

---

[13] Vgl. Mateas/Stern (2005).

[14] Mateas/Stern (2005). – Die folgenden Zitate ebd.

Sprechhandlungen d. ‚Spielers' *(Player / Discourse Acts)* - …	<u>*Erzählbausteine*</u> ‚beats / mix-ins'	*„Story Values"* - Story Tension - …

(I) Die ‚Erzählbausteine': Das ‚Handlungsgerüst'

Die Abfolge der ‚Erzählbausteine' ‚trägt' und strukturiert die Handlung. Die ‚Erzählbausteine' unterscheiden sich in grundlegende Einheiten, die ‚beats', und beigefügte Einheiten, die ‚mix-in progressions'. In den ‚Erzählbausteinen' werden drei Gesprächsthemen wiederholt aufgegriffen, die für Grace und Trip besondere Bedeutung haben.

(a) Zu den ‚beats': Die ‚beats' – der Ausdruck ist der Dramentheorie entnommen und bezeichnet dort kurze Dialogphasen, die die Handlung vorantreiben – sind zwischen Geschehnissen und Episoden angesiedelte Handlungselemente, die die narrativen Basis-Einheiten für die interaktive Erzählung darstellen; die Erzählung kann als Folge von ‚beats' verstanden werden, ergänzt um die ‚Mix in progressions' (s.u.). Die ‚beats' sorgen für die notwendige narrative ‚Ordnung', indem sie – durch ihre Binnenstruktur und ihre von bestimmten Regeln geleitete Abfolge – eine kausal geordnete Reihe von Geschehnissen bilden, die einen Spannungsbogen mit konflikthafter Zuspitzung aufweist (s.u.). Insgesamt gibt es 27 ‚beats', die jeweils zwischen 30 und 90 Sekunden umfassen; innerhalb eines ‚Durchgangs' durch das Spiel werden jedoch nur ungefähr 15 ‚beats' genutzt. Diese 15 ‚beats' verteilen sich auf die verschiedenen Phasen der Erzählung. Ein Teil der ‚beats' ist obligatorisch und an bestimmte Phasen der Erzählung gebunden – beispielsweise die einleitenden ‚beats' –, während ein anderer Teil fakultativ ist und keinen festen Ort innerhalb der Narration hat. Zudem sind auch die einzelnen ‚beats' so strukturiert, dass sie Variationsmöglichkeiten bieten.

(b) Zu den ‚Mix in progressions': Die ‚global mix-in progressions', die ungefähr ein Drittel der Erzählung bestimmen, sind „small- to medium-sized narrative situations about supporting, related or tangential aspects" der Handlung. Sie bieten unterschiedliche Gesprächsgegenstände und ermöglichen dem Spieler verschiedene Verhaltensweisen gegenüber dem Paar Grace und Trip; so kann er beispielsweise Kritik an einer Figur üben oder auch mit ihr flirten (vgl. die ‚Mix-in progressions' „CriticizeGrace", „FlirtWithGrace"). Die ‚Mix-ins', die sowohl durch die Figuren als auch durch den Spieler ‚aufgerufen' werden können (beispielsweise durch den Beginn eines Flirts), werden mit dem gerade ablaufenden ‚beat' verbunden und spielen eine wichtige Rolle für das Ansteigen der Spannung innerhalb des Gesprächs (s.u.).

(II) Die Äußerungen des Spielers/,Gastes': Player discourse acts

Der Spieler/,Gast' ergänzt beziehungsweise beeinflusst mittels unterschiedlicher ,discourse acts' die Handlung. Die Äußerungen des ,Gastes' werden durch einen Parser jeweils bestimmten ,discourse acts' zugewiesen. Durch die Aktivierung von unterschiedlichen ,discourse acts' wird der Fortgang der Handlung verschieden gestaltet: Sowohl die Abfolge der ,Erzählbausteine' als auch ihre konkrete Realisierung innerhalb eines bestimmten ,Durchgangs' durch die Produktion können so durch den Rezipienten beeinflusst werden – allerdings ohne dass er die Folgen seiner Äußerungen genauer abschätzen könnte. Zu den ,discourse acts' gehören beispielsweise: agree, disagree, generalExclamation, positiveExclamation, negativeExclamation, express<emotion>, referTo<character>/<object>/<topic>/<theme>, praise, flirt, kiss etc. Die in Klammern genannten Begriffe werden durch unterschiedliche Parameter spezifiziert, vergleiche zum Beispiel: „<emotion>: happy, sad, angry, laugh".

(III) Die „story values": Die Steuerung des Konfliktverlaufs

Der Verlauf der Handlung wird insgesamt durch feste Prinzipien der Strukturierung, die so genannten ,story values', geleitet. Während die ,beats' und ,mix-ins' sozusagen das ,Rohmaterial' für die Handlung darstellen, werden durch die ,story values' der Konfliktverlauf innerhalb des Gesprächs und die Auswahl eines bestimmten Schlusses für die Erzählung organisiert. Im Zusammenspiel mit den Äußerungen des Spielers wird durch die ,story values' die Abfolge von Geschehnissen – durch Auswahl, Anordnung und ,Ausgestaltung' von ,beats' und ,mix-ins' – bis ins Detail gestaltet, sodass eine bestimmte Handlung ,erzeugt' wird. Von zentraler Bedeutung ist dabei der Aspekt ,Spannung' (,tension'): Jeder ,beat' und ,mix-in' ist bestimmten Spannungsstufen (,tension levels') zugeordnet und kann bestimmte ,Spannungseffekte' (,effects on tension') erzeugen. Folgende Phasen der Handlung sind obligatorisch: (a) Beginn des gemeinsamen Abends mit Begrüßungen, (b) Gespräche über verschiedene Themen (fakultative ,beats'), (c) Offener Ausbruch eines Konfliktes (mit obligatorischen ,beats' wie dem ,CrisisBlowUp'-,beat') und (d) ,Selbsterkenntnisse' der Figuren, die zu einem unter mehreren möglichen Enden führen (fakultative ,beats').

b) Interaktive Partizipationsmöglichkeiten

Die Beziehung von Narrativität und Interaktivität in *Façade* ist dadurch bestimmt, dass die interaktiven Handlungen des Rezipienten einen wesentlichen Teil der Erzählung ausmachen. Die Struktur der interaktiven Produktion lässt sich dem Netzwerkmuster zuordnen; sie entspricht jedoch keinem der ,klassischen' Typen Labyrinth-Tour, Labyrinth oder Rhizom. Vielmehr werden in *Façade* Elemente der Labyrinth-Tour mit Elementen des Labyrinths kombiniert: Merkmale der Labyrinth-Tour zeigen sich, weil für bestimmte Phasen der Handlung bestimmte Erzählbausteine zur Verfügung stehen, die zumindest teilweise obligatorisch sind. Gemeinsamkeiten mit der Labyrinth-Struktur ergeben sich dadurch, dass der

Handlungsverlauf – trotz einzelner obligatorischer Erzählbausteine – nicht durch ein ‚Durchlaufen' bestimmter Handlungsstationen geprägt ist; bestimmend ist vielmehr die variable Abfolge von Erzählbausteinen, die zudem in sich Variationsmöglichkeiten enthalten.

Die interaktive Partizipation ist durch die Merkmale intern und ontologisch geprägt: Der Rezipient ist ‚Mitspieler' in der dargestellten Welt und nimmt Einfluss auf die Handlung. Die ‚Frequenz' (frequence) der Rezipienten-Handlungen ist hoch, weil nur für die kurzen Zeitspannen, in denen Grace und Trip reden, die interaktiven Möglichkeiten des Rezipienten ‚blockiert' sind. Der ‚Bereich der Wahlmöglichkeiten' (range) zeichnet sich dadurch aus, dass vom Rezipienten keine bestimmten Äußerungen in der Gestaltung des Gesprächs mit Grace und Trip erwartet werden; eine wesentliche Beschränkung ist freilich durch die begrenzten Fähigkeiten des Parsers bedingt, der die Äußerungen des Rezipienten ‚verarbeitet'. Die ‚Bedeutung' (significance) der interaktiven Handlungen ist insofern beachtlich, als Façade unterschiedliche Grade von ‚local agency' an verschiedenen Stellen der Erzählung und, so die Autoren zutreffend, „a modest amount of global agency" bietet. Insgesamt jedoch prägen die eng begrenzten Möglichkeiten zur verbalen Kommunikation mit den Figuren die Produktion wesentlich und erlauben nur eine recht beschränkte Einflussnahme des Rezipienten auf die Handlung. Wenngleich ein höherer Programmieraufwand zu ‚besseren' Ergebnissen führen würde, so wären – nach heutigem Stand der Technik – trotzdem nur graduelle Verbesserungen möglich.

6.2 Didaktische Perspektiven

Die didaktischen Perspektiven interaktiver Erzählungen sind nach unserer Auffassung eng begrenzt. Gleichwohl halten wir es für notwendig, zumindest eine ‚schmale' Didaktik der interaktiven Narration zu entwickeln. Computerspiele werden auch in den Bildungsstandards berücksichtigt: Schüler sollen die im Computerspiel dargebotene Welt von der wirklichen unterscheiden können.[1] Nach unserer Überzeugung muss eine solche Fähigkeit von der Kompetenz ergänzt werden, eine kritisch-distanzierte Analyse und Beurteilung der von interaktiven Produktionen vermittelten Menschen- und Weltbilder vorzunehmen.

6.2.1 Hinführung: Funktionen interaktiver Erzählungen

Die interaktiven Erzählungen versprechen ein gegenüber herkömmlichen Werken qualitativ ganz anderes Erleben einer Narration; ‚Mitgestalten statt nur zuschauen', so könnte das Motto für dieses Erleben lauten. Ein solches Motto klingt attraktiv und es könnte vermuten lassen, dass die entsprechenden Produktionen einen narrativen ‚Mehrwert' besitzen. Die folgenden Ausführungen zeigen jedoch, dass die neuen Erzählungen dem Rezipienten im Vergleich mit ihren literarischen und filmischen Vorgängern eher weniger als mehr zu bieten haben. Dieser Befund ergibt sich vor allem aus einer Diskussion der beiden zentralen Funktionen, die die Interaktivität in interaktiven Erzählungen hat: Der Handlungsbeteiligung und der Perspektivierung.

(1) „Geh deinen eigenen Weg" – Über fehlende und unerwünschte Freiheit von Rezipienten

Interaktive Erzählungen erfahren in der Forschung teilweise deshalb eine besondere Wertschätzung, weil ihnen eine ‚Neudefinition' von Autor- und Rezipientenrolle zugeschrieben wird. Vor allem der Rezipient von Hyperfiktionen gilt in dieser Sicht als ‚Co-Autor'. Seine Mitwirkung an der Erzählung wird als ‚Freiheit' beziehungsweise als Einschränkung des ‚dominierenden' Autors und damit als entscheidender Vorteil gegenüber herkömmlicher Literatur verstanden – nicht zuletzt auf den Spuren der poststrukturalistischen Theorie vom ‚Tod des Autors'. So haben beispielsweise Michael Böhler und Beat Suter den Autor von Hyperfictions als eine Instanz beschrieben, die lediglich eine Fülle gegliederter Materialien und Beziehungen zur Verfügung stelle. Der Leser, der möglichst frei über diese Materialien verfügen wolle, werde durch sein ‚aktives Handeln' zum ‚Mitautor', sodass sich die Unterscheidung von Autor und Leser immer mehr verwische.[2] Auch in der Diskussion über – und zumal der Werbung für – narrative

[1] Bildungsstandards für den Mittleren Schulabschluss im Fach Deutsch, S. 17.
[2] Suter/Böhler (1999), S. 18-20.

Computerspiele werden häufig die vielfältigen Navigationsmöglichkeiten der Spieler, die ein eigenständiges Handeln innerhalb der fiktionalen Welt ermöglichen sollen, als entscheidendes ‚Plus' dieser Produktionen herausgestellt.

Gegen diese Annahmen sind jedoch verschiedene Einwände vorgebracht worden. Zum einen wird in Frage gestellt, dass dem Rezipienten von Hyperfiktionen und narrativen Computerspielen tatsächlich ein hohes Maß an Möglichkeiten zur kreativen Mitgestaltung zukommt: Der Rezipient bleibe, so die entsprechende Argumentation, abhängig von den vom Autor programmierten Möglichkeiten. Tatsächlich lässt die Interaktivität jedenfalls in den bislang vorliegenden Computerspielen dem Rezipienten einen relativ geringen Freiraum: Diese Produktionen bieten nur – in der Begrifflichkeit von Ryan – eine eingeschränkt ontologische Interaktivität, nur – in der Begrifflichkeit von Laurel – eine Interaktivität mit geringer ‚significance' beziehungsweise nur – in der Begrifflichkeit von Mateas und Stern – eine Interaktivität vornehmlich mit ‚local agency' statt mit ‚global agency'. Die Gründe für diese Beschränkungen liegen zumindest teilweise darin, dass sich interaktive Erzählungen noch in einem frühen Stadium der Entwicklung befinden und die Möglichkeiten von interaktiver Partizipation noch nicht hinreichend erschlossen sind; es ist jedoch fraglich, ob künftig ein grundlegender Wandel möglich sein wird. Die oben genannten Beschränkungen der Handlungsfreiheit für den Rezipienten bestimmen auch die Adventures, also dasjenige Genre, das noch vor wenigen Jahren als Beispiel für die Möglichkeit galt, ein hohes Maß an Narrativität mit einem hohen Maß an Handlungsfreiheit für den Spieler zu verbinden. Inzwischen ist die Einsicht gewachsen, dass die Spieler zumeist einem recht genau vorgegebenen Weg folgen müssen; auch und vielleicht vor allem diese Beschränkung mag dazu geführt haben, dass Adventures mittlerweile an Attraktivität verloren haben.

Zum anderen kann bezweifelt werden, ob Rezipienten die Wahlmöglichkeiten zumindest interaktiver Produktionen ohne Spielkomponente überhaupt für wünschenswert halten. Selbst solche Hyperfiktionen, die eine ausreichende Orientierung ermöglichen und das ‚lost in hyperspace'-Gefühl nicht aufkommen lassen, werden nicht unbedingt den Interessen von Rezipienten gerecht – und zwar deshalb, weil Hyperfiktionen wohl grundsätzlich nur schwer in Einklang mit unseren Rezeptionserwartungen zu bringen sind: Offensichtlich haben wir als Rezipienten von Erzählungen ein großes Interesse an ‚festen', von uns nicht beeinflussbaren Handlungen. Anders ließe es sich beispielsweise kaum erklären, dass literarischen Erzählungen nicht zumindest alternative Schlusskapitel beigegeben werden, was technisch relativ problemlos zu leisten wäre. Erzählungen bieten stets eine ‚Weltdeutung' und offenbar erwarten wir, dass dieses Angebot ‚vollständig' ist – unabhängig von seiner Komplexität.

(2) „Du bist die Hauptfigur" – und doch nur Mitspieler in einer ‚flachen' Welt?

Die interne Interaktivität gilt zumal in Kombination mit der ontologischen als besondere Leistung interaktiver Erzählungen: Statt eine dargestellte Handlung ‚nur' zur Kenntnis zu nehmen kann der Rezipient in Erzählungen mit interner Interaktivität durch die ‚Führung' einer Spielfigur an der Handlung teilhaben.

Diese Teilhabe ist, wie ein Blick auf den Erfolg entsprechender Computerspiele zeigt, offenbar durchaus ein attraktives Angebot.

Tatsächlich jedoch bedeutet eine solche Teilhabe gegenüber der traditionellen Rezeption von Erzählungen eher einen Verlust als einen Gewinn – jedenfalls unter der Voraussetzung, dass die zentrale Funktion einer Erzählung für den Rezipienten in der Entfaltung, Aneignung und Nutzung einer möglichst differenzierten Sicht der Beziehung von Subjekt und Außenwelt besteht. Indem ein Rezipient die Rolle einer Figur übernimmt, kommt es höchstens scheinbar zu einer vertieften Auseinandersetzung mit der entsprechenden Figur. Tatsächlich ‚schädigt' der Rezipient die Figur: Sie wird insofern ‚ausgehöhlt', als sie zumindest in den interaktiven (Spiel-) Phasen kein eigenständiges inneres Erleben hat.

Hinzu kommt eine grundsätzliche Beschränkung der dargestellten Welten in interaktiven Produktionen – sofern diese Produktionen nicht, wie im Sonderfall von Hyperfiktionen, als literarische Hypertexte konstruiert sind, in denen die Schrifttextkomponente gegenüber der audiovisuellen Darstellung überwiegt und in denen die Möglichkeiten literarischer Erzählungen in erheblicher Weise genutzt werden können. Herkömmliche Erzählungen bieten mehr oder weniger komplex gestaltete Figuren in – erfolgreicher oder erfolgloser, in der modernen Literatur eventuell auch schon im Ansatz scheiternder – Auseinandersetzung mit der Außenwelt. Die Außenwelt wird dabei zumeist durch andere mehr oder weniger komplex gestaltete Figuren beziehungsweise durch eine mehr oder weniger differenziert dargestellte ‚Sozialwelt' bestimmt. Figuren mit ausgeprägter Individualität finden sich zwar vor allem in der (Hoch-) Literatur seit dem 18. Jahrhundert, aber ‚vormoderne' und ‚triviale' Protagonisten sind doch zumindest insofern ausgestaltete Figuren, als sie Träger von stereotypen – auch inneren – Merkmalen sind. Interaktive audiovisuelle Erzählungen und zumal Computerspiele bieten bislang keine vergleichbar komplexen fiktionalen Welten wie herkömmliche Erzählungen – weder ausgestaltete Figuren mit einem beachtenswerten Innenleben noch ein differenziertes Gesellschaftsbild und auch keine komplexere Kommunikation zwischen den Figuren der dargestellten Welt und zumal zwischen einer vom Rezipienten gesteuerten Figur und den übrigen Figuren. Das Bild von Wirklichkeit, das diese Produktionen entwerfen – ihre, so Wolf, ‚worldview'[3] – ist dementsprechend zumeist klischeehaft, und zwar häufig in noch höherem Maße als in der Trivialliteratur und im populären Spielfilm. Diese Beschränkungen lassen sich teilweise dadurch erklären, dass das Potenzial des Computers durch die interaktiven Produktionen noch nicht ausgeschöpft ist und die bislang gängige Programmierung von Handlungen letztlich einem ‚Wenn-dann-Schema' auf niedrigem Niveau entspricht. Die gegenwärtig und wohl auch in der Geschichte des Computerspiels erfolgreichste Spielproduktion, *Die Sims 2*, demonstriert diese Beschränkungen eindrucksvoll. Virtuelle Welten können jedoch, jedenfalls soweit zurzeit abschätzbar, auch grundsätzlich die komplexe Interaktion von Individuen mit ihrer Umwelt nicht gleichwertig nachbilden. Aus diesem Grunde bleiben die Interaktion einer vom Rezipienten geführten Figur mit anderen Figuren ebenso wie die vom Rezipienten direkt ausgeführten

[3] Wolf (2001), S. 109.

Handlungen stets defizitär. Das interaktive Drama *Façade* versucht diese Defizite zu minimieren – und zeigt dabei vor allem, dass sie nicht grundsätzlich zu beseitigen sind.

(3) Perspektiven: Komplexe virtuelle Welten und/oder Töten als Selbstzweck?

Wenngleich (audiovisuelle) interaktive Erzählungen kaum einer Auseinandersetzung mit komplexen Figuren dienen können, hätten sie, wie zum Beispiel von Joachim Pfeiffer ausgeführt wird,[4] prinzipiell dennoch die Möglichkeit, dem Rezipienten lohnende Angebote zur Entwicklung einer neuen oder differenzierteren Wirklichkeitssicht zu unterbreiten. Interaktive Narrationen und zumal Computerspiele könnten virtuelle Realitäten darstellen, die so fremdartig, komplex beziehungsweise ästhetisch anspruchsvoll gestaltet sind, dass sich für den Rezipienten über die Bewegung in diesen Realitäten eine vertiefte Selbsterfahrung, eine Infragestellung seiner Identität oder auch ein veränderter Blick auf die Außenwelt ergibt. Solche Erfahrungen wären der im Literaturunterricht angestrebten Rezeption von literarischen Texten ähnlich, die auf die Darstellung von fiktionalen Figuren verzichten oder ihre Figuren zumindest in den Hintergrund treten lassen, wie es in einem großen Teil der lyrischen und teilweise in (radikal) modernen erzählenden Werke der Fall ist. Diese Texte eignen sich höchstens bedingt für eine emphatische Annäherung an literarische Figuren und legen vor allem eine an der künstlerischen Gestaltung orientierte Rezeption beziehungsweise eine Auseinandersetzung mit dem im Text entworfenen Weltbild nahe. Eine Umsetzung dieser Möglichkeiten ist aber bislang keineswegs in Sicht.

Bislang werden technische Fortschritte vielmehr vor allem für zunehmend realistischere Spielszenarien genutzt. Diese Entwicklung gilt insbesondere für die zunehmend rezipierten gewalttätigen Spiele, für die *Doom* 3 als repräsentativ gelten kann: Mit diesem Spiel – 2004 ein Verkaufsschlager auch in Deutschland – ist ein, so Bernd Graff, „bislang unbekannter Grad an abscheulichem Realismus in der Darstellung erreicht worden". Dieses Spiel bietet dabei, so Graff treffend, „eine opulent aufbereitete Liquidierungsorgie": Das Spiel „zelebriert die Macht seiner grausamen und grausam-realistischen Bilder: Es verspritzt und verschmiert literweise Blut auf weißen Kacheln, zeigt Wesen mit aufgeschlitzten Bäuchen, die gekreuzigt von der Decke hängen und wie irre schreien, dazu torkelnde Humanoide, denen man die Unterkiefer weggebrochen und die Gesichtshaut abgezogen hat. All das fein detailliert und in Hochauflösung." Diese Darbietung, die der Spieler aus der Perspektive des von ihm gesteuerten Protagonisten ‚unmittelbar' erlebt, wird in keiner Weise ‚hinterfragt': „Es geht", so Graff, „um nichts – nur ums voyeuristisch ausgeweidete Töten."[5] Ebenfalls 2004 erschien das Spiel *Manhunt*, das als das bislang brutalste Spiel gilt: Bei *Manhunt*, so Tobias Moorstedt, „sind die Details die Hauptsache. Der Mund unter der Plastiktüte, wie er nach Luft schnappt. […] Aller Puffer entkleidet, richtet sich die Gewalt nicht gegen Aliens, Zombies oder Soldaten, sondern gegen Menschen, komplett

[4] Vgl. Pfeiffer (2002). S. 193f.
[5] Graff (2004), S. 13.

mit Demutsgesten und Angst vor dem Tod."[6] Auch *Manhunt* bietet das Geschehen aus der Ich-Perspektive; zudem kann der Spieler die Kamera frei bewegen und sich einzelne Szenen noch einmal in Zeitlupe ansehen. Die „Menschenjagd" wird so zu einem „Spiel für Gewaltvoyeure – und keine Metaebene nirgends."[7]

Über die Wirkung solcher Spiele gibt es unterschiedliche und empirisch bislang noch keineswegs befriedigend gestützte Theorien. Kontrovers diskutiert wird vor allem die These, ob die Gewalt in Computerspielen durch Habitualisierung beziehungsweise durch Stimulation im Sinne eines sozialkognitiven Lernens am Modell die Gewaltbereitschaft der Rezipienten erhöht. Ohne diese Frage entscheiden zu wollen, sind wir der Auffassung, dass die Vermittlung eines bestimmten Welt- und Menschenbildes als eine zentrale Funktion vor allem von gewalttätigen Computerspielen gelten kann.

(4) Didaktisch orientierte Rezeptionsforschung

Unsere Annahmen über die Funktionen interaktiver Erzählungen werden von den Ergebnissen der didaktisch orientierten Rezeptionsforschung teilweise bestätigt, teilweise aber auch differenziert. Von besonderem Interesse sind für uns diejenigen Untersuchungen, die einen Zusammenhang zwischen dem narrativen Charakter interaktiver Produktionen und narrativem Lernen nachzuweisen suchen. So haben die empirischen Untersuchungen von Petra Josting zu dem Ergebnis geführt, dass Rezeptionsweisen, wie sie für die Rezeption von Literatur als typisch und erstrebenswert gelten, auch gegenüber interaktiven Produktionen möglich sind. Jostings Befragung von Schülern, die sich im Unterricht mit interaktiven Detektivgeschichten als Sonderfall des Computerspiels beschäftigt haben, hat ergeben, dass die Mehrzahl der Schüler beim Spielen entsprechender Produktionen „auch und vor allem empathische Erfahrungen" gemacht haben, wie sie im Umgang mit Figuren in literarischen und filmischen Erzählungen wesentlich sind. Die Mehrzahl der befragten Kinder habe den Eindruck, während des Spiels eine der Figuren zu sein, während die anderen sich als eine Art „Regisseur" betrachteten. Zugleich mit diesen Rollenübernahmen erfolge eine „Auseinandersetzung mit den Bildschirmfiguren", in denen „Emotionen wie Sympathie, Abneigung und Mitleid" eine Rolle spielen.[8] Zu diesen Befunden ist freilich anzumerken, dass sich die geschilderten Erfahrungen mit den Bildschirmfiguren und zumal die Fremderfahrung auf den Umgang mit ‚flachen' Figuren in insgesamt recht anspruchslosen Produktionen richten und aus diesem Grunde weniger ertragreich sind als die Auseinandersetzung mit komplexeren Figuren literarischer Werke. Josting betont allerdings zu Recht die Chancen eines Unterrichts zu interaktiven Werken, der die ‚Medienrealität' der Schüler berücksichtigt.

Andrea Bertschi-Kaufmann betont ebenfalls die „Qualitäten der Rezeption", die interaktive Produktionen bieten; nach Bertschi-Kaufmann weisen interaktive

---

[6] Moorstedt (2004), S. 11.

[7] Ebd.

[8] Josting (2002), S. 141f.

Produktionen sogar besondere Qualitäten auf, indem sie Kindern helfen, den Umgang mit Erzählungen einzuüben, und damit den Weg zum Buch erleichtern. Aus der Untersuchung von Lese- und Medientagebüchern, in denen Schüler der Primar- und der Sekundarstufe ihre Lese- und Spielerfahrungen mit schulischen „multimedialen Leseumgebungen" unter Einschluss von narrativen interaktiven Spielproduktionen dokumentiert haben, zieht Bertschi-Kaufmann folgende Schlüsse: Als „Qualitäten der Rezeption", die vor allem bei der Rezeption von Kinder-Adventures feststellbar seien, nennt Bertschi-Kaufmann „die aktive Konstruktion eines Geschichtenschemas und die emotionale und sprachliche Beteiligung an einem fiktionalen Geschehen, das Kinder mit der eigenen Rekapitulation in ihr Geschichtenrepertoire aufnehmen."[9] Interessant sind dabei die geschlechtsspezifischen Unterschiede: „Mädchen wählen die Interactive Books vor allem als Auflockerung zwischen ihren Buchlektüren, während viele Jungen die CD-ROM häufig als Einstiegslektüre nutzen, längere Zeit dabei bleiben und mit ihr Geschichten erst einmal kennen lernen, bevor sie schließlich zum gedruckten Buch wechseln. Vor allem in der Grundschule erweisen sich die Multimedia-Versionen von Geschichten als attraktive Lektüre für Jungen, die auf dem Weg sind, Buchleser zu werden."[10] Die Ergebnisse von Bertschi-Kaufmann stützen unsere These, nach der Schüler Kompetenzen im Umgang mit Medienproduktionen erwerben können, die einer Beschäftigung der Schüler mit Literatur zugute kommen. Nach unserer Ansicht sind jedoch weitere Untersuchungen erforderlich, um den von Bertschi-Kaufmann behaupteten Einfluss von interaktiven Produktionen auf die Entwicklung von Kindern zu kompetenten Buchlesern hinreichend präzise zu bestimmen.

Vergleichsweise skeptisch betrachtet dagegen Petra Wieler die Rezeption interaktiver Erzählungen. Im Unterschied zu Bertschi-Kaufmann, die an den Aufzeichnungen der Schülern in ihren Lese- und Medientagebüchern interessiert ist, richtet sich das Interesse von Wieler auf die Prozesse in „dialogisch strukturierten Kontexten vor, nach und auch während der Rezeption" von interaktiven Spielgeschichten und Kinderadventures.[11] Die – in zweiten Klassen durchgeführten – Untersuchungen von Wieler zeigen zunächst, dass bei den Schülern „die Aufmerksamkeit [...] vornehmlich darauf ausgerichtet zu sein [scheint], möglichst viele Spielabschnitte in der zumeist knapp bemessenen Unterrichtszeit zu bewältigen. Die literarischen Komponenten entsprechender Multimedia-Angebote werden unseren Beobachtungen zufolge grundsätzlich ignoriert, der ursprüngliche thematische Erzählzusammenhang der Geschichte gerät somit aus dem Blickfeld." Als Konsequenz ergibt sich, dass im Unterricht „die inhaltliche Dimension des in Bildern, Szenen und Texten ‚Erzählten' durch entsprechende Arbeits- bzw. Schreibaufträge überhaupt erst einmal wieder in den Aufmerksamkeitshorizont der Schüler gerückt" werden müsse, „um auf dieser Basis Überlegungen zu seiner spezifischen ästhetischen Gestaltung – in diesem Fall der

[9] Bertschi-Kaufmann (2005), S. 132.
[10] Ebd., S. 133.
[11] Wieler (2005), S. 139.

'Hypertext'-Struktur der Spielgeschichte – anstellen zu können."[12] Indem Wielers Forschungen eine Tendenz der Rezipienten zur Konzentration auf die Spielelemente feststellen, bestätigen sie unsere oben näher begründete Skepsis gegenüber dem narrativen Potential interaktiver Produktionen.

6.2.2 Interaktive Erzählungen als Unterrichtsgegenstand

Begründungen: Weshalb interaktive Erzählungen im Unterricht?

Gegen eine erneute Erweiterung des Deutschunterrichts durch interaktive Produktionen sprechen gute Argumente. An erster Stelle natürlich das vergleichsweise geringes narratives Potential dieser Produktionen, das sich aus der oben dargelegten stark eingeschränkten Komplexität von Figuren und dargestellter Welt ergibt. Von diesem kritischen Urteil über interaktive Erzählungen muss zwar ein Teil der Hyperfiktionen ausgenommen werden, der in seiner künstlerischen Qualität mit literarischen und filmischen Erzählungen vergleichbar ist; doch lässt die Nischenexistenz von Hyperfiktionen an der Notwendigkeit zweifeln, Schülern Zugänge zu diesen Produktionen zu eröffnen. Ein weiteres Argument gegen die Einbeziehung von interaktiven Erzählungen in den Deutschunterricht ist, dass die Bedeutung sprachlicher Elemente in diesen Produktionen zumeist gering ist, sodass sie mindestens ebenso Gegenstand des Kunst- wie des Deutschunterrichts sein könnten. Dazu kommt, dass die Integration des Computers in den Unterricht noch immer einen erheblichen organisatorischen Aufwand bedeutet und die Verfügbarkeit von kommerziellen Computerproduktionen für die Schüler nicht gewährleistet ist.

Trotz dieser Bedenken ist die schulische Beschäftigung mit interaktiven Erzählungen im Rahmen des Anliegens, Schülern eine umfassende Erzählkompetenz zu vermitteln, aber angebracht. Diese Annahme beruht wesentlich auf der Bedeutung der interaktiven Produktionen für das Leben der Schüler. Die Produktionen sind populär, und es scheint so, als ob sich der Trend zur interaktiven Erzählung in Form des Computerspiels fortsetzen würde. Dabei spielen auch interaktive Literaturadaptionen als Medienverbundproduktionen wie *Der Herr der Ringe* und *Harry Potter* eine Rolle. Unter den Bedingungen des Medienverbundes könnte sich die Narrationssozialisation der Schüler wesentlich verändern: Die Teilnahme an Erzählungen mittels Interaktivität wird für sie vielleicht bald so selbstverständlich sein wie die herkömmliche Rezeption von Erzählungen.

Die weite Verbreitung der Computerspiele ist vor allem deshalb von didaktischem Interesse, weil diese Spiele den Kindern und Jugendlichen Angebote zur Weltdeutung unterbreiten. Auch wenn das narrative Potential interaktiver Erzählungen im Regelfall gering ist, wirken diese Erzählungen doch durch das von ihnen vermittelte Welt- und Menschenbild, ihre 'worldview'– und diese 'world-

[12] Ebd., S. 147.

view' kann alle problematischen Facetten zwischen Trivialität und Inhumanität aufweisen (vgl. oben Kap. 6.2.1). Weil nun die Schüler nicht bloße Objekte in diesem Prozess sein sollen, muss die Schule ihnen eine Analyse- und Interpretationskompetenz vermitteln, die Grundlage für eine kritische Überprüfung der ‚worldview' von Computerspielen sein kann. Darüber hinaus lassen sich Unterschiede und Gemeinsamkeiten der interaktiven Produktionen zu/mit anderen Formen des Erzählens nutzen, um das Bewusstsein von den unterschiedlichen Leistungen der Erzählungen in verschiedenen Medien zu schärfen, aber auch, um Schülern – was auf den ersten Blick erstaunlich erscheinen mag – die Arbeit mit literarischen und filmischen Narrationen zu erleichtern.

Ziele für den Umgang mit interaktiven Erzählungen im Unterricht

Entsprechend der fragwürdigen Qualität der meisten Computerspiele unterscheidet sich das zentrale Ziel einer schulischen Beschäftigung mit interaktiven Produktionen von den Zielen einer Arbeit mit literarischen und filmischen Erzählungen. Es geht in der Beschäftigung mit Computerspielen nicht darum, den Schülern ein subjektiv bedeutsames Verstehen der einzelnen Werke und einen Fiktions-Wirklichkeitsbezug im Sinne einer Differenzierung des Blickes auf die Lebenswirklichkeit zu ermöglichen. Vielmehr sollen die Schüler ähnlich wie im Umgang mit trivialen literarischen und filmischen Erzählungen dazu befähigt werden, eine kritisch-distanzierte Haltung zu den Produktionen einzunehmen – allerdings auch, indem die Schüler das von den Spielen vermittelte Wirklichkeitsbild mit ihrer eigenen Sicht von Wirklichkeit und der Sicht ihrer Mitschüler abgleichen. Selbstverständlich müssen die Produktionen dabei als fiktional erkannt werden, wie von den Bildungsstandards für den Mittleren Schulabschluss gefordert wird („[...] zwischen eigentlicher Wirklichkeit und virtuellen Welten in Medien unterscheiden: z.B. Fernsehserien, Computerspiele"). Diese Erkenntnis dürfte Schülern jedoch gegenüber den aktuellen Produktionen in der Regel nicht schwer fallen.[13]

Die von uns angestrebte kritisch-distanzierte Haltung zu dem jeweils vermittelten Wirklichkeitsbild beruht wie das Verstehen von komplexeren literarischen und filmischen Erzählungen auf Kompetenzen zur Analyse und Interpretation: Nur auf Grundlage dieser Kompetenzen kann die ‚worldview' der entsprechenden Produktionen erkannt und dann bewertet werden. Eine solche Erkenntnis und Bewertung geht nicht nur über die Feststellung der Fiktionalität von interaktiven Produktionen hinaus, sondern auch über spontane emotionale Eindrücke und moralische Urteile. Schülern wird durch die Erkenntnis und Bewertung der ‚worldview' von Computerspielen ermöglicht, selbst gegenüber solchen Produktionen einen kritischen Abstand zu gewinnen, die trotz oder wegen ihrer Gewalttätigkeit viele Jugendliche faszinieren – und zwar ohne eine moralisch begründete Ablehnung durch den Lehrer einfach zu übernehmen.

In Übereinstimmung mit dem didaktischen Konzept des Medienvergleichs sollen im Rahmen der Texterschließung außerdem die zentralen Formen und

[13] Bildungsstandards für den Mittleren Schulabschluss im Fach Deutsch, S. 17.

Funktionen des interaktiven mit denen des literarischen und des filmischen Erzählens verglichen werden. Dabei soll sowohl das Verständnis für die neuen Formen des Erzählens gefördert als auch der Blick für die Leistungen der alten geschärft werden. Von besonderer Bedeutung für diesen Vergleich ist das Phänomen der Perspektivierung, das in Computerspielen eine herausragende Rolle spielt. Die Schüler sollen die Interaktivität mit den Darstellungsverfahren herkömmlicher Erzählungen abgleichen können. Dabei sollen die Schüler vor allem den Interaktivitätstyp ‚interne Perspektivierung' auf die medienübergreifenden Kategorien ‚quantitative Informationsvergabe' und ‚qualitative Informationsvergabe' beziehen. Die Schüler sollten erkennen, dass die interne Perspektive mit der ‚Führung' einer Figur in der Regel gleichbedeutend mit einem auf diese Figur beschränkten Wissen (= Variante der Erzählperspektive/quantitativen Informationsvergabe) ist und häufig damit einhergeht, dass der Rezipient den subjektiven Blick der Figur auf die Außenwelt teilt, während Innensicht in interaktiven Erzählungen höchstens in rudimentärer Form vorkommt (= Varianten der ‚Sichtweise'/qualitativen Informationsvergabe).

Der Literaturunterricht soll sich aber auch deshalb auf eine ‚Trias' aus literarischem, audiovisuellem und interaktivem Erzählen stützen, weil den Schülern entsprechend dem didaktischen ‚Transfer-Konzept' über die interaktiven Produktionen Zugänge zu Erzählungen in anderen Medien eröffnet werden können. So kann das von Bertschi-Kaufmann erörterte narrative Lernen aus interaktiven Spielgeschichten eventuell als Vorbereitung auf literarische Erzählungen dienen (vgl. Kap. 6.2.1.). Von noch größerer Bedeutung dürfte ein weiterer Aspekt des ‚Transfers' von Kompetenzen sein. Der Spieler von Computerspielen verfügt in der Regel über Erfahrungen mit unterschiedlichen Typen der Perspektivierung – und zwar über ‚aktive' Erfahrungen, weil er in den interaktiven Phasen der Spiele diese Typen nutzen und teilweise auch zwischen unterschiedlichen Typen wählen kann – und dürfte in der Lage sein, diese Darstellungsverfahren durch die eigenen Spielerfahrungen vergleichend zu beschreiben. So ist der durchschnittliche Computerspiele-Spieler mit Phänomen und Terminus der ‚Ego-Perspektive' vertraut – gegebenenfalls lange bevor er im Umgang mit literarischen Erzählungen auf das Phänomen der subjektiven Sicht und der qualitativen Perspektivierung insgesamt aufmerksam wird. Diesen bislang didaktisch nicht reflektierten Erwerb von Narrationskompetenz durch Computerspiele soll der Unterricht aufgreifen und nach Möglichkeit nutzen, um Schülern den Umgang mit Erzählungen in anderen Medien zu erleichtern.

Und schließlich bieten die Rezeptionserfahrungen von Schülern im Medienverbund eine weitere Chance: Der Unterricht kann im Einzelfall die Aufbereitung von literarischen Erzählungen durch interaktive Adaptionen nutzen, um Schüler mit kanonischen Stoffen beziehungsweise Figuren vertraut zu machen, die ihnen andernfalls ganz verschlossen blieben (= ‚Vertreterfunktion' der Adaptionen), oder auch um die Schüler zu den Originalen zu führen (= ‚Brückenfunktion' der Adaptionen).

Diese Zielbestimmungen, die sich auf die Erkenntnis von Weltbildern und von Medienspezifika richten, erscheinen auf den ersten Blick recht weit, tatsächlich werden mit ihnen aber deutliche Beschränkungen vorgenommen, und zwar sowohl gegenüber unserem erzähldidaktischen Modell als auch gegenüber mediendidaktischen Konzeptionen. Wegen des eingeschränkten narrativen Potenzials der meisten interaktiven Erzählungen muss das umfassende Ziel vernachlässigt werden, Schülern anhand von Erzählungen einen neuen beziehungsweise differenzierteren Blick auf die Beziehung von Subjekt und Außenwelt in der Lebenswirklichkeit zu ermöglichen (vgl. Kap. 1.2.2.2). Auch die für eine Erreichung dieses Ziels sonst grundlegenden Ziele ‚Förderung von Rezeptionsmotivation', ‚Förderung der Kompetenz zur emotionalen Beteiligung an einer Erzählung' und ‚mediale Bildung' spielen für die Arbeit mit interaktiven Erzählungen keine Rolle. Ähnlich werden auch die gängigen Ziele der Mediendidaktik von unserem Konzept nur teilweise aufgegriffen. So sind beispielsweise die verschiedenen Dimensionen von Medienkompetenz in dem Konzept von Groeben/Hurrelmann für unsere Zielbestimmungen nicht in gleicher Weise relevant: Die Dimensionen (1) Medienwissen, Medialitätsbewusstsein (etwa das Bewusstsein, dass Erzählungen fiktional sein können), (2) medienspezifische Rezeptionsmuster (adäquate Verarbeitungsmuster) und (3) medienbezogene Kritikfähigkeit sowie (4) Anschlusskommunikation sind für unser Konzept wichtig; die Dimensionen (5) medienbezogene Genussfähigkeit, (6) Selektion und Kombination von Medienbenutzung und (7) produktive Partizipationsmuster hingegen haben nur eine nachrangige Bedeutung.

6.2.3 Grundlegendes zur Analyse von interaktiven Erzählungen

Zwar sollen interaktive Erzählungen im Vergleich zu literarischen und filmischen eine deutlich geringere Rolle im Unterricht spielen, aber dennoch ist eine vollgültige Analysekompetenz gegenüber den interaktiven Produktionen zu vermitteln, um zu gewährleisten, dass die Schüler das von einer Produktion vermittelte Welt- und Menschenbild bestimmen und beurteilen können. Eine solche Analysekompetenz lässt sich aus mehreren Gründen allerdings in vergleichsweise kurzer Zeit erwerben: (1) Die betreffenden Produktionen sind im Vergleich zu künstlerisch anspruchsvollen literarischen und filmischen Werken von geringer Komplexität und deshalb relativ leicht zu erschließen. Von diesem Urteil ist ein Teil der Hyperfiktionen auszunehmen; entsprechende Produktionen werden jedoch auch in absehbarer Zeit wohl nur im Einzelfall im Unterricht berücksichtigt werden. (2) Die Zahl der Kategorien, die Schüler speziell zur Analyse dieser Produktionen erwerben müssen, ist vergleichsweise gering (s.u.).

Das deklarative Wissen und der Aufbau von prozeduralem Wissen

Die Analyse interaktiver Erzählungen soll sich nicht auf die Untersuchung von Interaktivität beschränken. Um das von einer Produktion vermittelte Weltbild zu bestimmen und zu beurteilen, müssen die Schüler eine Handlungs- und Figurenanalyse vornehmen können. Diese Analyse soll durch die Untersuchung von Darstellungsverfahren beziehungsweise der von einer Produktion gewählten ‚Sprache' – zumeist der ‚Bildsprache' – ergänzt werden. Und schließlich müssen die Schüler die Fiktionalität der Produktionen erkennen können, um sie – wenngleich in eingeschränkter Weise – auf ihre Lebenswirklichkeit zu beziehen. Als Grundlage für diese Kompetenzen können die bereits erworbenen Kategorien zur Analyse von Handlung, Darstellung und Fiktion in Literatur beziehungsweise Film dienen.

Eine zentrale Rolle für die Analyse spielen jedoch selbstverständlich die interaktivitätsspezifischen Aspekte der interaktiven Produktionen. Es gibt nur eine geringe Anzahl von interaktivitätsspezifischen Merkmalen des Erzählens und dementsprechend auch nur eine geringe Anzahl von Analysekategorien. Wenn im Unterricht das Ziel verfolgt werden soll, Schülern eine kritische Haltung gegenüber den durch interaktive Erzählungen transportierten Weltbildern zu ermöglichen, bietet es sich gleichwohl an, nur eine Auswahl dieser Kategorien zu vermitteln. So erscheint uns eine Reduktion auf die Analyse von Partizipationsmöglichkeiten angemessen; die Strukturmuster interaktiver Erzählungen – Achse, Baum und Netzwerk – gehören danach also nicht zum obligatorischen ‚Werkzeug', das für die schulische Analyse interaktiver Produktionen vermittelt wird.

Stattdessen sollen die Aspekte ‚Handlungsbeteiligung' und ‚Figurenübernahme'/‚Perspektive' im Mittelpunkt der Analyse von Interaktivität stehen. Im Laufe der Sekundarstufe I sollen die Schüler das folgende Kategorienwissen erwerben: Grundlegend sollen sie die Kombination von Narrativität, Interaktivität und gegebenenfalls Spiel im Überblick bestimmen können. Im Anschluss daran sollen sie zum ersten Art und Umfang der jeweiligen Handlungsmöglichkeiten untersuchen und beurteilen können. Als Kategorien für diese Analyse bietet sich vor allem die Unterscheidung von Laura Brendel nach ‚frequency', ‚range' und ‚significance' an. Und zum zweiten sollen die Schüler unter dem Aspekt ‚Figurenübernahme'/‚Perspektive' zwischen interner und externer Perspektive unterscheiden, um über die jeweiligen Wirkungen der gewählten Perspektive reflektieren und die grundlegenden Gemeinsamkeiten und Unterschiede der interaktiven mit/zu literarischen und filmischen Erzählungen erkennen und einschätzen zu können.

Über dies Kategorienwissen im engeren Sinne hinaus sollen Schüler das deklarative metakognitive Wissen erwerben, dass das narrative Potenzial der interaktiven Erzählungen in der Regel begrenzt ist und Analyse und Interpretation deshalb zumeist im Rahmen relativ enger Schemata erfolgen können. Zur Anwendung des deklarativen Wissens ist dementsprechend Unterricht nach dem in Kap. 1.2.5 vorgestellten Phasenmodell – anders als für die Arbeit mit literarischen und filmischen Erzählungen – weniger geeignet. Statt dessen bieten sich ‚Fragenkataloge' zur selbstständigen Analyse in ganz besonderem Maße an.

6.2.4 Vorschlag für einen strategieorientierten ‚Fragenkatalog'

Um Schülern einen analytischen Zugang zu interaktiven Produktionen und damit eine (kritische) Betrachtung ihrer ‚worldview' zu ermöglichen, bietet es sich wie oben dargelegt in besonderem Maße an, einen ‚Fragenkatalog' zur Analyse dieser Produktionen zu entwickeln und anzuwenden. Voraussetzung für ein solches Vorgehen ist allerdings, dass dem einzelnen Schüler oder zumindest Kleingruppen ein Computer für die eigenständige Arbeit zur Verfügung steht. Grundlegend kann für die Untersuchung interaktiver Produktionen der ‚Fragenkatalog' zur medienübergreifenden Untersuchung von Handlungen herangezogen werden; darüber hinaus lassen sich Darstellungsverfahren von interaktiven Erzählungen in der Regel durch Nutzung des ‚Fragenkatalogs' zur filmischen Darstellung bestimmen; eine Ausnahme bildet nur die geringe Anzahl von zumeist älteren Produktionen, in denen (Schrift-) Sprache oder Illustrationen vorherrschen. Die interaktivitätsspezifischen Merkmale sollen vor allem analysiert werden, indem die Aspekte ‚Narrativität – Interaktivität', ‚Handlungsbeteiligung' und ‚Figurenübernahme'/‚Perspektive' berücksichtigt werden. Eine Ergänzung der Fragenkataloge, die ab Beginn der Sekundarstufe zur Analyse der Interaktivität von Computerspielen einsetzbar ist, kann wie folgt aussehen:

1. Geschichte und Spiel:

a) Wie oft wird die Geschichte durch Abschnitte unterbrochen, in denen du spielen kannst/eine Aufgabe lösen musst? (im Falle von Hyperfiktionen: Wie häufig gibt es Stellen in der Geschichte, an denen du eine Entscheidung über den Fortgang der Geschichte treffen musst?)

b) Ist die Geschichte für dich interessanter/genauso interessant/weniger interessant als die Spiele?

(Frage nach der *Kombination von Narrativität und Interaktivität/Spiel im Überblick*; Frage nach dem *Verhältnis von Erzähl- und Spielsequenzen*)

2. Der Spieler und die Geschichte

a) Kannst du in den Spielphasen in schneller Folge oder nur selten klicken? (Frage nach der *frequency*)

b) Hast du in den einzelnen Spielphasen viele oder nur wenige Wahlmöglichkeiten? (Frage nach dem *range*)

c) Kannst du durch dein Klicken den Fortgang der Handlung beeinflussen? (Frage nach der *significance*)

3. Der Spieler und die Figuren

a) Musst du in eine der Figuren ‚hineinschlüpfen' oder eine der Figuren steuern, oder bleibst du von den Figuren getrennt? (Frage nach dem *internal/external mode*)

b) Falls du in eine Figur ‚hineinschlüpfst' oder eine Figur steuerst: Siehst du nur das, was auch diese Figur sieht? (Nimmst du nur das wahr, was auch diese Figur wahrnimmt?). (Frage nach der *subjektiven Wahrnehmung im internal mode*)

In den höheren Jahrgangsstufen der Sekundarstufe I und in der Sekundarstufe II sind diese Aspekte noch zu differenzieren.

6.2.5 Erörterung exemplarischer Aufgabenstellungen

Für die Gestaltung des Unterrichts mit interaktiven Erzählungen gibt es bislang nur wenige Vorschläge;[14] in Lehrwerken wird das Thema ‚Neue Medien und Erzählen/Hyperfiktion/Computerspiel' fast durchweg übergangen. Eine Ausnahme bildet „Deutsch vernetzt / Literatur & Medien (9/10)" (Diesterweg 2003) mit einer Einheit „Literatur im Internet" (S. 2-13); in dieser Einheit wird eine Hyperfiktion aus dem Internet mit Baumstruktur behandelt: Die Schüler sollen die Struktur rekonstruieren und selbst eine Hyperfiktion mit Baumstruktur schreiben. Als Ergänzung zu seinen Lehrwerken für die Schule hat jedoch zumindest ein Schulbuchverlag eine entsprechende Einheit veröffentlicht: Im ‚Aktualitätendienst' des Cornelsen-Verlags ist eine separate Unterrichtseinheit zu dem populären Computerspiel „*Tomb Raider*" mit der Kult- und Spielfigur Lara Croft erschienen.[15]

(1) Die Unterrichtseinheit im Überblick
Die Einheit widmet sich dem Computerspiel unter Berücksichtigung einer intermedialen Perspektive, indem auch die „Tomb Raider"-Verfilmung einbezogen wird: „Von der Computerspielheldin zum Filmstar: Die besondere Karriere der Lara Croft". Als weitere Aspekte werden die Protagonistin der Handlung sowie die Entstehung und die Distribution/Vermarktung der Produktion angesprochen; zudem sollen die Schüler eine „kritische Auseinandersetzung" mit der Produktion leisten, die zu einer „Beurteilung des Computerspiels" führen soll. Durch die Wahl dieser Aspekte ist die Einheit einem umfassenden Konzept von Medienerziehung verpflichtet. Die Analyse von (Handlungs-, Darstellungs- und Interaktivitäts-) Strukturen wird nur in einem von fünf Schwerpunkten angestrebt, in der „Beurteilung des Computerspiels".

(2) Die (Teil-) Einheit „Eine Beurteilung des Computerspiels"
Die Aufgabenfolge der (Teil-) Einheit „Eine Beurteilung des Computerspiels" verlangt zunächst eine ‚Beurteilung' des Spiels, bevor anschließend der Aspekt ‚Gewalt' eigens betrachtet wird. Für die ‚Beurteilung' wird den Schülern folgender ‚Beurteilungsbogen' zur Verfügung gestellt:

> 1. Besorge dir ein „Tomb Raider"-Spiel. Du kannst auch die Demo-Version aus dem Internet herunterladen …
> 2. Schreibe eine Beurteilung zu dem Spiel.
> Das Muster auf der folgenden Seite kann dir dabei helfen. Füge weitere Stichpunkte hinzu:
> Beurteilungsbogen zum Computerspiel „Tomb Raider"
> Handlung (kurze Inhaltsangabe): …
> Ablauf des Spiels / Spielmöglichkeiten: …
> Wie wird gespielt? …

[14] Einen guten Überblick – auch mit eigenen Vorschlägen – bietet Kepser (1999).
[15] www … (Cornelsen – Aktualitätendienst – Materialien zu einem Thema); Autorin der Einheit: Ute Fenske.

> Gibt es verschiedene Möglichkeiten im Spielablauf? …
> Schwierigkeitsgrade:
> Hauptfigur:
> Was kann die Figur? …
> Welche Hilfsmittel hat die Figur? …
> Nebenfiguren: Was machen die Nebenfiguren?
> Welche Möglichkeiten hat der Spieler, in den Spielverlauf einzugreifen?
> Was hat der Spieler zu leisten?
> Welche Fähigkeiten braucht er?
> Grafik:
> Sound: 1. Musik / 2. Geräusche
> Mögliche Kritikpunkte: …

Der ‚Beurteilungsbogen' soll einer – als Grundlage für eine ‚Beurteilung' notwendigen – Analyse von Handlungs-, Darstellungs- und Interaktivitätsstrukturen dienen. Wesentliche Aspekte dieser Strukturen werden angesprochen: Die Handlung (vgl. ‚Handlung' und ‚Hauptfigur'), das Verhältnis Narration – Spiel (vgl. ‚Ablauf des Spiels/Spielmöglichkeiten') sowie die Funktionen der Interaktivität mit dem Schwerpunkt ‚Handlungsbeteiligung'. Dennoch ist der ‚Beurteilungsbogen' vor allem aus zwei Gründen kein Ersatz für eine systematische Analyse. Erstens: Die Fragen zu den genannten Aspekten führen zu höchstens oberflächlichen Resultaten. Diese Einschränkung gilt vor allem für den Aspekt ‚Handlung': Es wird nur eine Inhaltsangabe statt einer Handlungsanalyse gefordert; zudem wird das Zusammenspiel von interaktiven Möglichkeiten des Rezipienten und vorgegebener Handlung nicht berücksichtigt. Zweitens: Insgesamt sind die Fragen nicht in einsichtiger Weise aufeinander bezogen; diese Einschränkung gilt vor allem für den Aspekt ‚Interaktivität'. Die Fragen „Wie wird gespielt?", „Gibt es verschiedene Möglichkeiten im Spielablauf?", „Was kann die Figur?", „Welche Möglichkeiten hat der Spieler, in den Spielverlauf einzugreifen?" und „Was hat der Spieler zu leisten?" richten sich nicht konsequent auf die verschiedenen Typen der Partizipation.

Die im Anschluss an den ‚Beurteilungsbogen' folgende Analyse und Reflexion des Aspektes ‚Gewalt' zielen auf eine Erörterung des in der Produktion vermittelten Welt- und Menschenbildes. Die Aufgabenfolge:

> Computerspiele werden oft abgelehnt, weil in ihnen zu viele Gewaltszenen vorkommen und es oft zu den Aufgaben gehört, Gegner zu töten oder zu vernichten.
> 3. Was ist deine persönliche Meinung zu Gewalt in Computerspielen?
> 4. Kennst du besonders brutale Computerspiele? Notiere Argumente, mit denen du solche Spiele empfehlen oder ablehnen würdest.
> 5. Untersuche den Gewaltaspekt in „Tomb Raider".
> - Wo kommt Gewalt in dem Spiel vor?
> - Wie geht Lara Croft mit Feinden um?
> - Wie werden die Gewaltszenen optisch dargestellt?
> 6. Beschreibe, was du als Spieler/Spielerin empfindest, wenn du durch die Spielfigur Lara Croft im Spiel Gewalt ausübst.
> 7. Nimm Stellung zu folgender Einschätzung:
> „Sie [Anmerkung: die Computerspiele] bewirken keine Empathie. Das „Gegenüber" im Computerspiel fordert nicht zum Mitgefühl heraus, sondern zum taktischen Kalkül, zum strategischen Denken, zum redaktionsschnellen und angemessenen Handeln.

> Computergegner kennen keine Gefühle, sie besitzen keine Empathie. Ihr Handeln folgt ausschließlich programmierten Algorithmen. Computerspieler müssen sich darauf einstellen, wenn sie gewinnen wollen. Und sie tun es auch, denn ihr „gutes Gefühl“, das sie im Spiel und danach haben wollen, hängt davon ab, keine Empathie zu entwickeln. Sie müssen lernen, dass Gefühl und Empathie in der virtuellen Welt nichts zu suchen haben. Und je „gewalttätiger“ und „brutaler“ die Spiele sind, umso deutlicher wird dies. …

Diese Aufgaben sind teilweise offensichtlich problematisch (vgl. vor allem Aufgabe 4, in der wahlweise Argumente für oder gegen „besonders brutale Computerspiele“ genannt werden sollen), folgen aber insgesamt einem plausiblen Konzept: Die Schüler nähern sich in persönlicher Weise dem Thema ‚Gewalt in Computerspielen', erarbeiten die Gewalt-Problematik am Beispiel von „Tomb Raider“ unter Einbeziehung eigener Rezeptionserfahrungen und erörtern die Thematik abschließend unter Berücksichtigung einer wissenschaftlichen Position. Diese wissenschaftliche Position ist insofern besonders interessant, als sie die These vertritt, „dass Gefühl und Empathie in der virtuellen Welt nichts zu suchen haben“. Diese Einschätzung des Aspektes ‚Gewalt' kann Ausgangspunkt für eine schulische Diskussion darüber sein, ob und in welcher Weise Computerspiele das Verhalten ihrer Rezipienten beeinflussen können; dabei können und sollen die Schüler eigene Erfahrungen mit einbringen.

Die Erörterung des von der Computerspielreihe vermittelten Weltbildes entspricht den oben formulierten didaktischen Grundsätzen für die Analyse interaktiver Erzählungen; misslungen ist jedoch, dass diese Erörterung nicht an die Analyse von Handlungs-, Darstellungs- und Interaktivitätsstrukturen anschließt und auch nicht auf einer expliziten Erarbeitung des kritisch zu betrachtenden Welt- und Menschenbildes beruht. Bei dieser Kritik sollte jedoch nicht vergessen werden, dass Aufgabenstellungen zu interaktiven Produktionen zurzeit noch den Bonus der ‚Pionierleistung' verdienen.

7. Fazit, Seiten- und Ausblicke

7.1 Medienintegrative Didaktik der Erzählung – Eine Übersicht

Unsere didaktische Konzeption zielt auf eine Förderung von Narrationskompetenz im Unterricht. Narrationskompetenz soll als Kompetenz des Rezipienten gelten, sich die von einer Erzählung nahe gelegten neuen beziehungsweise differenzierteren Sichtweisen der Beziehung von Subjekt und Außenwelt kritisch anzueignen und für die eigene Lebenswirklichkeit zu nutzen. Als Grundlage für diese Aneignung und Nutzung ist eine Analysekompetenz notwendig, die wie folgt verstanden werden soll:

Kompetenz zur Erzähltextanalyse - bezeichnet die Kompetenz, Strukturen erzählender Produktionen selbstständig zu erkennen; - erfolgt auf Grundlage von systematisch aufeinander bezogenen Analysekategorien, ist reflektiert und leitet zu einer Interpretation über; - umfasst deklaratives und prozedurales Wissen.

Das deklarative und prozedurale Analysewissen kann wie folgt näher bestimmt werden:

Analysewissen als Grundlage von Narrationskompetenz *1. Deklaratives Wissen* a) *Deklaratives Wissen* [= Kenntnis von Analysekategorien] b) *Deklaratives metakognitives Wissen* [= Wissen, das eine reflektierte Anwendung der erworbenen Kategorien ermöglicht (Planung, Überwachung, Kontrolle mentaler Prozesse)]

c) *Deklaratives Strategiewissen*
[= Kenntnis von Fragenkatalogen]

d) *Metastrategisches deklaratives Wissen*
[= Wissen, das die reflektierte Anwendung der Fragenkataloge ermöglicht]

2. Prozedurales Wissen/Handlungswissen
[= Fähigkeit zur selbstständigen und reflektierten Anwendung von Kategorienwissen auf Erzähltexte]

Der Erwerb von prozeduralem Wissen erfolgt über mehrere Stufen:

(1) Zunächst werden allgemeine Problemlösestrategien genutzt, um die deklarativen Wissensbestände in langsamer, bewusster und oft fehlerhafter Weise anzuwenden.

(2) Dann wird die Anwendung zunehmend automatisiert, wobei das explizite Wissen immer stärker implizit werden kann.

1a) Zum deklarativen Wissen

Die Auswahl der Analysekategorien soll nach folgenden Prinzipien erfolgen:

(1) *Medienintegration*: Die Erzähltextanalyse soll soweit wie möglich auf gemeinsamen Kategorien beruhen, die eine Untersuchung von Erzählungen aller Medien erlauben. Auf dieser Grundlage sollen eine medienvergleichende Arbeit und der Transfer von Kompetenzen gegenüber unterschiedlichen Medien möglich werden.

(2) *Konzentration auf Handlung und Figuren*: Die Erzähltextanalyse soll sich in der Regel auf zentrale Elemente von Handlung und Figuren konzentrieren, die für das Verstehen einer Erzählung zumeist von herausragender Bedeutung sind. Allerdings soll die Konzentration auf die Handlung nicht dazu führen, dass Erzählungen als bloße Vermittler von Inhalten betrachtet werden. Eine Analyse von Fiktion und Darstellung soll normalerweise die Handlungsanalyse ergänzen.

(3) *Einfachheit*: Die Erzähltextanalyse soll eine begrenzte Menge einfacher Kategorien nutzen. Für die Auswahl dieser Kategorien soll entscheidend sein, dass sie erstens für eine möglichst große Zahl von Erzählungen unterschiedlicher Gattungen ergiebig sind und zweitens relativ einfach erworben und angewandt werden können.

Auf Grundlage dieser Prinzipien schlagen wir für Schüler der Sekundarstufe I den Erwerb folgender Kategorien für die Analyse von Handlung, Darstellung und Fiktion vor:

I. Handlungsanalyse

KOMPLIKATIONSANALYSE:

EPISODE: Rahmen: Raum und Zeit

Faktoren		Faktoren
↓		↓
KOMPLIKATION (Schädigung, Mangel)	→→→→→	AUFLÖSUNG (pos./neg.)

FIGURENANALYSE: Figurenkonstellation und (relativ) stabile Figureneigenschaften (äußere, soziale, innere Merkmale)

Handlungsanalyse:

Die Handlungsanalyse fragt danach, welche Komplikation(en) – in den Varianten Schädigung oder Mangel – und Auflösung(en) für eine Handlung maßgeblich sind, darüber hinaus nach den Faktoren, die zu Komplikation und Auflösung führen. Raum und Zeit werden nach Bedarf berücksichtigt.

Die Gefahr, dass komplexe Handlungen nicht immer leicht mit dem Komplikationsmodell zu erfassen sind, wollen wir nicht leugnen; wir glauben jedoch, dass eine ernsthafte Alternative zu diesem Modell nicht zur Verfügung steht.

Figurenanalyse:

Die Figurenanalyse soll sich vor allem auf die Figurenkonstellation und die (relativ) stabilen Figureneigenschaften konzentrieren (die häufig als Faktoren für Komplikation und Auflösung gelten können).

Handlung interaktiver Produktionen:

Für die Untersuchung interaktiver Produktionen müssen Kategorien ergänzt werden, die für die Handlungsebene dieser Produktionen zusätzlich von Bedeutung sind: Beeinflussung der Handlung durch den Rezipienten (ontologisch vs. explorativ) und ‚Zugehörigkeit' des Rezipienten zur dargestellten Wirklichkeit (intern vs. extern).

II. Darstellungsanalyse

LITERARISCH	FILMISCH	INTERAKTIV

narrationsspezifische Verfahren / medienübergreifend

- Erzähler (Ich/Er-Form; An-/Abwesenheit von Erzählerkommentaren)

- Perspektivierung / Point of View / Fokalisierung

  - (Erzähl-) Perspektive (quantitativ): weniger – mehr
  (1) Der Rezipient weiß mehr als die (Haupt-) Figur
  (2) Der Rezipient weiß gleich viel wie die (Haupt-) Figur
  (3) Der Rezipient weiß weniger als die (Haupt-) Figur

  - ‚Sichtweise' (qualitativ): innen – außen (subjektiv – objektiv)
  (1) Der Rezipient nimmt in ‚objektiver' Weise Außenwelt wahr
  (2) Der Rezipient teilt die subjektive (auch: subjektiv verzerrte) Sicht der (Haupt-) Figur auf die Außenwelt
  (3) Der Rezipient hat Einblick in die Innenwelt der Hauptfigur bzw. anderer Figuren (ihre Gedanken, Gefühle, Erinnerungen und Phantasein)

- Zeitgestaltung (Rückwendung, Vorausdeutung, Zeitraffung, Zeitdeckung)

medienspezifische Verfahren

- Literatur: (Sprach-) Stil - Film: Filmsprache - Interaktive Werke: Filmsprache

Narrationsspezifische Verfahren:

Im Zentrum einer schulischen Beschäftigung mit der Darstellungsebene von Erzählungen sollen die Kategorien ‚Erzähler', ‚Perspektive' und ‚Sichtweise' stehen. Die Kategorien ‚Erzähler' und ‚Vorausdeutung' werden in der Regel nur für die Analyse literarischer Erzählungen eingeführt und verwendet.

Filmsprache:

Für die Analyse der Filmsprache gilt: Obligatorisch soll die Vermittlung von Einstellungsgrößen (als Teil der einstellungsinternen Verfahren) sein. Zudem sollen – je nach Leistungsfähigkeit und Interesse der Lerngruppe und den Besonderheiten der gewählten Filme – weitere Aspekte der Kategorie ‚einstellungsinterne Verfahren' (z.B. Kamerabewegung und Kameraperspektive) sowie weitere Kategorien (Bild und Ton; Mise en Scène; Montage) einbezogen werden.

III. Fiktion

- Fiktion auf Ebene der Handlung (Fiktionssignale v.a. phantastische Elemente der Handlung)
- Fiktion auf Ebene der Darstellung (Fiktionssignale z. B. ausführliche Innensicht in Erzählungen der Er-Form und detaillierte Beschreibungen in Erzählungen der Ich-Form) [nur für höhere Jahrgangsstufen]
- Fiktion als kulturelle Praxis (Fiktionssignale v.a. Gattungsangaben im Paratext)
- realistische und phantastische Fiktion
- reale/historische Orte, Figuren und Geschehnisse in der Fiktion

Voraussetzung für eine Anwendung dieser Kategorien ist die Identifikation von Fiktionssignalen. Ziele der Anwendung sind die Realitäts-Fiktions-Unterscheidung und der Realitäts-Fiktions-Bezug.

ERGÄNZUNG ZU 1A: ZU ART UND ERWERB DES DEKLARATIVEN WISSENS

Zusätzlich zur Auswahl der Kategorien müssen für die Erzähltextanalyse im Unterricht die folgenden Aspekte des deklarativen Analysewissens didaktisch reflektiert werden:

a) Die Art des deklarativen Wissens über Kategorien: ‚Formen' des Wissens (prototypische Kenntnis etc.), ‚Tiefe' des Wissens (Funktionen von Kategorien etc.) und Kenntnis von Termini;

b) Der Erwerb von deklarativem Kategorienwissen: Lernprogression, Differenzierung, Formen des Erwerbs von deklarativem Kategorienwissen.

1b) Zum deklarativen metakognitiven Wissen

Zur reflektierten Anwendung der erworbenen Kategorien benötigen die Schüler das folgende Wissen:

(1) Mit Hilfe der Analysekategorien können die zentralen Strukturen einer Erzählung in der Regel genauer bestimmt werden; in manchen Fällen erweisen sich die Kategorien aber auch als unzureichend zur Erfassung dieser Strukturen.

(2) Die Strukturen einer Erzählung auf Ebene der Handlung oder Darstellung, die durch die entsprechenden Kategorien genauer bestimmt werden, sind im Prinzip für alle Erzählungen grundlegend (insbesondere Komplikationshandlung, Figuren, Perspektivierung). In manchen Fällen können diese Strukturen aber auch nur angedeutet werden oder in Form einer Leerstelle auftreten (wie zum Beispiel die Faktoren der Komplikation oder die Auflösung in vielen modernen Erzählungen).

(3) Einige dieser Strukturen lohnen in jedem Fall eine Untersuchung (wie Komplikationshandlung, Figuren, An- oder Abwesenheit von Erzählerkommentaren, Perspektivierung, ‚Sichtweise'), einige von ihnen aber folgen auch häufig

einem konventionalisierten Muster und haben dann keine besondere Bedeutung (wie zum Beispiel die Zeitgestaltung im Falle des chronologischen Erzählens).

Darüber hinaus sollen die Schüler Wissen darüber erwerben, dass die Untersuchung von Strukturen erzählender Produktionen nicht automatisch zu einer oder gar der ‚richtigen' Interpretation führt, aber für eine textangemessene Interpretation genutzt werden soll.

1c) Zum deklarativen Strategiewissen

Die selbstständige und reflektierte Anwendung der erworbenen Kategorien soll durch den Erwerb und die wiederholte Nutzung von ‚Fragenkatalogen' gefördert werden. Den Schülern sollen als ‚Grundinventar' für die Erzähltextanalyse Kataloge von Fragen/Aufgaben zur Verfügung stehen, die auf (einzelnen) zentralen Analysekategorien beruhen. Dabei sollen ‚Fragenkataloge' zur medienübergreifenden Analyse von Handlung und Fiktion durch Kataloge ergänzt werden, die eine Darstellungsanalyse von Erzählungen unterschiedlicher Medien ermöglichen.

1d) Zum metastrategischen deklarativen Wissen

Für eine reflektierte Nutzung der ‚Fragenkataloge' benötigen die Schüler zusätzlich zu einer Kenntnis der Kataloge das folgende Wissen:

(1) Ein ‚Fragenkatalog' ist als Vorschlag zu verstehen, der für die Anwendung auf unterschiedliche Texte abgewandelt werden kann und mitunter vielleicht auch nur zu eingeschränkten Ergebnissen führt. Er soll nicht automatisch ‚abgearbeitet' werden, vielmehr sind jeweils Fragen/Aufgaben auszuwählen bzw. in den Mittelpunkt zu stellen, die für einen Text besonders ergiebig erscheinen.

(2) Die Nutzung von Fragen/Aufgaben aus den Katalogen kann durch eine einleitende Hypothesenbildung und eine abschließende Auswertung des Arbeitsprozesses mit Interpretationsansätzen verbunden werden.

2. Zum prozeduralen Wissen

Die Kompetenz zur selbstständigen und reflektierten Anwendung des Kategorienwissens wird in besonderem Maße durch eine völlig selbstständige Nutzung von Strategiewissen (einschließlich metastrategischem Wissen) durch die Schüler erworben. Prozedurales Analysewissen wird aber auch durch eine gemeinsame Arbeit von Lerngruppe und Lehrer gefördert, insbesondere, wenn der Unterricht nach einem ‚Phasenmodell' erfolgt, das das selbstständige Vorgehen des einzelnen Schülers bei der Texterschließung ‚nachbildet'. Eine Automatisierung des prozeduralen Analysewissens ist im Unterricht nur in eingeschränkter Weise möglich und wünschenswert, soll aber eine Grundlage für die private Rezeption von Erzählungen bilden.

7.2 Analyse- und Interpretationskompetenz – Eine Vertiefung

Literaturtheoretische Grundlagen der Interpretationskompetenz

Epische Texte und ein großer Teil der medialen Erzählungen unterscheiden sich wie literarische Texte insgesamt von (nichtliterarischen) Gebrauchstexten dadurch, dass sie tendenziell vieldeutiger sind und sich deshalb in höherem Maße für eine Interpretation anbieten. Seit Herausbildung der Literaturwissenschaft im 19. Jahrhundert werden nicht mehr wie zuvor vorwiegend religiöse, philosophische und juristische, sondern zunehmend literarische Texte – sowie Kunstwerke in anderen Medien – als Objekte von Interpretation betrachtet. Unterschiedliche (literatur)theoretische Ansätze haben ‚Interpretation' dabei sehr verschieden definiert. Als kleinster gemeinsamer Nenner der Interpretation in einem engeren – literaturwissenschaftlichen (und wie wir meinen auch medienwissenschaftlichen) – Sinn kann aber ihre Auffassung als methodisch geleitete Bedeutungszuweisung gelten, die über die Wiedergabe des Wortsinns hinaus geht[1] und damit ein vertieftes Verstehen von literarischen (und medialen) Texten ermöglicht. Die literaturwissenschaftliche Interpretation hat also den Anspruch, auf regelgeleiteten Verfahren zu beruhen, „wobei die Regeln durch die verschiedenen literaturtheoretischen Ansätze vorgegeben werden."[2] Gegen dies engere Verständnis stehen zwei weitere Auffassungen von Interpretation: Zum einen die nicht unbedingt sprachliche künstlerische Um- oder Ausgestaltung eines Werkes und zum anderen die ‚Interpretation', die auch für ein ‚elementares Textverstehen' notwendig ist, weil beim ‚sinnentnehmenden Lesen' von Texten aller Art daten- und konzeptgeleitete Verstehensprozesse miteinander verbunden werden.

Die Debatte darum, wie das ‚methodisch geleitete' Verstehen literarischer und anderer Werke näher beschrieben werden kann, hat sich in den letzten Jahrzehnten zugespitzt; dabei sind zwei Auffassungen von der Interpretation literarischer beziehungsweise medialer (Erzähl)Texte diskutiert und als gegensätzlich dargestellt worden. Zum einen die zu Beginn des 19. Jahrhunderts von Friedrich D. F. Schleiermacher begründete und im 20. Jahrhundert unter anderen von Hans-Georg Gadamer weiterentwickelte (literarische) Hermeneutik: Ihre unterschiedlichen Richtungen stimmen darin überein, dass literarische Texte einen – verborgenen – Sinn aufweisen, dem sich der Leser annähern soll; überwiegend wird dazu eine Wechselwirkung von subjektiven Vorannahmen des Lesers und ‚Sinnhorizont' des Textes vorausgesetzt. Auch die Rezeptionsästhetik, die die Lektüre literarischer Werke als ein Ausfüllen von Leer- und Unbestimmtheitsstellen des Textes durch den Leser versteht, kann als Variante dieser Auffassung von Interpretation gelten. Und zum anderen der seit Ende der sechziger Jahre unter anderen von Roland Barthes und Jaques Derrida begründete und seit den achtziger Jahren verstärkt rezipierte Poststrukturalismus. Seine ebenfalls heterogenen Vertreter weisen die Annahme eines vorgegebenen Textsinnes (und damit die ‚Inter-

[1] Vgl. Spree (1997), S. 168.
[2] Winko (2000), S. 597.

pretation' im hermeneutischen Sinne) zurück und halten Bedeutung für ein instabiles Produkt sprachlicher Zeichen, das von jedem Rezipienten bei jedem Rezeptionsprozess neu entworfen und damit zugleich in Frage gestellt wird.

Ob beide Richtungen der Literaturtheorie nun wirklich als unvereinbar gelten müssen, ist jedoch von Ansätzen der neueren Hermeneutik in Frage gestellt worden.[3] Und jedenfalls kann festgestellt werden, dass zumindest die wichtigsten Vertreter von Hermeneutik und Poststrukturalismus neben allen Unterschieden auch grundlegende Gemeinsamkeiten aufweisen: Für beide Ansätze gilt, dass das Verstehen eines literarischen oder medialen Werkes die genaue Betrachtung seiner Elemente und ihres Zusammenhangs (also die Textanalyse) voraussetzt; dass diese Betrachtung mit der subjektiven Sicht des Rezipienten verbunden werden muss; und dass das Verstehen auf dieser Grundlage bei unterschiedlichen Rezipienten verschieden ausfallen wird, jedoch intersubjektiv nachvollziehbar bleiben sowie mit dem Textverständnis anderer Rezipienten in Beziehung gesetzt werden soll.

Grundsätze für die Vermittlung von Interpretationskompetenz

In jüngster Zeit wird von einigen literaturdidaktischen Ansätzen die Kluft zwischen den beiden vorgestellten literaturtheoretischen Richtungen betont beziehungsweise – wie zum Beispiel von Jürgen Förster[4] – als Basis für gegensätzliche Konzeptionen des Literaturunterrichts aufgefasst. Diese Tendenzen erscheinen uns angesichts der oben dargestellten Gemeinsamkeiten von Hermeneutik und Poststrukturalismus ebenso wenig sinnvoll wie eine zeitweise laut gewordene Ablehnung von Interpretation für den Unterricht überhaupt. Didaktische und methodische Unvereinbarkeiten – und zugleich Argumente gegen die Interpretation im Deutschunterricht insgesamt – ergeben sich tatsächlich nur dann, wenn dem Unterricht jeweils eine einseitige oder sogar falsche Auffassung der beiden literaturtheoretischen Richtungen zugrunde gelegt wird: Dann steht das ‚hermeneutische' Anliegen, die Autorintention – oder vielleicht doch eher schulische Normen der Interpretation – zu reproduzieren, einer ‚poststrukturalistischen' Beliebigkeit gegenüber, nach der alle Textdeutungen als gleichwertig zu gelten haben. Tatsächlich legen aber sowohl Hermeneutik als auch Poststrukturalismus wie oben dargestellt gemeinsame Grundsätze für eine sinnvolle Interpretation im Literaturunterricht nahe.

Diese Grundsätze können wohl noch nicht als didaktischer Konsens gelten. Sie wurden in den letzten Jahrzehnten von Ansätzen in Frage gestellt, die die Subjektivität (‚Lesefreude', ‚Kreativität', ‚Identitätsfindung') der Schüler den Anforderungen der Texte überordnen; und in jüngster Zeit könnte sich nun infolge der PISA-Studie die entgegengesetzte Tendenz verstärken, den Literaturunterricht einseitig auf überprüfbare analytische Kompetenzen hin ausrichten zu wollen. Doch gewinnt die folgende Verbindung von Anforderungen der Texte und Anliegen der Rezipienten offenbar immer größere Zustimmung: Unabdingbare

[3] Vgl. Frank (1989).
[4] Vgl. Förster (2002).

Voraussetzung für die Interpretation literarischer und medialer (Erzähl-) Texte muss die Textanalyse im Sinne einer genauen Betrachtung von Textelementen und ihrer Zusammenhänge sein; die Schüler sollen Strukturen der Werke auf den Ebenen von Handlung und Darstellung erkennen sowie das Zusammenwirken dieser Strukturen beziehungsweise ihre Funktionen reflektieren. Diese Erkenntnis sollen sie in eine produktive Wechselbeziehung zu ihrer subjektiven Textauffassung setzen und auf dieser Grundlage ein zugleich gegenstandsangemessenes und persönlich bedeutsames Textverstehen entwickeln. Die Schüler sollen dies Textverstehen plausibel darlegen und mit den Deutungen anderer Interpreten – auch mit Deutungen der literaturwissenschaftlichen Tradition – abgleichen, wobei sich sowohl eine (vorläufige) Bestätigung als auch eine erneute Differenzierung ergeben kann. Und schließlich sollen die Schüler ihr Textverstehen zu einer Bezugnahme des literarischen Textes auf die Lebenswirklichkeit nutzen (vgl. Kap. 3.2.4).

Diese Grundsätze stimmen mit den Forderungen Kaspar Spinners überein, der schulischen Interpretation sowohl den interpretierten Gegenstand als auch die interpretierenden Subjekte zugrunde zu legen und auf die Intersubjektivität der Interpretationen hinzuarbeiten.[5] Zugleich erlauben die Grundsätze eine Berücksichtigung der kommunikativen Funktionen von Interpretation, die Thomas Zabka für den Unterricht als zentral betrachtet: Des expressiven Interpretierens, in dem ein Interpret sein eigenes Verstehen zum Ausdruck bringt; des behauptenden Interpretierens, mit dem Aussagen über Bedeutung oder Bedeutungspotenzial des Gegenstandes getroffen werden; des erklärenden Interpretierens, mit dem komplexe Zusammenhänge eines Textes verständlich gemacht werden; und des erörternden Interpretierens, das unterschiedliche Verstehensmöglichkeiten ohne das Ziel der Vereindeutigung gegeneinander hält.[6]

Offene Fragen bei der Vermittlung von Interpretationskompetenz

Die Frage, ob sich Schüler mit einer auf den genannten Grundsätzen beruhenden Interpretation auf eine niemals abzuschließende Suche nach einem verborgenen Textsinn begeben oder eine unendliche Vielzahl von Lesarten erkunden, ist zwar durchaus interessant und kann auch im Unterricht angesprochen werden, muss aber nicht unbedingt eine eindeutige Antwort erfahren. Vom didaktischen Standpunkt schwerwiegender als die Überlegung, welche unterschiedlichen didaktischen und methodischen Perspektiven sich aus den verschiedenen literaturtheoretischen Richtungen ergeben, dürfte die Frage sein, was die Textanalyse und die über diese Analyse hinausgehende Interpretation genau ausmacht, wie diese Zugangsweisen zu literarischen und medialen (Erzähl-) Texten jeweils vermittelt und wie sie von den Schülern miteinander verbunden werden sollen.

Wie die Analyse literarischer/erzählender Texte definiert werden kann (sofern sie nicht den Anspruch einer streng auf die analytische Philosophie bezogenen analytischen Literaturwissenschaft erhebt), ist in Konzepten der strukturalisti-

[5] Vgl. Spinner (1987).
[6] Vgl. Zabka (2003).

schen Erzähltheorie schon relativ klar beantwortet worden; und auch für den textanalytischen Literaturunterricht liegen grundlegend sinnvolle, von uns um einige Vorschläge ergänzte Konzepte vor (vgl. Kap. 1.2.3). Darüber hinaus ist unbestritten, dass die Grenze zwischen Analyse und Interpretation fließend ist und auch die Analyse nicht ohne ein gewisses Maß an ‚Interpretation' im Sinne einer Einbeziehung von Kontextwissen auskommt, dass aber für ein über die Analyse hinaus gehendes – subjektiv geprägtes – Textverstehen in höherem Maße Sprach- beziehungsweise Weltwissen auf einen Text angewandt werden muss. In Abgrenzung von der ‚klassischen' strukturalistischen Erzähltheorie wird heute weitgehend die Auffassung vertreten, dass es dabei nicht möglich ist, ausschließlich ‚immanent' vorzugehen, das heißt, sich auf Textinformationen und sprachliches Wissen zu beschränken. Statt dessen wird angenommen, dass die Interpretation in jedem Fall den Rückgriff auf weitere Kontexte im Sinne eines mehr oder weniger speziellen Weltwissens (das von kulturell konsensfähigen Annahmen über Gesetzmäßigkeiten der Wirklichkeit und persönlichen Erfahrungen des Rezipienten über grundlegendes historisches und Gattungswissen bis zu wissenschaftlichen Theorien reicht) verlangt.

So vertreten die unterschiedlichen Ansätze der so genannten ‚postklassischen' Erzähltheorie die entschiedene Auffassung, dass die Interpretation erzählender Texte nur unter Beachtung ihres kommunikativen Kontextes möglich ist und dementsprechend das kulturelle Wissen von Produzent beziehungsweise Rezipient einbeziehen muss. Dabei wird sogar schon die Textanalyse – wie zum Beispiel die Identifikation einer Figur, die ja nicht immer mit ihrem vollen Namen benannt wird – stets in Abhängigkeit vom Weltwissen gesehen. Angesichts der unscharfen Grenze von Sprach- und Weltwissen ist diese Auffassung unserer Meinung nach vielleicht doch überzogen und eher für Ausnahmefälle gültig. Die Darstellung der weiter gehenden Prozesse von Bedeutungsbildung, in denen sprachliche Informationen des Textes mit kulturellem Wissen von Produzent beziehungsweise Rezipient verknüpft werden, erscheint jedoch prinzipiell einleuchtend. Problematisch für eine Umsetzung dieser Konzepte in konkret anwendbare Modelle der Interpretation bleibt allerdings zum einen, dass kaum geklärt ist, welche Wissensbestände denn nun auf einen Text angewandt werden sollen – insbesondere, ob das Wissen heutiger Rezipienten oder die kulturellen Kontexte seiner Entstehungszeit entscheidend sind. Und vor allem, dass undeutlich bleibt, wie das Weltwissen des heutigen oder historischen Rezipienten rekonstruiert und nach welchen Regeln es – entsprechend dem Anspruch, dass die Interpretation auf regelgeleiteten Verfahren zu beruhen habe – auf den Text angewandt werden kann.

Die pragmatische beziehungsweise kognitive ‚postklassische' Erzähltheorie gehen davon aus, dass ein literarischer oder medialer (Erzähl)Text Bedeutung gewinnt, indem der empirische Rezipient (und der empirische Produzent) ‚frames' an den Text heran tragen, das sind zu konventionalisierten kognitiven Schemata verdichtete Erfahrungen der Lebenswirklichkeit, aber auch des Umgangs mit literarischen und medialen Werken: Frames speichern typische Muster von Handlungsverläufen, Räumen, Personen und Beziehungen zwischen Personen und werden sowohl zu einer effektiven Orientierung in der Lebenswirklichkeit als auch zum Verstehen von Texten genutzt, können aber zugunsten von ungewohnten Erfahrungen auch eine Veränderung erfahren. Bei der Rezeption eines (literarischen oder medialen) Textes werden dementsprechend durch die Textinformationen zunächst – je nach Rezipient eventuell verschiedene – ‚frames' aufgerufen und im Verlauf der Rezeption dann durch andere ergänzt, ersetzt und an die Textinformationen angepasst, während die Elemente der Handlungs-, aber auch der Darstellungsebene durch die ‚frames' eine Ergänzung erfahren.[7] Annahmen über Strukturen der ‚frames' – und die Regeln, nach denen sie auf Texte angewandt werden – beruhen bislang jedoch weitgehend auf Spekulation: Der Nachweis bestimmter ‚frames' für Rezipienten unterschiedlicher kultureller Prägung, der es erst ermöglichen würde, „konkrete literarische Kommunikationsprozesse zu verstehen und angemessen zu beschreiben", steht noch aus, wie Sven Strasen entschieden feststellt.[8] Und selbst wenn eine Rekonstruktion unterschiedlicher ‚frames' in absehbarer Zeit gelingen könnte, wäre damit die Frage noch nicht beantwortet, ob und wie dem Text unterschiedlich angemessene Rezeptionsprozesse unterschieden werden können.

Im Gegensatz zur kognitiven und pragmatischen Erzähltheorie beantwortet die historische Textwissenschaft die Frage eindeutig, welche Prozesse der Bedeutungsbildung dem Text in besonderem Maße gerecht werden: So hat Fotis Jannidis ausgeführt, dass nicht irgendein empirischer Rezipient, sondern der vom Autor intendierte ‚Modell-Leser' Maßstab einer angemessenen Verbindung von Textinformation und Kontextwissen sei.[9] Abgesehen davon, dass diese Entscheidung auch angezweifelt werden kann, dürften sich allerdings im Rahmen dieses Ansatzes die Schwierigkeiten noch erhöhen, die bei einem Versuch auftreten, das für eine Interpretation notwendige Kontextwissen und die Regeln zu bestimmen, nach denen dies Wissen auf den Text bezogen werden soll. Der Autor soll zwar nicht mehr wie nach früheren Auffassungen als psychische Einheit gelten, sondern als Konstrukt, das das kulturelle und sprachliche Wissen seiner Zeit nutzt und zugleich in individueller Weise filtert, gewichtet oder auch verändert. Wie denn nun der Autor als ‚Schnittstelle' von kulturellen und individuellen Strukturen rekonstruiert und demzufolge auch sein ‚Modell-Leser' bestimmt werden kann, der die Textinformationen nach bestimmten Regeln mit einem bestimmten Kontextwissen verbindet, bleibt aber undeutlich.

Zur Bedeutung der Textanalyse für die Interpretationskompetenz

Angesichts der genannten Schwierigkeiten, für ein weiter gehendes Textverstehen tatsächlich konkret anwendbare Modelle der Interpretation zur Verfügung zu stellen, erhält die Analyse literarischer und medialer (Erzähl)texte im Unterricht (einschließlich einer eng mit ihr verbundenen, weitgehend an sprachlichem Wissen orientierten Deutung) ein besonderes Gewicht: Die Textanalyse schafft – entsprechend dem Grundsatz, dass die Textdeutung regelgeleitet zu erfolgen habe – die Grundlage für eine intersubjektiv nachvollziehbare Interpretation. Die

---

7 Vgl. die Beiträge in: Nünning/Nünning (2002).
8 Strasen (2002), S. 215.
9 Vgl. Jannidis (2004). Bes. S. 15-83.

Erkenntnis von Textstrukturen bietet den Schülern Anregungen für ihr subjektives Verstehen und zeigt zugleich die Grenzen der textangemessenen Deutungsmöglichkeiten auf. In der Praxis ist der Grundsatz bereits verbreitet, dass interpretierende Aussagen im Unterricht nicht in Widerspruch zu Strukturen des interpretierten Textes geraten dürfen; darüber hinaus wäre darauf zu achten, dass zentrale Elemente des Textes nicht vernachlässigt werden. Schüler der Grund- und Sekundarstufe I müssen dabei diese Grenzen nicht in abstrakter Weise benennen, sie sollen sie aber in einem Abgleich ihrer Sichtweisen mit denen ihrer Mitschüler erproben.

Die Einbindung von textanalytischen Arbeitsschritten in eine Bildung und Modifikation von Deutungshypothesen nach den ‚Phasenmodellen' für das Textverstehen (vgl. Kap. 1.2.4) kann den Schülern in Übereinstimmung mit dem hermeneutischen Grundsatz, das subjektive Vorverständnis eines Textes in Wechselwirkung mit einer genauen Betrachtung seiner Elemente zu setzen, bei einer Verbindung von Analyse und Interpretation helfen. Darüber hinaus kann den Schülern der Vorschlag nützlich sein, ihre Interpretation an eine Bestimmung der Faktoren von Komplikation und Auflösung anzuschließen (vgl. Kap. 2.1.2.3). Außerdem kann eine Anwendung von Weltwissen auf literarische und mediale Werke durch die Lektüre von entsprechenden – zum Beispiel historischen, sozialwissenschaftlichen, biografischen oder psychoanalytischen – Texten nahe gelegt werden. Ein solches Vorgehen wird im Unterricht häufig praktiziert und ist angesichts mancher Werke sicher auch berechtigt, bringt allerdings die Gefahr mit sich, dass Schüler literarische und mediale Texte vorschnell vereindeutigen – und sollte deshalb in der Regel erst dann ergänzend zum Einsatz kommen, wenn schon ein persönlich bedeutsames Textverstehen entwickelt wurde (vgl. Kap. 1.2.4). Insgesamt kann das über die Analyse hinaus gehende Textverstehen mittels Interpretation wohl nur durch bestimmte Unterrichtsverfahren (vgl. Kap. 4.2.3.3) gefördert, nicht aber durch konkrete Hilfestellungen angeleitet werden.

7.3 Narrationskompetenz rezeptiv und produktiv – Eine Erweiterung

Die Erzählproduktion als Anliegen des Deutschunterrichts

Schüler sollen lernen, Erzählungen kompetent zu rezipieren, das heißt in einer Weise, die sowohl ihren eigenen Interessen als auch den Anforderungen der Texte gerecht wird. Schüler sollen aber auch selbst erzählen. Dabei soll die Erzählung, wie Harald Frommer betont, nicht nur Lernmedium sein, in dem die Schüler bestimmte Inhalte austauschen können, sondern auch Lerngegenstand;[10]

[10] Vgl. Frommer (1992), S. 127.

Schüler sollen also auch lernen, in möglichst kompetenter Weise Erzählungen zu produzieren.

Diese Zielbestimmung des Deutschunterrichts ergibt sich aus den zentralen Funktionen des Erzählens, die gerade für Kinder und Jugendliche von besonderer Bedeutung sind (vgl. Kap. 1.2.1); darüber hinaus lässt sich die Zielbestimmung mit den teilweise gemeinsamen Strukturen und Funktionen von Alltags- und literarischen Erzählungen begründen, die eine wechselseitige Förderung von rezeptiven und produktiven Kompetenzen gegenüber Erzählungen ermöglichen. Das Anliegen, die Erzählproduktion im Deutschunterricht zu fördern, weist deutliche Überschneidungen mit den Konzepten des handlungs- und produktionsorientierten Literaturunterrichts einerseits und denen des kreativen/personalen Schreibens andererseits auf, ist aber älter als diese Ansätze, nicht mit ihnen identisch und kann in der konkreten Umsetzung auch in Widerspruch zu ihnen geraten. Anders als im handlungs- und produktionsorientierten Unterricht geht es bei der Erzählproduktion nur indirekt um Zugänge zu literarischen Texten, und anders als beim kreativen/personalen Schreiben steht auch nicht die Herausbildung neuer Varianten des (Selbst-) Ausdrucks im Zentrum; vielmehr sollen die Schüler lernen, unterschiedliche Formen des Erzählens und damit die Möglichkeiten einer Sinnbildung durch Erzählen – einschließlich seiner sozialen und identitätsbildenden Funktionen – für sich zu nutzen.

Das Höhepunkt-Modell – Ein zu enges Schema für die Erzählproduktion

In der Unterrichtspraxis ist dies Anliegen allerdings lange Zeit in relativ unreflektierter Weise sehr einseitig verstanden worden: Vom Ende des 19. Jahrhunderts bis heute werden die Schüler im deutschen Aufsatzunterricht dazu angehalten, ‚Erlebniserzählungen' zu verfassen. Wie Otto Ludwig und dann Ina Karg dargestellt haben, gerät dabei das aus der Reformpädagogik stammende Ziel einer Förderung schöpferischer Kräfte in Widerspruch zu der Forderung, ein aus der antiken Rhetorik stammendes festes Erzählschema zu nutzen.[11] Die Schüler sollen äußeres Geschehen in einer ‚Höhepunkt-Erzählung' so strukturieren, dass sie von einer ‚Einleitung' ausgehen, im ‚Hauptteil' stringent auf einen ‚Höhepunkt' hinarbeiten und mit einem ‚Schluss' enden. Diese Art der schriftlichen Erzählung ist von Klaus R. Wagner zurecht als ‚dramatisch' bezeichnet worden[12] – tatsächlich entspricht sie eher der Form, die dem 'klassischen' Drama zugeschrieben wird, als der eines typisch epischen Textes. Durch das ‚dramatische' Handlungsschema soll, wie den Schülern oft auch ausdrücklich vermittelt wird, vor allem ‚Spannung' erzeugt werden. Bestimmte Verfahren der Darstellung sollen diese ‚Spannung' noch steigern, vor allem Detailgenauigkeit und eine expressive Wortwahl in der Wiedergabe des ‚Höhepunktes'; außerdem werden eine explizite (‚anschauliche', ‚klare') Darstellung und die Beachtung hochsprachlicher Normen verlangt. Angewandt werden soll dies Schema in schriftlichen Erzählungen, heute außer in der traditionellen ‚Erlebniserzählung' in der

[11] Vgl. Ludwig (1984) und Karg (1999).
[12] Vgl. Wagner (1986).

‚Phantasiegeschichte' sowie in der Nacherzählung von Bildgeschichten. Die mündliche Erzählung gilt gegenüber der schriftlichen ‚Höhepunkt-Erzählung' höchstens als ihre Vorstufe, die vielleicht in der Grundschule gefördert werden kann, tatsächlich aber keinen eigenen Stellenwert besitzt; und die Erzählproduktion in anderen Medien als dem der Sprache ist in der Unterrichtspraxis nur sehr selten zu finden.

Ein Überblick über neuere Deutschlehrbücher zeigt, dass diese Vorgaben in der Unterrichtspraxis noch heute vorherrschen. Seit den achtziger Jahren wird allerdings in der Fachdidaktik, ausgehend von Klaus-Peter Klein[13] und Otto Ludwig[14], deutliche Kritik an dieser Ausrichtung des Erzählunterrichts geübt. Zum einen, weil undeutlich bleibt, was den ‚Höhepunkt' einer Erzählung eigentlich ausmacht. Und vor allem, weil Erzählungen in der Lebenswirklichkeit nur mitunter dem Schema der ‚Höhepunkt-Erzählung' einigermaßen entsprechen, sehr oft jedoch von diesem Schema abweichen: Schüler werden folglich durch die Nötigung zur ‚Höhepunkt-Erzählung' eher an der Ausbildung einer persönlich bedeutsamen Erzählkompetenz gehindert als in ihr gefördert; und darüber hinaus werden gelungene Schülerproduktionen, die dem engen Raster dieser Erzählform nicht entsprechen, im Unterricht beiseite geschoben oder sogar zu Unrecht kritisiert. Dabei kann der erzählende Schüler, wie Anna Fuchs ausführt, „kaum das Gefühl haben, dass das, was in einer schriftlichen Erzählung, was in der Literatur gefragt ist, Ähnlichkeit mit dem hat, was er selbst kann." Das Ergebnis ist „vielfach Verunsicherung, Verarmung eher als Bereicherung, eine unauthentische Ausdrucksweise [...] oder schließlich das Verstummen".[15]

Zur Notwendigkeit einer Förderung von Erzählproduktions-Kompetenz

Stattdessen wird nun eine Berücksichtigung unterschiedlicher Erzählformen, vor allem von solchen des mündlichen Erzählens, für die Eigenproduktion von Schülern gefordert: Unter anderem sollen auch die vielfältigen Mischformen von ‚Höhepunkt'- und ‚Geflecht-Erzählung' sowie von Erzählen, Beschreiben und Berichten (vgl. Kap. 2.1.2.3) im Unterricht ihren Platz finden. Um eine Vielfalt von Erzählformen je nach ihren Bedürfnissen nutzen zu können, müssen Kinder und Jugendliche jedoch über komplexe Kompetenzen verfügen, die in Anlehnung an Uta M. Quasthoff[16] wie folgt beschrieben werden können: Die Produzenten müssen – in Interaktion mit den Rezipienten beziehungsweise dem (sprachlichen) Kontext der Erzählung – eine erzählenswerte Handlung auswählen und entweder in ihrer Vorstellung konstruieren oder, soweit es sich um ein vergangenes Geschehen der Lebenswirklichkeit handelt, rekonstruieren. Sie müssen die Erzählung mehr oder weniger bewusst planen und dabei unter Berücksichtigung einer intendierten Wirkung auf bestimmte Rezipienten unterschiedliche Aspekte berücksichtigen. Wenn eine Erzählung von lebenswirklichen Geschehnissen beabsichtigt ist, müssen Handlungselemente ausgewählt und es

[13] Vgl. Klein (1980), S. 47-56.
[14] Vgl. Ludwig (1981), S. 15-21.
[15] Fuchs (1984).
[16] Vgl. Quasthoff (1980).

muss ihr Detailliertheitsgrad festgelegt werden. Und in jedem Fall muss mindestens die Abfolge der Geschehnisse in der Erzählung sowie die Art und Weise der sprachlichen Realisierung – für mündliches Erzählen einschließlich para- und nonverbaler Elemente – bestimmt werden. Für komplexere schriftliche Erzählungen sind darüber hinaus weitere Entscheidungen über die Nutzung von Darstellungsverfahren notwendig. Und schließlich müssen die Produzenten die Erzählung realisieren, im Fall des mündlichen Erzählens dabei entsprechend den Zuhörerreaktionen eventuell auch von der Planung abweichen.

Im besten Fall werden diese Kompetenzen Kindern zum Teil schon im Vorschulalter von kompetenten Erwachsenen vermittelt: Zum einen dadurch, dass sie dem Kind vereinfachte ‚Modelle' des Erzählens anbieten. Und zum anderen dadurch, dass sie dem Kind durch ‚helfendes Erzählen' bei seinen frühen Erzählversuchen assistieren, indem sie wie Ludger Hoffmann es darstellt, den Rahmen, „die referentielle Basis und den Verstehenshintergrund" sichern, „während das Kind bestimmte Erzählschritte abwickeln kann".[17] Dieser günstige Fall ist aber nicht immer gegeben. Darüber hinaus haben eine Reihe von Arbeiten zum Spracherwerb gezeigt, dass komplexere Formen des Erzählens – auch in Abhängigkeit von der kognitiven Entwicklung – erst im Laufe der Grundschulzeit erworben werden: In jüngster Zeit wird produktive Erzählkompetenz von der Mehrheit der Autoren unter Berufung vor allem auf Labov/Waletzky und van Dijk durch Nutzung eines narrativen Schemas bestimmt, das auf einer Folge von Komplikation und Auflösung beruht und affektive/evaluative Markierungen von Handlungselementen einschließt – allerdings abweichend von unserem Komplikationsmodell die Komplikation an einen ‚Bruch' von Erwartungen bindet.[18] Die Nutzung dieses Schemas wird nach Dieter Boueke u.a. für die Mehrheit der Kinder erst gegen Ende der Grundschulzeit möglich[19] beziehungsweise entwickelt sich nach Tabea Becker vom Ende der Kindergartenzeit bis zur dritten Klasse im Gebrauch verschiedener Erzählformen unterschiedlich rasch[20].

Der (Deutsch)unterricht ist also dazu angehalten, die Erzählkompetenz seiner Schüler zu fördern. Eindeutig ist, dass ein Bereitstellen motivierender Erzählanlässe – zum Beispiel durch Erzählkarten, Erzählkarteien und Erzählbaukästen[21] – dazu nicht ausreicht: Wie Ina Karg gezeigt hat, neigen Schüler, wenn sie von den strengen Vorgaben der traditionellen ‚Höhepunkt-Erzählung' befreit sind, angesichts von Erzählanregern tendenziell in die Versuchung, Versatzstücke aus Medienproduktionen aneinanderzureihen.[22] Um Schülern kompetentes Erzählen zu ermöglichen, müssen offenbar dem Erzählen zugrunde liegenden Kompetenzen gefördert werden. Ein Konsens darüber, wie eine solche Förderung unter Verzicht auf das Schema der ‚Höhepunkt-Erzählung' beschaffen sein soll, ist nicht in Sicht. Einigkeit scheint zumindest darüber zu herrschen, dass die

[17] Hoffmann (1984).

[18] Vgl. vor allem Quasthoff (1980), Hausendorf/Quasthoff (1996) und Boueke u.a. (1995)

[19] Vgl. Boueke/Schülein (1995).

[20] Vgl. Becker (2005).

[21] Vgl. z. B. Clausen (1995).

[22] Karg (1999).

Rezeption von (Kinder)literatur einen besonderen Beitrag zu einer solchen Förderung leisten kann. Die Frage, auf welchen Kompetenzen dabei der Schwerpunkt liegen sollte und wie ihre Unterstützung methodisch realisiert werden könnte, wird aber sehr unterschiedlich beantwortet.

So hofft Ina Karg, die Erzählkompetenz von Schülern anhand der Analyse von Strukturen epischer Texte auszubilden: Die Schüler sollen Handlungs- und Darstellungsmuster der Literatur kennenlernen, je nach den eigenen Intentionen und der kulturellen Bedeutsamkeit dieser Muster auswählen und in ihre Produktionen (schriftlicher) Erzählungen übernehmen.[23] Für die Verwendung komplexer Darstellungsverfahren wie zum Beispiel unterschiedlicher Erzählgeschwindigkeiten und Formen der Rede- und Gedankenwiedergabe in schriftlichen Erzählungen der Sekundarstufe I und II ist dies Vorgehen sicherlich einleuchtend. Darüber hinaus hat Mechthild Dehn „Spuren literarischer Muster" schon in Schrifttexten von Schreibanfängern festgestellt,[24] und dementsprechend kann vermutet werden, dass eine Vermittlung oder zumindest eine nicht explizite Verstärkung solcher Muster auch für die Erzählproduktion jüngerer Schüler anregend wirken könnte. Fraglich bleibt jedoch, ob grundlegende Formen des (mündlichen) Erzählens tatsächlich durch den Rückgriff auf literarische Werke erworben werden können. Maria Lypp hat jedenfalls betont, dass die Strukturen (auch) kinderliterarischer Texte von der (mündlichen) Alltagserzählung viel zu weit entfernt sind, um dem Kind als ein zum eigenen Erzählen führendes ‚Geländer' dienen können.[25]

Nach Lypp fördert die Rezeption von Literatur die eigene Produktion von Erzählungen nicht durch ein Angebot zur Übernahme von Erzählstrukturen, sondern indirekt, vor allem durch die über eine Identifikation mit dem Protagonisten geübte „Fiktionalisierung und Stilisierung des Ich".[26] Auf dieser Grundlage hat Bernhard Rank dafür plädiert, anhand eines Literaturunterrichts, der durch handlungs- und produktionsorientierte Verfahren individuelle Reaktionen von Schülern auf literarische Texte unterstützt, vor allem die Fähigkeit zur Auswahl beziehungsweise zur Imagination sowie zur Bewertung von Geschehnissen zu fördern.[27] Dieser Ansatz hat sicherlich vor allem in der Grund- und Förderschule seine Berechtigung; fraglich bleibt aber, wie mit seiner Hilfe ein sinnvoll strukturiertes Erzählen gelernt werden kann.

Das Komplikations-Modell – ein offenes Schema für die Erzählproduktion

Neben den beiden genannten Wegen erscheint ein dritter Weg zur Ausbildung von (produktiver) Erzählkompetenz notwendig – ein Weg zwischen der Übernahme komplexer literarischer Strukturen, die Schüler zum Teil überfordern dürfte und für das mündliche Erzählen auch kaum angemessen ist, und der Unterstützung von Kompetenzen, die sicherlich für das Erzählen grundlegend sind,

[23] Vgl. Karg (1999).
[24] Dehn (1999), bes. S. 47-62.
[25] Vgl. Lypp (1989).
[26] Vgl. Lypp (1989).
[27] Vgl. Rank (1995), S. 105-189.

aber höchstens indirekt zentrale Kompetenzen zur Strukturierung von Handlung und Darstellung fördern. Ein solcher Weg deutet sich in den Versuchen der Erzähldidaktik an, Schülern abstrakte Handlungsschemata an die Hand zu geben, die sich vom Muster der ‚Höhepunkt-Erzählung' durch größere Offenheit unterscheiden. Problematisch an diesen Vorschlägen ist allerdings, dass sie – wie die ‚Erzählpartituren' Claus Clausens[28] – eine sicherlich nicht vollständige Vielzahl von Handlungsmustern zur Verfügung stellen beziehungsweise dass die Muster – wie die ‚Reizwortketten' Harald Frommers[29] – mit inhaltlichen Vorgaben gefüllt werden.

In Anlehnung an einen schon von Otto Ludwig eingebrachten Vorschlag für ein ‚Muster' schulischer Erzählungen[30] und in Übereinstimmung mit den oben erwähnten Annahmen der Spracherwerbsforschung kann dagegen die Folge von Komplikation und Auflösung als ein grundlegendes Handlungsschema gelten, das eine Vielzahl unterschiedlicher Konkretisierungen ermöglicht und das dementsprechend zur Förderung der produktiven Erzählkompetenz im Unterricht genutzt werden kann. Wie Swantje Weinhold (für das Modell van Dijks) ausführt, dürfte dies Schema auch jüngeren Schülern bereits bekannt, wenngleich nicht bewusst verfügbar sein.[31] Im Unterricht sollen Schüler nach unserer Auffassung anhand (einfacher) Formen der Epik, aber auch anhand eines Vergleichs eigener Erzählproduktionen die Folge von Komplikation und Auflösung als zentrale Struktur der Handlung in prototypischen Erzähltexten (wieder)erkennen und ihren eigenen mündlichen und schriftlichen Erzählungen zugrunde legen. Zusätzlich sollen sich die Schüler erstens bewusst machen, dass Erzählungen Komplikation und Auflösung in der Regel einen ‚Rahmen' geben, das heißt, dass sie verständlich werden müssen, indem sie die Voraussetzungen der Geschehnisse darlegen, sofern die Rezipienten diese Voraussetzungen nicht aus ihrem Weltwissen ableiten können. Und zweitens, dass eine ‚Evaluation', durch die der Erzähler zur Handlung Stellung nimmt und dem Hörer verdeutlicht, warum die Geschichte überhaupt erzählt wird, zumeist eine wichtige Funktion für die Erzählung hat.

Bei einem solchen Vorgehen besteht sicherlich die Gefahr, dass Schüler die einfache Abfolge von Rahmen, Komplikation, Auflösung und Evaluation als ein festes, von ihnen nur inhaltlich zu füllendes Muster von Erzählungen auffassen – und sich damit nicht allzu weit von der ‚Höhepunkt-Erzählung' entfernen. Deshalb soll ihnen auf jeden Fall vermittelt werden, dass dies Muster variabel ist: Indem es die Abfolge seiner Elemente in der Erzählung nicht festlegt; zulässt, dass mehrere Komplikationen (und Auflösungen) miteinander verbunden und dass einzelne seiner Elemente nur angedeutet oder auch ganz ausgelassen werden; und gleichermaßen auf äußere und innere Geschehnisse anwendbar ist. Insbesondere sollen die Möglichkeiten einer Verbindung und Durchmischung unterschiedlicher Episoden mit mehreren Komplikationen („Höhepunkten")

---

[28] Vgl. Clausen (1995b).
[29] Vgl. Frommer (1992), S. 110-115.
[30] Vgl. Ludwig (1981).
[31] Vgl. Weinhold (2000), S. 91-97.

sowie die Varianten von Erzählungen mit nur angedeutetem Rahmen, nur angedeuteter Komplikation beziehungsweise nur angedeuteter oder auch ganz fehlender Auflösung im Unterricht nicht nur zugelassen, sondern auch gefördert werden, sofern diese Strukturen jeweils eine funktionale Verwendung erfahren.

Ob die Handlung einer Erzählung, die das ‚offene' Komplikationsmodell nutzt, sinnvoll strukturiert ist – und darüber hinaus durch funktional verwendete Darstellungsverfahren zum Ausdruck gebracht wird – ist im Einzelfall sicher oft nicht leicht zu entscheiden, und noch schwieriger ist es, die Kompetenzen zu einem solchen Erzählen zu vermitteln. Neben der vergleichenden Auswertung von Schülerproduktionen soll zur Förderung dieser Kompetenzen tatsächlich eine Erarbeitung literarischer und medialer Erzählungen genutzt werden. Allerdings sollen die Schüler die komplexen Strukturen dieser Erzählungen nicht unbedingt (vollständig) übernehmen, sondern Anregungen für die Produktion, Beurteilung und Überarbeitung eigener Erzählungen gewinnen, indem sie an Beispielen erkennen, wie Handlungs- und Darstellungsebene einer Narration sinnvoll organisiert und aufeinander bezogen werden können. Die Analyse erzählender Texte soll eine Grundlage der eigenen Erzählproduktion bilden, und die eigene Erzählproduktion soll wiederum den Blick für die Strukturen literarischer und medialer Erzählungen schärfen. So kann eine umfassende Narrationskompetenz erworben werden, die es Schülern ermöglicht, an der individuellen und kollektiven Sinnbildung durch Erzählen in selbstbestimmter Weise teilzuhaben.

7.4 Lesekompetenz nach PISA – Ein Abgleich

PISA markiert einen Wendepunkt für die Deutschdidaktik und ist, so glauben wir, ein Glücksfall auch für die Literaturdidaktik. Der PISA-Lesekompetenzbegriff betont die Notwendigkeit der Textanalyse für die Rezeption von Gebrauchs- ebenso wie von literarischen Texten und ein wesentlicher Verdienst der PISA-Studie liegt darin, dass sie eine neue Aufmerksamkeit für die systematische Texterschließung erwecken konnte. Seit ihrem Erscheinen 2001 wird die Studie von Literaturdidaktikern insgesamt jedoch kritisch betrachtet. Im Mittelpunkt steht dabei der Lesekompetenzbegriff der PISA-Studie, der, so die Kritik, die kompetente Rezeption literarischer Werke nicht angemessen erfassen könne, weil er zu kurz greife – vor allem durch die Nichtberücksichtigung einer motivationalen Komponente. Diese Kritik verfehlt allerdings die Frage, die für den Abgleich der von PISA definierten Lesekompetenz mit den Zielen des Literaturunterrichts von zentraler Bedeutung ist: Ist die Unterscheidung der drei Teilkompetenzen, die im PISA-Modell vorgenommen wird, mit einer Unterscheidung von Teilleistungen vereinbar, die für das Verständnis literarischer Texte maßgeblich sind? Falls das der Fall wäre, dann könnte das PISA-Modell eine wichtige Rolle im Literatur- beziehungsweise Erzählunterricht spielen, weil es deutliche und vor allem deutlich systematisierte Vorgaben für die im Unterricht zu fördernden Leistungen macht.

Zumindest auf den ersten Blick weisen die drei Subskalen/Teilleistungen des Textverstehens im PISA-Modell („Informationen ermitteln“, „textbezogenes Interpretieren“ und „Reflektieren und Bewerten“) Übereinstimmungen mit der Trias Textreproduktion, -analyse und -interpretation auf, deren einzelne Elemente im Literaturunterricht zentrale Bedeutung haben. Allerdings zeigt sich auch bei oberflächlicher Betrachtung eine terminologische Unstimmigkeit: Im PISA-Lesekompetenzmodell werden Tätigkeiten, die der Subskala 2 zuzuordnen sind und die zumindest teilweise als textanalytisch in unserm Sinne gelten können, als ‚Interpretieren' bezeichnet, während der Terminus ‚(Text-) Analyse' nicht berücksichtigt wird; die Tätigkeiten, die der Subskala 3 zuzuordnen sind, werden hingegen als „Reflektieren und Bewerten“ bezeichnet, während hier nach literaturwissenschaftlicher und -didaktischer Terminologie eher von ‚Interpretieren' zu sprechen wäre.

PISA-Lesekompetenzmodell	*Kompetenzen für die Rezeption von literarischen/erzählenden Texten*
(1) Informationen ermitteln	(1) Textreproduktion
(2) Textbezogenes Interpretieren	(2) Textanalyse
(3) Reflektieren und Bewerten	(3) Textinterpretation

Ein näherer Vergleich lässt jedoch neben allgemeinen Entsprechungen schwerwiegende Unterschiede zwischen den aufgeführten Teilkompetenzen deutlich werden, die den Wert des PISA-Lesekompetenzmodells für den Literaturunterricht gering erscheinen lassen.

a) „Informationen ermitteln“ nach PISA und Textreproduktion

Aufgaben der Subskala ‚Informationen ermitteln' verlangen vom Leser, „eine oder mehrere Informationen bzw. Teilinformationen im Text zu lokalisieren“. Diese Leistung „erfordert eine sorgfältige Analyse von Textabschnitten mit dem Ziel, Detailinformationen (wie etwa die Abfahrtszeit eines Zuges oder das Vorhandensein eines bestimmten Arguments) zu finden“[32]; ein „unmittelbares Verstehen größerer Textteile und ein Vergleich von im Text vorhandenen Angaben“ kann „erforderlich“ sein.

Die Ermittlung von Textinformationen ist im Literaturunterricht durchaus üblich, auch wenn sie in der didaktischen Diskussion nur eine geringe Rolle spielt. Aufgaben, die auf eine solche Ermittlung zielen, dienen vor allem der – teilweisen oder vollständigen – Textreproduktion zu Beginn der Beschäftigung mit einem Werk. Sie können jedoch auch im Rahmen einer Textanalyse erforderlich sein, und zwar vor allem dann, wenn später genauer zu untersuchende Text-

[32] PISA 2000 (2001), S. 83.

merkmale erst einmal lokalisiert werden müssen („Nenne alle Passagen mit Innensicht!“) oder wenn Elemente der Handlung (zum Beispiel die Komplikation beziehungsweise ihre Faktoren) im Text direkt genannt werden. Entsprechende Aufgaben sind insofern nicht rein reproduktiv, als zu ihrer Beantwortung textanalytische Tätigkeiten notwendig sind (zum Beispiel die Unterscheidung von Innen- und Außensicht oder die Identifikation von Handlungselementen). Die Teilkompetenz „Informationen ermitteln“ kann also sowohl der Textreproduktion als auch der Textanalyse zuzuordnen sein.

Die genannten Verstehensleistungen der Subskala ‚Informationen ermitteln‘ sowie die Leistungen der weiteren Subskalen werden im PISA-Lesekompetenztest 2000 auch durch ein (einziges) Aufgabenset zu einem erzählenden Text veranschaulicht. Bei der betreffenden Erzählung handelt es sich um *Das Geschenk* des amerikanischen Autors Louis Dollarhide.[33] Der Inhalt der Erzählung: Infolge eines über das Ufer tretenden Flusses wird eine namentlich nicht genannte Frau in ihrem Haus eingeschlossen; ihre Lage ist bedrohlich, weil das Wasser ihr Haus mit sich reißen könnte. Die Gefährdung der Frau wird noch größer, als ein Panther auf der Veranda ihres Hauses Rettung sucht. Die Frau scheitert bei dem Versuch, den Panther zu erschießen, isst dann von einem Schinken und wirft den Rest auf die Veranda zu dem Panther. Anschließend schläft sie; als sie am nächsten Morgen erwacht, hat der Regen aufgehört, der Panther ist verschwunden und auf der Veranda findet die Frau nur noch die Reste des Schinkens, einen abgenagten Knochen.[34]

Die folgende Aufgabe vertritt die Anforderung „Informationen ermitteln“: Verlangt wird die Ermittlung einer Aussage über die Ausgangslage der Protagonistin:

> In welcher Situation befindet sich die Frau zu Beginn der Erzählung? [= Frage 32]
>
> A Sie ist zu schwach, um das Haus zu verlassen, nachdem sie tagelang nichts gegessen hat.
>
> B Sie verteidigt sich gegen ein wildes Tier.
>
> C Ihr Haus ist von Hochwasser umgeben. (X) [= richtige Antwort]
>
> D Ein über die Ufer getretener Fluss hat ihr Haus fortgeschwemmt.

Die richtige Antwort kann (mit Hilfe von sprachlichem Wissen) aus einer bestimmten Textstelle geschlussfolgert werden, die vom Leser aufgefunden werden muss: „Jetzt leckten die Wassermassen bereits an den geteerten Planken der Stützpfeiler.“ (Z. 9f.) Die Lösung der Aufgabe ist insofern nicht trivial, als in der Erzählung konkurrierende Informationen gegeben werden, die geprüft werden müssen; so hat die Frau tatsächlich schon seit längerer Zeit nichts mehr gegessen – es steht aber nicht im Text, dass sie zu schwach war, um das Haus zu verlassen. – Die folgende Aufgabe verlangt Auskunft über ein bestimmtes Geschehen:

[33] Vgl. Karg (2005), S. 127-131.

[34] Der Text in: PISA 2000. Beispielaufgaben aus dem Lesekompetenztest, S. 30-32.

„Dann, knarrend und ächzend vor Anstrengung, kämpfte sich das Haus vom Lehm frei …" (Zeilen 29-30) / Was geschah mit dem Haus in diesem Teil der Erzählung? [= Frage 34]

A Es fiel auseinander.

B Es begann zu schwimmen. (X)

C Es stieß mit der Eiche zusammen.

D Es sank auf den Grund des Flusses.

Der Text gibt – in der Fortsetzung der oben zitierten Passage – folgende Auskunft, die zu lokalisieren ist: „[…] kämpfte sich das Haus vom Lehm frei, bewegte sich schwimmend, tanzte wie ein Korken auf und ab und wurde langsam von der Strömung des Flusses erfasst." Die gesuchte Information ist explizit im Text enthalten und damit leicht zu finden.

Auch am Beispiel der PISA-Aufgaben zu *Das Geschenk* lässt sich demonstrieren, dass Aufgaben vom Typ „Informationen ermitteln" textanalytisch sein können: Die oben zitierte Frage nach der Situation, in der sich die Frau zu Beginn der Erzählung befindet, ließe sich leicht verändert auch im Rahmen einer textanalytischen Arbeit stellen: Durch eine Beantwortung der Frage, in welcher Weise die Frau zu Beginn der Erzählung bedroht ist, würden Schüler einen ersten Teil einer Komplikationsanalyse leisten.

b) „Textbezogenes Interpretieren" nach PISA und Textanalyse

Um die Aufgaben der Subskala ‚textbezogenes Interpretieren' zu lösen, muss der Leser „Bedeutung konstruieren und Schlussfolgerungen aus einem oder mehreren Teilen des Textes ziehen. Hierzu gehört auch das schlussfolgernde Denken und der Vergleich von Textteilen im Hinblick auf Evidenz, die mit der bevorzugten Interpretation kompatibel ist. Eine Aufgabe dieser Subskala kann vom Leser auch verlangen, Schlüsse über die Absichten des Autors zu ziehen."[35] Auch das „Erkennen des Hauptgedankens" eines Textes wird erwartet; der Umgang mit Kategorien wird eigens erwähnt: gefordert wird (allerdings nur auf Niveaustufe 4) „das Verstehen und Anwenden von Kategorien in einem unbekannten Kontext"[36].

Anders als gegenüber den Aufgaben der Subskala I reicht die Ermittlung von einzelnen Textinformationen für die Lösung der Aufgaben also nicht aus; eine ‚Konstruktionsleistung' anderer Art ist erforderlich, die nach literaturwissenschaftlichem und -didaktischem Verständnis zumindest teilweise als ‚Textanalyse' gelten muss (vgl. Kap. 1.2.3). Entsprechende Aufgaben sind im Literaturunterricht verbreitet und sollen nach unserer Auffassung zu einer systematischen Form der Texterschließung weiterentwickelt werden. Allerdings wird über die textanalytischen Operationen hinaus – und in enger Verbindung mit ihnen – Textinterpretation gefordert, auch im Sinne einer Gesamtinterpretation: So Schlussfolgerungen „über die Absichten des Autors" oder das „Erkennen des

[35] PISA 2000 (2001), S. 83.

[36] Ebd., S. 89.

Hauptgedankens. Die höchste Niveaustufe der Subskala umfasst sogar „ein vollständiges und detailliertes Verstehen eines Textes, dessen Format und Thema unbekannt sind“. Weil textexternes Wissen im PISA-Lesekompetenzmodell erst in der dritten Subskala eine Rolle spielt, entspricht dies Verstehen einer Interpretation ohne nennenswerte Einbeziehung von Weltwissen.

Dieser Interpretationsbegriff des PISA-Modells ist für eine Arbeit mit literarischen Texten problematisch. Zum ersten, weil die ‚Absichten des Autors‘ für das Verstehen eines vieldeutigen literarischen Textes höchstens in eingeschränkter Weise von Bedeutung sind und gegenüber einem solchen Text auch kaum ein ‚Hauptgedanke‘ erkannt oder ein ‚vollständiges‘ Verstehen erreicht werden kann. Und zum zweiten, weil ein Verstehen von Literatur und insbesondere die Gesamtinterpretation eines literarischen Texte ohne Nutzung von (allgemein verfügbarem oder individuellem) Weltwissen wohl nicht möglich ist (vgl. Kap. 7.2.). Darüber hinaus ist die enge Verbindung von Analyse und Interpretation für den Literaturunterricht insofern ungünstig, als hier trotz der unklaren Grenzen zwischen beiden Tätigkeiten nach unserer Auffassung zumindest tendenziell versucht werden soll, den Unterschied von möglichst objektiver und subjektiv beeinflusster Textarbeit zu betonen (vgl. Kap. 1.2.5).

Die PISA-Beispielaufgaben zur zweiten Subskala fordern nach der in Literaturwissenschaft und -didaktik gebräuchlichen Begriffsverwendung Textanalyse in enger Verbindung mit Interpretation (vgl. Kap. 7.2). Die folgende Aufgabe zu *Das Geschenk* verlangt die Deutung einer bestimmten Textstelle:

> Wenn die Frau sagt: ‚dann kümmere ich mich um *dich*‘ (Zeilen 114-115) meint sie, dass sie: [= Frage 36]
> A sicher ist, dass die Katze sie nicht angreift.
> B versucht, die Katze zu erschrecken.
> C vorhat, die Katze zu erschießen. (X)
> D die Katze füttern will.

Die textangemessene Deutung muss sich durch eine Auswertung des Kontextes ergeben, in dem die zitierte Äußerung steht; unter Einbeziehung von sprachlichem Wissen ermöglicht dieser Kontext eine eindeutige Antwort („'Lass mich essen,' rief die Frau, ‚und dann kümmere ich mich um *dich*'. Und sie lachte leise. […] Nachdem sie gegessen hatte, ging sie wieder zum Bett und nahm das Gewehr in die Hand.“ [Z. 114f. u. 118f.]). Diese Antwort lässt zugleich einen Plan der Protagonistin zur Auflösung ihrer Komplikation deutlich werden. – Für die Beantwortung der folgenden Frage müssen die Schüler ein Handlungselement erklären, indem sie das „Motiv einer Figur herleiten“[37]:

> Was war wohl laut Erzählung der Grund dafür, dass die Frau den Panther gefüttert hat? [= Frage 35]

[37] PISA 2000. Beispielaufgaben aus dem Lesekompetenztest, S. 48.

Fragen vom Typ „Herleitung des Motivs einer Figur", Fragen also, die auf eine Erkenntnis von Handlungen einschließlich ihrer Faktoren zielen, sind im Literaturunterricht üblich und sollen nach unserer Ansicht sogar das Zentrum der (analytischen) Texterschließung bilden. Die vorliegende Aufgabe ist jedoch problematisch: Der Text gibt keine explizite Antwort auf diese Frage und lässt auch indirekt nur erkennen, dass die Frau keine bewusste Intention verfolgt: „Verblüfft über ihr Tun, zog sie sich zum Bett zurück." (Z. 129f.) Die Antwort „Das steht nicht in der Geschichte" gilt aber nur als „teilweise gelöst"; gefordert wird eine Antwort, die „die implizite Bedeutung, dass die Frau von Mitgefühl für oder Einfühlung in den Panther motiviert wird", berücksichtigt.[38] Bei dieser Frage und der geforderten Antwort wird ein gewichtiges Problem deutlich: Von den Schülern wird verlangt, die Erzählung in unangemessener Weise zu vereindeutigen (und zwar mit Hilfe eines offenbar als allgemeingültig angenommenen Weltwissens). Durch die Aufgabenstellung – „Was war wohl laut Erzählung [...]" – wird suggeriert, dass im Text tatsächlich ein bestimmter Grund deutlich wird; die Verfasser der Aufgabe scheinen dabei ein durch den Text kaum gedecktes Verständnis des Textes (Mitleid als Motiv) zu favorisieren – und entsprechende Antworten von den Schülern zu erwarten. Hier liegt ein schwerwiegendes Versagen bei der Aufgabenstellung vor, das möglicherweise auf ein grundsätzlich problematisches oder falsches Literaturverständnis der Aufgabenkonstrukteure verweist. In die gleiche Richtung deuten die oben genannten Forderungen, dass Schüler die ‚Intention des Autors' oder den ‚Hauptgedanken eines Textes' erkennen beziehungsweise ein ‚vollständiges und detailliertes Verstehen' eines Textes erreichen sollen. Insgesamt ergibt sich der Eindruck, dass in der PISA-Studie offenbar die Interpretation literarischer Texte mit einer Vereindeutigung von Textstellen gleichgesetzt wird.

Die Subskala 2 umfasst also Textanalyse und -interpretation, doch werden dabei wesentliche Aspekte des literaturwissenschaftlichen und -didaktischen Verständnisses von Textinterpretation nicht berücksichtigt: Die subjektive beziehungsweise auf (individuellem) Weltwissen beruhende Interpretation eines literarischen Textes, die die Textanalyse ergänzt und zu einem niemals abgeschlossenen oder für alle Rezipienten einheitlichen Textverstehen führt.

c) „Reflektieren und Bewerten" nach PISA und Textinterpretation

Die Aufgaben der Subskala ‚Reflektieren und Bewerten' „verlangen vom Leser, den Text mit eigenen Erfahrungen, Wissensbeständen und Ideen in Beziehung zu setzen. Es kann beispielsweise darum gehen, die Schlussfolgerungen des Autors bzw. die Botschaft eines Textes mit Wissen in Verbindung zu bringen, über das man hinsichtlich der angesprochenen Thematik schon verfügt. Mögliche Aufgabenstellungen beziehen sich auf die Generierung von Evidenz für die Gültigkeit zentraler Textaussagen auf der Basis eines allgemeinen Weltwissens, die Bewertung der Aussagen anhand eines Vergleichs mit alternativen Positionen oder die Beurteilung der Beschaffenheit und Angemessenheit einer Textart.

---

[38] Ebd.

Hierzu muss der Leser unter anderem in der Lage sein, Textmerkmale wie Ironie, Humor und logischen Aufbau kritisch zu bewerten und in ihren Auswirkungen zu verstehen. So sollen die Schülerinnen und Schüler etwa herausarbeiten, inwieweit die Textstruktur dazu geeignet scheint, die Ziele des Verfassers zu erreichen.“[39] Das gemeinsame Merkmal der entsprechenden Aufgaben ist eine Bewertungs- bzw. Reflexionsleistung unter Berücksichtigung von textexternen Kontexten – allgemein verfügbarem Weltwissen, Gattungskonventionen, alternativen Positionen etc.

Diese Leistungen entsprechen nach literaturwissenschaftlicher und –didaktischer Auffassung weitgehend der Interpretation mit Hilfe von Weltwissen, wobei das PISA-Modell allerdings individuelle Erfahrungen oder auch Spezialwissen offenbar nicht in den Blick nimmt. Entsprechende Aufgaben sind im Literaturunterricht häufig, so zum Beispiel Aufgaben zur Einordnung von literarischen Texten in Gattungs- und historische Kontexte. Allerdings ist die direkte ‚Bewertung‘ eines vieldeutigen literarischen Textes zumeist wenig sinnvoll, und Interpretation und Bewertung eines solchen Textes können auch kaum in so enger Weise verbunden werden wie im PISA-Modell vorgeschlagen. So soll die ‚Bewertung‘ einer (literarischen) Erzählung im Unterricht nach unserer Auffassung vor allem in indirekter Weise dadurch erfolgen, dass die Schüler im Anschluss an ihre Interpretation entscheiden, inwiefern sie die Weltsicht des Textes auf ihre Lebenswirklichkeit übertragen wollen.

Die Beispielaufgaben zur Subskala 3, die sich auf *Das Geschenk* beziehen, lassen darüber hinaus erkennen, dass die Aufgabenkonstrukteure unter „Reflektieren und Bewerten“ von literarischen Texten offenbar und abweichend von den oben dargelegten theoretischen Annahmen Leistungen verstehen, die nach literaturwissenschaftlicher und -didaktischer Auffassung wiederum als ‚Interpretieren‘ unter weitgehendem Verzicht auf Weltwissen gelten würden.

So sollen durch die Lösung einer Aufgabe gegensätzliche Thesen zum Verhalten der Frau argumentativ gestützt werden:

> Hier folgt ein Ausschnitt aus einem Gespräch zwischen zwei Personen, die „Das Geschenk“ gelesen haben: [= Frage 31]
> [Ein Junge:] Ich finde, die Frau in der Erzählung ist herzlos und grausam.
> [Ein Mädchen:] Wie kannst du so etwas sagen? Ich finde, sie ist ein sehr mitfühlender Mensch.
> Stütze dich auf Informationen aus der Erzählung, um zu zeigen wie beide Personen ihren Standpunkt rechtfertigen können.

Die Schüler sollen sich, so die Angaben zu den Aufgaben, „auf einschlägige Informationen aus dem Text beziehen, um ein bestimmtes Argument zu belegen“.[40] Für die These, dass die Frau „herzlos und grausam“ ist, lässt sich anführen, dass sie den Panther zunächst zu erschießen versucht; für die These, das die Frau „ein sehr mitfühlender Mensch“ ist, dass sie dem Panther den Rest ihres

---

[39] PISA 2000 (2001), S. 83f.
[40] PISA 2000. Beispielaufgaben aus dem Lesekompetenztest, S. 42.

Schinkens überlässt.[41] Die Frage zielt insofern auf eine Interpretation des Textes unter Nutzung von Kontextwissen, als die Leser Konzepte von ‚grausam' und ‚mitfühlend' heranziehen müssen, doch dürften diese Konzepte in erster Linie auf sprachlichem und nur ergänzend auf Weltwissen beruhen. Eine Bewertung des Textes ist bei dieser ‚Bewertung' einer Figur natürlich nicht gefordert. In der folgenden Aufgabe soll das Verhältnis einer bestimmten Textstelle zum Gesamttext reflektiert werden:

> „Findest du, dass der letzte Satz der Erzählung ‚Das Geschenk' [= „Und dort auf der Veranda lag, weißgenagt, was von dem Schinken übrig war."] ein passendes Ende ist? / Erkläre deine Antwort und mache dabei deutlich, wie nach deinem Verständnis der letzte Satz mit dem Sinn der Geschichte zusammenhängt."

Die Frage soll darauf zielen, über „die Form eines Textes" zu reflektieren: „Die Verwendung eines bestimmten Textmerkmals durch den Autor [zu] bewerten."[42] Es wird erwartet, dass die Schüler dabei über eine „wörtliche Interpretation" der Erzählung hinausgehen. Falsch ist demnach die Antwort: „Ja. Da nun die Flut zurückgegangen ist und sie das Fleisch gefressen hat, gibt es für die Katze keinen Grund mehr zu bleiben." Als „vollständig gelöst" gilt die Aufgabe beispielsweise bei folgenden Antworten: „Ja. Die Geschichte hat die Frau mit dem wirklich Wesentlichen im Leben in Berührung gebracht, und der saubere weiße Knochen ist ein Symbol dafür.", „Ja. Der Knochen ist wie ein Geschenk, und das ist das Thema der Geschichte." und „Ja. Der Schinkenknochen erinnert uns daran, was mit der Frau hätte passieren können." Es wird also keine bestimmte Deutung verlangt; entscheidend ist dass der Schluss „im Sinne der thematischen Vollständigkeit" bewertet wird, indem ihn die Schüler „auf zentrale Beziehungen, Themen oder Metaphern in der Geschichte" beziehen.[43] Gleichwohl tendieren die Aufgabenkonstrukteure, so machen die exemplarischen Antworten deutlich, wiederum zu einer Vereindeutigung des Textes, weil sie offenbar die Konstruktion eines bestimmten Zusammenhangs zwischen den unterschiedlichen Teilen der Erzählung erwarten. Auch die Beispielaufgaben der Subskala 3 zu *Das Geschenk* bestätigen die Tendenz des PISA-Modells, die für ein Verstehen literarischer Texte notwendige subjektive Ergänzung der Textanalyse zu vernachlässigen.

[41] Vgl. die Kritik in Karg (2005), S. 130.
[42] PISA 2000. Beispielaufgaben aus dem Lesekompetenztest, S. 50.
[43] Ebd.

Fünf Thesen zu PISA

1. Das PISA-Lesekompetenzmodell bietet gute Argumente für didaktische Konzeptionen, die der Textanalyse eine zentrale Bedeutung zuweisen, weil in den PISA-Subskalen 1 und 2 die Kompetenz zur Textanalyse eine wesentliche Rolle spielt.

2. Das PISA-Lesekompetenzmodell kann alle Teilleistungen, die für das Verstehen von literarischen/erzählenden Texten erforderlich sind, grundsätzlich erfassen – obgleich nicht alle dieser Teilleistungen explizit erwähnt werden und das subjektive Verstehen von Literatur vernachlässigt wird.

3. Dem PISA-Lesekompetenzmodell liegt offenbar ein Literaturbegriff zugrunde, der auf eine unangemessene Vereindeutigung literarischer Texte zielt. Das für das Verstehen literarischer Texte notwendige Zusammenspiel von ‚objektiver' Textanalyse und ‚subjektiver' Interpretation wird von diesem Modell nicht berücksichtigt.

4. Die drei Teilkompetenzen des Textverstehens, die im PISA-Lesekompetenzmodell unterschieden werden, zeigen zwar bemerkenswerte Übereinstimmungen mit den für literarische/erzählende Texte bedeutsamen Verstehensleistungen (Textreproduktion, -analyse und -interpretation), entsprechen aber letztlich nicht diesen Verstehensleistungen. Das PISA-Modell nimmt eine Kategorisierung von Teilleistungen vor, die für das Verstehen von literarischen / erzählenden Texten fachwissenschaftlich beziehungsweise didaktisch nicht angemessen ist.

5. Das PISA-Lesekompetenzmodell steht (durch die in den Thesen 3 und 4 genannten Merkmale) in einer grundlegenden Spannung zu etablierten (und auch von uns vertretenen) Annahmen darüber, wie die Teilleistungen zur Erschließung literarischer/erzählender Texte und die Zusammenhänge dieser Teilleistungen genauer beschrieben werden können. Eine Didaktik der Erzählung kann deshalb nicht auf Grundlage des PISA-Modells entworfen werden.

7.5 Analysekompetenz in den Bildungsstandards – Ein Abgleich

Die neuen Bildungsstandards eröffnen dem Deutschunterricht unserer Ansicht nach große Chancen, weil sie die Kompetenz zur systematischen Texterschließung betonen. Die Bildungsstandards sind jedoch, wie aus den folgenden Ausführungen deutlich wird, im Bereich ‚Umgang mit erzählenden Werken' noch deutlich korrekturbedürftig. Mit den erforderlichen Veränderungen werden die Bildungsstandards die ihnen zugedachte Rolle als ‚Kompass' und verbindlicher Rahmen für guten Unterricht erfüllen können.

a) Die Bildungsstandards und literarische Erzählungen

Die in den Jahren 2003 und 2004 verabschiedeten Bildungsstandards im Fach Deutsch für die Primarstufe (Klasse 4), den Hauptschulabschluss (9. Klasse) und den Mittleren Schulabschluss (10. Klasse) formulieren zu erwerbende Kompetenzen für die inzwischen traditionellen Lernbereiche – nun Kompetenzbereiche genannt – „Sprechen und Zuhören", „Schreiben", „Lesen – mit Texten und Medien umgehen" und „Sprache und Sprachgebrauch untersuchen". Für die einzelnen Kompetenzbereiche werden zentrale Kompetenzen aufgelistet; im Bereich „Umgang mit Texten und Medien" lauten sie für die 9. und 10. Klasse: „verschiedene Lesetechniken beherrschen", „Strategien zum Leseverstehen kennen und anwenden" sowie „Texte verstehen und nutzen"; die zuletzt genannte Kompetenz wird in drei Kategorien aufgeteilt: „literarische Texte verstehen und nutzen", „Sach- und Gebrauchstexte verstehen und nutzen" sowie „Medien verstehen und nutzen". Durch die Trennung von literarischen Texten und Medienproduktionen werden auch literarische von medialen Erzählungen streng abgegrenzt; eine medienübergreifende Narrationskompetenz kann aus diesem Grunde von den Bildungsstandards nicht angestrebt werden.

Die Standards zur Kompetenz „Literarische Texte verstehen und nutzen":

Hauptschulabschluss (9. Klasse):	*Mittlerer Schulabschluss (10.Klasse):*
• aktuelle und klassische Werke der Jugendliteratur und altersangemessene Texte bedeutender Autorinnen und Autoren kennen • epische, lyrische, dramatische Texte unterscheiden und wesentliche Merkmale kennen, insbesondere epische Kleinformen, Erzählung, Kurzgeschichte, Gedichte • an einem repräsentativen Beispiel Zusammenhänge zwischen Text, Entstehungszeit und Leben des Autors/der Autorin herstellen	• ein Spektrum altersangemessener Werke – auch Jugendliteratur – bedeutender Autorinnen und Autoren kennen • epische, lyrische, dramatische Texte unterscheiden, insbesondere epische Kleinformen, Novelle, längere Erzählung, Kurzgeschichte, Roman, Schauspiel, Gedichte • Zusammenhänge zwischen Text, Entstehungszeit und Leben des Autors/der Autorin bei der Arbeit an Texten aus Gegenwart und Vergangenheit herstellen

• *zentrale Aussagen erschließen*	• *zentrale Inhalte erschließen*
• *wesentliche Elemente eines Textes erfassen: Figuren, Raum- und Zeitdarstellung, Konfliktverlauf*	• *wesentliche Elemente eines Textes erfassen, z.B. Figuren, Raum- und Zeitdarstellung, Konfliktverlauf*
• *Handlung und Verhaltensweisen beschreiben und werten*	• *Handlungen, Verhaltensweisen und Verhaltensmotive bewerten*
• *wesentliche Fachbegriffe zur Erschließung von Literatur kennen und anwenden: Autor, Erzähler, Monolog, Dialog, Reim*	• *wesentliche Fachbegriffe zur Erschließung von Literatur kennen und anwenden, insbesondere Erzähler, Erzählperspektive, Monolog, Dialog, sprachliche Bilder, Metapher, Reim, lyrisches Ich*
• grundlegende Gestaltungsmittel erkennen und ihre Wirkungen einschätzen: z.B. Wortwahl, Wiederholung, sprachliche Bilder	• sprachliche Gestaltungsmittel in ihren Wirkungszusammenhängen und in ihrer historischen Bedingtheit erkennen: z.B. Wort-, Satz- und Gedankenfiguren, Bild sprache (Metaphern)
• untersuchende und produktive Methoden kennen und anwenden: z.B. Texte vergleichen, Paralleltext verfassen, szenische Umsetzung	• analytische Methoden anwenden, z.B. Texte untersuchen, vergleichen, kommentieren • produktive Methoden anwenden, z.B. Perspektivenwechsel: innerer Monolog, Brief in der Rolle einer literarischen Figur; szenische Umsetzung, Paralleltext, weiterschreiben, in eine andere Textsorte umschreiben
• eigene Deutungen des Textes entwickeln, mit anderen darüber sprechen und am Text belegen	• eigene Deutungen des Textes entwickeln, am Text belegen und sich mit anderen darüber verständigen

Erläuterung: Standards mit unmittelbarem Bezug auf den Aspekt ‚Texterschließung' kursiviert !

Die Bildungsstandards sind im Bereich literarischer Texte so angelegt, dass eine recht umfassende Menge von Aspekten berücksichtigt wird: Kenntnisse von Werken, Autoren und Gattungen, der Bezug von Kontexten auf Werke, Texterschließung unter Berücksichtigung von Textdeutung/Interpretation sowie die Anwendung von unterschiedlichen Methoden der Texterschließung. Unterschiede zwischen den Standards für den Hauptschulabschluss und den Mittleren Abschluss ergeben sich nur dadurch, dass die verschiedenen Aspekte für den Mittleren Abschluss teilweise stärker ausdifferenziert werden. Unmittelbar zum Aspekt ‚Texterschließung (erzählender Werke)' gehören die folgenden Standards (Abweichungen des Hauptschulabschlusses vom Mittleren Abschluss sind in Klammern vermerkt):

- „zentrale Inhalte [Aussagen] erschließen": bezogen auf erzählende Texte zielt dieser Standard vornehmlich auf die Analyse und Interpretation der Handlungsebene beziehungsweise der Handlungsebene im Zusammenspiel mit der Darstellungsebene.
- „wesentliche Elemente eines Textes erfassen, z.B. Figuren, Raum- und Zeitdarstellung, Konfliktverlauf": bezogen auf erzählende Texte zielt dieser Standard auf die Analyse der beiden für die Handlungsebene zentralen Aspekte

'Handlung' und 'Figuren', führt dabei allerdings mit dem 'Konfliktverlauf' einen Begriff für die Handlungsanalyse an, ohne dass deutlich wird, was unter diesem Begriff genau zu verstehen ist. Mit der unklaren Bezeichnung „Raum- und Zeitdarstellung" sind möglicherweise nicht Darstellungsverfahren, sondern die Aspekte 'Raum' und 'Zeit' der Handlungsebene gemeint.

- „Handlungen, Verhaltensweisen und Verhaltensmotive bewerten [„Handlung und Verhaltensweisen beschreiben und werten"]": dieser Standard zielt vornehmlich auf die Handlungsebene, wobei die geforderte Bewertung eine Analyse und Interpretation der betreffenden Aspekte voraussetzt. – Die „Handlungsmotive" entsprechen den Faktoren für Komplikation und Auflösung in unserem Analysemodell.
- „wesentliche Fachbegriffe zur Erschließung von Literatur kennen und anwenden, insbesondere Erzähler, Erzählperspektive [...]": zielt durch den Begriff 'Erzähler' auf das konstitutive Merkmal epischer Texte gegenüber anderen Typen des Erzählens sowie auf weitere Darstellungsverfahren – für den Bereich der erzählenden Texte mit Erzähler und Erzählperspektive insgesamt genau auf die Darstellungsverfahren, die wir in unserem Modell für eine zentrale Berücksichtigung im Unterricht vorschlagen.
- „eigene Deutungen des Textes entwickeln, am Text belegen und sich mit anderen darüber verständigen": Die Kompetenz entspricht ungefähr der Interpretation auf Basis einer Textanalyse, auch wenn das 'Belegen' einer Deutung am Text nicht mit einer umfassenden Erkenntnis von Textstrukturen identisch ist.

Angemessen sind die genannten Standards unserer Ansicht nach insofern sie die Handlungsebene betonen. Problematisch bleiben sie aber vor allem aufgrund einer mangelnden Systematik und einer mangelnden Differenzierung. Zur mangelnden Systematik: (1) Die Erschließung der Handlungsebene wird ohne ersichtlichen Grund auf zwei Standards verteilt: Das 'Erfassen' von „wesentlichen Elementen" berücksichtigt die Aspekte „Figuren [...] Konfliktverlauf", das 'Bewerten' bezieht sich auf „Handlungen, Verhaltensweisen und Verhaltensmotive". (2) Die Kenntnis (sowie Anwendung) von 'Fachbegriffen' wird nur für Aspekte der Darstellung gefordert, während für die Handlungs- und Figurenanalyse nur sehr allgemein gehaltene Begriffe vorgegeben werden. (3) Die Fähigkeit „eigene Deutungen [...] entwickeln" wird von der Fähigkeit „Handlungen [...] bewerten" getrennt; eine Verbindung dieser Tätigkeiten wäre angemessen („[...] deuten und bewerten"). (4) Die Fähigkeit „zentrale Inhalte [„Aussagen"] erschließen" wird nicht deutlich abgegrenzt von anderen Fähigkeiten, beispielsweise von der des 'Erfassens' und 'Bewertens' von „Handlungen, Verhaltensweisen und Verhaltensmotiven".

Zur mangelnden Differenzierung: Es wird eine geringe Anzahl von Kategorien der Texterschließung berücksichtigt, eine auch nach den Maßstäben unseres einfach gehaltenen Modells zu geringe Anzahl: So werden für die Handlungserschließung wie oben dargelegt nur die wenig präzisen Begriffe 'Figuren', 'Konfliktverlauf', 'Handlungen', 'Verhaltensweisen' und 'Verhaltensmotive' genannt; aber auch die 'Fachbegriffe' zur Darstellungsanalyse sind zu wenig differenziert.

Die Standards sind durch die mangelnde Differenzierung so allgemein und damit umfassend gehalten, dass die Bildungsstandards insgesamt als kaum erreichbar erscheinen können.

Die Tatsache, dass die Bildungsstandards keine hinreichend präzisen und systematischen Vorgaben machen, hat Konsequenzen für die Vermittlung der Standards. Die in den Bildungsstandards aufgenommenen Beispielaufgaben, mit deren Hilfe die vorgegebenen Anforderungen illustriert beziehungsweise konkretisiert werden sollen, können diese Mängel kaum ausgleichen, wie die Analyse der folgenden Beispielaufgabe demonstriert. In den Bildungsstandards für den Hauptschulabschluss und für den Mittleren Abschluss ist insgesamt nur ein Beispiel für Aufgaben zu erzählenden Texten enthalten: Die Beispielaufgabe 4 „Einen literarischen Text untersuchen und weiterschreiben (Aufgabenart: Von einer Textgrundlage ausgehend einen Text gestalten)“ aus den Bildungsstandards für den Hauptschulabschluss zu der Erzählung von Monika Seck-Agthe *Mein Bruder hat grüne Haare* (1983). Zum Inhalt der Erzählung: Der Ich-Erzähler/Die Ich-Erzählerin berichtet von einem Konflikt zwischen seinem/ihrem fünfzehnjährigen Bruder Johannes und der Tante Vera am elterlichen Kaffeetisch: Die Tante nimmt Anstoß an den grün gefärbten Haaren des Bruders und ein Streit entbrennt, in deren Verlauf die Tante die Gegenwart mit der von ihr erlebten schweren Kriegszeit vergleicht und Johannes vorwirft, dass er „vor lauter Wohlstand“ gar nicht mehr wisse, was er machen solle; Johannes wehrt sich heftig und wirft schließlich der Tante vor, sie habe „vom Frieden [...] wohl selbst nicht allzu viel kapiert“, denn sonst würde sie „nicht so einen Tanz machen“. Wütend verschwindet Johannes in seinem Zimmer; als dann noch der Erzähler/die Erzählerin ihn auffordert, seine Musik leiser zu stellen, fragt er „[...] Was ist hier überhaupt los? Der totale Krieg, oder was?“ Der Erzähler/die Erzählerin zieht sich in das eigene Zimmer zurück und reflektiert über das Verhalten der Tante und des Bruders – mit dem Ergebnis, dass die heutige Generation tatsächlich „froh darüber“ sein müsse, dass die von der Tante geschilderten Kriegszeiten vorbei sind, aber dennoch gelte: „Bloß weil kein Krieg ist, ist noch lange kein richtiger Frieden, dazu gehört noch eine Menge mehr.“ – Die Aufgaben zu diesem Text:

> 1. Zur Vorbereitung deines eigenen Textes (Aufgabe 2) bearbeite zunächst die folgenden Aufgaben:
> a) Mit welchen *Aussagen* beleidigt Tante Vera Johannes, mit welchen provoziert Johannes Tante Vera? Schreibe Sie auf.
> b) Verbinde die Personen im Diagramm mit Pfeilen und schreibe stichwortartig dazu, wie sie sich zueinander verhalten.

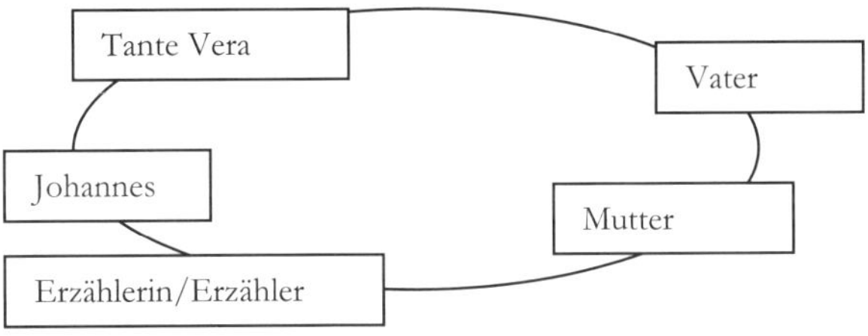

c) Seine Schwester/seinem Bruder gegenüber spricht Johannes vom „totalen Krieg“. Erkläre den Begriff und beurteile seine Verwendung durch Johannes.

2. Statt in ihrem Zimmer zu bleiben, geht die Ich-Erzählerin/der Ich-Erzähler zu ihrem/seinem Bruder zurück, um mit ihm zu sprechen.
Gestalte das Gespräch zwischen den Geschwistern aus der Sicht der Schwester/des Bruders. Berücksichtige ihre/seine Gedanken aus dem ursprünglichen Schluss des Textes (Z. 55ff.).[44]

Die erste Aufgabe dient durch die Teilaufgaben a) und b) vor allem der Rekonstruktion zentraler Handlungselemente (der gegenseitigen Vorwürfe/Beleidigungen) und einer Erarbeitung der Figurenkonstellation. Die genannten Teilaufgaben könnten damit grundlegender Teil einer Textanalyse sein. Mit der Teilaufgabe c) wird zudem eine Erörterung des für diesen Text zentralen Begriffes ‚Krieg’ und damit eine Interpretation der Erzählung eingeleitet, wobei die historische ‚Verortung’ der Wendung vom „totalen Krieg“ erwartet wird. Die erste Aufgabe trägt tatsächlich jedoch nichts zu einer Erkenntnis der Handlungsstruktur bei. Erst eine Klärung der Rolle, die die rekonstruierten Handlungselemente als Faktoren für die dargestellten Komplikationen (den ‚Generationenkonflikt‘: sowohl Bruder als auch Tante leiden offenbar an einem Mangel an Achtung durch Angehörige der jeweils anderen Generation) und vor allem für ihre (negativen) Auflösungen spielen, würde zu einer angemessenen Texterschließung führen. Eine entsprechende Texterschließung soll offenbar durch die folgende produktionsorientierte Aufgabe geleistet werden; der ‚Kern’ der Textanalyse wird auf diese Weise in eine nichtanalytische Aufgabe ‚abgeschoben’, die unserer Ansicht eher zur Hypothesenbildung zu Beginn der Auseinandersetzung mit der Erzählung (und zwar: eher in Lern- als in Leistungssituationen) geeignet wäre. Diese ‚überlastete‘ produktionsorientierte Aufgabe ist unserer Ansicht nach typisch für Aufgabensets, die kein angemessenes Konzept zur Texterschließung unter Einbeziehung von Textanalyse nutzen.

Mit der Lösung der beiden Aufgaben soll ein „Bezug“[45] zu folgenden Standards erfolgen: „Lesetechniken und Strategien zum Leseverstehen kennen und anwenden“ (Vorwissen und neue Informationen unterscheiden, Wortbedeutungen klären), „Äußerungen/Texte in Verwendungszusammenhängen reflektieren“ (Sprechweisen unterscheiden und ihre Wirkung einschätzen, z.B. abwertend, gehoben), „Texte planen und entwerfen“ (Schreibauftrag verstehen; einen Schreibplan entwickeln) und „Texte schreiben“ (gedanklich geordnet schreiben, Verfahren zur Überprüfung der sprachlichen Richtigkeit kennen und nutzen). Der „Bezug“ zum Standard „literarische Texte verstehen und nutzen“:

– wesentliche Elemente eines Textes erfassen: Figuren, Raum- und Zeitdarstellung, Konfliktverlauf
– Handlung und Verhaltensweisen beschreiben und werten
– wesentliche Fachbegriffe zur Erschließung von Literatur kennen und anwenden: Autor, Erzähler, Dialog

[44] Bildungsstandards im Fach Deutsch für den Hauptschulabschluss, S. 39f.
[45] Ebd., S. 40. – Die folgenden Zitate ebd.

– untersuchende und produktive Methoden kennen und anwenden: weiterschreiben

Diese Angaben halten wir für wenig aussagekräftig und sogar für ‚geschönt': Die Beherrschung der aufgelisteten Standards kann durch eine Lösung der Aufgaben nur teilweise nachgewiesen werden. So spielen die Begriffe ‚Autor' und ‚Dialog' sowie die Raum- und Zeitdarstellung für diese Lösung keine Rolle. Wichtiger noch: Die Erfassung wesentlicher Elemente des Textes einschließlich des Konfliktverlaufs und die Beschreibung und Wertung von Handlung und Verhaltensweisen soll wesentlich durch die Bewältigung einer produktionsorientierten Aufgabe nachgewiesen werden; die Problematik einer ‚Abwälzung' dieser Aspekte auf eine produktionsorientierte Aufgabe haben wir oben erläutert.

b) Medien in den Bildungsstandards

Die Standards zu „Medien verstehen und nutzen" lauten:

Hauptschulabschluss (9. Klasse):	*Mittlerer Schulabschluss (10.Klasse):*
• Informations- und Unterhaltungsfunktion unterscheiden, z.B. im Internet	• Informations- und Unterhaltungsfunktionen unterscheiden
• wesentliche Darstellungsmittel eines Mediums und deren Wirkungen kennen und einschätzen	• Wesentliche Darstellungsmittel kennen und deren Wirkungen einschätzen
• Intentionen und Wirkungen ausgewählter Medieninhalte erkennen und bewerten, z.B. Fernsehserie	• Intentionen und Wirkungen erkennen und bewerten
• Lebenswirklichkeit von Realitätsdarstellungen und der Darstellung fiktionaler Welten in Medien unterscheiden	• Zwischen eigentlicher Wirklichkeit und virtuellen Welten in Medien unterscheiden, z.B. Fernsehserien, Computerspiele
• Informationen zu einem Thema / Problem in unterschiedlichen Medien suchen, vergleichen, auswählen und bewerten	• Informationsmöglichkeiten nutzen: z.B. Informationen zu einem Thema / Problem in unterschiedlichen Medien suchen, vergleichen, auswählen und bewerten (Suchstrategien)
• Medien für eigene Produktionen kreativ nutzen	• Medien zur Präsentation und ästhetischen Produktion nutzen
	• Medienspezifische Formen kennen: z.B. Print- und Online-Zeitungen, Infotainment, Hypertexte, Werbekommunikation, Film

Die Standards zu „Medien verstehen und nutzen" sind recht umfassend gehalten, indem folgende Aspekte berücksichtigt werden: medienspezifische Formen kennen, deren Darstellungsmittel sowie Intentionen und Wirkungen kennen und einschätzen; zudem die Aspekte ‚Informationen suchen', ‚Unterscheidung von Informations- und Unterhaltungsfunktion' und ‚Unterscheidung von Faktizität/Fiktionalität' sowie der Aspekt ‚eigene Produktionen'. Die betreffenden Standards sind noch stärker als die zum Bereich „Literatur verstehen und nutzen" durch eine mangelnde Differenzierung gekennzeichnet.[46] So bleiben insbesondere die Standards „wesentliche Darstellungsmittel kennen und deren Wirkungen einschätzen" sowie „Intentionen und Wirkungen erkennen und bewerten" viel zu allgemein. Eine mangelnde Differenzierung zeigt sich aber auch darin, dass filmische Erzählungen nicht eigens in den Blick genommen werden; ein ‚Brückenschlag' zu literarischen Erzählungen ist schon aus diesem Grunde nicht möglich. Problematisch ist ferner, dass der Aspekt ‚Handlung' – aufgrund der Ausrichtung der Standards auf Medien insgesamt – nicht eigens angesprochen wird. Begrüßenswert ist hingegen die Berücksichtigung des (in den Standards zu „Literatur verstehen und nutzen" fehlenden) Aspektes ‚Realität – Fiktion'. Abgesehen davon, dass in den Standards für den Mittleren Schulabschluss der Begriff der Virtualität offenbar mit dem der Fiktion verwechselt wird, gerät aber nur der Aspekt ‚Unterscheidung von Realität und Fiktion' und nicht der Aspekt ‚Bezug von Fiktion auf Realität' in den Blick.

Das zentrale Manko dieser Standards bleibt jedoch die Trennung der Medien von den literarischen Texten, sodass eine systematische Erfassung von (rezeptiver) Narrationskompetenz unmöglich ist. Andere Länder sind uns in dieser Frage bereits voraus: Der Lehrplan für allgemeinbildende Schulen in Schweden aus dem Jahre 2000 geht „ausdrücklich von einem erweiterten Textbegriff" aus, der Bilder/Filme einschließt:[47]

c) Ausblick

Ein Alternativvorschlag für die Auflistung der zentralen Fähigkeiten beziehungsweise Begriffe, die Schüler für den Mittleren Schulabschluss im Umgang mit Erzählungen in allen Medien erwerben sollen, könnte wie folgt aussehen:

„Die Schüler sollen

- Handlungen und Figuren erfassen durch eine Untersuchung von Komplikation und Auflösung, Raum und Zeit, Figurenkonstellation und (stabilen) Figurenmerkmalen.
- Verfahren der Darstellung von Handlungen erfassen durch eine Untersuchung von Erzähler (Ich/Er-Erzähler; An-/Abwesenheit von Erzählerkommentar), Perspektive und ‚Sichtweise' (Außen-/Innensicht) sowie Zeitgestaltung.
- Erzählungen unterschiedlicher Medien unter Berücksichtigung von Handlung und Darstellung miteinander vergleichen.
- Erzählungen auf Grundlage der Untersuchung von Handlung und Darstellung deuten und sich mit anderen über diese Deutungen austauschen.
- Fiktion und Realität voneinander unterscheiden (durch Fiktionssignale auf den Ebenen der Handlung, der Darstellung und des Paratextes) und aufeinander beziehen können.

[46] Vgl. Wagner (2005), bes. S. 204-206.
[47] Vgl. ebd., S. 205.

Zukünftig stehen im Rahmen einer Revision der Bildungsstandards für den Bereich ‚Umgang mit Literatur und Medien' weitere Aufgaben an; vordringlich ist dabei die Festlegung von Niveaustufen. Kriterien für Niveaustufen im Umgang mit erzählenden Werken müssen erst noch entwickelt werden. Wichtige Anhaltspunkte können dabei die Kategorien des von uns vorgeschlagenen Analysemodells bieten: Beispielsweise die Faktoren für Komplikation oder Auflösung, deren Grad an Offensichtlichkeit in einem engen Verhältnis zum Schwierigkeitsgrad von Aufgaben steht, die auf eine Erkenntnis dieser Faktoren zielen: Je ‚verborgener' die Handlungsmotive, desto schwieriger im Regelfall ihre Erarbeitung. Von den vorgeschlagenen Veränderungen und Ergänzungen der Bildungsstandards können nach unserer Ansicht sowohl Leistungsmessungen als auch der ‚normale' Unterricht profitieren.

Fünf Thesen zu den Bildungsstandards

1. Die Bildungsstandards für die 9. und die 10. Klasse betonen die Texterschließung einschließlich der Handlungsanalyse und konzentrieren sich dabei auf wenige Standards.
2. Zugleich sind die Bildungsstandards im Bereich der Texterschließung nicht hinreichend systematisch und differenziert, sodass eine Überarbeitung notwendig ist.
3. Als Grundlage für die Überarbeitung ist ein Kompetenzmodell der Texterschließung erforderlich, das auf möglichst einfachen, systematisch aufeinander bezogenen Analysekategorien beruht; das Modell soll mediale Werke integrieren.
4. Aus einem entsprechenden Kompetenzmodell lassen sich wenige Standards ableiten, die trotz ihrer ‚genrebedingten' Knappheit die Kompetenz zur Texterschließung hinreichend differenziert bestimmen.
5. Eine entsprechend bestimmte Kompetenz ist für Lehrer eine grundlegende Hilfe für die Texterschließung im Unterricht; die Standards können so ihre Aufgabe als Leitfaden für guten Unterricht erfüllen.

Nachwort

Die Deutschdidaktik befindet sich zurzeit in einem spannenden Prozess der Neuorientierung. Insbesondere in der Literaturdidaktik gibt es jedoch noch keinen Konsens darüber, in welchem Maße die bislang dominierenden Konzepte durch neue ergänzt oder auch überwunden werden sollen. Zudem ist noch nicht hinreichend geklärt, in welcher Weise die Mediendidaktik Deutsch in diese Veränderungen einzubeziehen ist. Wir treten mit unserer didaktischen Konzeption entschieden dafür ein, die Aufmerksamkeit grundlegenden Verstehensleistungen zuzuwenden und stärker als bislang die systematische, kategorienorientierte Texterschließung in einem medienintegrativen Umgang mit Erzählungen zu betonen. Zugleich wollen wir der Gefahr des „Zerredens“ von Texten begegnen – einer offenbar noch immer praktizierten lehrerzentrierten, kleinschrittigen und wenig lohnenden Variante des textanalytischen Unterrichts. Die Texterschließung soll den Schülern nach unserer Konzeption ein hohes Maß an Selbsttätigkeit ermöglichen und dem Ziel des persönlich bedeutsamen Textverstehens verpflichtet sein. Die Entwicklung entsprechender Modelle halten wir für eine zentrale Aufgabe der Literatur- und Mediendidaktik. In unserer didaktischen Konzeption kommen aber auch Tendenzen zum Ausdruck, die das Feld der Literatur- und Mediendidaktik überschreiten:

Eine Entwicklung von Konzeptionen, die fachspezifische Verstehensleistungen klären, haben derzeit auch die anderen Fächer beziehungsweise Fachgebiete zu leisten: Alle Fächer sind aufgefordert, ihre grundlegenden Anforderungen in Kompetenzmodellen abzubilden. Durch die entsprechenden Versuche wird sich der Blick für das Trennende und das Gemeinsame der fachbezogenen Verstehensleistungen und damit auch für fachübergreifende und fachübergeordnete Anforderungen schärfen.

Von einer verstärkten Kompetenzorientierung ist zudem das Verhältnis von Literatur-/Medienwissenschaft und -didaktik berührt: Die Didaktik ist nicht einfach nur ‚Abnehmerin' von Ergebnissen der Fachwissenschaft. Die Fachwissenschaft erhält auch Forschungsimpulse von der Didaktik, insbesondere dann, wenn sich die Fachdidaktik darum bemüht, grundlegende Verstehensleistungen zu klären. Als junge Wissenschaftsdisziplin noch immer nicht angemessen im Kanon der Wissenschaften etabliert, kann so die Literatur- und Mediendidaktik der Fachwissenschaft zum Beispiel mit der Handlungsanalyse bislang vernachlässigte Forschungsfelder aufzeigen. Diese Rolle als ‚Motor' der Fachwissenschaft sollte die Fachdidaktik zukünftig selbstbewusst ausfüllen, weil sie gesellschaftlich bedeutsame Forschungen ‚anzustoßen' vermag.

Unsere medienintegrative Didaktik der Erzählung bietet umfassende und zugleich präzise Grundlagen für ein Kompetenzmodell der Texterschließung. Diese Didaktik ist jedoch keineswegs ‚abgeschlossen'. Künftig werden weitere, darunter empirische, Forschungen erforderlich sein, damit auch unsere Konzeption überprüft, differenziert und gegebenenfalls verändert werden kann. Auf die kommenden Diskussionen freuen wir uns.

Nachwort zur 2. Auflage

Das Erscheinen einer zweiten Auflage unserer ‚Erzähldidaktik' gut zwei Jahre nach ihrem ersten Erscheinen könnte ein Indiz dafür sein, dass ein neues Interesse an literatur- und mediendidaktischen Modellen besteht, die auf eine systematische Erschließung von Werken im Unterricht zielen. Entsprechende Modelle sind jedoch nur sinnvoll, wenn die schulische systematische Erschließung von literarischen und medialen Werken die Schüler zu einem persönlich gewinnbringenden Umgang mit diesen Werken befähigt. Dieses Ziel möchten wir als Vertreter einer systematischen Werkerschließung noch einmal besonders betonen: Weil in Abschlussprüfungen und Vergleichsarbeiten häufig Aufgaben, die auf ein Gesamtverständnis eines Textes zielen, zugunsten von kleinschritten Aufgaben zurücktreten, die vermeintlich der genauen Textuntersuchung dienen, tatsächlich aber nur einer wenig ergiebigen Informationsentnahme verpflichtet sind. Auf diese Weise wird ein theoretisch nicht hinreichend fundiertes und für den Literaturunterricht kontraproduktives Kompetenzkonzept verfolgt, das mit der Bildungsidee des Deutschunterrichts nach unserer Ansicht völlig unvereinbar ist. Auf weitere Reaktionen auf und Diskussionen zur ‚Erzähldidaktik' sind wir gespannt.

Literaturverzeichnis

Abraham, Ulf: Übergänge. Literatur, Sozialisation und literarisches Lernen. Opladen und Wiesbaden: Westdeutscher Verlag 1998.

Abraham, Ulf/Kepser, Matthis: Literaturdidaktik Deutsch. Eine Einführung. Berlin: Erich Schmidt Verlag 2005.

Abraham, Ulf/Launer, Christoph: Weltwissen erlesen. In: Dies. (Hrsg.): Weltwissen erlesen. Literarisches Lernen im fächerverbindenden Unterricht. Baltmannsweiler: Schneider 2002, S. 6-58.

Adorno, Theodor W.: Gesammelte Schriften. Bd. 7: Ästhetische Theorie. Frankfurt a. M. 1972.

Ammann, Daniel / Hermann, T.: Klicken, lesen und spielend lernen. Interaktive Spielgeschichten für Kinder. Zürich 2004.

Anderson, John R.: Language, memory, and thought. Hillsdale, NY: Erlbaum 1976.

– Cognitive psychology and its implications. San Francisco: Freeman 1980.

– Acquisition of cognitive skill. Psychological Review, 89, 369-406.

– The architecture of cognition. Cambridge, MA: Harvard University Press 1983.

Ang Lee: Vorwort. In: Tiger & Dragon. Ein Porträt des Ang Lee Filmes. Nürnberg: Burgschmiet Verlag 2001. S. 7.

Andreotti, Mario: Die Struktur der modernen Literatur. Neue Wege in die Textanalyse. Einführung Erzählprosa und Lyrik. 3. Auflage. Bern u.a.: Haupt 2000.

Andresen, Helga: Interaktion, Sprache und Spiel. Zur Funktion des Rollenspiels für die Sprachentwicklung im Vorschulalter. Tübingen: Narr 2002.

Appel, Markus/Schreier, Margrit: Realitäts-Fiktions-Unterscheidungen als Aspekt einer kritisch-konstruktiven Mediennutzungskompetenz. In: Norbert Groeben und Bettina Hurrelmann (Hrsg.): Medienkompetenz: Voraussetzung, Dimensionen, Funktionen. Weinheim und München: Juventa 2002.

Appel, Markus: Realität durch Fiktionen. Rezeptionserleben, Medienkompetenz und Überzeugungsänderungen. Berlin: Logos Verlag 2005.

Artelt, Cordula/Schlagmüller, Matthias: Der Umgang mit literarischen Texten als Teilkompetenz im Lesen? Dimensionsanalysen und Ländervergleiche. In: Ulrich Schiefele u.a. (Hrsg.): Struktur, Entwicklung und Förderung von Lesekompetenz. Vertiefende Analysen im Rahmen von PISA 2000. Wiesbaden: Verlag für Sozialwissenschaften 2004, S. 169-196.

Atkins, Barry/Krzywinska, Tanya (ed.): Videogame, Player, Text. Manchester: Manchester University Press 2005.

Dieter Baacke: Medienpädagogik. Tübingen: Niemeyer 1997.

Barthes, Roland: Einführung in die strukturale Erzählanalyse (1966). In: Ders.: Das semiologische Abenteuer. Frankfurt am Main: Suhrkamp 1988, S. 102-143.

Becker, Tabea: Kinder lernen erzählen. Zur Entwicklung der narrativen Fähigkeiten von Kindern unter Berücksichtigung der Erzählform. Baltmannsweiler: Schneider 2005.

Bertschi-Kaufmann, Andrea: Lesen und Schreiben in einer Medienumgebung. Die literalen Aktivitäten von Primarschulkindern. Aarau: Sauerländer 2000.

– „Und was sah ich?!" Narratives Schreiben im Nachklang von multimedialen Lektüren. In: Petra Wieler (Hrsg.): Narratives Lernen in medialen und anderen Kontexten. Freiburg i.B.: Fillibach 2005, S. 119-134.

Bildungsstandards im Fach Deutsch für den Mittleren Schulabschluss (Jahrgangsstufe 10). Beschluss der Kultusministerkonferenz vom 4.12.2003. Hrsg. vom Sekretariat der Ständigen Konferenz der Kultusminister der Länder in der Bundesrepublik Deutschland. München: Luchterhand 2005.

Bildungsstandards im Fach Deutsch für den Hauptschulabschluss (Jahrgangsstufe 9). Beschluss der Kultusministerkonferenz vom 15.10.2004. Hrsg. vom Sekretariat der Ständigen Konferenz der Kultusminister der Länder in der Bundesrepublik Deutschland. München: Luchterhand 2005.

Bildungsstandards im Fach Deutsch für den Primarbereich (Jahrgangsstufe 4). Beschluss der Kultusministerkonferenz vom 23.04.2004. Hrsg. vom Sekretariat der Ständigen Konferenz der Kultusminister der Länder in der Bundesrepublik Deutschland. München: Luchterhand 2005.

Bildungsstandards der Kultusministerkonferenz. Erläuterungen zur Konzeption und Entwicklung. Hrsg. vom Sekretariat der Ständigen Konferenz der Kultusminister der Länder in der Bundesrepublik Deutschland. München: Luchterhand 2005.

Bolter, Jay David: Writing Space. The Computer, Hypertext, and the History of Writing. Hillsdale, New Jersey: Erlbaum 1991.

Boueke, Dietrich/Schülein, Frieder: „Story Grammars". Zur Diskussion um ein erzählstrukturelles Konzept und seine Konsequenzen für die Erzähldidaktik. In: Wirkendes Wort 1988. H. 1, S. 125-142.

– Kindliches Erzählen als Realisieren eine narrativen Schemas. In: Hans-Heino Ewers (Hrsg.): Kindliches Erzählen, Erzählen für Kinder. Weinheim: Beltz 1991, S. 13-41.

Boueke, Dietrich/ Schülein, Frieder / Bücher, Hartmut / Terhorst, Evamaria / Wolf, Dagmar: Wie Kinder erzählen. Untersuchungen zur Erzähltheorie und zur Entwicklung narrativer Fähigkeiten. München 1995.

Bordwell, David: Narration in the Fiction Film. Madison: University of Wisconsin Press 1985.

– Die Martial-Arts-Filme von Hongkong. S. 19. In: Tiger & Dragon. Ein Porträt des Ang Lee Filmes. Nürnberg: Burgschmiet Verlag 2001, S. 14-21.

Bordwell, David / Thompson, Kristin: Film Art. An Introduction. 3rd ed. New York: McGraw-Hill. 1990.

Borstnar, Nils / Eckhard Pabst / Hans Jürgen Wulff: Einführung in die Film- und Fernsehwissenschaft. Konstanz: UVK 2002.

Branigan, Edward: Point of View in the Cinema: A Theory of Narration and Subjectivity in Classical Film. New York u.a.: Mouton 1984.

– Narrative Comprehension and Film. London / New York: Routledge 1992.

Burdorf, Dieter: Wozu Form? Eine Kritik am literaturdidaktischen Inhaltismus. In: Sprache und Literatur. Jg. 35. Bd. 93. 2004, S. 102-119.

Chatman, Seymour: Story and Discourse. Narrative Structure in Fiction and Film. Ithaka, N.Y: Cornell University Press 1978.

– Coming to Terms: The Rhetoric of Narrative in Fiction and Film. Ithaca, N.Y: Cornell University Press 1990.

Cohn, Dorrit: Transparent Minds. Narrative Modes for Presenting Consciousness in Fiction. Princeton: Princeton University Press 1978.

Clausen, Claus: Erzählen lernen in der Grundschule. In: Claus Clausen und Valentin Merkelbach (Hrsg.): Erzählwerkstatt Mündliches Erzählen. Braunschweig: Westermann 1995, S. 35-82.

– Vorschläge für das Erzählenlernen in der Sekundarstufe. Erzählkarten – Erzählpartituren – Erzählkartei – Erzählbaukasten. In: Claus Clausen und Valentin Merkelbach: Erzählwerkstatt Mündliches Erzählen. Braunschweig: Westermann 1995. S. 83-116. [= Clausen (1995b)]

Dahrendorf, Malte: Zum Hiatus zwischen Kinderliteratur und literarischer Moderne. In: Hans-Heino Ewers / Maria Lypp / Ulrich Nassen (Hrsg.): Kinderliteratur und Moderne. Weinheim und München: Juventa 1997, S. 25-38.

Dehn, Mechthild: Texte und Kontexte. Schreiben als kulturelle Tätigkeit in der Grundschule. Berlin: Volk und Wissen 1999.

Dijk, Teun A. van: Textwissenschaft. Eine interdisziplinäre Einführung. München: Deutscher Taschenbuch Verlag 1980.

Dolle-Weinkauf, Bernd: Comics. Geschichte einer populären Literaturform in Deutschland seit 1945. Weinheim / Basel 1990.

– Comics. In: Reallexikon der deutschen Literaturwissenschaft. Hrsg. von Klaus Weimar u.a. Bd. 1. Berlin – New York: de Gruyter 1997, S. 312-315.

– Erzählung und Interaktion. Zur Aufbereitung kinderliterarischer Szenarien als PC-Software. In: Karin Richter / Sabine Riemann (Hrsg.): Kinder, Literatur, „neue Medien". Baltmannsweiler: Schneider 2000, S. 186-197.

– Comics für Kinder und Jugendliche. In: Günter Lange (Hrsg.): Taschenbuch der Kinder- und Jugendliteratur. Bd. 1: Grundlagen – Gattungen. 2., korr. Auflage. Baltmannsweiler: Schneider 2000, S. 495-524. [= Dolle-Weinkauf (2000b)]

Eggert, Hartmut: Literarische Bildung ohne Schule? Überlegungen zur Spätphase literarischer Sozialisation. In: Der Deutschunterricht 1998. H. 6, S. 38-45.

Eggert, Hartmut / Christine Garbe: Literarische Sozialisation. Stuttgart: Metzler 2003.

Ehlers, Swantje: Lesetheorie und fremdsprachliche Lesepraxis aus der Perspektive des Deutschen als Fremdsprache. Tübingen: Narr 1998.

Ehlich, Konrad: Der Alltag des Erzählens. In: Ders. (Hrsg.): Erzählen im Alltag. Frankfurt am Main: Suhrkamp 1980, S. 11-25

– Alltägliches Erzählen. In: Willy Sanders / Klaus Wegenast (Hrsg.): Erzählen für Kinder – Erzählen von Gott: Begegnung zwischen Sprachwissenschaft und Theologie. Stuttgart: Kohlhammer 1983, S. 128-150.

Ewers, Hans-Heino: Kinderliterarische Erzählformen im Modernisierungsprozess. Überlegungen zum Formenwandel westdeutscher epischer Kinderliteratur. In: Günter Lange / Wilhelm Steffens (Hrsg.): Moderne Formen des Erzählens in der Kinder- und Jugendliteratur der Gegenwart unter literarischen und didaktischen Aspekten. Würzburg: Königshausen & Neumann 1995, S. 11-24.

– Kinderliteratur, Literaturerwerb und literarische Bildung. In: Bernhard Rank / Cornelia Rosebrock (Hrsg.): Kinderliteratur, literarische Sozialisation und Schule. Weinheim: Deutscher Studienverlag 1997, S. 55-73.

– Von ‚der' Kinderliteratur kann keine Rede sein – Ein Plädoyer für die Anerkennung der Funktionsvielfalt von Kinderliteratur. In: Matthias Duderstadt und Claus Forytta (Hrsg.): Frankfurt am Main: Arbeitskreis Grundschule e.V. 1999, S. 27-36.

– Auf der Suche nach den Umrissen einer zukünftigen Kinder- und Jugendliteratur. Ein Versuch, die gegenwärtigen kinder- und jugendliterarischen Veränderungen einzuschätzen. In: Kurt Franz / Günter Lange / Franz-Josef Payrhuber (Hrsg.): Kinder- und Jugendliteratur zur Jahrtausendwende. Baltmannsweiler: Schneider 2000, S. 2-21.

– Kinder brauchen Geschichten. In: Grundschule, 21. Jg. (1989), S. 8-13.

– Die Emanzipation der Kinderliteratur. In: Schweizerisches Jugendbuch-Institut (Hrsg.): Horizonte und Grenzen. Standortbestimmung in der Kinderliteratur. Zürich 1994, S. 75-87.

– Themen-, Formen- und Funktionswandel der westdeutschen Kinderliteratur seit Ende der 60er, Anfang der 70er Jahre. In: Zeitschrift für Germanistik. Neue Folge (1995), H. 2, S. 257-278.

Feil, Georg / Breloer, Heinrich: Wir wollten es einfach wissen. Heinrich Breloer im Gespräch mit Georg Feil. In: Dokumentarisches Fernsehen. Eine aktuelle Bestandsaufnahme. Konstanz: UVK 2003, 109-136.

Fingerhut, Karlheinz: Der subjektive Faktor im neuen Literaturunterricht. In: Diskussion Deutsch 1985, H. 84, S. 349-359.

Forster, Edward M.: Aspects of the Novel. San Diego u.a. 1985 [Erstausgabe 1927].

Förster, Jürgen: Analyse und Interpretation. Hermeneutische und poststrukturalistische Tendenzen. In: Klaus-Michael Bogdal und Hermann Korte (Hrsg.): Grundzüge der Literaturdidaktik. Deutscher Taschenbuch Verlag: München 2002, S. 231-246.

Frank, Manfred: Das Sagbare und das Unsagbare. Studien zur deutsch-französischen Hermeneutik und Texttheorie. Erw. Neuausgabe. Frankfurt am Main: Suhrkamp 1989.

Frasca, Gonzalo: Ludology meets Narratology: Similitude and Differences between (Video-) Games and Narrative. – http://www.jacaranda.org/frasca/ludology.htm [= Frasca (2002)].

Frederking, Volker: Auf neuen Wegen ...?. In: Jutta Wermke (Hrsg.): Literatur und Medien (= Medien im Deutschunterricht 2002. Jahrbuch. Hrsg. von Volker Frederking/Hartmut Jonas/Petra Josting/Jutta Wermke). München: kopaed 2003, S. 143-159.

– „Es werde von Grund auf anders"!? Leseinteresse, Lernmotivation und Selbstregulation im Deutschunterricht nach PISA und IGLU. In: Ulf Abraham/ Albert Bremerich-Vos/Volker Frederking/Petra Wieler (Hrsg.): Deutschdidaktik und Deutschunterricht nach PISA. Freiburg: Fillibach 2003, 249-278.

– Lesen und Leseförderung im medialen Wandel. Symmedialer Deutschunterricht nach PISA. In: Volker Frederking/Hartmut Jonas/Petra Josting/Jutta Wermke (Hrsg.): Lesen und Symbolverstehen (= Medien im Deutschunterricht 2003. Jahrbuch): München: kopaed 2004, S. 37-66.

– , Axel Krommer, Klaus Maiwald: Mediendidaktik Deutsch. Eine Einführung. Berlin 2008.

Frey, Ute/Richter, Karin: Didaktik der Kinder- und Jugendliteratur, Leseförderung in der „Mediengesellschaft" und Entwicklung von Medienkompetenz. In: Hans-Heino Ewers u.a. (Hrsg.): Kinder- und Jugendliteraturforschung 2000/2001. Stuttgart, S. 116-131.

Fricke, Harald: Norm und Abweichung. Eine Philosophie der Literatur. München: Beck 1981.

Fricke, Harald/Zymner, Rüdiger: Einübung in die Literaturwissenschaft. Parodieren geht über Studieren. Paderborn: Schöningh 1991.

Friedrich, Helmut Felix/Mandl, Heinz: Lern- und Denkstrategien – ein Problemaufriß. In: Dies. (Hrsg.): Lern und Denkstrategien. Analyse und Intervention.Göttingen: Hogrefe 1993, S. 3-54.

Fritzsche, Joachim: Zur Didaktik und Methodik des Deutschunterrichts. Bd. 1: Grundlagen. Bd. 3: Umgang mit Literatur. Stuttgart: Klett 1994.

Frommer, Harald: Verzögertes Lesen. Über Möglichkeiten, in die Erstrezeption von Schullektüren einzugreifen. In: Der Deutschunterricht 33, 1981, H. 2, S. 2-32.

– Lesen im Unterricht. Von der Konkretisation zur Interpretation. Hannover: Schroedel 1988.

– Erzählen. Eine Didaktik für die Sekundarstufe I und II. Cornelsen: Frankfurt am Main 1992.

Fuchs, Anna: Erzählen in der Schule und spontanes Erzählen. In: Konrad Ehlich (Hrsg.): Erzählen in der Schule. Tübingen: Narr 1984, S. 176-200.

Garbe, Christine: Warum lesen Mädchen besser als Jungen? Zur Notwendigkeit einer geschlechterdifferenzierenden Leseforschung und Leseförderung. In: Ulf Abraham/ Albert Bremerich-Vos/Volker Frederking/Petra Wieler (Hrsg.): Deutschdidaktik und Deutschunterricht nach PISA. Freiburg: Fillibach 2003, S. 69-89.

Gast, Wolfgang: Filmanalyse. In: Praxis Deutsch 1996. H. 140, S. 14-25.

Genette, Gérard: Die Erzählung. Übers. von Andreas Knop. Fink: München 1994. [EA des französischen Originals: 1972]

Gerth, Klaus: Elemente des Erzählens. Lesen und Verstehen epischer Texte (Sekundarstufe I). Hannover: Schroedel 1983.

Greimas, Algirdas Julien: Elemente einer narrativen Grammatik. In: Heinz Blumensath (Hrsg.): Strukturalismus in der Literaturwissenschaft. Köln: Kiepenheuer & Witsch 1972, S. 47-67.

Groeben, Norbert: Dimensionen der Medienkompetenz: Deskriptive und normative Aspekte. In: Norbert Groeben / Bettina Hurrelmann (Hrsg.): Medienkompetenz. Voraussetzungen, Dimensionen, Funktionen. Weinheim / München: Juventa 2002, S. 160-197.

Grotjahn, Rüdiger: Strategiewissen und Strategiegebrauch. Das Infomationsverarbeitungsparadigma asl Metatheorie der L2-Strategieforschung. In: Ute Rampilion / Günter Zimmermann: Strategien und Techniken beim Erwerb fremder Sprachen. Ismaning: Hueber 1997, S. 33-76.

Grünewald, Dietrich: Prinzip Bildgeschichte. Köln: Vista Point 1989.

– Zwischen banal und kongenial. Literarische Stoffe als Comic erzählt. In: Kurt Franz und Günter Lange (Hrsg.): Bilderwelten: Vom Bildzeichen zur CD-Rom. Baltmannsweiler: Schneider 1999, S. 90-108.

– Comics. Niemeyer: Tübingen 2000.

Gülich, Elisabeth: Konventionelle Muster und kommunikative Funktionen von Alltagserzählungen. In: Konrad Ehlich (Hrsg.): Erzählen im Alltag. Frankfurt am Main: Suhrkamp 1980, S. 335-384

Gumbrecht, Hans Ulrich: Erzählen in der Literatur – Erzählen im Alltag. In: Konrad Ehlich (Hrsg.): Erzählen im Alltag. Frankfurt am Main: Suhrkamp 1980. S. 403-417.

Hegel, Georg Wilhelm Friedrich: Werke 15. Vorlesungen über die Ästhetik III. Frankfurt a.M.: Suhrkamp 1970. (Erstmals erschienen 1835)

Heidtmann, Horst: Kinder- und Jugendliteratur multimedial und interaktiv. Multimedia-Anwendungen auf CD-ROM. (= Beiträge Jugendliteratur und Medien. 7. Beiheft). Weinheim 1996.

– Digital, multimedial, interaktiv. KJL auf CD-ROM und im Internet. In: Renate Raecke in Zusammenarbeit mit Heike Gronemeier (Hrsg.): Kinder- und Jugendliteratur in Deutschland. München 1999, S. 262-267.

– Medienadaptionen von Volksmärchen. In: Kurt Franz / Walter Kahn (Hrsg.): Märchen – Kinder – Medien. Beiträge zur medialen Adaption von Märchen und zum didaktischen Umgang. Baltmannsweiler: Schneider 2000, S. 82-98.

Hickethier, Knut: Film und Fernsehanalyse. 3. überarb. Auflage. Stuttgart – Weimar: Metzler 2001.

– Einführung in die Medienwissenschaft. Stuttgart – Weimar 2003.

Härle, Gerhard / Rank, Bernhard (Hrsg.): Wege zum Lesen und zur Literatur. Baltmannsweiler: Schneider Verlag Hohengehren 2004.

Härle, Gerhard/Marcus Steinbrenner: „Alles Verstehen ist ... immer zugleich ein Nicht-Verstehen". Grundzüge einer verstehensorientierten Didaktik des literarischen Unterrichtsgesprächs. In: Literatur im Unterricht 2003. H. 2, S. 139-162.

Hoffmann, Ludger: Zur Ausbildung der Erzählkompetenz: Eine methodische Perspektive. In: Konrad Ehlich (Hrsg.): Erzählen in der Schule. Tübingen: Narr 1984. S. 202-222.

Holighaus, Alfred (Hrsg.): Der Filmkanon. 35 Filme, die Sie kennen müssen. Berlin: Seitz-Verlag 2005

Hurrelmann, Bettina: Leseförderung. In: Praxis Deutsch. H. 127. Jg 21 (1994), S. 17-26

– Kinderliteratur – Sozialisationsliteratur? In: Richter, Karin / Hurrelmann, Bettina (Hrsg.): Kinderliteratur im Unterricht. Weinheim, München: Juventa 1998, S. 45-60.

Ingarden, Roman: Vom Erkennen des literarischen Kunstwerks. Tübingen: Niemeyer 1968.

– Umgangsformen: produktive Methoden zum Erschließen poetischer Literatur. Frankfurt am Main: Diesterweg 1991.

Iser, Wolfgang: Der Akt des Lesens. Theorie ästhetischer Wirkung. 4. durchges. u. verb. Aufl. München: Fink 1994.

Ivo, Hubert: Muttersprache, Identität, Nation. Sprachliche Bildung im Spannungsfeld zwischen einheimisch und fremd. Opladen: Westdeutscher Verlag 1994.

Jakobson, Roman: Linguistik und Poetik. In: Jens Ihwe (Hrsg.): Literaturwissenschaft und Linguistik. Ergebnisse und Perspektiven. Bd. II/1. Frankfurt am Main 1967. S. 142-178. (am. ED1960)

Jannidis, Fotis: Figur und Person. Beitrag zu einer historischen Narratologie. Berlin und New York: Walter de Gruyter 2004.

Jauß, Hans Robert: Literaturgeschichte als Provokation. Frankfurt am Main: Suhrkamp 1970.

Josting, Petra: Hypermediale Detektivgeschichten: Angebot – Analyse – Rezeption. In: Petra Josting / Gudrun Stenzel (Hrsg.) Auf heißer Spur in allen Medien. Kinder- und Jugendkrimis zum Lesen, Hören, Sehen und Klicken (= Beiträge Jugendliteratur und Medien. 13. Beiheft). 2002, S. 135-145.

– Kinder und narrative Bildschirmspiele: eine Produkt- und Rezeptionsstudie am Beispiel einer Detektivgeschichte auf CD-ROM. München: KoPaed 2004.

Kamp, Werner; Rüsel, Manfred: Vom Umgang mit Film. Berlin: Volk und Wissen / Cornelsen 1998.

Kämper-van den Boogart, Michael: Leseförderung oder Literaturunterricht: Zwei Kulturen in der Deutschdidaktik? In: Didaktik Deutsch H. 9 (2000). S. 4-22 .

Karg, Ina: Erleben und erzählen? Ein Schulaufsatz im Kreuzverhör. In: Literatur und Sprache – didaktisch. Heft 12. 1999. S. 114-147.

– Mythos PISA. Vermeintliche Vergleichbarkeit und die Wirklichkeit eines Vergleichs. Göttingen: V&R unipress 2005.

Kepser, Matthis: Massenmedium Computer. Ein Handbuch für Theorie und Praxis des Deutschunterrichts. Bad Krozingen: D-Punkt 1999.

– Einige Überlegungen zur Untersuchung von Zeitphänomenen im Zusammenhang mit narrativen Texten. Unveröffentlichtes Manuskript. [= Kepser (o.J.)]

Kern, Christoph Peter: Wo laufen sie denn ... , ja wo laufen sie denn? Eine filmische Sehschule im Deutschunterricht. In: Der Deutschunterricht. 1996. Jg. 49. H. 4, S. 100-104.

– Film. In: Klaus-Michael Bogdal und Hermann Korte: Grundzüge der Literaturdidaktik. München: Deutscher Taschenbuch Verlag 2002. S. 217-229.

Klein, Klaus-Peter: Erzählen lehren? Anmerkungen zum Stand der Erzähldidaktik. In: Jahrbuch der Deutschdidaktik 1980. S. 47-56.

Klieme, Eckhard u.a.: Zur Entwicklung nationaler Bildungsstandards. Eine Expertise . Hrsg. vom Bundesministerium für Bildung und Forschung. Berlin 2003.

Kniebe, Tobias: In greifbarer Nähe. Die DVD als Erfüllung des alten Traums, die Flüchtigkeit des Kinoglücks einzufangen. In: Süddeutsche Zeitung – Cinemathek. Eine Sonderveröffentlichung der Süddeutschen Zeitung. Beilage zur Süddeutschen Zeitung vom 01.02.2006.

Koch, Hans-Albrecht: Neuere deutsche Literaturwissenschaft. Eine praxisorientierte Einführung für Anfänger. Darmstadt: Wissenschaftliche Buchgesellshaft 1997.

Kocher, Mela: Poiesis und Techne – Computerspiele und ihre Erzählweisen. In: D. Ammann/T. Hermann: Klicken, lesen und spielend lernen. Interaktive Spielgeschichten für Kinder. Zürich: Verlag Pestalozzianum 2004, S. 50-61.

– Der ludoliterarische Typenkreis. Analyse und Kategorisierung von Cybertexten. In: www.dichtung-digital.com/2005/1/Kocher (30.09.2005).

Korte, Helmut: Einführung in die systematische Filmanalyse. 2. Aufl. Berlin: Erich Schmidt Verlag 2001.

Kreft, Jürgen: Grundprobleme der Literaturdidaktik: eine Fachdidaktik im Konzept sozialer und individueller Entwicklung und Geschichte. 2. verb. Auflage. Heidelberg: Quelle & Meyer 1977.

Kügler, Hans: Die bevormundete Literatur. Zur Entwicklung und Kritik der Literaturdidaktik. In: Jürgen Belgrad / Hartmut Melenk (Hrsg.): Literarisches Verstehen – Literarisches Schreiben. Positionen und Modelle zur Literaturdidaktik. Baltmannsweiler: Schneider 1996, S. 10-24.

Kurz, Gerhard: Metapher, Allegorie, Symbol. Göttingen1982.

Labov, William / Waletzky, Joshua: Narrative Analysis: Oral Versions of Personal Experience. In: J. Helm (ed.): Essays on the Verbal and Visual Arts. 1967, 12-44.

Lämmert, Eberhart: Bauformen des Erzählens. 12. Aufl. Stuttgart: Metzler 1993. [Erstausgabe 1955]

Landow, George P.: Hypertext 2.0. The Convergence of Contemporary Critical Theory and Technology. Baltimore / London: John Hopkins University Press 1997.

Lange, Andreas: Storykiller. Von der Zerstörung der Geschichten in Computerspielen. In: Ästhetik & Kommunikation. Heft 115: Computerspiele, 32. Jg. (2001), S. 79-84.

Lange, Günter: Zur didaktik des kriminalromans. Diskussion gegenwärtiger ansätze und überlegungen zu einer rezeptionsorientierten didaktik des kriminalromans. In: Wirkendes Wort 1977. H. 4, S. 269-282.

– Film und Fernsehspiel im Unterricht. In: Günter Lange/Karl Neumann/Werner Ziesenis (Hrsg.): Taschenbuch des Deutschunterrichts. Bd. 2. 6. Aufl. Baltmannsweiler: Schneider 1997, S. 695-720.

Laurel, Brenda: Interface as Mimesis. In: Donald A. Norman / Steven Draper (Eds.): User centered System Design: New Perspectives on Human-Computer Interaction. 1986.

Lecke, Bodo: Literaturdidaktik vs. Medienpädagogik – kontrovers oder komplementär? In: Ders. (Hrsg.): Literaturstudium und Deutschunterricht auf neuen Wegen. Frankfurt am Main 1996, S. 151-167.

Leubner, Martin: Hyperfiction im Deutschunterricht. In: Der Deutschunterricht. Jg. 53. 2001. H. 2 (Themenhaft „Hyperfiction – Hypertext". Hrsg. v. Peter Schlobinski und Beat Suter), S. 44-57.

– „Bestehe die Abenteuer". Interaktive Spielgeschichten zwischen Geschichte und Spiel. In: Bettina Hurrelmann / Susanne Becker (Hrsg.): Kindermedien nutzen. Medienkompetenz als Herausforderung für Erziehung und Unterricht. Weinheim: Juventa 2003, S. 194-205.

Leubner, Martin/Saupe, Anja: Textverstehen im Literaturunterricht und Aufgaben. Baltmannsweiler 2008.

–„Crossing": Überlegungen zum didaktischen Potential narrativer Werbefilme. In: Bode Lecke (Hrsg.): Mediengeschichte, Intermedialität und Literaturdidaktik. Frankfurt a./M.: Peter Lang Verlag 2008, S. 379-394. [= Leubner/Saupe 2008b]

Lischka, Konrad: Spielplatz Computer. Kultur, Geschichte und Ästhetik des Computerspiels. Hannover: Heise Verlag 2002.

Lohmeier, Anke-Marie: Hermeneutische Theorie des Films. Tübingen: Niemeyer 1996.

Lotmann, Jurij M.: Die Struktur literarischer Texte. Übersetzt von Rolf-Dietrich Keil. München: Fink 1981.

Lukács, Georg: Die Theorie des Romans. Ein geschichtsphilosophischer Versuch über die Formen der großen Epik. Frankfurt a.M.: Luchterhand 1988. (EA 1920)

Ludwig, Hans-Werner: Figur und Handlung. In: Ders. (Hrsg.): Arbeitsbuch Romananalyse. Tübingen: Narr 1982. S. 141-144.

Ludwig, Otto: Berichten und Erzählen – Variationen eines Musters. In: Konrad Ehlich (Hrsg).: Erzählen in der Schule. Narr: Tübingen 1984, S. 38-54.

– Die Schulerzählung oder Erzählen in der Schule. In: Praxis Deutsch. H. 49. 1981, S. 15-21.

– Wie aus der Erzählung ein Schulaufsatz wurde – Zur Geschichte einer Aufsatzform. In: Konrad Ehlich (Hrsg.): Erzählen in der Schule. Tübingen: Narr 1984. S. 14-35.

Lypp,Maria : Die Frage nach dem Verhältnis von Kinderliteratur und Moderne – ein Glasperlenspiel?"1990. S. 12.

– (2000a): Das kalkulierte Einfache. Zum Kunstcharakter der Anfangsliteratur. (Erstmals erschienen 1995). In: Dies.: Vom Kasper zum König. Studien zur Kinderliteratur. Frankfurt am Main: Lang 2000. S. 65-73

– (2000c): Zum Begriff des Einfachen in der Kinderliteratur. Ein Diskussionsbeitrag. (Erstmals erschienen 1995. S. In: Dies.: Vom Kasper zum König. Studien zur Kinderliteratur. Frankfurt/M.: Lang 2000. S. 75-77

– (2000d): Literarische Bildung durch Kinderliteratur. (Erstmals erschienen 1989. In: Dies.: Vom Kasper zum König. Studien zur Kinderliteratur. Frankfurt/M.: Lang 2000. S. 167-174

– (2000e): Schwankende Schritte. (Erstmals erschienen 1997) In: Dies.: Vom Kasper zum König. Studien zur Kinderliteratur. Frankfurt/M.: Lang 2000, S. 183-194.

– Kinderliteratur und Erzählerwerb. In: Konrad Ehlich und Klaus R. Wagner (Hrsg.): Erzählerwerb. Bern u.a.: Peter Lang 1989, S. 123-131.

– Der Blick ins Innere. Menschendarstellung im Kinderbuch. In: Grundschule (1989), H. 1, S. 24-27.

– Vom Kaspar zum König. Studien zur Kinderliteratur. Frankfurt a.M.: Peter Lang Verlag 2000.

– Die Kunst des Einfachen in der Kinderliteratur. In: Günter Lange (Hrsg.): Taschenbuch der Kinder und Jugendliteratur. Bd. 2: Medien – Themen – Poetik – Produktion – Rezeption – Didaktik. Baltmannsweiler: Schneider Verlag Hohengehren 2000, S. 828-843. [= Lypp (2000b)]

Maiwald, Klaus: Literarisierung als Aneignung von Alterität. Theorie und Praxis einer literaturdidaktischen Konzeption zur Leseförderung im Sekundarbereich. Frankfurt/M. u.a.: Lang 1999.

– Hypertext unter medialen, kulturellen und deutschdidaktischen Aspekten. In: Didaktik Deutsch (2001), H. 11, S. 38-55.

Mateas, Michael/Stern, Andrew: Behind the *Façade.* © Procedural Arts. 2005. – www.interactivestory.net/goodies.

Martinez, Matias/Scheffel, Michael: Einführung in die Erzähltheorie. München: Beck 1999.
Merkelbach, Valentin: Hinführung zum frohen Lesen oder Vergnügen des Erkennens? In: Didaktik Deutsch 8/ 2000, S. 92-94.
Mertens, Mathias/Meißner, Tobias O.: Wir waren Space Invaders. Geschichten vom Computerspielen. Frankfurt/M.: Eichborn 2002.
Metz, Christian: Sprache und Film. Frankf./M: Athenäum 1973.
– Semiologie des Films. Übersetzt von Renate Koch. München: Fink 1972.
Monaco, James: Film verstehen. Reinbek bei Hamburg: Rowohlt 2002.
Mukarovský, Jan: Kapitel aus der Poetik. Frankfurt am Main 1967. (tschech. 1948).
Müller, Günther: Morphologische Poetik. Gesammelte Aufsätze. 2. Aufl. Darmstadt: Wissenschaftliche Buchgesellschaft 1974. [Erstausgabe 1968]
Murray, Janet H.: Hamlet on the Holodeck. The Future of Narrative in Cyberspace. New York / London: The Free Press 1997.

Nickel-Bacon, Irmgard: Vom Spiel der Fiktionen mit Realitäten. In: Praxis Deutsch 2003. H. 182, S. 4-12.
Nünning, Ansgar/Nünning, Vera (Hrsg.): Neue Ansätze der Erzähltheorie. Trier: Wissenschaftlicher Verlag 2002.
Nünning, Ansgar/Nünning, Vera: Grundkurs anglistisch-amerikanische Literaturwissenschaft. Klett: Stuttgart u.a. 2001.
Nusser, Peter: Trivialliteratur. Stuttgart: Metzler 1991.

PISA 2000. Basiskompetenzen von Schülerinnen und Schülern im internationalen Vergleich. Hrsg. von Jürgen Baumert u.a. (Deutsches PISA-Konsortium): Opladen: Leske + Budrich 2001.
PISA 2000. Beispielaufgaben aus dem Lesekompetenztest.
Paech, Joachim: Literatur und Film. 2. Aufl. Stuttgart: Metzler 1997.
Paefgen, Elisabeth K.: Der Literaturunterricht heute und seine (un)mögliche Zukunft. In: Didaktik Deutsch 1999, H. 7, S. 24-35.
– Einführung in die Literaturdidaktik. 2. Aufl. Stuttgart – Weimar: Metzler 2006.
Payrhuber, Franz-Josef: Kinderromane an der Wende zum neuen Jahrtausend. In: Kurt Franz, Günter Lange, Franz-Josef Payrhuber (Hrsg.): Kinder- und Jugendliteratur zur Jahrtausendwende. Baltmannsweiler: Schneider 2000, S. 44-67.
Petersen, Jürgen H.: Erzählsysteme. Eine Poetik epischer Texte. Stuttgart: Metzler 1993.
Pfeiffer, Joachim: Romane und Erzählungen im Unterricht. In: Klaus-Michael Bogdal / Hermann Korte (Hrsg.): Grundzüge der Literaturdidaktik. München: dtv 2002, S. 190-202.
Pfister, Manfred: Das Drama. München: Fink 1977.
Piaget Jean: Le jugement et le raisonnement chez l'enfant. Neuchatel u.a. : Delachaux et Niestlé 1967.
Platon: Kratylos, 383a-385b. In: Ders.: Sämtliche Werke 2. Menon, Hippias I, Euthydemos, Menexenos, Kratylos, Lysis, Symposion (In der Übersetzung von Friedrich Schleiermacher mit der Stephanus-Numerierung herausgegeben von Walter F. Otto, Ernesto Grassi u. Gert Plamböck). Hamburg: Rowohlt 1993.
Pochat, Götz : Erlebniszeit und Bildende Kunst. In: Christian W. Thomsen und Hans Holländer (Hrsg.): Augenblick und Zeitpunkt. Studien zur Zeitstruktur und Zeitmetaphorik in Kunst und Wissenschaft. Darmstadt 1984.
Propp, Vladimir: Morphologie des Märchens [russ. 1928]. Übers. v. Christel Wendt. München: Hanser 1972.

Quasthoff, Uta M.: Erzählen in Gesprächen. Linguistische Untersuchungen zu Strukturen und Funktionen am Beispiel einer Kommunikationsform des Alltags. Tübingen: Narr 1980.
Quasthoff, Uta M./Hausendorf, Heiko: Sprachentwicklung und Interaktion. Opladen 1996.

Rank, Bernhard: Wege zur Grammatik und zum Erzählen. Baltmannsweiler: Schneider 1995.
– Kinderliteratur, literarische Sozialisation und Schule oder: Vom Vergnügen beim Umgang mit kinderliterarischen Texten. In: Gerhard Härle/Bernhard Rank (Hrsg.): Wege zum Lesen und zur Literatur. Schneider: Baltmannsweiler 2004, S. 187-213.
– Leseförderung und literarisches Lernen. In: Lernchancen. 2005. H 44, S. 4-9.
Renner, Karl Nikolaus: Der Findling. Eine Erzählung von Heinrich von Kleist und ein Film von George Moorse. Prinzipien einer adäquaten Wiedergabe narrativer Strukturen. München: Fink 1883.
Rimmon-Kenan, Slomith: Narrative Fiction. Contemporary Poetics. London 1983.
Rosebrock, Cornelia: Lesesozialisation und Leseförderung – literarisches Leben in der Schule. In: Michael Kämper-van den Boogaart (Hrsg.): Deutschdidaktik. Leitfaden für die Sekundarstufe I und II. Berlin: Cornelsen 2003, S. 153-174.
Roth, Heinrich: Pädagogische Psychologie des Lehrens und Lernens. 18. Aufl. Hannover: Schroedel 1983. [EA 1957].
Ryan, Marie-Laure. Immersion and Interactivity in Hypertext. In: http://www.dichtung-digital.de/2000/Ryan/29-Maerz/index htm. [= Ryan 2000]
– Beyond Myth and Metaphor. The Case of Narrative in Digital Media. In: Game Studies. the international journal of computer game research. Volume 1, issue 1. July 2001. (http://www.gamestudies.org/0101/ryan/). [= Ryan 2001]
– Narrative as Virtual Reality. Immersion and Interactivity in Literature and Electronic Media. Baltimore / London: John Hopkins University Press 2001. [= Ryan (2001b)]
– Narrative and the Split Condition of Digital Textuality. – www.dichtung-digital/2005/1/Ryan/.

Saupe, Anja: Fiktions-Realitäts-Unterscheidung und Fiktions-Realitäts-Bezug: Was sollen Schüler an fiktionalen Werken lernen? In: Jörn Stückrath / Ricarda Strobel (Hrsg.): Deutschunterricht empirisch. Beiträge zur Überprüfbarkeit von Lernfortschritten im Sprach-, Literatur- und Medienunterricht. Baltmannsweiler: Schneider 2005, S. 131-148.
Schachtschabel, Gaby: Der Ambivalenzcharakter der Literaturverfilmung. Frankfurt am Main: Lang 1984.
Schmeling, Manfred / Walstra, Kerst: Erzählung In: Klaus Weimar u.a. (Hrsg.): Reallexikon der deutschen Literaturwissenschaft. Bd. I. Berlin / New York: de Gruyter 1997, S. 517-519.
Schramke, Jürgen: Zur Theorie des modernen Romans. München: Beck 1974.
Simanowski, Roberto, Perspektiven einer Ästhetik der digitalen Literatur, http://www.dichtung-digital.de/Simanowski/5-Okt-99/index-htm [=Simanowski (1999)].
Spinner, Kaspar H.: Interpretieren im Deutschunterricht. In: Praxis Deutsch. H. 81. 1987, S. 17-23.
– Die Dialektik des Pädagogischen in der Geschichte der Kinder- und Jugendliteratur. In: Bernhard Rank (Hrsg.): Erfahrungen mit Phantasie. Schneider: Baltmannsweiler 1994, S. 14-24.

– Zielsetzungen des Literaturunterrichts. In: Ders.: Kreativer Deutschunterricht. Identität – Imagination – Kognition. Seelze: Kallmeyer 2001, S. 168-173.
– Handlungs- und produktionsorientierter Literaturunterricht. In: Bogdal, Klaus Michael / Korte, Hermann (Hrsg.): Grundzüge der Literaturdidaktik. München: dtv 2002, S. 247-257.
– Von der Filmerfahrung zur literarischen Textanalyse. In: Hartmut Jonas / Petra Josting (Hrsg.): Medien – Deutschunterricht – Ästhetik. München: kopaed 2004, S. 199-206.
Spree, Axel: Interpretation. In: Klaus Weimar u.a. (Hrsg.): Reallexikon der deutschen Literaturwissenschaft. Bd. II. Berlin / New York: de Gruyter 1997. S. 168-172
Stanzel, Franz K.: Theorie des Erzählens. 4. durchges. Aufl. Göttingen: Vandenhoek & Ruprecht 1989.
– Typische Formen des Romans. Göttingen: Vandenhoek & Ruprecht 1964.
Steffens, Wilhelm: Epische Formen der Kinderliteratur im Spiegel der Erzähltheorie – Skizzierung einiger jüngerer Entwicklungslinien. In: Angelika Feine u.a. (Hrsg.): Sprache und Stil in Texten für junge Leser. Frankfurt/M.: Lang 1995, S. 207-215.
– Moderne Formen des Erzählens in der Kinder- und Jugendliteratur. In: Günter Lange (Hrsg.): Taschenbuch der Kinder- und Jugendliteratur. Baltmannsweiler: Schneider Verlag 2000, S. 845-861.
Stempel, Wolf-Dieter: Alltagsfiktion. In: Konrad Ehlich (Hrsg.): Erzählen im Alltag. Frankfurt am Main: Surhrkamp 1980, S. 385-402.
Strasen, Sven: Wie Erzählungen bedeuten: Pragmatische Narratologie. In: Ansgar Nünning / Vera Nünning (Hrsg.): Neue Ansätze der Erzähltheorie. Trier: Wissenschaftlicher Verlag 2002, S. 185-218.
Stückrath, Jörn: Die Erzählung „Dat Wettlopen twischen den Hasen und den Swinegel up de lütje Haide bi Buxtehude“ von Wilhelm Schröder. Analyse und Interpretation. In: http://www.kirke.ub.uni-lueneburg.de.
Suter, Beat / Böhler, Michael (Hrsg.): Hyperfiction. Hyperliterarisches Lesebuch: Internet und Literatur (mit CD-ROM). Basel – Frankfurt a.M.: Stroemfeld / Nexus 1999.
– Hyperfiktion und interaktive Narration im frühen Entwicklungsstadium zu einem Genre. Zürich: Update 2000.

Todorov, Tzetan: Les catégories du récit littéraire. In: Communikations 8 (1966), S. 125-151.
– Some Approaches to Russian Formalism. In: Stephen Bann / John E. Bowlt (Hrsg.): Russian Formalism. Edingburgh 1973, S. 6-19.
Tomaševskij, Boris: Theorie der Literatur. Poetik. Hrsg. und eingeleitet von Klaus-Dieter Seemann. Aus dem Russischen übersetzt von Ulrich Werner. Wiesbaden: Harrassowitz 1985.
Tulodziecki, Gerhard: Medien in Erziehung und Bildung: Grundlagen und Beispiele einer handlungs- und entwicklungsorientierten Medienpädagogik. 3., überarb. und erw. Aufl. Bad Heilbrunn: Klinkhardt 1997.
– Medienerziehung als Aufgabe des Deutschunterrichts. In: Hans Dieter Erlinger (Hrsg.): Neue Medien. Edutainment. Medienkompetenz. Deutschunterricht im Wandel. München: KoPaed 1997, S. 39-51.

Vogt, Jochen: Grundlagen narrativer Texte. In: Arnold, Heinz Ludwig/Detering, Heinrich (Hrsg.): Grundzüge der Literaturwissenschaft. 2. Aufl. München: Wissenschaftlicher Verlag 1997, S. 287-307.

Wagner, Klaus R.: Erzähl-Erwerb und Erzählungstypen. In: Wirkendes Wort 1986. H. 2, S. 142-156.

Wagner, Rolf-Rüdiger: Integrierte Medienerziehung und die Bildungsstandards im Fach Deutsch. In: Volker Frederking / Hartmut Jonas / Petra Josting / Jutta Wermke (Hrsg.): Medien: Kritik und Sprache. (= Medien im Deutschunterricht 2004. Jahrbuch): München: kopaed 2005, S. 201-209.

Waldmann, Günter: Grundzüge von Theorie und Praxis eines produktionsorientierten Literaturunterrichts. In: Norbert Hopster (Hrsg.): Handbuch „Deutsch" Sekundarstufe I. Paderborn: Schöningh 1984.

– Produktiver Umgang mit Literatur im Unterricht. Grundriss einer produktiven Hermeneutik. Theorie – Didaktik – Verfahren – Modelle (= Deutschdidaktik aktuell. Bd. 1). 2., korr. Auflage. Baltmannsweiler: Schneider 1999.

Waldmann, Günter / Katrin Bothe: Erzählen. Eine Einführung in kreatives Schreiben und produktives Verstehen von traditionellen und modernen Erzählformen. Stuttgart: Klett 1992

Waldt, Kathrin: Literarisches Lernen in der Grundschule. Herausforderung durch ästhetisch-anspruchsvolle Literatur. Schneider: Hohengehren 2003.

Wanning, Berbeli: Das kinderliterarische Angebot im Internet. Neue Wege der Rezeption von Literatur. In: Bettina Hurrelmann / Susanne Becker (Hrsg.): Kindermedien nutzen. Medienkompetenz als Herausforderung für Erziehung und Unterricht. Weinheim: Juventa 2003, S. 179-193.

Weinhold, Swantje: Text als Herausforderung. Zur Textkompetenz am Schulanfang. Freiburg: Fillibach 2000.

Wermke, Jutta: Integrierte Medienerziehung im Fachunterricht. Schwerpunkt: Deutsch. München: KoPaed 1997.

– Obligatorisch und flexibel. Zur Individualisierung von medienspezifischen Curricula. In: Didaktik Deutsch. Sonderheft. (1999), S. 76-96.

– Tempo – Rhythmus – Kontrast. In: Norbert Groeben (Hrsg.): Lesesozialisation in der Mediengesellschaft. Tübingen 1999, S. 190-204. [= Wermke (1999b)]

– Medienpädagogik. In: Helmut Schanze (Hrsg.): Handbuch der Mediengeschichte. Stuttgart: Kröner 2001, S. 140-164.

– Literatur- und Medienunterricht. In: Klaus Michael Bogdal / Herman Korte (Hrsg.): Grundzüge der Literaturdidaktik. München: dtv 2002, S. 91-104.

– Leseerziehung für Medienrezipienten. In: Joachim S. Hohmann und Johann Rubinich (Hrsg.): Wovon der Schüler träumt. Leseförderung im Spannungsfeld von Literaturvermittlung und Medienpädagogik. Frankfurt am Main 1996, S. 23-47.

– Integrierte Medienerziehung im Fachunterricht. Schwerpunkt: Deutsch. München: KoPäd 1997.

Whelehan, Imelda: Adaptations. The contemporary Dilemmas. In: Chartmell, Deborah / Whelehan, Imelda (eds.): Adaptations. From Text to Screen, Screen to Text. London / New York: Routledge 1999, S. 3-19.

Wieler, Petra: Narratives Lernen im medialen Umfeld. In: Jutta Wermke (Hrsg.): Literatur und Medien (= Medien im Deutschunterricht 2002. Jahrbuch. Hrsg. von Volker Frederking/Hartmut Jonas/Petra Josting/Jutta Wermke). München: kopaed 2003, S. 67-86.

– Gespräche mit Grundschulkindern über Buch- und Mediengeschichten. In: Dies. (Hrsg.): Narratives Lernen in medialen und anderen Kontexten. Freiburg i.B.: Fillibach 2005, S. 135-152.

Winko, Simone: Textanalyse: In: Reallexikon der deutschen Literaturwissenschaft. Bd. 3. Berlin 2000, S. 597-601.

Wolf, Mark: The Medium of the Video Game. Austin: University of Texas Press 2001.

Zabka, Thomas: Zum Symbolverstehen von Videoclips. Didaktische Reflexionen und Ratschläge. In: Jutta Wermke (Hrsg.): Hören und Sehen. Beiträge zu Medien- und Ästhetischer Erziehung. München 2001, S. 109-124.

– Interpretationskompetenz als Ziel der ästhetischen Bildung. In: Didaktik Deutsch. Jg. 8. H. 15. 2003, S. 18-32.

– Wie? – Was?: Formanalyse und Inhaltsangabe als Bestandteile und Probleme ästhetischer Bildung. In: Hartmut Jonas / Petra Josting (Hrsg.): Medien – Deutschunterricht – Ästhetik. München: kopaed 2004, S. 251-262.

– Pragmatik der Literaturinterpretation: theoretische Grundlagen – kritische Analysen. Tübingen: Niemeyer 2005.

Ziesenis, Werner: Märchen und Sage im Unterricht. In: Lange, Günter / Neumann, Karl / Ziesenis, Werner (Hrsg.): Taschenbuch des Deutschunterrichts. Bd. 2. 6. Aufl. Baltmannsweiler: Schneider 1998, S. 532-553.

– Fabel und Parabel im Unterricht. In: Lange, Günter / Neumann, Karl / Ziesenis, Werner (Hrsg.): Taschenbuch des Deutschunterrichts. Bd. 2. 6. Aufl. Baltmannsweiler: Schneider 1998, S. 554-578.

Zimmermann, Hans Dieter: Trivialliteratur? Schemaliteratur! 2. Aufl. Stuttgart: Metzler 1982.

Zipfel, Frank: Fiktion – Fiktivität – Fiktionalität. Analysen zur Fiktion in der Literatur und zum Fiktionsbegriff in der Literaturwissenschaft. Berlin: Erich Schmidt 2001.